普通高等教育“十一五”国家级规划教材
北京市精品课程教材
21世纪公安高等教育系列教材·法学（本科）

行政法与行政诉讼法学

孟昭阳　高文英　主编

中国人民公安大学出版社
·北　京·

图书在版编目（CIP）数据

行政法与行政诉讼法学/孟昭阳，高文英主编．—北京：中国人民公安大学出版社，2012.9

21世纪公安高等教育系列教材．法学：本科

ISBN 978－7－5653－1017－1

Ⅰ．①行…　Ⅱ．①孟…　②高…　Ⅲ．①行政法学—中国—高等学校—教材　②行政诉讼法—法学—中国—高等学校—教材　Ⅳ．①D922.101②D925.301

中国版本图书馆CIP数据核字（2012）第221998号

行政法与行政诉讼法学

孟昭阳　高文英　主编

出版发行：中国人民公安大学出版社
地　　址：北京市西城区木樨地南里
邮政编码：100038
经　　销：新华书店
印　　刷：北京泰锐印刷有限责任公司

版　　次：2012年9月第1版
印　　次：2017年1月第6次
印　　张：32.25
开　　本：787毫米×1092毫米　1/16
字　　数：668千字

书　　号：ISBN 978－7－5653－1017－1
定　　价：96.00元

网　　址：www.cppsup.com.cn　www.porclub.com.cn
电子邮箱：zbs@cppsup.com　zbs@cppsu.edu.cn

营销中心电话：010－83903254
读者服务部电话（门市）：010－83903257
警官读者俱乐部电话（网购、邮购）：010－83903253
公安图书分社电话：010－83905672

行政法与行政诉讼法学

主　编　孟昭阳　高文英

撰稿人（按撰写章节先后排序）

孟昭阳　高文英　李　元　沈国琴

杨俊锋　李良义　邢　捷　刘亚妮

徐伟红　刘志敏　陆冬华

编者的话

为了适应新时期公安法学教育的实际需要、实现公安高等教育确立的人才培养目标与规格、完成精品课的建设任务，中国人民公安大学法律系北京市精品课行政法与行政诉讼法学课程组的老师编写了这本被立项为普通高等教育“十一五”国家级规划教材《行政法与行政诉讼法学》，以供中国人民公安大学等公安高等院校各专业与普通高等院校法学专业使用。

本教材以马克思主义法学理论和“三个代表”重要思想及科学发展观为指导，注重基础知识和基本理论的阐述；注重学生先进的法治理念和行政执法理念的培育；紧密结合公安行政执法实践、跟踪学科前沿和研究成果，努力培养学生科学的思维方式和解决实际问题的创新能力，最大限度地使本教材具有前沿性和时代性的特征。本教材在编写过程中试图在以下四个方面作出努力，凸显本教材的特点：

第一，注重体系完整、重点突出。本教材与其他同类教材一样，在体系上分为绪论（基本理论）、行政法主体、行政行为、监督救济、行政诉讼五部分，从而保持体系的完整性。同时，鉴于行政法与行政诉讼法学课程与学科内容庞杂、行政法没有统一完整法典、课时数与教材字数的限制等情况，有所取舍、有所突出，在保持教材体系完整性的基础上，重点突出行政法基本原则、行政行为和行政救济等内容，使之与现代行政的发展趋势相吻合。

第二，紧密结合公安行政执法实际、突出公安特色，本教材在全面、系统阐述行政法与行政诉讼法基本知识、基本理论及基本规范的基础上，根据公安机关的性质、职责和现代法治社会对公安执法的要求，突出行政法原理对公安行政执法的指导作用、突出与公安执法密切相关的内容、增加公安行政执法的理论与规范内容，使之尽力突出公安特色、区别于普通院校的同类教材，更加适合公安高等院校使用。

第三，强化规范性、学术性和创新性的有机结合。本教材严格遵守教材写作规范与出版规范，恪守学术道德和学术规范，力争做到概念精确、引证精确、语言精练、论证精密、观点明确、条理分明、阐述清楚、文风情愫朴实。本教材编排新颖，内容有创新，充实最新法律、法规，广泛吸纳学术界最新的研究成果，以凸显学术性，推动行政法学研究的繁荣与发展。同时，本教材的表述尽可能做到概括，语句有一定的涵盖度和信息量，从而为教师的课堂讲授留下适度的空间。

第四，注重强化基础与能力培养相结合。本教材注重学生基础知识和思维方式的培养，在此基础上注重培养学生解决问题和学习的能力，并使二者有机地结合。既要使学生毕业后快速适应公安执法工作，又要为学生的后续发展奠定坚实的基础。

孟昭阳、高文英负责全书的编写、提纲的设计，孟昭阳负责附录和各章的修改、统稿与定稿。参加本书的撰稿人及其分工如下（按撰写章节顺序排序）：孟昭阳撰写第一章、第二章、第四章，高文英撰写第三章，李元撰写第五章、第十章，沈国琴撰写第六章第一节，杨俊锋撰写第六章第二节至第五节、第十二章，李良义、杨俊锋撰写第六章第六节，邢捷撰写第七章，刘亚妮撰写第八章、第九章，徐伟红撰写第十一章，刘志敏撰写第十三章，陆冬华撰写第十四章至第十九章。

本教材在编写过程中，参考了国内外行政法与行政诉讼法学的相关教材和论著；中国人民公安大学法律系宪法与行政法学博士研究生赵峰、硕上研究生邹文海为本书的资料收集和整理付出了辛勤的劳动，在此一并致谢。

本教材的资料引用截至 2012 年 7 月 30 日。由于编者水平有限加之时间较紧，故本教材难免存在疏漏和不妥之处，敬请读者谅解与批评指正。

2012 年 7 月

目　录

第一编　绪　　论

第一章　行政法概述 …… 3
第一节　行政与行政权 …… 3
第二节　行政法的概念 …… 11
第三节　行政法的渊源 …… 16
第四节　行政法的体系 …… 20
第五节　行政法的作用 …… 23
第二章　行政法基本原则 …… 26
第一节　行政法基本原则概述 …… 26
第二节　行政合法性原则 …… 31
第三节　行政合理性原则 …… 33
第四节　正当程序原则 …… 38

第二编　行政法主体

第三章　行政法主体 …… 45
第一节　行政法主体概述 …… 45
第二节　行政主体 …… 48
第三节　行政公务人员 …… 63
第四节　行政相对人 …… 82
第五节　多元化行政法主体的构建 …… 89

第三编　行政行为

第四章　行政行为概述 …… 97
第一节　行政行为的概念与特征 …… 97
第二节　行政行为的分类 …… 103
第三节　行政行为的类型 …… 108
第五章　抽象行政行为 …… 112
第一节　行政立法 …… 112
第二节　其他行政规范性文件 …… 127
第六章　具体行政行为 …… 133
第一节　具体行政行为概述 …… 133

第二节　行政处罚 …… 144
第三节　行政强制 …… 157
第四节　行政许可 …… 173
第五节　行政检查 …… 192
第六节　行政主体的其他行政决定与行为 …… 202
第七章　行政程序 …… 222
第一节　行政程序概述 …… 222
第二节　行政程序的基本原则 …… 229
第三节　行政程序的基本制度 …… 233
第四节　公安行政执法程序 …… 241

第四编　监督与救济

第八章　行政违法与行政责任 …… 253
第一节　行政违法 …… 253
第二节　行政责任 …… 263
第九章　行政法制监督 …… 270
第一节　行政法制监督概述 …… 270
第二节　行政法制监督的类型 …… 272
第三节　公安执法监督 …… 283
第十章　行政复议 …… 290
第一节　行政复议概述 …… 290
第二节　行政复议与相关概念的联系与区别 …… 294
第三节　行政复议的基本原则与制度 …… 301
第四节　行政复议的受案范围 …… 308
第五节　行政复议机关与管辖 …… 316
第六节　行政复议参加人 …… 319
第七节　行政复议程序 …… 323
第十一章　行政赔偿 …… 334
第一节　行政赔偿概述 …… 334
第二节　行政赔偿的范围 …… 336
第三节　行政赔偿的归责原则与构成要件 …… 341
第四节　行政赔偿请求人与赔偿义务机关 …… 344
第五节　行政赔偿程序 …… 347
第六节　行政赔偿的方式和标准 …… 352
第十二章　行政补偿 …… 358
第一节　行政补偿概述 …… 358
第二节　行政补偿的范围 …… 361

第三节 行政补偿的原则与标准 …… 366
第四节 行政补偿的程序与司法救济 …… 368

第五编 行政诉讼

第十三章 行政诉讼法概述 …… 373
第一节 行政诉讼与行政诉讼法 …… 373
第二节 行政诉讼法律关系 …… 378
第三节 行政诉讼的基本原则 …… 382
第十四章 行政诉讼受案范围与管辖 …… 387
第一节 行政诉讼受案范围 …… 387
第二节 行政诉讼的管辖 …… 398
第十五章 行政诉讼参加人 …… 406
第一节 行政诉讼参加人概述 …… 406
第二节 行政诉讼原告 …… 409
第三节 行政诉讼被告 …… 413
第四节 行政诉讼中的共同诉讼人 …… 415
第五节 行政诉讼第三人 …… 417
第六节 行政诉讼代理人 …… 419
第十六章 行政诉讼证据 …… 422
第一节 行政诉讼证据概述 …… 422
第二节 行政诉讼证据的种类 …… 423
第三节 行政诉讼的证明 …… 426
第四节 行政诉讼中的举证责任 …… 428
第五节 行政诉讼中提供证据的要求 …… 432
第六节 行政诉讼证据的调取和保全 …… 435
第七节 鉴定规则与勘验规则 …… 438
第八节 行政诉讼中的质证 …… 439
第九节 行政诉讼中的认证 …… 444
第十七章 行政诉讼审理程序 …… 451
第一节 行政诉讼的提起和受理 …… 451
第二节 第一审程序 …… 455
第三节 第二审程序 …… 460
第四节 涉外行政案件的审理程序 …… 464
第五节 行政赔偿诉讼 …… 465
第六节 审判监督程序 …… 470
第十八章 行政诉讼的法律适用和裁判 …… 473
第一节 行政诉讼的法律适用 …… 473

第二节　行政诉讼的判决、裁定和决定 …… 476
第十九章　行政诉讼的执行与保障 …… 485
第一节　行政诉讼的执行 …… 485
第二节　行政诉讼的期间与送达 …… 496
第三节　对妨碍行政诉讼的强制措施 …… 500

主要参考书目 …… 503

第一编 绪论

DIYIBIAN XU LUN

第一章 行政法概述

第一节 行政与行政权

一、行政的含义与特征

行政是理解行政法的逻辑起点，如果没有人类的行政活动也就没有行政法存在的可能，但这并不表明行政法就是与人类的行政活动同时产生的。“行政”一词的英文表述是 Administration，德文表述是 Verwaltung，它是一个在政治学、行政学、行政法学等领域所广泛使用的术语。对于“行政”一词，中外行政法学者从不同的角度赋予了其不同的含义，从方法上主要可以归纳为以下几类：

1. 国家意志执行说。持该观点的学者从政治与行政分离的角度解释行政，认为国家的活动分为政治和行政两大部分，一部分是表达国家意志的活动，如制定法律和政策等；另一部分是执行国家意志的活动。行政便是执行国家意志的活动。①

2. 排除说（或称除外说、蒸馏说、扣除说）。该说是建立在分权思想的基础上对行政的一种消极定义，是在对立法、行政、司法三种作用比较后，在形式上对行政范围的界定。该说认为，行政是指除了国家立法、司法以外的国家职能（活动或者作用）。由于排除说的观点与三权分立的原则较吻合，所以该观点曾被早期的资产阶级学者普遍接受。②

3. 目的实现说（或称积极说）。与消极地界定行政的定义不同，该说试图给行政下一个积极的定义或描述，强调行政的实质意义就是公共利益的实现，认为行政是实现国家目的的活动。例如，日本学者田中二郎认为：“行政是依据法律，在法律的约束下，现实中为积极实现国家目的进行的，整体上具有统一性的、连续性的国家活动。”③

---

① ［美］F. J. 古德诺著：《政治与行政》，王元译，华夏出版社 1987 年版，第 5～10 页。
② ［日］室井力主编：《日本现代行政法》，吴微译，中国政法大学出版社 1995 年版，第 9～10 页。
③ ［日］南博方著：《日本行政法》，杨建顺、周作彩译，中国人民大学出版社 1998 年版，第 8 页。

4. 组织管理说。持该学说的学者从管理学的角度解释行政，认为行政是指国家行政机关依法对社会公共事务进行的组织、管理和服务的活动。将行政视为一种组织管理活动的观点在我国行政法学界具有一定的普遍性，但在表述上稍有差别，如有的学者将其表述为："行政就是国家行政主体对国家事务和社会事务以决策、组织、管理、调控等手段发生作用的活动。"①

5. 广义与狭义说。持该学说的学者认为，行政可以在广义与狭义两种意义上使用。广义上的行政，泛指政府的各种活动；狭义上的行政，仅指行政机关的活动。该种观点以美国学者威洛比为代表，其在所著的《行政法》一书中指出："'行政'一词，在行政学上有两种意义。就广义而言，行政泛指政府的各种活动，而不专指政府的任何一方面，如立法机关的行政、司法机关的行政、行政机关的行政均属之。故广义的行政，就包括整个政府的活动在内。就狭义行政而言，行政仅指行政机关的活动而已。"② 与此观点相关的，在国内还有形式行政与实质行政的观点。该观点首先将行政分为公行政与私行政，公行政又有国家行政与非国家行政之分，而国家行政又有形式行政与实质行政之分。作为行政法学研究对象的行政是公行政，主要是国家行政、形式行政，既包括国家行政机关进行的执行、管理活动，也包括国家行政机关进行的准立法和准司法活动。③

6. 特征描述说。该种观点受"行政职能加以描述，而无法予以定义"的影响，采取特征描述的方法解决行政的定义问题。该说的代表人物为德国行政法学者毛雷尔。毛雷尔对于行政的特征作了如下描述：（1）行政是一种社会塑造活动，它以社会的共同生活为目标；（2）行政需以公益为出发点；（3）行政主要是积极的且针对将来的塑造活动；（4）行政是为处理事件而采取具体措施或执行特定计划的活动。④

上述学说或观点都从不同的角度对行政的含义作出了界定，但任何一种学说又似乎都不能克服"行政"一词的多义性，好在都是学理上的概念而非行政的法律定义，因而尚不致有法律效果的争论。借鉴中外学者关于行政的定义或描述，考虑到行政在社会生活中的发展变化，结合现代汉语辞书关于行政含义的解释，我们对行政法上的行政作出如下界定：行政是指国家行政机关或国家授权的社会组织，为实现公共利益对一定范围的公共事务进行组织、管理和服务的活动及其过程。它具有如下特征：

1. 行政法上的行政是指公共行政。识别公共行政即公行政的首要标志是主体，公行政是国家行政机关或者国家授权的社会组织进行的管理活动。与公行政相对应的是私行政，私行政是指企业、事业等组织进行的自我管理活动。

---

① 张正钊主编：《行政法与行政诉讼法》，中国人民大学出版社 1999 年版，第 6 页。

② 转引自应松年、朱维究编著：《行政法学总论》，工人出版社 1985 年版，第 2 ~ 3 页。

③ 姜明安主编：《行政法与行政诉讼法》，北京大学出版社、高等教育出版社 2007 年版，第 3 ~ 4 页。

④ ［德］哈特穆特·毛雷尔著：《行政法学总论》，高家伟译，法律出版社 2000 年版，第 6 ~ 7 页。

公行政与私行政的根本区别在于主体的不同，除此之外，二者还有其他区别：(1) 目的不同。公行政以公共利益为目的；私行政虽然必须符合公共利益、不得违反法律，但是其直接目的是自身的利益。(2) 手段不同。公行政大多以国家强制力为后盾，在被管理者不服从时可对其进行行政处罚、实施行政强制，可以限制公民的人身自由、公民或组织的财产权，迫使其服从；私行政不能直接以国家强制力为后盾，在被管理者不服从时，通常采取协商、说服教育的方法或者申请仲裁、提起诉讼，而不能直接限制被管理者的人身权或财产权。(3) 范围不同。公行政的范围宽于私行政，公行政的范围除了国家行政机关内部自我管理以外，还包括大量的社会事务，同时具有内部和外部管理的双重职能；私行政的管理职能仅限于内部，即只能内部自我管理。(4) 法律依据不同。公行政的法律依据是宪法、组织法、行政法等公法规范，而私行政的法律依据是劳动法或者民商法等私法规范。(5) 救济途径不同。在发生争议或纠纷时，公行政的救济途径是行政复议、行政赔偿、行政诉讼等，而私行政的救济途径是协商、调解、仲裁和民事诉讼等。

公行政与私行政之间也存在密切的联系，主要表现在：(1) 两者之间存在着许多相通的原理、原则。行政的本质含义是管理、执行，私行政也是管理，公行政的许多方法都受益于私行政，许多国家在行政体制改革时都借鉴和汲取私行政的经验。在机构设置和管理手段等方面，存在着对一切行政都适用的某些原理、原则，如管理幅度与层次规律、效率原则等。(2) 公行政的推行越来越多地借助私行政成为发展趋势。随着科技、经济的现代化和全球化，给付行政和民主行政迅猛发展，从而导致公行政与私行政的界限呈现模糊发展的状态，公行政的运行越来越多地借助私行政的方法，如协商、合同等，而且援引相应的私法规范，公行政由此在某些方面具有了私行政的特点和形态。(3) 两者之间存在着互动关系。一方面，公行政是为私行政服务的，私行政的需要是界定公行政范围的实践根据之一，私行政的水平决定着公行政的发展水平；另一方面，公行政反作用于私行政，公行政的质量和水平直接关系到私行政的发展水平。

公行政不等同于国家行政，公行政包括国家行政和社会行政。在传统意义上，人们通常将公行政仅仅理解为国家行政，把行政法中的公行政完全等同于国家行政。第二次世界大战以后，特别是20世纪七八十年代以来，在全球范围内悄然兴起了一场以重新审视政府与市场关系为起点、以部分公共管理社会化和放松管制为主要特征、以治理和善治为目标的公共行政改革。这场方兴未艾的改革打破了国家对社会公共事务的垄断，国家与社会的分离使得大量的非政府的社会公共组织应运而生，这些组织在公共事务管理中发挥了越来越重要的作用，社会行政与国家行政一起共同构成了公行政不可或缺的“两翼”。于是，社会行政逐渐被纳入各国行政法学的研究视野之中。① 所以，作为现代行政法中的公行政，

① 杨海坤、章志远著：《中国行政法基本理论研究》，北京大学出版社2006年版，第3~4页。

不仅仅是指国家行政，还包括非政府组织的行政即社会行政。但是，在现阶段，国家行政仍是公行政的主体部分，社会行政则处于补充的地位。

公行政中的国家行政有形式行政和实质行政之分。以主体为标准界定的公行政在行政法学上称为形式行政，即指国家行政机关和国家授权的社会组织实施的行政。以某种职能活动是否具有管理、执行的性质为标准界定的行政称为实质行政，即不论何种国家机关实施的，只要在性质上属于管理或执行的活动就称为行政，包括立法机关、司法机关的内部管理活动。现阶段，国家行政主要是指形式行政，即国家行政机关进行的执行、管理活动，包括国家行政机关进行的准立法和准司法活动。①

由此可见，行政有公行政和私行政之分，公行政有国家行政与社会行政之分，而国家行政又有形式行政和实质行政之分。作为行政法和行政法学研究的行政是公行政，包括国家行政和社会行政，国家行政现阶段是指形式行政。

2. 公行政的主体是国家行政机关或国家授权的社会组织。国家行政机关，是指中央和地方各级人民政府及其下属的工作部门。国家授权的社会组织，是指根据法律、法规、规章②的授权，履行特别行政职能的非国家机关的组织，如大学、行业协会、基层群众自治组织等。国家行政机关或国家授权的社会组织在学理上称为行政主体，除此之外，其他机关和组织进行的管理活动不是行政法上的行政。

3. 公行政的客体是一定范围内的公共事务。公行政的客体即行政的“疆域”为一定范围内的公共事务，包括国家事务和社会公共事务。一定范围内的公共事务，表明公行政的客体是动态的，行政的发展历史已经证明：国家行政经历了小——大——小的变化过程，社会行政则呈现小——大的发展趋势。因为公行政是国家干预公民个人生活和市场的一种形式，所以，公行政客体的范围大小取决于国家与公民的关系及国家与市场关系的定位。具体而言，确定公行政范围的经济基础是生产力的发展水平和人民群众物质、精神和文化发展的需要，政治标准是民意，法律标准是符合人类实践理性的法律、法规和规章。

4. 公行政的目的是公共利益。公共利益是一个不确定的法律概念，公共利益出现在多种性质不同的法律文件中，但至今尚无一部法律对其内涵和外延进行界定。尽管人们对公共利益内涵与外延的认识不一致，但公行政的目的是公共利益而且是唯一的目的却早已形成共识。在理解公共利益时要注意的问题是：第一，虽然公共利益的概念在认识上有分歧，但是公共利益不是个人、团体、单位与阶层的利益，而是不特定多数人的利益；公共利益不等同于国家利益，它包括国家利益但不限于国家利益。第二，应当兼顾公共利益、公民和组织权益，在为

---

① 姜明安主编：《行政法与行政诉讼法》，北京大学出版社、高等教育出版社2007年版，第4页。

② 国家授权的组织传统上是指法律、法规授权的组织，但最高人民法院《关于执行〈中华人民共和国行政诉讼法〉若干问题的解释》第20条、第21条承认规章授权的组织的行政主体地位，因而国家授权的组织包括规章授权履行特定行政职能的组织。

公共利益而牺牲或者损害公民或组织权益时，必须依法给予公正、适当的补偿，禁止无条件地牺牲公民或组织的权益。

5. 公行政的外在表现形式是各种执行与管理活动。行政的实质是对国家法律和权力机关意志的执行（将法律规范积极主动地适用于具体事件）、对一定范围公共事务的管理，这是行政与立法、司法的区别。立法的实质是以法律规范的形式表达民意，司法的实质是中立的国家公断人应申请裁决法律争端。和立法、司法活动相比，行政（行政活动）具有具体性、整体性、主动性、创造性和过程性的特点。

行政的客体通常是日常的、特定的、具体的事务，因而具有具体性。行政活动虽然在现实中表现为若干个单独具体的活动，但这种活动与国家职能和政策的整体相关联，必须始终一贯，在整体上具有统一性和连续性，可见，行政是由若干个具体活动构成的整体。行政具有主动性，在公共利益需要的情况下，即使公民或组织没有提出申请或要求，国家行政机关或者国家授权的社会组织也应当积极主动地采取特定的措施，以保护、实现公共利益和个人利益。行政担负着制度设计、观念引导和社会塑造的重任，所以其具有创造性。行政具有过程性，行政不仅是实体活动，而且是一种程序过程，它具有实体与程序的统一性。因此，对于行政活动，不能仅限于理解为一种实体活动，而应将其视为一个过程、一套程序。

6. 公行政必须依法进行。行政概念本身并不包括法的要素，但近代以后，为了保障人权和防止行政专制，要求行政必须受到法的控制，必须依法进行。行政依法进行要求行政活动的主体、行为及其过程必须有法律依据，即依法行政。依法行政中的“法”不仅包括具体的法律规则，还包括法律原则、习惯法、判例法甚至法律的目的、精神及价值等，从而使现代行政具有了法定性。正如日本学者藤田宙靖所言：“行政这一概念的确定离不开一定的法律规范为前提。”①

二、行政的分类

基于行政自身的复杂性和多样性，为了揭示行政的不同表现形态、加深对不同类型行政的认识、达到准确规范的目的，就有必要在学理上按照一定的标准对其进行分类。行政法意义上的行政，通常可作如下分类：

（一）规制行政与给付行政

根据行政的目标或任务的不同可将行政分为规制行政与给付行政。

1. 规制行政。规制行政，又称秩序行政、干预行政、消极行政、侵害行政，是指通过限制公民或者组织（法人和其他组织）的权利、自由，或者对其施加义务、负担达到目的的行政。规制行政旨在维护社会秩序，防止他人遭受非法侵

---

① ［日］藤田宙靖：《行政与法》，李贵连、宋坚雷译，载《中外法学》1996年第3期。

害和维护公共利益，往往是以下达命令的方式表现于外，必要时依靠国家的强制力确保任务的实现。就领域而言，如警察行政、税务行政等；就表现方式而言，则为各种对公民、组织不利的行政行为，如行政处罚、征税、行政强制等。

2. 给付行政。给付行政，又称福利行政、服务行政、积极行政、授益行政，是指通过给予公民、组织便利、利益等达到目的的行政。该类行政旨在改善公民、组织的生存环境和生活条件，为公众提供各种生活需要上的服务。在现代社会，随着国家职能的转变，积极主动地为公众提供最大的服务与照顾已经成为国家的重要任务，因此，给付行政在整个行政活动中的比重必将日益增大。给付行政在具体措施和表现形式方面，是指有关社会保险、社会救助、生活必需品的供给、举办公共事业、举办职业培训、整治环境、提供文化服务等。

规制行政与给付行政的区分，可以帮助人们正确认识行政发展的基本规律，为不同类型的行政确立相应的规范措施，防止规制行政违法和敦促给付行政及时作出。

（二）强制行政与非强制行政①

强制行政与非强制行政是根据行政方式的不同所作的分类。

1. 强制行政。强制行政，是指通过强制性方式达到目的的行政。传统行政法上的行政大多属于强制行政，如警察行政、税务行政等领域，命令、制裁等强制性手段被较多地采用。

2. 非强制行政。非强制行政，是指通过劝导、建议、指导、激励、契约等柔性的非强制的方式达到目的的行政。随着全球范围内公共行政管理改革的推进，现代行政法中大量新型非强制方式正在日益取代强制方式而成为行政活动的重要组成部分。在给付行政中，非强制性手段被广泛运用；即使在传统的规制行政领域，非强制性手段也逐渐得到了运用。

由强制行政向非强制性行政转变是行政自身模式转换的重要表现，对行政的这种区分有助于人们了解行政自身的发展规律，进一步拓展非强制行政的发展空间，以更低的成本实现公共行政的管理目标，对强制行政和非强制行政分别予以规范。

（三）羁束行政与裁量行政

根据行政受法律约束的程度不同，可以将行政分为羁束行政与裁量行政。

1. 羁束行政。羁束行政，是指法律对行政活动的实体和程序要件作了明确规定，行政机关和授权组织必须按照法律的规定进行行政活动，没有选择余地的

---

① 传统上，学界通常按照行政的不同方式将行政划分为权力行政与非权力行政，并以此来解释行政指导等新型的行政活动为非权力行为。我们认为这种划分值得商榷，因为行政法意义上的公共行政都是权力性的，行政指导等新型行政活动也是行政权运用的结果，指导、契约等方式的行政与行政处罚、命令等方式的行政之间并非是权力与非权力的区别，而是在实现方式上的强制与非强制的区别。强制行政与非强制行政之分已经逐渐得到国内学界的认可，代表性著述有石佑启的《公共行政改革与行政法学范式的转变》、崔桌兰等的《非强制行政行为——现代行政法学的新范畴》。上述二文均载于罗豪才主编：《行政法论丛》（第4卷），法律出版社2001年版。

行政。羁束行政，受法律的严格制约，税务行政中的征税是典型的羁束行政。

2. 裁量行政。裁量行政，是指法律对行政活动的程序和实体标准作原则性、选择性、幅度性规定，行政机关和授权组织可以根据案件的具体情况在法律规定的范围内进行自主判断、进行选择的行政。裁量行政受法律的约束较少，行政活动的实施者在行政过程中拥有自由的选择和判断权，对复杂多变的行政事务进行灵活的处理。

行政本身的灵活性和能动性及法律规则的滞后性决定了裁量在行政活动中的重要地位，现代行政更多地表现为裁量行政，这也是行政自身的演变规律之一。对行政作这种区分，主要是有助于人们认清裁量行政存在的必然性和普遍性，进而对其进行合理、有效的规范。

（四）内部行政与外部行政

根据行政活动范围和对象的不同，可将行政分为内部行政和外部行政。

1. 内部行政。内部行政，是指对行政机关自身内部事务所作的组织、管理活动。例如，行政机关公务员的录用、管理，内部职位的配置、编制的拟订与执行，公文流程，会议的召集及表决等。内部行政不涉及社会上的人和事，对社会上的公民和组织的权利义务不产生直接的影响。

2. 外部行政。外部行政，是指行政机关和授权组织对不隶属于自身的事务所作的组织、管理活动，如行政处罚、行政强制、行政许可等。外部行政是行政法学研究、关注的重点。

内部行政与外部行政之分，主要是帮助人们正确地认识它们在依据、方式及效力范围和救济等方面的不同，从而对其分别适用相应的规则。

三、行政权

行政虽然是理解行政法的逻辑起点，但行政法并不是与行政同时产生的。行政法之所以要对公共行政进行规范，是由公共行政的内核——行政权决定的。行政权的独立存在及其广泛运用使得对其的规范成为社会的普遍需求，现代意义上的行政法便应运而生。因此，行政权是行政法学的理论基点，是行政法一切特殊性的根源，行政主体、行政作用、行政责任、行政救济等众多的行政法学的基本范畴无不与行政权的存在息息相关。[①]

（一）行政权的含义

关于行政权的含义，国内行政法学的教科书和著述的表述虽有多种，但并无本质的差别。我们认为，界定行政权不仅要区分行政权与立法权、司法权等其他性质的国家权力，以凸显行政权的特殊性，而且要注意行政权自身内涵和外延的变化，使概念的界定能够适应社会发展对行政权的客观需要。基于此，我们对行

---

① 杨海坤、章志远著：《中国行政法基本理论研究》，北京大学出版社2006年版，第15页。

政权界定如下：行政权是国家行政机关或者国家授权的社会组织对一定范围的公共事务进行直接组织、管理或主动为社会成员提供公共服务的权力。对这一概念，应作以下理解：

1. 行政权的享有者是国家行政机关和国家授权的社会组织。在现代国家，行政权不为国家行政机关所独享，国家授权的社会组织也享有行政权。但国家行政机关和国家授权的社会组织享有行政权的侧重点不同，与国家和社会重大利益密切相关的管理职能或权力由国家行政机关独享，如国防、外交、财政、治安、规划、经济调控、市场监管等职能；大量的执行性、可操作性事务尤其是公共服务的供给职能则可由国家授权的社会组织行使，如行业协会对其成员的培训、考核、惩戒等。随着国家与社会的进一步分离，公权力社会化的趋势将更加明显，社会组织行使行政权的比重也会日益提升。

2. 行政权的内容是管理公共事务和提供公共服务。行政权的传统内容是执行法律、管理公共事务，但在当代社会，行政权不仅仅是消极地执行法律、管理公共事务，除此之外，行政权要不遗余力地为社会成员提供优质的公共服务。正如德国行政法学家福斯多福所说，现代行政权应当是“一个为照顾公民生活所需，而积极提供服务、给付行为的主体”。[①] 可见，在行政权的含义中加入公共服务的内容无疑具有鲜明的时代特色与意义。

3. 行政权的显著特征是直接性和主动性。与立法权、司法权相比，行政权具有直接性和主动性，行政权要直接、主动地管理公共事务或提供公共服务，因而对公民和组织权益的影响是直接的、主动的，而立法权、司法权对公民和组织权益的影响则为间接的、被动的。行政权的直接性、主动性的特征，体现了与其他国家权力之间的差别。

4. 行政权不同于行政职权。行政权与行政职权是两个不同的概念，行政权是一个抽象的概念，是对现实生活中诸多行政权力的理论概括，是国家权力的一种；而行政职权则是指特定的行政机关或国家授权的社会组织对某一具体的行政事务进行管理的权力，是行政权的具体表现。

（二）行政权的内容与形式

行政权的内容和形式实质上是行政权的分类标准之一，依照不同的标准可对行政权作不同的分类。例如，按照性质的不同，可将行政权分为行政决策权、行政执行权和行政监督权三类。不同类别的行政权对公民或组织权益的影响不同，因而适用的具体规则也有所差异。在诸多的行政权分类中，比较而言，内容与形式标准显得更为重要。原因在于了解行政权的内容可以使人们认清行政权的“疆域”，即行政权管辖的事务范围，可见行政权的内容决定着行政权该管哪些事务、不该管哪些属于个人或组织自由支配的事务；而知悉了行政权的形式则可以使人们明确行政权不同的运行方式，即行政权怎样去具体管理行政事务。

---

① 陈新民：《中国行政法学原理》，中国政法大学出版社2002年版，第29页。

1. 行政权的内容。中外行政权的历史演变已经证明行政权的内容一直处于变动不居的过程之中，今后仍然呈动态发展趋势，因此，行政权在当代究竟应当管什么无疑是一个非常重要而又令人头疼但又不得不去认真思考的问题。虽然客观情形增加了对行政权内容归纳的难度，但人们仍然可以从学理上对行政权的内容作出分析。从整体上来看，无论是国家行政机关，还是国家授权的社会组织，其享有的行政权主要解决三个方面的问题：第一，管“事”，即对国家事务和社会事务进行管理；第二，管“物”，即对维系行政管理的各种物质手段进行管理；第三，管“人”，即对行使行政权的行政机关、社会组织和行政机关工作人员进行管理。从这个意义上讲，行政权的内容大体可以分为行政事权、行政财权和组织人事权三个部分。其中，行政事权是行政权的首要内容，行政财权和组织人事权的最终目的是服务于行政事权。

2. 行政权的形式。行政权的形式，是指行政权的运行（运作）方式。行政权的形式也呈动态发展趋势，经历了一个由少到多、由单一强制方式至非强制方式并存的过程，而且每一个国家、每一个国家的不同时期行政权的形式也有所不同。尽管行政权的形式日益呈现出多样化、复杂化的发展趋势，学者们对其的归纳有所不同，但从行政权运作的实践来看，常见的形式包括：制定行政规范权（行政立法权），行政命令权，行政处理权，行政处罚权，行政许可权，行政强制权，行政确认权，行政征收、征用权，行政检查权，行政奖励权，行政裁决权，行政复议权，行政计划权，行政指导权，行政合同权。

第二节 行政法的概念

一、行政法的含义

何谓行政法？这是一个迄今为止尚无统一认识的问题。由于各国的法律文化传统、现实条件的不同，一个统一的、放之四海而皆准的行政法定义是不可能存在的。我国关于行政法的定义多达数十种，可以说有多少种行政法的教科书就有多少种行政法的定义。虽然学者们关于行政法内涵的表述千差万别，但主要区别还是在于定义的角度不同。国内学者关于定义行政法的角度主要有两类，即单一角度和多重角度。其中，单一角度包括调整对象、内容、作用、性质及价值等五种具体情形，多重角度则包括内容与调整对象相结合、地位与调整对象相结合等六种具体的类型。① 由此可见，对行政法的界定是一个非常困难的问题。

通过对国内外关于行政法定义的比较考查，从行政法所包含的内容角度去定义行政法已经成为越来越多的中外学者界定行政法的偏好与趋势。这种方式简洁

① 杨海坤主编：《跨入21世纪的中国行政法学》，中国人事出版社2000年版，第43～47页。

明了、容易让人把握，因此，我们尊重学界的选择，从行政权的角度界定行政法，使行政法的界定与行政——公共行政——行政权——行政法的发展链条相吻合。基于此，行政法是关于行政权的授予、行使、监控和对其后果予以补救的法律规范的总称。对这一概念可从以下几个方面分析：

（一）行政法是规范行政权的法

资产阶级革命取得胜利之后，行政权从国家的整体统治权中分离出来，并被广泛运用。行政权具有两面性：一方面它为社会提供秩序、促进社会发展、为民提供福祉，另一方面又有被滥用侵害公民权益的极大可能性。出于对行政权加以制约、使其扬长避短的社会需要，行政法才得以产生。因此，行政法只能是以规范行政权为己任的法，凡是有关行政权的授予、行使以及与之相联系的活动及基于此而形成的社会关系，都属于行政法所规范的内容和其调整的范围。

（二）行政法是规范行政权的授予、行使及其结果的监控与补救的法

既然行政法是规范行政权的法，那么行政法是如何规范行政权的呢？从逻辑上看，行政权包括三个内在的逻辑链条：权力的授予即来源（行政主体能够做什么）——权力的实际行使（行政主体怎样做）——权力运行后果的补救（行政主体做错了怎么办），因此，行政法就要分别对这三个不同的环节进行规范。于是，行政法在内容结构上由三部分组成：行政组织法、行政行为（作用）法、监督救济法。行政组织法解决行政权的来源问题，行政行为法（包括实体法和程序法）解决行政权如何行使的问题，监督救济法解决对行政权行使的监督和行政权行使后果的补救问题。

（三）行政法是规范行政权的法律规范的总称

行政法是规范行政权的法，那么行政法是通过何种形式表现出来的呢？行政法律规范是行政法的外在表现形式，没有行政法律规范的存在，我们就无法考查行政法现象。因此，行政法是由一系列的、多层级的行政法律规范和公认的法律原则所组成的。

二、行政法的调整对象

每一个部门法都有其自身的、特定的调整对象，行政法也不例外。行政法的调整对象是行政关系，行政法是调整行政关系的法。所谓行政关系，是指因行政权的授予、行使、监控和对其后果予以补救而形成或引发的各种社会关系。行政关系主要包括以下三种形态的社会关系：

（一）因行政权的授予而形成的社会关系

规范行政权的前提是授予行政权，所以因行政权的授予而产生的社会关系自然是行政法的调整对象之一。因行政权的授予而形成的社会关系主要发生在权力机关与行政主体之间，是由权力机关创设、分配或解除行政权力而引起的社会关系。例如，《行政处罚法》将某些行政处罚的设定权和规定权分配给行政机关行

使，从而使权力机关与这些行政机关之间就形成了特定的社会关系。

（二）因行政权的行使而产生的社会关系

因行政权的行使而产生的社会关系一般称为行政管理关系。它是行政法最普遍的、最重要的调整对象，具体包括两类社会关系：一是行政主体相互之间、行政主体与其公务人员之间的关系，即内部行政管理关系；二是行政主体与相对人（公民、组织）之间的关系，即外部行政管理关系。目前，行政法学研究、关注的重点是外部行政管理关系。

（三）因对行政权的监控和后果补救而产生的社会关系

对行政权实施监控和对行政权行使后果进行补救是行政权行使的必然延伸，由此产生的社会关系也是行政法的调整对象。这类社会关系发生在行政主体与一切可能的监控、补救主体之间，如对行政权行使的事后监控与补救的行政复议关系、行政诉讼关系。

行政关系，一经行政法调整即成为具有权力（权利）义务内容的行政法律关系。

三、行政法的性质

行政法的性质突出地表现为“规范行政权的国内公法”，这一性质也体现了行政法在法律体系中的地位。

（一）行政法是公法

公法和私法的划分在西方法律史上源远流长，尤其被大陆法系国家和地区所推崇。关于公法与私法的划分标准一直争论不休，没有定论，但这一划分法律的传统却一直延续下来。长期以来，我国对公私法的划分一直予以否认，直到20世纪90年代之后学界才重新探讨这一问题，逐渐承认公法与私法的划分。行政法所规范的内容是公共管理和行政权问题，关涉政府与公民、政府与市场、国家与社会的关系，因此，行政法一般被公认为典型的公法。随着福利国家的形成和给付行政的发展，使得公私法的区别日渐相对化、界限更加模糊，并出现了公法私法化（如经济行政领域）、私法公法化（如社会保障法）的趋势。但私法手段在行政法上的援用并未改变其公法的属性，公法规则与私法规则不可能完全相同，总会有差别，无论在现实的法律制度上还是理论解释上，公法与私法之分都是不可否认的。

（二）行政法是规范行政权的公法

行政法是公法，但公法不仅为行政法，整个公法大家族是由宪法、行政法、刑法、军事法、诉讼法等部门所组成。尽管公法的使命都在于规范公权力的行使、防止公权力越界或滥用，但行政法与其他公法的区别十分明显，行政法是规范行政权——这一最普遍运用又最容易被滥用的公权力的法。正是由于这一特殊的规制对象的存在，说明行政法是最典型的公法部门。

（三）行政法是规范行政权的国内公法

行政法基于一国主权而制定，以一个国家内部的行政权为规范对象，效力及于本国领域，因而行政法当然属于国内法而非国际法。随着国际关系日益密切，各国政府及其部门在行政领域的合作日益广泛与频繁，“国际行政法”的名称开始出现在行政法的论著之中。但是，所谓国际行政法还不能算作一个成熟的概念，其不能单独存在：首先，各国行政法之间相互借鉴甚至趋同并没有根本改变行政法作为国内法的本质属性，目前行政法的主要任务仍然是规范一个国家内部的行政权，即使存在某些涉外因素（如相对一方是外国人和组织），它也属于国内法的范畴，而非国际行政法。其次，作为跨国共同遵守的行政协定以及有关国际行为的规范一般属于国际公法的内容，不属于行政法的范畴。最后，不能将法律部门及其性质与法律渊源混为一谈，国际条约、国际惯例也可作为行政法的渊源，但不能因此认为行政法属国际法的范畴。所以，不论从根本上来说还是从现状来看，行政法依然是规范行政权的国内公法。

四、行政法的特征

行政法作为一个独立的法律部门，除具有法律部门的共同特征外，与其他部门法相比还具有自身的特性。国内学者对行政法特征的概括主要有以下方式：一是从内容和形式两个方面对行政法的特征进行概括；二是从性质及内容上进行归纳；三是从形式、内容和性质三个方面概括行政法的特征；四是从行政法与宪法和其他部门法的关系、内容和形式方面予以概括。在上述四种方式中，第一种方式，即从形式与内容两个方面概括行政法的特征是学界当前的主流观点。我们也倾向以第一种方式概括行政法的特征，因为这不仅是学界大多数人的意见，而且这种方式简洁明了、容易把握和理解。

（一）行政法在形式上的特征

1. 行政法缺乏统一完整的行政法典。行政法在形式上不同于民法和刑法等，民法、刑法都有一部集基本规范于一体的统一的法典，而行政法则没有一部统一的法典，行政法律规范散见在各种法律规范文件之中。

行政法之所以难以制定统一的法典，原因主要有以下四点：第一，行政法的调整范围广泛。行政法不仅要规范行政组织，而且还要规范行政作用和监督救济，行政法的调整范围存在日益扩大的趋势。第二，行政法规范的性质繁杂。如果范围广泛但性质相同，仍然可以制定统一的法典。然而，各种行政法规范的性质极为不同，如警察行政法规范与民政行政法规范、行政处罚规范与行政给付规范等，它们各有不同的目标，很少有共同的基础。第三，行政法规范的变化频繁、稳定性低。如果行政法规范仅仅因为性质不同，那么仍然有可能作分门别类的规定，制定统一的法典。但是，“无奈行政法规，又是反映社会现象最快、变迁频繁的法规，制定为统一的法典，乃倍见困难”①。第四，行政法产生较晚。作为一个独立法律部门的行政法产生较晚，规范各种行政关系的最一般基本原则尚未完全形成，有些基本原则虽已形成但尚不完全成熟，将行政法规范编纂成统一法典的条件尚未完全具备。

行政法不存在统一完整的法典，并不意味着行政法没有法典。无论是国外还是国内，在行政法的许多领域都已经形成了基本法典，如《行政程序法》、《行政组织法》、《公务员法》、《行政许可法》、《行政处罚法》、《行政强制法》、《行政复议法》、《行政赔偿法》等。

2. 行政法规范存在的形式及法律文件数量多、居部门法之首。我国的行政法规范是在宪法统帅下，由位阶和效力等级不一的法律、行政法规、地方性法规、行政规章、自治条例和单行条例、有权法律解释、条约与协议中所有规范行政权及调整行政关系的法律规范组成的。这些作为行政法渊源的法律规范不仅形式多样、位阶与效力等级不同，而且数量也特别大，居部门法之首。

（二）行政法在内容上的特征

1. 行政法的内容广泛、技术性较强。由于行政职能的不断增加，政府机构的不断扩张，行政权力的领域已经不限于传统的国防、外交、治安、税收、邮政等方面，而是扩展到了经济、贸易、社会公共福利、科教文卫、自然资源的开发和保护、环境保护等社会生活的各个方面，行政法的内容由此也变得越来越丰富、庞杂。加之行政法有一大部分涉及专业领域的行政管理，行政法在规定行政活动的目的、手段和方法时，必须对未来可能发生的情况或有关专业问题进行科学、客观的分析、预测和论证，从而使得行政法具有了较强的专业性和技术性。

2. 行政法的内容具有较强的变动性。行政法规、行政规章相对于其他行政法规范形式而言，不仅数量多，而且内容也较易发生变动。其原因主要是：一方面，由于社会关系经常处于变动之中，新的问题层出不穷，因而行政权行使所形成的行政关系也会随之变动，作为调整这些行政关系的行政法规范也就呈现出易变性，以适应社会的现实需要；另一方面，由于行政法规特别是行政规章，规定的内容较多、较具体，为了适应社会的发展和行政执法的实践需要，也要及时进行调整。

3. 行政法是行政实体规范与行政程序规范的综合。行政法既是实体法又是程序法，是实体法与程序法的统一。行政实体规范一般规定行政主体的职权、相对一方当事人的权利义务以及法律关系双方违反法律规定的法律责任等。行政程序规范一般规定行政主体行使行政权力的方式、步骤和时限以及相对一方当事人享有的程序权利，应当履行的程序义务等。由于行政实质上就是管理和执行，行政活动本身的特点就决定了享有权力（相对一方当事人享有权利）与行使权力

---

① 林纪东：《行政法之法典立法问题》，载张剑寒等：《现代行政法基本论》，台湾汉林出版社 1985 年版，第 273 页。

（相对一方当事人履行义务）是一体的。从行政法规范的整体上看，行政法既包括实体规范，又包括程序规范，从行政法规范的具体内容上看，行政活动既是实体活动又是程序活动。仅规定行政权力（权利）取得，而不同时规定权力（权利）行使的程序是违背行政活动规律的。① 当然，行政法规范集实体规范与程序规范于一身的特点并不影响把共同的程序独立出来，作为统一的行政程序法加以规定。

第三节 行政法的渊源

一、行政法渊源的概念

行政法的渊源，又称行政法的法源，是指行政法的表现形式。关于法源，学术界有不同的观点，有法存在形式说、法原动力说、法原因说、法制定机关说、法前规范说、法事实说等不同学说。② 我国法学界的主流观点是法存在形式说，故本书亦采法存在形式说，即将法源界定为各法律部门的表现形式，也就是各法律部门法律规范的来源、出处。行政法的法源即指行政法的表现形式，亦指行政法法律规范的来源、出处。

二、行政法渊源的类型

各国法律制度和法律传统不同，行政法的法渊亦存在差别。归纳起来，行政法的渊源主要有以下类型：

（一）制定法

制定法，是指国家机关依据法定职权或授权制定的各种规范性文件。制定法往往也称成文法，但严格地说制定法与成文法是有区别的，在法学著作中，一般将制定法列为与判例法相对称的法律。制定法的形式往往表现为宪法、法律、行政法规、地方法规、国际条约等。

（二）习惯法

习惯法，是指经国家立法机关或其他有权机关认可并以强制力保障实施的习惯。习惯法也是法律的正式渊源，习惯法填补漏洞的作用主要是用于制定法的缺位或规定不全面的情况。习惯本身不是法律，但习惯一经国家确认或认可，即具有与制定法相同的法律效力。某些国家承认习惯法为不成文法的法源之一，如日

① 这一点也可以从一些国家行政法规范中得到说明：第一，在一些国家的行政程序法中，已融入大量的实体规范；第二，在已有统一行政程序法的情况下，一些以实体内容为主的行政法规范中，也仍要规定一些特殊的程序规范。

② 姜明安主编：《行政法与行政诉讼法》，北京大学出版社、高等教育出版社2007年版，第39页。

本的行政先例法等。目前，我国尚未承认习惯法为行政法的渊源。

（三）判例法

判例法，是指在法院判决的基础上形成的法律原则与规则。判例法不同于判例，判例是法院判决中的先例，它只解决个别案件，具有一次性适用的性质和特点；而各个判决中的法律解释、运用标准，经不断重复形成法律原则或规则，最终经法院承认（有的国家须经最高法院承认），并制约法院以后的审判和判决，从而形成判例法。无论是英美法系国家，还是大陆法系国家，都将判例法作为行政法的一种重要的法律渊源。目前，我国尚未承认判例法构成行政法的渊源。

三、我国行政法的渊源

我国是成文法国家，行政法来源于国家机关依照职权或授权所创制的具有法律效力的规范。行政法律规范可以集中于某一独立的法律文件中，如行政处罚法，也可以分散于其他法律文件中。我国行政法的渊源有以下表现形式：

（一）宪法

宪法是国家的根本大法，规定公民的基本权利和国家的基本制度，具有最高的法律地位和法律效力，是各项立法的依据。宪法所包含的行政法律规范通常原则性很强，涉及行政权力的取得、行使及对其进行监督的根本性问题。具有行政法意义的宪法规定主要包括：第一，国家行政权力的来源和行使权力的基本原则，如规定了行政机关由人民代表大会产生和向其负责并报告工作，行政机关实行民主集中制等。第二，行政机关在国家机构中的法律地位和行政体制，如规定了地方各级人民政府是地方各级权力机关的执行机关，又是地方各级国家行政机关。第三，行政组织及权限，如规定了国务院和地方各级人民政府的设立程度、职责权限等制度。第四，公民权利与行政权力的关系及处理原则，如规定了公民受到行政机关及工作人员侵害时享有的控告、检举、申诉、获得国家赔偿的权利等。

具有行政法意义的宪法规定通常是基础和纲领性规定，其他行政法规范都是在这些规定的基础上确立起来的。

（二）法律

法律，是指全国人民代表大会及其常务委员会制定的规范性文件，包括基本法律和法律。法律中凡是涉及行政权力的设定及权限、行使及运用、对行政权力加以监督和受到行政权力侵害时予以补救的规范，均属于行政法规范。具有行政法意义的法律有两种情况：一是某一项法律全部法律规范都属于行政法规范，如我国《行政处罚法》、《国务院组织法》等。二是某一项法律只有其中一部分或某些条款属于行政法规范，其他部分或条款属于其他性质的法律规范。例如，《地方各级人民代表大会和地方各级人民政府组织法》中，只有地方各级人民政府组织的部分属于行政法规范；又如，《婚姻法》中关于婚姻登记的规定属于行政法规范，其他大部分法律规范属于民事法律部门的范畴。

法律是行政法的重要渊源之一，在法律效力上仅次于宪法的规范性文件。

（三）行政法规

行政法规是国务院为领导和管理国家各项行政工作，根据宪法和法律制定的有关政治、经济、教育、科技、文化、外事等内容的条例、规定和办法的总称。多数情况下，法律关于行政权力的规定较为原则、抽象，因而还需要进一步具体化，行政法规通常是法律具体化的主要形式。行政法规作为行政法的渊源要具备两个前提条件：一是行政法规不得与宪法、法律相抵触。行政法规的效力低于宪法和法律，与宪法、法律相抵触的无效，无效的行政法规不能成为行政法的渊源。二是行政法规必须按照法定程序和方式制定和公布。国务院是制定行政法规的唯一机关。国务院制定行政法规必须按照法定程序和方式制定、公布，否则不具有行政法规的法律效力。不具有法律效力规范性文件也不能成为行政法的渊源。

行政法规是行政法的重要渊源之一，在法律效力上低于宪法、法律，高于地方性法规和行政规章，制定行政法规是国务院执行国家法律、领导和管理国家行政工作的重要措施。

（四）地方性法规

地方性法规，是指省、自治区、直辖市以及省会市、国务院批准的较大的市的地方人民代表大会及其常委会根据本地实际需要，在不与宪法、法律、行政法规相抵触的前提下，所制定的规范性文件的总称。地方性法规中涉及地方国家行政机关行政权力取得、行使以及对权力监督、公民、法人和其他组织在行政权力行使中的权利与义务等内容的规范，是行政法的重要渊源，如北京市人大常委会制定的《北京市城市建设规划管理暂行办法》、安徽省人大常委会制定的《安徽省罚款和没收财物管理暂行条例》。

（五）自治条例和单行条例

自治条例和单行条例，是指民族自治地方的人民代表大会依照宪法、民族区域自治法和其他法律规定的权限，结合当地民族的政治、经济和文化的特点制定的规范性文件。与地方性法规一样，民族自治条例和单行条例中有关行政法规范的内容也是我国行政法的重要法律渊源。

按照我国宪法的规定，自治区的自治条例和单行条例报省或者自治区的人民代表大会常委会批准后生效。自治州、自治县的自治条例和单行条例，报省或者自治区人民代表大会常务委员会批准后生效，并报全国人民代表大会常务委员会备案。

（六）行政规章

行政规章分为部门规章和地方规章。部门规章，是指国务院各部、各委员会根据法律和国务院的行政法规、决定、命令，在本部门的权限内制定的规范性文件。地方规章，是指省、自治区、直辖市以及省、自治区的人民政府所在地的市和经国务院批准的较大的市的人民政府根据法律和行政法规、地方性法规所制定的规范性文件。按照《立法法》的规定，行政规章主要是执行法律、法规的规定，因此行政规章一般称为规定、办法、实施细则、规则等，具有很强的可操作性。

行政规章作为行政法的渊源，其数量在行政法渊源的具体表现形式中占相当大的部分，对于完善我国的行政法体系发挥了很大作用。

（七）国际条约和协定

我国参加或批准的国际条约和协定，如果其内容涉及我国行政权力的行使和公民、法人相应的权利义务的，也是我国行政法的渊源。随着我国国际交往活动的不断增多和政府间合作的日益频繁，我国会参加或者批准一些国际条约或者协定，这些条约或协定中的一些涉及国内行政管理，成为调整国家行政机关与公民、法人和外国人之间行政关系的行为准则，因而也就成为我国行政法的渊源，如《万国邮政公约》、《国际劳工公约》等。但是，国际条约和协定中我国声明保留的条款不属于行政法的渊源。

（八）法律解释

按照是否产生法律效力，法律解释分为有权解释和无权解释。有权解释，是指具有法律效力的解释；无权解释是不产生法律效力的解释，通常是指学理或学术解释。作为行政法渊源的是有权解释。所谓有权解释，是指有权机关就法律规范在具体适用过程中，为进一步明确界定或进一步补充，以及如何具体运用所作的解释。根据规定①我国正式有效的法律解释为立法解释、司法解释、行政解释和地方解释。立法解释是全国人大常委会依法对法律文件所进行的解释。司法解释是最高人民法院和最高人民检察院依法对法律文件所进行的解释。行政解释是国务院及其主管部门依法对法律文件所进行的解释。地方解释是地方人大常委会及政府主管部门依法对法律文件所进行的解释。这些法律解释与法律、行政法规和地方性法规具有同等法律效力，其中与行政法有关的解释也是行政法渊源的表现形式。

在法律解释实践中，最高权力机关很少作出立法解释，很多法律都是在司法实践中由最高人民法院进行司法解释。行政解释和地方解释虽然具有法律意义，但是这些解释是否符合法律原意，人民法院在审理具体案件时，还要附带对之进行适当的司法审查，虽然没有撤销或者宣布其无效的权力，但可以不予适用，或者以司法解释取而代之。

---

① 该规定为1981年6月10日第五届全国人民代表大会常务委员会第十九次会议通过的《关于加强法律解释工作的决议》。

第四节　行政法的体系

关于行政法的体系我们可以从内外部两个方面来考查，外部体系是行政法在整个法律体系中的地位及与其他部门法的关系，内部体系则是行政法自身系统的内在结构及其关系。

一、行政法的外部体系

（一）行政法在法律体系中的地位

我国的法律体系包括宪法、行政法、刑法、民法（及商法）、经济法、社会法、诉讼与非诉程序法等法律部门（或部门法），在每一具体部门法之下还可划分第二层级甚至第三层级（即次级部门法）。在法律部门中宪法是根本大法，在法律体系中居于主导地位，是其他部门法的立法依据。在我国的法律体系中，行政法是在宪法统帅之下的一个独立的、基本的法律部门，它与刑法、民法等法律部门相并列、相独立又相联系。但是，与其他法律部门相比，行政法与宪法的关系更为密切，行政法多将宪法的原则性、抽象性的规定具体化，没有行政法的具体规定，宪法规定的基本权利和基本制度就无法落实，宪法也就难以实施。因此，在宪法实施方面，行政法较其他部门法更为重要，行政法是宪法的主要实施法。

1. 行政法所实施的宪法规范最为重要。行政法是实施规定国家机关之间关系的宪法规范及规定国家与公民之间关系的宪法规范的部门法，这些宪法规范所调整的社会关系是国家生活和社会生活中最为重要的社会关系，而其他部门法所实施的宪法规范所调整的社会关系则相对次要。

2. 行政法是较全面实施宪法规范、贯彻宪法所确定的各项政策和制度的部门法。宪法所规定的国家基本政治、经济、文化、社会制度和公民基本权利义务，无一不涉及行政权力的行使和监督，没有行政法律规范作出具体规定，这些基本制度和权利义务就无法落实，宪法也就难以实施。

由此可见，行政法不仅是一国法律体系的重要组成部分，而且是完善宪政制度、维护宪法、保障宪法实施的基本法律部门。尽管如此，二者却不能混为一谈。行政法与宪法无论在层次上、所规定的内容上，还是在所规定事项的范围和形式上以及法规范的构成上均有不同。

（二）行政法与相邻部门法的关系

对行政法与其他部门法的关系进行考查，有助于正确分析行政法的地位、认识行政法与其他部门法的相互依存性。

1. 行政法与宪法。从宪法与行政法的内容上看，二者同属公法范畴，相互依存。一方面，宪法条文多为抽象性和原则性的规定，宪法规定的实现主要依靠行政法的具体规定和实施，行政法在宪法之下发挥着手段性、技术性的作用；[①]另一方面，行政法必须要从属于宪法，不得与宪法相抵触。所以，对宪法与行政法的关系，学者们特别是西方学者往往将其描述为“行政法是动态的宪法”、“行政法是活的宪法”、“行政法是具体化的宪法”。

2. 行政法与民（商）法。行政法与民（商）法既有联系又区别。二者的区别在于内容和手段的不同。二者的联系主要表现在：第一，一些概念，如行政主体、行政行为、行政责任等的原型来源于民法上的概念。第二，在非强制行政领域，行政主体往往借助民法上的手段以实现行政管理目标，如行政合同、行政指导等，当存在行政法在规范上出现空缺而民法上有相应规定的特殊情形时，行政主体可援用民法规范。第三，在民法和行政法相互交叉的领域，则形成了新的法律部门。例如，环境法、社会保障法等，行政法吸收民法规则的规定在日渐增多，二者有更多融和的发展趋势。

3. 行政法与刑法。行政法与刑法是相并列的法律部门，既有联系又有区别。二者的区别在于规范的内容和适用的手段不同；但二者在维护社会秩序、预防违法犯罪方面的任务具有共同性，在行政违法与行政犯罪、行政处罚与刑罚方面，二者相互依存且具有不可分性。

4. 行政法与诉讼法。此处所称的诉讼法即指刑事诉讼法和民事诉讼法，由于行政法与刑法、民法等实体法的联系，决定行政法与诉讼法也必然发生联系。行政法与诉讼法的联系主要表现在行政救济法中的行政诉讼法与刑事诉讼法、民事诉讼法的联系：第一，行政诉讼与刑事诉讼法、民事诉讼存在着共同的原则；第二，行政诉讼脱胎于民事诉讼，二者在制度、程序上的许多方面具有相同性，在行政诉讼中可以参照适用民事诉讼法的规定；第三，在诉讼活动中，存在着行政案件与民事案件、行政案件与刑事案件的交叉情形，因而也需要在程序上相互衔接和协调。

二、行政法的内部体系

行政法的内部体系，即指行政法的内部结构，对此，学界多从行政法分类的角度把握与理解。由于标准不同，故有若干种不同的分类，如一般行政法、特别行政法和区际行政法，实体法行政和程序行政法，行政组织法、行政行为法和行政监督救济法，政治行政法、文化行政法、经济行政法，积极行政法、消极行政法，中央行政法、地方行政法，平时行政法与战时行政法，等等。为了便于我国行政法内部体系的确定，作如下分类：

① ［日］和田英夫著：《现代行政法》，倪健民、潘世圣译，中国广播电视出版社 1993 年版，第 36 页。

（一）一般行政法与特别行政法

以行政法调整对象的范围为标准可将行政法分为一般行政法与特别行政法。一般行政法是对一般行政关系加以调整的法律规范的总称，如行政组织法、公务员法、行政处罚法、行政程序法等。一般行政法调整的行政关系范围广、覆盖面大，具有更多的共性，是行政法的基础，所以，人们通常将一般行政法放在行政法总论中予以研究。特别行政法是对某一方面或某一领域的行政关系加以调整的法律规范的总称，因而又称为部门行政法，如经济行政法、公安行政法、军事行政法、教育行政法等。特别行政法尽管是一般行政法原则性规定的具体化，但其相对一般行政法而言具有针对性和特殊性，所以，人们通常将特殊行政法作为行政法分论来予以研究。

（二）实体行政法和程序行政法

实体行政法和程序行政法是以行政法的性质为标准进行的分类。实体行政法是规范行政主体和相对人的法律地位、资格、权能、责任等实体性权利义务的行政法规范的总称。程序行政法是规范行政主体（包括相对人的参与行为）行为程序的行政法律规范的总称，或者说是规范实施实体性行政法的行政法规范的总称。尽管实体行政法规范与程序行政法规范交叉在一起，构成一个行政法律文件，但由于两者具有不同的法律功能，且遵循的原则也存在一定差别，制定统一完整的行政程序法已十分必要。随着行政法治程度的深入，行政程序法的发达与否越来越成为衡量一国行政法治化程度的重要标志。

（三）行政组织法、行政行为法和行政监督救济法

行政组织法、行政行为法和行政监督救济法是以行政法的作用为标准进行的分类。行政组织法，即有关行政组织的法律规范，包括两部分：一部分是规范行政机关的设置、编制、职权、职责、活动程序和活动方法的规范。其中职权、职责规范是行政组织规范的核心；另一部分是规范有关国家行政机关与公务员双方在录用、培训、考核、奖惩、职务升降、交流中的权利（职权）与义务（职责）关系的规范。前一部分往往表现于行政机关组织法中，后一部分往往表现于公务员法中。行政行为法（行政作用法），即有关行政行为的法律规范。这类行政法规范主要是关于行政主体在进行行政管理、实施行政活动中，与作为相对方的个人、组织之间的权利（职权）、义务（职责）关系的规范。行政行为法涉及的主体多、调整的范围广，内容复杂，数量也很大，是行政法的主体部分。行政监督救济法，即有关对行政行为进行监督以及进行权利救济的法律规范，包括行政复议法、行政诉讼法和行政赔偿法等。由于对行政权力的规范与监督是现代行政法的重要特征之一，行政监督救济法在行政法中的比重越来越大，作用也日益重要。

第五节 行政法的作用

行政法与其他部门法一样，具有法的规范作用和一般社会作用。行政法的规范作用，是指行政法具有指引作用、评价作用、预测作用、教育作用和强制作用。行政法的一般社会作用，是指行政法和其他部门法共同通过法的规范作用而实现的对社会生活的整体影响。行政法除了具有法律部门的一般作用外，还具有自身的特殊社会作用，在此，我们主要探讨行政法的特殊社会作用。

一、关于行政法作用的各种观点

近代行政法从产生之初就具备了管理和控权两方面的作用，只是人们在表述时所强调的侧重点不同而已。按照学者们强调重点的不同，行政法作用的观点大体可以分为以下三种①：

（一）管理论

管理论认为行政法的主要目的和功能在于保障国家和社会利益，保障行政权的有效实施。管理论也常被称为保权论。前苏联行政法学者马诺辛在其《苏维埃行政法》一书中指出："行政法作为一种概念范畴就是管理法，更确切一点说，就是国家管理法……行政法规范调整苏维埃国家管理范围内的社会关系，即社会主义和共产主义建设中为完成国家任务和行使国家职能而进行实际组织工作的过程中产生的关系。"行政法的目的和功能决定行政法的手段，所以管理论认为，行政法律关系主要是命令—服从关系，行政法的手段主要是强制性和命令性的。受前苏联学者的影响，20 世纪 90 年代以前，我国行政法学者在探讨行政法作用时，也侧重强调保障行政权的有效实施，有学者认为社会主义行政法的作用主要体现在以下四个方面：一是提高行政效率。二是直接促进经济文化建设。三是保护社会秩序、社会安全。四是保护公民合法权益。②

（二）控权论

控权论认为行政法的主要目的和功能是控制政府权力和保护公民权利。美国学者伯纳德、施瓦茨认为："我们所说的行政法是管理行政机关的法，而不是由行政机关制定的法。"③ 英国著名行政法教授韦德也指出，行政法的第一含义就是它是关于控制政府权力的法。控制政府权力正是行政法这一学科的核心，保障政府权力在法律范围内行使，防止政府滥用权力，以保护公民，是行政法的最初

---

① 孟昭阳、张建良主编：《行政法与行政诉讼法学》，中国人民公安大学出版社 2005 年版，第 30 ~ 31 页。

② 姜明安著：《行政法学》，山西人民出版社 1985 年版，第 25 ~ 26 页。

③ ［美］伯纳德、施瓦茨著：《行政法》，徐炳译，群众出版社 1986 年版，第 1 ~ 3 页。

目的。[①] 关于行政法控权功能的实现，控权论者认为主要有司法审查与行政程序两个手段。英美行政法的侧重点在于司法审查，强调行政法的控权作用，主张行政法应当以权利为本，对行政权力进行控制的法。但同时英美行政法也注重行政程序，认为行政法应更多地关注程序和救济，而不是实体法。

自20世纪90年代中期以来，我国行政法学者在关注行政法管理功能的同时，已经越来越多地注意和重视行政法的控制功能，特别是通过对政府权力的控制，来达到对公民权利的保护。

（三）平衡论

平衡论，即权利义务平衡论，其基本含义是：在行政机关与相对一方权利义务的关系中，权利义务在总体上应当是平衡的。它既表现为行政机关与相对一方权利的平衡，也表现为行政机关与相对一方义务的平衡；既表现为行政机关自身权利义务的平衡，也表现为相对一方自身权利义务的平衡。平衡论也称兼顾论，即兼顾国家利益、公共利益与个人利益的一致。不论哪一方侵害了另一方的合法权益，都应当加以纠正。[②] 平衡论的观点反映在行政法的目的和功能上应是既要保障行政管理的有效实施，又必须维护公民的合法权益，重视行政民主、权利补救以及对行政权的监督。就当前我国行政法的理论和实践而言，平衡论更强调对相对方权利的保护和对行政权力的监督。[③] 关于行政法目的和功能的实现手段，平衡论既不同意控权论过分强调行政程序、司法审查的作用，也不同意管理论过分强调命令、强制手段的作用，认为二者均具有片面性，前者忽视了行政效率，不利于积极行政和维护国家社会公共利益；后者忽视了相对方权利，不符合现代民主、法治的发展趋势。平衡论主张综合运用行政法的各种手段，即在必要的场合运用命令、强制手段，同时在大多数场合，“尽量避免采用行政命令、行政制裁、行政强制手段，淡化权力色彩。在依法行政的前提下，行政机关应进一步变革传统的管理模式，积极推行行政指导，公民参与管理和行政管理社会化等措施，以协调与相对方的关系，维持两者的平衡”。[④]

平衡论的观点在我国行政法学者中较为流行，普遍认为行政法既有“管理”功能，又有“控权”功能。管理在于建立和维持秩序，实现行政的目标和任务；控权在于防止行政权的违法行使和滥用，保护行政相对方的合法权益。行政法的这两方面的功能都是不能忽视的，并且从行政法的整体性质和内容上看，行政法的控权功能相对于管理功能是更为主要和基本的。

---

① ［英］H. W. R. 韦德著：《行政法》，徐炳等译，中国大百科全书出版社1998年版，第5~6页。
② 罗豪才、袁曙宏、李文栋：《现代行政法的理论基础》，载《中国法学》1993年第1期。
③ 罗豪才、甘雯：《行政法的“平衡”及“平衡论”范畴》，载《中国法学》1996年第4期。
④ 罗豪才、甘雯：《行政法的“平衡”及“平衡论”范畴》，载《中国法学》1996年第4期。

二、行政法的作用

行政法作为重要的法律部门，其特殊的社会作用可以概括为①：

（一）保障作用

行政法具有保障行政管理有效实施的作用。行政法对行政管理的保障作用主要是通过确认和赋予行政机关（包括授权组织）管理权能来实现的。行政法从法律上规定行政机关的地位，确认行政权是一种相对独立的国家权力；行政法赋予行政机关相应的行政职权，确定其行使行政职权的方式、程序；行政法依法确立行政机关对于公民、法人和其他组织在行政管理中的优先权；行政法依法调整行政机关内部结构，协调和理顺行政机关的内部关系，规定国家公务员的法律地位，从而使行政机关能对社会实施有效管理，保障国家行政管理目标的实现，为民提供福祉，促进社会经济、文化等各项事业又好又快的全面和谐发展。

（二）监督作用

行政法具有监督行政主体依法行使职权、履行法定职责的作用。行政法对行政主体的监督约束作用主要是通过设定一系列的法定程序和法律责任予以实现。行政法规定行政机关的设置程序、组织和编制，保证精简、统一、高效的行政组织的建立；行政法规定行政机关的职责权限，并通过严格的行政程序法规范，促进行政机关合法、高效地开展各项工作；行政法规定国家公务员的录用、考核、晋升、奖惩、监督等，保证国家公务员的廉洁奉公；行政法规定行政机关及其公务员违法或不当行使行政职权造成公民、法人和其他组织合法权益损失时，行政机关所应承担的法律责任和给予行政相对人应有的法律救济等。行政法正是通过这些有效的约束机制，监督、控制行政主体及其公务员依法行使职权，正确履行职责，防止超越职权、滥用职权和行政不作为。

（三）保护作用

行政法具有保护公民、组织合法权益的作用。保护公民、组织的合法权益是法治国家的责任与义务，行政法对公民、组织的保护作用主要是通过一系列行政程序制度和行政救济制度实现的。行政法创设的以民主、公正为主要价值目标的行政程序制度，帮助公民参与行政决策，影响行政决策，以保护自己的权益；行政法设定的听证制度切实保障了行政相对方有充分发表自己意见的机会；行政法确立的行政复议、行政诉讼、行政赔偿、行政补偿等行政救济制度则是更加全面地保护了公民、组织的合法权益。

---

① 孟昭阳、张建良主编：《行政法与行政诉讼法学》，中国人民公安大学出版社 2005 年版，第 31 ~ 32 页。

第二章 行政法的基本原则

我国著名民法学者徐国栋教授20年前就曾指出："原则的泛滥在当代中国的各法律部门绝不是个别的现象，它基于论者们对原则到底是什么缺乏正确的理解，任何重要的东西都是原则。"① 时至今日，这种现象非但没有改观反而有愈演愈烈之势，我国行政法基本原则的泛滥现象即可例证。源于行政法没有统一完整的行政法典和基本原则的重要作用，我国行政法学界对基本原则问题一直给予了异乎寻常的关注，新的认识与表述层出不穷，颇为丰富的研究成果令人目不暇接。截至2004年10月，"毫不夸张的说，行政法学界迄今所提出的基本原则总数至少已经到达三十余种之多。"②

第一节 行政法基本原则概述

一、基本原则研究的历史与现状

行政法基本原则作为行政法学的基本理论问题之一，历来为中外学者高度重视和广泛关注。在20世纪80年代初我国行政法学研究的早期，行政法学者大多是将宪法基本原则或行政管理的基本原则直接视为行政法的基本原则。例如，新中国第一本行政法学统编教材《行政法概要》就将基本原则称为"国家行政管理的指导思想和基本原则"，并具体概括为七项。③ 随后，另一本较有影响的行政法学著作将行政法基本原则概括为"贯彻党的方针政策原则"、"社会主义民主原则"、"社会主义法制原则"三项。④ 这种关于基本原则的认识，虽然划清了行政法基本原则与行政管理基本原则的界限，但却有将宪法原则、政治原则等同于行政法基本原则之嫌。

自20世纪80年代末期开始，行政法学界反思套用其他学科基本原则的状况，逐渐形成了行政法作为一个独立的法律部门应当有自身特有的基本原则的共

---

① 徐国栋：《民法基本原则解释》，中国政法大学出版社1992年版，"自序"第6页。
② 杨海坤、章志远：《中国行政法基本理论研究》，北京大学出版社2004年版，第92页。
③ 王珉灿主编：《行政法概要》，法律出版社1983年版，第43～60页。
④ 应松年、朱维究：《行政法学总论》，工人出版社1985年版，第112页。

识，并开始了对行政法基本原则新一轮的探讨。1985 年出版的龚祥瑞先生晚年的著作《比较宪法与行政法》一书，首次提出了行政合法性原则、行政和理性原则和行政应急性原则这三大原则作为行政法的基本原则，对行政法学关于基本原则新的探讨具有重大影响。1989 年由罗豪才教授担任主编的新中国第二本行政法学统编教材将行政法的基本原则归纳为行政法治原则，并具体分解为行政合法性原则与行政合理性原则。直至 1996 年，罗豪才教授在其主编的另外两部行政法学教材中仍坚持上述观点并进行了进一步的阐述。在这期间，我国其他一些较有影响的行政法学教材都接受了上述观点，[①] 有的虽然在此之外增加了责任原则，或行政公开、行政效率等原则，但其论述基本是以行政法治原则（包括合法性原则和合理性原则）为中心展开的。至此，我国行政法基本原则的通说形成。

通说形成之日便是质疑开始之时，从 1998 年开始，我国行政法学学者对基本原则又展开了相当激烈的讨论，以合法性和合理性原则为核心的通说受到质疑和批判，各种新的观点纷纷涌现，有关行政法基本原则的表述呈现出多元并存的局面。1998 年至今，学界对基本原则的研究主要是沿着以下两种路径展开：一是对通说提出批评和质疑，并就行政法基本原则进行重新概括。这一方面的代表性成果主要有：杨海坤教授认为行政法的基本原则有三项：行政法定原则、正当程序原则、行政效率原则。[②] 孙笑侠教授提出了控权法之下的三个基本原则：有限权力原则、正当程序原则和责任行政原则。[③] 熊文钊教授将行政法基本原则概括为：依法行政、以法行政、适当行政、参与行政原则。[④]·此外，还有一些学者在对通说批判的基础上概括出自己的行政法的基本原则。二是撇开通说不论，直接对行政法的基本原则进行重新概括。这方面的代表性成果有：姜明安教授将行政法基本原则分为实体性基本原则和程序性基本原则，实体性基本原则包括依法行政原则、尊重和保障人权原则、越权无效原则、信赖保护原则、比例原则；程序性基本原则包括正当法律程序原则、行政公开原则、行政公正原则、行政公平原则。[⑤] 应松年教授认为，行政法的基本原则就是依法行政原则，具体包括合法行政、合理行政、程序正当、诚实守信、高效便民、权责统一。[⑥] 章剑生教授提出：以有效率的行政权为基点，行政法的基本原则是行政效力推定原则、行政裁量合理原则、司法审查有限原则；以有限的行政权为基点，行政法的基本原则是行政职权法定原则、行政程序正当原则、司法审查必要原则。[⑦] 周佑勇教授将行

---

① 具有代表性的有王连昌主编：《行政法学》，中国政法大学出版社 1994 年版；胡建淼：《行政法学》，法律出版社 1998 年版，等等。

② 杨海坤、章志远：《中国行政法基本理论研究》，北京大学出版社 2004 年版，第 113 ~ 118 页。

③ 孙笑侠：《法律对行政的控制》，山东人民出版社 1999 年版，第 176 页。

④ 熊文钊：《现代行政法原理》，法律出版社 2000 年版，第 61 页。

⑤ 姜明安主编：《行政法与行政诉讼法》，北京大学出版社、高等教育出版社 2007 年版，第64 ~ 79 页。

⑥ 应松年主编：《行政法与行政诉讼法学》，法律出版社 2009 年版，第 29 ~ 45 页。

⑦ 章剑生：《现代行政法基本理论》，法律出版社 2008 年版，第 40 ~ 44 页。

政法基本原则确立为行政法定、行政均衡、行政正当三项基本原则。[①] 此外，薛刚凌教授、刘莘教授、杨解君教授等行政法学者，也对行政法基本原则进行了重新归纳。

二、行政法基本原则的概念

行政法学界关于行政法基本原则含义的表述没有实质性的差异，只是有简洁、笼统和较为详细、全面之分。我们认为，行政法基本原则是行政法学者高度概括出的，效力贯穿于全部行政法规范之中，体现行政法的目的和价值观念，对行政法规范的制定与实施具有普遍规制作用的根本法律准则。行政法基本原则具有以下特点：

（一）普遍性

效力贯穿于行政法规范的始终或者适用行政行为的各个领域是行政法基本原则的重要特征之一，也是正确识别基本原则与具体原则的根本标志。作为行政法的一项基本原则，在行政法中生效的领域是完全的，对行政法的立法、执法与行政争议处理的各个环节都适用。如果其效力仅局限于行政法关系的某一领域，则不是行政法的基本原则而应当是行政法的具体原则。例如，行政处罚领域中的“处罚法定原则”。

（二）根本性

行政法基本原则具有内容根本性的特征，内容的根本性决定了基本原则要反映和体现行政法的目的和价值观念，反映现代宪政精神和立法者所奉行的行政政策。因而，行政法基本原则不免抽象，所以现代行政法非常注重通过判例、学说予以具体化、明晰化。

（三）法律性

行政法基本原则具有法律属性，法律属性是指任何行政主体及其工作人员违反了行政法的基本原则，均会导致一种直接的法律后果，其行为会被确认无效，无效的行政行为自始就不具有法律效力。所以，不会导致法律后果的原则，不能成为行政法的基本原则。

（四）概括性

其他部门法学在界定其基本原则时，都强调基本原则是由某某法规定的，法律规定性是判断是否为基本原则的前提。但因行政法没有统一完整的行政法典，故行政法的基本原则“通常首先以一种观念、一种法理思想存在于各国立法者和国民的法律意识中，然后由本国的学者、法官加以概括、归纳，在其学术著作或法律文书中予以表述和阐释”。“行政法基本原则是在行政法调控行政权的历史长时期中形成，并由行政法学者所概括归纳的。虽然有的行政法基本原则现已在

---

① 周佑勇著：《行政法基本原则研究》，武汉大学出版社2005年版，第157页。

一些国家的宪法或行政法基本法中得以确立，但从整体上讲，行政法基本原则并非是由某一个或某几个具体法律、法规所特别规定的……学者们总结这些成功的和失败的经验，从中抽象出一些比较普遍适用的规则，以指导新的探索和实践。在行政法领域，这些较普遍适用的规则就是行政法的基本原则。”① 由此可见，行政法基本原则不同于其他部门法的基本原则，他们是中外学者通过长期的研究、总结概括出来的。

三、行政法基本原则的功能

我国法理学者对法律原则的功能已有许多精辟的论述和归纳。例如，原则的功能在于指导和协调法律调整机制、进行司法推理、选择法律行为，平衡互相重叠或冲突的利益，为疑难案件找到合法的解决方法。② 又如，将法律原则的功能归纳为指导立法、充当疑难案件依据及直接作为审判依据等三项。③ 此外，著名民法学者徐国栋教授关于民法基本原则具有立法准则、行为准则和审判准则、授权司法机关进行创造性司法活动以及弥补成文之不足等二项功能的论述④，对其他部门法学界产生了很大影响。

在行政法学界，关于基本原则功能的表述亦有不少精辟、独到的见解。例如，基本原则具有“指导功能、解释功能、规制功能、整合功能、补缺功能”⑤；又如，基本原则具有“稳定价值、协调价值、优化价值”⑥。借鉴行政法学界和其他部门法学者对基本原则功能的论述，我们认为行政法基本原则的功能主要有四项：

（一）立法准则的功能

行政法基本原则是一种基础性规范，是产生行政法具体规则和原则的规范。行政法的具体规范是在基本原则之下的繁衍和再生产，反映和体现行政法的基本原则，而不能违反行政法的基本原则或与之相抵触。

（二）行为准则的功能

行政法基本原则是一种普遍性规范，对行政法的立法、执法和行政行为的监督救济等各个环节具有普遍的规制效力，行政主体及其工作人员甚至相对人都必须遵守基本原则，违反基本原则的行为要发生相应的法律后果、承担相应的法律责任。

（三）解释准则的功能

行政法基本原则是立法者的立法意图和目的的集中反映，如同其他法律规范

---

① 姜明安主编：《行政法与行政诉讼法》，北京大学出版社、高等教育出版社 2007 年版，第62～63页。

② 张文显：《法哲学范畴研究》，中国政法大学出版社 2001 年版，第 54 页。

③ 周永坤：《法理学——全球视野》，法律出版社 2000 年版，第 209 页。

④ 徐国栋：《民法基本原则解释》，中国政法大学出版社 1992 年版，第 16～18 页。

⑤ 杨海坤、章志远：《中国行政法基本理论研究》，北京大学出版社 2004 年版，第 109～112 页。

⑥ 周佑勇：《行政法基本原则研究》，武汉大学出版社 2005 年版，第 5～14 页。

一样，行政法规范在适用于具体的社会生活时、人们在研究行政法问题时都不可避免地涉及法律的解释问题。“法律是一种阐释性的概念。”① 但解释法律必须遵循响应的规则，其中，合目的性或者合乎立法精神就是世人所公认的解释法律的规则。由于行政法缺乏统一完整的法典，而且法律规范的表现形式繁多、层级效力不一，所以，在适用过程中更需要进行解释。无论是立法机关、行政机关、司法机关，还是行政法学者在对行政法规范进行解释时，都应当自觉遵守并严格按照行政法基本原则进行。

（四）补缺功能

因成文法具有不“周延性”和“滞后性”的天然局限，因而在行政法的实施过程和行政争议的处理过程中遇有法律规定缺失或者规定不明或者具体规范不适应社会变化的情况在所难免。在此情况下，行政法的基本原则便可弥补法律、法规和规章的欠缺，或者改善适用法律时所产生的僵化不合理状况。

四、行政法基本原则的构成

国外行政法基本原则的表述一直集中为“依法行政”或“行政法治”，只是对依法行政、行政法治的理解和解释有所不同。德国行政法的创始人 Otta Mayer 在其《行政法》一书中认为，依法行政的重点为法律的规范创造力原则、法律优位原则、法律保留原则。日本依法行政的观点对我国影响较大，如著名的法学家美浓布达吉认为，法治主义建立于两大思想之上，其一为法律平等思想；其二为对人民权利自由之限制，须有法律之根据。非依法律，不得任意侵害，是为依法限制之思想，其基本内容为行政权之作用，不得与法规相抵触；非有法律依据，不得侵害人民权利，或使人民负担义务；非有法律根据，不得为特定人设定义务；法规任行政权以自由判断之场合，其判断也须合于法规。近年来，日本学者对依法行政原则大都归纳为法律优位原则和法律保留原则。

我国行政法的基本原则应用何种标准确定？基本原则体系到底应由哪几项原则构成？这在行政法学界争议很大，行政法基本原则呈现多元化并存的局面。按照行政法基本原则的特征，借鉴域外行政法的基本原则和我国行政法学界关于基本原则的研究成果，我们认为，行政法的基本原则就是行政法治原则或称为依法行政原则，具体包括行政合法性原则、行政合理性原则、正当程序原则三项。

---

① ［美］德沃金著：《法律帝国》，李常青译，中国大百科全书出版社 1996 年版，第 364 页。

第二节 行政合法性原则

一、行政合法性原则的含义

行政合法性原则即合法行政原则，是行政法治原则的核心内容，是指行政权的存在和运行必须依据法律，符合法律要求，而不能和法律发生抵触或冲突。行政合法原则主要是从形式法治角度切入的，是法治在行政法领域的体现、要求和反映。“因为在法治国家不再许可专制时代及警察国家时代的‘人治行政’为特色。而必须是在法的规范内，来达成行政目的。一个国家行政的理智化与否，端视其达到依法行政的程度而定。”①

在行政合法原则的阐述上，德国的行政合法结构对其他大陆法系国家的影响至深，也对我国关于行政合法的阐述有较大的影响。德国行政合法观念中主要有法律优位和法律保留两个子原则。我们借助德国行政法中有关行政合法的概念从法律优位、法律保留、越权无效三个方面阐述行政合法的要求。

二、法律优位

法律优位，又称法律优先或法律优越，是指法律的位阶和效力高于行政法规。在已经具有法律规定的情况下，行政法规、地方性法规和规章等规范性文件，都不得与法律相抵触，凡有抵触以法律为准；或者在法律尚未规定而行政法规等规范性文件率先作出规定时，一旦法律就同一事项作出规定，则法律具有优先地位，其他规范性文件必须服从之。

法律优位原则适用于行政法的所有领域，是行政受法律支配的真实写照。不论行政机关作出抽象行政行为还是作出具体行政行为，都不得与现行法律相抵触。《宪法》第 5 条第 4 款规定：“一切国家机关……都必须遵守宪法和法律……”《立法法》第 78 条规定：“宪法具有最高的法律效力……”第 79 条规定：“法律的效力高于行政法规、地方性法规、规章。行政法规的效力高于地方性法规、规章。”可见，我国的法律都已承认此原则。法律优位的目的在于解决不同位阶的行政法规范之间的效力等级问题，防止行政机关置立法机关的法律于不顾，单纯依照其内部系统出台的规范行使行政权力。法律优位原则对于廓清行政权与立法权的关系、维护国家法制的统一有着重要的作用。

---

① 陈新民著：《中国行政法学原理》，中国政法大学出版社 2002 年版，第 33 页。

三、法律保留

法律保留原则，是指行政主体实施行政行为必须获得法律的授权。法律保留原则基于民主原则、法治国家原则、尊重和保障人权原则而产生。

行政法上的法律保留与宪法意义的法律保留不同。宪法意义的法律保留，与英美法系国家的依法而治近似，系指在国家法秩序的范围内，有某些事项是必须保留由法律来规定，不可由其他国家机构，特别是行政机关代为规定，又可称为“立法保留”或“国会保留”。① 根据我国《立法法》第 8 条、第 9 条的规定，即属于宪法意义的法律保留，或立法保留、国会保留。②

在现代法治国家，公权力与私权利有着完全不同的运行规则。对于公民而言，法不禁止即自由；对于作为公权力的行政权来说，法无授权即禁止。行政机关只有在法律明确授权的情况下才能实施相应的行政行为，才取得了行为的合法性；否则，缺乏法律的授权，行政机关就不得为之。这是利用法律来控制行政机关的行为，表现出法律拘束行政权的积极性。这种积极地要求任何行政行为都须有法律授权的基础，体现了行政来源于法律的精神。需要指出的是，法律的授权一是来源于行政组织法的授予，二是由单行的法律授予行政机关和公务组织某些方面的职权。

法律保留原则要求行政行为应有法律授权的基础，但严格要求此原则的落实会使行政行为完全被法律所束缚，这不利于达成行政目的，也不符合服务行政的发展。故有法律保留适用范围的不同学说，如侵害保留说、全部保留说、重要事项保留说等。一般认为，在秩序行政（干预行政或侵害行政）领域，全部适用法律保留，没有例外；在服务行政领域，凡不涉及公民基本权利、公民必须服从的情形，行政机关为达到服务行政的目的，在法律未规定的前提下，可自行有所作为，而不必依循法律保留原则。因为政府为公民提供福祉，多做一件算一件，总是胜于少做一件服务。③

四、越权无效

越权无效，是指凡是逾越行政权边界的行为都作无效处理。越权无效是一种

---

① 陈新民著：《中国行政法学原理》，中国政法大学出版社 2002 年版，第 34 ~ 35 页。

② 《立法法》第 8 条规定：“下列事项只能制定法律：（一）国家主权的事项；（二）各级人民代表大会、人民政府、人民法院和人民检察院的产生、组织和职权；（三）民族区域自治制度、特别行政区制度、基层群众自治制度；（四）犯罪和刑罚；（五）对公民政治权利的剥夺、限制人身自由的强制措施和处罚；（六）对非国有财产的征收；（七）民事基本制度；（八）基本经济制度以及财政、税收、海关、金融和外贸的基本制度；（九）诉讼和仲裁制度；（十）必须由全国人民代表大会及其常务委员会制定法律的其他事项。”第 9 条规定：“本法第八条规定的事项尚未制定法律的，全国人民代表大会及其常务委员会有权作出决定，授权国务院可以根据实际需要，对其中的部分事项先制定行政法规，但是有关犯罪和刑罚、对公民政治权利的剥夺和限制人身自由的强制措施和处罚、司法制度等事项除外。”

③ 陈新民著：《中国行政法学原理》，中国政法大学出版社 2002 年版，第 34 ~ 38 页。

直接的责任承担，很显然，如果当行政权越权行使后的问责机制缺失时，单方面希冀行政机关恪守法律优位、法律保留无异于画饼充饥，法律优位、法律保留的要求将成为空中楼阁。因此，越权无效是行政合法原则的内在保障，可有效保障法律优位和法律保留原则的贯彻实施。只有当有权国家机关，特别是人民法院对行政机关的越权行为直接给予撤销或确认其无效或违法时，行政在法律之下的理念才能够得到真正的彰显。

第三节 行政合理性原则

一、行政合理性原则的含义

行政合理性原则又可以称为合理行政原则，是专门针对现代行政法上广泛存在的裁量权而存在的。“行政裁量”一词源自德、日行政法学，其基本含义是指行政机关处理同一事实要件时可以根据具体情况选择不同的处理方式。它具体表现为两种情况：一是行政机关决定是否采取某个法定措施，此谓之决定裁量；二是在各种不同的法定措施中，行政机关根据案件的具体情况选择哪一个，此谓之选择裁量。[①] 在我国行政法学中，过去学者们通常将行政机关的上述裁量权称为“自由裁量权”，将行政裁量称为“行政自由裁量”。现在，有部分学者认为自由裁量权和行政自由裁量的提法值得商榷，虽然行政裁量意味着行政机关具有选择的权力，但行政机关并不因为裁量而获得“自由”，没有所谓的“自由裁量”，只有“合义务裁量”或者“受法约制裁量”。[②] 我们对此表示赞同，认为“行政裁量”、“裁量权”的称谓较为妥当。

行政裁量是现代行政的典型特征。在20世纪以前的自由资本主义时期，资产阶级为巩固反对封建专制的成果，奉行的是严格的形式法治主义原则，要求行政收到严格的法律限制，裁量行政无存在的土壤。但“现代行政主要表现为自由裁量行政，绝对的羁束权限行为几乎是不存在的”。[③] 法律为何要授予行政机关裁量权，使现代行政主要为裁量行政？对此，王名扬先生在其《美国行政法》一书中详细地分析了现代行政被授予广泛的裁量权的六项原因。[④] 同时，授予行政机关裁量权也是基于实现个案正义的需要。可见，行政裁量为现代法治所必要，国家必须承认行政裁量权的存在与作用。但行政裁量权是一柄“双刃剑”，如果被滥用必将侵害人民的权益，而“所有的自由裁量权都有可能被滥用，这仍

---

① ［德］哈特穆特·毛雷尔著：《行政法学总论》，高家伟译，法律出版社2000年版，第125页。
② 周佑勇著：《行政法基本原则研究》，武汉大学出版社2005年版，第201页。
③ 杨解君等著：《依法行政论纲》，中共中央党校出版社1998年版，第27页。
④ 王名扬著：《美国行政法》，中国法制出版社2005年版，第542～543页。

是个至理名言”。[1] 所以，既要强调对行政裁量的需要，也要注意到它的危险性，强调对行政裁量权的监督和控制。行政合理性原则，便是控制行政裁量权正确行使的有效方法之一。控制行政裁量权的原则，在英国是合理性原则，在法国是均衡性原则，在德国是比例原则。

行政合理性原则主要是针对行政裁量权而设，它是判断裁量权是否合理行使或被滥用的标准。该原则的基本含义是指行政裁量决定（行政行为）要符合法律目的，要客观、适度，符合理性。合理性原则在域外是实质法治的必然要求，是法官审查行政行为是否合法的技术性标准。目前，国内关于合理性原则有两种理解：一种理解认为对合理性原则应从实质合法的角度把握，侧重行政裁量决定是否符合法律目的，结果是否公平、公正等。另一种理解认为合理性原则相对于合法性原则而存在，是从比合法行政更高的角度来把握，要求行政裁量不仅要符合法律的规定，而且必须符合法律的目的精神，必须符合理性的要求，违反合理性原则，不一定就违反合法性原则。之所以有此理解，是因为我国现行的行政诉讼制度有关于人民法院原则上审查行政行为的合法性而不审查合理性的规定。[2] 但由此，在我国的行政法语境中就出现了“行政行为合法但不合理”的情形。

我们倾向于对合理性原则作第一种理解，认为合理性原则具体体现在以下四项要求之中：符合法律目的、相关考虑、理性决定、符合比例。

二、符合法律目的

行政裁量权的行使，取决于授权法的真实目的与意思。行政机关实施行政行为的最初出发点和内在起因必须符合法律的要求和法律的目的与精神，如果行政机关在作出行政行为时出于不正当的动机和目的或者虽在主观上出于善意但在客观上背离法定目的，则属不合理，违反了合理性原则。

三、相关考虑

相关考虑，是指行政机关在行使裁量权作出行政行为时，应当考虑该行政行为所涉及或影响到的各种因素，而不得考虑那些不应当的与之无关的因素。否则就是不相关考虑，违反了合理性原则，构成不合理。相关考虑具体表现为两个方面：一是必须考虑应当考虑的因素。如警察在办理治安案件时，违法嫌疑人的年龄、是否主动投案、是否是初次违反治安管理法律规范等情形就是必须考虑的因素，如果没有考虑上述应当考虑的因素就构成不合理。二是考虑了不应当考虑的因素，或者说考虑了不应当考虑的事项，例如，同学关系、朋友关系、衣着打扮等。相关考虑，实质是要求行政机关在实施行政行为时要平衡考虑各种相关因素。这是因为，法律授权是以考虑相关因素为明示、默示条件的，不相关考虑便

---

① ［英］威廉·韦德著：《行政法》，徐炳等译，中国大百科全书出版社 1997 年版，第 70 页。
② 参见《行政诉讼法》第 5 条、第 54 条第 4 项。

违背了法律授权的真实意图，使行政行为的结果有失公平公正。

相关考虑的难点在于哪些因素应当考虑、哪些因素不应当考虑。对此，我们认为，凡法律规范已经明确规定必须或不应考虑的情形，行政机关实施行政行为时则必须考虑或者不考虑；对于法律规定以外的因素，行政机关实施行政行为时如要考虑，则必须有使行政行为的结果比不考虑要更加公正等的正当理由，从而实现法律的公平正义。

四、理性决定

理性决定，是指行政机关在行使裁量权作出行政行为时，要符合逻辑和常情，不专断，有充分的证据和理由支持。如果行政机关实施行政行为时，明显有悖逻辑和常情，或专断，或只有不充分的证据及理由的支持，就构成非理性决定，或非正常判断，或显示公正。是否为理性决定、是否为显示公正应以社会一般公众的理性与道德标准来判断，不以实施行政行为的行政机关和相对人及其他利害关系的意志为转移。正如英国法官所言：只有当“如此荒谬以致任何有一般理智的人都不能想象行政机关在正当地行使权力”，“如此错误以致有理性的人会明智地不赞同那个观点”，“如此无视逻辑或公认的道德标准，令人不能容忍，以致任何认真考虑此问题的正常人都不会同意它”时，才能被认为非理性决定或显示公正，构成不合理行政。

需要指出的是，违背法定目的、不相关考虑和非理性决定之间，有时是重叠或交叉的。

五、比例原则

（一）比例原则的基本含义

比例原则的基本含义，是指行政机关实施行政行为应兼顾行政目标的实现和保护相对人的权益，如果为了实现行政目标可能对相对人权益造成某种不利影响时，应使这种不利影响限制在尽可能小的范围和限度，使二者处于适度的比例。①

比例原则最早产生于19世纪德国的警察法，是为限制警察权力的行使而提出的。起源于德国警察法的比例原则的最初含义是指警察权力的行使只有在必要时才能限制人民的权利，即警察在对人民作出任何不利处分时，都必须以侵害人民权利最小方式为之。所以，比例原则又被称为“最小侵害原则”、“禁止过度原则”。比例原则虽然最初产生于警察法，但此后不断向行政法学扩展。德国行政法学家奥托·麦耶于1895年出版的《德国行政法》第一册即主张“警察权力不可违反比例原则”。1923年，该书第3版中认为“超越必要性原则即属违法的

① 姜明安主编：《行政法与行政诉讼法》（第3版），北京大学出版社、高等教育出版社2007年版，第71页。

滥用职权行为。”20 世纪另一位德国行政法学者弗莱纳（F. Fleiner）在其《德国行政法体系》一书中提出名言“不可用大炮打小鸟”，用以比喻警察行使权力的限度。随后，德国的行政立法和行政司法实践对比例原则都有明确的规定和适用。1931 年 6 月 1 日的《普鲁士警察行政法》规定，警察处分必须具有必要性方属合法，同时其第 14 条对必要性予以定义，若有多种方法足以维护公共安全或秩序，或有效地防御对公共安全或秩序有危害之危险，则警察机关需选择其中一种，唯警察机关应尽可能选择对关系人与一般大众造成损害最小方法为之。此规定后被德国各邦广泛采纳。① 除德国外，有些国家也将此基本原则以法律明文规定。《荷兰行政法通则》第三章第 4 条规定，某个行政命令对一个或更多的利害关系人产生不利后果，这不利后果须与命令的目的相当。② 在法国，行政法院对警察权力行使过程中如何平衡公共秩序的需要和公民自由的保障从多方面予以监督，其中有关目的性、必要性和比例性的监督则属典型的比例原则。《葡萄牙行政程序法典》第 5 条规定，行政当局的决定与私人权利或受法律保护的利益有冲突时，可在对拟达致的目标系属适当及适度的情况下，损害这些权利或利益。③

比例原则在大陆法系国家的行政法中有着极其重要的地位，同样，在我国的台湾地区比例原则也得到了立法、司法和学术上的广泛适用和重视。在立法上，如 1999 年通过的《行政程序法》规定，行政行为应依下列原则为之：第一，采取之方法应有助于目的之达成；第二，有多种同样能达成目的之方法时应选择对人民权益损害最小者；第三，采取之方法所造成之损害不得与欲达成目的之利益显失均衡。在司法中，台湾地区已有援引比例原则进行司法审查的判例。在学术研究中，比例原则在多个行政法、警察法的学术著作中有较多的介绍。例如，我国台湾地区学者李震山在其《西德警察与秩序法原理》译著中的警察行为之原则中写道：“警察于行使选择裁量时，受到一般性原则之拘束，即合法性、必要性、合比例性及确定性原则，警察法通常都将这些原则以明文规定。”为支持这一观点，李震山先生还援引《普鲁士行政法》第 41 条和第 49 条的规定作为法律依据和方法选择。第 41 条的规定为，非依警察命令或依特别法所作之警察处分，唯有是为排除一公共安全或秩序上之滋扰或具体案件上为防御即对公共安全或秩序造成之危害，属必要时，方为有效。第 49 条的规定为，为排除公共或秩序上之滋扰或为有效防御一警察危害有多种方法时，警察官署采行为其一为已足，其处分应选择对关系人或大众危害最小之方法，若关系人请求使用另一同样能有效防御危害之方法时应允许之，请求应在未提起行政诉讼前之期间内行之。④ 所以，我国台湾地区学者陈新民认为，比例原则是拘束行政权力违法最有效的原

---

① 皮纯协主编：《行政程序法研究》，中国人民公安大学出版社 2000 年版，第 95 页。

② 应松年主编：《外国程序法汇编》，中国法制出版社 1999 年版，第 457 ~ 475 页。

③ 应松年主编：《外国程序法汇编》，中国法制出版社 1999 年版，第 457 ~ 475 页。

④ 孟昭阳、张建良主编：《行政法与行政诉讼法学》，中国人民公安大学出版社 2005 年版，第 25 ~ 26 页。

则，其在行政法中的角色如同“诚信原则”在民法中的角色一样，二者均可称为相应法律部门中的“帝王条款”。[①]

（二）比例原则的内容

比例原则包含以下三个下位原则[②]：

1. 妥当性（适当性）原则。妥当性原则，是指行政行为对于实现行政目的（目标）是适当的。也有作进一步详细解释的，认为“适当性原则又称妥当性原则，是指行政主体行使行政权的手段及其目的间应具有‘可连接’的关系存在，所使用的手段必须能达到其所追求的目的”。[③]

妥当性原则是从行政目的上来规范行政权力与行政主体所采取的措施之间的比例关系。如果行政权力的行使不是为了达到法定目的，或者达不到法定目的，则违反了妥当性原则，也就违反了比例原则。以警察行政执法为例，违背妥当性原则的情形主要有：第一，手段不合法，如对较轻的违法行为人使用手铐；第二，手段达不到目的，如对较严重的违法行为人处以警告处罚；第三，达成目的不需要此种手段。

2. 必要性（最小侵害）原则。必要性原则，是指行政行为应以达到行政目的、目标为限，不能给相对人权益造成过度的不利影响，即行政权的行使只能限于必要的度，以尽可能使相对人权益遭受最小损害。或者，是指在众多的能够达成行政目的的手段中，行政主体应当选择对相对人权利限制或侵害最小的手段。

必要性原则是从法律结果上来规范行政权力与其所采取的措施之间的比例关系。所以，必要性原则的运用必须满足一个前提和一个条件。前提是妥当性原则首先运用，条件是存在着多个能达成目的的手段。在行政目的与行政手段符合比例的情况下，在符合比例的手段中必须选择对人民权利最小损害的方法。也可以说，已经没有任何其他方法能给人民造成更小侵害的措施来取代该项措施了。正如威玛时代著名行政法学者弗莱纳（F. Fleiner）的名言“警察不可用大炮打小鸟”。中国人也常说“杀鸡焉用宰牛刀”。以警察行政执法为例，我国《人民警察使用警械和武器条例》的规定中将警械区分为驱逐性、制服性和约束性警械，并规定了使用制服性警械的八种情形。而其中驱逐性警械又有警棍、催泪弹、高压水枪、特种防暴枪等。根据必要性原则，符合使用约束性警械的，如果使用警棍就能驱逐、制服非法闹事者，则不能使用催泪弹、高压水枪、特种防暴枪等。

此外，在行政执法实践中，运用必要性原则应注意目的达到了、手段还在使用的情形，如相对人已经处于控制之下，仍使用武器等。在德国警察法规定的比例原则中表述为，目的达成后，或发觉目的无法达成时，处分应立即停止。也就是说，要考虑手段和措施运用的时间。

---

① 陈新民著：《行政法学总论》，三民书局 1995 年版，第 64 页。

② 陈新民著：《行政法总论》，三民书局 1995 年版，第 62 页。

③ 蔡宗珍：《公法上之比例原则初论——以德国法的发展为中心》，载（台湾）《政大法学评论》第 62 期。

3. 均衡性原则。均衡性原则又称狭义的比例原则或者法益相称性原则，是指行政行为的实施应衡量其目的达到的利益与损害相对人的权益两者之间的关系，行政主体对相对人权益的损害不得超过实现行政目的所追求的公共利益。

均衡性原则是从价值上规范行政权力与采取行政措施之间的比例关系。在行政执法中，行政机关即使采取了适合且最小侵害手段以试图完成其追求的目的，但是若该手段所侵害的人民的利益与所追求之目的下所保护的公共利益相比，受侵害的人民的权利所彰显的法益显然大于行政机关所欲加以保护的公共利益时，行政机关的该项措施则仍因违反比例原则构成违法。[①]

关于比例原则的理论结构与认识在我国已经得到正式认可。2004 年 3 月 22 日国务院发布的《全面推进依法行政实施纲要》中明确要求“所采取的措施和手段应当必要、适当；行政机关实施行政管理可以采用多种方式实现行政目的，应当避免采用损害当事人权益的方式”。《行政处罚法》中规定的过罚相适应的原则也体现了比例原则的精神。在汇丰实业发展公司诉哈尔滨市规划局案中，法院在判决中也引入了比例原则。[②]

第四节　正当程序原则

一、正当程序的由来、意义与含义

美国联邦法院大法官弗兰克福特（F. FranKfurer）曾说：“自由的历史大致上是程序保障的历史。”[③] 大法官杰克逊（R. JacKson）也曾说：“程序正义与规律是自由不可或缺的要素。”[④] 大法官道格拉斯（William O. Douglas）也在一个判例中指出：“行政程序法分别了依法而治与依恣意而治，坚定地遵守严格之程序保障是我们在法律之下平等正义的保证。”[⑤] 这些大法官的判词明确地告诫人们正当程序及程序正义在实现行政法治方面的重要性。

程序正义的观念发生于英国法中的“自然正义”思想。自然正义为英国法治（ruIe of law）的核心概念，是英国法官据以控制公共行为及行政行为的方法。自然正义有两个主要原则，即任何人不能做自己案件的法官；任何人的辩护必须公平地听取，即必须给当事人一个公平的听取其意见的机会，主要方式是听证会。自然正义思想被美国继受后，程序正义观念被直接规定在宪法之中。《美国

---

① 蔡宗珍：《公法上之比例原则初论——以德国法的发展为中心》，载（台湾）《政大法学评论》第 62 期。

② 胡锦光主编：《行政法著名案例》，中国人民大学出版社 2004 年版。

③ McNabb V. United State,318U. S,332,347(1943)

④ ShanghnessyV. United State, Ox, Rel, Mezei, 345U. S, 206, 244 (1953)

⑤ jointAnti – fascist Refugee Committee V. McGrath 341 US, 123, 179 (1951)

宪法修正案》第5条和第14条用同样的语言分别对联邦政府和州政府规定，非经正当法律程序，不得剥夺任何人的生命、自由或财产。美国的正当法律程序分为实质性正当法律程序和程序性正当法律程序。实质性正当法律程序是一个实体规则，要求国会所制定的法律必须符合公平与正义，如果法律剥夺个人的生命、自由或财产不符合公平与正义的标准，法院将宣告其无效。程序性的正当法律程序，是指当政府对当事人作出决定，影响到后者的生命、自由或财产时，就应当遵循一定的程序（符合对个人的最低公正标准），如得到充分通知的权利和作出裁决前的有意义的听证机会。行政法学所讨论的正当法律程序，是指程序性的正当法律程序。① 美国宪法第5修正案和第14修正案，被冠以正当法律程序而名扬天下，逐渐被世界其他国家所接受并不断地丰富其内涵。如今，正当程序风行于普通法系和大陆法系的行政法当中，全球范围内行政程序法典化的浪潮的迭起即是典型的表现与例证。新中国成立后，因受重实体轻程序传统及其他因素的影响，正当程序观念没有得到确立，司法和行政执法及其他方面轻视程序、忽视程序、违反程序的情形相当普遍与严重。自20世纪90年代初轻程序的状况开始改变，程序正义观念被倡导树立，以《行政处罚法》为开端，我国的行政法制建设越来越重视行政程序的建设。如今，在行政法中确立正当程序观念已经成为我国行政法学界的广泛共识。

关于正当程序的含义，少有直接的揭示与描述。我们认为，正当程序是行政机关行使行政权力、作出行政行为应当遵守的最低限度的程序要求。正当程序是约束行政机关行政活动过程的根本原则，它可以限制恣意、保障实体决定的正确性、保障相对人的尊严与合法权益，是实现正义的基本路径。正当程序体现了现代社会对一个富有理性和权威的政府的迫切要求，是否遵守正当程序已经成为权力型政府与权威型政府、任性政府与理性政府、民主政府与专制政府、法治政府与人治政府的直接分水岭。

二、正当程序的基本要求

对于正当法律程序作出准确的、完美的和最终的解释是不可能的，即使最高法院亦不愿对此作出唯一明确的定义。② 因此，国外的学者和法官们便采取逆向思维的方式，不是从正面概括正当程序包括哪些内容，而是指出正当程序所不可缺少的事项，如缺少则程序不正当。因为语言使用的习惯不同，我国学者多从正面归纳概括正当程序的具体内容或要求。我们认为在当代，正当程序的基本要求至少应包括以下六个方面：

（一）行政公开

行政公开原则，是20世纪中叶以后迅速发展和推广的一项正当程序的内容，

---

① 王名扬：《美国行政法》（第二版），中国法制出版社2005年版，第379~380页。

② Edward. S. CorwinJ. W. Peltason：《美国宪法释义》（中文版），华夏出版社1989年版，第230页。

其基本含义是指除依法应当保密的以外，凡是与行政职权有关的事项以及行政机关自身的基本情况都应当向相对人和社会公开。

行政公开是宪法关于公民知情权、监督权等基本权利在行政领域的体现，有利于增加相对人参与程序活动的目的性和针对性，可保证行政权力在阳光下运行，及时发现和纠正行政权力运行过程中的错误。行政公开的具体内容包括行政立法和行政决策公开、行政执法行为公开、行政裁决和行政复议行为公开、行政信息公开。

（二）听取意见

听取意见，是指行政机关在作出行政决定之前，必须充分听取相对人、利害关系人的意见。

正当程序要求行政机关在作出行政决定之前，应当给可能受到影响的相对人、其他利害关系人一个发表意见或辩解的机会，让其参加到行政程序中来。听取意见可以采取听证会、论证会、座谈会、问卷调查等多种形式。听取意见不仅体现了对相对人、利害关系人的人格尊重和参与权的关怀，而且还能有效地保证行政决定的公正，提高相对人等对行政权力的行使和行政决定的认同感。

（三）说明理由

说明理由，是正当程序的一项重要内容，是指行政机关在作出涉及相对人权益尤其是产生不利影响的行政行为时，必须向相对人说明作出该行为的事实根据、法律依据和相关的政策、公益等方面的考量。充分地进行说理是行政机关“以理服人”的标尺，可以使相对人对行政行为心悦诚服地接受和通力配合，改善行政机关和相对人的关系，促进社会的和谐发展。

说明理由已被我国的某些法律所确认，[①] 在行政执法实践中也有不少行政机关对此作出了创新与尝试。[②]

（四）赋予并保障相对人的程序性权利

现代行政法不再将相对人当做纯粹的管理客体，相对人已不再是被动地接受行政行为的对象；而是通过行政程序的双向或多项构造，赋予相对人程序性权利，积极吸纳相对人参与到行政行为的形成过程中来，充分听取并反映他们的意见，以保证行政行为的合法性。我国法律已经赋予了相对人一系列的程序性权利，如陈述权、申辩权、要求听证权、请求告知权、申请回避权、申请行政复议权、提起行政诉讼权等。在赋予相对人程序性权利的同时，法律还有保障相对人程序性权利的规定，如《行政处罚法》第32条第2款规定：“行政机关不得因当事人申辩而加重处罚。”该法第41条规定：“行政机关及其执法人员在作出行政

① 参见《行政处罚法》第31条、《行政强制法》第18条等。

② 例如，北京出入境边防检查总站边检三队自2011年1月开始推行说理执法模式，要求在执法办案中要说明事理、说透法理、说通清理，取得了较好的效果，实现了全年“无有效投诉、无行政复议、无行政诉讼”的预定目标。

处罚决定之前，不依照本法第三十一条、第三十二条的规定向当事人告知给予行政处罚的事实、理由和依据，或者拒绝听取当事人的陈述、申辩，行政处罚决定不能成立……”对于行政机关实施行政处罚违反法定处罚程序的，该法第55条规定，可以对直接负责的主管人员和其他直接责任人依法给予行政处分。

是否赋予并保障相对人的程序性权利，是区分正当程序与非正当程序的标准之一。

（五）回避

回避，是“任何人不得做自己案件的法官”的现代及中国式的称呼，是指行政机关工作人员在行使职权过程中，因其与所处理的事务有利害关系，为保证实体处理结果和程序进展的公正性，根据当事人的申请或行政机关工作人员的请求，有权机关依法终止其职务的行使的一种法律制度。

回避是防止偏私、实现法律公平正义和相对人认同程序结果的重要保证，在正当程序内容中当是最古老的生机勃勃的常青树。

（六）案卷排他

案卷排他，是指行政机关的任何职权行为都应当做书面记载、形成案卷并只能以行政案卷的记载作为根据，不能在案卷之外以相对人所未知的或未质证的事实作为根据。

案卷排他是正当程序的一项基本要求，是否遵循案卷排他的要求是检验行政机关诚实守信程度、听取相对人意见实效、说明理由充分等的根本标准。如果行政机关公然地置已经相对人认可或反映客观真实情况的案卷于不顾，以案卷外的事实作为最终决定或裁决的根据，则整个行政程序过程就将成为骗局或闹剧。所以，案卷排他是正当程序其他内容的保障，是实现程序正义的关键所在。

第二编 行政法主体

DIERBIAN XINGZHENGFA ZHUTI

第三章 行政法主体

第一节 行政法主体概述

一、行政法主体的概念

（一）行政法主体的由来

在我国行政法的教学和研究中，行政法主体的较早提法是行政法关系的当事人，也有书将其称为行政法律关系的主体，对其研究的部分也主要出现在行政法调整对象或者行政法律关系中。[①] 后来陆续有教材或者著作来界定行政法律关系主体的概念和范围，但提法比较一致，通常认为行政法律关系主体，即行政法律关系的参与者，也就是行政法上享有权利和承担义务的当事人，包括国家、国家行政机关及其机构、经法定程序授权或委托行使行政职能的其他组织或公民个人、企业、事业单位、社会团体。在早期的学说中也有人认为行政法律关系的主体只能是国家行政机关，其他与国家行政机关发生关系的公民、社会团体等都只能是作为行政法律关系的客体，但这种观点很快为大多数行政法学者放弃。值得一提的是，早期绝大多数学者都认为行政法律关系主体即是行政法主体，两者只是表述的不同而已。

随着我国行政诉讼、行政复议和国家赔偿三大救济制度的建立和完善，对行政法调整对象和行政法关系的理解也发生了变化。有学者提出，行政法关系是指由行政法调整的具有行政法上权利义务内容的社会关系，而受行政法调整的社会关系主要是行政关系和监督行政关系，于是进一步提出行政法律关系主体和行政法主体是两个不同的概念。行政法律关系主体亦称行政法律关系当事人，是指行政法律关系中权利的享有者和义务的承担者，包括行使行政权力的组织和行政相对方。行政法主体，是指行政领域的法律关系中权利的享有者和义务的承担者，

---

① 比如，新中国第一部行政法教材《行政法概要》在行政法调整的对象中就提出“行政法调整的对象，是国家行政机关在行政活动过程中所发生的各种社会关系。这种社会关系称为行政法上的法律关系，也称行政法律关系，或行政法关系”，又提出“任何一种法律关系都必须有双方当事人，否则，法律关系就不能成立。总的说来，行政法关系的当事人有国家行政机关和其他国家机关、企事业单位、社会团体以及公民”。参见王珉灿：《行政法概要》，法律出版社 1983 年版，第 2 ~3 页。

除行使行政权力的组织和相对方外，还包括监督行政法律主体的监督主体，如立法机关、其他行政机关、司法机关等，可以说，受行政法规范调整的享有行政法上的权利并承担相应义务的组织或个人都是行政法主体。

（二）行政法主体的概念和构成要件

1. 行政法主体的概念。对于行政法主体的界定，学界实际上是存在不同的认识的。[①] 但通常认为，行政法主体亦称行政法律关系主体或行政法律关系当事人，是指行政法律关系中享有权利和承担义务的组织或个人。[②] 上述定义在其他国家或地区的行政法学界所给行政法律关系主体下的定义也大体如此。如前苏联学者马诺辛认为，行政法律关系主体是指依照行政法的规定可以或能在国家管理范围内享有权利和负有义务并参与具体行政法关系的人或组织；[③] 能以自己的名义实施国家行政权（表现为行政管理活动），并对行政效果承担责任的组织。我国台湾地区有学者将其定义为：法律关系的当事人，乃谓法律上权利义务所归属之人，亦即法律上所谓人格者，因法律关系之发生、变更或消灭，其效果直接涉及人格者之权利义务，其直接所涉及之人格者，谓为行政法律关系当事人。[④]

一般认为，行政法主体具有主体的广泛性、法律地位的不对等性和主体的受限制性等特征。主体的广泛性如前所述。主体法律地位的不对等性在不同种类的法律关系中是不同的。在行政实体法律关系中，行政主体一般处于主导地位，领导和支配行政相对人，其地位优先于行政相对人；在行政程序法律关系和行政诉讼法律关系中，双方的地位则发生了倒错，行政相对人享有更多的权利，而行政主体则承担更多的义务，行政相对人的地位优于行政主体。如果将行政实体法律关系和行政程序法律关系作为一个整体看，行政法律关系主体的权利义务还是对等的。行政法主体的受限制性，主要表现为行政法主体所要求的条件比民事法律关系主体的条件要严格一些。除了一般的年龄和精神上的要求外，还有特别法律关系所要求的特别的权利能力和行为能力，如公民加入公务员队伍，成为内部行政法律关系的主体条件是其具有我国国籍，并且具备一定的文化程度及身体条件。

2. 行政法主体的构成要件。确定一般法律关系主体的几种常用方式有概括式规定、列举式规定和依据法理加以认定。有学者认为，行政法既无统一法典，又无明文规定，则只能依据个别法律规定，运用法理理论及行政法理论予以确定。也有学者认为，行政法主体既然是行政法上权利的实现者，又是行政法上义务的承担者，这就决定了行政法主体不是一般社会关系主体，而必须具备成为行

---

① 行政法主体，即指行政法调整的各种行政关系的参加人——组织和个人。并进一步指出广义的行政法主体包括的两种情形。参见姜明安：《行政法与行政诉讼法》，北京大学出版社 2007 年版，第 109 ~ 110 页。

② 袁曙宏、方世荣、黎军：《行政法律关系研究》，中国法制出版社 1999 年生版，第 50 页。

③ ［前苏联］马诺辛：《苏维埃行政法》，群众出版社 1985 年版，第 62 页。

④ 管欧：《中国行政法总论》，兰星打字排版有限公司 1982 年版，第 73 页。

政法主体的条件，主要包括：

（1）应具有外在的独立性。主体在对客体的认识和把握过程中必须是独立的，即它不依附于其他主体，并在宪法和法律没有禁止的领域按照自己的意志作为或不作为。

（2）应具有充分的意志自由。充分的意志自由，是指应具有形成、表达和实现人格化意志的能力，这是行政法主体必备的社会前提。行政法主体意志自由是其参与社会的必要条件，可以说，没有行政法主体的意志自由，也就不会有法治意义上的行政活动。

（3）应具有某种法律资格。任何人成为行政法主体都必须具有一定的法律依据，比如要具有该国的国籍。只有那些根据宪法规范或其他法律规范的规定而获得主体资格的人，才能成为行政法主体。

同时，认为行政法主体应整体地拥有上述条件，缺一不可。

我国行政法是调整配置行政权力关系、行政关系及在此基础上产生的监督行政关系的法律规范的总称，这一点在学界基本达成共识，因此，依照我国行政法的理论，我国的行政法主体的构成条件应符合行政法所涉及的所有主体，即行政权力配置主体、行政主体、行政相对人及监督主体。

二、行政法主体的范围

关于行政法主体范围，学界存在不同的认识。有学者认为，行政法主体是行政法调整的各种行政关系的参加人，即组织和个人。作为行政法主体的组织首先是指国家行政机关，另外，除国家行政机关以外，也包括作为行政法制监督主体的其他国家机关，可与行政机关一道作为行政主体的社会公权力组织（如行业协会、社团、基层群众自治组织等）、作为行政相对人的企业事业组织和其他组织。作为行政法主体的个人，包括在行政机关和其他公权力组织中行使行政职权的国家公务员、其他行政执法人员以及作为行政相对人的公民、外国人、无国籍人等。比较早就提出相类似观点的还有，行政法主体也即行政法律关系主体，包括国家行政机关、国家公务员、被授权人、被委托人以及其他国家机关、社会团体、企事业单位和公民个人。同时指出，在我国境内，依照我国法律享有行政权利，承担行政义务的外国组织、公民、无国籍人也是我国行政法的主体。① 从有关著作对相关问题的阐述看，与上述观点稍有不同的是有一些学者将国家也作为行政法律关系主体之一，如认为："行政法是公法，主要调整国家与所属人民之间的法律关系，因此国家是行政法律关系最主要的当事人。"我国台湾地区学者林纪东也认为，行政法律关系的当事人包括国家、地方自治团体、职业团体、其他授予国家之分权者、自然人和私法人。

近年来，学界普遍认为应当从行政法学体系完整的框架来研究行政法主体问

① 许崇德、皮纯协：《新中国行政法学研究综述》，法律出版社1991年版，第63~67页。

题，提出行政法主体论，认为行政法主体与行政法的基本原理、行为论、救济论等一起构成了行政法学体系的完整框架。同时提出，行政法主体论包括两大部分，即行政组织法问题和行政相对人问题。具体范围包括[①]：第一，行政主体理论问题；第二，行政机关组织法问题；第三，非政府组织，即通常意义上的“法律法规授权组织”和“行政机关委托组织”等的法律问题；第四，行政相对人问题。

第二节　行政主体

一、行政主体概述

（一）行政主体的概念和特征

行政主体是行政法主体的主要形式，也是行政法上最重要的基本范畴之一。在我国，一个机关或者组织只有具备了行政主体资格，它才能够在法律上成为行政活动的实施者，成为行政法律关系的当事一方。所谓行政主体，是指依法享有国家行政权力，能以自己的名义实施国家行政管理活动，并对由此产生的行为后果独立承担法律责任的组织。按照上述概念，可以将行政主体的特征概括为：

1. 行政主体是一种组织。组织的表现形式很多，比如各级人民政府，政府的部、委办、厅、局、司等，其他国家机关，企事业单位，社会团体等，均可称为组织。组织在一定条件下可以成为行政主体，但个人不能成为行政主体，尽管组织的国家行政管理活动大多由组织内的个人行使。其原因在于组织内的个人是以组织名义而不是以个人名义实施国家行政管理活动的，因此，行政主体的这一特征也使其与作为个人的公务人员相区别。

2. 行政主体是享有国家行政权力并实施行政活动的组织。我国虽然没有确立三权分立制度，但依照宪法规定，国家权力是分工制约的。国家权力机关行使立法权，人民法院行使审判权，人民检察院行使检察权，上述国家机关由于不享有宪法和法律赋予的行政权，因而不能成为行政主体。这一特征将行政主体与其他国家机关、组织区别开来。

3. 行政主体是能够以自己的名义实施行政管理活动并对其行为后果独立承担法律责任的组织。行政管理活动通常表现为各种行政行为，而行政行为实质上是对维护和分配公共利益的一种意思表示。因此，只有具有独立意志的社会组织，才能完整、真实地作出该意思表示或通过他人作出该意思表示，因此也才能独立承担其行为所产生的法律责任，成为具有独立地位的行为主体。行政主体的

---

① 中国人民大学宪政与行政法治研究中心：《宪政与行政法治发展报告（2004年—2005年卷）》，中国人民大学出版社2005年版，第201页。

这一特征将行政主体与行政机关内部的各种组成机构和受行政机关委托执行某些行政管理任务的组织区别开来，同时也使行政主体同它的代理人相区别。

按照上述行政主体的概念和特征，行政主体的角色主要是由国家行政机关担任。值得注意的是，行政机关并非在任何场合都是行政主体，比如当行政机关以机关法人的平等身份参与民事活动时，就不能作为行政主体看待。与此同时，行政机关以外的组织和行政机关内部的某些机构在得到法律、法规或规章授权时，也可以成为行政主体。因此，我国的行政主体包括各级人民政府及其职能部门以及县级以上地方人民政府的派出机关，法律、法规和规章授权的组织。

（二）行政主体的分类

依据不同的标准，行政主体可以分为不同的种类：

1. 职权性行政主体和授权性行政主体。根据行政主体资格取得的法律依据的不同，可将行政主体划分为职权性行政主体和授权性行政主体。所谓职权性行政主体，是指根据宪法和行政机关组织法的规定，在机关依法成立时就拥有相应行政职权并同时获得行政主体资格的行政组织。职权性行政主体主要包括各级人民政府及其职能部门以及县级以上地方人民政府的派出机关。所谓授权性行政主体，是指根据宪法和行政机关组织法以外的单行法律、法规、规章的授权规定而获得行政主体资格的组织。授权性行政主体主要包括行政机构、公务组织和社会组织。

2. 行政机关、行政机构、公务组织和社会组织。根据行政主体的组织构成与存在的形态不同，可将行政主体分为行政机关、行政机构、公务组织和社会组织。作为行政主体的行政机关，是依照宪法和行政机关组织法设立并同时取得行政主体资格的行政组织；作为行政主体的行政机构，是设置于行政机关内部的通过授权方式取得行政主体资格的行政组织；作为行政主体的公务组织，是国家依法设立的专门从事某种公共职能事务活动的通过授权方式取得行政主体资格的组织；作为行政主体的社会组织，是通过授权取得行政主体资格的企业、事业单位和社会团体等。

3. 单独行政主体与共同行政主体。以作出行政行为的主体为标准，可将行政主体划分为单独行政主体与共同行政主体。应该说，每一个行政主体都是单独行政主体，但当两个以上的行政主体共同作出行政行为时，它们便成为共同行政主体。

除此之外，还可对行政主体作如下分类：中央行政主体和地方行政主体，地域性行政主体与公务性行政主体，综合行政主体和专门行政主体等。

（三）行政主体的职权与职责

行政主体的职权与职责具有统一性。由于行政职权具有自由裁量性、主动性、广泛性、优益性等性质和特点，往往容易导致对行政相对人权益的侵害，因此必须确保行政主体在法定职权范围内实施各项行政管理活动，同时还必须履行相应的行政职责，即履行其法定的义务。

1. 行政职权。行政职权是国家行政权的转化形式，是行政主体实施国家行政管理活动的资格及其权能。行政职权通常可以分为两大类：一类是固有行政职权，另一类是授予行政职权。固有行政职权，是指行政机关“先天应有”的职权，即根据行政机关的职能、分工和级别等因素所决定的，由宪法和组织法所设定的，决定该行政机关的行政主体身份特征的行政职权。固有行政职权因行政主体的依法设立而产生，并随行政主体的消灭而消灭。所谓授予行政职权，是指国家通过法律、法规、规章赋予有关行政机关或其他组织的非固有行政职权。授予行政职权来自于有权机关的授权行为，授予职权既可因授权机关收回授权而消灭，也可因行政主体的消灭而消灭。

行政职权的内容和形式因行政主体的不同而有一定的差异。通常而言，行政职权的内容和形式包括行政立法权、行政命令权（如指令、命令，以及具有普遍约束力的行政措施等）、行政处置权（如扣押、即时强制等）、行政决定权（如赋予、剥夺某种利益或荣誉称号等）、行政强制执行权、行政救济权、行政司法权（如行政调解、行政仲裁、专门行政裁决、行政复议）等。

2. 行政优益权。行政优益权，是指国家为保障行政主体有效地行使职权、履行职责，赋予行政主体职务上或物质上的许多优益条件，行政主体具有享受这些优益条件的资格和可选择性。行政优益权由行政优先权和行政受益权构成。行政优先权是行政主体在行使职权时依法所享有的种种优惠条件，主要包括先行处置权（如先行扣留、即时强制）、获得社会协助权（如公安机关或消防机构在执行紧急公务时，有权要求其他交通车辆避让）、推定有效权（如为了保障行政秩序的稳定性和连续性，而推定该行政决定只要未被依照法定程序加以撤销就一直是有效的）、优先通行权和优先使用权等。行政受益权是国家为保证行政主体有物质能力行使行政职权而向其提供物质条件，行政主体享受这些条件的资格和可选择性，如财政经费、办公条件、交通工具。行政受益权是行政主体从国家所享受到的权益，而不是从相对方得到的，因此与行政优先权不同，它体现的是行政机关与国家的关系，而不是体现行政机关与行政相对方的关系。

行政优益权与行政职权密切相关，但不同于行政职权，也不属于行政职权，两者最明显的区别在于行政优益权可以被行政主体放弃不用，但行政职权不能被放弃，否则将导致违法或失职。

3. 行政职责。行政职责是行政主体在行使职权过程中必须承担的法定义务。任何行政主体在享有或行使行政职权的同时，都必须履行职责。行政职责随行政职权的产生、变更或消灭而发生相应变化。行政职责是义务，不能抛弃或违反，否则将承担相应的法律责任。

行政职责的核心是依法行政，“依法行政”的具体内容主要包括：行政主体必须按照法定职权，在法定的权限范围内履行职务，不得失职、越权或滥用权力；行政主体实施行政行为必须严格遵守法定程序，避免程序违法；行政主体还必须遵循合理、适当的原则，避免行政失当。[①]

二、行政机关

（一）行政机关的概念和种类

1. 行政机关的概念。在我国，行政机关，是指按照宪法和有关组织法的规定而设立的依法行使国家行政权力，对国家各项行政事务进行组织和管理的国家机关。一般认为，行政组织包括行政机关和行政机构，是一切行政机关与行政机构的综合体。行政机构是行政机关根据工作的需要，在机关内设立的若干工作机构，其按照内部分工办理或协助处理该机关担当的行政事务。

由于行政机关是由各行政机构有机构成的综合体，因此通常而言，行政机关具有行政主体资格，可以成为行政法律关系中的一方特定主体；行政机构则只有在法定授权的情况下，才能成为行政主体。

2. 行政机关的种类。

（1）中央行政机关和地方行政机关。按照行政机关所辖区域范围的不同，可分为中央行政机关和地方行政机关。活动范围及于全国的行政机关叫做中央行政机关，我国最高国家行政机关是中华人民共和国国务院，即中央人民政府。活动范围及于国家一定地域范围的行政机关叫做地方行政机关，即地方各级人民政府，包括一般地方人民政府和民族自治地方人民政府。

（2）一般权限机关和专门权限机关。按照行政机关的工作权限划分，可分为一般权限机关和专门权限机关。凡全面管理某一地区范围行政事务的行政机关即为一般权限行政机关，通常是指各级人民政府。地区行署、区公所、街道办事处等政府的派出机构也属于一般权限行政机关。专门权限行政机关，是指在一般权限行政机关的管辖下还管理某一方面或某几方面行政事务的行政机关，即各级政府及其派出机关下属的各行政部门，如各部、委、厅、局、处等。

（3）决策机关、执行机关、辅助机关、咨询机关与监督机关。按照行政管理活动中的环节，可以分为决策机关、执行机关、辅助机关、咨询机关与监督机关。在行政组织系统内，决策机关是在行政活动中作出决定、制定规则、发布命令的机关，如国务院、地方各级人民政府；执行机关是在行政机关系统中负责贯彻执行决策、决定的职能机关，如地方各级人民政府各工作部门是地方各级人民政府决策的执行机关；辅助机关是行政机关中的办公机构，如国务院办公厅等；咨询机关是为决策机关提供意见和建议的机关，如国务院参事室等；监督机关是对整个行政机关及其工作人员以及其他行政法主体遵守和执行法制情况进行监督检查的机关，如审计署、监察部等。

此外，还有一些划分行政机关的方式。例如，根据决定问题的程序，可以分

---

① 莫于川主编：《行政法与行政诉讼法》，中国人民大学出版社2012年版，第65页。

为合议制机关和首长制机关；根据存在时间的长短，可以分为常设行政机关和临时行政机关；根据涉及的行业和产品不同，可以分为农业、林业、电子、工商、税务、公安等不同部门的行政机关。

（二）中央行政机关与行政机构

1. 国务院。国务院，即中央人民政府，是最高国家权力机关的执行机关，是最高国家行政机关。根据宪法和《国务院组织法》的有关规定，国务院享有领导和管理全国行政事务的职权，制定行政法规、规定行政措施、发布决定和命令的职权，领导各级行政机关并可以改变或者撤销其违法或不适当的命令、指示、规章和决定的权力，以及最高国家权力机关授予的其他职权。

2. 国务院组成部门。国务院组成部门，俗称中央部委，是指依法对某一方面或某一类行政事务享有全国范围内的管理权限的行政机关。国务院组成部门的设立、增加、减少、合并，必须经过全国人大或其常委会决定；这些部门的正职领导人是国务院全体会议的组成人员。

作为行政主体的国务院组成部门，其职权主要包括如下内容：一是行政规章的制定权，即对其所管辖的行政事项制定在全国范围内具有普遍约束力的部门规章；二是对本部门所辖事务的管理权，即各部委对全国范围内的本部门所辖行政事务负责管理，依照相关法律、行政法规享有处理权，同时，还享有对地方各级人民政府中相关职能部门的领导权或指导权；三是对行政纠纷的裁决权，如进行复议，并作出复议决定，同时还可依法律规定裁决与行政管理密切联系的一些民事争议。

目前，国务院组成部门包括外交部、国防部、国家发展和改革委员会、教育部、科学技术部、工业和信息化部、国家民族事务委员会、公安部、国家安全部、监察部、民政部、司法部、财政部、人力资源和社会保障部、国土资源部、环境保护部、住房和城乡建设部、交通运输部、铁道部、水利部、农业部、商务部、文化部、卫生部、国家人口和计划生育委员会、中国人民银行、审计署。

3. 国务院直属单位。国务院直属单位与部委基本相似，但地位上略低于部委，其设立、增加、减少、合并无须经过全国人大或其常委会同意，国务院可以自行决定。具体而言，国务院直属单位又可以分为三种类型：

（1）直属机构。直属机构俗称直属局，是国务院按照工作需要和精简原则设立的主管某项专门业务的职能机关，具有行政主体资格。目前，直属机构包括海关总署、税务总局、工商行政管理总局、质量监督检验检疫局、广播电影电视总局、新闻出版总署、体育总局、安全生产监督管理总局、统计局、林业局、知识产权局、旅游局、宗教事务局等。依据法律规定，直属机构的职权主要包括了规章制定权、行政事项处理权和争议的裁决权部分。

（2）直属事业单位。国务院直属事业单位包括新华通讯社、中国科学院、中国社会科学院、中国工程院、国务院发展研究中心、国家行政学院、中国地震局、中国气象局、中国银行业监督管理委员会、中国证券监督管理委员会、中国保险监督管理委员会、国家电力监管委员会、全国社会保障基金理事会、国家自然科学基金委员会、国家档案局等。直属事业单位大部分不具有行政主体资格，如新华社、中科院、社科院、工程院、国务院发展研究中心、国家行政学院、气象局、自然科学基金委；少数因得到特别授权而具备行政主体资格，包括证监会、银监会、保监会、电监会、社保基金理事会等。这些具有行政主体资格的事业单位在地位上与直属机构无实质差别，不同点在于它们被列入事业编制而非行政编制。

（3）直属特设机构。直属特设机构目前仅指国有资产监督管理委员会，具有行政主体资格。

4. 国务院组成部门管理的机构。国务院组成部门管理的机构又称国务院部委管理的国家局，俗称部管局，是指在体制上隶属于国务院的某个组成部门，但本身具有独立的行政主体资格的行政机关。目前有国家信访局、粮食局、能源局、民用航空局、国防科技工业局、烟草专卖局、外国专家局、海洋局、测绘局、邮政局、文物局、中医药管理局、食品药物监督管理局、外汇管理局、煤矿安全监察局、国家密码管理局、国家航天局、国家原子能机构、国家语言文字工作委员会、国家核安全局、保密局等。之所以称为部管局，是由于部管局所主管的事务与一些部委的职能密切相关，因而由相应的部委进行管理。例如，国家烟草专卖局由国家发改委管理，国家文物局由文化部管理，中医药管理局由卫生部管理等。由于部委管理的国家局在成立时就具有独立的法律地位，依法行使某项行政事务的管理权和争议裁决权，因此具有行政主体资格。

5. 国务院办公机构。国务院办公机构即国务院办公厅，是协助国务院领导处理国务院日常工作的机构。虽然国务院办公厅经常以自己的名义对外实施行政活动，但并不具有行政主体资格。

6. 国务院办事机构。国务院办事机构是国务院根据工作需要设立，协助总理办理专门事项、直接向总理负责的机构。目前，国务院办事机构包括国务院侨办、国务院港澳办、国务院台办、国务院法制办、国务院研究室、国务院新闻办。办事机构只负责某一方面事务的调查研究、政策分析、组织协调等工作，以及承办上级交办的有关事宜，自身没有独立的行政管理权，不能对外发布规范性文件，因此不具备行政主体资格。

7. 国务院议事协调机构。国务院议事协调机构，是指国务院设立的主要处理某些在权限、职能上跨部门的业务，起着沟通、协调的作用的行政机构。国务院议事协调机构一般不具备行政主体资格，但个别此类机构因获得特别授权而成为行政主体，如国务院学位委员会因获《学位条例》授权而具有独立职权。

8. 国务院部门的内设机构。国务院部门的内设机构，是指设立于国务院组成部门、直属单位，甚至办公机构、办事机构的内部，处理该部门某一方面行政事务的行政机构，是该所属单位的一个组成部分。通常而言，国务院部门的内设机构一般不能成为行政主体，但也有个别此类机构因获得特别授权而成为行政主体，如国家知识产权局内设的专利复审委员会便获得了《专利法》的特别授权；而工商行政管理总局内设的商标评审委员会也获得了《商标法》的特别授权。

值得注意的是，某些中央行政机关或机构，为了实现其职能，需要在地方上设立其分支机构或派出机构，这些机构不属于地方政府的组成部分，并且一般可以作为行政主体。例如，中国人民银行在地方上设立的分行、支行，或者银监会在地方上设立的银监局，均属此类。

（三）地方行政机关与行政机构

1. 地方各级政府。地方各级人民政府是地方各级人民代表大会的执行机关，是地方各级国家行政机关。全国地方各级人民政府都是国务院统一领导下的国家行政机关，都服从国务院。我国地方政府分为省级、地级、县级、乡级四级，其法定职权可以概括为：一是执行权，即执行本级权力机关的决议和上级行政机关的决议和命令，办理上级行政机关交办的事项；二是决定、命令的发布权和规章的制定权；[①] 三是领导和管理权，即县级以上人民政府领导所属各工作部门和下级人民政府的工作，管理本行政区域内的经济、城建、教育、文化等各项行政事务；四是法律纠纷裁决权，即县级以上地方各级人民政府对所属职能部门和下一级人民政府的行为所引起的争议，依法进行复议并作出复议决定。另外，地方各级人民政府（主要是县级以上）经法律、法规授权，还可以对诸如土地、矿产、林业、水利等权属争议进行裁决。各级人民政府均是行政主体。

2. 地方各级政府的工作部门与直属单位。通常情况下，由于地方各级政府的工作部门与直属单位与国务院的组成部门与直属单位存在着对应关系，一般来说，国务院的上述单位中具备行政主体资格的，地方政府中与其对应的单位也就具有行政主体资格。值得注意的是，只有县级以上（含县级）人民政府才设立工作部门。地方政府的工作部门是行使专门权限和管理专门行政事务的行政机关，依照有关法律、法规的规定，独立享有并行使相应的行政职权。地方政府中具有行政主体资格的直属单位，其行政职权与地方政府工作部门类似，但主管事务相对单一。

3. 地方各级政府的派出机关。按照我国《地方人民代表大会和地方各级人民政府组织法》的规定，自治区的人民政府在必要的时候，经国务院批准，可以设立若干派出机关；县、自治县的人民政府在必要的时候，经省、自治区、直辖市的人民政府批准，可以设立若干区公所，作为它的派出机关；市辖区、不设区的市的人民政府，经上一级人民政府批准，可以设立若干街道办事处作为它的派出机关。目前省级人民政府的派出机关称为地区行政公署。此外，某些地方政府往当地开发区派出的管理委员会也是派出机关的一种形式。派出机关的法定职权

---

① 省级政府、省级政府所在地的市人民政府和国务院批准的较大的市的人民政府，依据法律和国务院的行政法规及省、自治区的地方性法规可以制定地方政府规章，规定行政措施，发布决定和命令，其他地方各级人民政府可以依法发布决定和命令。

主要有：(1) 对辖区内行政事务作出决定权。(2) 对本区域内行政事务的管理权。(3) 行政公署作为省级人民政府的派出机关，还拥有对所辖职能部门和下级人民政府的领导和监督权。这些派出机关在地位上类似于一级地方人民政府，具有行政主体资格。

4. 地方政府工作部门的派出机构与内设机构。在我国，一些地方政府的工作部门根据工作需要可以设立派出机构，这些派出机构作为地方政府工作部门的内设机构，从法理上讲一般不具有独立职权，不能成为行政主体。但是，多数情况下，这些派出机构作为重要的执法部门，往往因获得有效授权，而在一定权限内获得行政主体资格的情况。比如，根据《公安机关组织管理条例》的规定，设区的市公安局根据工作需要设置公安分局；市、县、自治县公安局根据工作需要设置公安派出所，而这些公安分局、派出所根据《治安管理处罚法》的规定，是重要的治安管理处罚主体。当然，公安分局和公安派出所的设立、撤销，必须按照规定的权限和程序审批。此外，其他常见的派出所如税务部门设立的税务所、工商管理部门设立的工商所等，往往也因为授权而成为行政主体。

值得注意的是，地方政府工作部门的内设机构作为工作部门的组成部分，通常不具有独立的法律地位，但经过法律授权也可以成为独立的行政主体。常见的如地方公安部门的内设机构，包括公安消防机构、公安交通管理机构、公安出入境管理机构等。

三、行政授权与被授权组织

(一) 行政授权的概念和特征

行政授权，是指法律、法规、规章将某方面或某项行政职权授予行政机关以外的组织，被授权者以自己的名义实施行政管理活动和行使行政职权，并由自己对外承担行政活动的相应法律责任。按照上述定义，行政授权具有以下特征：

1. 行政授权必须有法律、法规、规章的明确规定。“明确规定”包括如下内容：(1) 被授权者可以依据法律、法规、规章的明文规定直接取得某方面或某项行政职权。(2) 被授权者及授予的职权内容、范围等，均被法律、法规、规章明确规定。如果行政机关在缺乏上述依据的情况下自行决定将自身的某项职权交给某个组织或者个人行使，那就只是一种委托，而不是行政授权。(3) 行政授权的方式多样，但都应当符合法律、法规、规章的规定。通常而言，授权方式有直接授予职权和规定由特定的行政机关授予职权两种。前者如《植物检疫条例》(1983 年国务院发布) 第 3 条的规定，[①] 后者如《外国人入境出境管理办

---

① 1983 年国务院发布的《植物检疫条例》第 3 条第 1 款规定：“县级以上地方各级农业、林业行政部门所属的植物检疫机构，负责执行国家的植物检疫任务。”

法》第25条的规定。[①]

2. 被授权组织在被授权范围内以自己的名义自主地行使行政职权，并对外承担行政活动的相应法律责任。一般来说，行政授权主要是指对行政机关以外的组织（还包括行政机关的内设机构和派出机构）的授权，如果被授权组织在该授权行为之前没有行政主体资格，就可因授权而取得行政主体资格，相应地也就取得了以自己的名义独立行使某方面或某项行政职权和承担相应法律责任的资格。

3. 行政授权导致行政职权和行政职责的同时转移。被授权的组织在接受职权的同时，也必须履行行政职责。

（二）被授权组织的概念和法律地位

通常而言，被授权组织，是指在依具体法律、法规和规章授权而行使特定行政职能的非国家行政机关组织。[②] 行政管理活动中，经常发生通过法律、法规、规章将某些行政职权授予企事业单位、社会团体和群众性自治组织，以及行政机关的内设机构和派出机构，来独立地行使行政职权并承担相应职责的法律行为。通过被授权的组织来行使某些行政职权，可以减轻各级行政机关的工作负担，明确责任界限，同时被授权组织比较熟悉情况、专业知识丰富，可以更好地处理行政事务。

被授权的组织在行政法上具有独立的行政主体的法律地位。我国《行政诉讼法》就明确规定，被授权组织所为行政行为被提起诉讼时，由被授权的组织作为被告应诉，这实际上赋予了被授权组织与行政机关相同的行政主体地位。在我国，被授权组织主要包括行政机构和其他符合一定条件的非政府组织。

（三）被授权的非政府组织

非政府组织，是指行政组织系统以外的社会组织。经过法律、法规、规章的特别授权，这些社会组织取得了某方面或某项行政职权而获得行政主体资格。根据法律、法规、规章的授权，可以成为行政主体的其他社会组织大致有以下四种类型：

1. 行政性公司。所谓行政性公司，是指既具有公司的基本构成要件，从事经济活动，又要承担某方面行政职能的组织。为了适应市场经济，同时为了对某些具有经营性、技术性或者社会性的行政事项进行更为便捷有效的管理，国家往往将原来的政府主管的一些专业经济管理部门转变或改建成经营某一方面的公用事业企业，如物资主管部门改为物资公司，煤炭主管部门改为煤炭统配公司等。这些企业基本上继受了改制前的行政管理职能，根据授权又具有行政主体资格。很显然，行政性公司既是竞争者又是竞争规则的裁判者和管理者，这种双重身份

---

① 《外国人入境出境管理办法》第25条规定："……中国政府在国内受理外国人入境、过境、居留、旅行申请的机关，是公安部、公安部授权的地方公安机关和外交部、外交部授权的地方外事部门。"

② 姜明安主编：《行政法与行政诉讼法》，北京大学出版社、高等教育出版社2007年版，第138页。

不符合市场经济规律和法治的要求。有学者建议应对行政性公司进行改革，将其行政管理职能交由专门的行政执法机关或行业组织行使。

2. 被授权的事业单位。事业单位，是指国家为了社会公益事业目的，由国家机关或者其他组织利用国有资产举办的，从事教育、科技、文化、卫生等活动的社会服务组织。① 我国目前法律、法规、规章授予事业单位行使特定行政职能的情况较多，如大学，由于《高等教育法》、《学位条例》等法律规范的授权，取得了对学校学生在校期间学习生活以及授予各种学位等方面的行政管理权。

3. 被授权的社会团体。社会团体经法律、法规、规章的授权，也可以在特定行政事项范围内从事一定的行政职能活动，成为特定的行政主体。例如，《律师法》授予律师协会调解律师执业活动中发生的纠纷，以及依章程给予律师以奖励、处分等行政职权。又如，中国足球协会就得到《体育法》的授权，取得了与足球有关事项的行政管理权，获得了行政主体资格。②

4. 被授权的基层群众自治组织。根据我国宪法的规定，基层群众组织主要是农村村民委员会和城市居民委员会。我国基层群众自治组织性质上虽然不是一级地方政权，但这些组织遍布城乡，与群众联系密切，能够发挥地方政府无法替代的特殊功能，因此，相当一部分法律、法规、规章授权它们行使一部分行政管理职能，如《村民委员会组织法》第2条第2款规定，村民委员会办理本村的公共事务和公益事业，调解民间纠纷，协助维护社会治安，向人民政府反映村民的意见、要求和提出建议。此时，群众自治组织根据授权具备行政主体地位。

四、行政委托与受委托的组织

（一）行政委托的含义和特征

1. 行政委托的概念和特征。行政委托，指的是行政主体在其职权职责范围内，出于行政管理的需要，依法将其行政职权或行政事项委托给另一行政主体或其他组织，以及特殊情况下委托给个人，受委托者以委托机关的名义实施管理行为和行使职权，并由委托机关承担法律责任的一种行政活动方式。根据上述规定，行政委托的特征可以概括为：

第一，行政委托的职权来源是行政主体的委托行为。行政委托是由委托主体具体实施的，因而行政委托的发生取决于行政机关的委托决定。通常而言，行政主体进行委托时，应当有法律、法规和规章作为依据，但行政委托事项的法律依据不像行政授权那样严格。在某些行政管理事务范围内，应当有关于委托的明确法律规定，如税收、行政处罚、行政许可等；在另外一些行政管理事务范围内，只要不违背法律的精神和目的，便可实施委托，如委托监督检查物价、治安、卫

---

① 参见1998年10月25日国务院颁布的《事业单位登记管理暂行条例》第2条的规定。

② 《体育法》第40条规定："全国性的单项体育协会管理该项运动的普及与提高工作，代表中国参加相应的国际单项体育组织。"

生的行为。

第二，行政委托的对象应当是符合法定条件的有关行政组织、社会组织，以及特殊情况下接受行政委托的个人。行政机关通过行政组织法和公务员法的职能职务规定由其所属机构和公务员具体实施行政管理，是一种正常的内部职务关系，不属于我们所讲的行政委托。此外，有些专有的行政权力不能进行委托，如公安机关的行政拘留权、税务机关的征税权等。

第三，行政委托不发生职权职责、法律后果及行政主体资格的转移。在行政委托中，委托者与委托对象之间是一种专项代理关系。受委托者并不因为行政委托行为而取得行政主体资格，而只能在委托的范围内以委托者的名义实施行政活动，行为后果也由委托者承担。

2. 行政委托与相关概念的区别。

（1）行政委托与行政机关之间的公务协助。通常而言，行政机关之间的公务协助，是指无隶属关系的行政机关之间，在执行公务的过程中，因某种需要互相提供方便并协助完成职务的行为。这种公务协助可以分为法定的公务协助和自由的公务协助。法定公务协助关系是法律、法规明确规定的应当进行的公务协助关系。自由公务协助，也称作非法定公务协助关系，是指法律、法规对公务协助的条件、范围、主体等均未明确规定，对于行政机关之间的公务协助请求，由请求机关与被请求机关根据具体情况进行协商解决，但不得违反法律规范有关职责权限的规定。无论是法定的公务协助还是自由的公务协助，都是行政机关之间的公务上的一种合作与帮助，被请求协助的行政机关还是以自己的名义行使自己原有的行政职权。这点与行政委托以委托组织名义作出行政行为不同。

（2）行政委托与行政授权。行政委托与行政授权虽然都是行政管理活动实施者实施行政管理行为的重要权力来源，但二者主要有以下区别：

第一，职权来源的基础不同。行政授权是特定法律规范规定的结果，是基于立法行为而产生的；而行政委托是行政主体实施行政行为的结果，一般是基于具体行政行为而产生的。

第二，针对的对象不同。行政授权的对象是行政机关以外的组织，其中包括行政机关的内设机构和派出机构，但不包括个人；而行政委托的对象是符合法定条件的有关行政组织和社会组织，还包括特殊情况下接受委托的个人。

第三，作出行为的名义和行为后果的归属不同。在行政授权中，被授权者实施具体行政行为以自己的名义进行；而在行政委托中，受委托者实施具体行政行为只能以委托者的名义进行。因此，被授权组织对自己的行为独立承担法律责任，所作出的行政行为被提起诉讼时由被授权组织作为被告应诉；而在行政委托中，不发生职权职责和法律后果的转移，受委托者并不因为行政委托行为而取得行政主体资格，受委托者只能在委托的范围内以委托者的名义实施行政活动，行为后果也由委托者承担。

（二）受委托组织的含义和法律地位

1. 受委托组织的含义。受委托组织，是指受行政机关委托，以委托机关的名义行使行政职权，并由委托机关承担法律责任的组织。能够成为受委托组织的，在大多数情况下为社会组织。也就是说，社会组织既可以成为授权主体，也可以成为受委托组织。一些单行法律对受委托组织规定了应当符合的法定条件。比如，我国《行政处罚法》第19条就规定，受委托行使行政处罚权的组织应符合下列条件：一是依法成立的管理公共事务的事业组织；二是具有熟悉有关法律、法规、规章和业务的工作人员；三是对违法行为需要进行技术检查或者技术鉴定的，应当有条件组织进行相应的技术检查或者技术鉴定。个人也可以成为受委托的对象，如铁道部曾发布《关于禁止在旅客列车上随地吐痰、乱扔脏物和在不吸烟车厢吸烟的规定》，该规定第3条第2款规定，各次列车的列车员同时是卫生监督员。卫生监督员要认真执法，对违反本规定者予以批评教育和罚款。由于个人不符合成为行政主体的要件，因此该条的规定应当理解为铁路部门是行政处罚权的授权主体，列车员是受铁路部门委托行使批评和处罚权的受委托人。

2. 受委托组织的法律地位。法律地位，是指法律主体享受权利与承担义务的资格，或者说在法律关系中权利和义务的相应程度。与授权组织相对独立的法律地位不同，受委托组织的法律地位可以概括为：第一，受委托组织必须在委托的职权范围内，行使行政职权，履行行政职责。第二，受委托组织必须以实施行政委托的行政机关即委托行政机关的名义实施行政管理活动，其后果由委托行政机关承担。第三，受委托组织应接受委托行政机关的监督和指导，如果受委托组织在行使行政权力、办理行政事务的过程中，有故意或重大过失，委托行政机关可以按照法律规定先负责赔偿，然后行使求偿权，责令有故意或重大过失的受委托组织承担部分或全部赔偿费用。第四，由于受委托组织的具体行政行为引起纠纷或者争议，行政管理相对方向人民法院起诉时，受委托组织不能以被告的身份应诉，只能由委托行政机关作为被告出庭应诉，因而受委托组织不具有行政主体资格。

受委托组织因为行政委托而行使行政职权，但在相应的行政法律关系中并不具有行政主体的法律地位，其行使职权的名义和后果都归属于委托机关。因此，行政委托必须符合一定的条件：一是行政委托的主体和委托的权力是有限制的。委托者必须是行政主体，否则不能称为行政委托。委托者还必须在行政主体职权范围内进行委托，越权委托无效，而且受委托者不得将自己接受委托的职权和事项再自行委托给其他组织或个人。二是行政委托对象是有限制的。只有具备一定的条件，方可接受行政委托，代委托者行使某些行政管理职权和从事某些行政管理事务，从而成为受委托组织；通常而言，松散的组织如合伙组织、非正式组织等，均不能接受委托行使行政职权而成为受委托组织。三是行政委托的事项是受限制的。通常而言，行政管理职权中影响较小、程度较轻的部分，如行政处罚中的申诫罚或较低数额的财产罚，可以委托其他组织或个人代为行使，而人身罚和能力罚以及数额较大的财产罚，则不能委托给其他组织或个人代为行使。又如，有关群众性、社会性的行政管理事务，如治安管理、城市交通管理、城市卫生管理等，可以委托给其他组织或个人；而有关专业性较强的行政管理事务，如商检、海关、税务等行政管理职权，则不宜委托给他人代为行使。

五、作为行政主体的公安机关

我国公安机关是由中央公安机关、地方公安机关、行业公安机关和武装警察部队等组成的。

（一）中央公安机关

中央公安机关，即中华人民共和国公安部。根据国务院组织法及其有关规定，公安部是国务院的一个职能部门，负责领导和组织全国的公安工作，是全国公安工作的领导、指挥机关。根据人民警察法等有关组织法律法规的规定，公安部的主要职责包括制定有关公安工作的方针、政策、规章，部署全国公安工作，并督促检查执法情况；掌握信息，分析、预测社会治安和犯罪情况，并研究对策；协调处置重大案件、严重危害社会安定团结和聚众闹事、骚乱事件和重大治安灾害事故；指导各地公安机关依法管理社会治安、户籍、居民身份证、边境保卫、道路交通和出入境工作，组织实施消防工作并进行监督；主管全国计算机信息系统安全保卫工作；指导各地公安机关依法监督机关、团体、企事业单位安全保卫工作，指导企事业单位保卫组织建设；规划和指导全国公安队伍的建设以及公安民警的教育训练；组织、指导同境外警方及国际警察组织的交往与合作；以及国务院交办的事项等。公安部根据其职责设置了相应的机构。

（二）地方公安机关

根据《地方人民代表大会和地方人民政府组织法》以及相关法律、法规的规定，我国地方公安机关按行政区划设置了省、地、县三级公安机关。

省级公安机关是省级人民政府的职能部门之一，负责本省、本区、本市范围内的公安工作。省级公安机关的主要职责有分析、研究本省、自治区、直辖市的社会治安状况，并对公安工作进行决策；负责对所辖省、自治区、直辖市警察队伍的管理、教育；指导、检查和监督本省、自治区、直辖市民警执法情况，指导业务工作；组织、协调对重大案件、重大事件和重大治安灾害事故的侦破和调查工作；领导本省、自治区、直辖市公安边防、消防、警卫工作；承办公安部、省委、省政府交办的其他事项。省级公安机关内的机构设置在遵守机构设置原则的同时，考虑各省、自治区、直辖市的人口数量、地域面积、治安状况、经济水平等因素设置，但重要部门应与公安部内机构设置大体对应，但不要求完全一致。

地级公安机关包括省辖市设立的公安局、自治州设立的公安处以及直辖市公安局下设的公安分局，它们分别是本级人民政府的一个职能部门，负责本辖区范围内的公安工作。县（市）、旗设公安局，作为县（市）、旗人民政府的一个职能部门。县级以上公安机关负责本行政区域的公安工作，是本行政区域公安工作的领导、指挥机关。

依照《公安机关组织管理条例》的规定，公安机关实行行政首长负责制。县级以上地方人民政府公安机关和公安分局内设机构分为综合管理机构和执法勤务机构。执法勤务机构实行队建制，称为总队、支队、大队、中队。县级以上地方人民政府公安机关和公安分局内设机构的设立、撤销，按照国家规定的权限和程序审批。

（三）公安派出所

依照《公安机关组织管理条例》的规定，市、县、自治县公安局根据工作需要设置公安派出所。公安派出所是我国公安机关的重要组成部分，是市、县公安机关或相当于县一级公安机关的派出机构，由设立该派出所的公安机关直接领导和管理。公安派出所的主要职责有管理辖区的社会治安；预防违法犯罪行为，治安灾害事故和群众性治安事件的发生；发现犯罪、制止犯罪；为人民服务等。公安派出所的基本权限包括管理权、处罚权、检查监督权、查破一般案件权、执行管制监督权等。公安派出所只有在法律、法规明确授权的情况下才具有行政主体资格，如根据《治安管理处罚法》第 91 条的授权能以自己名义实施警告、500 元以下罚款的治安处罚。一般情况下，公安派出所只能以所在公安机关的名义实施公安管理，不具有行政主体资格。

（四）专业公安机关①

专业公安机关也称专门或者行业公安机关，是经国务院批准，在国家有关部门内设立的从事特定范围内公安工作的公安机关。专业公安机关既是有关部门的组成部分、内设机构，又是公安部的派驻机构，行使公安部授予的相应职权，受主管部门和公安部双重领导。专业公安机关的下属公安机构由公安部派驻的各部门公安机关派驻。我国的专业公安机关主要有：

1. 铁路公安机关。铁道部下设公安局，是公安部的派驻机构，由铁道部和公安部双重领导，下属公安机构由部公安局派驻，实行部公安局和铁路部门双重管理，主管铁路系统的公共安全、治安秩序、运输安全、查处治安刑事案件、计算机信息系统安全保护等公安保卫工作。

2. 交通公安机关。交通部下设公安局，交通部直属的航运局、港务局设立公安局（处），长途汽车站、轮船码头设立派出所。交通部公安局由交通部、公安部双重领导，业务工作以公安部为主。下属交通公安机关在行政上受航运局、港务局领导，在业务上受当地公安局和交通部公安局（或派出机构）双重领导，以当地市公安局领导为主，担负维护航运、港口、长途汽车运输安全，维护长途汽车、港口、码头的治安秩序等公安管理权限。

---

① 我国铁路、民航、交通、森林公安机关是因历史和体制等多种因素形成的。有的专业公安机关的管理体制已经开始改革，如铁路公安机关的管理体制已于2009 年开始改革，但现在正处于过渡期间。

3. 民航公安机关。中国民用航空局下设公安局，下属各民航管理局设立公安局（处），各航空机场、站设立公安分局、派出所。它们在行政关系上属于民航机关，在业务上受公安部、各省市公安局领导，负责管理民航行业空防安全，审查航空运输、机场企业的安全保卫方案，指导、防范和调查处理劫机、炸机等非法干扰航空安全的事件；维护机场、航空站内的治安秩序；负责航空器内的安全保卫工作；管理民航安检工作，制定民航安检工作规章和技术规范并监督实施；参与民航专机安全警卫工作；组织指导民航刑事案件的侦查工作，参与、协调案件的侦破；管理民用机场航空器活动区道路交通，指导机场公共活动区域的道路交通管理工作；管理民用机场、航空器的内治安工作，指导民航各单位开展社会治安综合治理工作等。为保障航空安全，2002 年 2 月中国民航总局在上报国务院的中国民航体制改革方案中，提出了组建空中人民警察队伍的建议，得到国务院批准。这支队伍，实行民航总局公安局和航空公司双重管理。空中警察重点安排在国内重点干线航班和国际航班上。

4. 森林公安机关。国家林业局下设国家森林公安局，其下属的林业局设立森林公安局（处）。县级以下林业局设森林公安派出所作为上级森林公安局的派出机构。县级以上森林公安机关受林业主管部门和公安部门双重领导，森林公安派出所由上级森林公安机关垂直管理。森林公安机关是由公安机关派驻的，负责保卫国家森林资源、组织协调、指导监督森林防火工作，发布森林火灾信息，协调、督促、查处森林案件，保护野生动植物资源，维护林区社会治安稳定的重要力量。

5. 海关缉私公安机关。海关总署、公安部组建成立走私犯罪侦查局，纳入公安部编制机构序列，设在海关总署。缉私警察是对走私犯罪案件依法进行侦查、拘留、执行逮捕、预审的专职刑警队伍，走私犯罪侦查局既是海关总署的一个内设局，又是公安部的一个序列局，实行海关与公安双重垂直领导、以海关领导为主的体制，按照海关对缉私工作的统一部署和指挥，部署警力，执行任务。各级走私犯罪侦查机关负责其所在海关业务管辖区域内的走私犯罪案件的侦查工作。

经国务院批准，海关总署走私犯罪侦查局正式更名为海关总署缉私局，自 2003 年 1 月 1 日起，全国各海关走私犯罪侦查部门同时完成相应更名工作。更名后各级海关缉私警察将在原有的刑事执法职能基础上增加行政执法职能。除海关调查部门在调查稽查过程中发现的走私违规案件继续由其查办外，其余各类走私违法犯罪案件均交由海关缉私警察查办。

（五）其他公安组织

1. 武装警察部队。根据相关规定，武警部队的机构设置是在中央设立武警总部，是武警部队的领导指挥机关，在国务院、中央军委的领导下，负责领导管理武警内卫部队的军事、政治和后勤工作，对列入武警部队的军事、政治和后勤工作进行指导；在省、自治区、直辖市设立武警总队；在地、市、州、盟设立武警支队；在沿海的市、县、旗设立武警大队；内地的县设立武警中队，武警中队下设班。另外，武警部队还设有水电、交通、黄金、森林等专业部队。根据任务需要还设有直属武警中队，隶属于武警总队，由武警总队直接领导。武警直属支队一般下设大队、中队，中队下设排、班。根据《国防法》第22条第3款以及《人民警察法》第51条的规定，武装警察部队的主要任务和职责是：担任首脑机关、重点单位、要害部位、重要桥梁、隧道和看守所、监狱、劳教场所的守卫、看守、警戒、边防检查、守卫、消防监督、灭火救灾等任务，以及紧急状态下的平反、围剿、追击等任务。

武装警察部队虽属于人民警察，但其是国家的武装力量，主要承担内部保卫及公益性的抢险救灾任务，虽然有些武警在公安机关的消防机构工作，但他们依据《消防法》实施的消防监督、消防处罚等行为是以所在的公安机关的名义，而不是以武装警察部队的名义。所以，武装警察部队没有对外以自己名义进行公安管理的职权，不是行政主体。

2. 新疆生产建设兵团。新疆生产建设兵团组建于1954年10月，是新疆维吾尔自治区的重要组成部分，在国家实行计划单列，享有计划单列市的各种管理权限。经国务院批准设立新疆生产建设兵团公安局，属于厅局级公安机关。兵团下属单位设立公安处（局），行使公安机关职权，负责维护其兵团内的治安秩序和各类案件的查处，具有行政主体资格。

第三节 行政公务人员

一、行政公务人员概述

（一）行政公务人员的概念和特征

行政职权的实施者不仅仅是行政机关，行政机关以外的其他社会组织甚至个人也可以通过行政授权或行政委托行使相应的职权，因此，以行政主体或者委托人名义行使行政职权的个人也就不仅仅限于国家公务员，还包括其他行使行政职权、履行行政职责的工作人员，即行政公务人员。所谓行政公务人员，是指基于一定的行政公务身份而代表行政主体行使行政职权、履行行政职责的工作人员。行政公务人员的特征有：

1. 行政公务人员是自然人，而不包括社会组织。由于法律规范往往都是将某项或某方面行政权力直接赋予一定的组织，而不是个人，因此，行政公务人员不是行政主体。行政公务人员的个人属性，使其在行政法律关系中的法律地位与法律主体存在两种情况：一是以普通公民身份，成为外部行政法律关系中的行政相对人；二是以公务人员身份，成为行政职务关系一方的组成部分。

2. 行政公务人员是代表行政主体行使行政职权、履行行政职责的人员。按照法律规范要求，行政公务人员实施行政职务行为时，应当以行政主体名义并出示有效证件表明公务身份。但无论行政公务人员在实际实施职务行为过程中是否明确表明身份或者表示行政主体名义，都应看做是代表行政主体实施的职务行为，否则就只能属于个人行为而不是执行公务的行为。

3. 行政公务人员基于一定的行政职务，或者基于行政主体的委托来实施行政职务行为。基于一定公务身份关系是行政公务人员实施行政管理行为的法律基础。行政主体是一个组织，其行政公务是由行政公务人员具体实施和完成的。行政公务人员以一定的任用方式成为行政主体或受委托组织的工作人员，获得直接或间接代表行政主体实施行政职务的身份和资格。

4. 行政公务人员代表行政主体实施的行政公务行为，其法律后果一律归属于所代表的行政主体，行政公务人员仅依法向行政主体承担行政责任或追偿责任，而不直接向相对人承担法律责任。

（二）行政公务人员的范围

虽然行政公务人员范围广泛，不限于在行政机关内行使行政职权的公务员，但也不是所有进入行政管理过程并实施了与行政公务有关的行为者都是行政公务人员。① 从行政主体的不同形态可以看出，行政机关中实施行政公务的人员是公务员，他们当然属于行政公务人员；而作为其他行政主体的被授权组织中以及不是行政主体的受委托组织中实施行政公务的人员，虽然主要不是公务员，但都属于行政公务人员。

1. 行政公务员。行政公务员，是指国家依法定方式和程序任用，在中央和地方国家行政机关中依法行使行政职权、执行行政职务、纳入国家行政编制、由国家财政负担工资福利的工作人员。对行政公务员的理解可以从以下几点把握：

首先，行政公务员，是指在中央和地方国家行政机关中工作的人员。行政公务员任职于行政机关，既区别于其他国家机关（如权力机关、司法机关）工作人员，也区别于其他社会组织中执行公务的人员。

其次，行政公务员应当是行政机关中的正式编制人员。行政公务员，是指国家依法定方式和程序任用的工作人员。根据《国家公务员法》等相关法律的规定，公务员的任用方式包括考任、选任、调任和聘任，而每种任用方式都有其相应的法定程序。因此，行政机关临时借调或者委托的行政公务实施人员不是行政公务员。

再次，行政公务员，是指在国家行政机关中行使行政权力、执行行政职务的人员。行政机关内按照所要完成的行政事项设立相应的行政职位，配备和任用公务员，因此，行政公务员自任用时起，必然取得行使行政权力、执行行政公务的资格，从而在行政公务员与行政主体间形成特定的行政职务法律关系，基于这一

---

① 例如，《国家赔偿法》第 3 条第 3 项规定的情形。

行政职务法律关系，公务员在其行政职权范围内可以代表所属行政主体实施相应行政行为。对行政机关内设置的只是为行政机关提供后勤服务，并不行使国家行政权力和实施行政职务行为的职位，其所配备的工勤人员就不属于行政公务员，如司机、打字员等，如果未纳入国家行政编制，就不属于行政公务员范围。但不排除在特定情况下，这些人员受行政机关的特别委托在一定范围内从事行政公务行为。

最后，行政公务人员代表行政主体实施的公务行为，其效果归于行政主体，因此，行政公务人员通常并不直接与行政相对人发生特定的法律关系。

行政公务员虽然都是行政机关中的正式编制人员，但由于种类不同，所享有的具体职责权限也有所不同。根据我国《公务员法》的规定，按照行政类公务员的任期与任用方式的不同，可以分为两大类：一是各级人民政府的组成人员，通常由同级国家权力机关选举或者决定产生，有一定的任期限制，并依照宪法和有关组织法进行管理，在有些国家也称之为政务类公务员，或称之为特别职公务员；二是各级人民政府组成人员以外的公务员，是行政公务员中的主要部分，主要通过考试或考核以委任形式产生，还有一部分通过聘任产生，一般没有任期限制，在有些国家也称之为业务类公务员，或称之为一般职公务员。

2. 其他行政公务人员。其他行政公务人员，是指除行政公务员以外的行政公务人员。其范围具体包括：代表被授权组织实施行政公务的人员；受行政主体委托实施行政公务的人员；代表受委托组织（也就间接代表了行政主体）实施行政公务的人员；行政机关中除行政公务员外代表行政机关实施行政公务的人员。

其他行政公务人员代表行政主体执行公务，或者是基于特定的组织隶属关系，如授权行政主体的工作人员，其地位与公务员近似；或者是基于行政委托关系，如受行政主体委托的人员。

值得注意的是，行政公务人员在实施行政职务过程中与行政主体和受委托组织所形成的权利与义务关系属于行政职务关系，是一种内部行政法律关系。对于那些依照行政机关认定而成为行政公务的合作者、协助者，尽管也参与了行政公务的实施过程，但其与行政主体之间的关系并非完全属于行政职务关系，所以行政公务的合作者、协助者等人员不是行政公务人员。

（三）行政职务关系

如果将行政职务看做是为了有效地实施国家和社会管理或服务，在各种行政组织中具有法定权利和义务的国家公职，行政职务关系，则是指行政公务人员基于一定的行政职务而在任职期间与行政主体（代表国家）之间所形成的权利与义务关系。由于行政公务人员可分为行政公务员与其他行政公务人员，故行政职务关系也可以分成行政机关与行政公务员之间的行政职务关系和行政主体与其他行政公务人员之间的行政职务关系两种类型。由于其他行政公务人员主要指被授权组织和被委托组织中直接或间接代表行政主体行使职权的人员，而授权组织和被委托组织本身在法律性质上的多样性，比如有的属于行政机构，有的属于其他社会组织，因而其作为行政主体与行政公务人员之间的行政职务关系发生于行政授权或者行政委托后的行政职务执行过程中，除此之外，行政公务人员因任用、管理、待遇等与组织之间所形成的关系内容，属于一般劳动人事关系，不属于行政职务关系范围。以下主要是行政机关与公务员之间的行政职务关系。

行政机关与公务员之间的行政职务关系，是指公务员依法定的方式和程序任职于行政机关后，因其所担任的行政职务而与行政机关之间产生的权利义务关系。行政职务关系具有下列特征：

1. 行政职务关系是国家委托关系。行政职权是国家权力的具体化，它通过一系列法律条件和手续被具体定位到国家行政机关。为了实现行政职能、完成行政任务，行政机关又通过设立行政职位和任用公务员方式构成行政职务关系，使公务员取得以国家名义承担行政职务的资格。公务员根据自己担任的职务，在职责范围内代表国家履行公共管理职责与国家构成委托关系，公务员行使职权、履行职责的法律效果归属于国家。因此，从本质上讲，行政职务关系是国家与公务员之间的一种公共行政职务上的委托关系。

2. 行政职务关系的内容是相应的行政职权和行政职责。行政职务关系作为一种广义的行政法律关系，其内容当然是行政法上的权利与义务。但由于行政职务关系的核心是规范与界定行政公务员代表行政机关行使行政职权和履行行政职责，因此，其内容表现为行政职务及与行政职务有关的权利与义务，即拥有与其承担的行政职务相对应的行政职权与职责。

3. 行政职务关系属于内部行政法律关系。一方面，行政职务关系的主体是行政机关和公务员，双方都属于行政组织系统内部主体；另一方面，行政职务关系的内容为行政职权与行政职责，行政职权与职责均属于行政组织系统内的权利与义务。处理因行政职务关系而发生行政争议的手段主要有行政处分与行政申诉，行政处分与行政申诉是行政组织系统的内部机制。

二、我国现行公务员制度

（一）公务员的概念和范围

公务员的名称各国并不相同。英国的公务员多指“文职公务员”；美国则称为“政府雇员”（governmental employec）；日本在第二次世界大战前称“文官”，战后改称为“公务员”；法国直称为“公务员”；联邦德国称为“联邦公务员”或“联邦官员”。当今世界，许多发达国家以及一些发展中国家都纷纷仿效英美等国，建立起自己的公务员制度，把政府中从事公务活动的人员称为“公务员”。

在国外，不仅公务员的具体名称、概念不同，其具体范围也不尽一致，大致可以分为三种类型：一是将公务员限定在行政系统内，并排除选举职和任命职。按照这一划定，公务员一般是指政府中事务次官以下的所有工作人员，其范围上自常务次官，下至清洁人员。这一类型以英国最为典型。二是将公务员范围扩大到整个行政系统的所有工作人员，包括选举产生和政治任命的政务官在内。美国即属这一类型。三是将所有国家机关，包括立法、行政、司法三大系统的工作人员以及公共企事业单位的人员（如邮局职工、公共汽车司机等）统称为公务员。法国属于这一类型。

我国公务员制度的法治化，始于1993年国务院《国家公务员暂行条例》的颁布。作为授权性立法的暂行条例历经12年的实践之后，在2005年上升为法律，由全国人大常委会颁布《公务员法》，于2006年1月1日起施行。《公务员法》第2条规定："本法所称公务员，是指依法履行公职、纳入国家行政编制、由国家财政负担工资福利的工作人员。"按照该法规定，公务员必须同时具备三个要件：一是依法履行公职，即依法履行管理国家事务和社会公共事务职能；二是纳入国家行政编制；三是由国家财政负担工资福利。依此，中国公务员实际上包括除工勤人员以外的七类机关工作人员，即在中国共产党机关、人大机关、行政机关、政协机关、审判机关、检察机关和民主党派机关中的工作人员。此外，具有公共事务管理职能的事业单位中除工勤人员以外的工作人员，经批准参照公务员法进行管理。

虽然公务员的范围已经非常宽泛，但是《公务员法》实际调整的范围还要更加宽泛，因为它的"附则"规定："法律、法规授权的具有公共事务管理职能的事业单位中除工勤人员以外的工作人员，经批准参照本法进行管理。"也就是说，被授权事业单位中的这些工作人员尽管在身份上并非国家公务员，但其职位的取得、履行与丧失有可能受到《公务员法》的调整，也即经批准后参照《公务员法》进行管理，成为事实上的"公务员"。在现实中，这些单位的工作人员（工勤人员除外）在任职与管理上确实与公务员没有实质性的差别。

（二）公务员的义务与权利

行政公务员的义务，是指法律基于公务员的身份，对于公务员必须作出某种行为或不得作出某种行为的约束与限制。根据我国《公务员法》的规定，行政公务员的法定义务有以下几项：

1. 模范遵守宪法和法律。
2. 按照规定的权限和程序认真履行职责，努力提高工作效率。
3. 全心全意为人民服务，接受人民监督。
4. 维护国家的安全、荣誉和利益。
5. 忠于职守，勤勉尽责，服从和执行上级依法作出的决定和命令。
6. 保守国家秘密和工作秘密。
7. 遵守纪律，恪守职业道德，模范遵守社会公德。
8. 清正廉洁，公道正派。
9. 法律规定的其他义务。

行政公务员的权利，是指国家法律基于行政公务员的身份和职责，对其在行使职权、执行公务过程中能够作出或不作出一定行为的许可和保障。根据我国《公务员法》的规定，行政公务员的权利包括以下几项：

1. 职务保障权，即行政公务员有权获得为履行职责所应有的权利和应具有的工作条件。

2. 身份保障权，即行政公务员非因法定事由、非经法定程序，不被免职、降职、辞退或处分。

3. 工资福利权，即行政公务员有权获得工作报酬和享受福利、保险待遇。

4. 岗位培训权，即行政公务员有权参加政治理论和业务知识的培训。

5. 批评建议权，即行政公务员有权对国家行政机关及其领导人员的工作提出批评和建议。

6. 申诉控告权，即行政公务员认为其合法权益受到侵犯或受到不公平待遇，有权向有关机关提出申诉或控告。

7. 申请辞职权，即行政公务员有权依法提出辞职。

8. 其他法定权，宪法和法律规定的行政公务员的其他权利，如人身自由权、劳动休息权等。

（三）公务员的职位分类

国家实行公务员职位分类制度。按照《公务员法》的规定，公务员职位类别按照公务员职位的性质、特点和管理需要，划分为综合管理类、专业技术类和行政执法类等，并可以在必要时由国务院增设其他类别。尽管《公务员法》对职位的类别区分为上述三类，但实际上对于后两类职位的具体设置和级别划分却没有作过多的规定，其重点规范的还是综合管理类公务员的职务。

按照《公务员法》第16条的规定，公务员分为领导职务和非领导职务两种。领导职务层次分为国家级正职、国家级副职、省部级正职、省部级副职、厅局级正职、厅局级副职、县处级正职、县处级副职、乡科级正职、乡科级副职。综合管理类的领导职务根据宪法、有关法律、职务层次和机构规格设置确定。非领导职务仅在厅局级以下设置，其中综合管理类的非领导职务分为巡视员、副巡视员、调研员、副调研员、主任科员、副主任科员、科员、办事员。

综合管理类以外其他职位类别公务员的职务序列，根据本法由国家另行规定。此外，《公务员法》还对公务员的具体职位、公务员职务与级别的对应关系、确定公务员级别根据等作了原则性的规定。

（四）公务员的录用

1. 公务员录用条件。初次进入国家机关，担任主任科员以下及其他相当职务层次的非领导职务公务员，首先需要通过录用程序取得担任公务员的资格。公务员的录用需要符合以下三类条件：

（1）积极条件。担任公务员所需要具备的积极条件包括：①具有中华人民共和国国籍；②年满18周岁；③拥护中华人民共和国宪法；④具有良好的品行；⑤具有正常履行职责的身体条件；⑥具有符合职位要求的文化程度和工作能力；

⑦法律规定的其他条件。

（2）消极条件。担任公务员所需要具备的消极条件包括：①没有因犯罪受过刑事处罚；②未曾被开除公职；③没有法律规定不得录用为公务员的其他情形。

（3）机关职位条件，即只有在特定机关规定的编制限额内并有相应职位空缺的时候，才能录用新的公务员。

2. 公务员录用程序。

（1）录用原则。录用担任主任科员以下及其他相当职务层次的非领导职务公务员，采取公开考试、严格考查、平等竞争、择优录取的办法。

（2）主管机关。中央机关及其直属机构公务员的录用，由中央公务员主管部门负责组织。地方各级机关公务员的录用，由省级公务员主管部门负责组织，必要时省级公务员主管部门可以授权设区的市级公务员主管部门组织。

（3）职位空缺。录用公务员，必须在规定的编制限额内，并有相应的职位空缺。

（4）发布公告。录用公务员，应当发布招考公告。招考公告应当载明招考的职位、名额、报考资格条件、报考需要提交的申请材料以及其他报考须知事项。招录机关应当采取措施，便利公民报考。

（5）报名与资格审查。招录机关根据报考资格条件对报考申请进行审查。报考者提交的申请材料应当真实、准确。

（6）公开考试。公务员录用考试采取笔试和面试的方式进行，考试内容根据公务员应当具备的基本能力和不同职位类别分别设置。

（7）考察与体检。招录机关根据考试成绩确定考查人选，并对其进行报考资格复审、考查和体检。体检的项目和标准根据职位要求确定。具体办法由中央公务员主管部门会同国务院卫生行政部门规定。

（8）公布、审批或备案。招录机关根据考试成绩、考查情况和体检结果，提出拟录用人员名单，并予以公示。公示期满，中央一级招录机关将拟录用人员名单报中央公务员主管部门备案，地方各级招录机关将拟录用人员名单报省级或者设区的市级公务员主管部门审批。

新录用的公务员试用期为一年。试用期满合格的，予以任职；不合格的，取消录用。

（五）公务员的考核

1. 考核标准。对公务员的考核，按照管理权限，全面考核公务员的德、能、勤、绩、廉，重点考核工作实绩。一句话，就是全面考核，以绩为主。

2. 考核种类。公务员考核分为平时考核和定期考核。对非领导成员公务员的定期考核采取年度考核的方式，先由个人按照职位职责和有关要求进行总结，主管领导在听取群众意见后，提出考核等次建议，由本机关负责人或者授权的考核委员会确定考核等次。对领导成员的定期考核，由主管机关按照有关规定办理。

3. 考核的结果。定期考核的结果分为优秀、称职、基本称职和不称职四个等次。定期考核的结果应当以书面形式通知公务员本人。同时，定期考核的结果还要作为调整公务员职务、级别、工资以及公务员奖励、培训、辞退的依据。如果公务员在定期考核中被确定为不称职的，应降低一个职务层次任职。

（六）公务员的职务变动

1. 公务员的任职方式。依据《公务员法》的规定，公务员职务实行选任制、委任制和聘任制三种方式。

选任制适用于领导职务，且必须按照国家规定实行任期制。也就是说，必须是通过人大及其常委会选举的方式来任免领导职务的公务员。选任制公务员在选举结果生效时即任当选职务，其任期届满不再连任的，或者任期内辞职、被罢免、被撤职的，所任职务同时终止。

委任制公务员适用于经录用进入公务员序列的非领导职务，委任制公务员遇有试用期满考核合格、职务发生变化、不再担任公务员职务以及其他情形需要任免职务的，即按照管理权限和规定的程序任免其职务。

聘任制公务员适用于专业性较强的职位和辅助性职位，但涉及国家秘密的职位除外。聘任制公务员的任命，须经省级人事部门批准，并与所在机关签订聘期为1至5年的书面聘任合同，确定双方的权利义务关系。聘任合同可以约定试用期，试用期为1个月至6个月。聘任制公务员按照国家规定实行协议工资制。聘任合同的签订、变更、解除，应当报同级人事部门备案。

公务员任职必须在规定的编制限额和职数内进行，并有相应的职位空缺。同时，公务员因工作需要还可以在机关外兼职，但应当经过有关机关批准，并不得领取兼职报酬。但是，公务员不得从事或参与营利性活动，不得在企业或者其他营利性组织中兼任职务。

2. 公务员职务晋升。公务员晋升职务，应当具备拟任职务所要求的思想政治素质、工作能力、文化程度和任职经历等方面的条件和资格。公务员晋升职务，应当逐级晋升。特别优秀的或者工作特殊需要的，可以按照规定破格或者越一级晋升职务。

公务员晋升领导职务，应按照下列程序办理：（1）民主推荐，确定考查对象；（2）组织考查，研究提出任职建议方案，并根据需要在一定范围内进行酝酿；（3）按照管理权限讨论决定；（4）按照规定履行任职手续。公务员晋升非领导职务，参照上述规定的程序办理。

机关内设机构厅局级正职以下领导职务出现空缺时，可以在本机关或者本系统内通过竞争上岗的方式，产生任职人选。厅局级正职以下领导职务或者副调研员以上及其他相当职务层次的非领导职务出现空缺，可以面向社会公开选拔，产生任职人选。值得注意的是，公务员晋升领导职务的，应当按照有关规定实行任职前公示制度和任职试用期制度。

（七）公务员的奖励与惩戒

1. 公务员的奖励。按照《公务员法》的规定，对工作表现突出，有显著成绩和贡献，或者有其他突出事迹的公务员或者公务员集体，给予奖励。奖励坚持精神奖励与物质奖励相结合、以精神奖励为主的原则。公务员或者公务员集体奖励的具体情形包括：（1）忠于职守，积极工作，成绩显著的；（2）遵守纪律，廉洁奉公，作风正派，办事公道，模范作用突出的；（3）在工作中有发明创造或者提出合理化建议，取得显著经济效益或者社会效益的；（4）为增进民族团结、维护社会稳定作出突出贡献的；（5）爱护公共财产，节约国家资财有突出成绩的；（6）防止或者消除事故有功，使国家和人民群众利益免受或者减少损失的；（7）在抢险、救灾等特定环境中奋不顾身，作出贡献的；（8）同违法违纪行为作斗争有功绩的；（9）对外交往中为国家争得荣誉和利益的；（10）有其他突出功绩的。

奖励分为嘉奖、记三等功、记二等功、记一等功、授予荣誉称号。对受奖励的公务员或者公务员集体予以表彰，并给予一次性奖金或者其他待遇。给予公务员或者公务员集体奖励，按照规定的权限和程序决定或者审批。

公务员或者公务员集体有下列情形之一的，应当撤销奖励：（1）弄虚作假，骗取奖励的；（2）申报奖励时隐瞒严重错误或者严重违反规定程序的；（3）有法律、法规规定应当撤销奖励的其他情形的。

2. 公务员的惩戒。按照《公务员法》的规定，公务员必须遵守纪律，不得有下列行为：（1）散布有损国家声誉的言论，组织或者参加旨在反对国家的集会、游行、示威等活动；（2）组织或者参加非法组织，组织或者参加罢工；（3）玩忽职守，贻误工作；（4）拒绝执行上级依法作出的决定和命令；（5）压制批评，打击报复；（6）弄虚作假，误导、欺骗领导和公众；（7）贪污、行贿、受贿，利用职务之便为自己或者他人谋取私利；（8）违反财经纪律，浪费国家资财；（9）滥用职权，侵害公民、法人或者其他组织的合法权益；（10）泄露国家秘密或者工作秘密；（11）在对外交往中损害国家荣誉和利益；（12）参与或者支持色情、吸毒、赌博、迷信等活动；（13）违反职业道德、社会公德；（14）从事或者参与营利性活动，在企业或者其他营利性组织中兼任职务；（15）旷工或者因公外出、请假期满无正当理由逾期不归；（16）违反纪律的其他行为。

公务员因违法违纪应当承担纪律责任的，依法给予行政处分。行政处分的种类主要包括警告、记过、记大过、降级、撤职、开除。对公务员的处分，应当事实清楚、证据确凿、定性准确、处理恰当、程序合法、手续完备。公务员违纪的，应当由处分决定机关决定对公务员违纪的情况进行调查，并将调查认定的事实及拟给予处分的依据告知公务员本人。公务员有权进行陈述和申辩。处分决定机关认为对公务员应当给予处分的，应当在规定的期限内，按照管理权限和规定的程序作出处分决定。处分决定应当以书面形式通知公务员本人。

公务员在受处分期间不得晋升职务和级别，其中受记过、记大过、降级、撤职处分的，不得晋升工资档次。受撤职处分的，按照规定降低级别。公务员违纪行为情节轻微，经批评教育后改正的，可以免予处分。

公务员受开除以外的处分，在受处分期间有悔改表现，并且没有再发生违纪行为的，处分期满后，由处分决定机关解除处分并以书面形式通知本人。解除处分后，晋升工资档次、级别和职务不再受原处分的影响。但是，解除降级、撤职处分的，不视为恢复原级别、原职务。

值得注意的是，公务员执行公务时，认为上级的决定或者命令有错误的，可以向上级提出改正或者撤销该决定或者命令的意见；上级不改变该决定或命令，或者要求立即执行的，公务员应当执行该决定或命令，执行的后果由上级负责，公务员不承担责任；但是，公务员执行明显违法的决定或命令的，应当依法承担相应的责任。

（八）公务员的交流与回避

1. 公务员的交流。《公务员法》规定，国家实行公务员交流制度。公务员可以在公务员队伍内部交流，也可以与国有企业事业单位、人民团体和群众团体中从事公务的人员交流。交流的方式包括调任、转任和挂职锻炼。公务员应当服从机关的交流决定。

调任，指的是从国家机关之外调入国家机关担任公务员。调任的公务员应来源于国有企业事业单位、人民团体和群众团体，调入机关后担任的是领导职务或者副调研员以上的非领导职务。调任人选应当具备公务员规定的条件，符合拟任职位所要求的资格条件。调任机关应当根据上述规定，对调任人选进行严格考查，并按照管理权限审批，必要时可以对调任人选进行考试。

转任，指的是公务员在国家机关内部的不同职位之间调动。公务员的转任应当具备拟任职位所要求的资格条件，在规定的编制限额和职数内进行。另外，《公务员法》还规定，对省部级正职以下的领导成员应当有计划、有重点地实行跨地区、跨部门转任。对担任机关内设机构领导职务和工作性质特殊的非领导职务的公务员，应当有计划地在本机关内转任。

挂职锻炼，指的是根据培养锻炼公务员的需要，公务员在不改变与原机关人事关系的前提下实际担任其他职务。挂职锻炼的单位，可以是原单位的下级机关，也可以是其上级机关，或者是其他地区的机关，还可以是国有企业、事业单位。

2. 公务员的回避。公务员的回避包括任职回避与执行公务回避两个方面。

任职回避，指的是公务员在特定条件下不得担任某一职务的情况。根据《公务员法》的规定，任职回避具体包括：（1）公务员之间有夫妻关系、直系血亲关系、三代以内旁系血亲关系以及近姻亲关系的，不得在同一机关担任双方直接隶属于同一领导人员的职务或者有直接上下级领导关系的职务，也不得在其中一方担任领导职务的机关从事组织、人事、纪检、监察、审计和财务工作。但在特殊情况下，经省级以上人事部门同意，上述规定可以变通。（2）公务员担任乡级机关、县级机关及其有关部门主要领导职务的，应当实行地域回避，即不得在本人所在乡镇、所在县担任有关职务，但法律另有规定的除外。

执行公务回避，指的是公务员在特定条件下不得执行某一项工作的情况。根据《公务员法》的规定，执行公务回避具体包括：(1) 涉及本人利害关系；(2) 或涉及其配偶、直系血亲、三代以内旁系血亲、近姻亲的利害关系；(3) 或涉及其他可能影响公正执行公务的情况。

公务员有应当回避情形的，本人应当申请回避；利害关系人有权申请公务员回避。其他人员可以向机关提供公务员需要回避的情况。机关根据公务员本人或者利害关系人的申请，经审查后作出是否回避的决定，也可以不经申请直接作出回避决定。但是法律对公务员回避另有规定的，从其规定。

（九）公务员的辞职、辞退和退休

1. 公务员的辞职。公务员辞去公职，应当向任免机关提出书面申请。任免机关应当自接到申请之日起 30 内予以审批，其中对领导成员辞去公职的申请，应当自接到申请之日起 90 内予以审批。公务员有下列情形之一的，不得辞去公职：(1) 未满国家规定的最低服务年限的；(2) 在涉及国家秘密等特殊职位任职或者离开上述职位不满国家规定的脱密期限的；(3) 重要公务尚未处理完毕，且须由本人继续处理的；(4) 正在接受审计、纪律审查，或者涉嫌犯罪，司法程序尚未终结的；(5) 法律、行政法规规定的其他不得辞去公职的情形。

另外，担任领导职务的公务员，因个人或者其他原因，可以自愿提出辞去领导职务。但是，领导成员因工作严重失误、失职造成重大损失或者恶劣社会影响的，或者对重大事故负有领导责任的，应当引咎辞去领导职务。领导成员应当引咎辞职或者因其他原因不再适合担任现任领导职务，本人不提出辞职的，有关机关应当责令其辞去领导职务。

2. 公务员的辞退。公务员有下列情形之一的，予以辞退：(1) 在年度考核中，连续两年被确定为不称职的；(2) 不胜任现职工作，又不接受其他安排的；(3) 因所在机关调整、撤销、合并或者缩减编制员额需要调整工作，本人拒绝合理安排的；(4) 不履行公务员义务，不遵守公务员纪律，经教育仍无转变，不适合继续在机关工作，又不宜给予开除处分的；(5) 旷工或者因公外出、请假期满无正当理由逾期不归连续超过 15 天，或者 1 年内累计超过 30 天的。

但对有下列情形之一的公务员，不得辞退：(1) 因公致残，被确认丧失或者部分丧失工作能力的；(2) 患病或者负伤，在规定的医疗期内的；(3) 女性公务员在孕期、产假、哺乳期内的；(4) 法律、行政法规规定的其他不得辞退的情形。

辞退决定应当以书面形式通知被辞退的公务员。被辞退的公务员，可以领取辞退费或者根据国家有关规定享受失业保险。公务员辞职或者被辞退，离职前应当办理公务交接手续，必要时按照规定接受审计。

3. 公务员的退休。公务员达到国家规定的退休年龄或者完全丧失工作能力的，应当退休。公务员符合下列条件之一的，本人自愿提出申请，经任免机关批准，可以提前退休：（1）工作年限满30年的；（2）距国家规定的退休年龄不足5年，且工作年限满20年的；（3）符合国家规定的可以提前退休的其他情形的。公务员退休后，享受国家规定的退休金和其他待遇。

（十）公务员的申诉控告

1. 申诉的条件。公务员的申诉，是指公务员对有关国家机关作出的影响其权利义务的行为不服，按照法律规定的条件和程序，向相应的国家机关提出要求，对其权利义务进行救济的活动。公务员对涉及本人的下列人事处理不服的可以提出申诉：（1）处分；（2）辞退或者取消录用；（3）降职；（4）定期考核定为不称职；（5）免职；（6）申请辞职、提前退休未予批准；（7）未按规定确定或者扣减工资、福利、保险待遇；（8）法律、法规规定可以申诉的其他情形。

2. 申诉的程序。

（1）申诉的提起。公务员可以自知道该人事处理之日起30日内向原处理机关申请复核；对复核结果不服的，可以自接到复核决定之日起15日内，按照规定向同级公务员主管部门或者作出该人事处理的机关的上一级机关提出申诉；也可以不经复核，自知道该人事处理之日起30天内直接提出申诉。对省级以下机关作出的申诉处理决定不服的，可以向作出处理决定的上一级机关提出再申诉。

行政机关公务员对处分不服向行政监察机关申诉的，按照我国《行政监察法》的规定办理。

（2）申诉决定。原处理机关应当自接到复核申请书后的30日内作出复核决定。受理公务员申诉的机关应当自受理之日起60日内作出处理决定；案情复杂的，可以适当延长，但是延长时间不得超过30日。复核、申诉期间不停止人事处理的执行。

3. 人事仲裁。人事仲裁仅适用于聘任制公务员。公务员法规定，国家建立人事争议仲裁制度，设立人事争议仲裁委员会。人事争议仲裁委员会由公务员主管部门的代表、聘用机关的代表、聘任制公务员的代表以及法律专家组成。聘任制公务员与所在机关因履行聘任合同发生争议的，可以自争议发生之日起60日内向仲裁委员会申请仲裁。当事人不服仲裁裁决的，可在15日内向法院起诉。仲裁裁决可以申请法院强制执行。

三、我国现行人民警察制度

人民警察是武装性质的国家治安行政力量和刑事司法力量，承担依法预防、制止和惩治违法犯罪活动，保护人民，服务经济社会发展，维护国家安全，维护社会治安秩序的职责。根据《人民警察法》的规定，人民警察包括公安机关、国家安全机关、监狱、劳动教养管理机关的人民警察和人民法院、人民检察院的司法警察。其中，公安机关的人民警察是行政公务人员的重要组成部分。

（一）人民警察的行政职权

人民警察的行政职权是警察权在治安行政管理领域以及预防、制止和惩治违法活动中的转化和表现形式。职权包括职责和权限。所谓职责，是指法律规定公安机关人民警察的工作范围和应当承担的责任。① 所谓权限，是指为保证职责的实现，国家赋予公安机关的人民警察能够行使的权力范围。职责和权限是两个相互关联的概念，职责是行使权限的前提和基础，权限是履行职责的保证。

警察行政职权可以有不同的分类。其中，根据《人民警察法》第2章及其有关法律、法规的规定，公安机关人民警察的行政职权可以概括为两个方面：一是公安管理方面的职权，即公安机关人民警察在履行治安管理和其他警察行政管理职责时，依法享有的职权范围，包括治安许可权、治安处罚权、行政强制措施权等。二是处置突发事件方面的职权，包括现场管制权，强制带离现场权，强行驱散权，优先使用交通、通讯工具和场地权，交通管制权，使用警械、武器方面的职权等。

（二）警察职务和警衔制度

1. 警察职务。目前，人民警察除基本上执行《公务员法》规定的公务员的职务与级别外，根据《公安机关组织管理条例》的规定，还有自己的特点。

公安机关人民警察职务分为警官职务、警员职务和警务技术职务。公安机关履行警务指挥职责的人民警察实行警官职务序列。公安机关领导成员和内设综合管理机构警官职务由高至低为省部级正职、省部级副职、厅局级正职、厅局级副职、县处级正职、县处级副职、乡科级正职、乡科级副职。公安机关内设执法勤务机构警官职务由高至低为总队长、副总队长、支队长、副支队长、大队长、副大队长、中队长、副中队长。县级以上地方人民政府公安机关派出机构、内设执法勤务机构和不设区的市、县、自治县公安局根据工作需要，可以设置主管政治工作的政治委员、教导员、指导员等警官职务。公安机关履行警务执行职责的人民警察实行警员职务序列。公安机关及其内设综合管理机构警员职务由高至低为巡视员、副巡视员、调研员、副调研员、主任科员、副主任科员、科员、办事员。公安机关内设执法勤务机构警员职务由高至低为一级警长、二级警长、三级警长、四级警长、一级警员、二级警员、三级警员。公安机关从事警务技术工作的人民警察实行警务技术职务序列。警务技术职务的设置，按照国家规定执行。

公安机关人民警察的级别，根据所任职务及其德才表现、工作实绩和资历确定。此外，公安机关人民警察任职，还应当符合国家规定的任职资格条件。

2. 警衔制度。警衔，是指区分人民警察等级、表明人民警察身份的称号、标志和国家给予人民警察的荣誉。警衔制度起源于西欧，目前世界各国大多实行警衔制度，我国人民警察的警衔制度实行于1992年。我国《人民警察警衔条例》于1992年7月1日由第七届全国人民代表大会常务委员会第二十六次会议通过，并由国家主席公布实施。该条例共六章26条。第一章，总则；第二章，警衔等级的设置；第三章，警衔的首次授予；第四章，警衔的晋级；第五章，警衔的保

① 参见《人民警察法》第6条的规定。

留、降级、取消；第六章，附则。这是规范我国人民警察警衔制度的第一部法律。据此条例规定，我国采用了按警察职务等级编制警衔的原则，人民警察警衔共设置5等13级，即（1）总警监、副总警监；（2）警监，一、二、三级；（3）警督，一、二、三级；（4）警司，一、二、三级；（5）警员，一、二级。警衔晋升分为两种情况：一级警督以上的人民警察的警衔晋级实行选升；一级警督以下的人民警察，在其职务等级编制警衔幅度范围内，根据法定期限和条件晋级。警衔晋级一般是逐级晋升，工作中有突出功绩的，可以提前晋升。离、退休人民警察的警衔予以保留，但不得佩戴警衔标志；人民警察因调任下级职务或受到警衔降级处分，其原有警衔会降低；人民警察被开除或被判处剥夺政治权利和有期徒刑以上刑罚，警衔取消。

（三）人民警察的组织管理

1. 人民警察的录用。

第一，录用条件。《人民警察法》第26条规定，担任人民警察应当具备下列条件：（1）年满18岁的人民；（2）拥护中华人民共和国宪法；（3）有良好的政治、业务素质和良好的品行；（4）身体健康；（5）具有高中毕业以上文化程度；（6）自愿从事人民警察工作。有下列情形之一的，不得担任人民警察：（1）曾因犯罪受过刑事处罚的；（2）曾被开除公职的。此外，《公务员录用规定（试行）》第2条规定了报考主任科员以下及其他相当职务层次的非领导职务人民警察的9个具体条件。①

根据《人民警察法》第28条的规定，担任人民警察领导职务的人员，应当具备下列条件：（1）具有法律专业知识；（2）具有政法工作经验和一定的组织管理、指挥能力；（3）具有大学专科以上学历；（4）经人民警察院校培训，考试合格。

第二，录用原则。根据《人民警察法》第27条和《公安机关组织管理条例》第24条的规定，公安机关录用人民警察实行考试录用制度。

第三，录用途径。（1）公安机关录用主任科员以下非领导职务的人民警察，实行考试录用，考试录用工作由中央和省级公务员主管部门负责组织。（2）调任、转任到公安机关人民警察职务的，公安机关应当严格考核，必要时可以对调任人进行考试。

第四，录用程序。根据《公务员录用规定（试行）》的相关规定，录用主任科员以下及其他相当职务层次的非领导职务人民警察的程序包括：（1）发布招考公告。（2）报名与资格审查。（3）考试，包括采用笔试和面试的方法，测试其公共基础知识、专业知识水平，以及其他适应职位要求的业务素质与工作能力。公共科目考试由录用主管机关组织实施，专业科目、体能、心理素质测评和考核由市

---

① 参见人事部2007年11月6日公布施行的《公务员录用规定（试行）》第9条的规定。该规定施行之日起，1994年6月7日发布的《国家公务员录用暂行办法》、1996年9月10日发布的《公安机关人民警察录用办法》同时废止。

（地）以上公安机关按照录用主管机关的统一要求组织实施；对特殊岗位或不宜公开招考的可采用测评方法或简化考试程序。（4）考查与体检。（5）公示、审批与备案。

2. 人民警察基本素质考试考核。

根据《公安机关人民警察基本素质考试考核暂行办法》（1997 年公安部、人事部印发）的规定，人民警察基本素质考试考核在坚持贯彻客观、公正、民主、公开、注重实绩的原则的基础上，应以下列内容为基本素质考试考核标准：一是应具备国家公务员的基本条件和人民警察法规定的担任人民警察的条件；二是政治上与党中央保持一致，全心全意为人民服务；三是遵守国家法律和人民警察职业道德规范，遵守国家公务员和人民警察的纪律、条令、条例和其他规章制度，有严格的组织纪律性；四是掌握公安业务基础知识和岗位工作所必须的基本技能，正确执行与工作有关的法律、法规，具备基本的业务能力和工作水平；五是具备良好的身体和心理素质。

根据《公安机关人民警察基本素质考试考核暂行办法》第 2 条的规定，人民警察基本素质考试考核的对象是公安机关在编在职的科级（含）以下的人民警察。基本素质考试考核既不同于人民警察的录用考试，也不同于人民警察的其他考核，如任用考核、晋级前的晋升考核等。人民警察基本素质考试考核在坚持德、能、勤、绩全面考核的基础上，应重点考核人民警察的工作实绩。人民警察基本素质考试考核的办法和手段主要有领导与群众相结合、定性与定量相结合、定期考核与平时考核相结合等。具体的手段有功能测评法、工作标准法、民主评议法等。对人民警察基本素质进行考试考核必须依照法定程序进行，考试考核的结果与人民警察的优存劣汰相结合，合格的在培训书上填注，不合格的，予以辞退。

3. 人民警察的教育训练。《人民警察法》第 29 条规定："国家发展人民警察教育事业，对人民警察有计划地进行政治思想、法制、警察业务等教育培训。"该条确立了人民警察的教育训练制度。2001 年 7 月 6 日公安部发布施行的《公安机关人民警察训练条令》规定，公安机关人民警察训练包括初任训练、专业训练和晋升训练。人民警察训练合格方可任职、晋升职务或者授予警衔、晋升警衔。另外，《公安机关人民警察基本素质考试考核暂行办法》第 19 条还规定了对未通过基本素质考试的人员实行离岗培训的制度。

（1）初任训练是对公安机关新录用、调入人员的训练。经考试录用或者从非公安机关调入公安机关任正科级以下职务的人员，初任训练时间不少于 3 个月。初任训练的主要内容包括政治理论基础知识、法律法规基础知识、公安业务基础知识、警务技能和体能训练等。

（2）专业训练是根据公安机关人民警察工作岗位的职责要求进行的训练。公安机关人民警察应当每 3 年参加 1 次专业训练。专业训练内容和方式由地级以上公安机关政工部门和相关业务部门共同确定。训练时间不少于 1 个月。副处级以上领导岗位的人民警察的专业训练的主要内容包括政治理论、法律法规、公安业务、指挥管理、领导科学和体能训练等；其他岗位的人民警察的专业训练的主要内容包括政治理论、公安实用法律法规、岗位专门业务、专业技术技能、警务技能和体能训练等。

（3）晋升训练是公安机关人民警察晋升职务或者警衔前的训练。副科级以下职务的人民警察的职务晋升训练或者一级警司以下警衔的人民警察的警衔晋升训练的主要内容包括政治理论、法律法规、相关警务技能和体能训练等。正科级、副处级职务的人民警察的职务晋升训练或者三级警督警衔、二级警督警衔的人民警察的警衔晋升训练的主要内容包括政治理论、法律法规、战术指挥、警务技能和体能训练等。

（4）离岗培训由地（市）级以上公安机关统一组织实施，指定一所具有培训力量和条件的培训学校或基地专门承担培训任务。离岗培训期为半年，培训结束后重新参加考试，合格的在培训证书上填注；不合格的，予以辞退。无故不接受培训的，视为自动辞职。①

4. 人民警察执法资格等级考试。为了加强公安机关执法能力建设，提高人民警察的法律素质和执法水平，保障公安机关既严格、公正、规范执法，又理性、平和、文明执法，公安部决定实行人民警察执法资格等级考试制度。2010年9月3日公安部发布了《公安机关人民警察执法资格等级考试办法》（以下简称《考试办法》），于2011年1月1日起施行。

（1）适用范围。《考试办法》适用于公安机关在编在职的人民警察。

（2）考试的内容。执法资格等级考试，主要测试应试人员应当具备的法律知识和从事公安执法工作的资格等级，内容包括法学基础理论，社会主义法治理念，公安机关常用法律规定和案例评析，执法办案操作规程等。对公安机关刑事犯罪侦查、经济犯罪侦查、治安管理、出入境管理、交通管理、禁毒、消防机构的人民警察，考试内容除上述内容外，还包括各警种专业法律知识和案例评析、执法办案操作规程等。

（3）资格考试等级。人民警察执法资格考试分为基本级、中级和高级三个等级，执法资格等级考试晋升采用逐级升级方式。执法资格考试有效期为5年，自取得执法资格等级之日起计算。

（4）资格考试结果的运用。执法资格等级考试情况应当记入人民警察档案，作为晋升职务、级别的重要依据。在同等条件下，优先提拔执法资格等级高的人民警察。人民警察必须取得基本级执法资格，未取得基本级执法资格的，不得办理案件；未取得基本级执法资格的，公务员年度考核未被评为称职以上等次，不得晋升职务、级别。担任县级、市（地）级公安机关内设执法勤务类机构、公

① 孟昭阳、张建良主编：《行政法与行政诉讼法学》，中国人民公安大学出版社2005年版，第68～71页。

安派出所主要负责人的，必须取得中级以上执法资格。

5. 人民警察的奖励。根据《人民警察法》和《公安机关人民警察奖励条令》的规定，人民警察个人或者集体在工作中表现突出①，有显著成绩或特殊贡献的给予奖励。《人民警察法》第 31 条及《公安机关人民警察奖励条令》规定的人民警察奖励种类有嘉奖、三等功、二等功、一等功、授予荣誉称号。对受奖励的人民警察，按照国家有关规定，可以提前晋升警衔，并给予一定的物质奖励。奖励经费在公安部的公安业务费中支出。人民警察奖励的形式主要有发布命令、决定、通报。人民警察奖励依照法定的程序审批并依照法定程序进行。

6. 人民警察义务纪律。人民警察义务，是指法律规定的人民警察在警务活动中，为正确行使职权而必须作出一定行为或不得作出一定行为的要求。人民警察的纪律，是指以法律形式规定的，为保证人民警察在警务活动中正确行使职权而必须遵守的行为规范。人民警察义务与人民警察纪律既有联系，又有区别。联系在于人民警察义务与纪律具有相同的目的，两者都具有强制力。区别在于人民警察义务相对于权限而言，是从正面提出要求，规定了人民警察应当实施的行为；人民警察纪律不是相对于人民警察权限而言，而是独立的一种行为规范，其内容是规定人民警察不应该怎么做，是一种不作为的行为规范。

根据《人民警察法》第 21 条的规定，人民警察应尽的具体义务有以下几个方面：一是立即救助公民危难的义务；二是帮助公民解决纠纷的义务；三是及时查处公民报警案件的义务；四是积极参加抢险救灾的义务；五是积极参加社会公益工作。人民警察纪律有以下几个方面内容：一是政治纪律。主要有不得散布有损国家声誉的言论；不得参加非法组织；不得参加旨在反对国家的集会、游行、示威，不得参加罢工；不得泄露国家或者警务工作秘密。二是工作纪律。主要有不得弄虚作假，隐瞒案情，包庇、纵容违法犯罪活动；不得刑讯逼供或者体罚、虐待犯罪嫌疑人或者犯罪分子；不得非法剥夺、限制他人人身自由，非法搜查他人的身体、物品和场所；不得殴打他人或者唆使他人打人；不得违法实施处罚或者收取费用；不得玩忽职守，不履行法定义务等。三是廉政纪律。主要有不得敲诈勒索或者索取、收受贿赂；不得接受当事人及其代理人的请客送礼；不得从事营利性的经营活动或者受雇于任何组织或者个人等。

---

① 主要是指：在同危害国家安全和其他刑事犯罪分子作斗争中，英勇顽强，机智勇敢，不怕艰苦不怕牺牲，表现突出者；在综合治理社会治安，预防和制止犯罪，加强基层基础工作中，作出显著成绩者；抢险救灾，预防治安灾害事故，保卫国家和人民生命财产安全，有显著成绩者；在完成本职工作中，恪尽职守，埋头苦干，廉洁奉公，艰苦奋斗，有显著成绩者；学习文化科学技术和本职业务，有发明创造、技术革新或合理化建议，对加强和改进公安工作有较大贡献者；积极参加社会主义精神文明建设，文明值勤，文明管理，文明办案，有突出事迹者；正确执行党的路线、方针、政策，模范执行国家法令和公安工作纪律，坚持原则，秉公执法，敢于同违法乱纪行为作斗争，表现突出者；关心群众疾苦，为群众办好事，密切与人民群众的联系，在执行政策，管理队伍，维护团结，完成任务等方面，有显著成绩者；以身作则，作风民主，深入实际，依靠群众，在执行政策，管理队伍，维护团结，完成任务等方面，有显著成绩者；其他方面有突出成绩或者较大贡献，应予奖励者。另外，凡坚持四项基本原则，坚决执行党的路线、方针、政策，领导班子团结，组织纪律严明，密切联系群众，工作有显著成绩的单位，应给予集体奖励。

另外，公安部针对人民警察的纪律还制定了若干规定，主要有《公安人员八大纪律十项注意》、《关于禁止公安机关经商办企业和公安干警从事经营活动的规定》、《公安机关和公安干警十不准的规定》和《人民警察保密守则》等。

7. 人民警察的辞退。人民警察根据国家公务员管理的相关法律、法规实行辞退制度，是公安机关对已不具备人民警察条件，不适合在公安机关继续工作的人员，解除其与公安机关任用关系的一项人事行政管理措施。《公安机关组织管理条例》对人民警察的辞退作了明确的规定。

公安机关人民警察有下列情形之一的，应当予以辞退：（1）在年度考核中，连续两年被确定为不称职的；（2）不能胜任现职工作，又不接受其他安排的；（3）因所在公安机关调整、撤销、合并或者缩减编制员额需要调整工作，本人拒绝合理安排的；（4）不履行人民警察义务，不遵守人民警察纪律，经教育仍无转变，不适合继续在公安机关工作，又不宜给予开除处分的；（5）旷工或者因公外出、请假无正当理由逾期不归连续超过 15 天，或者 1 年内累计超过 30 天的。

不履行人民警察义务，不遵守人民警察纪律，经教育仍无转变，不适合继续在公安机关工作，又不宜给予开除处分的情形包括：（1）殴打他人或者唆使他人打人的；（2）违法实施处罚的；（3）违反规定收取费用的；（4）接受当事人及其代理人请客送礼的；（5）从事营利性的经营活动或者受雇于个人、组织的；（6）给违法人员通风报信或者给违法活动提供保护的；（7）玩忽职守，不履行法定义务的；（8）不执行上级决定和命令的；（9）执行公务中贪生怕死，临阵脱逃的；（10）违反规定使用武器、警械的；（11）利用职权牟取私利的；（12）诬告他人，压制和打击报复检举人、控告人的；（13）道德败坏，生活腐化的；（14）有其他违法违纪行为的。

公安机关人民警察有下列情形之一的，不得辞退：（1）因公致残，被确认丧失或部分丧失工作能力的；（2）患病或者负伤，在规定的医疗期内的；（3）女性人民警察在怀孕、产假、哺乳期内的；（4）法律、行政法规规定的其他不得辞退的情形。

8. 人民警察的法律责任。根据《人民警察法》第 48 条至第 50 条的规定，人民警察的法律责任可以分为：

（1）行政责任。人民警察违反《人民警察法》第 22 条所规定的纪律，实施了其中规定的禁止行为之一的，应当给予行政处分；人民警察违反规定使用武器、警械，尚不构成犯罪的，应当依法给予行政处分。行政处分分为警告、记过、记大过、降级、撤职、开除。对受行政处分的人民警察，按照国家有关规定，可以降低警衔、取消警衔。对违反纪律的人民警察，必要时可以对其采取停止执行职务、禁闭的措施。

（2）赔偿责任。《人民警察法》第 50 条规定，人民警察在执行职务中，侵犯公民或者组织的合法权益造成损害的，应当依照《国家赔偿法》和其他有关法律、法规的规定给予赔偿。

（3）刑事责任。人民警察违反《人民警察法》第 22 条所规定的纪律，实施禁止的行为，构成犯罪的，依法追究刑事责任；人民警察违反规定使用武器、警械，构成犯罪的，依法追究刑事责任。

9. 人民警察的待遇。公安机关人民警察的待遇包括工资保险和抚恤、优待。公安机关人民警察享受国家规定的符合其职业特点的工资待遇；实行国家规定的保险制度，保障其在退休、患病、工伤、生育、失业等情况下获得帮助和补偿；公安机关人民警察退休后，享受国家规定的退休金和其他福利待遇。

《人民警察法》第 41 条规定："人民警察因公致残的，与因公致残的现役军人享受国家同样的抚恤和优待。人民警察因公牺牲或者病故的，其家属与因公牺牲或者病故的现役军人家属享受国家同样的抚恤和优待。"公安部、民政部于 1996 年 11 月 19 日发布实施了《公安机关人民警察抚恤办法》，规定各级公安机关的政治工作部门负责人民警察伤亡抚恤的具体工作。人民警察的抚恤分为以下几种：

第一，死亡抚恤。人民警察死亡，根据死亡性质确定为：（1）革命烈士；（2）因公牺牲；（3）病故。人民警察死亡，根据死亡性质和本人死亡时的工资收入，由持证明书的死亡人民警察家属户口所在地的民政机关发放抚恤金。

此外，人民警察因公牺牲或病故，符合人事部、财政部《国家机关、事业单位工作人员死亡后遗属生活困难补助暂行规定》条件的，由所在单位发给其遗属生活补助费。

第二，伤残抚恤。人民警察伤残，按致残性质分为：（1）因战致残；（2）因公致残。因战、因公致残的伤残等级，分为特等、一等、二等甲级、二等乙级、三等甲级、三等乙级。确定伤残等级的具体条件，按《革命伤残军人评定伤残等级的条件》执行。

人民警察在制止、侦查犯罪活动中，拘捕、追捕、看管犯罪分子，平息骚乱、暴乱，紧急处置重大治安事件行动中被犯罪分子致残的，属因战致残。人民警察因公致残的具体范围是：（1）在从事训练、值勤等任务或上下班途中，遭到非本人责任或无法抗拒的意外事故致残；（2）在维护社会治安，抢救、保护人民生命、国家和集体财产、其他公民的合法财产中致残；（3）因患职业病致残。因医疗事故致残，也按因公致残对待。伤残人民警察的具体抚恤办法有明确的规定。

10. 对人民警察的救济。为了保护人民警察的合法权益，纠正违法或不当的人事处理决定，《公安机关组织管理条例》第 34 条规定了对人民警察的救济制度。公安机关人民警察对涉及本人的人事处理决定不服，或者认为有关部门及其领导人侵犯其合法权益的，可以依法申请复核、提出申诉或者控告。

第四节 行政相对人

行政相对人是行政法律关系中与行政主体相对应的一方主体，也是行政法的主体之一。它通常是指行政机关的行为所指向的、与行政机关相对应的一方，主要包括作为公民的自然人、具有法人资格的企事业单位以及其他组织形态。随着行政相对人在现代行政法治中地位的日益提升，其在行政程序、行政监督和救济等行政过程中发挥着越来越重要的作用。

一、行政相对人概述

（一）行政相对人的含义

行政相对人是行政法学中的一个重要概念，但对于行政相对人的定义却并未达成一致。关于行政相对人的概念，通常有以下三种定义模式：

1. 最狭义的行政相对人。最狭义的行政相对人也被称为直接相对人，是指行政行为直接指向的公民、法人或其他社会组织。这种定义下的行政相对人有以下两个特点：[①] 第一，必须是行政行为所指向，也就是法律关系因行政行为而产生。第二，必须是行政行为所直接指向的公民、法人和其他社会组织，如依申请行政行为中的申请人、行政处罚中的被处罚人、行政强制中的被强制人等。这种行政相对人的定义模式为德国以及我国台湾地区所沿用。[②]

2. 狭义的行政相对人。狭义的行政相对人不仅包括上述最狭义的行政相对人，而且还包括因行政行为的第三人效力影响而涉及的利害关系人。[③] 狭义的行政相对人将直接的相对人与第三人（或称利害关系人）均界定为行政相对人，他们的共同特点是均具有通过行政复议或行政诉讼获得救济的权利，[④] 如行政处罚中的受害人、申请独占许可的若干申请人中未获许可者、拆迁行政许可中的拆迁户等。但实践中利害关系人参与行政程序的权利往往难以得到满足。

3. 广义的行政相对人。与最狭义和狭义的行政相对人概念仅局限于外部的行政管理关系不同，广义的行政相对人涵盖了行政管理关系、内部行政关系、行政法制监督关系和行政救济关系等各种行政法律关系中相对应的一方。广义的行政相对人是与行政主体相对应的，参与各种行政法律关系，并享有相应的权利或履行相应的义务的公民、法人和其他组织。[⑤]

在行政管理关系中，行政相对人既可以成为行政主体的管理对象，服从行政

---

① ［德］平特纳著：《德国普通行政法》，朱林译，中国政法大学出版社1999年版，第122页。
② 应松年主编：《外国行政程序法汇编》，中国法制出版社1999年版，第893页。
③ 姜明安主编：《行政法与行政诉讼法》，北京大学出版社、高等教育出版社1999年版，第130页。
④ 姜明安主编：《行政法与行政诉讼法》，北京大学出版社、高等教育出版社1999年版，第130页。
⑤ 方世荣著：《论行政相对人》，中国政法大学出版社2000年版，第16页。

主体的管理，履行法定义务；也可以是行政管理的参与人，通过参与立法听证会等方式参与行政立法和规范性文件的制定，通过告知、听取意见、举证等行政程序参与具体行政行为的实施。

在内部行政关系中，行政相对人一方面作为内部行政关系的管理对象，需要服从所在机关及上级机关的领导和监督，履行法定职责；另一方面也享有职位保障权、申诉权等权利。

在行政法制监督法律关系中，行政相对人可以通过申诉、信访、行政复议等方式对行政主体及公务员的行为进行监督，在行政救济法律关系中，行政相对人可以通过提起行政诉讼或行政赔偿、行政补偿等方式获得法律救济。

应当指出的是，随着行政民主化的进程，现代国家的行政已不能再仅仅是行政机关和行政公务员的专有事务，而是涉及所有社会成员切身利益的公共事务领域。因此，在行政法主体理论中必须重视研究行政相对人所处的地位，使行政相对人不再被单纯地看成管理对象。基于这一理由，本书采用广义相对人的概念。

（二）行政相对人的范围

虽然一些国家的法律规定中有关行政相对人的具体称谓有所不同,[①] 但行政相对人的范围却大致相同。依照法律、法规的规定，通常情况下，公民、法人和其他组织能够成为行政相对人。在特殊情况下，在我国的外国人、无国籍人、外国组织也可成为行政相对人。

1. 公民。公民是最主要、最经常也是最广泛的行政相对人。行政主体实施行政管理的绝大多数领域，都将公民纳入行政管理的对象。因此，公民是最主要、最经常也是最广泛的行政相对人，是行政法律关系中最常见的主体之一。

公民在行政法律关系中的地位是通过它与行政主体（最主要是行政机关）之间的权利和义务的内容体现出来的。通常而言，宪法和法律是规定公民享受权利和履行义务的根本和基本的法律规范依据，行政法规和地方性法规是目前公民享受权利和履行义务的主要法律规范依据。作为被管理者，在不同的行政管理领域，依据各自相应的法律、法规规定，公民具有与各个行政机关相对应的权利和义务。

---

① 比如，德国将行政相对人称为自然人、法人、社团（如德国行政程序法第 11 条的表述）；法国一般称之为关系人，如《行政机关与其使用人关系法令（1983 年）》第 1 条的表述；在美国，有的行政法学著作称之为“私方当事人”（A Private Party）、“人”等，范围包括了个人、合伙、公司、社团、非机构的公立或私立的组织；在澳大利亚，其《1977 年行政决定（司法审查）法》将其表述为个人、公司，也有的称为当事人；在日本，1993 年通过的《行政程序法》将其表述为相对人（日文用语为“相手方”，在日语中“相手”是对方的意思，“方”是对人的尊称），在各章节也根据不同情况分别称为受领人、承受人、申请人、当事人、参加人等，而日本行政法学著作中一般称之为相对人（“相手方”）；在韩国，其 1995 年通过的《行政程序法》里称之为相对人、当事人、申请人等，并在第 9 条将当事人具体概括为自然人、法人、非法人社团或财团、依有关法令确认为具有权利义务主体之行为能力者。在我国，近年来制定的行政法律已较统一地表述为公民、法人或和其他组织，同时根据法律文件中的具体情况也分别称为当事人、申请人、诉讼原告、赔偿请求人等，而在我国大陆行政法学著述中一般抽象地表述为行政相对方、行政相对人，简称为相对人。以上内容参见莫于川主编：《行政法与行政诉讼法》，中国人民大学出版社 2012 年版，第 90 页。

2. 法人。法人是与自然人（公民）相对称的一个法律概念。它是具有民事权利能力与民事行为能力，依法独立享有民事权利和承担民事义务的组织。法人也是行政法律关系中的主体，可以成为行政相对人，而且是重要的行政相对人。

能够成为行政相对人的法人包括企业法人、事业法人、社团法人和机关法人。通常而言，企业法人、事业法人和社团法人是经常性和普遍性的行政相对人，其在行政法律关系中的地位也是通过它与行政主体（最主要是行政机关）之间的权利和义务的内容体现出来的。主要表现在：其在社会活动过程中要接受政府有关部门的管理，形成行政管理关系，同时也享有相应实体与程序性权利。机关法人是具备法人资格条件的国家机关。国家机关由于职能及其职权职责性质的关系，一般是不作为行政相对人，但在一定条件下也能成为行政相对人。如国家机关可以成为审计、物价、土地、城建、公安消防等行政管理领域的行政相对人，此时这些国家机关的身份是一种机关法人。

3. 其他组织。其他组织，是指由主管机关批准成立或认可，能够从事一定的经营、生产或其他活动但不具备法人资格的社会组织或经济组织。我国行政法律制度通常将这类组织称为“其他组织”。

随着经济的发展，许多国家都出现了一些介于公民个人和法人之间的组织形态，被称为“非法人组织”、“非法人单位”、“其他经济组织”等，比如，经国家主管部门批准或认可的从事一定生产或经营活动的个人合伙组织、合伙型联营组织、企业法人的分支机构等经济实体；又如，经主管机关批准或认可的正处于筹备阶段的企业、事业单位和社会团体等。这些组织在行政管理活动中，也是作为行政法上的权利义务主体，可以成为行政法律关系中的行政相对人。

4. 外国人、无国籍人和外国组织。外国人、无国籍人和外国组织在中国境内时，必须服从中国的法律，接受中国的行政管理，从而要与作为行政主体的行政机关和法律、法规授权的组织发生各种行政法律关系，成为行政法律关系的主体，可以成为行政法律关系中的行政相对人。也就是说，依照我国法律规定享有行政法权利、承担行政法义务，参加行政诉讼时具有行政相对人同等诉讼权利与义务的外国人、无国籍人和外国组织，也可成为我国行政法的主体，也即成为行政相对人。当然，这部分人不包括享有外交豁免权的外国人。例如，根据《外国人入境出境管理法》的规定，外国人成为我国国境管理机关的相对一方。此外，在治安管理、征收个人所得税等行政管理领域，外国人都能成为行政相对人。

应当注意的是，将外国人、无国籍人和外国组织作为我国行政相对人应当遵守对等原则。也就是说，如果我国公民在某国受到某方面的权利限制，则该国公民在我国也要受到相应的权利限制。

（三）行政相对人的类型

1. 内部相对人和外部相对人。行政相对人以其与行政主体的关系是行政隶属关系还是行政管辖关系为标准，可以分为内部相对人和外部相对人。与内部行政主体相对应的当事人属于内部相对人，行政机关对行政相对人的管理建立在行政隶属关系上；与外部行政主体相对应的当事人属于外部相对人，行政机关对行政相对人的管理建立在行政管辖关系上。内部行政相对人只服从内部行政机关的管理，不能成为外部具体行政行为的对象；外部行政相对人也只对外部行政机关履行服从和协助义务。同时，根据行政诉讼规则，只有外部行政相对人有起诉权，内部行政相对人一般没有行政起诉权，不能构成行政诉讼中的原告。

2. 组织相对人和个体相对人。行政相对人以其是否有一定的组织体为标准，可以分为组织相对人和个体相对人。企事业单位、社会团体等属于组织相对人；公民和在中国境内的外国人属于个体相对人。组织相对人还可以分为法人相对人与非法人相对人。法人相对人是具有法人资格的组织相对人，非法人相对人是不具有法人资格的组织。通常而言，行政主体为实现行政管理目标，除大量与公民发生行政法律关系外，还经常要对各种法人和其他非法人组织实施各种行政行为，如批准、许可、授予、征收、统计、裁决、处罚等。在这些行政行为引起的法律关系中，法人和其他非法人组织就成为组织相对人。值得注意的是，我国大多数行政法律规范既适用法人相对人，也适用非法人相对人，但某些行政法律规范只适用法人相对人，或只适用于非法人相对人。同样，某些行政行为同行政相对人有一定的对应性，如行政拘留只适用于个体相对人，而不适用于组织相对人。

3. 直接相对人和间接相对人。行政相对人以其与行政主体行政行为的关系为标准，可以分为直接相对人和间接相对人。直接相对人是行政主体行政行为的直接对象，其权益受到行政行为的直接影响，如行政许可、行政给付的申请人，行政处罚的被处罚人等；间接相对人是行政主体行政行为的间接对象，其权益受到行政行为的间接影响，如治安管理处罚中受到被处罚人行为侵害的人，行政许可关系中其权益可能受到许可行为不利影响的人，包括公平竞争人或者相邻人等。直接相对人和间接相对人都是行政相对人，其权益受到行政行为侵害后都可以依法申请行政救济。

此外，行政相对人以影响其权益的行政行为的方式为标准，分为作为行为的相对人和不作为行为的相对人。如行政征收、行政强制、行政处罚的相对人为作为行为的相对人，因行政机关不履行法定职责，导致其人身权或财产权受到侵害的相对人为不作为行为的相对人。行政相对人以行政主体行政行为对其权益影响的性质为标准，还可以分为授益相对人和侵益相对人。行政许可、行政给付的相对人通常为授益相对人，行政处罚、行政强制的相对人为侵益相对人。但是，行政许可、行政给付对于某些间接相对人有时并非授益相对人，而是侵益相对人，因此区分授益相对人和侵益相对人还要看行政行为对行政相对人权益影响的性质。

二、行政相对人的法律地位与权利义务

（一）行政相对人的法律地位

法律地位是权利义务的综合体现。行政相对人的法律地位主要表现在以下三个方面：一是行政相对人是行政主体行政管理的对象。行政相对人必须服从行政主体的管理，履行行政主体行政行为为之确立的义务，遵守行政管理秩序。否则，行政主体可以依法实施行政强制或行政制裁。二是行政相对人也是行政管理的参与人。随着行政民主法治的发展，行政相对人不再仅仅是被动的行政管理对象，可以通过各种途径、各种形式积极地参与行政管理。比如，通过批评、建议、听证会、意见征求会等形式参与行政立法和其他各种行政规范的制定，通过告知、提出申辩、提供证据、参加听证、辩论等行政程序参与具体行政行为的实施过程。三是行政相对人在行政救济法律关系和行政法制监督关系中可以转化为救济对象和监督主体。行政相对人在其合法权益受到侵害后，有权依法申请法律救济，从而成为行政救济法律关系的一方主体。同时，在绝大多数民主法治国家的政治关系中，由于作为行政相对人的组织和个人具有国家主人的地位，在宪法关系中是国家权力的归属者，因而对行政主体行使国家行政权的行为有权实施监督，从而成为行政法制监督的主体。

（二）行政相对人的权利义务

1. 行政相对人的权利。行政相对人的权利同时也构成行政主体的义务，它是宪法赋予当事人的基本权利在行政管理领域的具体化。根据我国有关法律、法规的规定，行政相对人在行政法律关系中主要享有以下权利：①

（1）行政参与权。行政相对人享有通过合法途径参加国家行政管理活动以及参与行政程序的权利，如公民经考试程序可进入公务员队伍参与行政管理，公民有陈述、申辩和要求听证的权利。

（2）行政知情权。行政相对人有权通过政府信息公开形式，理解政府的各种公共信息，通过行政公示、告知、询问等渠道了解行政机关管理活动的依据和程序等。

（3）行政协助权。在法定条件下，行政相对人有权协助行政主体进行某些管理活动。例如，发现应让行政主体处理的事件有权向其报告，对一切违反行政法律规范的行为有权予以制止，有权依法将正在实施违法行为者扭送到公安机关。

（4）行政监督救济权。行政相对人有权通过一定组织形式对行政机关和行政首长的工作进行评议，享有对行政工作的批评建议权、对不法工作人员的控告揭发权，不服具体行政行为有权申请复议或提起行政诉讼，合法权益受到行政机

---

① 胡锦光、莫于川著：《行政法与行政诉讼法概论》，中国人民大学出版社 2002 年版，第 82 ~ 83 页。

关及其工作人员违法行使职权行为侵害有权依法请求国家赔偿，合法权益受到行政主体合法公务行为的影响时，获得行政补偿权。

（5）获得保护权。一是人身和财产保护权。行政相对人的人身和财产有权获得国家行政机关的合法、正当、平等的保护。例如，公民财物失窃报告公安机关，公安机关有义务侦查、破案。二是隐私保密权。行政主体在行政活动中，非经法定程序，不得公开相对人的隐私。相对人享有对自己的隐私保密的权利，行政主体有为其保密的义务。例如，我国《宪法》第40条和《行政处罚法》第42条都有关于这方面的规定。

（6）行政获益权。行政相对人可以依据法律从行政主体中获得利益。例如，公民因科技发明，有权依我国《发明奖励条例》获得奖励。

也有学者从广义行政相对人的概念和范围出发，将行政相对人的权利划分为以下五种：[①]（1）参政权。行政相对人的参政权包括批评、建议权，控告、检举权，知情权，订立行政契约权。并且认为行政相对人参与订立行政契约，也是一种参与行政的方式，这种行政手段也越来越受到现代行政法学的重视。（2）受平等对待权。与一般的平等权不同，这里的平等对待权仅限于行政活动中，而不包括立法和司法中的平等权。（3）受益权。对于受益权可分为三类权利类型，即保障性受益权、发展性受益权和保护性受益权。保障性受益权，是指因行政主体提供特质和其他条件保障而得到受益的权利，主要包括基本生活水平的受保障权、特定群体福利优先的受保障权、劳动就业和劳动安全的受保障权、义务教育的受保障权、参加基本性社会生活的受保障权。发展性受益权，是指因行政主体提供各种条件而发展自身利益的权利，主要包括符合条件者有受行政许可的权利、受到行政奖励的权利、从事某种生产经营活动而受政策优先的权利、得到行政指导的权利。保护性受益权，是指行政相对人的各种合法权益在受他人妨碍、侵害时，受行政主体保护的权利，包括在紧急情况下受行政主体救助的权利、合法权益受他人侵害后请求行政主体予以处理的权利、合法权益受行政主体确认的权利。（4）自由权。我国行政相对人享有的自由权主要包括自主享有各种合法权益和自由；国有企业（事业单位）的经营、管理自主权；排除行政主体非法侵害的权利，如《行政处罚法》第56条规定，相对人对行政处罚机关不出具省级以上财政部门统一制发的罚款收据时，可拒缴罚款，农民拒绝政府乱摊派的权利等；合法权益受侵害后获得赔偿的权利。（5）程序权。行政相对人在行政程序中享有的权利主要有了解权、提出申请的权利、获得通知的权利、评论权、申请回避的权利、举证的权利、辩论权、程序抵抗权。其中，抵抗权，是指当行政机关作出严重违法的无效行政行为时，行政相对人可以拒绝服从，行使抵抗权。《行政处罚法》关于拒缴罚款的规定就是典型的代表。

2. 行政相对人的义务。在行政法律关系中行政相对人享有权利，同时也要

① 方世荣著：《论行政相对人》，中国政法大学出版社2000年版，第82页。

承担义务。根据我国有关法律、法规的规定，行政相对人在行政法律关系中主要应履行以下义务：

（1）履行行政法上的各项义务，如遵守行政机关发布的行政法规、规章和其他规范性文件；执行行政命令、行政决定，自觉履行行政法律法规规定的各项义务。

（2）协助公务执行的义务。行政相对人有义务协助行政主体及公务人员执行公务，如配合公安机关维护社会秩序，协助人民警察执行公务①等。

（3）提供真实信息的义务。行政相对人在向行政主体申请提供服务（如申请许可证照）或接受行政主体监督时，向行政主体提供的各种信息资料应当真实、准确，故意提供虚假信息要承担相应的法律责任。我国《行政许可法》第31条规定，申请人申请行政许可，应当如实向行政机关提交有关材料和反映真实情况，并对其申请材料实质内容的真实性负责。由于许多行政许可或行政登记只进行形式审查，行政主体不可能对申请人提交的材料的真实性进行审查，因此如果申请人提交材料虚假，则行政许可或登记必须予以撤销，且申请人不得主张行政赔偿。②

（4）遵守行政程序的义务。行政相对人无论请求行政主体实施某种行政行为，还是应行政主体要求作出某种行为，均应当遵守法律法规规定的程序、手续、时限。如果不遵守法定的行政程序，比如不按时纳税、不在法定期限内申请商标权的续展、不提供法定的申请材料等，还可能承担一定的法律责任。

（5）接受监督和调查的义务。行政相对人在行政管理法律关系中，要接受行政主体依法实施的监督。行政主体为了对案件进行调查，可能会进行询问、讯问、勘验、鉴定以及抽样调查等③，行政相对人对合法的调查行为应当予以配合。我国《税收征收管理法》第57条规定，税务机关依法进行税务检查时，有权向有关单位和个人调查纳税人、扣缴义务人和其他当事人与纳税或者代扣代缴、代收代缴税款有关的情况，有关单位和个人有义务向税务机关如实提供有关资料及证明材料。

以上所述义务并不是行政法律关系中行政相对人所要承担的全部义务，实际上现实生活中行政相对人承担的义务是非常多样化的，行政主体也可以在法律的框架内为行政相对人设定一定的义务，但必须符合法律保留和法律优先原则，即这种义务的设定不能侵害行政相对人的合法权益。

---

① 参见《人民警察法》第34条和《中华人民共和国消防法》第5条的规定。

② 《行政许可法》第69条第2款规定："被许可人以欺骗、贿赂等不正当手段取得行政许可的，应当予以撤销。"

③ 参见《行政许可法》第61条、第62条的规定。

第五节 多元化行政法主体的构建

一、重新构建我国行政主体制度

目前，我国的行政主体理论存在着两大问题：一是由于我国行政主体不是真正的“主体”所导致的行政缺乏连续性和统一性问题；二是行政分散化和民主化所产生的行政主体多元化问题。针对上述问题，我们提出重新构建我国行政主体制度的下列构想：

针对我国行政主体不是真正“主体”所导致的行政缺乏连续性和统一性问题，建立起包括国家、地方团体和公务法人三类行政主体在内的新的行政主体制度。我国的行政主体尽管数目众多，但是种类单一，所以容易出现多头管理和职责不清。而构建新的行政主体的过程就是给政府“瘦身”的过程，也可以说是一个优化政府结构的过程。首先，在责任承担方面，行政机关和法律、法规授权的组织不再是独立的行政主体，它们之间的职责权限发生冲突时，会由其所属的行政主体予以协调，并且最终由行政主体对其下的行政部门承担法律责任。其次，在行政权的配置方面，尽管在宏观上行政权分配给了不同的行政主体，但是从微观上来看，行政权都集中到行政主体手里，不再像原来那样分散，有利于职责统一、政令畅通。最后，行政分权的实质是在确立国家社会二元结构的过程中政府内部的调整，是政府自身的优化和完善。所以说，构建新的行政主体制度的意义主要在于改革政府自身，是政府转变职能而“内缩”、“苦练内功”的需要。

对于行政分散化和民主化所产生的行政主体多元化问题，关键是要实现国家权力向社会的转移。建立有限政府，服务政府的理念已成为政府职能转变的既定目标。这就要求政府应该从国家社会生活的一些领域抽身退出，把它们留给社会力量和市场机制去解决。所谓“治大国若烹小鲜”，就是主张执政者要有所为，有所不为，集中力量做好正确的事。所以，顺应行政主体多元化的潮流，把集中在政府手中的权力“外放”，应该是建构我国未来行政主体制度的重要内容之一。

重新构建的行政主体应当包括：

1. 国家及其各级人民政府与组成部门。从法律意义上的行政主体而言，国家是原始的行政主体、是实质上的行政主体。各级人民政府及其组成部门是行政权的具体拥有及行使者。它们在宪法和法律规定的范围内具体行使着国家通过宪法和法律赋予其的行政职权。

2. 法律法规授权组织。在我国，除具有公共职能的事业单位外，国有或国家控股的具有部分行政管理职能的公司主要是国家（政府）依法设立的国有和国家控股的公司，这些公司是经营性质的，但其中不乏一些兼具行政管理职能性质（如邮政公司等），它们制定的某些政策或规定的某些措施亦对私法领域的相关企业具有规制作用，在此范围内成为行政主体。同时，在我国所有经登记注册取得法人资格的非经营性团体统称为社会团体，如中华全国总工会、妇联等，依法拥有并行使着某些行政管理性质的职权，具有法律上独立之人格，在法定范围内成为政治国家范畴内的行政主体。

3. 民间自治团体。从政治学及法社会学的角度讲，市民社会是与政治国家相对称的概念，市民社会的关键在于市民自治。在实践中的表现形式便是一部分人通过人或人与物的结合自发地让渡出自身的某些权利组成公共性的自治团体，依法实行自我服务、自我管理、自我监督。这部分自治团体行使着部分公权力并能对其内部成员及社会上其他人员的权利义务产生影响，在一定范围内承担着公共行政主体的角色，因此理应纳入行政主体的范畴内，如律师协会等。

4. 国际组织。我国传统行政法理中从未提到过国际组织的行政主体地位问题，这在过去或者说我们“入世”之前尚能行得通，然而在全球化不断加快的今天，我们不得不从行政法的视角来看待国际组织这一实体。事实上很多国际组织是实际作为行政主体而存在的，如区域一体化程度最大的欧盟，欧盟下设的一些执行机关在一定范围内对欧盟成员国内的公民或组织来讲其就能成为行政主体，只不过这是近几年才有的趋势，我国行政法学本着面向未来发展的姿态，应将国际组织纳入行政主体的范围之内。

5. 个人。如前所述，个人成为行政主体，这不仅在国外理论及实践中有先例，在我国法律中事实上也是有规定的。在德国行政法中，私人（自然人和法人）在特定的严格的条件下须经由特别授权行使主权事项并独立承担由此而生之权利、义务和责任而成为行政主体。我国《海商法》第36条第1款规定：“为保障在船人员和船舶的安全，船长有权对在船上进行违法、犯罪活动的人采取禁闭或者其他必要措施，并防止其隐匿、毁灭、伪造证据。”也就是说，只要发现船上有违法犯罪活动情形的，即进入船长职权管辖范围内，船长在此权限范围内获得行政主体资格。《民用航空法》第44条、第45条同样规定了机长的行政主体资格。这里的个人行政主体实际上是一种公务人行政主体。此外，《食品卫生法》第34条规定的食品卫生监督员、《药品管理法》第46条规定的药品监督员、《审计法》第10条规定的审计特派员等都体现了公务人员行政主体制度。

二、行政组织法的发展与完善

关于行政组织法在行政法中的地位及所具有的法律性质问题，经历了一个研究角度的变化过程。早期行政法学研究行政组织法虽借鉴了行政法学的范畴，使用行政组织法，但并没有从组织法的角度着手，而是从各种国家机关中区分行政机关，然后分别就行政机关的性质、机构设置、职权、领导体制、工作原则等内容进行研究。由于行政机关的职能活动是由与其具有隶属关系的公务人员实施的，于是在行政组织这一领域还要研究公务人员的种类、职责权限、组织管理制度等，并把它作为行政组织不可分离的一个组成部分。对此，从我国20世纪八九十年代的行政法学著作中得到证明。

随着行政法学研究的逐步展开，有人提出行政法学上的行政组织不应仅仅从行政组织的原理、结构等方面进行研究，而应从行政组织法入手，对行政组织法应有的内容进行概括、阐释和分类，于是提出了从行政组织法的角度进行研究。从行政组织法的角度进行阐述，所涉及的内容是行政组织法所规定的行政机关的性质、组成、职权、体制、工作原则以及行政人员的权利义务、行政人员的管理制度等内容。上述两种研究角度虽然分别从行政组织和行政组织法入手，但还不是行政法学全部应有的角度。20 世纪 80 年代后期，随着行政法学研究的进一步深入，人们开始提出了第三种角度，即法学的角度：行政机关在行政执法中，应该具有法律上的人格。也就是说，行政机关在行政执法中已绝不简简单单地仅是一种组织，行政组织法也并非简单地对行政组织加以规范，行政组织在法律上是一种人格，行政组织法是对行政组织法律人格的确认，于是在一些行政法教材中出现了“行政主体”的概念。应当肯定地说，从法学角度研究行政组织与行政组织法是我国行政法理论上的又一大进步。但任何概念的出现都有其特定的背景和理论、现实的需要，也有其局限性，行政主体也不例外。行政法学发展到今天，学者们开始注意到要全方位、深层次、多角度地研究行政法的主体理论。不仅要从公、私法的共性出发，借助私法的方法来研究，也要从静态的组织体系中来研究；不仅要从行政权力外部作用上来研究，也要从行政组织内部构造机构上进一步丰富、完善行政法的主体理论。

作为行政法主体问题重要组成部分的行政组织法，可以从不同的角度作不同的分类。根据行政组织法规所涉及的内容，一般将行政组织法分为两类：一类是行政机关组织法类，主要规定行政机关的性质、地位、机构设置、领导体制、活动原则；另一类是行政组织人员法类，主要规定行政人员的职权、权利义务、组织管理、法律责任等。总体上，我国现行行政组织法呈现出以下几个特点：一是在内容上，行政组织法是有关行政机关和工作人员的性质、地位、任务、职责权限以及内部组织管理等方面的法律规定。二是在功能上，行政组织法调整上级与下级行政机关、行政机关与它的工作人员之间在组织管理过程中的权利义务关系，它属于内部法律关系。三是在行为规则的种类上，行政组织法大部分为授权性规范和义务性规范，禁止性规范较少。四是在违法行为引起的法律后果上，违反行政组织法，由行政机关或者其他法定机关追究行政人员的行政责任，给予相应的纪律处分。

行政组织法作为规范行政组织和组织行政的法律制度，在行政法体系和行政法治的实践中都发挥着十分重要的作用。学者们普遍认识到，目前，我国现行的行政组织法律制度表现得相对落后，不适应甚至阻碍了改革的进程，因此行政组织法的完善就显得更加迫切。关于行政组织法的完善，学者们就行政组织法内容的各个方面提出了不少建议，具体可以概括为：

1. 明确相关的基本概念。行政组织法应当明确行政组织、行政机关、行政机构、行政主体、行政编制、行政授权、行政委托等行政机关组织法涉及的属于本身的概念。

2. 确定行政组织的基本原则。行政组织的基本原则可以澄清对行政组织法治的认识，为行政组织立法指明方向和为行政组织实践提供指导。

3. 规定行政组织形态。国家行政是采用集中式的管理还是分散式管理，是否肯定地方自治还是公务自治，需要在行政组织法中明确。

4. 规定行政权的内容与形式。行政权原则上要由宪法规定，但行政权的具体问题则需要在行政组织法中解决，包括设定和分配行政权、行政权的范围、行政权的具体内容、行政权的具体形式、行政权的设定标准。明确行政权的内容和形式的好处在于其不仅有利于对行政权的合理界定和控制，还有利于保护公民的权益、行政目标的实现和行政效率的提高。

5. 制定和完善各类行政组织法规范系统。提出完善中央行政组织法、地方组织法和其他公务组织法的建议。有学者提出，采用国家行政机关以外的公务组织进行管理在西方已经有很长的历史。比较典型的是行会组织的管理，如律师协会、医师协会等。我国的这种非政府组织也非常活跃，经立法机关授权，具有一定的行政职能。利用社会公务组织进行一定的管理的好处是：一是有利于维持小政府规模，并且可以节省国家财源；二是有利于实现行业自律，促进行业的发展；三是适用了现代行政管理的需要。

6. 全面规定行政授权与行政委托。行政授权与行政委托在我国主要由单行法律法规规定。有学者提出，行政组织法有必要对行政授权与行政委托进行全面规定。其意义在于：一是规范行政授权与行政委托的需要，二是明确行政授权与行政委托的法律责任。

7. 明确行政代理与行政协助制度。学者们普遍认为，行政代理与行政协助虽然主要是行政机关内部规范，但同样具有外部意义。代理制度的设定主要是为了确保行政的连续性和安定性。行政协助存在的正当理由是行政的效率性和经济性。因此，行政代理与行政协助作为现代行政管理不可避免的一部分，应当在行政组织法中予以规定。

8. 规范行政组织程序制度。有学者提出，我国以往对组织程序不重视，法律也很少就组织程序问题进行规定，是造成组织过程随意和非理性的重要原因。提出应当在行政组织法中全面规定行政组织的程序，并规定相应的法律责任。

三、重视行政相对人制度的建立和完善

行政相对人作为行政法主体的一方，在以前的行政法学研究中往往不被重视，有的行政法学教材甚至根本不提行政相对人。这与传统的行政法学以行政权及其权力主体为研究重点的思想相吻合。随着行政法治实践的发展，行政相对人更广泛和更主动地参与到行政过程中，其在行政过程中的作用、权利与行政主体

间的关系，也日益受到重视。学者们对行政相对人问题的研究主要集中在以下几个方面：一是行政相对人的概念和基本类型；二是行政相对人的权利内容及类型；三是行政相对人的行为本质、类型、内容及效力；四是行政相对人在行政法中的作用等。

随着对行政相对人理论研究的重视和深入，有学者提出行政相对人的抵抗权和平等对待请求权以及行政过程的公众参与权利等行政相对人权利保护的理念问题。对于行政相对人的抵抗权，学者们一般认为，其是指个体对基于公权力而作出的行政行为所设置的义务进行抵抗和不服从的权利，该权利有以下特点：第一，是一种对行政行为的抵抗；第二，是一种个体性的抵抗；第三，其目的是保护个人的权利；第四，抵抗的方式包括正当不服从和被动情况下的抵制，不包含主动的进攻；第五，其所要解决的核心问题为是否所有的行政行为都应得到遵守。也有学者进一步指出①，行政法上的相对人抵抗权有许多国家已经通过无效行政行为制度进行了充分的实践，因此提出我国应当在今后的行政程序法中进一步确立和完善相对人的抵抗权制度的观念。关于行政相对人平等对待请求权，有学者认为，其是指相同条件有相同权利实现预期和相同权利获取机会，但除此之外还应包括可以实现相同或大致相同的结果，行政相对人随时可以根据结果实现的程度而要求行政机关纠正不平等对待的行政。并且提出该权利属于一种积极的私人公权利，是一种在本质上为了利益实现的权利，同时也是一种本质上体现了更多公共利益因素的权利。关于行政过程中的公众参与，有学者将公众参与放入信息化、全球化的背景下进行研究，认为公众参与进一步发展已是不可逆转的趋势，这种趋势决定了公众进一步参与的必要性与必然性，也具有一定的可能性。还有学者就行政立法、城市规划等领域的公众参与提出了较为具体的措施和建议。

四、拓宽行政法主体的研究和调整范围

学者们普遍认识到，随着国家行政向公共行政的转变，行使行政职权、从事公共事务管理的主体已经不再局限于传统的职权主体和授权主体的范围，而是已呈现出多样化的趋势，由此已经带来了日益增多的法律问题。与此同时，在经济体制改革过程中，我国各地也相继出现了诸如经济开发区、出口保税区、城市综合执法机构等有别于传统体制的区域或机构，这些新主体、新区域和新机构的权限、地位、作用以及与此相关的法律制度的完善，都将成为行政法的主体理论的研究和调整对象。因此。我们应当采取面对现实、立足中国实际的态度，积极应对新生事物，拓展行政法主体的研究对象和范围，树立全新的行政法理念，为实践中出现的新的行政法主体问题寻找答案，以适应行政法治实践的需要。

---

① 刘会军：《论行政相对人的抵抗权利》，载《西南政法大学学报》2004 年第 5 期。

第三编 行政行为

DISANBIAN XINGZHENGXINGWEI

第四章 行政行为概述

行政行为现已成为各国行政法学的一个核心范畴和概念性工具，是一个内涵不确定、呈动态性的学理概念和法律概念。自新中国第一部行政法学统编教材首次使用“行政行为”一词后①，几乎所有的行政法学论著都相继沿用了这一概念，并以此为核心构建行政行为理论体系。但在行政行为概念的界定上，学者们存在着很大分歧，先后形成了最广义说、广义说、狭义说、最狭义说。其中，狭义说逐渐成为我国行政法学界的通说。② 自20世纪末以来，通说不断遭到学者的质疑，部分学者的论著中行政行为的内涵呈缩小的状态。目前，关于什么是行政行为的认识不统一，行政行为的概念与其理论体系中的其他内容（如分类、合法要件、效力等）论述相互矛盾。本章试图以学界的研究成果为基础，对行政行为及其理论体系作一个概括式的梳理、描述和分析。

第一节 行政行为的概念与特征

一、行政行为概念的由来与域外相关学说

据我国台湾地区学者翁岳生教授的考证，“行政行为”一词源于法国行政法上的行政处理 ActeAdministratif；后经德国学者继受，称之为 Verwaltungsakt，即行政处分；日本学者从德国引进之后，将其直译为行政行为。

在法国大革命之后，“ActeAdministratif”一词是学者为说明行政机关在法律之下，与司法并行，类似法院之判决，为处理具体事件而逐渐形成的概念。③ 法国行政法学理论对行政行为存在着三种不同的识别标准，即行为机关标准、行为性质标准和行为作用标准。其中，行为作用标准是通说，认为行政行为是指行政机关用以产生行政法上的效果的法律行为，以及私人由于法律或行政机关授权执行公务时所采取的某些行为，具体包括制定行政法规和规章、行政处理、行政合

① 王珉灿主编：《行政法概要》，法律出版社1983年版，第97页。
② 杨海坤著：《中国行政法基本理论》，南京大学出版社1992年版，第252页。
③ 翁岳生著：《行政法与现代法治国家》，台湾大学法学丛书编辑委员会编辑出版1979年版，第3页。

同等。①

1826年以后，德国学者从法国引入行政处理概念。德国行政法学开山鼻祖奥托·麦耶（OttoMayer）借鉴法国的ActeAdministratif一词形成德国行政法上的Verwaltungsakt概念，即行政处分。根据奥托·麦耶的理解，Verwaltungsakt是指行政机关于个别事件中，规定何者为法，而对人民所为具有公权力之宣示。由于这一界定并不明确，致使以后的学者对行政行为的诠释差异较大，概念内涵纷争不断。为了尽可能地统一对行政行为概念的认识，自1925年起，德国就开始了艰难的立法尝试，试图实现行政行为概念的法定化。经数次变迁，终于在1976年通过的《联邦德国行政程序法》中对行政行为作出了界定。该法第35条以学理、实践和已有法律为基础，将其界定为：行政行为，是指行政机关为规范公法领域的个别情况采取的具有直接对外效力的处分、决定或其他官方措施；一般处分是一类行政行为，它针对依一般特征确定或可确定范围的人，或涉及物的公法性质或公众对该物的使用。至此，Verwaltungsakt这一德国行政法上的核心概念的内涵已告确定，并得到学界的普遍认同。例如，德国当代著名行政法学者毛雷尔教授即认为，行政行为是指“行政机关对具体事实作出的具有直接外部法律效果的处理行为”。②

日本学者从德国引进“Verwaltungsakt”一词之后，将其直译为行政行为。在日本行政法学的发展过程中，学者们对源自德国的行政行为概念也有不同的认识，众说纷纭。根据第二次世界大战后著名行政法学者田中二郎的分析，行政行为的概念有最广义说、广义说、狭义说和最狭义说四种，其中，广义说和狭义说曾一度成为通说。田中二郎本人则倡导最狭义说，认为行政行为是指行政机关就具体事件所为的公法上的单方行为，即将立法行为、公法契约等行为排除于行政行为概念之外。③ 由于最狭义说与日本现行行政程序法中“行政处分”概念的内涵趋同，事实上呈现后来居上之势。在当今日本行政法学界，也有许多学者对行政行为作最狭义的界定。例如，南博方认为，行政行为是指“行政厅为了调整具体事实，作为公权力的行使，对外部采取的产生直接法律效力的行为”。④

我国台湾地区承袭日本，也将德国“Verwaltungsakt”一词译为行政行为。虽然对行政行为概念的理解也有差异，存在着最广义说、广义说、狭义说和最狭义说四种学说之分，但自采取日本早期通说即广义说之后，行政行为已经成为一个具有特定内涵的概念，行政行为是指行政机关公法上的行为，包括行政命令、行政处分、公法契约等。我国台湾地区“行政程序法”第92条第1款规定，本法所称行政处分，系指行政机关就公法上具体事项所为之决定或其他公权力措施而对外直接发生法律效果之单方行政行为。由此可见，在我国台湾地区行政法学

① 王名扬著：《法国行政法》，中国政法大学出版社1989年版，第130～138页。
② ［德］哈特穆特·毛雷尔著：《行政法学总论》，高家伟译，法律出版社2000年版，第182页。
③ 杨海坤、章志远著：《中国行政法基本理论研究》，北京大学出版社2004年版，第201页。
④ ［日］南博方著：《日本行政法》，杨建舜等译，中国人民大学出版社1998年版，第33页。

理上，行政行为是行政处分这一法律概念的上位概念，而行政处分的概念则与德日等国家行政行为概念的表述基本一致。

二、我国行政行为概念的现状

受大陆法系国家影响较大的我国行政法学界，不仅引进了“行政行为”这一词，而且非常重视对行政行为概念的研究。新中国成立后第一本统编教材《行政法概要》将其界定为：“行政行为，是国家行政机关实施行政管理活动的总称，它是国际公认的研究行政法学的专用词，实际上是行政管理活动的代称。”① 此后，对这一概念的学理解释呈现多种姿态，法国、德国、日本和我国台湾地区关于行政行为的各种定义几乎都曾被我国行政法学界借鉴，并于20世纪末期之前先后形成了最广义说、广义说、狭义说、最狭义说。最广义说认为一切涉及行政管理的行为都是行政行为，这就意味着只要与行政管理有关，无论什么组织或个人的行为均属于行政行为范围之内。广义说认为国家行政机关的一切行为都是行政行为，包括行使行政职权的公法行为和进行民事活动的私法行为。狭义说认为并非行政机关的所有公法行为都是行政行为，行政机关的行为有事实行为和法律行为之分，事实行为不以意思表示为要素、不发生行政机关所追求的法律效果因而不是行政行为。狭义说最有代表性的定义为：行政行为“是指行政主体在实施行政管理活动、行使行政职权过程中作出的具有法律意义的行为”。② 最狭义说认为即便是行政机关的法律行为，也有抽象行政行为和具体行政行为之分，抽象行政行为不属于行政行为，行政机关所为的具体法律行为才属于行政行为。③ 20世纪90年代后期，狭义说取得通说地位，一些较有影响的行政法教材虽在具体表述上略有差异，但都认为行政行为由主体要素、职权要素和法律要素构成，且在外延上既包括抽象行政行为，也包括具体行政行为。④

我国大陆行政法学界之所以器重行政行为的概念，除了受大陆法系国家行政法学通常以行政行为形式论为主干建立其理论体系的传统影响外，另一个重要原因就是我国1990年10月1日起施行的《行政诉讼法》第一次在立法上使用了“具体行政行为”一词。行政行为概念从此承载起学术与实践的双重功能，既要为行政诉讼受案范围提供指导，又要涵盖行政主体所有的行政活动方式；既要能够解决现实问题，又要以开放的姿态适应未来的发展。⑤

《行政诉讼法》使具体行政行为成为重要的法律概念后，行政法学界此后普遍认为，与具体行政行为相对应的是抽象行政行为，前者可诉而后者不可诉，行

---

① 王珉灿主编：《行政法概要》，法律出版社1983年版，第97页。

② 罗豪才主编：《行政法学》，北京大学出版社1996年版，第105~106页。

③ 张焕光、胡建淼：《行政法学原理》，劳动人事出版社1989年版，第213~214页；杨海坤：《中国行政法基本理论》，南京大学出版社1992年版，第252页。

④ 杨海坤、章志远著：《中国行政法基本理论研究》，北京大学出版社2004年版，第203页。

⑤ 杨海坤、章志远著：《中国行政法基本理论研究》，北京大学出版社2004年版，第204页。

政行为是二者的上位概念。但是，行政诉讼法虽然将具体行政行为概念实定法化，却没有对具体行政行为概念本身作出明确的界定。因此，何为（具体）行政行为，便在理论与实践中均存在激烈的争论。为了有效指导行政诉讼实践，1991年6月11日发布的最高人民法院《关于贯彻执行〈中华人民共和国行政诉讼法〉若干问题的意见（试行）》[①] 对具体行政行为的内涵作出了明确的界定。该意见第1条规定，具体行政行为是指国家行政机关和行政机关工作人员、法律法规授权的组织、行政机关委托的组织或者个人在行政管理活动中行使行政职权，针对特定的公民、法人或者其他组织，就特定的具体事项，做出的有关该公民、法人或者其他组织权利义务的单方行为。该条规定除了引发学界对具体行为与抽象行为划分标准的广泛讨论外，定义本身遭到行政法学界的强烈反对。有学者认为：第一，该定义仅对外部具体行政行为进行解释，忽视了内部具体行政行为的存在；第二，将具体行政行为仅视为行政主体行使行政职权所作的行为，忽略了行政主体履行职责所作的行为和不履行职责的不作为也是具体行政行为；第三，把具体行政行为的对象限于两个（人和事）同时具备的特定性是不准确的；第四，限于单方行为，将行政合同排除在外。[②] 有的学者甚至认为，该定义不仅没有使行政诉讼受案范围更加明确，反而在很大程度上限制了行政诉讼的受案范围。

鉴于最高人民法院《关于贯彻执行〈中华人民共和国行政诉讼法〉若干问题的意见（试行）》对具体行政行为解释的诸多缺陷和行政诉讼实践中不断丰富的具体行政行为类型，最高人民法院在2003年3月8日发布的最高人民法院《关于执行〈中华人民共和国行政诉讼法〉若干问题的解释》中抛弃了对具体行政行为作出明确定义的尝试，而是笼统地使用了“行政行为”的概念，其意图显然是在扩大其内涵，进而拓展行政诉讼的受案范围以满足行政诉讼实践的需要。作为一个重要的法律术语，最高人民法院在《关于执行〈中华人民共和国行政诉讼法〉若干问题的解释》中也没有对“行政行为”作出明确的定义。对此，时任最高人民法院行政审判庭庭长的江必新法官认为，《关于执行〈中华人民共和国行政诉讼法〉若干问题的解释》采用广义上的行政行为概念是对行政法学理论的发展，从第1条第2款所排除的情形看，这里的行政行为是指“具有国家行政职权的机关、组织及其工作人员，与行使国家行政职权有关的，对公民、法人或其他组织的权益产生实际影响的行为及相应的不作为”。对行政行为的外延，江必新法官认为，不仅包括法律行为，而且包括事实行为；不仅包括单方行为，而且包括双方行为；不仅包括侵益性行为，而且包括赋权性行为；不仅

---

① 最高人民法院《关于贯彻执行〈中华人民共和国行政诉讼法〉若干问题的意见（试行）》已于2000年3月8日废止。

② 方世荣著：《论具体行政行为》，武汉大学出版社1996年版，第6～12页。

包括刚性行为，而且包括柔性行为。[①] 与行政行为概念学理相对照，这种认识介于广义说与狭义说之间。当然，对于最高人民法院《关于执行〈中华人民共和国行政诉讼法〉若干问题的解释》关于行政行为的规定和江必新法官的观点也有不少学者持反对意见。

综上所述，可见我国大陆关于行政行为的内涵与外延学理认识不统一，而作为法律概念的行政行为的内涵及外延又不确定，行政行为概念的双重功能未能实现。为此，自20世纪90年代后期狭义说成为通说后，行政法学界开始对通说进行反思、质疑与批判。有学者认为通说存在着“功能的迷失、概念的空洞、体系的紊乱”的困境，鉴于行政行为概念在理论及实践上的诸多误区，对其进行反思与重构已经极为迫切。[②] 对此，我们表示赞同。

三、行政行为概念的重构

行政法学界认为行政行为概念重构有两种路径选择：一是坚持严格主义的立场，缩小行政行为概念的内涵和外延，凸显行政行为的单项功能，以保持概念自身逻辑的严密性和体系的完整性；二是秉承宽泛主义的立场，让行政行为的概念承载起学术与实践的双重功能，进一步拓展其内涵和外延，以充分显示概念的包容性和前瞻性。

坚持严格主义立场的学者对行政行为概念重构的代表性表述为：行政行为是行政机关依照法定职权对可确定的相对人或者物作出的，可形成个别性的法律上权利和义务关系的单方行为。[③] 行政行为，是指具有行政权能的组织或者个人行使行政职权或履行行政职责，针对行政相对人所作的直接产生外部法律效果的行为。[④]“行政行为是享有行政权能的组织或者个人运用行政权对行政相对人的法律行为……并且本书所界定的行政行为主要是指外部、单方行政行为。”[⑤] 从上述定义可以看出，即使按照严格主义立场界定行政行为，其内涵仍有差异。前两种定义与域外行政处分的含义基本相同，可成为行政行为概念学说中的“最狭义说”，后一种定义的内涵较前两种广泛，至少没有排除抽象行政行为。

行政法学界也有不少学者主张按照宽泛主义重构行政行为的概念，“以行政行为这一总的概念指称具有行政法意义上有关行政的活动……行政行为指行政主体行使行政职权对相对人产生法律效果的行为”。[⑥]

我们认为，应当秉承宽泛主义的立场重构行政行为的概念。但问题的关键是

---

① 江必新著：《中国行政诉讼制度之发展——行政诉讼司法解释解读》，金城出版社2001年版，第57～59页、第213～214页；最高人民法院行政审判庭编：《行政执法与行政审判参考》，法律出版社2000年版，第185～186页。

② 杨海坤、章志远著：《中国行政法基本理论研究》，北京大学出版社2004年版，第203～206页。

③ 章剑生著：《现代行政法基本理论》，法律出版社2008年版，第129页。

④ 杨海坤、章志远著：《中国行政法基本理论研究》，北京大学出版社2004年版，第207页。

⑤ 姜明安主编：《行政法与行政诉讼法》，北京大学出版社、高等教育出版社2007年版，第176页

⑥ 应松年主编：《行政法与行政诉讼法学》，法律出版社2011年版，第114页。

如何理解“宽泛”？进而如何改造？坚持宽泛主义的立场，首先应当明确重构行政行为概念应当遵守的规则。重构行政行为概念应当遵守的规则主要有：第一，符合中国大陆的语境、尊重约定俗成的语词含义。在我国，行政行为、立法行为、司法行为，刑事行为、民事行为、行政行为等在长期的经济社会生活中已形成约定俗成的、固定的含义，重构行政行为概念时理应尊重与借鉴。第二，服务于行政诉讼受案范围。借鉴法国行政法上的做法，保留行政行为作为行政诉讼受案范围的基础性概念，无论行政诉讼受案范围有多大，它们都在行政行为概念之下，并根据需要进行项下排除。第三，涵盖社会发展中现代行政活动所有的种类与行为形式，使行政行为成为一个以开放的姿态适应未来发展的具有包容性、前瞻性的概念。第四，注意行政法与民法、刑法等全球化程度较高的部门法的区别和域外国家与地区行政行为概念的差异性，高度重视没有行政行为的上位概念统称行政主体公法行为的本土实践。在遵守上述规则的前提下，具体改造思路是：第一，用行政行为这一总的概念指称行政主体所有的公法行为，长期解决行政诉讼受案范围问题。第二，创设“行政处理”或“行政决定”等概念来概括行政主体具有法律行为特征的单方具体行政活动，考虑到《行政强制法》等法律中已有“行政决定”的用法，将行政主体具有法律行为特征的单方具体行政活动统称为行政决定为宜。第三，对行政行为实行类型化处理，具体行政行为与抽象行政行为仍作为行政行为的分类之一。第四，在法学研究中，则可以对具体的概念进行设计与建构，对各种类型和分类的行为分门别类进行细致的研究与阐述。第五，行政行为概念重构后，行政法学体系中“行政行为概述”或“行政行为基本理论”一章中只阐述行政行为的概念、特征、分类、类型等内容，其他内容则在对各种类型和分类的行为分门别类的研究中阐述。这样既为行政诉讼受案范围提供了理论指导，又可以满足行政行为、行政决定或行政处理自身的理论自洽性，同时也实现了与大陆法系国家的接轨。

基于行政行为该重构的规则与思路，我们对行政行为的概念作如下界定：行政行为是指行政主体行使行政职权、履行行政职责的具有行政法意义的行为。

四、行政行为的特征

重构后的行政行为具有如下特征：

（一）行政行为的主体是行政主体

行政主体是享有行政权能、行使行政权和履行行政职能的组织，包括行政机关和法律法规授权的组织。只有行政主体才能实施行政行为，不是行政主体的组织和个人实施的行为不属于行政行为。但值得指出的是，第一，行政主体实施的行政行为大多是由其工作人员代表其实施的，行政主体的工作人员是行政主体的代表，行为后果归属于行政主体。第二，《行政诉讼法》只规定了法律、法规授权的组织才能成为行政主体，最高人民法院《关于执行〈中华人民共和国行政诉讼法〉若干问题的解释》则把规章授权对外行使行政职权的组织也归入行政主体之列。

(二) 行政行为是行政主体行使行政职权和履行行政职责的行为

职权（包括职责）法定是法治国家依法行政的基本要求，是行政受法律控制的真实写照。行政主体为了实现行政目标行使行政职权、履行行政职责的行为才是行政行为。行政主体作为机关或事业法人实施的民事行为，与行政职权和行政职责没有直接的关联，因而不是公法上的行政行为，而是私法性质的民事行为。这里强调的是行政行为的职权要素，与行为的实施方式和法律判断没有关系。行政主体行使职权、履行职责既可以通过作为方式进行也可以通过不作为方式进行，可能合法进行也可能违法实施。

(三) 行政行为必须是具有行政法意义的行为

国家赋予行政主体行政职权、规定其职责是为了达成行政目的或者说是为了实现行政管理目标，因此，具有行政法意义的行政行为就是为了实现行政目的的行为。具有行政法意义的表现形式具有多样性，既可能是行政主体通过意思表示所追求的法律效果，也可能是法律直接规定的后果，还可能表现为有助于达成行政目的的结果。在行政管理实践中，具有行政法的意义大多为行政主体通过意思表示所追求的法律效果。

第二节 行政行为的分类

行政行为的分类是行政行为概念体系应有的内容，对行政行为进行相应的分类，历来为行政法学界所重视。因为对行政行为作相应的分类，不仅有助于认识各类行政行为的具体特征，分析特定行政行为是否合法、有效，而且也是确定行政救济机制的现实需要。根据本章对行政行为概念的界定，行政行为在理论上的基本分类，主要有以下几种：

一、抽象行政行为和具体行政行为

抽象行政行为和具体行政行为是行政行为分类中最常见和最重要的一种分类。根据《行政诉讼法》第 2 条、第 11 条、第 12 条的规定，具体行政行为可诉，抽象行政行为不可诉。因而，抽象行政行为与具体行政行为的划分标准是长期困扰行政法界和实务界的一个难题。最高人民法院《关于执行〈中华人民共和国行政诉讼法〉若干问题的解释》第 3 条指出：“行政诉讼法第十二条第(二) 项规定的‘具有普遍拘束力的决定、命令’，是指行政机关针对不特定对象发布的能反复适用的行政规范性文件。”根据这一规定，并结合学界的研究成果，抽象行政行为和具体行政行为的区别（划分标准）主要表现为：

1. 看该行政行为针对的对象是否特定。抽象行政行为是针对不特定相对人所作的行政行为，具体行政行为是针对特定相对人或特定物、特定事项所作的行政行为。所谓是否特定，就是指行政行为成立时相对人的人数是否可以确定，而非相对人人数的多和寡；特定物或事项能够从一般的物或事项中分离出来而确定。

2. 看该行为的适用效力是否具有反复性。具体行政行为是针对特定人实施的，只对特定事的特定人产生效力，而且只是“一次性消费”即只具有对特定人一次性适用的效力；抽象行政行为是针对不特定人实施的，其效力具有反复适用性。

3. 抽象行政行为的通常表现形式是具有普遍拘束力的行政规范性文件，如条例、规定、办法、通告等。

4. 看该行政行为效力的方向性。抽象行政行为通常只对将来的不特定人的行为发生效力，具体行政行为只对特定人过去的行为发生效力。据此，抽象行政行为，是指行政主体制定行政法规、规章和其他规范性文件的行为，或就是行政法规、规章和其他规范性文件。具体行政行为，是指行政主体针对特定相对人或特定物和事项作出的行政行为。依据不同的标准可对具体行政行为作进一步的分类，如羁束行为和裁量行为、要式行为和非要式行为、独立行为和需补充行为等。

行政行为的这一分类，对认识我国现行的行政救济机制、确定不同行政行为的救济方式具有重要意义。

二、内部行政行为和外部行政行为

行政行为以行政主体基于何种关系作出为标准，可以分为内部行政行为和外部行政行为。

内部行政行为，是指行政主体基于行政隶属关系针对内部组织和工作人员而实施的行政行为。它通常包括两类：一类是上级行政机关或工作人员与下级行政机关或工作人员之间的工作关系，如上级行政机关对下级行政机关的命令、指示、批复等；另一类是行政机关与其工作人员之间的工作关系和人事管理关系，如行政机关对其工作人员的奖惩、任免、考核、调动等。外部行政行为，是指行政主体基于行政管辖权关系针对外部相对人而实施的行政行为，如行政处罚、行政强制、行政指导等。

目前，行政法学界关注和研究的重点是外部行政行为。行政行为的这一分类，有助于认识内部行政行为与外部行政行为的不同特征，从而进行正确的识别，确定相应的救济方式。

三、依职权行政行为和依申请行政行为

行政行为以行政主体是否可以主动实施为标准，可以分为依职权行政行为和

依申请行政行为。

依职权行政行为，是指行政主体根据自己的行政职权而无须相对人的申请，就能主动实施的行政行为，也称主动或积极行政行为。大量的行政行为属于这一类，如行政立法、行政处罚和行政征收等。依申请行政行为，是指行政主体只有在相对人申请后才能实施而不能主动作出的行政行为，又称为被动行政行为或需参与的行政行为和消极行政行为。这里的“申请”是一种法定申请，是从法律规定的应然角度而不是以事实上相对人是否提出申请为标准。换言之，不论相对人事实上是否提出了申请，只要行政主体实施了法律规定须经申请的行政行为，就属于依申请行政行为。而在依职权行政行为中，相对人事实上提出的申请，只能视为没有约束力的建议或者提示。

概括说来，区分这两种行政行为的意义就在于正确分析行政行为的实施条件和瑕疵行政行为的责任及原告起诉提供证据的责任。依职权行政行为不需相对人的申请就能实施，依申请的行政行为只有具备相对人提出申请这一条件后才能实施。在没有相对人申请或者提出申请后又撤回申请的情况下，如果行政主体主动作出依申请的行政行为，将导致行政行为的违法。① 根据最高人民法院《关于行政诉讼证据若干问题的规定》（2002 年 10 月 1 日施行）第 4 条第 2 款的规定，在依申请行政行为的情形下，原告起诉被告不作为的，应当提供其在行政程序中提出申请的证据材料（除非原告因被告受理申请登记制度不完备等正当事由不能提供相关证据材料并能够作出合理说明的）；相反，如果原告起诉被告依职权行政行为而不作为的，则不必提供曾提出申请的证据材料。

四、授益行政行为和负担行政行为

按照行政行为对相对人是否有利为标准，可以分为授益行政行为和负担行政行为。

授益行政行为，是指行政主体为相对人创设、确认权利或法律上利益或者免除义务的行政行为。例如，给予相对人物质帮助、许可从事某项活动、授予相对人某种荣誉称号等都属于授益行政行为。负担行政行为，是指行政主体为相对人设定义务或剥夺、限制其权益的行政行为，也称不利行政行为，如行政处罚、拒绝许可申请等。但是，当一个行政行为既设定了相对人的权利又设定了相对人的义务时，既是授益行政行为又是不利行政行为，此种情况可称之为混合性行政行为。一般来说，授益行政行为作出之后，相对人往往会对其产生信赖，为了保护这种信赖利益、促使行政主体遵循诚实信用原则，行政主体的事后改变权就应当受到较严格的限制，这已经被众多国家和地区的行政程序法所肯定。我国《行政许可法》第 8 条第 2 款也规定：“行政许可所依据的法律、法规、规章修改或者

① 殷锦昌：《中国华源实业总公司诉江阴进出口商品检验局行政赔偿案》，载《判例与研究》1998 年第 4 期。

废止，或者准予行政许可所依据的客观情况发生重大变化的，为了公共利益的需要，行政机关可以依法变更或者撤回已经生效的行政许可。由此给公民、法人或者其他组织造成财产损失的，行政机关应当依法给予补偿。”负担性行政行为不涉及相对人的信赖保护问题。

行政行为的这一分类，有利于分析行政行为的内容，确定行政行为变更、撤销权的限制和信赖保护原则的适用；便于相对人对授益行政行为或负担行政行为不服分别提起不同类型的行政诉讼，如对撤销之诉与课予义务之诉的选择。

五、单方行政行为和双方行政行为

按照相对人是否参与决定行政行为内容为标准，可分为单方行政行为和双方行政行为。

单方行政行为，是指行政主体单方面决定无须相对人同意即可决定行为内容而作出的行政行为，如行政处罚、行政强制、行政许可、行政立法等。有些行政行为虽然需要相对人申请才能实施，但是否实施行政行为（颁发许可证和执照）仍由行政主体作最后决定，如颁发许可证和执照，因此仍属单方行政行为。双方行政行为，是指行政主体之间或行政主体与相对人之间经协商一致而成立的行政行为。行政合同是典型的双方行政行为。

单方行政行为与双方行政行为的区分，有助于分析认识行政行为的成立条件和确定行政合同的性质及所采取的救济方式。

六、强制性行政行为和非强制性行政行为

根据行政行为实现的方式不同为标准，可分为强制性行政行为与非强制性行政行为。

强制性行政行为，是指通过强制性方式实现的行政行为，如行政处罚、行政强制、征税等。非强制性行政行为，是指通过劝导、建议、指导、激励、契约等柔性的非强制的方式实现的行政行为。随着全球范围内公共行政管理改革的推进，现代行政法中大量新型非强制方式正在日益取代强制方式而成为行政活动的重要组成部分。在给付行政中，非强制性手段被广泛适用，即使在传统的规制行政领域，非强制性手段也逐渐得到了运用。

由强制性行政行为向非强制性行政行为转变是行政自身模式转换的重要表现，对行政行为的这种区分有助于人们了解行政行为自身的发展规律，进一步拓展非强制性行政行为的发展空间，以更低的成本实现公共行政的管理目标，对强制性行政行为和非强制性行政行为分别予以规范和救济。

七、行政法律行为和行政事实行为

以具有法律意义后果的发生是否由行政主体的意思表示决定为标准，可分为

行政法律行为和行政事实行为。

行政法律行为和行政事实行为的区分是借助民法原理对行政行为的一种分类。行政法律行为，是指行政主体通过其意思表示设定法律效果及所期望获得法律保护的行政行为，绝大多数的行政行为都属于行政法律行为，如行政处罚、行政强制、行政征收与征用、行政奖励、制定规章和其他规范性文件等。行政事实行为，是指不以行政主体的意思表示为要素直接依据法律规定产生法律后果的行政行为，如暴力侵权行为，咨询、建议、通知行为等。法律行为和事实行为反映了法律对社会关系的两种不同的调整方式，即法律行为方式和法定主义方式。可以说，行政法律行为是指这样一种法律对行为的调整方式：当行政主体作出的某一意思表示符合法律规定的行为事实的效力要件时，将产生以行政主体主观意图为转移的法律效果；当行政主体作出的某一意思表示不符合法律规定的效力要件时，则行为不产生行政主体所期望的法律效果，或者产生使对方当事人获得一个撤销权或变更权的法律效果。行政事实行为是指法律这样一种对某种行政活动的调整方式：当行政主体作出的某一个行为符合法律规定的行为事实的构成要件时，根据法律的规定，直接产生法定的行政法律效果；该行为要不要产生法律效果以及产生什么样的法律效果，不为行政主体的主观意图所左右。[①]

行政行为的这一分类，有助于我们正确认识不同行政行为的成立与合法要件，从而分别进行规范并采取不同的救济方式。

八、作为行政行为和不作为行政行为

以行为方式为标准，行政行为可以分为作为行政行为和不作为行政行为。

法理学界通常认为，作为，是指人以积极的、直接对客体发生作用的方式进行的活动，表现为作出一定的动作或动作系列。不作为，是指人以消极的、间接对客体发生作用的方式进行的活动，表现为不作出一定的动作或动作系列。[②] 据此，作为行政行为，是指行政主体积极改变现有法律状态的行政行为，即行政主体积极行使行政职权、履行行政职责的行为，如实施行政处罚、行政征收、颁发许可证等行为。不作为行政行为，是指行政主体消极维持现有法律状态的行为，即行政主体对其负有的作为义务（法定职责权限、先前行为引起的义务、行政承诺及行政合同义务等）能为而不为的行为，如对相对人的请求不予答复、警察接警后不出警等。

作为行政行为和不作为行政行为的区分，有助于我们从行为方式上认识行政行为的存在，确定不作为的责任及追究方式，防止不作为现象的发生，保护相对人的合法权益。

---

① 应松年主编：《行政法与行政诉法学》，法律出版社 2011 年版，第 18 页。
② 张文显著：《法哲学范畴研究》，中国政法大学出版社 2001 年版，第 152 页。

第三节　行政行为的类型

一、行政行为类型的概念与功能

（一）行政行为类型的概念

当今，对行政活动实行类型化的处理已被大陆法系国家和地区学术与制度实践所普遍接纳。如在当代德国行政法学著作中，行政活动篇主要是由行政行为、法规命令、行政合同、事实行为及计划行为架构而成。① 而在日本行政法学者的著述中，行政作用体系则是由行政立法、行政行为、行政契约、行政计划、行政指导行政强制、行政调查与行政处罚所构成。② 与此相应，在大陆法系国家和地区的立法实践中，对行政作用进行分类规制也成为其行政程序立法的鲜明特点。我国大陆行政法学界也重视对行政行为类型的研究，并已经取得一定的研究成果。③

行政行为的类型，即行政行为的形态、模型或模式，在行政法学上表现为行政行为的概念，是指在理论或实务上对内容和程序都已形成固定的、共同的特征的行政行为的归类。对此概念可以从以下几个方面理解：

1. 行政行为的类型，在行政法学上就是行政行为的概念。例如，行政处罚、行政许可、行政强制、行政征收、行政奖励、行政确认、行政裁决等，这些概念都是经过许多人长期的观察、分析、概括、锤炼、加工和运用以及实践的经验、沉淀、认同而形成的，是对行政法进行理性思维的表现和记载。例如，单方行政行为，在域外和旧中国的行政法上被概括为行政处分，在新中国第一部行政法学教材中被称为行政措施，后到理论与实务普遍接受的具体行政行为，而在别的论著中又用行政处理或行政决定所取代。

2. 行政行为的类型，是某类行政行为内容和程序上典型特征的理论化与固定化。任何一个特定的行政行为，都是行政主体的一种意思表示。但行政主体的意志在通过一定的形式表现于外部之前，是无法为外界所认知的。但是，为了规范行政主体的这种意思表示，人们就从以往的实践中总结出了同类意思表示在内容和程序上的典型的（共同）特征，从而使其客观化和固定化。例如，罚款、吊销许可证和执照、拘留等行政行为，在内容上的共同特征是：剥夺或限制相对人的权利，或为其设定一定的义务；在程序上的特征是：立案、调查、听证、决

---

① ［德］哈特穆特·毛雷尔：《行政法学总论》，高家伟译，法律出版社2000年版，第179页。

② ［日］和田英夫著：《现代行政法》，倪建民等译，中国广播电视出版社1993年版，第167页。

③ 姜明安主编：《行政法与行政诉讼法》，北京大学出版社、高等教育出版社2007年版，第185～195页。

定和执行。同时，这类行为在上述各方面区别于颁发许可证、征收税款、发放抚恤金、查封扣押等行政行为。以此，它们被客观化、固定化为一个共同的类型，即行政处罚。

3. 行政行为的类型，是对行政行为的归类和体系化。一个行政行为的类型，意味着许多相同特征行政行为的组合，同时也意味着属于更大范围内更多相同特征行政行为的组合，是整个行政行为的“网上扭结”。换言之，行政行为的类型一方面它本身就是行为体系或系统，另一方面它又是大系统中的子系统。例如，行政强制这一行为类型，本身就包含了行政强制措施和行政强制执行等类型，同时又隶属于行政处理或行政决定，而行政处理或行政决定又隶属于具体行政行为这一类型，是具体行政行为网络中的一个“扭结”。

（二）行政行为类型的功能

行政行为类型的功能，亦称为行政行为类型的作用或价值。行政行为类型的功能主要表现为：

1. 交流和沟通功能。人与人之间的交流和沟通是探索和认同各种形式的真理的途径，交流和沟通除具备一定的机遇之外，还需要相应的概念性工具。行政行为类型作为一种理论概念，便是一种避免发生不必要纷争和误会的交流沟通工具。在学理上，行政法学的研究与讨论，行政法学知识的传授和普及，行政法学与其他部门法学和相关学科的对话，都离不开这种概念性工具。如果纷繁复杂的行政行为现象不作类型化处理，则行政法学论著很难对行政行为作系统的介绍和分析。在实务中，只有具备和运用所有参与者一致认同的行政行为类型的概念性工具，才有可能进行简单明了、准确无误的有效交流与沟通，正确处理实际问题。

2. 推理、识别和归类功能。行政行为类型具有推理、识别和归类功能。行政行为类型是一个归类和体系，每一个特定的行政行为类型都能在该系统中找到相应的位置，即在行政行为的网络上找到其“扭结”。借助于行政行为类型，我们就可以对一个特定的行政行为进行逻辑推理、识别和归类。例如，某公安机关对一个违反治安管理法律规范的公民作出拘留5日的决定，在行政行为体系中属于行政处拘留——行政处罚——行政处理或决定——具体行政行为——可诉行政行为。通过这种推理、识别和归类，可以了解该行政行为应具有的内容和程序，进而确定该行为的效力与合法性，确定救济方式并准确适用法律。

3. 指导和规范功能。行政行为类型具有指导立法和规范行政行为的功能。在法治社会里，行政行为应得到法律的规范，行政主体应按照法律规则作意思表示实施行政行为。法律规则是对普遍性社会现象的共同特征和已有规律的固定化与永久化，只有当错综复杂、千变万化的行政行为现象的共同特征和其他共同素材被分析、提炼和概括出来并被固定下来和类型化后，才有可能制定出法律来规范、约束行政行为。“经由型式化，可以产生法治国之纪律。这里所谓的‘纪律’其实就是一种制度化。凡具体行政行为被型式化之后，它便具有一种稳定性之要素，这种稳定性乃是建立制度的前提要件。”① 这也就是说，只有行政行为的类型被逐一建立起来时，才能增强行政行为的可理解性和明确性，指导法律的制定，相关的立法才有可能。例如，只有当工商部门的吊销营业执照的行为、公安部门的治安拘留行为、环保部门的责令停产治理行为、食品监管部门的罚款行为等的共同特征和一般规律被人们认识和掌握，并且形成了行政处罚这一行为类型时，才可能制定统一的行政处罚法来规定行政处罚的实施主体、管辖适用规则、处罚程序，从而规范各种行政处罚行为。同理，《行政强制法》、《行政诉讼法》和《行政复议法》关于受案范围的规定亦是如此。②

二、行政行为类型与分类的关系

行政行为类型和行政行为分类虽然都属于行政行为理论体系中的内容，但二者不同。主要区别如下：

1. 范围不同。行政行为分类是对给定范围内所有的行政行为为划分对象的，在以某一个标准分类的情况下，可对所有行政行为作穷尽划分；而行政行为类型并不以所有的行政行为为概括对象，仅是对内容和程序上具有相同特征的行政行为的概括归类，内容和程序上尚未形成共同特征属于不具有相应类型的行政行为，则可称为未类型化的行政行为。

2. 标准不同。行政行为分类的标准具有多样性，可以按各种不同的标准对行政行为作反复的划分，从而得到若干种类；行政行为类型的归类标准是行为内容和程序的共同特征，标准具有唯一性和排他性。

3. 结果不同。行政行为可分成若干种类，并且某一种类总是和另一种类相对应而存在，种类之间互有交叉与融合。例如，在分类中，罚款属行政处罚，属具体行政行为、依职权行政行为、不利行政行为、外部行政行为、作为行政行为等。而行政行为类型，只能将某一特定行为归入某一个类型，不能相互交叉融合，如罚款只能归类于行政处罚，则不能归入到行政许可，或者既是行政处罚又是行政强制或行政许可等。

4. 目的不同。对行政行为进行分类，目的是在理论上认识不同行政行为的特征、成立与合法要件，了解行政行为自身的发展变化，确定各种行政行为的救济机制和方式等。而对行政行为进行类型化，目的是在行政行为的研究和实务中便于交流沟通，对特定行为进行推理、识别和归类，指导相关立法和行政执法，构建不同的行政诉讼类型。

---

① 林明锵：《论型式化之具体行政行为与未型式化具体行政行为》，载《当代公法理论》，台湾月旦出版公司 1993 年版，第 347 页。

② 关于行政行为类型的功能，在现有的行政法教科书中，较为精辟的分析论述可参见姜明安主编：《行政法与行政诉讼法》，北京大学出版社、高等教育出版社 2007 年版，第 188 ~ 190 页。对本书关于行政行为类型的功能分析论述有着重要的参考借鉴作用。

三、行政行为的类型化

具有相应类型的行政行为，可以称为类型化的行政行为。类型化的行政行为，是指概念作指代的行为在内容和程序上的共同特征以及在行政行为体系中的地位，已经广受学说和实务讨论、重视、了解和熟悉的行政行为。反之，则被称为未类型化的行政行为。行政行为类型化是不断的、反复进行的过程，随着经济社会的发展，新的行政行为的手段与方式不断涌现，行政行为的新类型也必将会不断出现。

根据学界的研究成果和我国行政立法的情况，总的说来，我国行政法上的行政行为类型体系如下图所示：

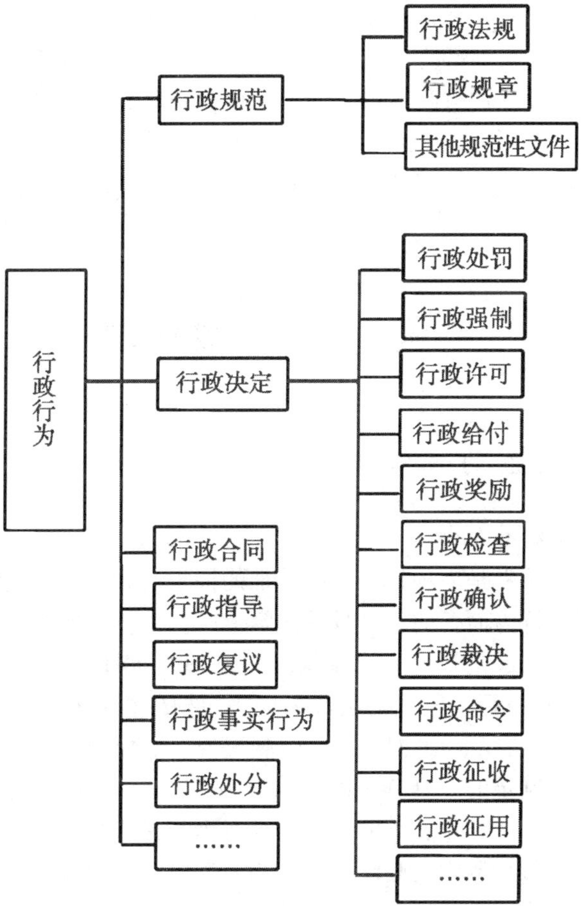

第五章 抽象行政行为

行政立法与其他行政规范性文件一般合称为抽象行政行为。但两者在制定主体、程序、权限、效力等方面均存在着一定的区别。行政立法是行政机关依据法定权限及法定程序制定、发布行政法规和行政规章的活动。其他行政规范性文件是指行政机关为实施法律和执行政策，在法定权限内制定的除行政法规和规章以外的决定、命令等普遍性行为规则的总称。由于行政立法与其他行政规范性文件对行政目的的实现及保护行政相对人的合法权益有着非常重要的影响，因而成为行政法学研究的重点研究内容之一。本章力求比较系统地介绍有关行政立法与其他行政规范性文件的理论知识及其相关制度，分析其理论要点、难点及其两者的区别。

第一节 行政立法

一、行政立法的概念和特征

（一）行政立法的概念

行政立法在性质上是一种具有立法特征的抽象行政行为。所谓抽象行政行为是相对于具体行政行为而言的，是行政法学上的一个特殊概念。抽象行政行为与具体行政行为，原来都是学理上的称谓，但从 1990 年 10 月 1 日《行政诉讼法》实施之后，“具体行政行为”成为法律名词。而抽象行政行为在该法上则表述为“具有普遍约束力的决定、命令”。[①] 从内涵上说，抽象行政行为，是指行政机关针对不特定多数人制定的，具有普遍性约束力的行为规则。[②] 抽象行政行为通常可作两种理解：一是动态意义上的抽象行政行为，是指制定并发布抽象的规范性文件的行政行为，包括制定行政法规的行为、制定行政规章的行为及制定其他行政规范性文件的行为；二是静态意义上的抽象行政行为，是指行政主体行政行为

---

① 参见《行政诉讼法》第 2 条、第 11 条、第 12 条，最高人民法院《关于执行〈中华人民共和国行政诉讼法〉若干问题的解释》（1999 年 11 月 24 日最高人民法院审判委员会第 1084 次会议通过，2000 年 3 月 8 日公布，2000 年 3 月 10 日起施行）第 3 条的规定。

② 姜明安主编：《行政法与行政诉讼法》，北京大学出版社、高度教育出版社 2005 年版，第 198 页。

所产生的结果，即指抽象性的规范性文件本身，包括行政法规、行政规章及其他行政规范性文件。

对行政立法的概念，因使用者对其制定主体和调整对象的理解不同而不同。甚至有学者基于将立法理解为是专门的立法机关如议会或者民意代表机关制定法律规范的活动的观点，认为行政立法是委任立法，从而否认有行政立法这一提法。① 承认行政立法概念的学者，对行政立法的界定亦因使用的语境不同而有不同的概念。第一种含义的行政立法是指相对刑事立法、民事立法或者经济立法而言的行政立法，即全国人大及其常委会制定的有关行政方面的法律。如“加强行政立法”及全国人大进行行政立法等就是在这一意义上使用行政立法概念的。第二种含义的行政立法是指制定行政法，即指人民代表大会和行政机关制定行政管理的法律规范的活动。这一概念是从实质内容来界定的，比前一概念的外延宽泛得多。其制定主体包括全国人大、地方各级人大构成行政法渊源的所有法律文件。第三种含义的行政立法是指所有行政机关制定行政规范性文件的活动，这一概念是以外在形式来界定行政立法的。第四种含义的行政立法是在行政法学研究范围内使用的，即指享有制定行政法规或者行政规章权力的行政主体依法定职权和法定程序制定规范性文件的活动。这一概念将行政机关制定规范性文件的活动区分为两类：一类是享有行政法规或者行政规章制定权的行政机关制定规范性文件的活动，即行政立法活动；另一类是没有行政立法权的行政机关制定规范性文件的活动以及有行政立法权的行政机关制定的除行政法规和行政规章以外的其他行政规范性文件。② 上述四种行政立法概念，是源于对行政立法的制定主体和调整对象理解不同而产生的。第一种与第二种行政立法概念是从调整对象上界定行政立法，即主张内容为行政性的法律文件是行政立法。将行政立法的“行政”两字理解为行政性法律文件。但是由于第一种概念将行政立法主体限于全国人大及其常委会，不包括地方权力机关，行政主体范围较第二种概念窄许多。第三种与第四种行政立法概念是从形式上或者制定主体上界定行政立法，即主张行政机关的立法行为才是行政立法，行政立法的“行政”两字是从行政立法的制定主体——行政机关而来，意指行政机关立法。但是第三种与第四种行政立法概念的范围也存在区别。第三种概念将行政机关所有制定规范性文件的行为都纳入到行政立法中；第四种行政立法概念则将制定规范性文件的行为区分为两种，即行政立法和制定其他行政规范性文件的行为。

虽然在表述上略有不同，但第四种界定自20世纪80年代末以来逐渐成为我国行政法学界关于行政立法概念的通说。本书采用通说，即行政立法是行政机关依据法定权限及法定程序制定、发布行政法规和行政规章的活动。

---

① 龚祥瑞著：《比较宪法与行政法》，法律出版社2003年版，第411～412页；王磊：《对行政立法权的宪法学思考》，载《中外法学》1998年第5期。

② 应松年主编：《行政法学新论》，中国方正出版社2004年版，第136页；刘莘著：《行政立法研究》，法律出版社2003年版，第1～2页。

前文已述及抽象行政行为可在动态和静态两种意义上使用，相应地行政立法一般也在这两种意义上被使用。从严格的语词意义上讲，行政立法指的是一种立法活动，而非作为此种活动的结果的立法文件。但行政立法的最终结果，则表现为适用于不特定公民、法人或者其他社会组织的普遍规则，即行政法规和规章。因此，“行政立法”一词兼具“行政立法活动”和“行政立法文件”的双重含义。这在行政法学界没有实质上的分歧。多数学者在行文中使用“行政立法”一词时，并未刻意或者明确指出此处是指行政立法活动还是行政立法文件，往往视语境而定，或者混用。①

亦有学者主张，行政立法是指国务院制定行政法规以及一定范围内的其他行政机关制定行政规章的立法活动的总称，认为无须加上定语“依据法定权限及法定程序”，“依据法定权限及法定程序”是行政立法的生效要件，而不是行政立法概念的基本属性，应予严格区分。并认为行政立法行为虽然违法，但在属性上仍是行政立法。这种观点有一定道理。② 多数学者在定义行政立法时，使用“依据法定权限及法定程序”定语，主要是基于两方面的考虑：一是考虑到行政立法与权力机关的立法相比，其立法权限是有比较严格的限制，③ 而行政立法程序又较权力机关立法程序简便，从强调行政立法的权限有限性及程序的相对简易性角度使用该定语；二是或者说更为重要的是强调与其他行政规范性文件的区别。如何区分有行政立法权的行政机关的抽象行政行为是行政立法还是制定其他行政规范性文件的行为，一般只能从制定权限，特别是从制定和公布程序上进行识别。④

（二）行政立法的特征

行政立法既具有立法的性质，是一种从属性立法行为或者说准立法行为；又具有行政的性质，是一种抽象行政行为。

1. 行政立法的立法性特征。

（1）行政立法是行政机关以国家名义制定社会规范的行为。国家行政机关与国家权力机关一样，都是国家机关，行使国家公权力。行政机关制定行政法规和规章，从内容上来说它维护的是国家或者公共利益，从形式上看，它不是代表某一团体、某一部分人或者以行政机关自己的名义进行，而是代表国家，以国家的名义进行的。

（2）行政立法具有法的基本特征，即普遍性、规范性和强制性。所谓普遍

---

① 如陈新民著：《中国行政法学原理》，中国政法大学出版社 2002 年版，“行政立法属于行政行为，也是抽象的立法行为”（此处指行政立法活动，第 114 页），“行政立法应该区分为对外产生拘束力的外部法规”（此处指行政立法文件，第 123 页）；姜明安、皮纯协主编：《行政法学》，中共中央党校出版社 2002 年版，“行政立法是指国家行政机关依法定权限和法定程序制定行政法规、规章的活动”（此处指行政立法活动，第 74 页），“行政立法包括行政法规、部门规章和地方政府规章”（此处指行政立法文件，第 84 页）。

② 皮纯协、张成福主编：《行政法学》，中国人民大学出版社 2002 年版，第 146～147 页。

③ 参见《立法法》第 9 条、第 56 条、第 73 条，《行政处罚法》第 9 条、第 10 条、第 12 条、第 13 条的规定。

④ 参见本章第二节“其他行政规范性文件”。

性，是指行政立法的内容不是针对某一特定个人、某一特定事件和一次性适用，而是针对非特定人、非特定事且能够多次适用。所谓规范性，是指行政立法对人们行为的规范作用。所谓强制性，是指行政法规和规章对一切国家机关、社会组织、公民都有约束力，对违反它的行为应当按照它所确立的行为模式和惩罚标准进行处理。对不遵守行政法规和规章的组织和个人，行政机关可以申请人民法院或者依法自行采取措施强制执行。

（3）行政立法程序较为严格，具有准立法的形式特征。行政立法程序虽然不如国家最高权力机关的立法程序那么严格、复杂和细密，但同样是十分规范和较为严格的。行政机关制定行政法规和规章必须严格按照法定程序进行，经过起草、征求意见、会议审议和通过、签署、公布等准立法程序。行政首长或者行政机关个人不能进行行政立法。

行政立法虽然具有立法的性质，但是它不同于权力机关的立法。行政立法在我国法律体系中居于权力机关所制定的法律之下的地位，它不得与法律相抵触，属于从属性立法。行政立法与权力机关立法的区别主要表现在：

（1）立法的主体不同。权力机关立法主体是民选的代表机关，是专门或者主要的行使国家立法权的机关。在我国是一定范围的人民代表大会及其常委会。行政立法主体是行政机关，是权力机关的执行机关，由代表机关产生并受其监督。

（2）立法效力等级不同。国家权力机关的立法权来源于宪法，其制定的法律具有仅次于宪法的效力。行政机关的立法权来源于宪法或者是法律的授权，具有从属性。这种从属性主要表现在行政立法必须根据宪法和法律制定，如果与宪法或者法律相抵触便不具有法律效力。在我国表现为行政法规和规章的效力低于法律，行政法规和规章的内容不得与法律相抵触，地方政府规章不得与地方性法规相抵触，否则无效。

（3）立法的内容不同。国家权力机关的立法内容是关于国家的基本制度或者各个领域的基本制度，行政立法的立法内容主要是为执行宪法、法律进行具体组织管理过程中所要处理的行政事务。也就是说，权力机关立法所调整的对象是有关国家政治、经济、文化生活中的重大问题，行政立法的调整对象则是有关国家组织、经济、文化事务中的具体管理问题。如民事、刑事领域的问题，行政立法一般不予调整。

（4）立法的表现形式不同。权力机关立法通常以“法”（如刑法、行政处罚法、专利法）的形式颁布。而行政立法的类别名称是行政法规和规章，在名称上不冠以“法”的称谓。这也是行政立法在形式上一个比较突出的特点。行政法规的具体名称有“条例”、“规定”、“办法”等，国务院根据全国人大及其常委会的授权决定制定的行政法规称“暂行条例”或者“暂行规定”。[①] 规章的具体

① 参见2001年11月16日国务院发布的《行政法规制定程序条例》第4条的规定。

名称有“规定”、“办法”，但不得称“条例”。[①]

（5）适用强度不同。在我国，司法机关对于权力机关制定的法律只能依照执行，而对于行政法规，只是在不与宪法和法律相抵触的情况下予以适用。对于规章只是予以参照。[②] 参照的地位与依据的地位是不同的。参照是审查后决定是否适用的含义，而依据则是必须适用的意思。

2. 行政立法的行政性特征。行政立法虽然具有准立法性质，但在本质上首先是一种行政行为。行政立法的行政性与立法性不能等量齐观，行政立法并不是行政与立法的简单结合，行政立法的行政性与立法性不在同一层次上。其中，行政立法的行政性是第一位的，反映了行政立法行为的本色，而其立法性则是第二位的，它以行政立法的行政性为基础，并从属于行政性。行政立法的行政性主要表现在：

（1）行政立法的主体是行政机关。这是行政立法最基本的特征。在我国，国家立法活动可分为国家权力机关的立法活动、国家行政机关的立法活动以及国家军事机关的立法活动等。其中，由国家行政机关进行的活动即为行政立法。行政立法的主体特征是行政立法区别于国家其他立法活动的根本特征。虽然就行政立法制定规范这一行为本身而言，似乎已相当于一个立法机关，但就其整体来说，这种有限的立法行为只不过是其整体行为的一个组成部分，并不能改变行政立法主体的行政机关性质。

（2）行政立法的调整对象主要是行政管理事务及与行政管理事务密切联系的事务。行政立法作为行政机关的一种活动是应行政管理需要而产生的，围绕行政管理而运作，是一种抽象行政行为。因此，行政立法的调整对象主要是为执行宪法和法律，进行行政管理过程中所要处理的行政管理事务以及与行政管理事务密切联系的事务，它一般不能调整民事、刑事领域中的问题。

（3）行政立法的目的主要是执行法律，实现行政管理职能。作为国家权力机关的执行机关，行政机关的基本活动就是贯彻执行权力机关制定的宪法和法律，实现宪法和法律所规定的行政管理职能。行政立法本质上是一种执行性立法。例如，《立法法》第71条第2款规定：“部门规章规定的事项应当属于执行法律或者国务院的行政法规、决定、命令的事项。”该法第56条第2款规定：“行政法规可以就下列事项作出规定：（一）为执行法律的规定需要制定行政法规的事项；（二）宪法第八十九条规定的国务院行政管理职权的事项。”由此可以看出，虽然国务院根据《宪法》第89条制定行政法规是自主性立法，但其立法内容限于行政管理职权范围内，且为行政管理所需而制定行政法规。

行政立法虽然具有行政性质，但它区别于行政机关的具体行政行为。二者的区别主要表现在：

---

① 参见2001年11月16日国务院发布的《规章制定程序条例》第6条的规定。

② 参见《行政诉讼法》第53条的规定。

(1) 行政立法的主体范围具有特定性。享有行政立法权的行政机关是法律特别规定的，并非所有行政机关都享有行政立法权。在我国，行政立法主体限于一定范围，包括国务院，国务院部委行署和具有行政管理职能的直属机构，省、自治区、直辖市和较大的市的人民政府。[①] 但几乎所有的国家行政机关都有实施一定的具体行政行为的权力。

(2) 行政立法的调整对象具有普遍性。行政立法所针对的是不特定的人和事，而具体行政行为针对的对象则是个别的，所针对的是特定的人和事。

(3) 行政立法主体所制定的行政法规和规章的时间效力一般长于具体行政行为，通常能多次适用，在未被废止或者撤销之前，均须遵守执行；而具体行政行为的效力通常是一次性的。

(4) 行政立法的程序一般较诸具体行政行为的程序更正式、严格，具体行政行为的程序相对简单、灵活。如行政立法必须以正式法律文件的形式公开发布；而具体行政行为既可以采取公开发布的书面形式，也可以采取一般的书面形式，还可以采取口头形式进行。

二、行政立法的分类

按照不同的标准，对行政立法可以进行不同的分类。常见的分类方法有如下几种：

(一) 制定行政法规的行政立法和制定行政规章的行政立法

根据我国宪法、立法法以及相关法律的规定，行政机关有权制定两种形式的行政立法文件，即行政法规和规章。相应地，行政立法也就可以分为制定行政法规的行政立法和制定规章的行政立法。由于规章可以进一步分为中央部门规章和地方政府规章，因而制定规章的行政立法又可以分为制定中央部门规章和制定地方政府规章的行政立法。这是我国行政立法特有的分类。

(二) 中央行政立法和地方行政立法

根据行政立法权的主体不同，行政立法可以分为中央行政立法和地方行政立法。在我国，国务院制定行政法规和国务院各职能部门制定部门规章为中央行政立法，省、自治区、直辖市及较大的市的人民政府制定地方政府规章为地方行政立法。中央行政立法在全国范围内具有法律效力，而地方行政立法只能在立法主体行政职权所及的地域范围内具有法律效力。

在联邦制下，联邦与州的行政立法不产生效力等级高低的关系，而只发生权力归属的问题。属于联邦立法权的范围，则应由联邦行政机关立法，属于州立法权范围，则由州行政机关立法，越权无效。争执只发生在联邦与州的立法权限划分上。我国是单一制国家，原则上，地方行政立法应服从中央行政立法，不得与

---

① 参见《中华人民共和国宪法》第 89 条、第 90 条，《地方各级人民代表大会和地方各级人民政府组织法》第 60 条，《立法法》第 56 条、第 71 条、第 73 条的规定。

中央行政立法相抵触，这一点对于国务院的行政立法而言十分明确。[①] 虽然国务院各职能部门行政立法也属于中央行政立法，但中央行政立法与地方行政立法之间的关系并不适用地方对中央的从属原则，它们具有同等的法律效力。[②]

（三）职权行政立法和授权行政立法

根据行政立法权的取得方式，可以将行政立法分为职权行政立法和授权行政立法。职权行政立法，是指行政机关根据宪法和组织法所赋予的行政立法权进行立法活动。根据我国宪法和组织法的规定，国务院及其各职能部门，省、自治区、直辖市和较大的市的人民政府有权进行职权行政立法。[③] 通过职权行政立法所制定的行政法规和规章一般不能变通法律和法规的规定。授权行政立法，是指行政机关根据单行法律和法规或者授权决议所授予的立法权而进行的立法活动。授权行政立法的根据有两类：一是宪法和组织法以外的单行法律、法规规定。根据单行法律、法规规定进行的授权行政立法称为一般授权行政立法或者称为普通授权行政立法。二是最高权力机关专门的授权决议。根据该授权决议所进行的授权行政立法称为特别授权行政立法。行政机关根据授权行政立法所制定的行政法规和规章可以变通、补充法律或者法规的规定。

由上可以看出，职权行政立法与授权行政立法的主要区别有两点：一是立法依据的表现形式不同。职权行政立法的立法依据是宪法和组织法，而授权行政立法的立法依据是宪法、组织法以外的单行法律、法规及最高权力机关专门的授权决议。二是取得行政立法权的方式与范围不同。宪法和组织法对职权行政立法的规定是全面的，涉及行政管理事务的所有方面；而授权行政立法的授权一般是限于行政管理事务的某一方面，且有授权立法的期限要求。

（四）执行性行政立法和创制性行政立法

根据行政立法的内容不同，可以将行政立法分为执行性行政立法和创制性行政立法。执行性行政立法，是指行政机关为了执行法律、法规或者上级行政机关其他行政规范性文件的规定而进行的立法活动。执行性行政立法可以依职权也可以依授权而进行，但不得创制新的义务。其名称一般为“实施条例”、“实施细则”或者“实施办法”，它在所执行的法律、法规或者上级其他行政规范性文件不存在时便不能独立存在。创制性行政立法，是指行政机关根据法律的特别授权所制定的具有新的权利义务内容的立法活动。创制性行政立法是一种产生新的法律规范的立法活动，因此必须有最高国家权力机关的特别授权，明确规定其效力范围、授权界限、效力等级。

---

① 参见《立法法》第79条的规定。

② 参见《立法法》第82条的规定。

③ 《立法法》第63条规定的较大的市是指省、自治区的人民政府所在地的市，经济特区所在地的市和经国务院批准的较大的市。

三、行政立法的主体及其权限

（一）行政立法的主体

行政立法的主体，是指依法取得行政立法权，有权制定行政法规或者规章的国家行政机关。根据我国宪法、组织法及立法法的规定[①]，我国行政立法的主体为：

1. 国务院。国务院是我国最高的行政立法主体，既有职权行政立法的权力，又有依国家最高权力机关和法律授权立法的权力。

2. 国务院各部、委员会、中国人民银行、审计署和具有行政管理职能的直属机构。

3. 省、自治区、直辖市人民政府。

4. 省、自治区人民政府所在地的市的人民政府。

5. 经济特区所在地的市的人民政府。

6. 国务院批准的较大的市的人民政府。[②]

在中央一级，国务院及其职能部门均有行政立法权。而在地方，只有上述范围内的地方人民政府才有权进行行政立法，其职能部门则不享有行政立法权。

在我国，经济特区的地域范围与经济特区所在地的市的地域范围可能不同。一般是前者小于后者。如深圳经济特区只有327.5平方公里，而深圳市则有2020平方公里。因此，经济特区所在地的市的人民政府根据不同的立法依据而制定的法律文件，其适用范围是不同的。全国人大常委会分别于1992年、1994年和1996年通过授权决定，授权深圳市、厦门市、汕头市和珠海市人大及其常委会和市人民政府制定法规和规章在各自经济特区实施。这说明，四个经济特区所在地的市的人大及其常委会和市人民政府根据该授权决定制定的法规和规章只适用于各自经济特区范围内，而不能适用于全市，故称之为经济特区法规[③]和经济特区规章。其具体法规或者规章前须冠以“经济特区”字样，如《深圳经济特区出租屋管理若干规定》。而立法法的规定与此有所不同。一是根据《立法法》第63条和第73条的规定，经济特区所在地的市属于较大市，其市人大及其常委会和市人民政府制定的法规和规章在全市范围内适用；二是根据《立法法》第65

① 参见《中华人民共和国宪法》第89条、第90条，《国务院组织法》第10条，《地方各级人民代表大会和地方各级人民政府组织法》第60条，《立法法》第56条、第71条、第73条。

② 经国务院批准的较大的市，有唐山市、大同市、包头市、大连市、鞍山市、抚顺市、吉林市、齐齐哈尔市、无锡市、淮南市、青岛市、洛阳市、重庆市、宁波市、淄博市、邯郸市、本溪市、徐州市、苏州市。参见戴均良著：《中国市制》，中国地图出版社2000年版，第68～69页。其中，重庆市已于1997年已升格为直辖市。严格来说，在我国，较大的市一般仅指国务院批准的上述城市。但2001年《立法法》第63条将较大的市的范围扩展为包括省、自治区人民政府所在地的市及经济特区所在地的市。根据《立法法》第63条、第73条的规定，一旦成为国务院批准的较大的市，就会享有立法权（包括地方国家权力机关的地方性法规制定权和地方政府的规章制定权）。这表明，国务院在事实上行使了应由国家最高权力机关享有的决定地方国家机关是否具有立法权的职权。

③ 参见《立法法》第81条。

条的规定，只有全国人大（不包括全国人大常委会）有授权经济特区所在地的省、市的人大及其常委会制定经济特区法规的权力；三是立法法没有关于经济特区所在地的省、市人民政府是否有权制定经济特区规章的规定。立法法实施后的有关法规只提到经济特区法规，而未提到经济特区规章，如2001年国务院公布并于2002年1月1日实施的《法规规章备案条例》。

（二）行政立法权限

行政立法权限，是指行政立法主体行使相应行政立法权力的范围和程度。它既涉及国家权力机关与行政机关之间的立法权限划分，也涉及中央和地方行政机关之间的立法权限划分，因而它是行政立法的核心问题。我国宪法对行政立法权限作了原则上的规定，而立法法则规定得比较具体。

1. 国务院的行政立法权限。国务院作为国家最高行政机关，是国家最高权力机关的执行机关，主要职责是执行和实施法律，其行政立法权具有从属性和执行性。此外，最高国家权力机关有时基于实际需要将其立法权授予国务院行使。因此，国务院作为我国最高的行政立法主体，既有职权行政立法的权力，又有依国家最高权力机关和法律授权立法的权力。

（1）为执行法律的规定需要制定行政法规的事项。国务院为了执行和实施全国人大及其常委会制定的法律，可以根据法律制定实施细则、实施办法等行政法规，如《税收征收管理法实施细则》、《罚款决定与罚款收缴分离实施办法》等。这种立法属于执行性立法，必须与法律保持一致，不仅要符合法律的原则，而且不能超出法律规定之外创设任何新的权利义务。

（2）经特别授权，对部分职能制定法律的事项进行立法的权力。自1982年宪法颁布以来，全国人大及其常委会先后对国务院通过了三个授权立法的决定，分别是1983年9月全国人大常委会通过了《关于授权国务院对职工退休退职办法进行部分修改和补充的决定》；1984年9月，全国人大常委会通过了《关于授权国务院改革工商税制和发布试行有关税收条例（草案）的决定》；1985年4月，全国人大通过了《关于授权国务院在经济体制改革和对外开放方面可以制定暂行的规定或者条例的决定》。2000年颁布的《立法法》第8条规定了10项职能制定法律的事项，即我国人大及其常委会专属立法的事项。《立法法》第9条规定，对第8条规定的事项尚未制定法律的，我国人大及其常委会有权作出决定，授权国务院可以根据实际需要，对其中的部分事项先制定行政法规，但有关犯罪和刑法、对公民政治权利的剥夺和限制人身自由的强制措施和处罚、司法制度等事项除外。

（3）《宪法》第89条规定的国务院行政管理职权的事项。

2. 国务院各职能部门的行政立法权限。根据《宪法》第90条和《立法法》第71条的规定，有行政立法权的国务院职能部门包括国务院各部、委员会、中国人民银行、审计署和具有行政管理职能的直属机构。上述国务院各部门可以根据法律和国务院的行政法规、决定、命令，在本部门的权限范围内，制定规章。

该类规章称为部门规章。部门规章规定的事项应当属于执行法律或者国务院的行政法规、决定、命令的事项。涉及两个以上国务院部门职权范围的事项，应当提请国务院制定行政法规或者由国务院有关部门联合制定规章。

3. 地方人民政府的行政立法权限。根据《地方各级人民代表大会和地方各级人民政府组织法》第60条和《立法法》第73条的规定，省、自治区、直辖市和较大的市的人民政府，可以根据法律、行政法规和本省、自治区、直辖市的地方性法规，制定规章。该类规章称为地方政府规章。地方政府规章可以就下列事项作出规定：一是为执行法律、行政法规、地方性法规的规定需要制定规章的事项；二是属于本行政区域的具体行政管理事项。

四、行政立法原则与程序

（一）行政立法的原则

行政立法的原则，是指行政立法主体在制定行政法律规范时所应遵循的基本准则。它体现在行政立法过程之中，统率和指导整个行政立法活动。立法法没有专门规定行政立法的原则，只是对立法的一般原则作了规定，主要有依法立法原则、法制统一原则、民主立法原则等。[①] 2001年11月16日国务院公布并于2002年1月1日施行的《行政法规制定程序条例》和《规章制定程序条例》分别规定，制定行政法规和规章应当遵循立法法确立的立法原则。结合我国的行政立法理论与实践，行政立法的原则应该是：

1. 依法立法原则。在我国，行政机关是权力机关的执行机关。这一基本性质决定了行政立法必须遵循依法立法原则。依法立法原则是行政立法的首要原则。其具体内容包括：

（1）行政立法主体合法。行政机关是否享有立法权，应有宪法、组织法和立法法的规定或者特别授权法的确认，其立法主体地位应符合法律或者授权决定的规定。

（2）行政立法主体的立法权限合法。行政机关制定行政法律规范应根据宪法、法律或者授权法的规定，在其立法权限范围内立法。没有法律依据、根据非法之法或者超越立法权限进行的立法均为无效之法。

（3）行政立法的程序合法。行政立法作为一种立法活动，其所涉及的都是社会公共利益和重大个人利益，必须持十分严肃慎重的态度。不仅要求其内容合法，而且在程序上要严格按照《行政法规制定程序条例》和《规章制定程序条例》的规定进行。

（4）行政紧急立法权必须符合宪法所设定的紧急状态条件。

2. 法制统一原则。法制的统一是人们的行动得到协调和效益得到充分发挥、

① 参见《立法法》第3条至第6条的规定。

社会得到稳定的前提，更是在多种立法主体并存、多项立法领域结合状况下的必然要求。法制统一原则的基本要求有：

（1）行政立法主体应在其立法权限内活动，不得越权立法。对于立法权限不明确或者立法权限有交叉的情况，要与有关机关或者共同上级机关取得共识，使立法活动顺利进行，保证法律体系的统一完整。

（2）行政立法主体应在立法过程中把握行政立法的执行性这一基本特征，准确理解上位法的目的和精神，保证法律目的的一致性，以实现法制内容的统一性。

（3）行政立法主体应及时掌握因有关法律、法规的修改及客观情况变化而引起的立法冲突或者立法滞后状况，及时对行政法律规范进行废、改、立，使其适应客观情况，并与有关法律、法规相协调。

3. 民主立法原则。民主立法原则就是要求行政机关进行立法活动时应当通过有效的方式听取各方面意见，它是"大家的事应让大家同意"这一宪政原则的体现，[①] 也是保障人民参与行使国家权力和体现法律正义性和民主性的基本途径之一。民主立法原则的基本要求包括：

（1）行政立法草案应提前公布，并附以立法说明，保障公民有充分的时间对立法事项发表意见。

（2）将听取意见作为行政立法的法定程序。

（3）向社会公布对立法意见的处理结果。

（4）设置专门的行政立法咨询机关和咨询程序。

（二）行政立法的程序

行政立法程序，是指行政立法主体按照法律、法规的规定制定、修改和废止行政法规和规章的活动程序。2000 年颁布实施的立法法首次以基本法律的形式规定了立法的一般原则及部分基本的行政立法程序。2002 实施的《行政法规制定程序条例》和《规章制定程序条例》则规定了具体的行政立法程序。立法法与该两部条例共同构成了我国行政立法程序的规范体系。行政立法的一般程序是：立项、起草、审查、决定、公布和备案。

1. 立项。国务院于每年年初编制国务院本年度的立法工作计划。国务院有关部门认为需要制定行政法规的，应于每年年初编制国务院年度立法计划前向国务院报请立项。其立项申请应说明立法项目所要解决的主要问题、依据的方针政策和拟确立的主要制度。

国务院部门内设机构或者其他机构认为需要制定部门规章的，应当向该部门报请立项。省、自治区、直辖市和较大的市的人民政府所属工作部门或者下级人民政府认为需要制定地方政府规章的，应当向省、自治区直辖市和较大的市的人民政府报请立项。

---

① 姜明安主编：《行政法与行政诉讼法》，北京大学出版社、高度教育出版社 2005 年版，第 207 页。

行政主体所属的法制机构应对行政立法立项申请进行汇总研究，拟订本年度立法工作计划，报行政立法主体审批。行政立法年度立法工作计划在执行中可以根据实际情况予以调整。

2. 起草。行政立法由行政立法主体组织起草。行政立法年度立法工作计划可以确定行政立法主体所属的一个部门或者几个部门负责起草，也可以确定其法制机构起草或者组织起草，也可以委托有关的社会组织负责起草。起草组织的组成人员一般应包括行政立法机关工作人员及业务专家和法律专家。

起草时应进行立法调查研究，保障行政立法符合实际。在起草过程中，应坚持民主立法原则，广泛听取有关机关、组织和公民的意见和建议。听取意见可以采取座谈会、论证会、听证会等多种形式。涉及其他部门的职责或者与其他部门关系密切的规定，起草部门应当与有关部门协商一致。起草部门在向行政立法主体报送行政立法草案的送审稿时，应一并报送关于送审稿的说明和有关材料。送审稿应由起草部门主要负责人签署。几个起草部门共同起草的行政立法送审稿，应当由该几个起草部门主要负责人共同签署。

3. 审查。行政法规和规章送审稿应由行政立法主体所属法制机构进行审查。审查的主要内容包括：该项行政立法的必要性和可行性，该项送审稿在内容和权限上的合法性，该项送审稿的必要条款是否完备及在内容、结构和文字上是否具有科学性，所需的实施细则是否已经拟定及是否与送审稿相一致等。法制机构应对送审稿或者送审稿涉及的主要问题征求有关部门、组织和专家的意见，或者经行政立法主体批准向社会公布，征求意见。法制机构应认真研究各方面的意见，并与起草部门或者组织协商后，对送审稿进行修改，形成行政立法草案和对草案的说明。

行政立法送审稿有下列情形之一的，法制机构可以缓办或者退回起草部门或者组织：制定行政立法的基本条件尚不成熟的，或者有关部门对送审稿规定的主要制度存在较大争议的，起草部门未与有关部门协商的，或者上报送审稿不符合《行政法规制定程序条例》和《规章制定程序条例》所要求的形式和程序条件的。

4. 决定。经审查的行政立法草案应由行政立法主体的正式会议审议通过。其中，行政法规草案由国务院常务会议审议，或者由国务院审批；不需要国务院全体会议审议。部门规章应当由部务会议或者委员会会议决定，地方政府规章应当经地方人民政府常务会议或者全体会议审议通过。由于我国行政机关实行首长负责制，行政立法的通过并不以投票通过为原则，只要经上述会议审议即可。

5. 公布。经审议通过的行政法规、规章，应由行政立法主体的行政首长签署命令予以公布，并刊载于相应的媒体。该公布令一般应包括：制定或者批准机关、公布机关、序号、名称、通过或者批准日期、生效日期和签署人姓名等内容。根据《立法法》的规定，行政法规由国务院总理签署，国务院令公布，并应于公布后及时在国务院公报和我国范围内发行的报纸上刊登。在国务院公报上刊登的文本为标准文本。部门规章由部门首长签署命令予以公布，地方政府规章由省长、自治区政府主席或者市长签署命令予以公布。部门规章签署公布后，应及时在国务院公报或者部门公报及我国范围内发行的报纸上刊登；地方政府规章签署公布后，应及时在本级人民政府公报和在本行政区域范围内发行的报纸上刊登。在国务院公报或者部门公报和地方人民政府公报上刊登的规章文本为标准文本。

6. 备案。行政立法的备案，是指行政立法主体在规定的期限内将行政立法文件报送有关部门，以便有关部门及时掌握行政立法情况，对行政立法能够进行及时、有效监督的程序性行为。按照立法法和有关法规的规定，行政立法应遵循如下备案制度：

（1）行政法规应在公布后的30日内由国务院办公厅报全国人民代表大会常务委员会备案。[①]

（2）按照全国人大及其常委会的授权决定制定的行政法规应在公布后的30日内报授权决定规定的机关备案。

（3）部门规章和地方政府规章应在公布后的30日内，由规章制定机关的法制机构报国务院备案。其中，省、自治区、直辖市的地方政府规章应同时报本级人民代表大会常务委员会备案，较大的市的人民政府制定的规章应同时报省、自治区的人民代表大会常务委员会和人民政府备案。

五、行政立法的效力等级与监督

（一）行政立法的效力等级

我国是“一元两级多层次”的立法体制。一元是国家权力来源于人民，人民行使国家权力的机关是全国和地方各级人民代表大会。人民意志的最高体现是国家的宪法。全国只有一部宪法，它是制定一切法律、法规的根本依据，具有最高法律效力，是国家立法体制的核心和基础。两级是指中央立法和地方立法相结合。多层次是指中央与地方立法都具有层次性特点。中央立法首先表现在法律、行政法规和部门规章的层次性，其次表现在狭义的法律有全国人大制定的基本法律和全国人大常委会制定的法律之分。地方立法的层次性首先表现在地方性法规与地方政府规章之间的效力差别，其次表现在地方性法规之间及地方政府规章之间的效力差别，最后表现在自治区、自治州、自治县制定的自治条例和单行条例之间也存在层次性。[②] 另外，我国还存在经济特区法规和授权立法。这种多层次立法状况必然导致我国立法效力等级的区分。行政立法亦不例外。

所谓行政立法的效力等级，是指行政法规和规章在国家法律体系中所处的地位。根据《立法法》第78条至第83条的规定，我国行政立法在国家整个法律体

① 参见《立法法》第89条、《行政法规制定程序条例》第30条的规定。

② 马怀德主编：《中国立法体制、程序与监督》，中国法制出版社1999年版，第18～19页。

系中的效力等级如下：

1. 宪法具有最高的法律效力，一切法律、行政法规、地方性法规、自治条例和单行条例、规章都不得同宪法相抵触。

2. 法律及全国人大常委会的法律解释的效力高于行政法规、地方性法规、规章。

3. 行政法规的效力高于地方性法规、规章。

4. 地方性法规的效力高于本级和下级地方政府规章。

5. 省、自治区的人民政府制定的规章的效力高于本行政区域内的较大的市的人民政府制定的规章。

6. 自治条例和单行条例依法对法律、行政法规、地方性法规作变通规定的，在本自治地方适用自治条例和单行条例的规定。经济特区法规根据授权对法律、行政法规、地方性法规作变通规定的，在本经济特区适用经济特区法规的规定。

7. 部门规章之间、部门规章与地方政府规章之间具有同等效力，在各自的权限范围内施行。

8. 同一机关制定的法律、行政法规、地方性法规、自治条例和单行条例、规章，特别规定与一般规定不一致的，适用特别规定；新的规定与旧的规定不一致的，适用新的规定。

（二）行政立法监督

行政立法监督，是指对行政立法的监督，而非指行政立法主体对他人的监督。有学者认为行政立法监督是中国大陆行政法课程和教材的特有内容。国外和我国港台等地区的行政法课程和教材均没有这一部分内容。行政法学上真正可以用“监督”字眼的制度只有行政立法。① 行政立法监督主要是解决行政法规、规章之间以及其与上位法、同位法之间的冲突。

1. 行政立法的备案。立法法及有关法规规定了相对完善的法律、法规和规章的备案制度。② 通过备案这一途径，接受备案的机关可以审查报送备案的行政法规和规章。虽然备案一般不是行政立法生效的条件，但通过备案全国人大常委会可以审查行政法规是否同宪法和法律相抵触；国务院可以审查部门规章和地方政府规章是否适当；地方国家权力机关可以审查本级地方政府规章是否适当；省级行政立法主体可以审查下一级地方政府规章是否适当。因此，备案制度是行政立法监督权能够及时发动并促使行政立法主体谨慎行事的一种重要手段，是行政立法监督机制的重要组成部分。

2. 行政立法的监督程序。备案制度设立的目的是为了加强法制的统一，便于对行政法规和规章的审查监督。《立法法》第 90 条比较具体地规定了对行政法

① 刘莘著：《行政立法研究》，法律出版社 2003 年版，第 193 页。

② 行政立法备案制度参见上述“行政立法的程序”内容及《立法法》第 89 条、《行政法规制定程序条例》第 30 条、《规章制定程序条例》第 34 条、《法规规章备案条例》的规定。

规的审查和处理程序。

(1) 国务院、中央军事委员会、最高人民法院、最高人民检察院和各省、自治区、直辖市的人民代表大会常务委员会认为行政法规同宪法或者法律相抵触的，可以向全国人大常务委员会书面提出进行审查的要求，由常委会工作机构分送有关的专门委员会进行审查、提出意见。

(2) 上述国家机关以外的其他国家机关和社会团体、企业事业组织以及公民认为行政法规同宪法或者法律相抵触的，可以向全国人民代表大会常务委员会书面提出进行审查的建议，由常务委员会工作机构进行研究，必要时，送有关的专门委员会进行审查、提出意见。

(3) 全国人大专门委员会在审查中认为行政法规同宪法或者法律相抵触的，可以向制定机关提出书面审查意见；也可以由法律委员会与有关的专门委员会召开联合审查会议，要求制定机关到会说明情况，再向制定机关提出书面审查意见。制定机关应当在两个月内研究提出是否修改的意见，报全国人大法律委员会和有关的专门委员会。法律委员会和有关的专门委员会审查认为行政法规制定机关不予修改的，可以向委员长会议提出书面审查意见和予以撤销的议案，由委员长会议决定是否提请常务委员会会议审议决定。

立法法没有直接规定对规章的审查监督程序，而是授权接受备案的机关，按照维护法制统一的原则，自行规定。而《规章制定程序条例》第 35 条则简要规定了对规章的审查监督程序。

(1) 国家机关、社会团体、企业事业组织、公民认为规章同法律、行政法规相抵触的，可以向国务院书面提出审查的建议，由国务院法制机构研究处理。

(2) 国家机关、社会团体、企业事业组织、公民认为较大的市的人民政府规章同法律、行政法规相抵触或者违反其他上位法的规定的，也可以向本省、自治区人民政府书面提出审查的建议，由省、自治区人民政府法制机构研究处理。

3. 行政立法的改变与撤销。行政法规和规章并不都是正确和适当的，会存在违法和不当的情况。立法法规定了改变或者撤销行政立法的法定事由和有权改变或者撤销行政立法的机关。

(1) 改变或者撤销行政立法的法定事由。按照《立法法》第 87 条的规定，法律、行政法规、地方性法规、自治条例和单行条例、规章有下列情形之一的，应由有权机关予以改变或者撤销：一是超越权限的；二是下位法违反上位法规定的；三是规章之间对同一事项的规定不一致，经裁决应当改变或者撤销一方的规定的；四是规章的规定被认为不适当，应当予以改变或者撤销的；五是违背法定程序的。

(2) 有权改变或者撤销行政立法的机关。根据《立法法》第 88 条的规定，有权改变或者撤销行政法规或者规章的机关及其权限分别为：一是全国人大有权改变或者撤销同宪法和法律相抵触的行政法规；二是国务院有权改变或者撤销不适当的部门规章和地方政府规章；三是地方人民代表大会常务委员会有权撤销本级人民政府制定的不适当的规章；四是省、自治区的人民政府有权改变或者撤销下一级人民政府制定的不适当的规章；五是授权机关有权撤销被授权机关制定的超越授权范围或者违背授权目的的法规，必要时可以撤销授权。

4. 人民法院对行政立法的监督。从严格意义上说，人民法院没有审查和监督行政立法以及其他行政规范性文件的司法权力。《行政诉讼法》第5条规定："人民法院审理行政案件，对具体行政行为是否合法进行审查。"第12条第2项规定人民法院不受理对"行政法规、规章或者行政机关制定、发布的具有普遍约束力的决定、命令"不服而提起的诉讼。第53条第2款规定："人民法院认为地方人民政府制定、发布的规章与国务院部、委制定、发布的规章不一致的，以及国务院部、委制定、发布的规章之间不一致的，由最高人民法院送请国务院作出解释或者裁决。"这些规定表明，人民法院没有对行政立法的司法审查权。但第53条第1款却规定："人民法院审理行政案件，参照国务院部、委根据法律和国务院的行政法规、决定、命令制定、发布的规章以及省、自治区、直辖市和省、自治区的人民政府所在地的市和经国务院批准的较大的市的人民政府根据法律和国务院的行政法规制定、发布的规章。"这表明规章在人民法院审理行政案件过程中只起"参照"作用，即人民法院有权决定是否适用规章审理行政案件，实质上是对规章的合法性进行审查。这可以视为人民法院对行政立法的一种监督形式。

第二节　其他行政规范性文件

行政立法是立法体系的重要组成部分，它是一种最重要的抽象行政行为。但在行政立法之外还存在大量行政机关制定具有普遍约束力的决定和命令的行为。这些决定和命令虽然不是行政立法体系的组成部分，却在行政管理实践中大量存在，并起着重要作用，特别是在对法律、法规或者规章规定"弹性过大"的情况下可以起到指导行政执法实践的作用。

一、其他行政规范性文件的概念

对于其他行政规范性文件的名称和解释，无论是学者还是立法用语均有不同。名称上一般有"其他抽象行政行为"①，"其他规范性文件"②，"行政规范文

① 罗豪才主编：《行政法学》，北京大学出版社2002年版，第138页。

② 杨解君主编：《行政法学》，中国方正出版社2002年版，第126页；《行政处罚法》第14条、《行政许可法》第17条。

件"[①]，"行政规范性文件"[②]，"其他行政规范性文件"[③]，"行政法规、行政规章以外的其他规范性文件"[④]，"具有普遍约束力的决定、命令"[⑤]、"规定"[⑥] 等。

对于其他规范性文件的解释有三种。最广义的解释是指一切国家机关制定的除法律、法规、规章之外的具有普遍约束力的决定、命令和措施。广义的解释是指各类国家行政机关为实施法律、执行政策在法定权限内制定的除行政法规、行政规章以外的具有普遍约束力的决定、命令及行政措施等。狭义的解释是指没有行政法规和行政规章制定权的国家行政机关实施法律、法规和规章而制定的具有普遍约束力的决定、命令、行政措施等。[⑦] 上述三种解释的根本区别在于制定主体的不同，即最广义的解释是指所有国家机关，包括权力机关和司法机关，显然主体范围过宽；广义的解释仅指国家行政机关；而狭义的解释则将制定主体限制在没有行政立法权的行政机关，显然过窄。三种解释的共同点都认为其他规范性文件的范围不包括法律、法规和规章。其中，最广义的解释未指明"措施"的行政性，则可以将规范性文件的范围理解为不仅仅是指行政措施，还包括刑事、民事等措施，这显然不完全是行政法学研究的范围。规范性文件一般是指法律、法规、规章以及具有普遍约束力的决定、命令；行政规范性文件一般是指行政法规、规章及具有普遍约束力的决定、命令；而其他规范性文件则是指法律、法规（包括地方性法规）和规章以外的具有普遍约束力的决定、命令。

在"规范性文件"前加上定语"行政"和"其他"，表明其制定主体是行政机关、范围是除行政法规和规章以外的规范性文件，从而成为行政法学上特有的用语。因此，我们认为，应从制定主体和内容特定性两个角度界定其名称和概念。从制定主体上说，其他行政规范性文件制定主体应为行政机关；从内容特定性上说，其他行政规范性文件应是除行政法规和规章以外的抽象行政行为。所谓其他行政规范性文件，是指行政机关为实施法律和执行政策，在法定权限内制定的除行政法规和规章以外的决定、命令等普遍性行为规则的总称。

二、其他行政规范性文件的特征

其他行政规范性文件从性质上说是一种抽象行政行为，具有以下特征：

（一）制定主体的广泛性

所有国家行政机关都有权在其行政管理职权范围内，制定其他行政规范性文件。不仅包括有行政立法权的行政机关，还包括没有行政立法权的行政机关及其

① 陈新民著：《中国行政法学原理》，中国政法大学出版社 2002 年版，第 128 页。
② 刘莘著：《行政立法研究》，法律出版社 2003 年版，第 7 页。
③ 姜明安主编：《行政法与行政诉讼法》，北京大学出版社、高度教育出版社 2005 年版，第 211 页。
④ 应松年主编：《行政法学新论》，中国方正出版社 2004 年版，第 157 页。
⑤ 熊文钊著：《现代行政法原理》，法律出版社 2000 年版，第 283 页；《行政诉讼法》第 12 条。
⑥ 参见《行政复议法》第 7 条。
⑦ 应松年主编：《行政行为法》，人民出版社 1993 年版，第 307 页。

所属工作部门。例如，其他设区的市、不设区的市、县人民政府及其所属部门以及乡、镇人民政府，都可以成为其他行政规范性文件的制定主体。有学者认为国务院各部委所属局、司也有权制定其他行政规范性文件。① 但是按照《国家行政机关公文处理办法》② 第15条“部门内设机构除办公厅（室）外不得对外正式行文”的规定，作为内设机构的国务院各部委所属局、司应是无权制定其他行政规范性文件的。

（二）效力的多层级性与从属性

其他行政规范性文件数量众多，各自的效力与其制定主体相对应，从上到下呈现多层级特征。下级其他行政规范性文件不得与上级其他行政规范性文件内容相抵触，而且分别从属于相应行政立法主体制定的行政法规与规章。

（三）制定程序的简易性

行政立法必须严格按照《行政法规制定程序条例》和《规章制定程序条例》制定，而其他行政规范性文件的制定程序由《国家行政机关公文处理办法》等加以规定，比较简单、灵活，如只须行政机关负责人签发即可生效，不需要经过会议审批。

（四）规范性和强制性

作为一种抽象行政行为，其他行政规范性文件的调整对象具有普遍性，在其效力所及范围内普遍适用于行政相对人，并具有执行力。

三、其他行政规范性文件与行政立法的区别

其他行政规范性文件与行政立法都属于抽象行政行为，但两者之间存在着明显的区别，主要有：

（一）制定主体范围不同

行政立法的制定主体只有国务院、国务院的组成部门及具有行政管理职能的直属机构，以及省级人民政府和较大的市的人民政府。从数量上不超过130个行政机关。而其他行政规范性文件的制定主体除了享有行政立法权的行政机关以外，还包括不享有行政立法权的行政机关，在数量上大大超过行政立法主体。

（二）性质和地位不同

《立法法》第2条规定：“法律、行政法规、地方性法规、自治条例和单行条例的制定、修改和废止，适用本法。国务院部门规章和地方政府规章的制定、修改和废止，依照本法的有关规定执行。”按照此规定，可以认为行政立法在性质上属于行政法渊源，属于广义的法的范畴。尽管有学者认为其他行政规范性文

① 应松年主编：《行政法学新论》，中国方正出版社2004年版，第158页。
② 1987年2月18日国务院办公厅发布，1993年11月21日第一次修订；2000年8月24日第二次修订，由国务院发布，自2001年1月1日起施行，同时原同名文件废止。

件是“法的重要构成要素”[1]，但在性质上则不属于行政立法，不是行政法渊源。除国务院的其他行政规范性文件在地位上高于规章以外，[2] 一般认为其他行政规范性文件的地位低于行政立法。人民法院在审理行政案件时，应以行政法规为依据，参照适用行政规章；而对于其他行政规范性文件，则既不能依据，也不能参照。

（三）规范的内容不同

两者最重要的区别是其他行政规范性文件无权作出涉及公民、法人或者其他组织权利义务的规定，而行政法规、规章则可以在法定权限内对相对人设定某些权利义务。《行政处罚法》第10条规定行政法规可以设定除限制人身自由以外的行政处罚；该法第12条和第13条分别规定国务院部门规章和地方政府规章可以在法律、法规规定的给予行政处罚的行为、种类和幅度的范围内作出具体规定，尚未制定法律、行政法规的，可以设定警告或者一定数量罚款的行政处罚。罚款的限额由国务院或者省级人大常委会规定。而该法第14条则规定其他规范性文件不得设定行政处罚。《行政许可法》第14条至第16条分别规定了行政法规和地方政府规章有设定一定行政许可的权力，而该法第17条则规定其他规范性文件一律不得设定行政许可。这些规定具有普遍意义，其他行政规范性文件可以根据法律、法规、规章的规定作出有关本地区本行业一些行政管理方面的规定，但不能创设涉及限制或者剥夺公民权利的内容。

（四）制定程序的要求不同

行政立法有着明确的制定程序要求，从立项到起草、公布，都比较严格。而其他行政规范性文件的制定程序则相对简单、灵活，没有那么严格。行政法规要经过国务院审批或者国务院常务会议讨论决定，发布时要用国务院令的形式发布；部门规章要经过部务会议或者委务会议决定，以经过部门首长签署的部令或者委员会令的形式分布；地方政府规章要由该人民政府的全体会议或者常务会议决定，由省长、自治区主席或者市长签署命令发布。其他规范性文件则没有这些程序要求。正因为如此，才能根据是否经过行政立法程序这一要件，来识别由同一行政立法主体制定的规范性文件是行政立法还是其他行政规范性文件。

除此之外，行政立法一般要求听取意见，甚至要求召开论证会、座谈会、听证会等。而其他行政规范性文件一般无此要求。

（五）表现形式不同

在名称上，行政立法与其他行政规范性文件一般也不同。行政立法的名称主要有条例、规定、办法等。但《行政法规制定程序条例》第4条规定规章一律不得称为“条例”，国务院根据全国人大及其常委会授权制定的行政法规称为“暂行条例”或者“暂行规定”。《规章制定程序条例》第6条规定规章一般称为

---

① 叶必丰、周佑勇著：《行政规范研究》，法律出版社2002年版，第35页。
② 参见《立法法》第71条、第73条的规定。

“规定”或者“办法”。与行政立法的名称相比，其他行政规范性文件的名称要丰富得多。

按照《国家行政机关公文处理办法》的规定有13种：命令（令）、决定、公告、通告、通知、通报、议案、报告、请示、批复、意见、函、会议纪要等。但根据该办法对13种名称用法的界定，并不是都可以作为具有外部行政管理功能的其他行政规范性文件的名称。例如，报告、请示是下级对上级的公文形式；函是同级行政机关之间的文件；议案是各级人民政府与国家权力机关的公文；批复和会议纪要一般是内部规范性文件，如果行政机关不以通知或者转发的形式发布出去，也不会是其他行政规范性文件。其他的文件形式，既可能是规范性文件，也可能是一个具体命令、决定，要视其内容而定。这些形式中使用最多的是通知。但在实践中，有时还有办法、规定、解释等。

四、对其他行政规范性文件的监督

对其他行政规范性文件的监督主要有三种方式，即权力机关监督、行政机关监督和司法机关监督。

（一）权力机关监督

权力机关对其他行政规范性文件的监督主要是通过行使撤销权来实现的。《宪法》第67条第7项规定，全国人大常委会有权撤销国务院制定的同宪法、法律相抵触的决定和命令；《地方各级人民代表大会和地方各级人民政府组织法》第44条第8项规定，县级以上人大常委会有权撤销本级人民政府的不适当的决定和命令。

（二）行政机关监督

行政机关对其他行政规范性文件的监督主要是通过行使改变或者撤销权来实现的。《宪法》第89条第13项、第14项规定，国务院有权改变或者撤销国务院各部委及地方各级国家行政机关不适当的决定和命令；《地方各级人民代表大会和地方各级人民政府组织法》第59条第3项规定，县级以上人民政府有权改变或者撤销其所属工作部门及下级人民政府不适当的决定和命令。这种监督主要是通过行政复议制度和建立备案审查制度来解决的。如《行政复议法》第7条规定公民、法人或者其他组织认为行政机关的具体行政行为所依据的其他行政规范性文件不合法，在申请行政复议时可以一并向行政复议机关提出对该规定的审查申请。该法第27条规定行政复议机关在对被申请人作出的具体行政行为进行审查时，认为其依据不合法，应在法定期限内依法处理或者转送有权机关处理。

（三）司法机关监督

司法机关对其他行政规范性文件的监督主要是通过审理行政案件来实现的。人民法院在审查具体行政行为合法性的同时，还要对具体行政行为所依据的其他行政规范性文件是否合法进行鉴别、评价和判断。如果人民法院认为具体行政行为所依据的其他行政规范性文件违法，有权作出撤销该具体行政行为的判决，从而在实质上使该其他行政规范性文件失去使用力。这种监督是一种有效的监督方式。

在实践中，目前行政管理存在的问题，有相当一部分是其他行政规范性文件的混乱造成的，因此，加强对其他行政规范性文件的规范是十分必要的。一是通过立法划清其他行政规范性文件与法规、规章在权限上的界限。明确其他行政规范性文件完全是执行性和从属性的规范，无权对公民权利作出不利的规定。二是制定适用于其他行政规范性文件的制定程序规范。制定其他行政规范性文件必须经过一定的调查、论证、听取相对人和专家意见等，并经一定的合议机构决定、公布。建立其他行政规范性文件的备案程序，完善对其监督机制。

第六章　具体行政行为

具体行政行为与抽象行政行为相对应，二者是在同一标准下对行政行为的穷尽划分。因此，除行政法规、规章和其他行政规范性文件外，行政主体的职权行为都应属于具体行政行为。在具体行政行为中，大量的且意义重大而又应当重点规范与救济的当属行政决定，即行政主体行使行政职权或履行行政职责，针对特定相对人作出的具有法律效果的外部的、单方的行政行为。其主要表现形式为：行政处罚、行政强制、行政许可、行政确认、行政命令、行政检查、行政奖励、行政给付、行政裁决等。从分类的角度看，行政调解、行政指导、行政事实行为、行政合同等也属具体行政行为。鉴于具体行政行为的表现形式纷繁复杂，加之体例安排的需要等因素，故本章第一节关于具体行政行为的成立、分类、合法、效力的论述虽冠以具体行政行为之名，但实为对具体行政行为之中行政决定的分析与论证。

第一节　具体行政行为概述

全面理解和把握具体行政行为往往涉及至少四个方面的问题：一是具备哪些要件的行为可以被称之为具体行政行为，也就是具体行政行为的成立要件。这是区分具体行政行为与民事行为、区分具体行政行为与尚未成立的行为的重要依据。二是具体行政行为的分类，根据不同的标准，具体行政行为有不同的类型划分。三是具体行政行为合法的要件。具体行政行为成立并不意味着一定就是合法的，它还必须满足法律规定的要件才能取得合法的身份。这是区分具体行政行为是否合法的重要依据。四是具体行政行为的效力问题。具体行政行为的法律效力包含哪些内容，何时生效，什么情况下会被确认为无效、撤销或者会被废止，这些对于把握具体行政行为亦很重要。

一、具体行政行为的成立

具体行政行为成立，是指行政主体实施的一项行为如何才能构成一项具体行政行为，即行政主体行使职权或履行行政职责的意思表示已经确定，并外化到外界可以认知的状态。具体行政行为的成立是对行政主体行为质的评价，而不是合法性评价。具体行政行为成立要件，是指构成一个具体行政行为在事实上所必须具备的条件，是从性质上区别具体行政行为与其他行为的标准。我们认为，具体行政行为的成立必须具备以下要件：

（一）主体要件

具体行政行为必须由具备行政职权的行政主体作出。行为主体是否为具有行政职权的行政主体是判断一个行为是否为具体行政行为的首要依据。

一般来说，具备行政管理职权的组织主要是行政机关。但是，随着现代行政法的发展，行政管理职权不再是行政机关的专属权力，一些特定的组织也基于法律、法规和规章的授权享有了行政管理职权，甚至一些行政机关的内设机构或者派出机构也享有这类权力。这些特定的组织或者行政机关的内设机构、派出机构往往被称为法律、法规、规章授权的组织，也是行政主体中的一类。这些组织或者机构要获得行政管理职权，必须获得法律、法规和规章的明确授权。例如，注册会计师协会，从其组织形式来看属于社会团体身份，但它又具备一定的行政管理职权，因为《注册会计师法》明确授予了注册会计师协会享有拟定注册会计师执业准则和规则权、对注册会计师的任职资格和执业情况进行年度检查权以及组织实施注册会计师考试和注册许可权等。通过《注册会计师法》的授权，注册会计师协会获得了行政主体身份，有权对其权限范围之内的事项进行管理。再如公安派出所，其本身是公安机关的派出机构，但是《治安管理处罚法》第 91 条规定："……警告、五百元以下的罚款可以由公安派出所决定。"通过这一授权，公安派出所具有行政主体的身份。

同时还需要注意的是，具体行政行为并非一定由行政主体作出，具有行政管理职权但并非行政主体的组织行使行政职权作出的行为也被视为具体行政行为。这类组织不具有独立承担责任的能力，但不能因此否定其作出的具体行政行为的性质。例如，最高人民法院《关于执行〈中华人民共和国行政诉讼法〉若干问题的解释》第 20 条第 1 款规定："行政机关组建并赋予行政管理职能但不具有独立承担法律责任能力的机构，以自己的名义作出具体行政行为，当事人不服提起诉讼的，应当以组建该机构的行政机关为被告。"在这里，被组建的机构并非行政主体，也不是最终承担法律责任者，但是由于其具有行政管理职能，因此其作出的行为属于（视为组建该机构的行政机关的）行政行为则不容否认。

（二）职权要件

具体行政行为必须是行使行政职权的行为，必须是具有行政职权的组织实际行使了行政职权作出的行为，这是判断一个行为是否为具体行政行为的实质要件。

具有行政职权的组织并非作出的每个行为都是行使职权的行为，其未行使行政职权的行为就不属于具体行政行为范畴。比如，税务机关享有征稽税款、对相对人纳税行为进行检查以及对违反税收方面法律规范的行为进行行政处罚的行政管理职权，但是它并非在所有的行为中都行使这些管理职权。当其到商场购买办公桌椅时，其购买的行为显然就不是具体行政行为，而是民事行为，因为其购买桌椅并不是行使行政管理职权的行为。对行政主体作出的行为的性质进行判断，必须依据其是否行使了行政管理职权，如最高人民法院公布的“鲁瑞庚诉东港市公安局悬赏广告纠纷案”，对于悬赏广告是否为具体行政行为在实践中就发生了疑问。二审法院对此作出了解答，指出：“发布悬赏广告是一种民事法律行为……本案中东港市公安局通过东港市电视台发布通告中的部分内容，属于悬赏广告。通告虽然是以东港市公安局名义发布的，但由于悬赏给付的报酬，是由被害人家属提供的，通告中的悬赏行为，实际上是受害人家属委托的。”[①] 这意味着，具体行政行为的成立不仅要求享有行政职权的组织作为法律关系的一方主体，而且要求该组织必须实际行使了行政管理职权。

这里需要强调的是，只要关注具有行政职权的组织是否行使了行政管理职权作出行为即可，不必关注其作出的行为是否合法。前者是具体行政行为成立要件所关注的问题，后者是具体行政行为合法性要件所关注的问题。

（三）内容要件

具体行政行为在内容上必须作出了针对特定的相对人设定、确认、变更或者消灭权利、义务的行为，也就是说必须产生了法律效果。

一个行为要产生法律上的效果或者说具有法律上的意义，就必须能够对当事人的权利、义务产生实际的影响。行政处罚、行政强制、行政征收、行政许可、行政奖励等行为对相对人权利、义务的影响非常明显，对行政行为的性质很容易判断，如行政处罚的法律效果就在于为相对人设定了义务，对人身进行行政强制的法律效果就在于暂时地限制了相对人的人身权，行政奖励的法律效果在于增加了相对人权利，等等。如果一个行为并不具有这些法律效果，即使该行为是享有行政职权的组织行使行政权所作的行为，也不是具体行政行为，如公安机关在道路岔口安装交通标志的行为，拖走公路上抛锚的车辆等虽然是享有行政职权的组织行使行政职权作出的行为，但很显然难以产生法律上的效果，因此并不是具体行政行为。需要注意的是，这里所称的法律效果并非是由法律直接规定的，而是通过行政主体的意志设定并期望得到法律保护的，即行政主体设定、变更、消灭某种权利义务关系的意思表示并期望获得法律的保护。

学界对以前争议较多的行政确认已基本达成一致意见，认为行政确认也是一种具体行政行为。这种行为对于相对人权利、义务的影响在于通过国家权力给予确认，使社会能够普遍认同和尊重这些权利、义务，使相对人在法律上不稳定或不明确的权利义务关系走向稳定或者明确，如婚姻登记、房屋产权登记等即属此种类型。但是还有一些行为在学界仍然存有争议，如行政调查行为，其行为性质是否属于具体行政行为，还存在较大的争议，尚需进一步深入探讨。

---

① 参见《中华人民共和国最高人民法院公报》2003 年第 1 期。

（四）形式要件

具体行政行为必须是以语言、文字、符号或者行动等形式表达了出来，并告知了相对人的行为。从具有行政职权的组织行使职权作出行为到告知相对人，一个完整的行政行为才告以完成。告知是一个较为复杂的行为，法律上一般规定了告知的方式，往往以书面方式进行告知，这种表达方式最稳定，具体行政行为是否成立也最容易判断。在法律中也有规定以口头方式或者行动予以告知的情形，但这种情形较少，仅在特殊情况或者紧急情况下使用。

同时需要注意的是，告知并不以相对人看到或者知道告知内容为判断标准，而是以具有行政职权的组织是否履行了法定告知义务为判断标准，比如公告告知中，可能相对人并未看到公告，但是行政行为仍然成立。在最高人民法院《关于执行〈中华人民共和国行政诉讼法〉若干问题的解释》中就明确强调，公民、法人或者其他组织对具体行政行为的起诉期限的计算，从知道或者“应当知道”起开始，这里的“应当知道”的含义显然是具有行政职权的组织履行了法定告知义务，相对人应当知道，而法律并不考虑相对人实际是否知道。因此，形式要件强调的是对相对人作出了某种意思表示，并且以某种方式告知了相对人。

综上所述，具体行政行为的成立必须同时具备四个要件，即主体要件、职权要件、内容要件和形式要件。上述要件缺少任何一个，都不能构成具体行政行为。

二、具体行政行为的分类

分类是从各个角度全方位认识某一事物的必要工具，对具体行政行为而言，科学的进行分类同样必要。根据不同的依据和标准，具体行政行为有很多不同的分类，下面仅就一些重要的分类予以介绍：

（一）羁束行政行为与裁量行政行为

依据具体行政行为受行政法规范的拘束程度为标准，可以将具体行政行为分为羁束行政行为与裁量行政行为。羁束行政行为，是指严格受行政法规范，行政主体对行政法规范的适用没有灵活性；裁量行政行为，是指行政法规范为行政主体预留了裁量空间，行政主体可以灵活适用行政法规范。

根据法治理论，为避免行政权滥用，应当制定明确的法律规则，让行政权的行使有明确的法律依据，减少行政主体裁量空间，但是法律不可能对将要发生的行为作出精确的预见，或者对某些法律事实无法在立法上作统一的规定，因此赋予行政主体根据现实需要享有一定的裁量权则成为必然的现象。对羁束行政行为与裁量行政行为进行分类，有助于认定和分析具体行政行为的合法性和合理性。由于法律对羁束行政行为确定了明确的法律规范，不享有裁量空间，因此只存在合法性问题；而裁量行政行为则不仅存在合法性问题，还存在合理性问题，在其裁量空间范围内，行政主体应当依据合理性标准行使行政权。

（二）依职权行政行为和依申请行政行为

依据具体行政行为是否由行政主体主动实施为标准，可将具体行政行为分为依职权行政行为和依申请行政行为。依职权行政行为，也称为主动行政行为，是指行政主体无需相对人的申请，直接根据法定职权主动实施的具体行政行为；依申请行政行为，也称为被动行政行为，是指行政主体只有在行政相对人提出申请后才能实施，而不能主动实施的具体行政行为。

依职权行政行为和依申请行政行为的分类重在强调行政行为启动的条件不同。行政主体依职权作出行政行为时，启动的条件往往是行政主体根据法律规定和现实需要作出的判断，行政主体享有主动权；行政主体依申请作出行政行为的启动条件则必须有相对人的申请，无人申请，行政主体无权启动，但是如果有相对人申请，行政主体必须作出回应，否则就有可能被控之为行政不作为。对依职权行政行为和依申请行政行为进行分类，有助于行政主体明确自身的职权范围、认清行政职权实施的启动条件。

（三）授益行政行为和负担行政行为

依据具体行政行为的内容对当事人产生的法律效果为标准，可以将具体行政行为分为授益行政行为和负担行政行为。授益行政行为，是指行政主体为行政相对人设定、增加权益或免除、减少义务，对相对人产生有利的法律效果的行政行为；负担行政行为，是指行政主体为行政相对人设定义务或者减少、剥夺权益，对相对人产生不利的法律效果的行政行为。

由于授益行政行为和负担行政行为对相对人产生有利或不利的法律效果，因此在信赖保护方面存在很大的不同。对于授益行政行为，由于“授益处分本身显对相对人产生有利的效果，所以有信赖保护的问题，使官署日后的撤销或废止俱受一定的限制”。而“负担处分没有信赖保护的问题，其撤销或废止所受限制自然较少。”①

同时还需要注意几种复杂的情况：一是混合的行政行为。有些行政行为并不是单纯的授益或者负担行政行为，有可能存在混合的情况，既设定了权利又设定了义务时，既是授益行政行为又是负担行政行为，如强制接种疫苗。二是涉及两个行政相对人的行政行为。有的行政行为存在两个行政相对人，对一方相对人可能是授益行政行为，但对另一方相对人则可能是负担行政行为，如行政裁决。三是涉及第三人的行政行为。有的行政行为不仅对相对人，而且对相对人之外的第三人也产生法律上的效果，如涉及相邻权的建筑许可证、营业许可证的颁发等。

（四）要式行政行为和非要式行政行为

依据具体行政行为是否必须具备法定形式为标准，可以将具体行政行为分为要式行政行为和非要式行政行为。要式行政行为，是指行政主体作出具体行政行为必须采用法律规定的书面文字或者特定意义符号的行政行为；非要式行政行为是指法律并未明确要求行政主体以法律规定的书面文字或者特定意义符号的形式作出行政行为。

---

① 翁岳生编：《行政法》（上），中国法制出版社2009年版，第638页。

从法治发展的方向来看，要式行政行为是原则，非要式行政行为是例外。很多法律都明确要求以书面文字或者特定意义符号表达行政行为，如《行政许可法》第44条就规定："行政机关作出准予行政许可的决定，应当自作出决定之日起十日内向申请人颁发、送达行政许可证件，或者加贴标签、加盖检验、检测、检疫印章。"即使一些当场作出的行政行为，往往也要求填写有预定格式的书面文件，如《行政处罚法》第34条规定："执法人员当场作出行政处罚决定的，应当向当事人出示执法身份证件，填写预定格式、编有号码的行政处罚决定书……"这些形式上的严格要求，有助于推进行政主体依法执法、谨慎执法。

（五）行政作为和行政不作为

依据具体行政行为是否改变现有法律上的权利义务关系为标准，可以将具体行政行为分为行政作为和行政不作为。行政作为，是指行政主体积极改变现有法律上的权利义务关系的具体行政行为；行政不作为，是指行政主体维持现有法律上的权利义务关系，或者不改变现有法律上的权利义务关系的具体行政行为。

把具体行政行为分为行政作为和行政不作为有助于确定诉讼救济的类型。改变现有法律上的权利义务关系的行政作为，如行政征收、行政处罚等，针对这类行为一般可以提出撤销之诉或者变更之诉；而对于维持或者不改变现有法律上的权利义务关系的行政不作为，如不予答复等，针对这类行为则往往提出履行之诉，要求行政主体必须履行作为的义务。

三、具体行政行为的合法

具体行政行为合法，是指具体行政行为符合法律的规定，获得法律的认可，并因此产生法定的效果。具体行政行为成立并不一定就意味着合法，具体行政行为合法还需要满足一定的条件。这些条件包括五个方面的内容，分别是主体合法、权限合法、内容合法、程序合法以及形式合法。在把握何种情况下具体行政行为属于合法的同时，还应当对不合法的行政行为有所了解，主要包括两种情况：一种是违法的具体行政行为，另一种是错误的具体行政行为。

（一）具体行政行为合法的条件

1. 具体行政行为主体合法。具体行政行为主体合法要求主体必须是享有相关的法定职权的行政机关和法律、法规、规章授权的组织，必须能够以自己的名义独立承担法律责任。对于主体合法应从以下三个方面理解：

第一，必须是享有法定职权的行政主体作出的，否则即为违法，比如没有获得法律、法规和规章授权的行政机关的内部机构作出的行政行为，虽然可以看做成立了一个行政行为，但是很显然这个行政行为却不具有合法性。

第二，人员合法。行政行为总是通过行政主体的工作人员具体实施的，这些人员必须具备法定的条件，所实施的行政行为方有效。

第三，委托合法。委托的合法性表现在以下三个方面：一是委托的行政机关必须具有合法的委托权限；二是接受委托者必须具备从事行政活动的能力；三是接受委托者必须在委托权限内实施行政行为。

2. 具体行政行为权限合法。具体行政行为权限合法要求行政主体必须在法定职权范围作出具体行政行为，不能超越法定职权，也不能超越法定的权限范围。对于权限合法的理解包括以下两个方面的内容：

第一，要求作出具体行政行为的行政主体，必须享有作出这类具体行政行为的法定职权，比如对于教育领域内的事项，只能由教育行政机关作出，对于税务领域内的事项，只能由税务机关作出，否则显然属于违法行为。

第二，要求必须在法律规定的裁量幅度范围内作出相应的行政行为，不能超越幅度范围。任何行政职权都有一定的限度，法律确定行政主体的职权时，在地域、时间、作出行政行为的幅度等方面设定了各种限度，这些限度是行政主体所不能超越的。

3. 具体行政行为内容合法。具体行政行为内容合法要求行政行为所涉及的相对人的权利、义务符合法律的规定。主要有以下几个方面的要求：

第一，要求对事实的认定要有依据，证据确凿，这是确保行政行为合法的最基本要素，行政行为只有针对法律所规定的情形作出才是合法的。

第二，要求适用法律正确。这里所涉及的法律包括狭义的法律、法规、规章和行政规范性文件。适用法律正确，不仅要求法律依据正确，而且要求在法定的幅度、范围内作出。

第三，要求行政行为的内容必须明确具体。合法的行政行为要求对相对人权利、义务进行明确的确定，含混不清的行政行为难以达到合法约束相对人的效果。

4. 具体行政行为程序合法。具体行政行为程序合法要求行政行为的步骤、期限等过程符合法律的规定。不遵守法定程序任意作出的行政行为是违法的。规定法定程序虽然有利于实现具体行政行为的效率，为当事人提供明确的预期，但是更为核心的目的在于限制行政权力的滥用，为行政权设定必要的运行轨道，因此，程序合法越来越受到重视。

关于程序合法的要求主要表现在两个方面，一是针对所有的行政行为普遍适用的程序，如告知、听取意见等；二是针对特定的行政行为，与之相适应的程序，如行政许可程序要求有申请、受理、审查与决定，如果出现法律、法规规定的情形，还需要经过听证程序。

5. 具体行政行为形式合法。具体行政行为形式合法要求具体行政行为符合法律规定的形式。这主要是针对要式行政行为而言，当法律规定必须以书面文字或者特定意义符号表达行政行为时，行政主体必须按照这种要求作出行政行为，否则行政行为违法。

当以书面文字或者颁发证件的方式作出行政行为时，往往还要求在书面文字上或者证件上必须加盖作出具体行政行为的行政主体的印章。

（二）具体行政行为的违法与错误

无论是具体行政行为违法还是错误，都意味着在某方面与行政行为的合法条件不相符，这不仅会影响依法行政目标的实现，有些还对相对人的合法权益造成侵害，因此必须以一定的方式纠正这些违法或者错误行为。

1. 具体行政行为的违法。[①] 具体行政行为违法，就是指具体行政行为违反法律规定，不符合应具备的合法条件。违法的具体行政行为是被法律所否定的，我国《行政复议法》第28条和《行政诉讼法》第54条对此均有相关的规定。

一般来说，具体行政行为的违法主要表现在以下五个方面：一是主体资格方面的违法。如未获得法律、法规授权，不能独立承担法律责任的行政机关的内部机构作出的具体行政行为，或者委托违法等都属于主体资格的违法。二是权限方面的违法。超越事务管辖权、地域管辖权、时间管辖权、级别管辖权以及超越授权范围等，都属于违法行使职权的行为。三是内容方面的违法。对事实认定有错误，或者没有充分的依据，适用法律依据有错误等都属于内容违法，如认定女性相对人为嫖娼者显然就是事实认定方面的错误，就是具体行政行为的违法。四是程序方面的违法。对于法定程序，行政主体在作出行政行为时必须遵守，否则就被视为违法，如未遵循法律规定的先调查取证然后作出具体行政行为的程序，工作人员未向相对人表明身份等都属于程序上的违法。五是形式方面的违法。行政主体未按照法律规定的形式作出具体行政行为，如未按法律要求以书面文字形式作出具体行政行为或者行政主体所作具体行政行为上未署名、未加盖印章等均属于形式方式的违法。

对行政行为的违法，法律上有特别明确的规定。根据《行政复议法》和《行政诉讼法》的规定，行政复议机关和法院有权对其确认违法，作撤销处理，并要求行政主体在一定期限内重新作出具体行政行为。

2. 具体行政行为的错误。具体行政行为的错误，是指行政主体在具体行政行为中所作出的意思表示并非其真实的意思，是行政主体由于过失而导致的表达中的错误。“这种错误不是行政机关意志上的瑕疵，而只是意识表达的过失。”[②]

对执法实践进行总结，可以发现具体行政行为的错误大致有误写、误用、误算、错误的省略，还有自动化设备出现的错误也属于意思表示上的错误，如交通指示灯出现故障，红绿灯显示错误等。针对错误的具体行政行为，一般的原则是允许行政主体进行更正。由于错误的行政行为与行政主体的真实意思不符，如果行政主体自己发现或者相对人指出，行政主体也认可的情况下，由行政主体进行更正使之符合行政主体的真实意思，这是消除错误的具体行政行为的最佳办法。但是，一旦错误的具体行政行为已经进入到行政救济程序后，就不能再由行政主体自行更正了，而只能由救济机关予以认定。

---

① 在日本以及我国台湾地区将具体行政行为的违法称为具体行政行为的瑕疵。

② ［德］格尔诺特多尔：《德国行政法》，孙瑜译，载《法学论丛》1992年第6期。

四、具体行政行为的效力

（一）具体行政行为效力的内容

具体行政行为的效力表现在三个方面，即公定力、确定力和执行力。

1. 公定力。公定力，是指具体行政行为一经作出，除自始无效的以外，就具有推定有效而要求所有机关、组织和个人予以承认、尊重和服从的一种法律效力。具体行政行为的公定力与具体行政行为是否成立有关，与其是否真正合法无关，这只是一种推定或者假定的法律效力。只要具体行政行为成立，就要求一切机关、组织或个人对行政主体所作的具体行政行为表示尊重、服从，不能任意予以否定。之所以强调具体行政行为的公定力，主要出于对行政主体地位与作用的信任而由此带来的法的安定性和法律秩序的稳定性的考虑，避免出现法律秩序的混乱。

公定力不仅是具体行政行为效力的一个基本原理，而且还具有重要的实际意义，对行政救济规则、民事纠纷处理规则以及具体行政行为的其他效力规则都有一定的影响或者支撑作用。

2. 确定力。确定力，是指已经生效的行政行为对行政主体和行政相对人所具有的不受任意改变的法律效力。这里所说的改变，是指撤销、废止、注销、重做以及变更等。它包括形式确定力和实质确定力。

形式确定力，即不可争之力，是针对相对人而言的一种效力，是指行政相对人在复议或者诉讼期限届满后，不能再要求改变具体行政行为的效力。

实质确定力，即不可变更力，是针对行政主体而言的一种效力，是指行政主体不得任意改变已确定的行政行为，否则应承担相应的法律责任。实质确定力基于对行政主体行使权力的限制，避免相对人受反复性的行政专横和行政任意性的侵害，同时在授益行政行为中出于对相对人信赖利益的保护，要求行政主体不得任意改变已经作出的行政行为。如果没有法律依据就予以改变，属于违法。如果有法律明文规定可以改变，对合法的行政行为也可以改变，但是必须以补偿或者赔偿为条件。

3. 执行力。执行力，是指要求行政主体和行政相对人对已经生效的具体行政行为的内容予以实现的法律效力。执行力是对行政主体和行政相对人双方的一种法律效力，双方主体都具有实现行政行为内容的权利和义务。

执行力是实现行政行为内容的效力，这里的实现方式包括自行履行或者强制履行。对相对人的强制履行，包括行政机关自行强制执行和法院强制执行；对行政主体的强制履行一般由行政相对人提起行政复议或行政诉讼，通过行政内部权利体系监督或法院监督来实现。就对相对人的执行力来讲，《行政复议法》第21条和《行政诉讼法》第44条确立了“复议、诉讼不停止具体行政行为执行”的原则，这意味着行政行为成立后即具有执行力。但是，也有一些法律规定具体行政行为必须经过复议和诉讼期满之后，才能强制执行。[①] 这些例外的法律规定值得注意。

（二）具体行政行为的生效规则

具体行政行为何时发生法律效力，由法定的规则予以规定，这些构成生效规则，主要有以下几种情形：

1. 告知生效。具体行政行为效力的发生时间，一般为告知之时。行政行为的告知形式有多种，有口头形式，也有书面形式，如信函、通知、通报、公报、布告或者法定符号等。除紧急情况，大多采用书面形式予以告知。告知生效，意味着具体行政行为只有在告知相对人后才能发生法律效力，只能对告知的人发生法律效力，也只能以告知的内容为限度发生法律效力。

需要注意的是，告知生效并非告诉之时，而是指被告知人收到告知时，一般要求"收到通知时"。采用通报、公报以及布告等方式告知的，一般以被告知人应当知道时生效。

2. 附条件生效。附条件生效又称为付款生效，是指作出的行政行为如附有条件，该条件出现时就会导致行政行为的生效。行政行为所附条件有的事先非常明确，如附时间生效的情况，有些事先无法预订，是一种不确定的法律事实，必须待不确定的法律事实出现后，才能使行政行为生效。同时需要注意的是，附条件如果只是针对具体行政行为的部分内容时，要根据不同内容的不同要求确定生效的不同时间。

（三）具体行政行为的无效、撤销和废止

1. 具体行政行为的无效。具体行政行为成立时具有重大、明显的违法情形的，由有权机关确认或者宣告具体行政行为无效。

从大陆法系国家和地区的行政法学理和立法来看，无效大多是因具体行政行为存在重大且明显的瑕疵而引起。具体原因主要有：第一，主体瑕疵。大致有四种情形：一是根本不具有行政主体资格者所实施的行为，二是虽有主体资格但对特定事项不具有行政权能而实施的行为，三是不具有正当组织的行政机关所实施的行为，四是行政主体完全无意思的行为。第二，权限瑕疵，是指行政主体超越职权所实施的行为。第三，内容瑕疵。一是行政行为内容直接违法或构成犯罪的，二是内容在事实上不可能实现的，三是行为内容在法律上不可能实现的，四是行为内容不能确定的。第四，形式瑕疵。主要有：一是缺少法定书面形式要求

---

① 规定具体行政行为必须经过行政复议和诉讼期满后才能强制执行的法律已经颁布了一些，如《行政强制法》第 44 条规定，对违法的建筑物、构筑物、设施等需要强制拆除的，应当由行政机关予以公告，限期当事人自行拆除。当事人在法定期限内不申请行政复议或者提起行政诉讼，又不拆除的，行政机关可以依法强制拆除。《税收征收管理法》第 88 条规定，当事人对税务机关的处罚决定逾期不申请行政复议也不向人民法院起诉，又不履行的，作出处罚决定的税务机关可以采取税收征收管理法第 40 条规定的强制执行措施强制执行，后者申请人民法院强制执行。同时，《海关法》、《水污染防治法》中都有类似的规定。

的，二是虽有书面形式但欠缺关键要素的行为。第五，程序瑕疵。①

我国尚未建立统一的无效行政行为制度，但是理论和实践中已经有了不少的讨论和探索。对于无效的行政行为是否需要由有权机关予以确认或宣告，在学界尚有较大的争议。我们认为在相关制度尚不健全的情况下，由有权机关予以确认或宣告为宜。经确认或宣告确认为无效的具体行政行为，原则上自始不具有法律效力。经确认认为无效后，对确认前已经发生的法律效果，应当依法作出处理，尽可能恢复原状。具体来讲包括以下情形：一是对于负担行政行为，行政主体课以相对人的一切义务应当取消，相对人因行政行为而减少或者被剥夺的权益应当恢复，对相对人造成的实际损失应当赔偿。二是对于授益行政行为，相对人从无效行政行为中获得的利益是否应当收回应视相对人是否存在过错而定。如果相对人有过错，如存在欺诈、贿赂等恶意，或者存在与行政主体的恶意串通，那么其所获得的利益应当予以收回；如果相对人并无任何过错，根据信赖保护原则，对其获得的利益，不予收回；如果是出于公共利益的需要必须收回的，那么因此给相对人造成的损害，行政主体应当给予补偿。

2. 具体行政行为的撤销。具体行政行为具备可撤销的情形时，由有权机关作出撤销决定而使具体行政行为丧失法律效力。

对于违法的行政行为被撤销的，与无效一样，自始不具有法律效力，权利义务关系恢复到作出具体行政行为之前的状态。对于撤销前已经发生效果的行政行为，对其依法处理所坚持的原则与处理无效行政行为法律效果的处理原则一样。不过，可撤销的行政行为并非一定要确定其自始无效，如果有必要，也可以确定自撤销之日起丧失法律效力，而不予追溯。撤销在我国有两种情形：

（1）由于具体行政行为违法而被撤销。行政行为违法包括了主体资格违法、权限违法、内容违法、程序违法和形式违法，任何一种违法情形都可能导致行政行为被撤销。当然也需要区分是否属于明显轻微的违法行为，对于明显轻微的违法行为一般不予以撤销。比如，具体行政行为证据确凿、适用法律法规正确，仅仅有轻微的程序瑕疵的，一般不采用撤销方式。

（2）由于具体行政行为不合理而被撤销。这主要是针对行政主体不当行使职权的情形。行政主体不当行使职权时，虽然从表面看行为在权限范围之内，但实际上是不合目的或者作出了非理性决定。不当行使职权通常与自由裁量权相联系，出现在法律允许自由裁量的情形下。不当行使职权同样可以被撤销。

3. 具体行政行为的废止。具体行政行为的废止，又可称为具体行政行为的撤回，是指有权机关根据行政行为作出之后发生的情形，解除原本合法的行政行为的效力。

行政行为的废止不同于无效和撤销，其效力仅面向将来，而不溯及既往。行政机关撤回行政行为的目的一般基于行政行为已经没有存在的必要，或者行政行

① 杨海坤、章志远：《中国行政法基本理论研究》，北京大学出版社 2004 年版，第 250 ~ 252 页。

为的存在已经不符合现实的要求，或者行政行为的存在对公共利益造成不利的影响等。

行政行为的废止因负担行政行为和授益行政行为而有所不同。一般来说，负担行政行为的废止所受限制不多，有权机关可以根据具体案件的情况判断决定是否废止。当然，其也要遵循一些基本的原则，如有权机关废止时必须遵守现行法律，不能与现行法律相抵触；不能超越法定职权；不能滥用职权等。授益行政行为的废止则所受限制较多，根据信赖保护的原则，一般不主张对授益行政行为进行废止，但是出现特定条件时也可以废止。对授益行政行为废止的条件主要有：一是原有法律、法规、规章或者政策等已经被依法修改、废止或者撤销，原有行为的存在与新的法律、法规、规章或者政策相抵触；二是原行政行为所据以作出的事实在客观上发生了重大变化，若不废止将对公益产生不利的影响；三是原行政行为的外部环境发生重大变化，若不废止将给国家或者社会公共利益造成重大损失；四是原行政行为附有废止的条件，当条件出现时即可废止；五是原行政行为已完成原定目标、使命，没有存在的必要了。

第二节　行政处罚

一、行政处罚的概念

行政处罚，是指特定的行政主体依法对违反行政管理秩序而尚未构成犯罪的行政相对人（即公民、法人或其他组织）给予行政制裁的具体行政行为。行政处罚相对于实施处罚的行政主体而言，是一种制裁性行政行为，而对受到处罚的行政相对人而言，则是一种惩罚性的行政法律责任。进一步讲，行政处罚的概念包含了下列含义和特征：

（一）行政处罚的实施主体是行政主体

适用行政处罚，是行政机关的一项重要职权，其他国家机关不得享有和行使行政处罚权。但也不是任何一个行政机关都有行政处罚权，只有按法律、法规规定有行政处罚权的行政机关，才能行使行政处罚权。有处罚权的行政机关也不是在任何一个方面、任何一个领域都可以行使行政处罚权，对于某一特定的行政处罚权，只能由某一特定的主管行政机关行使，其他非主管行政机关无权实施。除行政机关外，法律、法规授权的组织（非行政机关）也可以作为行政处罚的主体，在某一领域行使法定的行政处罚权。

（二）行政处罚以行政违法为前提

行政违法行为是违反行政法律规范的行为。违反不同的法律规范，所承担的法律责任是不同的。违反刑事法律规范，就要给予刑事处罚；违反民事法律规范，则要承担民事责任；而行政处罚则是违反行政法律规范所要承担的法律后果。

（三）行政处罚的对象是行政违法的公民、法人或其他组织，属于外部行政行为

行政处罚的适用对象是作为行政相对方的公民、法人或其他组织，属于外部行政行为。这一点将它与行政处分区别开来。行政处分的对象一般只局限于行政机关工作人员或其任命、管理和监督的人员，受一定范围的限制。

（四）行政处罚是一种制裁性行为

行政处罚是以对违法行为人的惩戒为目的，作为制裁行为，只能针对业已发生的行政违法行为作出，不因违法行为的中止和结束而停止。与之相比，行政强制执行的目的在于促使义务人履行原法律义务，如税务机关对超过法定期限不纳税的纳税义务人所处的滞纳金，是一种督促义务人履行纳税义务的执行罚行为，随义务人开始履行纳税义务而停止；另外，从时间的延续来看，行政处罚往往是一次性的，而执行罚则可多次采用直到义务人履行义务为止。

二、行政处罚的原则

根据学界的通说和相关立法的规定，行政处罚应遵循的基本原则可以概括为如下几项：

（一）处罚法定原则

处罚法定是依法行政对行政处罚的基本要求，具体包括：

1. 处罚设定权法定。根据《行政处罚法》的规定，法律可以设定各种类型的处罚，法规及规章可各自在一定权限范围内设定行政处罚（详见下文），除此之外，任何其他规范性文件都不得设定行政处罚；而且，法规、规章越过权限“设定”处罚，不得作为实施行政处罚的依据。

2. 处罚主体及其职权法定。《行政处罚法》第15条规定：“行政处罚由具有行政处罚权的行政机关在法定职权范围内实施。”不具有特定法定职权的行政机关不能实施特定的行政处罚。法律、法规授权的具有管理公共事务职能的组织，可以在法定授权范围内实施行政处罚。受委托组织，在委托的范围内以委托的行政机关的名义实施行政处罚，并由委托的行政机关对行政处罚行为的后果承担法律责任。

3. 被处罚行为法定。行政处罚的实施必须以法律、法规或者规章为依据。对于行政相对人来说，法无明文规定不受罚。凡法律、法规或者规章未规定予以行政处罚的行为，其不受任何行政处罚。

4. 处罚的种类、内容和程序法定。对于法定应予处罚的行为，必须对之科以法定种类和内容的处罚。实施行政处罚，不仅要求实体合法，而且还必须程序合法。没有法定依据或者不遵守法定程序的，行政处罚无效。

（二）公正、公开原则

处罚公正原则，也称合理处罚原则，是处罚法定原则的必要补充。这一原则要求行政处罚必须公平、公正，没有偏私，设定和实施行政处罚必须以事实为根据，与违法行为的事实、性质、情节以及社会危害程度相当。

为了确保处罚公平和公正，较为有效的方法就是坚持和贯彻处罚公开的原则，对违法行为给予行政处罚的规定必须公布，未经公布的，不得作为行政处罚的依据；同时处罚程序也必须公开。

（三）处罚与教育、纠正违法相结合原则

处罚并非目的，而只是（制止、预防违法的）一种手段。因此，行政处罚不得为罚而罚或简单处罚了事。进而，在实施行政处罚时，必须注意两点：

1. 尽管教育必须以处罚为后盾，教育不能代替处罚，但是在依法对违法的相对人予以处罚的同时，“应当坚持处罚与教育相结合，教育公民、法人或者其他组织自觉守法”。

2. 处罚的目的是制止、预防违法行为，因此在实施行政处罚时，更应当“责令当事人改正或者限期改正违法行为”。

（四）保障相对人权利原则

行政主体在实施行政处罚时，不仅要制裁相对人的违法行为，而且还必须对行政相对人的权利予以充分保障。这主要体现在如下几个方面：

1. 行政机关作出行政处罚决定之前，都必须说明予以处罚的理由，告知相对人享有的权利，并认真听取其陈述和申辩，否则行政处罚不能成立。

2. 相对人对行政处罚不服的，有权依法申请行政复议或者提起行政诉讼。

3. 相对人因行政处罚违法而遭受损害的，有权依法请求赔偿。

（五）一事不再罚原则

从完整意义上讲，一事不再罚原则在《行政处罚法》中体现为：

1. 对当事人的同一违法行为，不得给予两次以上罚款的行政处罚。

2. 违法行为构成犯罪的，行政机关必须将案件移送司法机关，依法追究刑事责任。但同时也可并处行政处罚，如吊销驾驶证、营业执照等。

3. 违法行为构成犯罪，人民法院判处拘役或者有期徒刑时，行政机关已经给予当事人行政拘留的，应当依法折抵相应刑期；人民法院判处罚金时，行政机关已经给予当事人罚款处罚的，应当折抵相应罚金。

三、行政处罚的种类

一般而言，根据行政处罚对行政相对人权利、义务所造成影响的性质和程度不同，可以把我国的行政处罚分为申诫罚、财产罚、能力罚和人身罚四种。

（一）申诫罚

申诫罚，又称声誉罚，是对违法者予以告诫和谴责，对其名誉、信誉或精神施加一定影响的一种行政处罚。因此，凡是对其荣誉、名誉以及精神上的利益施加不利影响的，都属于行政处罚，可归为申诫罚类。这类处罚的具体形式主要有警告、通报批评、剥夺荣誉称号等。

在实践中，最为常见的申诫罚是警告。同时，警告也是《行政处罚法》中唯一明确规定的申诫罚。警告是行政主体对较轻的违法行为人予以谴责和告诫的处罚形式。警告的目的在于通过对违法行为人予以精神上的惩戒，申明其违法行为，以使其不再违法。

（二）财产罚

财产罚，是指使被处罚人的财产权利和利益受到损害的行政处罚。它是运用最广泛的一种行政处罚。这种处罚使违法者缴纳一定数额的金钱或者剥夺其一定财物，并不影响违法者的人身自由和进行其他活动的权利。财产罚的这种特性决定了财产罚的适用范围比较广泛。财产罚的具体形式主要是罚款、没收财物。

在财产罚中，最常见的、最广泛使用的是罚款。罚款，是指行政主体责令违法者承担一定的财产给付义务，要求违法者在一定期限内交纳一定数量货币的行政处罚。没收财物，是指行政主体依法将违法行为人的违法所得和非法财物收归国有的处罚形式。违法所得，是指违法行为人从事非法经营等获得的利益。非法财物，是指违法者用于从事违法活动的违法工具、物品和违禁品等。罚款与没收违法所得都是行政处罚，都属于财产罚。但罚款针对的是被处罚人的合法收入，没收违法所得是针对被处罚人的非法收入。

另外，罚款与罚金也是不同的。罚款是对未构成犯罪的违法行为的一种行政处罚，处罚行为主体是行政机关，申请法院强制执行罚款，也不改变罚款是行政行为的性质；罚金是对构成犯罪违法行为的刑事处罚，处罚行为主体是法院。

（三）能力罚

能力罚又称行为罚，是指行政主体限制或剥夺违法行为人特定的行为能力的制裁形式。它是仅次于人身罚的一种较为严厉的行政处罚措施。行为罚又包括责令停产、停业和暂扣或吊销许可证和营业执照。

责令停产停业，是对违反行政法律规范的法人、其他组织和工商个体户责令其停止生产、停止营业的一种处罚形式。责令停产停业是责令违法者暂时停止其所从事的生产经营活动，一旦违法者在一定期限内及时纠正了违法行为，按期履行了法定义务，仍可继续从事曾被停止的生产经营活动，无须重新申请领取有关许可证和执照。

暂扣或者吊销许可证、执照，亦称“许可证罚”，是限制或剥夺违法者从事某项活动的权利或资格的处罚形式。暂扣许可证、执照的特点在于暂时中止持证人从事某种活动的资格，待其改正违法行为后或经过一定期限，再发还证件，恢复其资格，允许其重新享有该权利和资格。吊销许可证、执照的特点在于撤销相对人的凭证，终止其继续从事该凭证所允许活动的资格。

（四）人身罚

人身罚，又称自由罚，即对违法公民的人身自由权利进行限制或剥夺的行政处罚。这是最严厉的行政处罚。在我国现行法上，行政处罚中的人身罚主要表现为拘留、驱逐出境、禁止出入境或限期出境等。

行政拘留，又称“治安拘留”，是公安机关（包括国家安全机关）依法对违反行政法律规范（特别是治安管理法律规范）的人，在短期内限制其人身自由的一种处罚。根据《治安管理处罚法》、《外国人入境出境管理法》、《公民出境入境管理法》等法律规范的规定，行政拘留的期限为1日以上15日以下。行政拘留一般适用于严重违反行政管理秩序的行为人，并且只有在使用警告、罚款处罚不足以惩戒违法者时才适用。

驱逐出境、禁止入境或出境、限期出境，是指公安、安全机关对违反我国行政法律规范的外国人、无国籍人采取的强令其离开或禁止进入中国国境的处罚形式。

需要指出的是，我国现行法律、法规在有关行政处罚的规定中，大多设有“责令改正或限期改正”的规定。《行政处罚法》第23条规定：“行政机关实施行政处罚时，应当责令当事人改正或者限期改正违法行为。”对责令改正或限期改正的理解应把握以下两点：

1. 责令改正或者限期改正的内容及形态。改正违法行为，包括停止违法行为，积极主动地协助行政处罚实施机关调查取证，消除违法行为所造成的不良后果，造成损害的，则要依法承担民事责任，依法予以赔偿。有些违法行为可以在受到处罚后立即改正；而有些违法行为的改正则需要一定的时间，如拆除违法建筑物、治理已被污染的环境、补种毁坏的树木等，故应责令其限期改正。

2. 责令改正或者限期改正与行政处罚的区别和联系。责令改正或者限期改正与行政处罚的区别表现为如下两点：一是性质及内容不同。行政处罚是法律制裁，是对违法行为人的人身自由、财产权利的限制或剥夺，是对违法行为人精神和声誉造成损害的惩戒；而责令改正或者限期改正违法行为，其本身并不是制裁，只是要求违法行为人履行法定义务，停止违法行为，消除其不良后果，恢复原状。二是形式各异。行政处罚有警告、罚款、没收违法所得、没收非法财物、责令停产停业、暂扣或吊销许可证、执照和拘留等。而责令改正或者限期改正违法行为，因各种具体违法行为不同而分别表现为停止违法行为、责令退还、责令赔偿、责令改正、限期拆除、限期治理等形式。

责令改正或者限期改正与行政处罚的联系表现在如下三个方面：一是起因相同。二者均是由于相对人的违法行为引起的。二是目的一致。二者的根本目的均是维护行政管理秩序，保护公民和组织的合法权益，维护公共利益。三是同步进行。在实施行政处罚时，往往同时责令违法行为人改正或者限期改正违法行为，只予以行政处罚，不足以恢复正常的行政管理秩序；仅责令改正或者限期改正，不足以惩戒违法者。只有二者同步进行，才能够最终达到行政目的。

四、行政处罚的设定

根据《行政处罚法》和其他法律、法规的规定，行政处罚的设定权限划分如下：

（一）法律可以设定的行政处罚

全国人民代表大会及其常务委员会是国家最高权力机关和立法机关，可以设定任何种类行政处罚。限制人身自由的行政处罚，只能由法律设定。

（二）行政法规可以设定的行政处罚

国务院是最高行政机关，其通过的行政法规可以依法设定除限制人身自由以外的行政处罚。法律对违法行为已经作出行政处罚规定的，行政法规不得超越法律规定的给予行政处罚的行为、种类和幅度的范围另行作出行政处罚规定。

（三）地方性法规可以设定的行政处罚

地方性法规可以设定除限制人身自由、吊销企业营业执照以外的行政处罚。法律、行政法规对违法行为已经作出行政处罚规定的，地方性法规不得超越法律、行政法规规定的给予行政处罚的行为、种类和幅度的范围另行作出行政处罚规定。

（四）国务院各部、委制定的规章可以设定的行政处罚

部委规章可以在法律、行政法规规定的给予行政处罚的行为、种类和幅度的范围内作出具体规定；尚未制定法律、行政法规的，部委规章可以设定警告或者一定数量罚款的行政处罚。罚款的限额由国务院规定。①。国务院可以授权具有行政处罚权的直属机构按照本条的情形规定行政处罚。

（五）地方政府规章可以设定的行政处罚

省、自治区、直辖市人民政府和省、自治区人民政府所在地的市人民政府、经国务院批准的较大的市以及经济特区市人民政府制定的规章，可以在法律、法规规定的给予行政处罚的行为、种类和幅度的范围内作出具体规定；尚未制定法律、法规的，上述人民政府制定的规章可以设定警告或者一定数量罚款的行政处罚。罚款的限额由省级人大常委会规定。

除上述规定外，其他任何规范性文件不得设定行政处罚。

五、行政处罚的管辖

行政处罚的管辖，是指行政机关之间对违法案件实施行政处罚的权限分工。

① 国务院《关于贯彻实施〈中华人民共和国行政处罚法〉的通知》已经对此作出规定：国务院各部门制定的规章对非经营活动中的违法行为设定罚款不得超过1000元；对经营活动中的违法行为，有违法所得的，设定罚款不得超过违法所得的三倍，但是最高不得超过30000元，没有违法所得的，设定罚款不得超过10000元；超过上述限额的，应当报国务院批准。

行政处罚的管辖包括职能管辖、地域管辖、级别管辖和指定管辖等几种情况。

（一）职能管辖

职能管辖，是指由依法管理不同事项的行政主体依据各自的法定职权在实施行政处罚上所作的分工。职能管辖通常由各种行业性的行政法律、法规作出具体规定。如工商法律、法规规定工商行政管理机关对工商违法案件实施处罚，公安法律、法规规定公安机关对违法案件实施公安行政处罚，等等。《行政处罚法》明确规定，行政处罚由“有行政处罚权的行政机关管辖”，这就明确了行政处罚的职能管辖问题。

（二）地域管辖

地域管辖，是指根据行政主体管理的地域范围来划分其实施行政处罚的权限分工。对于地域管辖有不同的划分标准，如以当事人所在地为标准、以标的物所在地为标准、以行为地为标准，等等。《行政处罚法》规定行政处罚的地域管辖以违法行为发生地为标准来确定。即对于违法案件，由违法行为发生地的行政机关实施行政处罚。这就是说，违法行为发生于何处，就由当地有行政处罚权的行政机关管辖。

（三）级别管辖

级别管辖，是指根据行政机关的级别确定其管辖范围。它要划分上下级行政机关或者组织之间实施行政处罚的权限。级别管辖主要解决不同级别的行政机关分别管辖哪些行政违法行为。《行政处罚法》规定，除法律另有规定的之外，对违法行为要由县级以上地方人民政府具有行政处罚权的行政机关实施行政处罚。这就明确了行政处罚管辖在级别上只能是具有行政处罚权的县级以上地方人民政府及其职能部门。

（四）指定管辖

指定管辖，是指上级行政机关以决定的方式指定下一级行政机关对某一行政处罚行使管辖权。通常是由于两个以上的行政机关对处罚管辖发生争议或者由于特殊情况无法行使管辖权时，才由上级机关指定由谁进行管辖。《行政处罚法》规定，对管辖发生争议的，应当报请他们的共同上一级行政机关指定管辖。

除以上四种管辖以外，对法律、法规另有管辖规定的，按法律、法规另行规定的情况实施管辖。

六、行政处罚的适用

行政处罚的适用，是指具有处罚权的行政主体对行政违法行为人具体运用行政处罚规范、实施行政处罚的活动。它是将行政处罚法律规范确定的原则、形式、方法或程序等加以具体运用的过程。

（一）行政处罚适用的条件

适用行政处罚必须符合一定的条件，是否具备行政处罚的条件，决定着行政处罚是否合法或有效。这些条件主要是：

1. 行政处罚必须由享有法定行政处罚权的适格主体实施，即由享有法定的行政处罚权的行政机关或法律、法规授权的组织在法定职权范围内实施。

2. 行政处罚必须以行政违法行为的客观存在为前提。

3. 行政处罚适用的对象必须是违反行政管理秩序的行政违法行为人，并达到法定责任年龄、具备责任能力。我国《行政处罚法》将处罚责任年龄规定为14 岁，对责任能力也作了规定。

4. 行政处罚必须以有关行政处罚法律规范为依据。

5. 行政处罚必须符合法定追究时效。《行政处罚法》第 29 条第 1 款规定：“违法行为在二年内未被发现的，不再给予行政处罚。法律另有规定的除外。”《治安管理处罚法》第 22 条第 1 款规定：“违反治安管理行为在六个月内没有被公安机关发现的，不再处罚。”

（二）行政处罚适用的方法

行政处罚适用方法，是指将行政处罚具体运用于不同行政违法案件和违法行为人的各种方法。在适用行政处罚时，应区别不同情况，运用不同的处罚方法。

1. 不予处罚。不予处罚，是指因有法定事由，对违法行为人不适用行政处罚。不予处罚的情形主要有：（1）不满 14 岁的人实施违法行为的；（2）精神病人在不能辨认或不能控制自己行为时实施违法行为的；（3）由于生理缺陷原因违反有关法律规定的；（4）属于正当防卫行为的；（5）属于紧急避险行为的；（6）违法行为轻微并及时纠正，没有造成危害后果的。

2. 从轻、减轻处罚。所谓从轻处罚，是指在法定处罚种类和幅度内，对行政违法行为人适用较轻的种类和较低幅度的处罚。所谓减轻处罚，是指在法定的处罚幅度最低限以下对行政违法行为人适用处罚。从轻、减轻处罚的情形主要有：（1）已满 14 岁不满 18 岁的人有违法行为的；（2）主动消除或减轻违法行为危害后果的；（3）受他人胁迫有违法行为的；（4）配合行政机关查处违法行为有立功表现的；（5）其他依法应从轻、减轻处罚的。例如，盲人或者又聋又哑的有违法行为的，主动投案、如实陈述自己违法行为的。

3. 从重处罚。从重处罚，是指在法定处罚种类和幅度内，对行政违法行为人适用较重的种类和较大幅度的处罚。行政处罚法没有规定从重处罚，《治安管理处罚法》对此有明确规定。根据《治安管理处罚法》第 20 条的规定，违反治安管理具有下列情形之一的，从重处罚：（1）有较严重后果的；（2）教唆、胁迫、诱骗他人违反治安管理的；（3）对报案人、控告人、举报人、证人打击报复的；（4）6 个月内曾受过治安管理处罚的。

4. 不执行行政拘留处罚。根据《治安管理处罚法》第 21 条的规定，对有下列情形之一，依法应当给予行政拘留处罚的人，不执行行政拘留处罚：（1）已满 14 周岁不满 16 周岁的；（2）已满 16 周岁不满 18 周岁，初次违反治安管理的；（3）70 周岁以上的；（4）怀孕或者哺乳自己不满 1 周岁婴儿的。

5. 处罚的竞合适用。处罚的竞合适用，是指发生法条竞合的情况下，即同一行为既违反行政法规范，又触犯刑事法律规范时，对其适用的处罚。如交通肇事、偷税漏税等行政违法行为，达到一定严重程度时又是犯罪行为，对其不仅要处以刑罚，还要吊销其驾驶执照或营业执照。对于这类违法行为，行政法律规范和刑事法律规范分别规定了对行为人科以行政处罚和刑罚，从而产生了处罚的竞合适用。

处罚的竞合适用情形主要有：（1）适用刑罚。对于行为人科以刑罚就足以达到惩处和预防行政违法和犯罪的目的，则没有必要对其再科以行政处罚。如对违法行为人判处拘役或有期徒刑的，就不必再对其处行政拘留。（2）刑罚与行政处罚双重适用。对违法行为人除由法院判处刑罚外，有关行政机关还应给予行政处罚。这是由于违法行为的双重性，某些行为所导致的刑事责任和行政责任均不得免除；而且刑罚与行政处罚在种类及功能上的差异，也决定了在适用刑罚的同时还应适用行政处罚，以弥补适用刑罚之不足。如对于交通肇事罪处以刑罚的同时，必须对其处以吊销执照的行政处罚。（3）适用行政处罚。这是对被判处免于刑罚的违法行为人，行政机关应给予行政处罚，不能因其免于刑事责任而不追究其行政违法的处罚责任。

七、行政处罚的决定程序

行政处罚，是对违法行为人的权利和利益的限制甚至剥夺，是一种较严厉的制裁行为。因此，行政处罚的适用必须遵守严格的程序。

（一）简易程序

行政处罚的简易程序又称当场处罚程序，是指行政处罚主体对于事实清楚、情节简单、后果轻微的行政违法行为，当场作出行政处罚决定的程序。

1. 简易程序的适用条件。适用简易程序的行政处罚必须符合以下条件：

（1）违法事实确凿；

（2）对该违法行为处以行政处罚有明确、具体的法定依据；

（3）处罚较为轻微，即对个人处以 50 元以下的罚款或者警告，对组织处以 1000 元以下的罚款或者警告。

需要注意的是，作为行政处罚特别法《治安管理处罚法》对于当场处罚的规定与《行政处罚法》上述规定的不同。《治安管理处罚法》第 100 条规定："违反治安管理行为事实清楚、证据确凿，处警告或者二百元以下罚款的，可以当场作出治安管理处罚决定。"这与行政处罚法规定给予行政相对人处 50 元以下的罚款才适用简易程序不同。

2. 简易程序的内容。简易程序是普通程序的简化，并不等于不需要程序。当场作出行政处罚决定的，应遵守以下程序：

（1）表明身份。执法人员当场作出行政处罚决定的，应当向当事人出示执法证件，表明执法人员身份。这里的证件，既可以是工作证，也可以是特定的执法证，有时二者皆需出示，有时还要求出示执勤证章等其他标志。

（2）说明理由，告知权利。执法人员应当告知作出处罚的事实根据、法律依据和理由，也应同时告知当事人陈述和申辩的权利。有关说明理由，告知权利和听取陈述、申辩的进一步阐述，参见下文一般程序。

（3）听取当事人的陈述和申辩。

（4）填写预定格式、编有号码的行政处罚决定书。

（5）将行政处罚决定书当场交付当事人。

（6）备案。执法人员当场作出的行政处罚决定，必须报所属行政机关备案。当事人对当场处罚决定不服的，可以依法申请行政复议或者提起行政诉讼。

（二）一般程序

1. 一般程序的概念。一般程序又称普通程序，是行政机关进行行政处罚的基本程序。一般程序适用于处罚较重或情节复杂的案件以及当事人对执法人员给予当场处罚的事实认定有分歧而无法作出当场处罚决定的案件。

2. 一般程序的内容。一般程序的主要内容如下：

（1）立案。行政机关对于属于本机关管辖范围内并在追究时效内的行政违法行为或重大违法嫌疑情况，行政机关认为有调查处理必要的，应当正式立案。立案的条件是：第一，行政机关经过对立案材料的审查，认为有违法行为发生；第二，违法行为是应受行政处罚的行为；第三，属于本部门职权范围且归本机关管辖；第四，不属于适用简易程序的案件。符合立案条件的，主管执法人员应该填写立案审批表或立案决定书，由行政首长批准，并指派专人承办。

（2）调查。行政机关在立案后、应当对案件进行全面调查，对主要事实、情节和证据进行查对核实，取得必要证据，并查证有关应依据的行政法律规范。行政机关在调查或者进行检查时，执法人员不得少于两人，并应当向当事人或者有关人员出示证件。行政机关在收集证据时，可以采取抽样取证的方法；在证据可能灭失或者以后难以取得的情况下，经行政机关负责人批准，可以先行登记保存，并应当在7日内及时作出处理决定。执法人员与当事人有直接利害关系的，应当回避。

（3）说明理由与告知权利。行政机关在调查终结之后，如果决定予以行政处罚的，那么应该在作出行政处罚决定之前，告知当事人作出行政处罚决定的事实、理由及依据，并告知当事人依法享有的权利。说明理由的内容包括作出行政处罚决定的事实根据、法律依据以及将法律适用于事实的道理。告知权利的内容包括告知申请回避权、申辩权，陈述事实、要求听证、提出证据权，申请行政复议、提起行政诉讼权和请求赔偿权等。

（4）听取陈述和申辩。当事人或被处罚人的陈述、申辩权，是行政处罚程序中最主要、最基本的权利，是保护相对人不受行政机关非法侵害的权利，也是制约行政机关滥用处罚权的主要机制之一。行政机关及其执法人员在作出行政处罚决定之前，行政机关必须充分听取当事人的意见，对当事人提出的事实、理由和证据，应当进行复核；当事人提出的事实、理由和证据成立的，行政机关应当采纳，不得因当事人申辩而加重处罚。拒绝听取当事人的陈述或者申辩，行政处罚决定不能成立；当事人放弃陈述或者申辩权利的除外。

（5）作出处罚决定。经过上述程序之后，行政机关如果决定予以行政处罚的，应当制作行政处罚决定书并载明法定的各项事项，还必须盖有作出行政处罚决定的行政机关的印章。

（6）行政处罚决定书的送达。行政处罚决定书的送达方式有以下三种：直接送达、留置送达和邮寄送达。行政处罚决定书一经送达，便产生一定的法律效果。当事人提起行政复议或行政诉讼的期限，从送达之日起计算。行政处罚决定书一般应在宣告后当场交付当事人；当事人不在场的，行政机关应当在7日内依照民事诉讼法的有关规定，将行政处罚决定书送达当事人。

（三）听证程序

1. 听证程序的概念。听证程序，是指行政主体作出处罚决定之前，给利害关系人提供发表意见、提出证据的机会，对特定事项进行质证、辩驳的程序，其实质是听取利害关系人的意见。严格来讲，行政处罚的听证程序不是与简易程序和普通程序并列的独立、完整的处罚程序，而只是一般程序中的一道环节。

2. 听证程序的适用条件。行政机关作出责令停产停业、吊销许可证或者执照、较大数额罚款等行政处罚决定之前，应当告知当事人有要求举行听证的权利。《治安管理处罚法》第98条规定："公安机关作出吊销许可证以及处二千元以上罚款的治安管理处罚决定前，应当告知违反治安管理行为人有权要求举行听证……"

3. 听证的实施。

（1）申请，当事人要求听证的，应当在行政机关告知后3日内提出。行政机关应当组织听证。

（2）费用，当事人不承担行政机关组织听证的费用。

（3）通知，行政机关应当在听证的7日前，通知当事人举行听证的时间、地点。

（4）公开，除涉及国家秘密、商业秘密或者个人隐私外，听证公开举行。

（5）职能分离与回避，听证由行政机关指定的非本案调查人员主持（职能分离原则）。当事人认为主持人与本案有利害关系的，有权申请回避。

（6）代理，当事人可以亲自参加听证，也可以委托1~2人代理。

（7）辩论，举行听证时，调查人员提出当事人违法的事实、证据和行政处罚建议；当事人进行申辩和质证。

（8）制作笔录，听证应当制作笔录；笔录应当交当事人审核无误后签字或者盖章。

行政机关在听证结束后，依据《行政处罚法》第38条的规定，根据情况分别作出予以行政处罚、不予行政处罚或者移送其他有关机关处理的决定。

八、行政处罚的执行程序

行政处罚的执行程序，是指行政主体对行政处罚的相对人执行已经发生法律效力的行政处罚决定的程序活动。根据行政诉讼法、行政强制法的相关规定，行政处罚的执行程序由如下几个方面的基本原则和制度组成：

（一）以申诉不停止执行为原则，以停止执行为例外

行政处罚决定依法作出后，当事人应当在行政处罚决定的期限内，予以履行。当事人对行政处罚决定不服，申请行政复议或者提起行政诉讼的，除法律另有规定外，行政处罚不停止执行。例如，《治安管理处罚法》中有关行政拘留执行的规定。该法第 107 条规定，被处罚人不服行政拘留处罚决定，申请行政复议、提起行政诉讼的，可以向公安机关提出暂缓执行行政拘留的申请。公安机关认为暂缓执行行政拘留不致发生社会危险的，由被处罚人或者其近亲属提出符合本法第 108 条规定条件的担保人，或者按每日行政拘留 200 元的标准交纳保证金，行政拘留的处罚决定暂缓执行。

（二）以罚缴分离为原则，以当场收缴为例外

1. 罚缴分离。罚缴分离，也即作出罚款决定的机关和收缴罚款的机构分离，是指除依法当场收缴的罚款外，罚款的行政处罚决定由法定的享有行政处罚权的行政机关作出，而罚款的收缴则由法定的专门机构负责，作出行政处罚决定的行政机关及其执法人员不得自行收缴罚款。行政机关可以指定银行作为收受罚款的专门机构，当事人到指定的银行缴纳罚款，银行应当收受罚款，并将罚款直接上缴国库。这是为了限制滥设处罚、乱施处罚等行政专横和滥用职权的现象，以保护行政相对人的合法权益，防止执行处罚人员乱施处罚，将罚没款据为己有，损害国家利益，败坏政府及其公务员的声誉。

2. 当场收缴。

（1）可以当场收缴的情形。至于当场收缴罚款，《行政处罚法》第 47 条规定了以下几种情形：第一，执法人员当场作出 20 元以下罚款。需要注意的是，《治安管理处罚法》第 104 条则规定的是 50 元以下罚款，但同时还要求被处罚人对罚款无异议。第二，不当场收缴事后难以执行的。其典型情况如《治安管理处罚法》第 104 条所规定的“被处罚人在当地没有固定住所，不当场收缴事后难以执行”这种情况。第三，在边远、水上、交通不便地区，当事人向指定的银行缴纳罚款确有困难，经当事人提出，也可当场收缴罚款。需要注意的是，这种情形下的当场收缴必须以当事人申请为前提。

（2）当场收缴的程序要求。第一，行政机关及其执法人员当场收缴罚款的，必须向当事人出具省、自治区、直辖市财政部门统一制发的罚款收据。如果不出具财政部门统一制发的罚款收缴的，当事人有权拒绝缴纳罚款。第二，执法人员

当场收缴的罚款，应当自收缴罚款之日起两日内，交至行政机关；在水上当场收缴的罚款，应当自抵岸之日起两日内交至行政机关；行政机关应当在两日内将罚款缴付指定的银行。

（三）当事人自觉履行和强制执行相结合

对于已经作出并生效的行政处罚决定，当事人应当在规定的期限内，依照法律规定，主动履行处罚决定中确定的义务。但是，如果当事人逾期不履行行政处罚决定的，作出行政处罚决定的行政机关可以采取如下方式强制执行：

1. 到期不缴纳罚款的，每日按罚款数额的3%加处罚款。这种措施属于间接强制执行即执行罚，其目的在于迫使当事人迅速而及时地履行行政处罚决定。只要当事人履行了处罚决定所确定的义务，执行罚便当然停止。

2. 根据法律规定，将查封、扣押的财物拍卖或者将冻结的存款划拨抵缴罚款。采取这种措施必须根据法律规定，拍卖查针、扣押的财物必须按国家规定公开进行或按照国家有关规定处理，拍卖财物折抵的罚款应当全部立即上交国库。

3. 如果当事人确有经济困难，需要延期或者分期缴纳罚款的，经当事人申请和行政机关批准，可以暂缓或者分期缴纳。

4. 申请人民法院强制执行。法律没有规定行政机关享有强制执行权的，作出行政决定的行政机关应当申请人民法院强制执行。

九、《行政处罚法》与其他处罚法律规范的关系

《行政处罚法》是我国行政处罚领域中的基本法，是关于行政处罚领域共通性问题的规定。公民、法人或其他组织的行为是否违反了行政管理秩序，是否应当给予处罚，给予何种处罚都是由各个领域的法律规范予以规定。所以，除《行政处罚法》外，我国各个行政领域中的法律、法规、规章中都有关于行政处罚的规定，或者存在单独的处罚法，如《治安管理处罚法》。为此，应当正确理解《行政处罚法》与其他处罚法律规范的关系。

（一）学理上的理解

在学理上，《行政处罚法》是基本法、普通法。根据宪法的规定，全国人民代表大会制定宪法和基本法律。《行政处罚法》是全国人民代表大会制定的，是关于行政处罚领域共通性问题的规定，是各个领域行政处罚法律规范的制定依据。各个领域行政处罚法律规范若是由全国人大常委会制定则属于法律，应是特别法，不得违背《行政处罚法》基本的原则性规定。

（二）适用的理解

《行政处罚法》第3条第1款规定："公民、法人或者其他组织违反行政管理秩序的行为，应当给予行政处罚的，依照本法由法律、法规或者规章规定，并由行政机关依照本法规定的程序实施。"按照该条和《立法法》的相关规定，在行政处罚中具体适用法律时应注意：

1. 首先适用各个领域关于行政处罚的法律规范，各个领域关于行政处罚的法律规范没有规定的，适用《行政处罚法》的有关规定。例如，《治安管理处罚法》第3条规定："治安管理处罚的程序，适用本法的规定；本法没有规定的，适用《中华人民共和国行政处罚法》的有关规定。"

2.《行政处罚法》与各个领域关于行政处罚的法律规范相冲突时的适用。各个领域关于行政处罚的法律规范与《行政处罚法》的规定不一致的，只要各个领域关于行政处罚的法律规范不违背《行政处罚法》的原则性规定，应当适用各个领域关于行政处罚的法律规范；如果各个领域关于行政处罚的法律规范违背了《行政处罚法》的原则性规定，《立法法》关于法律冲突的适用规则不能解决这一问题，根据学理要求和《行政处罚法》第3条的规定及立法精神，应当适用《行政处罚法》。[①]

第三节 行政强制

行政强制是行政法上的一项基本制度，它是实施法律的重要手段，是依法行使行政权的重要保障，是维护公共秩序的有力手段，是促进全社会遵守法律的有效方法。尤其对于公安机关而言，行政强制的地位和作用更为重要。2011年6月30日第十一届全国人民代表大会常务委员会第二十一次会议正式审议通过了我国《行政强制法》。这对于规范行政强制行为的设定与实施具有重大意义。

一、行政强制的概念

所谓行政强制，一般而言是指行政机关为了维护公共利益和社会秩序，预防和制止违法行为和危害事件的发生，或者为了实现具体行政行为的内容，而实施的强行限制相对人权利的行为。

具体而言，我国当前所谓的行政强制包括两种类型：第一，为预防和制止违法行为和危害事件为采取的行政强制，即行政强制措施；第二，为实现具体行政行为内容而实施的行政强制执行。我们可以从如下几个方面进一步认识行政强制的含义：

1. 行政强制的主体是行政机关和人民法院。行政强制由法律、法规规定的行政机关在法定职权范围内实施。法律、行政法规授权的具有管理公共事务职能的组织在法定授权范围内，以自己的名义实施行政强制。所有的行政强制措施的实施主体都是行政主体，但是行政强制执行有所不同。按照我国现行法的规定，只有一部分行政强制执行是由行政机关来实施，而大部分行政强制执行则是由行

① 《立法法》没有基本法和法律之分，特别法优于普通法、新法优于旧法的前提为同一机关制定。参见《立法法》第78条、第79条、第83条的规定。

政机关申请人民法院实施。

2. 行政强制具有突出的强制性。这种强制性是维护行政法秩序所必要的保障和后盾，也是国家区别于其他社会组织的根本特征之一。这种强制性既是确保其他行政行为所确定的相对人的义务得以履行的保障，也是行政强制区别于其他行政行为的根本特征。

3. 行政强制是侵益性或限权性行政行为。行政强制属侵益性行为，是基于公权力的运作和公共利益的追求，对特定相对人权利进行约束和限制的行为。

二、行政强制的原则

（一）法定的原则

1. 依法设定行政强制的原则。行政强制由法律设定；尚未制定法律，且属于国务院行政管理职权事项的，行政法规可以设定除限制公民人身自由以外的行政强制措施；尚未制定法律、行政法规，且属于地方性事务的，地方性法规可以设定查封、扣押的行政强制措施。法律对行政强制措施的对象、条件、种类作了规定的，行政法规、地方性法规不得作出扩大规定。法律中未设定行政强制措施的，行政法规、地方性法规不得设定行政强制措施。但是，法律规定特定事项由行政法规规定具体管理措施的，行政法规可以设定除限制公民人身自由和冻结存款、汇款以及应当由法律规定的行政强制措施以外的其他行政强制措施。法律没有规定行政主体强制执行的，作出行政决定的行政主体应当申请人民法院强制执行。并且，设定行政强制须遵循必要的程序法规定。例如，起草法律草案、法规草案，拟设定行政强制的，起草单位应当采取听证会、论证会等形式听取意见，并向制定机关说明设定该行政强制的必要性、可能产生的影响以及听取和采纳意见的情况。

2. 依法实施行政强制的原则。首先，实施行政强制的机关必须合法，无行政强制权的机关和组织均不得实施行政强制。其次，行政强制必须有法律依据，没有法律依据便不能强制。再次，行政强制必须依照法定程序、在法定职权范围内实施。最后，行政强制权的授予和委托均需要严格依照法律规范的规定进行。

（二）适当的原则

《行政强制法》第5条明确规定：“行政强制的设定和实施，应当适当。采用非强制手段可以达到行政管理目的的，不得设定和实施行政强制。”行政强制适当的原则，要求行政强制的设定和实施两个层面都必须对手段和目的进行衡量，准确地把握行政管理目的，充分了解实现该目的所必要的手段以及既有的手段，在确保达到行政管理目的的基础上，尽量做到选择非强制手段，选择较轻的强制手段，所选择的行政强制手段与所要达到行政管理目的的需求程度相当。

行政强制适当原则不仅是对正确适用法律的要求，而且是对利益衡量和利益最大化的要求，更是对狭义的比例原则的要求。以达到行政管理的目的为限度，这是行政强制适当原则的重要标尺，也是具体运用比例原则、最小侵害原则以及行政强制不得滥用原则的具体体现。

总之，只有在其他行政管理措施不能达到行政管理目的时，才可以依法设定或者实施行政强制。

（三）说服教育和强制相结合的原则

实施行政强制，坚持教育与强制相结合的原则，亦是对前述行政强制适当原则的具体诠释，强调应当致力于教育相对人自觉守法，自觉履行法定义务，为行政目的的实现提供便利。行政强制尤其是行政强制执行应该在穷尽教育手段（催告等）仍然不能实现行政目的时不得已而为之的手段。

在实施行政强制的过程中，应积极地进行法制宣传教育，促进行政相对人知法、懂法、守法，减少他们对行政活动的抵触情绪，自觉履行法定义务；在经合理的时间、采取适当的方法进行说服教育仍达不到行政管理目标的情况下，则须依法实施强制；或者在事态紧急、时间紧迫的情况下，可以不经过教育、告诫程序，直接实施行政强制。

（四）行政强制不得滥用的原则

行政强制不得滥用原则，与以行政强制“目的适当、手段必要、价值取向均衡”为内容的适当原则、最小侵害原则、均衡性原则等具有交叉和互为论证的关系，强调的是必要性、最小侵害和过度禁止。不过，这里所说的行政强制不得滥用原则，不是从“方式手段选择”的角度来评价行政强制的，而是从目的和价值取向的角度来阐述其核心内容——不得利用行政强制权为单位或者个人谋取利益。这本应是公务员伦理法上的规范内容之一，是对作为行政权力承担者的公务员所作出的纪律要求。将如此具体的纪律要求或者道德标准置于总则中，作为行政强制基本原则的重要组成部分之一，凸显了立法参与者对公权力私用的担忧，反映了对行政强制体现公益的迫切要求，这也是行政强制法定原则、适当原则以及权利保障和救济原则的内在要求。

（五）保护当事人合法权益的原则

从被强制人的角度来看，行政强制是典型的侵益性行政行为之一，这种属性决定了行政强制权的行使必须受到更多的监督制约，以确保被强制人的合法权益不因行政强制权的违法或者不当行使而受到损害。所以，在行政强制的相关法律规范中，全面而深入地贯彻保护当事人合法权益的原则就显得尤为重要和必要。围绕“保护公民、法人和其他组织的合法权益”这一立法目的，《行政强制法》具体条款中充分体现了这一原则。例如，采用非强制手段可以达到行政管理目的的，不得设定和实施行政强制；行政主体及其工作人员不得利用行政强制权为单位或者个人谋取利益；行政机关作出强制执行决定前，应当事先催告当事人履行义务；行政机关不得对居民生活采取停止供水、供电、供热、供燃气等方式迫使当事人履行相关行政决定；加处罚款或者滞纳金的数额不得超出金钱给付义务的数额；公民、法人或者其他组织对行政机关实施行政强制，享有陈述权、申辩权；有权依法申请行政复议或者提起行政诉讼；因行政强制机关的违法行政强制受到损害的，有权依法要求赔偿；因人民法院在强制执行中有违法行为或者扩大强制执行范围受到损害的，有权依法要求赔偿。

三、行政强制措施

行政强制措施，是指行政机关在实施行政管理过程中，为制止违法行为、防止证据毁损、避免危害发生、控制危险扩大等情形，依法对公民的人身自由或者对公民、法人或其他组织的财物实施暂时性控制的行为。

中国现行拥有实施行政强制措施权的主体几乎遍布所有的行政执法机关。可以说，只要对社会拥有行政管理职能的机关，它就拥有实施行政强制措施的权力。这些机关包括：公安、安全、工商、司法、狱政、监察、民政、国土资源、建设、规划、交通、水利、农业、文化、新闻出版、文物、卫生、药品监督、审计、海关、税务、环保、质量监督、证券监督、外汇等。

（一）行政强制措施的特征

与行政强制执行和其他行政决定相比，行政强制措施主要具有如下特征：

1. 行政强制措施的主体具有唯一性。即行政强制措施的主体只能是行政主体。和行政强制执行不同，行政主体是行政强制的唯一主体。

2. 紧急性。行政强制措施，是行政主体在情况紧急时直接基于法律、法规的规定而采取；而且和行政强制执行不同的是，强制措施不以确定义务的行政决定现行存在为前提条件。因此，学界多将行政强制措施称为即时强制。

3. 临时性和辅助性。行政强制措施具有临时性和辅助性的特点，这是由适用强制措施的条件所决定的。行政强制措施的临时性表现为它通常随着采取措施事由的消除而终止，无论是制止违法行为、防止证据毁损的行政强制措施，还是避免危害发生、控制危险扩大的行政强制措施，实施该强制措施的事由一旦消除，行政强制措施的继续存在便毫无意义，行政强制措施便自动解除或由实施主体宣告解除。行政强制措施通常也是为保障具体行政行为的作出而采取，如对财物的查封或扣押，即是对后续行政处罚的顺利作出和执行的保障，从而使行政强制措施具有辅助性和保障性的特点与作用。

4. 非制裁性。行政强制措施具有非制裁性，它不是一种法律制裁。限权和控制是行政强制措施的内容，通过限权和控制（制止违法行为、防止证据毁损、避免危害发生、控制危险扩大）避免社会秩序遭到破坏则是行政强制措施的追求。所以，行政强制措施的实施，不以相对人违法为前提。行政强制措施本身是限权和控制，不是法律制裁。

（二）行政强制措施的分类与种类

根据不同的标准，在学理上可以将行政强制措施进行如下划分：根据实施强制性措施目的的不同，可以分为预防性强制措施、制止性强制措施和保障性强制措施；根据强制措施限权内容的不同，可以分为限制人身自由和限制财产权的行政强制措施。①

《行政强制法》第 9 条规定了行政强制措施的种类，包括：限制公民人身自由；查封场所、设施或者财物；扣押财物；冻结存款、汇款；其他行政强制措施。可见，《行政强制法》根据行政强制措施权限内容和方式的不同，明确规定了 4 类行政强制措施，并设定了一个兜底条款，即“其他行政强制措施”。在实践中，行政强制措施手段多种多样，主要可以分为限制人身自由，处置财物，进入住宅、场所三类。

1. 限制人身自由的强制措施。根据相关法律的规定，行政机关在特定情形下可以限制行政相对人的人身自由。一是行政相对人处于醉酒、精神病发作等状态，非管制不能避免行政相对人对其本人造成危害或对他人构成威胁。二是行政相对人意欲自杀，非管制不能保护其生命。三是行政相对人存在其他严重危害公共安全或他人人身安全的情形，非管制不足以预防或救护。

我国相关立法规定了多种限制人身自由的方式，如保护性约束、立即拘留、强制扣留、强制搜查、强制隔离、强制治疗、现场管制、强行驱散等。

2. 处置财物的强制措施。行政机关在实施行政强制过程中，可以对相关财物依法进行处置，涉及所有权的 4 项权能，即行政机关可以对相关财物依法占有、使用、收益、处分。在实践中，行政机关采取行政强制措施处置财物具体表现为查封、扣押、冻结、使用、处分以及对财物的使用进行限制等。

3. 进入住宅、场所。当公民的生命、身体、财产有危险，非进入住宅、场所不能实施救护或不能制止危害行为时，显然有必要允许行政机关工作人员及时进入该住宅、场所采取一定措施。需要注意的是，进入公民住宅必须有法律明确的授权。

（三）行政强制措施的设定

《行政强制法》第 10 条规定：“行政强制措施由法律设定。尚未制定法律，且属于国务院行政管理职权事项的，行政法规可以设定除本法第九条第一项、第四项和应当由法律规定的行政强制措施以外的其他行政强制措施。尚未制定法律、行政法规，且属于地方性事务的，地方性法规可以设定本法第九条第二项、第三项的行政强制措施。法律、法规以外的其他规范性文件不得设定行政强制措施。”

《行政强制法》颁布施行前，不仅法律可以设定行政强制措施，行政法规、地方性法规也可以设定行政强制措施，甚至规章和其他规范性文件也可以设定行政强制措施。《行政强制法》改变了行政强制设定“政出多门”的混乱局面，为

① 关于行政强制措施的分类，可参见应松年主编：《行政法与行政诉讼法学》，法律出版社 2009 年版，第 288 页。

行政强制措施的设定确立了统一的原则和规则。

1. 法律可以设定各类行政强制措施。行政强制措施虽然具有临时性、辅助性和预防性，但其对行政相对人权益的调整和干预却是直接的、强制的。例如，收容审查涉及对被收审人人身自由权的干预，暂扣物品涉及对物品所有人财产权的干预。根据法治原则的基本要求，凡是为公民设定义务或者剥夺、限制公民权利的事项都属于法律保留的范围，排除其他法规、规章。特别是限制公民人身自由的强制措施属于法律绝对保留。

根据《行政强制法》的规定，行政强制措施属于法律保留的事项，行政强制权原则上由全国人大或全国人大常委会制定法律设定。通俗地说，法律不禁止公民做的就是公民的自由，法律未明确、具体设定行政强制权的，行政机关就不具有该项行政职权。通过法律直接设定行政强制权，既是实现行政机关其他行政职权的有效保障，也是对公民合法权益的有力保护。

2. 行政法规、地方性法规可以设定部分行政强制措施。在权利义务设定方面，法律的保留并不是绝对的。除了涉及公民基本权利必须由立法机关制定法律予以调整的事项以外，许多国家的立法机关都通过法律授予行政机关制定必要规则的权力。

在我国，根据《立法法》，对于一些重要事项，尚未制定法律的，全国人民代表大会及其常委会有权作出决定，授权国务院可以根据实际需要先制定行政法规，但是有关犯罪和刑罚、对公民政治权利的剥夺和限制人身自由的强制措施和处罚、司法制度等事项只能由全国人大及其常委会制定法律予以规定。同时，从现行制度和实际需要来看，允许地方性法规设定行政强制措施是不可缺少的，但必须严格限制。因而，《行政强执法》第 10 条第 2 款和第 3 款对行政法规、地方性法规设定行政强制措施的权力作出了严格限制。

3. 法律、法规以外的其他规范性文件不得设定行政强制措施。其他规范性文件一般包括三类：国务院部门的规章；省级人民政府的规章，有规章制定权的市人民政府制定的规章；其他的规范性文件，主要是指那些由国家机关制定的不属于立法，但又具有普遍约束力、能够反复适用的文件。按照制定机关划分，其他规范性文件可以分为立法机关的规范性文件、行政机关的规范性文件和司法机关的规范性文件。

对于这方面的规定，可以对照《行政处罚法》中关于行政处罚的设定和《行政许可法》中关于行政许可的设定的有关内容理解。有关行政机关应当根据《行政强制法》的要求，抓紧对相关法规、规章和其他规范性文件进行清理，与《行政强制法》保持立法上的统一。

（三）行政强制措施的实施主体

《行政强制法》第 17 条规定："行政强制措施由法律、法规规定的行政机关在法定职权范围内实施。行政强制措施权不得委托。依据《中华人民共和国行政处罚法》的规定行使相对集中行政处罚权的行政机关，可以实施法律、法规规定的与行政处罚权有关的行政强制措施。行政强制措施应当由行政机关具备资格的行政执法人员实施，其他人员不得实施。”

《行政强制法》第 17 条是关于行政强制措施实施主体和实施人员的规定。其中，第 1 款是对一般实施主体的规定，第 2 款是关于行政强制措施权集中行使的特别规定，第 3 款是对行政强制措施实施人员的规定。

1. 行政强制措施的一般实施主体。根据《行政强制法》第 17 条第 1 款的规定，行政强制措施的一般实施主体是法律、法规规定的行政机关。

（1）行政强制措施应当由法律、法规规定的行政机关实施。法律、法规未明确赋予行政强制措施权的，行政机关不得实施行政强制措施。

行政机关实施行政强制措施，不可避免地会对行政相对人的人身权利和财产权利产生或多或少的影响。为了更好地保护行政相对人的合法权益，必须对行政强制措施的实施主体予以一定限制。

根据《行政强制法》的规定，法律、法规以外的其他规范性文件均不得设定行政强制措施，因而相应地也就不得对行政强制措施的实施主体进行授权。所以，行政强制措施的实施主体只能是法律、法规授权的，享有行政强制措施权的少数行政机关，并非全部行政机关。

（2）法律、法规授权的行政机关应当在其法定职权范围内实施行政强制措施，不得超越自身权限。

根据“越权无效”原则，行政机关超越法定职权范围实施的行政强制措施均应视为无效。如果行政强制措施无效，实施机关及相关责任人不仅要依据《行政强制法》承担相应的法律责任，还要依法赔偿由此给行政相对人人身或者财产造成的损害。

（3）行政强制措施只能由法律、法规规定的行政机关在法定职权范围内实施，有权机关必须自行行使行政强制措施权，不能委托其他主体代为实施。

在《行政强制法》颁布施行前，一些地方或部门将行政强制措施权委托给其他社会组织或不具备资格的执法人员实施，有的地方或部门甚至雇用临时人员执法，执法随意性很大，侵害行政相对人合法权益的情况时有发生，严重损害法制的权威。为保护行政相对人的合法权益，《行政强制法》确立了禁止委托实施行政强制措施原则。

2. 行政强制措施权集中行使的行政机关。根据《行政处罚法》第 16 条的规定，国务院或者经国务院授权的省、自治区、直辖市人民政府可以决定一个行政机关行使有关行政机关的行政处罚权，但限制人身自由的行政处罚权只能由公安机关行使。这是我国相对集中行政处罚权制度确立的标志。所谓相对集中行政处罚，是指把若干行政机关的行政处罚权相对集中起来，交由一个行政机关统一行使，原行政机关不再行使已经由该行政机关统一行使的行政处罚权。

《行政强制法》第 17 条第 2 款的规定与《行政处罚法》第 16 条的规定一脉相承。根据《行政强制法》第 17 条第 2 款的规定，相关行政处罚权集中到一个行政机关以后，与行政处罚相关行政强制措施也应交由相应的行政机关统一实施。之所以这样规定，是因为一些行使相对集中行政处罚权的行政机关不能集中实施相应的行政强制措施，因此出现相对集中行使行政处罚权制度难以落实的情况。

实际上，行政处罚权集中行使有利于提高相关行政机关的执法效率。但是，这一权力的行使同样受到严格限制：第一，只有行使相对集中行政处罚权的行政机关才有资格行使相对集中行政强制措施权；第二，该行政机关行使的相对集中行政强制措施权必须与相应的行政处罚权有关。

3. 行政强制措施的实施人员。行政机关执法人员是代表国家行政机关依法行使行政执法权的人员，代表着国家的形象和权威。执法人员素质的高低直接决定着政府行政管理职能的落实与否。

根据《行政强制法》的规定，行政强制措施应当由行政机关具备资格的行政执法人员实施，其他人员不得实施。这样规定有利于改善目前行政强制执法措施实施主体庞杂的局面，有利于更好地维护行政相对人的合法权益，也有利于维护行政法制的严肃性，维护政府形象。

（四）行政强制措施的实施程序

1. 行政强制措施实施的一般程序。《行政强制法》第 18 条规定：“行政机关实施行政强制措施应当遵守下列规定：（一）实施前须向行政机关负责人报告并经批准；（二）由两名以上行政执法人员实施；（三）出示执法身份证件；（四）通知当事人到场；（五）当场告知当事人采取行政强制措施的理由、依据以及当事人依法享有的权利、救济途径；（六）听取当事人的陈述和申辩；（七）制作现场笔录；（八）现场笔录由当事人和行政执法人员签名或者盖章，当事人拒绝的，在笔录中予以注明；（九）当事人不到场的，邀请见证人到场，由见证人和行政执法人员在现场笔录上签名或者盖章；（十）法律、法规规定的其他程序。”

《行政强制法》第 18 条是关于行政强制措施实施的一般程序的规定。行政强制措施的实施程序，是指行政机关遵循法定方式、步骤、时限和顺序等要求实施行政强制措施的连续过程。

根据《行政强制法》第 18 条的规定，行政强制措施实施的一般程序包括：报告及批准、表明身份、通知当事人到场、告知和说明理由、听取陈述和申辩、制作现场笔录和其他程序。

（1）报告及批准。行政强制措施具有紧迫性和暂时性，但鉴于其直接威胁行政相对人的人身权和财产权，行政机关实施行政强制措施必须十分慎重。《行政强制法》第 18 条第 1 项规定了报告及批准的程序，要求执法人员在采取具体执法行动之前，向行政机关的有关负责人报告需要实施行政强制措施的原因、实施对象、拟采取的行政强制措施种类和方式等，在获得有关负责人批准之后方可实施相应的行政强制措施。

在工商行政管理执法领域，相关法律、法规也作出了类似规定。例如，《无照经营查处取缔办法》第10条第1款规定："工商行政管理部门依照本办法第九条的规定实施查封、扣押，必须经县级以上工商行政管理部门主要负责人批准。"这样规定不仅可以延缓行政机关实施行政强制措施的进程，使行政强制措施决定的作出更为慎重，而且可以避免给公民、法人或其他组织造成不必要的损害。

（2）表明身份。表明身份是行政公开原则的一项基本要求。具体说来，表明身份制度要求行政机关及其工作人员在作出行政行为之前，向行政相对人出示相关证件，如工作证、执法证等，以证明自己有资格作出相应的行政行为。

根据《行政强制法》第18条第2项和第3项的规定，两名以上的行政执法人员在实施行政强制措施之前，必须先向行政相对人出示执法身份证件，表明其具有实施行政强制措施的权力和资格。

确立表明身份制度有利于防止不法分子假冒执法人员诈骗公民、法人或者其他组织的财产，同时也为公民、法人或者其他组织提供了一种监督行政执法的重要方式。如果行政执法人员没有向行政相对人出示执法身份证件，或者出示的证件不足以使行政相对人信服，行政相对人有权拒绝配合执法人员的执法工作，且不需要承担任何法律责任。

（3）告知和说明理由。《行政强制法》第18条第4项和第5项规定的告知和说明理由程序是对当事人知情权和参与权的基本保障。

告知制度要求行政机关在实施行政强制措施时通知当事人到场，并当场告知当事人其拥有的权利和救济手段，以确保当事人正确参与行政程序。行政强制措施是针对行政相对人作出的，当事人理应到场。当场告知当事人采取行政强制措施的理由、依据以及当事人依法享有的权利、救济途径，不仅便于执法人员向当事人说明实施行政强制措施的有关情况，也便于当事人对执法过程进行监督，以维护自己的合法权益。因此，通知当事人到场，既是行政机关的程序义务，也是当事人的程序权利。

行政机关在作出任何行政行为，尤其是作出对行政相对人产生不利影响的行政行为时，应当向行政相对人说明作出该行政行为的事实根据和法律依据。就行政强制措施的实施而言，行政机关在对行政相对人实施行政强制措施时，必须向行政相对人说明实施该行政强制措施的事实根据、法律依据以及进行行政裁量时所考虑的政策、公益等因素。规定说明理由程序体现了行政机关对行政相对人的充分尊重，能够提高行政强制措施的可接受性，缓解行政相对人的抵触情绪，便于行政强制措施的具体实施。

（4）听取陈述和申辩。行政机关在作出任何行政行为，尤其是对行政相对人不利的行政行为之前，必须听取行政相对人的陈述和申辩，这既是正当程序原则的要求，也是行政参与原则的题中应有之意。陈述权和申辩权是行政相对人参与行政过程的一项核心权利；与此相应，听取行政相对人的陈述和申辩就是行政机关的法定义务。

对于行政强制措施的实施而言，执法人员必须在实施行政强制措施之前主动告知当事人享有陈述和申辩的权利。当事人的陈述和申辩既可以是书面的，也可以是口头的。执法人员应当认真听取当事人的陈述和申辩，当事人对行政强制措施的实施表示异议并提出事实、理由或者证据的，执法人员必须仔细复核研究。认为当事人提出的证据充分、理由成立的，执法人员应当采纳并进行重新调查。

（5）制作现场笔录。现场笔录，是指行政机关及其工作人员在行政执法过程中，对有关执法活动现场情况当场所做的书面记录，包括现场检查笔录、现场勘验笔录、现场检验笔录以及现场制作的音像视听资料等。

制作现场笔录是行政机关保存行政活动证据的重要方式之一。行政强制措施的现场笔录一般包括以下内容：实施行政强制措施的事由、时间、地点、过程、结果，当事人、执法人员、见证人的到场情况，当事人的陈述和申辩及采纳情况，以及其他需要记录的情况。

此外，还需要注意的是，现场笔录必须由当事人和执法人员签名或者盖章确认，当事人拒绝的，应当在笔录中注明；当事人不到场的，可以邀请见证人到场，由见证人和执法人员在现场笔录上签名或者盖章确认。否则，现场笔录不发生效力。

2. 行政强制措施实施的紧急程序。《行政强制法》第 19 条规定："情况紧急，需要当场实施行政强制措施的，行政执法人员应当在二十四小时内向行政机关负责人报告，并补办批准手续。行政机关负责人认为不应当采取行政强制措施的，应当立即解除。"

《行政强制法》第 19 条规定了实施行政强制措施的紧急程序。在执法实践中，经常会出现情况紧急需要当场实施行政强制措施的情形，行政执法人员不可能有充分时间去申请并获得行政机关负责人的批准。为了及时防止危险状态的发生，制止危险行为的继续，维护国家利益、公共利益，保护公民、法人或者其他组织的合法权益，《行政强制法》允许行政执法人员先行实施行政强制措施，待行政强制措施完成后再向行政机关负责人汇报，并补办相应的手续。

所谓情况紧急，是指如果不立即采取行政强制措施，将会造成国家利益、公共利益，以及公民、法人或者其他组织合法权益的重大损失，或是出现证据灭失等无法挽回的情形。由于不需要履行事先的批准程序，在紧急状态下是否需要实施行政强制措施完全依赖于行政执法人员的个人判断，对行政相对人的合法权益存在很大威胁。因此，必须采取有效的事后控制手段对行政强制措施的实施进行约束和规范。

根据《行政强制法》第 19 条的规定，在紧急措施采取之后，行政执法人员必须在 24 小时内向行政机关负责人报告，并补办申请批准手续。这样规定不仅体现了灵活性和原则性的有机结合，保证行政管理的效率，也有利于在最短的时间内实现对程序正义的补救。

同时，为了更好地保护行政相对人的人身权益和财产权益，防止行政恣意对行政相对人权益造成不必要的损害，《行政强制法》第 19 条还规定了行政机关负责人认为不应当采取行政强制措施的，应当立即解除。在紧急行政强制措施适用错误或者不适当的情况下，行政机关应当就行政相对人因此遭受的损失承担国家赔偿责任。

3. 实施限制人身自由强制措施的特别程序。实施限制人身自由的强制措施，除了必须遵循一般程序的要求外，还须遵循下列程序：

（1）当场告知或者实施强制措施后立即通知当事人家属实施行政强制措施的行政机关、地点和期限。

（2）在紧急情况下当场实施行政强制措施的，在返回行政机关后，立即向行政机关负责人报告并补办手续。

（3）法律规定的其他程序。

实施限制人身自由的行政强制措施不得超过法定期限。实施行政强制措施的目的已经达到或者条件已经消失，应当立即解除。

4. 实施查封、扣押、冻结行政强制措施的特别程序。实施查封、扣押、冻结行政强制措施，除了遵循一般程序外，还须遵循法律规定的特别程序要求。《行政强制法》在第三章“行政强制措施实施程序”中，专节对实施查封、扣押和冻结行政强制措施的特别程序作了具体规定。主要内容包括实施主体、对象及禁止性规定、决定书及内容、方法、保管、期限、解除等。

三、行政强制执行

行政强制执行，是指行政机关或者行政机关申请人民法院，对不履行行政决定的公民、法人或者其他组织，依法强制履行义务的行为。

（一）行政强制执行的特征

1. 以行政相对人不履行行政决定确定的义务为前提。行政强制执行是针对不履行行政行为确立的义务而实施，是强迫作为义务主体的行政相对人履行其应履行的义务或达到与履行义务相同的状态，以达到行政目的的行政行为。行政强制执行只有在构成了义务不履行的条件下并且法律明确规定可以实施行政强制执行时才能采取。对于不构成义务不履行的，如对未到限定期限的义务，就不能实施行政强制执行，否则便构成对行政相对人合法权益的侵害。

2. 行政强制执行的主体是行政机关或人民法院。中国行政强制执行的主体有两个：一是国家行政机关，二是人民法院。它们之间行政强制执行权的分配原则，由行政诉讼法及最高人民法院的司法解释所确定。《行政强制法》第13条规定：“行政强制执行由法律设定。法律没有规定行政机关强制执行的，作出行政决定的行政机关应当申请人民法院强制执行。”另外，我国《行政诉讼法》第66条规定：“公民、法人或者其他组织对具体行政行为在法定期限内不提起诉讼又不履行的，行政机关可以申请人民法院强制执行，或者依法强制执行。”最高人民法院《关于执行〈中华人民共和国行政诉讼法〉若干问题的解释》第87条规定："法律、法规没有赋予行政机关强制执行权，行政机关申请人民法院强制执行的，人民法院应当依法受理。法律、法规规定既可以由行政机关依法强制执行，也可以申请人民法院强制执行，行政机关申请人民法院强制执行的，人民法院可以依法受理。"

上述内容体现了一项原则，即我国的行政强制执行，以申请人民法院强制执行为原则，以行政机关自己执行为例外。因为申请人民法院强制执行无须以特别明示的法律规定为依据，而由行政机关自己实施强制执行须以法律的特别规定为前提。

在实践中，一般对于紧急的、应及时采取行政强制执行的行政行为，都由行政机关负责；而对于经过一段时间不会影响行政行为效果的行政强制执行，出于对行政相对人权益的保护，法律则规定由行政机关申请人民法院予以执行。

3. 行政强制执行的目的是实现行政决定确立的义务。无论由人民法院负责，还是由行政机关负责，行政强制执行的目的都是实现行政行为所确立义务的实现。人民法院在接受行政机关的行政强制执行申请时，应对行政行为的合法性进行审查，如合法，就应按照行政行为的内容予以强制执行；如不合法，则可以拒绝执行。

4. 行政强制执行的对象具有广泛性和法定性。行政强制执行可以针对一切阻碍行政行为执行的对象以及应执行的一切对象进行。行政强制执行的对象可以是物，如强制划拨；可以是行为，如专利强制许可；也可以是人，如强制扣留。这与民事强制执行将自然人排除在外不同。行政强制执行的具体实施方式，必须由法律明确规定，执行机关必须严格按法定形式实施，不得任意创新或更改。

（二）行政强制执行的种类

根据不同的标准，行政强制执行可以分为不同的种类。第一，以实施行政强制执行的主体不同进行，可以分为行政机关的自行强制执行和行政机关申请法院实施的强制执行。第二，根据待执行的具体行政行为所确定义务的内容不同，可以分为金钱给付义务的强制执行和行为义务的强制执行。第三，根据强制执行的手段是否直接强制性实现义务的内容为标准，可以分为间接强制执行和直接强制执行。

根据《行政强制法》第 12 条的规定，行政强制执行的方式包括加处罚款或者滞纳金；划拨存款、汇款；拍卖或者依法处理查封、扣押的场所、设施或者财物；排除妨碍、恢复原状；代履行和其他强制执行方式。

如前所述，行政强制执行一般分为间接强制执行和直接强制执行。前者是指行政强制执行机关通过间接手段迫使行政相对人履行其应当履行的义务，包括代履行和执行罚。后者是指行政强制执行机关对拒不履行相应义务的行政相对人的人身或者财产直接施以强制力，使其达到与义务主体履行义务相同的状态。

1. 代履行。代履行，是指行政强制执行机关或者第三人代替履行行政行为所确立的行政相对人的作为义务，并向行政相对人征收必要费用。代履行避免了执行机关直接凭借国家强制力迫使行政相对人履行义务，在行政强制执行中应用范围较广，具有较大实用价值。

代履行的实施前提是行政相对人有法定的义务存在却不履行其应该履行的法定义务。代履行的主体是行政强制执行机关或其委托的第三人。对代履行的具体实施主体理论界存在争论，实践中做法也不一样。在日本，代履行由行政机关自为。奥地利相关法律规定，代履行既可以由行政机关自为，也可以请第三人代为。德国相关法律规定，代履行只能由第三人代为。我国《行政强制法》第 50 条规定，行政机关可以代履行，或者委托没有利害关系的第三人代履行。

由行政强制执行机关代履行是完成强制执行任务的一种有效途径，在实践中，行政强制执行机关委托第三人代履行的，需要符合一定的条件：一是第三人接受行政强制执行机关的委托，二是受委托的第三人必须与受委托的代履行之间没有利害关系。

代履行的费用应当事先征收还是事后征收？各国的规定也不一致。事先征收代履行费用，会给行政相对人造成心理压力，促使其履行义务，这就起到了执行罚的作用。事后征收代履行费用，便于结算，可以省去费用退补的麻烦。

2. 执行罚。执行罚，是指行政强制执行机关对拒不履行不作为义务或者不可由他人代为履行的作为义务的义务主体，课以新的金钱给付义务，以迫使其履行义务。加处罚款和滞纳金是执行罚的典型形式。执行罚一般只适用于不作为义务和不可由他人代为履行的作为义务，被广泛地运用于税务、海关、环保、审计等部门。

执行罚的数额必须由法律法规明文规定，从义务主体应履行而不履行义务之日起，按日计算，并且可以反复适用。凡是法律、法规明确规定具体数额的，执行机关应当依法执行，如税法规定了滞纳金的计算标准。如果法律、法规只规定了执行罚的幅度，执行机关就应当在法定的幅度内进行裁量，具体数额应当以能够促使义务主体自动履行义务为限。一旦义务主体履行了义务，执行罚就不得再实施。

近年来，媒体报道过多起天价滞纳金事件，有关机关的行为对行政相对人的财产权造成严重损害，有必要从立法层面对执行罚的数额进行限制。公安部有关规章对交通处罚中滞纳金的缴纳作出了限制。根据《道路交通安全违法行为处理程序规定》第 52 条的规定，对逾期不履行行政处罚决定的当事人，每日可以按罚款数额的 3% 加处罚款，加处罚款总额不得超出罚款数额。《行政强制法》第 45 条第 2 款规定：“加处罚款或者滞纳金的数额不得超出金钱给付义务的数额。”

3. 直接强制。直接强制可以分为人身强制和财产强制两种，前者如强制传唤、强行带离现场、遣送出境等，后者如强制划拨、强制抵缴等。直接强制是迫使行政相对人达到履行义务或者与履行义务相同的状态最直接有效的办法，也是行政行为中最严厉的手段。直接强制如果运用不当，极易对义务主体的合法权益造成侵害。

行政机关采取直接强制执行措施时必须十分审慎。实施直接强制执行必须符合4个法定条件：

（1）执行主体必须符合法律规定。法律严格限制行政机关的执行权，凡是法律没有明确授权的，必须申请人民法院强制执行。

（2）执行条件必须符合法律规定。根据法律规定，只有在无法采用代履行、执行罚，或采取上述手段不能达到执行目的时，才能采取直接强制手段。

（3）直接强制必须遵循严格的法定程序。

（4）直接强制执行必须严格贯彻比例原则，不能给行政相对人的人身和财产造成额外的负担。

（三）行政强制执行的主体

《行政强制法》第13条规定："行政强制执行由法律设定。法律没有规定行政机关强制执行的，作出行政决定的行政机关应当申请人民法院强制执行。"也就是说，除非单行法明确规定行政机关享有具体的强制执行权，否则行政机关必须申请人民法院强制执行。

与之相应，该法第34条又规定："行政机关依法作出行政决定后，当事人在行政机关决定的期限内不履行义务的，具有行政强制执行权的行政机关依照本章规定强制执行。"另外，第50条还规定："行政机关依法作出要求当事人履行排除妨碍、恢复原状等义务的行政决定，当事人逾期不履行，经催告仍不履行，其后果已经或者将危害交通安全、造成环境污染或者破坏自然资源的，行政机关可以代履行，或者委托没有利害关系的第三人代履行。"此外，第53条又规定："当事人在法定期限内不申请行政复议或者提起行政诉讼，又不履行行政决定的，没有行政强制执行权的行政机关可以自期限届满之日起三个月内，依照本章规定申请人民法院强制执行。"

总之，我国《行政强制法》规定了以申请人民法院强制执行为原则，以行政机关强制执行为辅助的行政强制执行的主体模式。在实践中，行政机关强制执行的情形，如《城乡规划法》第68条规定："城乡规划主管部门作出责令停止建设或者限期拆除的决定后，当事人不停止建设或者逾期不拆除的，建设工程所在地县级以上地方人民政府可以责成有关部门采取查封施工现场、强制拆除等措施。"又如，《治安管理处罚法》第103条规定："对被决定给予行政拘留处罚的人，由作出决定的公安机关送达拘留所执行。"

（四）行政强制执行的程序

1. 催告程序。行政机关作出强制执行决定前，应当事先催告当事人履行义务。催告应当以书面形式作出，并载明下列事项：履行义务的期限；履行义务的方式；涉及金钱给付的，应当标注明确的给付金额和给付方式；当事人依法享有的陈述权和申辩权。催告书应当直接送达当事人，当事人拒绝接收或者无法直接送达当事人的，应当依照《民事诉讼法》的有关规定送达。

当事人收到催告书后有权进行陈述和申辩。行政机关应当充分听取当事人的意见，对当事人提出的事实、理由和证据，进行记录、复核。当事人提出的事实、理由或者证据成立的，行政机关应当采纳。在催告期间，对有证据证明有转移或者隐匿财物迹象的，行政机关可以作出立即强制执行的决定。

2. 作出强制执行决定。经过催告程序，当事人逾期仍不履行行政决定，且无正当理由的，行政机关可以作出强制执行决定。强制执行决定应当以书面形式作出，并载明下列事项：当事人的姓名或者名称、地址；强制执行的理由和依据；强制执行的方式和时间；申请行政复议或者提起行政诉讼的途径和期限；行政机关的名称、印章和日期。

行政强制执行决定书应当直接送达当事人，送达要求与催告书相同。

3. 实施行政强制执行。行政强制执行决定书送达后，行政机关应当按决定书中载明的时间实施强制执行。实施强制执行，行政机关可以在不损害公共利益和他人合法权益的情况下，与当事人达成执行协议。执行协议可以约定分阶段履行。当事人采取补救措施的，可以减免加处的罚款或者滞纳金。当事人不履行执行协议的，行政机关应当恢复强制执行。

行政机关不得在夜间或者法定节假日实施行政强制执行，情况紧急除外。行政机关不得对居民生活采取停止供水、供电、供热、供燃气等方式迫使当事人履行相关行政决定。

4. 中止执行。根据《行政强制法》的规定，有以下情形的，应当中止强制执行：当事人履行行政决定确有困难或者暂无履行能力的；第三人对执行标的主张权利，确有理由的；执行可能造成难以弥补的损失，且中止执行不损害公共利益的；行政机关认为需要中止执行的其他情形。

中止执行的情形消失后，行政机关应当恢复执行。对没有明显社会危害，当事人确无能力履行，中止执行满 3 年未恢复执行的，行政机关不再执行。

当事人在法定期限内不申请行政复议或者提起行政诉讼，又不履行行政决定的，没有行政强制执行权的行政机关可以自期限届满之日起 3 个月内，依法申请人民法院强制执行。

四、行政强制与相关概念的区别

（一）行政强制与行政处罚的区别

行政强制和行政处罚对于相对人而言都是典型的限权性行为，而且两者往往都是因当事人不履行法定义务所引起的。当然，当事人不履行法定义务情况有所不同：一种是该法定义务必须履行，由此引起行政强制执行，如纳税。另一种情况是该义务已不可能再履行，故只能给予行政处罚，如违反交通规则，闯红灯，事后只能予以罚款。但是，两者也存在着本质的区别，这主要体现为：

1. 性质不同。行政处罚是在行政管理相对方违反法律规定的前提下，行政机关为其设定新的义务，直接影响相对方的实体权利义务的行为，本质上属于制裁性法律责任。而行政强制不是法律制裁，行政强制执行以行政管理相对人拒不履行行政决定确定的义务为前提，不添加新的义务，只是强制相对人履行原定的义务；行政强制措施因遇有制止违法行为、防止证据毁损、避免危害发生、控制危险扩大等情形而采取，不以相对人存在违法行为为前提。

2. 目的不同。行政处罚的目的在于制裁相对人违反法律规定的行为，其着眼点在于对“过去”违反行为的惩罚；行政强制执行的目的在于督促义务人履行义务，其着眼点在于对“将来”义务内容的实现，行政强制措施也是针对现存或“将来”可能发生的情形，不是法律制裁，而是为了制止违法行为、防止证据毁损、避免危害发生、控制危险扩大等情形的一种限权性措施。

3. 适用的规则不同。行政强制执行中的执行罚，与行政处罚中的罚款相类似，但二者有本质区别。行政处罚的目的在于惩戒，因而处罚一般是一次性的，除非另有理由，对同一违法行为不得以同一事实和理由施以两次以上的处罚，即适用“一事不再罚”原则。而执行罚则不同，执行罚的目的在于强迫义务人履行义务，如义务人受执行罚后仍不执行，可再施执行罚，直到义务人履行义务为止。

（二）行政强制措施与刑事强制措施的区别

行政强制措施作为行政主体实施行政管理所采用的一种强制性手段，它与刑事强制措施特别是限制人身自由的行政强制措施与刑事强制措施有许多相似之处，在实践中，有些行政主体特别是公安机关将行政强制措施（主要是限制人身自由）与刑事强制措施（如拘传、监视居住）不加区分地使用，引起许多行政争议。实际上，二者存在本质的差别：

1. 对象不同。刑事强制措施是对犯罪嫌疑人、被告人采用的，即其适用对象只能是有重大犯罪嫌疑，有可能对其追究刑事责任的人。而行政强制措施的适用对象是违反行政法律规范的相对人，或具有自我危害性，或虽对社会公共利益、公共安全有危害性，但其主观没有恶性，或基于紧急情势，而对其财物施以强制的财物或权益的所有人、使用人等相对人，总之，不是对犯罪嫌疑人、被告人实施的。

2. 目的不同。刑事强制措施的适用是以保障侦查和审判的顺利进行为主要目的。而行政强制措施主要是为了排除相对人的具有社会危险性（如携带易燃易爆物品或管制刀具等进入公共场所）和自我危害性（如自杀、吸毒）的行为，或为了公共利益的紧迫需要（如强制许可、强制征用）或为了保障行政管理活动的顺利进行（如查封、扣押、冻结等财产保全或证据保全措施）而实施的。

3. 实施主体不同。刑事强制措施只能由公安、司法机关实施；而行政强制措施的实施主体则呈现出多样化，除限制人身自由的行政强制措施只能由公安机关实施以外，其他强制措施则往往分别由不同的行政主体来实施，如工商、海关、税务、审计、卫生、文化等部门均有不同程度的采取行政强制措施的权力。

4. 适用依据不同。刑事强制措施必须严格依照刑事诉讼法的规定实施，而行政强制措施的适用依据则往往散见于不同的行政程序法律规范当中，而且，刑事强制措施的适用往往必须履行严格审批手续，而行政强制措施有的需要经过审批，有的则由行政主体的工作人员灵活掌握，自由裁量，当场采取。

第四节 行政许可

一、行政许可的概念

所谓行政许可，是指行政主体根据特定行政相对人的申请，经依法审查，准予其从事特定活动的行政行为。

法律对私人行为的规制可以分三种情况：第一，不予禁止，在此情况下，私人通常可自由行事；第二，完全禁止，即对于特定事项，私人绝对不得从事，如贩卖毒品和贩卖人口；第三，一般禁止或有限禁止，即对于特定事项一方面出于公共利益的需要，予以一定的限制，但在具备一定条件并经特定行政主体的批准，仍然可以从事。第三种情况即行政许可。进而言之，行政许可具有如下含义与特点：

1. 行政许可的前提是法律的一般禁止或限制。如前所述，在法律未予禁止或者完全禁止的情况下，都不存在行政许可。

2. 行政许可是一种事前的控制手段。法律对于社会的规制手段有事前控制和事后控制，后者如行政检查、行政处罚等，前者最为典型的就是行政许可。之所以采取行政许可这种事前控制的手段乃是因为对于某些事项，仅仅依靠事后控制，可能会给公共利益造成重大的、不可挽回的损害。因此，需要通过行政许可这种事前控制手段，确保从事这项活动者具备应当从事该事项所必须的条件，并排除不具备条件者从事该事项的资格。

3. 行政许可是依申请的行政行为。一般而言，行政许可必须是根据行政相对人的申请进行。换言之，行政相对人申请是行政许可的前提条件。行政主体不因行政相对人准备从事某项活动而主动给予许可。需要注意的是，行政许可作出的前提是行政相对人的申请，但不能因此认为行政许可具有双方行政行为的性质。相反，行政许可是行政主体基于行政权而作出的单方行为，因为相对人的申请并不意味着必然得到行政主体的许可。提出申请只是相对人获得行政许可之前必须履行的法定义务。

4. 行政许可是一种授益性行政行为。以行政行为的内容对于行政相对人是否有利为标准，可以将其分为授益性行政行为和不利行政行为（又称负担性行政行为）。授益性行政行为乃是指行政主体为行政相对人设定权益或免除义务的行政行为。行政许可是行政主体准予行政相对人从事特定活动的行为。行政相对人只有获得行政许可，才能从事这种活动的权利或资格，而反之便不得从事该活动。因此，从行政许可的内容来讲，它是一种典型的授益性行政行为，即申请人由此获得了从事某种活动的权利或资格。当然，这种授益性也不完全排除在许可的同时附加一定的条件或义务。

5. 行政许可是要式行政行为。所谓要式行政行为，是指必须遵循一定的法定程序并具备某种书面形式的行政行为。行政许可应遵循一定的法定程序，并应以正规的文书、格式、日期等形式予以批准、认可和证明，必要时还应附上相应的辅助性文件（如许可证件）。另外，不予许可通常也需要以书面形式。这种明示的书面要求乃是行政许可形式上的要件和特点。

二、行政许可的性质

关于行政许可的性质，在中国行政法学界一直是个众说纷纭的问题。[①] 归纳起来，则主要有两种直接对立的观点：

第一，赋予权利说。这种观点认为，行政相对人没有该项权利，只是因为行政机关的允诺和赋权才获得该项被许可的权利。因此，行政许可乃是行政主体依法赋予行政相对人某种权利和资格的行政行为。

第二，自由恢复说。这种观点认为，对于必须经过许可才能从事的事项，法律禁止之前，是任何人都可以作为的行为。只是因为法律规定的结果，使这种自由受到限制，所以，行政许可只是自由的恢复，而非权利的设定。更进一步而言，作出具体行政行为的行政主体无权赋予行政相对人权利，权利是法定的，许可是在审查申请人是否符合法定权利的条件。对于未经许可的人，并不是他不得享有和行使申请许可的权利，而只是暂时不得或在未许可之前不得行使此项权利，否则其从事的活动为违法。但他仍享有此项权利，也享有行使此项权利的资格。

在我国，起初赋予权利说更占上风。而后，随着自由观念深入人心，赋予权利说逐渐失去市场，自由恢复说则逐渐居于主导地位。我们认为，行政许可的性质是不能一概而论的。进而，关于行政许可性质的这两种观点都无法完全解释所有的行政许可。实际上，一般行政许可和特别行政许可，其性质也可能是不同的。而自由恢复说和赋予权利说可以分别揭示这两类不同性质的许可。

所谓的一般许可，是指只要申请人依法向行政主体提出申请，经审查，符合法定条件的，该申请人就能够获得从事某项活动的权利或资格，对申请人并无特殊限制的行政许可。大多数行政许可，如机动车驾驶许可、卫生许可、经营许可等都属于一般许可。对于这种许可，行政主体的权限在于且仅在于审核申请人的条件是否符合法定条件；而一旦确定其符合法定条件，就必须予以许可，而不得施加任何特殊限制。其理论根据在于，这些许可事项本来就属于社会或私人自由

① 对于行政许可性质的各种观点较为全面的归纳，参见应松年主编：《行政法与行政诉讼法学》，法律出版社 2009 年版，第 178 ~ 180 页。

的范畴，只是基于行政法上的目的，而受到一定条件限制。因此，对于这种许可显然自由恢复说更符合其性质。

而所谓的特别许可，是指除了必须符合一般条件外，还对申请人予以特别限制的许可，如持枪许可、烟草专卖许可等。这种许可赋予了相对人可与第三人抗衡的新的法律效力的行为，为特定人赋予了新的权利和资格。这种特别许可的性质，显然用赋予权利说来解释更为恰当。

三、行政许可的种类

就行政许可的种类而言，从不同的角度可以将行政许可分为不同种类。除了上文所论述的一般许可和特别许可之外，行政许可还可以作如下分类：

（一）排他性许可和非排他性许可

排他性许可，是指某个人或组织获得该项许可以后，其他任何人或组织都不能再申请获得的许可，如专利许可、商标许可、烟草专卖许可等。

非排他性许可，是指可以为所有具备法定条件者申请、获得的许可，如驾驶执照、营业执照等。一般来说，一般许可都是非排他性许可。不过，值得注意的是，当某一领域中的许可存在数量方面的限制时，一定条件下的一般许可也会转化为排他性许可。

（二）独立证书许可和附文件许可

独立证书许可，是指单独的许可证便已表明持有人被许可的活动范围、方式、时间等，无须其他文件加以补充说明的行政许可，如出入境检验证、持枪证、特种工具购买证、驾驶执照、护照等。附文件许可，是指必须附加文件予以说明被许可的活动内容、范围、方式、时间等的行政许可，如专利许可、商标许可、建设许可、对动植物及其产品入境的海关许可等，附加文件是该类行政许可中一个不可或缺的组成部分。

（三）权利性行政许可和附义务的行政许可

权利性行政许可，是指行政许可获得者可以根据自己的意志来决定是否行使该许可所赋予的权利和资格的行政许可形式，如持枪证、护照、驾驶证、工商企业营业执照等。

附义务的行政许可，是指行政许可获得者必须同时承担一定时期内从事该项活动的义务，否则要承担一定法律责任的行政许可形式，如专利许可、建设用地许可、商标许可等。

除上述分类外，学理上对行政许可还有以下分类：按照行政许可的目的，行政许可可以分为保障公共安全的许可、保证人民健康的许可、维护社会良好风尚的许可、维护交通安全的许可、保护重要资源和生态环境的许可、调控进出口贸易的许可、加强城市管理的许可、保护当事人合法权益的许可以及发展国民经济的许可等。按照行政管理的内容，行政许可可分为公安行政许可、工商行政许可、卫生行政许可、环保行政许可、农业行政许可、资源行政许可、交通行政许可、文化行政许可、城建行政许可等。

四、行政许可的原则

根据《行政许可法》的规定，可将行政许可的原则归纳为：

（一）合法原则

行政许可的设定和实施，都必须严格依照法定的权限、范围、条件和程序进行。对此，下文将作进一步阐述。

（二）公开、公平、公正原则

首先，有关行政许可的规定应当公布；未经公布的，不得作为实施行政许可的依据。行政许可的实施和结果，除涉及国家秘密、商业秘密或者个人隐私的外，应当公开。（《许可法》第5条第2款）

其次，行政机关在实施行政许可时，不仅在实体和程序上要合法，而且还要公平、公正。具体而言，又可分为以下两个方面的要求：从程序上讲，要求实施行政许可的行政主体及其工作人员应当充分听取当事人的意见与申辩，并应当在与案件有利害关系时回避；从实体上讲，应当合理行使自由裁量权，同等情况同等对待，不同情况不同对待。“符合法定条件、标准的，申请人有依法取得行政许可的平等权利，行政机关不得歧视。”（《许可法》第5条第3款）

（三）便民原则

行政机关在实施行政许可过程中，应当减少环节、降低成本，提高办事效率，提供优质服务。例如，《行政许可法》规定行政机关应当相对集中行使许可权。省级政府可以决定由一个机关行使有关行政机关的行政许可权，应当“一个窗口对外”，以方便个人和组织办理许可。另外，行政许可的申请方式灵活多样，申请人不仅可以亲自到场申请，还可以通过其他方式申请。再者，原则上不得收费，不得向申请人提出购买指定商品、接受有偿服务等不正当要求。

（四）参与和救济原则

公民、法人或者其他组织对行政机关实施行政许可，享有陈述权、申辩权、申请行政复议权、提起行政诉讼权和申请国家赔偿权。

（五）信赖保护原则

公民、法人或者其他组织依法取得的行政许可受法律保护，行政机关不得擅自改变已经生效的行政许可，除非行政许可所依据的法律、法规、规章修改或者废止，或者准予行政许可所依据的客观情况发生重大变化，为了公共利益的需要，确需依法变更或者撤回已经生效的行政许可。但是，由此给公民、法人或者其他组织造成财产损失的，行政机关应当依法给予补偿。

五、行政许可的设定

（一）行政许可的设定原则

1. 设定行政许可应当遵循经济和社会发展规律。凡是市场竞争机制能够有效调节、行业组织或者中介机构能够自行管理的事项，不得设定行政许可。只有市场、社会自行解决不了的问题，政府才能介入，才能通过设定行政许可进行干预。

2. 设定行政许可应当有利于发挥公民、法人或者其他组织的积极性、主动性，维护公共利益和社会秩序。公民、法人或者其他组织能够自主决定的不应设定行政许可，只有当公民、法人或者其他组织行使这些民事权利可能对他人利益或者公共利益造成损害，并且这种损害难以通过事后赔偿加以弥补、补救时，才能设定行政许可。

3. 设定行政许可应当有利于经济、社会和生态环境协调发展。设定行政许可，不能仅仅考虑当前和眼下的利益，而应当统筹经济发展与社会事业及生态环境的协调，保持可持续发展。

基于行政许可的设定原则，《行政许可法》将可以设定行政许可的事项概括为六项。[①] 另外，对于可以设定行政许可的事项，通过下列方式能够予以规范的，可以不设行政许可：（1）公民、法人或者其他组织能够自主决定的；（2）市场竞争机制能够有效调节的；（3）行业组织或者中介机构能够自律管理的；（4）行政机关采用事后监督等其他行政管理方式能够解决的。

（二）行政许可设定权的分配

行政许可设定权的分配，是指各种主要法律渊源形式在设定行政许可上的权力配置。根据《行政许可法》的规定，我国行政许可设定权的分配规则如下：

1. 法律的行政许可设定权。法律可以设定行政许可，包括在行政许可法规定的设定行政许可的事项范围以外设定其他行政许可。

2. 行政法规的行政许可设定权。尚未制定法律的，行政法规可以设定行政许可。但在法律已经设定行政许可时，行政法规只能作出具体规定，不能增设行政许可。

3. 国务院决定的行政许可设定权。必要时，国务院可以采用发布决定的方式设定行政许可。但在实施后，除临时性行政许可因条件、情况发生变化而废止以外，决定设定的其他行政许可在条件成熟时，国务院应当及时提请全国人大及其常委会制定法律加以设定，或者自行制定行政法规加以设定。

4. 地方性法规的行政许可设定权。尚未制定法律、行政法规的，地方性法规可以设定行政许可。但法律、行政法规已经对有关事项设定行政许可的，地方

---

① 参见《行政许可法》第12条的规定。

性法规只能作出具体规定，不得增设行政许可。

5. 省级政府规章的行政许可设定权。尚未制定法律、行政法规和地方性法规的，因行政管理的需要，确需立即实施行政许可的，省、自治区、直辖市人民政府规章可以设定临时性的行政许可。临时性的行政许可实施满一年需要继续执行的，应当提请本级人大及其常务委员会制定地方性法规。为了防止“地方保护”现象，地方性法规和省、自治区、直辖市人民政府规章，不得设定应当由国家统一确定的公民、法人或者其他组织的资格、资质的行政许可；不得设定企业或者其他组织的设立登记及其前置性许可。其设定的行政许可不得限制其他地区的个人或者企业到本地区从事生产经营和提供服务，不得限制其他地区的商品进入本地区市场。

除上述规范性文件之外，其他规范性文件包括部委规章和省级政府所在地的市及较大的市的规章没有许可设定权，一律不得设定行政许可。

六、行政许可的实施

（一）行政许可的实施主体

行政许可一般由具有行政许可权的行政机关在其法定职权范围内实施。法律、法规授权的具有管理公共事务职能的组织，在法定授权范围内，以自己的名义实施行政许可。

另外，行政机关在其法定职权范围内，依照法律、法规、规章的规定，可以委托其他行政机关实施行政许可。受委托行政机关在委托范围内，以委托行政机关的名义实施行政许可。委托实施行政许可必须遵循以下规则：第一，委托主体只能在其法定职权范围内委托实施行政许可；第二，委托实施行政许可的依据是法律、法规和规章；第三，委托机关应当对被委托行政机关实施行政许可的行为负责监督，并对被委托机关的行政许可行为的后果承担法律责任；第四，被委托实施行政许可的行政机关不得将行政许可实施权再转委托给其他组织或者个人；第五，委托行政机关应当将被委托行政机关和被委托实施行政许可的内容予以公告。

（二）行政许可的实施程序

行政许可的实施通常应当按照以下程序和要求进行：

1. 申请与受理。公民、法人或者其他组织从事特定活动，依法需要取得行政许可的，应当向行政机关提出申请，如实向行政机关提交有关材料和反映真实情况，并对其申请材料实质内容的真实性负责。申请人可以委托代理人提出行政许可申请，但依法应当由申请人到行政机关办公场所提出的除外。

行政机关应当将法律、法规、规章规定的有关行政许可的事项、依据、条件、数量、程序、期限以及需要提交的全部材料的目录和申请书示范文本等在办公场所公示，并应申请人的要求对公示内容予以说明、解释。行政机关对申请人提出的行政许可申请应当根据不同情况分别作出受理或不受理的处理，并出具加盖本行政机关专用印章和注明日期的书面凭证。

2. 审查与决定。行政机关应当对申请人提交的申请材料进行审查。申请人提交的申请材料齐全、符合法定形式，行政机关能够当场作出决定的，应当当场作出书面的行政许可决定；不能当场作出行政许可决定的，应当在法定期限内按照规定程序作出行政许可决定。根据法定条件和程序，需要对申请材料的实质内容进行核实的，行政机关应当指派两名以上工作人员进行核查。行政机关对行政许可申请进行审查时，发现行政许可事项直接关系他人重大利益的，应当告知该利害关系人。申请人、利害关系人有权进行陈述和申辩。行政机关应当听取申请人、利害关系人的意见。

对申请人的行政许可申请进行审查后，行政机关应当依法作出准予行政许可或不予行政许可的书面决定。准予行政许可，需要颁发行政许可证件的，应当向申请人颁发相应的加盖本行政机关印章的行政许可证件。不予行政许可的，应当说明理由，并告知申请人享有依法申请行政复议或者提起行政诉讼的权利。准予行政许可的决定应当公开，公众有权查阅。

3. 期限。除当场作出行政许可决定的，行政机关应当自受理行政许可申请之日起 20 日内作出行政许可决定。20 日内不能作出决定的，经本行政机关负责人批准，可以延长 10 日，并将延长期限的理由告知申请人。法律、法规另有规定的，依照其规定。行政许可采取统一办理或者联合办理、集中办理的，办理的时间不得超过 45 日；45 日内不能办结的，经本级人民政府负责人批准，可以延长 15 日，并将延长期限的理由告知申请人。依法需要听证、招标、拍卖、检验、检测、检疫、鉴定和专家评审的，所需时间不计算在规定的期限内，但行政机关应将所需时间书面告知申请人。

行政机关作出准予行政许可的决定，应当自作出决定之日起 10 日内向申请人颁发、送达行政许可证件，或者加贴标签，加盖检验、检测、检疫印章。

4. 听证。法律、法规、规章规定实施行政许可应当听证的事项，或者行政机关认为需要听证的其他涉及公共利益的重大行政许可事项，行政机关应当向社会公告，并举行听证。

5. 变更与延续。被许可人要求变更行政许可事项的，应当向作出行政许可决定的行政机关提出申请；符合法定条件、标准的，行政机关应当依法办理变更手续。需要延续依法取得的行政许可的有效期的，应当在该行政许可有效期届满 30 日前向作出行政许可决定的行政机关提出申请（法律、法规、规章另有规定的，依照其规定）。行政机关应当根据被许可人的申请，在该行政许可有效期届满前作出是否准予延续的决定；逾期未作决定的，视为准予延续。

6. 特别程序规定。其主要包括：（1）行政机关按照招标、拍卖程序确定中标人、买受人后，应当作出准予行政许可的决定，并依法向中标人、买受人颁发行政许可证件。（2）赋予公民特定资格，依法应当举行国家考试的，行政机关根据考试成绩和其他法定条件作出行政许可决定；赋予法人或者其他组织特定的资格、资质的，行政机关根据申请人的专业人员构成、技术条件、经营业绩和管理水平等的考核结果作出行政许可决定。法律、行政法规另有规定的，依照其规定。(3) 依法应当进行检验、检测、检疫的，行政机关根据检验、检测、检疫的结果作出行政许可决定。(4) 企业或者其他组织的设立等需要确定主体资格的，申请人提交的申请材料齐全、符合法定形式的，行政机关应当场予以登记。需要对申请材料的实质内容进行核实的，行政机关指派两名以上工作人员进行核查。(5) 有数量限制的行政许可，两个或者两个以上申请人的申请均符合法定条件、标准的，行政机关应当根据受理行政许可申请的先后顺序作出准予行政许可的决定。法律、行政法规另有规定的，依照其规定。

七、行政许可的监督检查

(一) 行政许可监督检查的种类

行政许可监督检查主要包括行政机关内部的层级监督检查和行政机关对被许可人的监督检查两种。

1. 行政机关内部的层级监督检查，即上级行政机关基于行政隶属关系对下级行政机关实行的监督。

2. 行政机关对被许可人的监督检查。主要包括以下几种：(1) 书面检查；(2) 抽样检查、检验、检测与实地检查；(3) 被许可人的自检；(4) 对取得特许权的被许可人的监督检查。

(二) 行政许可的撤销与注销

1. 行政许可的撤销。行政机关违法作出行政许可决定，应当撤销其作出的行政许可决定。对违法的行政许可事项，基于保护公共利益的需要，该撤销的，行政机关应当予以撤销；撤销可能对公共利益造成重大损害的，不予撤销；既可撤销也可不撤销的，行政机关应当衡量各种利益后决定是否行使撤销权。行政许可决定被撤销时，行政机关应当赔偿被许可人因此受到的损害。

2. 行政许可的注销。是指基于特定事实的出现，由行政机关依据法定程序收回行政许可证件或者公告行政许可失去效力。应当注销行政许可的情形有以下六种：(1) 行政许可有效期届满未延续的；(2) 赋予公民特定资格的行政许可。该公民死亡或者丧失行为能力的；(3) 法人或者其他组织依法终止的；(4) 行政许可依法被撤销、撤回，或者行政许可证件依法被吊销的；(5) 因不可抗力导致行政许可事项无法实施的；(6) 法律、法规规定的应当注销行政许可的其他情形。

八、行政许可与相关概念的区别

（一）行政许可与行政确认的区别

行政确认，是行政主体对行政相对人的法律地位、法律关系或者有关法律事实进行甄别、认定、证明并予以宣告的具体行政行为。行政确认行为是针对法律规范规定的需要确认的事项，行政主体以国家的权威依法定条件和程序，对当事人之间的法律关系或法律事实予以确定或否定，使当事人之间的法律关系得到确定。其本质在于使相对方的法律地位和权利义务取得法律上的承认、确定。其主要形式是：确定、认定、认证、证明、登记鉴证等。

行政许可和行政确认这两个行为通常是一个行为的两个步骤，一般确认在先，许可在后，确认是许可的前提，许可是确认的后果；两者也可能是一个行政行为的两个方面。但同时，两者也存在着不同：

1. 前提不同。许可的前提是有禁止的存在，而确认并不以此为前提。

2. 对象不同。行政确认是确认相对方的法律地位、权利义务和法律事实，行政许可是使相对方获得某种行为的权利。

3. 法律效果不同。行政确认是对既有的身份、能力、权利、事实的确定和认可，其法律效果具有前溯性；行政许可是允许被许可人今后可进行某种对一般人的禁止的行为，具有后及性。

（二）行政许可与行政审批的区别

在实践中，行政许可和行政审批经常被混用，但严格来讲，二者不完全是同一个概念。行政许可是一种行政法学上的概念，更多的是在法律意义上使用；行政审批是一种行政管理学上的概念，更多的是在行政管理意义上使用。

具体而言，行政审批是一个描述性的、更为广泛的概念，而行政许可是一个相对更为狭窄的子概念。换言之，行政许可是行政审批的一部分，但行政审批不一定都是行政许可。行政许可是典型的一种外部行政行为，而相当一部分的行政审批则表现为是内部行政行为，如行政机关对其他行政机关或者其直接管理的事业单位的人事、财务、外事等事项的审批行为，就属于典型内部管理行为，不属于行政许可之列。进而言之，二者的救济途径也就有所不同。对于行政许可，行政相对人可以通过行政复议或者行政诉讼的方式获得救济；而对行政审批不服，通常不能申请行政复议、提起行政诉讼。

最后需要指出的是，一方面，《行政许可法》实施前业已存在的行政审批，如果符合《行政许可法》的规定，则应转化为行政许可，其设定和实施应当严格按照《行政许可法》的规定进行规范。另一方面，行政许可并不能完全取代行政审批，在实践中，行政许可与行政审批将长期同时存在。

九、现行中央立法规定的主要公安行政许可事项

序号	项目	法律依据	具体条款及条文内容	实施主体
1	建筑工程消防设计审核	《中华人民共和国消防法》	第10条：按照国家工程建设消防技术标准需要进行消防设计的建设工程，除本法第十一条另有规定的外，建设单位应当自依法取得施工许可之日起七个工作日内，将消防设计文件报公安机关消防机构备案，公安机关消防机构应当进行抽查。 第12条：依法应当经公安机关消防机构进行消防设计审核的建设工程，未经依法审核或者审核不合格的，负责审批该工程施工许可的部门不得给予施工许可，建设单位、施工单位不得施工；其他建设工程取得施工许可后经依法抽查不合格的，应当停止施工。	区（县）级以上公安消防机构
2	建筑工程消防验收	《中华人民共和国消防法》	第13条：按照国家工程建设消防技术标准需要进行消防设计的建设工程竣工，依照下列规定进行消防验收、备案： （一）本法第十一条规定的建设工程，建设单位应当向公安机关消防机构申请消防验收； （二）其他建设工程，建设单位在验收后应当报公安机关消防机构备案，公安机关消防机构应当进行抽查。 依法应当进行消防验收的建设工程，未经消防验收或者消防验收不合格的，禁止投入使用；其他建设工程经依法抽查不合格的，应当停止使用。	区（县）级以上公安消防机构
3	公众聚集场所开业使用前消防安全检查	《中华人民共和国消防法》	第15条：公众聚集场所在投入使用、营业前，建设单位或者使用单位应当向场所所在地的县级以上地方人民政府公安机关消防机构申请消防安全检查。 公安机关消防机构应当自受理申请之日起十个工作日内，根据消防技术标准和管理规定，对该场所进行消防安全检查。未经消防安全检查或者经检查不符合消防安全要求的，不得投入使用、营业。	区（县）级以上公安消防机构

续表

序号	项目	法律依据	具体条款及条文内容	实施主体
4	群众性活动安全检查	《中华人民共和国消防法》	第20条：举办大型群众性活动，承办人应当依法向公安机关申请安全许可，制定灭火和应急疏散预案并组织演练，明确消防安全责任分工，确定消防安全管理人员，保持消防设施和消防器材配置齐全、完好有效，保证疏散通道、安全出口、疏散指示标志、应急照明和消防车通道符合消防技术标准和管理规定。	区（县）级以上公安消防机构
5	中国公民因私出国护照	《中华人民共和国公民出境入境管理法》 《中华人民共和国公民出境入境管理法实施细则》	第5条：中国公民因私事出境，向户口所在地的市、县公安机关提出申请，除本法第八条规定的情形外，都可以得到批准。公安机关对中国公民因私事出境的申请，应当在规定的时间内作出批准或者不批准的决定，通知申请人。 《中华人民共和国公民出境入境管理法实施细则》第三条：居住国内的公民因私事出境，须向户口所在地的市、县公安局出入境管理部门提出申请，回答有关的询问并履行下列手续：（一）交验户口簿或者其他户籍证明；（二）填写出境申请表；（三）提交所在工作单位对申请人出境的意见；（四）提交与出境事由相应的证明。	县级以上公安机关
6	大陆居民往来台湾通行证	《中国公民往来台湾地区管理办法》	第6条：大陆居民前往台湾定居、探亲、访友、旅游、接受和处理财产、处理婚丧事宜或者参加经济、科技、文化、教育、体育、学术等活动，须向户口所在地的市、县公安局提出申请。	县级以上公安机关
7	内地公民赴港澳证件及签注	《中国公民因私事往来香港地区或澳门地区的暂行管理办法》	第6条：内地公民因私事前往香港、澳门，须向户口所在地的市、县公安局出入境管理部门提出申请。	县级以上公安机关

续表

序号	项目	法律依据	具体条款及条文内容	实施主体
8	台湾居民来大陆定居审批	《中国公民往来台湾地区管理办法》	第20条：台湾居民要求来大陆定居的，应当在入境前向公安部出入境管理局派出的或者委托的有关机构提出申请，或者经有大陆亲属向拟定居地的市、县公安局提出申请。批准定居的，公安机关发给定居证明。	县级以上公安机关
9	台湾居民多次来往大陆签注	《中国公民往来台湾地区管理办法》	第16条：台湾居民因在大陆投资、贸易等经济活动或者因其他事务来大陆后，需要多次来往大陆的，可以向当地市、县公安机关申请办理多次有效的签注。	县级以上公安机关
10	金融机构营业场所、金库安全防范设施建设方案审批及工程验收	《国务院对确需保留的行政审批项目设定行政许可的决定》	序号第41：金融机构营业场所、金库安全防范设施建设方案审批及工程验收由县级以上人民政府公安机关实施。	县级以上公安机关
11	户口准迁证核发	《中华人民共和国户口登记条例》	第10条第1款：公民迁出本户口管辖区，由本人或者户主在迁出前向户口登记机关申报迁出登记，领取迁移证件，注销户口。	派出所
12	边境管理区通行证核发	《国务院对确需保留的行政审批项目设定行政许可的决定》	序号第42：边境管理区通行证由地（市）、县级人民政府公安机关核发。	地（市）、县级人民政府公安机关
13	机动车驾驶证	《中华人民共和国道路交通安全法》	第19条第2款：申请机动车驾驶证，应当符合国务院公安部门规定的驾驶许可条件；经考试合格后，由公安机关交通管理部门发给相应类别的机动车驾驶证。	公安机关交通管理部门
14	机动车延缓报废审批	《国务院对确需保留的行政审批项目设定行政许可的决定》	序号第50：机动车延缓报废，由地（市）级人民政府公安机关交通管理部门审批。	公安机关交通管理部门

续表

序号	项目	法律依据	具体条款及条文内容	实施主体
15	设立临时停车场审批	《国务院对确需保留的行政审批项目设定行政许可的决定》	序号第63：设立临时停车场，由所在城市的市人民政府公安机关审批。	公安机关交通管理部门
16	机动车登记	《中华人民共和国道路交通安全法》	第8条：国家对机动车实行登记制度。机动车经公安机关交通管理部门登记后，方可上道路行驶。尚未登记的机动车，需要临时上道路行驶的，应当取得临时通行牌证。	公安机关交通管理部门
17	剧毒化学品公路运输通行证	《危险化学品安全管理条例》	第6条（二）公安机关负责危险化学品的公共安全管理，核发剧毒化学品购买许可证、剧毒化学品道路运输通行证，并负责危险化学品运输车辆的道路交通安全管理。 第50条：通过道路运输剧毒化学品的，托运人应当向运输始发地或者目的地县级人民政府公安机关申请剧毒化学品道路运输通行证。 第49条：未经公安机关批准，运输危险化学品的车辆不得进入危险化学品运输车辆限制通行的区域。危险化学品运输车辆限制通行的区域由县级人民政府公安机关划定，并设置明显的标志。	县级公安机关

续表

序号	项目	法律依据	具体条款及条文内容	实施主体
18	互联网上网服务营业场所设立审核	《互联网上网服务营业场所管理条例》	第11条：文化行政部门应当自收到设立申请之日起20个工作日内作出决定；经审查，符合条件的，发给同意筹建的批准文件。申请人完成筹建后，持同意筹建的批准文件到同级公安机关申请信息网络安全和消防安全审核。公安机关应当自收到申请之日起20个工作日内作出决定；经实地检查并审核合格的，发给批准文件。申请人持公安机关批准文件向文化行政部门申请最终审核。文化行政部门应当自收到申请之日起15个工作日内依据本条例第八条的规定作出决定；经实地检查并审核合格的，发给《网络文化经营许可证》。对申请人的申请，文化行政部门经审查不符合条件的，或者公安机关经审核不合格的，应当分别向申请人书面说明理由。申请人持《网络文化经营许可证》到工商行政管理部门申请登记注册，依法领取营业执照后，方可开业。	公安机关
19	城市范围内排放偶发性强烈噪声行政许可	《中华人民共和国环境噪声污染防治法》	第19条：在城市范围内从事生产活动确需排放偶发性强烈噪声的，必须事先向当地公安机关提出申请，经批准后方可进行。当地公安机关应当向社会公告。	公安机关

续表

序号	项目	法律依据	具体条款及条文内容	实施主体
20	《民用爆炸物品购买许可证》核发	《民用爆炸物品安全管理条例》	第21条：民用爆炸物品使用单位申请购买民用爆炸物品的，应当向所在地县级人民政府公安机关提出购买申请，并提交下列有关材料：（一）工商营业执照或者事业单位法人证书；（二）《爆破作业单位许可证》或者其他合法使用的证明；（三）购买单位的名称、地址、银行账户；（四）购买的品种、数量和用途说明。受理申请的公安机关应当自受理申请之日起5日内对提交的有关材料进行审查，对符合条件的，核发《民用爆炸物品购买许可证》；对不符合条件的，不予核发《民用爆炸物品购买许可证》，书面向申请人说明理由。《民用爆炸物品购买许可证》应当载明许可购买的品种、数量、购买单位以及许可的有效期限。	县级公安机关
21	《民用爆炸物品运输许可证》核发	《民用爆炸物品安全管理条例》	第26条：运输民用爆炸物品，收货单位应当向运达地县级人民政府公安机关提出申请，并提交包括下列内容的材料：（一）民用爆炸物品生产企业、销售企业、使用单位以及进出口单位分别提供的《民用爆炸物品生产许可证》、《民用爆炸物品销售许可证》、《民用爆炸物品购买许可证》或者进出口批准证明；（二）运输民用爆炸物品的品种、数量、包装材料和包装方式；（三）运输民用爆炸物品的特性、出现险情的应急处置方法；（四）运输时间、起始地点、运输路线、经停地点。受理申请的公安机关应当自受理申请之日起3日内对提交的有关材料进行审查，对符合条件的，核发《民用爆炸物品运输许可证》；对不符合条件的，不予核发《民用爆炸物品运输许可证》，书面向申请人说明理由。《民用爆炸物品运输许可证》应当载明收货单位、销售企业、承运人，一次性运输有效期限、起始地点、运输路线、经停地点，民用爆炸物品的品种、数量。	县级人民政府公安机关

续表

序号	项目	法律依据	具体条款及条文内容	实施主体
22	《爆破作业单位许可证》核发	《民用爆炸物品安全管理条例》	第32条第1款：申请从事爆破作业的单位，应当按照国务院公安部门的规定，向有关人民政府公安机关提出申请，并提供能够证明其符合本条例第三十一条规定条件的有关材料。受理申请的公安机关应当自受理申请之日起20日内进行审查，对符合条件的，核发《爆破作业单位许可证》；对不符合条件的，不予核发《爆破作业单位许可证》，书面向申请人说明理由。	公安机关
23	《爆破作业人员许可证》核发	《民用爆炸物品安全管理条例》	第33条：爆破作业单位应当对本单位的爆破作业人员、安全管理人员、仓库管理人员进行专业技术培训。爆破作业人员应当经设区的市级人民政府公安机关考核合格，取得《爆破作业人员许可证》后，方可从事爆破作业。	市级人民政府公安机关
24	《剧毒化学品购买凭证》、《剧毒化学品准购证》核发	《危险化学品安全管理条例》	第6条（二）公安机关负责危险化学品的公共安全管理，核发剧毒化学品购买许可证、剧毒化学品道路运输通行证，并负责危险化学品运输车辆的道路交通安全管理。 第38条：依法取得危险化学品安全生产许可证、危险化学品安全使用许可证、危险化学品经营许可证的企业，凭相应的许可证件购买剧毒化学品、易制爆危险化学品。民用爆炸物品生产企业凭民用爆炸物品生产许可证购买易制爆危险化学品。 前款规定以外的单位购买剧毒化学品的，应当向所在地县级人民政府公安机关申请取得剧毒化学品购买许可证；	公安机关

续表

序号	项目	法律依据	具体条款及条文内容	实施主体
25	举行集会、游行、示威许可	《中华人民共和国集会游行示威法》	第6条：集会、游行、示威的主管机关，是集会、游行、示威举行地的市、县公安局、城市公安分局；游行、示威路线经过两个以上区、县的，主管机关为所经过区、县的公安机关的共同上一级公安机关。 第七条第一款：举行集会、游行、示威，必须依照本法规定向主管机关提出申请并获得许可。	县级以上公安机关
26	《民用枪持枪证》核发	《中华人民共和国枪支管理法》	第9条：狩猎场配置猎枪，凭省级以上人民政府林业行政主管部门的批准文件，报省级以上人民政府公安机关审批，由设区的市级人民政府公安机关核发民用枪支配购证件。 第10条：野生动物保护、饲养、科研单位申请配置猎枪、麻醉注射枪的，应当凭其所在地的县级人民政府野生动物行政主管部门核发的狩猎证或者特许猎捕证和单位营业执照，向所在地的县级人民政府公安机关提出；猎民申请配置猎枪的，向所在地的县级人民政府公安机关提出；牧民申请配置猎枪的，应当凭个人身份证件，向当地的县级人民政府公安机关提出。受理申请的公安机关审查批准后，应当报请设区的市级人民政府公安机关核发民用枪支配购证件。	市级人民政府公安机关

续表

序号	项目	法律依据	具体条款及条文内容	实施主体
27	《枪支运输许可证》核发	《中华人民共和国枪支管理法》	第30条第1款：任何单位或者个人未经许可，不得运输枪支。需要运输枪支的，必须向公安机关如实申报运输枪支的品种、数量和运输的路线、方式，领取枪支运输许可证件。在本省、自治区、直辖市内运输的，向运往地设区的市级人民政府公安机关申请领取枪支运输许可证件；跨省、自治区、直辖市运输的，向运往地省级人民政府公安机关申请领取枪支运输许可证件。	市级以上地方人民政府公安机关
28	《焰火燃放许可证》核发	《烟花爆竹安全管理条例》	第33条：申请举办焰火晚会以及其他大型焰火燃放活动，主办单位应当按照分级管理的规定，向有关人民政府公安部门提出申请，并提交下列有关材料：（一）举办焰火晚会以及其他大型焰火燃放活动的时间、地点、环境、活动性质、规模；（二）燃放烟花爆竹的种类、规格、数量；（三）燃放作业方案；（四）燃放作业单位、作业人员符合行业标准规定条件的证明。受理申请的公安部门应当自受理申请之日起20日内对提交的有关材料进行审查，对符合条件的，核发《焰火燃放许可证》；对不符合条件的，应当说明理由。	县级以上地方人民政府公安机关

续表

序号	项目	法律依据	具体条款及条文内容	实施主体
29	《烟花爆竹道路运输许可证》核发	《烟花爆竹安全管理条例》	第23条：经由道路运输烟花爆竹的，托运人应当向运达地县级人民政府公安部门提出申请，并提交下列有关材料：（一）承运人从事危险货物运输的资质证明；（二）驾驶员、押运员从事危险货物运输的资格证明；（三）危险货物运输车辆的道路运输证明；（四）托运人从事烟花爆竹生产、经营的资质证明；（五）烟花爆竹的购销合同及运输烟花爆竹的种类、规格、数量；（六）烟花爆竹的产品质量和包装合格证明；（七）运输车辆牌号、运输时间、起始地点、行驶路线、经停地点。 第24条第1款：受理申请的公安部门应当自受理申请之日起3日内对提交的有关材料进行审查，对符合条件的，核发《烟花爆竹道路运输许可证》；对不符合条件的，应当说明理由。	县级人民政府公安部门
30	《典当业特种行业许可证》核发	1.《国务院对确需保留的行政审批项目设定行政许可的决定》 2.《典当管理办法》	序号第35：典当业特种行业许可证，由县级以上地方人民政府公安机关核发。 第16条：申请人领取《典当经营许可证》后，应当在10日内向所在地县级人民政府公安机关申请典当行《特种行业许可证》，并提供下列材料：（略）	县级以上地方人民政府公安机关
31	《旅馆业特种行业许可证》核发	1.《国务院对确需保留的行政审批项目设定行政许可的决定》 2.《旅馆业治安管理办法》	序号第36：旅馆业特种行业许可证，由县级以上地方人民政府公安机关核发。 第4条第1款：申请开办旅馆，应经主管部门审查批准，经当地公安机关签署意见，向工商行政管理部门申请登记，领取营业执照后，方准开业。	县级以上地方人民政府公安机关
32	《公章刻制业特种行业许可证》核发	《国务院对确需保留的行政审批项目设定行政许可的决定》	序号第37：公章刻制业特种行业许可证由县级以上地方人民政府公安机关核发。	县级以上地方人民政府公安机关

续表

序号	项目	法律依据	具体条款及条文内容	实施主体
33	印制特种票证准印证	《印刷业管理条例》	第29条第1款：印刷布告、通告、重大活动工作证、通行证、在社会上流通使用的票证的，委托印刷单位必须出具主管部门的证明，并按照国家有关规定向印刷企业所在地公安部门办理准印手续，在公安部门指定的印刷企业印刷。公安部门指定的印刷企业必须验证主管部门的证明和公安部门的准印证明，并保存主管部门的证明副本和公安部门的准印证明副本2年，以备查验；并且不得再委托他人印刷上述印刷品。	县级以上地方人民政府公安机关
34	易制毒化学品运输许可证	《易制毒化学品管理条例》	第20条第1款：跨设区的市级行政区域（直辖市为跨市界）或者在国务院公安部门确定的禁毒形势严峻的重点地区跨县级行政区域运输第一类易制毒化学品的，由运出地的设区的市级人民政府公安机关审批；运输第二类易制毒化学品的，由运出地的县级人民政府公安机关审批。经审批取得易制毒化学品运输许可证后，方可运输。	市县级公安机关

第五节　行政检查

一、行政检查的概念

行政检查，是指行政主体基于行政职权依法对公民、法人或者其他组织是否遵守法律规范或是否履行法定义务等情况进行查看、了解和督促的行政行为。行政检查是行政执法行为的重要组成部分，对法律的实施、督促相对人自觉守法及其他行政执法行为都具有重要作用。

行政检查可以从以下几个方面来理解：

（一）主体只能是行政主体

除具有行政检查权的行政机关和法律、法规授权的组织外，其他任何国家机关、企业、事业单位、社会团体或公民个人均不具有行政检查主体的资格。另外，权力机关进行的调查、人大代表的视察工作、检察院对监所执法情况的检查等都不属于行政检查。

（二）对象是行政相对人

行政检查的对象是处于被管理者地位的任何公民、法人或者其他组织。因此，行政检查不同于行政执法监督检查（有人亦称为行政执法检查）。所谓行政执法监督检查，是指有关行政主体对行政机关及其工作人员是否依法行政、是否严格执法所实施的督促和检查。这种监督检查从性质上属于行政法制监督的一种方式。这种检查的对象是行政执法的主体及其行政执法人员，检查主体是有层级领导或者指导关系的行政机关，一般限于上级政府对下级政府的检查、上级部门对下级部门的检查、政府对所属部门的检查以及法律、法规授权组织中上级组织对下级组织的检查。

（三）内容是行政相对人是否守法或履行法定义务

行政检查的内容包括行政相对人遵守法律、法规和规章的情况，也包括行政相对人对行政决定、命令及规划等的执行情况以及相对人是否履行法定义务的情况。

（四）行政检查必须依法进行

所谓依法进行，是指行政检查的主体必须是合法的行政主体、行政主体实施检查必须依照法定的职权进行、行政检查必须依照法定程序进行等。

二、行政检查的性质

行政法学界对行政检查的性质有不同的认识，主要集中在行政检查是否是具有法律效果的具体行政行为。有的学者认为行政检查是一种行政事实行为，也就是说行政检查不具有法律约束力，不产生相应的法律后果。有的学者认为，行政检查是一种具有行政法律效力的具体行政行为，从行政检查的主体、职权、对象、内容四个方面的特征可以看出，行政检查完全符合具体行政行为的要件，行政检查当然会影响相对人的合法权益，产生相应的法律后果。

由于行政检查兼有程序法和实体法上的意义，其表现极为复杂，对其定性比较难。对此，我们认为：

首先，行政检查是一种具有法律效力的具体行政行为。行政检查通常都是依职权进行的，这说明行政检查具有单方面性特点，其对相对人的影响是相对人无法选择也无法避免的。由于行政检查以汇集材料、收集证据和了解情况为目的，使行政检查不能对相对人的实体权利进行处分，往往使人们忽视行政检查对相对人权利的影响。其实，行政检查的实施主要是为相对人带来了如实陈述的义务，提供相关文书、资料或物品等协助义务。但行政检查行为并非一般的咨询了解行为，它具有强制力，可以对相对人产生相应的羁束力。这些义务虽然是程序性的，仍然对相对人构成一定的影响，有时甚至是较大的影响。行为的职权性及对特定行政相对人产生法律上的拘束力，决定了行政检查属于具体行政行为的属性。

其次，行政检查是一个运动过程，是行政活动过程中的一个环节。因此，对行政检查性质的探讨，还应将其融于行政活动的动态发展之中，可以将其看做一种阶段性行政行为。但并不等于否认行政检查的相对独立性。一方面，行政检查多作为其他有关行政行为的必经程序和处分基础，能引起相关行政行为的产生，从而对行政实体法律关系产生影响，体现了它的从属性；另一方面，行政检查具有相对独立性。行政主体可依据法律的规定直接启动行政检查，它的启动、过程、结束不需依托其他的任何行政行为。例如，行政检查虽然与行政立法、行政许可、行政处罚等行政行为紧密联系，是其不可或缺的一个环节，但却不依赖于其而独立存在，即行政检查的行使与实施，可能引起行政处罚行为，也可能引起行政奖励行为，还可能其他任何行为都不引起，但均不影响其行为结果的产生。

三、行政检查的特征

从不同的角度可以分析出行政检查的不同特征，不同的时代也赋予了行政检查不同的特征。从依法行政原则的角度看，行政检查具有以下几种基本特征：

（一）主体的唯一性

行政检查的主体只能是法定的行政主体，即享有某项行政检查权的国家行政机关或者法律、法规授权的组织，其他任何个人或者组织均不能进行行政检查。在实践中，行政主体以外的其他组织，如权力机关、检察机关及其他组织或者个人也可以进行一定的检查或调查活动。但就主体要件而言，这些行为的实施不是以法律赋予的行政职权为依据，不属于行政检查的范畴。

（二）职权的法定性

行政检查是行政主体的职权行为，且必须在职权范围内进行。可以说，凡行政主体都有相应的行政检查权。但是，任何行政主体必须在其职权范围内进行相应的行政检查，如土地执法部门不能进行税务检查，公安部门不能进行工商检查。只能在其职权范围内进行行政检查的另一层意义是，不同的行政机关在进行行政检查时只能采取法定的措施，而不能采取法定以外的其他任何措施。

（三）对象的特定性

行政检查的对象是行政相对人，个别情况下也可能是一定的物。这一特征，表明行政检查是一种外部行政行为，行政主体对内部相对人的监督行为，如行政机关在其内部进行的财务检查、卫生检查等都不属于这里所讲的行政检查。

（四）内容的特殊性

行政检查的内容是行政相对人遵守法律、法规、规章以及有关的行政命令、行政决定和履行有关法定义务的情况。行政主体采取合法、合理且有效的行政管理手段，确保圆满地实现行政目的。

（五）手段的强制性

行政检查行为并非一般的咨询、了解行为，它具有强制效力，对相对人能够产生相应的羁束力。由于行政检查具有单方性特征，其排除相对人的意思参与，同时又具有直接性，是和检查对象面对面的检查，直接限制了相对人的权利义务，极易引起相对人的反感甚至抵制，因而行政检查必须具有强制性，相对人不服从或不协助，具有直接强制性质的行政检查可强制进行，不接受具有直接强制性质的行政检查，相对人将会承担相应的法律责任。

行政检查中的强制一般表现为两种情况：一种情况下，如果行政相对人拒绝履行检查义务，行政检查主体可以采取间接强制手段（如罚款）限制或剥夺相对人的权利，以保证行政检查的实现，如根据我国《海关法》的有关规定，对于拒绝海关检查的人，海关检查机关可以不允许其出境或入境，或者给予一定的处罚。另一种情况下，对于行政相对人拒绝检查的行为，行政检查主体可以采取直接强制手段，对行政相对人的人身或财产施以强制力，以实现行政检查的目的。

（六）实施的程序性

行政检查是一种程序性较强的行政行为。行政检查是一个运动过程，具有程序性。行政活动是以检查为先导的，行政机关的执法过程可以概括为检查、决定、执行、再检查……以至不断往复的过程。在检查——决定交替与衔接的过程中，行政检查可能限制相对人权利的行使，因而行政检查必须依照法律规定的程序进行。

四、行政检查的原则

行政检查的原则，是指贯穿于整个行政检查过程中，为确保行政检查公正合理而必须遵循的准则。它的内容具有根本性，直接体现了行政检查的价值追求，是对行政机关合法公正行使检查权的最低限度的要求，在行政检查法律规范体系中处于最高位阶。由于我国的行政检查制度还不完善，有关法律、法规尚未对行政检查的原则作出规定。从确保行政检查公正合理的要求出发，并通过分析和借鉴相关国家的立法，我们认为，我国的行政检查应遵循以下原则：

（一）合法性原则

合法性原则作为行政检查的首要原则，是指行政主体的检查活动必须符合法律的规定。从内容上讲，合法性原则具体包括以下内容：

1. 行政检查主体合法。行政检查主体，是指在行政管理过程中依法行使行政检查权的机关或组织。一个合法有效的行政检查行为，其首要条件就是行政检查的主体应当合法。如果行政检查的主体不合法，其所谓的检查行为，必然不具备法律效力。从行政权力的来源以及行政权力的运行来看，进行行政检查的主体必须有法律赋予的职权，或者是经过合法委托而拥有合法的检查权。另外，实施行政检查必须在行政检查主体法定职权范围之内。这是因为，任何行政行为主体，都有法律明确规定的职权范围，行政行为只有在行为主体的职权范围之内才是合法有效的。

2. 行政检查手段合法。行政检查中采取的手段必须符合法律精神，不得违反法律、法规的规定使用检查手段。

3. 行政检查程序合法。行政检查作为一种特殊的行政行为，能够影响相对人的合法权益。因而，对行政检查主体来讲，法律、法规明确规定的行政检查程序，则必须严格遵守。即使没有法律、法规的明确规定，也要遵守行政程序的一般规则。

4. 行政检查目的合法。行政检查目的必须符合法律、法规的规定。

（二）合理性原则

合理性原则作为行政法的一项基本原则，在现代法治国家颇受重视。合理性原则的主要内容是正当性、相关性、平等性，越来越成为规范自由裁量权行使的重要规则。

法治发达的国家或地区，均十分强调合理性原则对行政检查的规制作用。在我国，合理性原则的内涵通常具体化为三个方面的基本要求：第一，行政主体进行检查行为时，其动机必须符合法定目的，即首先不能违反社会公益，其次要符合法律规定的特定目的，最后应当是出于善良的动机；第二，行政检查行为必须考虑相关因素，考虑了不相关因素即违反了合理性原则；第三，行政检查行为必须符合公正法则，即相同情况相同对待，同时，行政检查权的行使应符合客观规律，合乎情理。

（三）职权主义原则

职权主义原则，是指行政机关的调查收集信息资料的活动与职权行为相关，行政机关可主动地进行检查，其检查的种类、范围、顺序及方法，不受当事人请求的限制，并且行政机关应当全面地调查事实，不受自身偏见的限制。行政检查的职权主义原则具体体现在：第一，行政检查的范围是与个案行政决定有关的事实，行政机关应全面地调查事实真相；第二，行政机关对检查方法有自由裁量权，但必须以合法、合理为前提；第三，在法律授权的情况下，可依法要求相对人或第三人参与行政检查活动。

（四）保障相对人权益原则

行政检查权应当限定在保障包括公共秩序、公共道德、有效控制违法犯罪、维护社会安定等在内的公共利益所必需的适度范围之内，使行政检查权行使时能够与公民权利之间寻找一个恰当的边界，从而减少公权力对公民私权利的侵害，实现公权力与私权利的平衡，保障公民的权益。

例如，对于行政检查规定严格的程序要求，其重要目的就是保障相对人的合法权益。又如，公安部2006年3月29日颁布的《公安机关办理行政案件程序规定》还要求："对违法嫌疑人进行检查时，应当尊重被检查人的人格，不得以有损人格尊严的方式进行检查"；同时又要求："要检查妇女的身体，应当由女性工作人员进行"，"检查场所或者物品时，应当注意避免对被检查物品造成不必要的损坏"，等等。这些规定都体现了保障相对人权益的精神。

五、行政检查的种类

一般而言，我国的行政检查主要可以作如下分类：

（一）一般行政检查和特定行政检查

这是依据行政检查对象是否确定、具体所作的分类。一般行政检查，是指行政主体对不确定的公民、法人或者其他组织的守法情况进行的检查。其特点在于，所有符合接受行政检查条件或居于行政检查范围的行政相对人都要接受行政主体的检查。例如，公安消防机构对市区内建筑物是否符合消防标准进行检查，卫生部门本地餐饮行业是否符合卫生法进行检查等。特定行政检查，是指行政主体对具体、特定的行政相对人的守法或履行法定义务情况进行的检查。例如，统计部门要求某一企业提供企业经济指标完成情况的资料，医药管理部门要求某医院提交购进药品的质量验收报告等。这两种行政检查并不是截然分开的，有时两种行政检查可同时并用。一般行政检查可以使行政主体从宏观上把握行政相对人的守法情况；特定行政检查可以使行政主体从微观上了解行政相对人的守法情况。

（二）书面行政检查和实地行政检查

这是依据行政主体是否亲自到相对人的活动场所进行检查为标准所进行的分类。书面行政检查，是指行政主体通过审查书面材料来对相对人的守法等状况进行的检查。书面行政检查多和许可、批准行为相联系。实地行政检查，是指行政机关的工作人员或者其他公务人员代表其行政主体直接到检查对象所在地对其守法等情况进行现场检查。

（三）事前行政检查、事中行政检查和事后行政检查

这是以行政检查实施的时间的不同所作的分类。事前行政检查，是指行政检查的实施在行政相对人某一行为开始之前。例如，工商机关在某饭店开业前对其经营资格、条件的审查。事前行政检查的作用在于防患未然，防止违法行为的发生，也可为行政决策或决定提供情报和资料依据。事中行政检查，是指行政检查的实施存在于行政相对人行为开始之后尚未完成之前。如果行政相对人的某种行为具有连续性，就可能发生事中行政检查。事后行政检查，是指行政相对人的行为已经完成，行政主体对这一行为或这一行为后果进行的检查。例如，市政机关对某市政工程进行验收。事后行政检查多发生在无法或难以进行事前行政检查的情况下。这三种行政检查的分类也是相对而言的，且只是一种学术研究上的

分类。

（四）实力强制检查和间接强制检查

实力强制检查，是指行政机关在遭遇被检查人抵抗时，允许使用实力强行进入有关场所，或者强行对被调检人人身及财产进行检查。间接强制检查，是指当被检查人若无正当理由拒绝检查时，行政机关可采用行政强制措施，拒绝给予被检查人所预期的利益或者对现存的利益作出不利处分、行政处罚、刑罚等手段为担保，迫使其接受调查。强制检查，是指排除相对方的抵抗而进行的调查，也属于即时强制。

由于公安机关肩负着打击犯罪和治安管理的职责，所以被国家赋予合法使用武力的权力。其实行实力强制检查的情况最为多见，比如盘查、当特定事件发生时要求相对人向公安机关报告、对人身物品的检查等，这样对被检查者权利的影响也最大，往往是对被检查者的基本权利，如人身自由权、住宅不受侵害权的限制。因此，对实力强制检查进行法律规制就更为必要。

（五）联合行政检查和单独行政检查

这是依据行政检查主体的多少而作的分类。联合行政检查，是指两个以上行政机关对行政相对人某一方面的情况进行的检查。联合行政检查产生的原因有两个：一是两个以上的行政主体对某一方面的事务均有行政检查权；二是由于所检查内容上的关联性，为提高行政效率而进行的联合检查。例如，公安、文化等部门联合对网吧的检查等。单独行政检查，是指单一的行政主体对行政相对人守法情况的检查。这种检查是大量的和经常的。例如，工商行政机关对市场摊贩是否合法经营进行检查。

（六）定期行政检查和不定期行政检查

定期行政检查，是指行政主体相隔一定时间对行政相对人进行一次行政检查。例如，季度检查、年度检查等。不定期行政检查，是指行政主体对行政相对人进行检查的间隔时间并不确定。

六、行政检查的主要措施

行政检查权是行政权的核心部分，基本上涵盖了行政管理的各个领域，其各种措施的运用直接涉及具体的公共利益和公民的权利保护。根据相关法律、法规规定，行政检查权的措施主要有：

（1）有权要求相对人出示身份证件及其他相关的证件；

（2）有权检查相关的场所、物品，特种行业的业务经营状况；

（3）有权要求被检查方如实回答提问；

（4）有权要求相对方提供有关资料文件并进行核对、查证和确认，以发现问题；

（5）有权在执行追捕在逃人员、侦查案件、现场调查等职务活动中，对形迹可疑、有违法犯罪嫌疑的人员，进行当场盘问、检查。

七、行政检查的程序

不同种类的行政检查，其应当遵守的程序也不尽相同。但一般上，行政检查应履行下面的程序义务：

（一）表明身份

行政主体的工作人员在实施行政检查时，通常需要表明自己的身份。这样才能要求当事人接受、配合检查行为的实施，否则当事人有权拒绝接受检查。一般上，要口头说明并应出示其身份证件。

另外，《公安机关办理行政案件程序规定》第 61 条第 1 款规定："公安机关对与违法行为有关的场所、物品、人身可以进行检查。检查时，人民警察不得少于两人，并应当出示工作证件和县级以上公安机关开具的检查证。对确有必要立即进行检查的，人民警察经出示工作证件，可以当场检查。"

（二）说明理由，告知权利

通常情况下，在进行检查前，要说明检查法律依据和其他合法的理由。另外，在实施行政检查时，还应告知当事人所享有的权利。这些权利主要包括异议权、陈述权、申辩权、申请复议权、行政起诉权以及赔偿请求权等。

（三）行政检查的时间应当合法、合理

首先，检查应当在法律、法规规定的法定条件中的法定时间段进行，比如当场检查的情形。其次，如果没有规定法定时间的，则应当选择合理时间，比如，在对公民住所进行检查时，为了保障公民的休息权，应当尽量避免夜间进行；在对有关单位进行检查时，应尽量减少对单位正常生产、经营秩序的影响。

（四）其他程序性要求

例如，对相关物品、场所进行检查时，原则上物品、场所的所有权人或管理人应当在场，或者有见证人在场；对女性的身体检查时，必须由女性工作人员依法进行。

另外，对于公安机关的行政检查行为，《人民警察法》、《治安管理处罚法》等法律有一些原则性的规定。例如，《人民警察法》第 9 条以及《公安机关适用继续盘问规定》第 7 条规定，实施盘查时必须表明身份；《居民身份证法》第 15 条和《消防法》第 24 条分别规定查验身份证时和依法执行职务时要出示执法证件；《治安管理处罚法》第 87 条和第 88 条对治安检查权的实施程序所作的规定。

同时，《公安机关办理行政案件程序规定》对此又作了明确、细致的专门规定。公安机关在实施行政检查时，在遵照上述法律规定的同时，还应遵循该该程序规定中的相关要求。

八、行政检查与相关概念的区别

（一）行政检查与行政调查

行政检查和行政调查的关系密切，实务界通常将之交织在一起使用。一般认为，行政检查和行政调查的共同点都是对某一事实的了解，但同时，两者也存在着较大的区别：

1. 行政检查具有直接性特点，即直接涉及相对方的行为或物品；行政调查具有间接性，并不直接妨碍相对人的行为或物品，大多数是从第三人处了解。

2. 行政检查可以事先进行，也可以事后进行；行政调查只能在事后进行。

3. 行政检查须经法律特别授权，无法律依据不得进行检查；调查权是管理权中的一项内容，凡有管理权者都有调查权。

4. 行政检查属于行政法律行为，直接产生法律后果。行政的职权性（或职责性）及对相对人权益构成影响，并产生法律上的约束力，是行政行为的共同属性。行政检查具备这样的属性，因而行政检查属于行政行为而不是行政事实行为。行政检查与其他行政行为的不同之处，在于行政检查为相对人设定的义务，属于程序性的协助义务。行政调查属于准行政行为，并不直接产生法律后果。

（二）行政检查与行政执法检查

行政执法检查，也称行政执法监督检查，是指有关行政主体对行政主体及其工作人员行使行政职权行为和遵纪守法行为的督促和检查。这种监督检查从性质上属于行政法制监督的一种方式。无论是行政检查，还是行政执法检查，其监督的出发点都是为了维护和保障行政法治、维护和保障行政管理秩序。而且，行政执法监督检查的主体往往也是行政检查的主体。因为实施行政执法检查的主体通常是有负有领导或者指导职权的行政机关。再者两种检查有时互相结合进行，如有些执法大检查既检查行政相对人守法和履行法定义务的情况，又对行政执法的主体及其行政执法人员执法和廉政的情况进行检查。

但同时，行政检查与行政执法检查又存在着明显的区别，这主要表现在：

1. 检查对象不同。行政检查的对象是行政相对人，个别情况下也可能是一定的物或场所。行政执法检查的对象则是行政机关及其工作人员。检查对象的不同表明行政检查是一种外部行为，而行政执法检查则是一种内部行为。

2. 救济途径不同。行政检查作为一种外部行为，可以引起行政诉讼的发生。也就是说，如果行政主体违法行使检查权而使检查的对象的合法权益受到侵害，则行政相对人可以提起行政诉讼；而行政执法检查，一般不引起行政诉讼。如果检查的对象对行政执法检查不服，一般只能依法提起复议或申诉。

（三）行政检查与刑事检查的区别

一般认为，公安机关同时享有刑事侦查权和社会治安管理权两类不同的职权。因此，公安机关的检查权事实上可以分为刑事侦查过程中的检查权与行使治安管理权的检查权。行使前者的行为可称为刑事检查，后者则属于行政检查。两者在行使的方式方法上有相近或相同之处，例如，《公安机关办理刑事案件程序规定》与《公安机关办理行政案件程序规定》中调查方式都包括“讯问、询问、勘验、检查、鉴定”等方式。但同时，公安机关的日常监督检查、安全检查与警察的刑事检查又存在明显区别。这主要体现在：

1. 两者的法律依据不同。公安机关办理行政案件中的检查的法律依据是《治安管理处罚法》和其他相关的行政法律规范不同，它规定了公安机关人民警察在办理治安等行政案件中进行检查的范围和程序。刑事检查的法律依据是《刑事诉讼法》第105~107条，它规定了公安机关人民警察在办理刑事案件中进行检查的范围、程序以及人民检察院复验、复查、监督的权力。

2. 两者的目的不同。办理治安等行政案件中的检查目的是收集与违反治安等行政管理行为有关的证据。刑事检查的目的主要是确定犯罪嫌疑人和被害人的某些特征、伤害情况或者生理状态。

3. 两者的对象不同。办理治安等行政案件中的检查对象是与违反治安等行政管理行为有关的场所、物品、人身。刑事检查的对象只有犯罪嫌疑人和被害人，不得对物品、场所进行检查，并且明确规定对犯罪嫌疑人可以强制检查，对被害人不得强制检查。

4. 两者的启动条件不同。办理治安等行政案件中的检查：对确有必要进行检查的，人民警察经出示工作证件，可以当场检查；不出示县级以上人民政府公安机关开具的检查证明文件不得检查公民住所，但是，有证据表明或者有群众报警称公民住所内正在发生危害公共安全或者公民人身安全的案（事）件，或者违法存放危险物质，不立即检查可能对公共安全或者公民人身、财产安全造成重大危害的，人民警察经出示工作证件，可以立即检查。刑事检查必须出示县级以上公安机关批准的检查证明。

5. 两者的检查程序不同。办理治安等行政案件中的检查程序：应当出示人民警察工作证件和县级以上人民政府公安机关开具的检查证明文件；检查的情况应当制作检查笔录，由检查人、被检查人和见证人签名或者盖章（三方签名），检查笔录不得作为刑事检查的证据；被检查人拒绝签名的，人民警察应当在笔录上注明。刑事检查程序：检查的情况应当写成笔录，由参加检查的人和见证人签名或者盖章（双方签名）。①

---

① 侯凯中、孟昭阳：《论警察行政检查权及行使程序》，载《中国人民公安大学学报》（社会科学版）2010年第1期。

第六节　行政主体的其他行政决定与行为

一、行政确认

（一）行政确认的概念与特征

行政确认，是指行政主体依法对相对人的法律地位、权利义务和有关的法律事实进行甄别，给予确定、认可、证明并予以宣告的具体行政行为。它包括以下几层含义：

（1）行政确认的主体是特定的行政机关，以及法律、法规授权的组织。

（2）行政确认的事项是特定的。行政确认涉及的领域较广泛，种类比较繁多，但确认的事项则是具体的、特定的，如对于相对人身份、资格、事实、权利义务等的确认。

（3）行政确认的内容是确认或者否定相对人的法律地位、权利义务以及有关法律事实。它是针对特定相对人所涉及的特定确认事项作出的确认，以达到确定相对人权利义务或法律地位是否存在或是否具有的目的。如对相对人土地使用权的确认，对收养关系的确认等，都是为了确定其是否具有相应的权利义务。

行政确认具有以下几个主要特征：

（1）行政确认是要式的行政行为。由于行政确认的直接表现形式是对特定的法律事实或法律关系是否存在的确认，所以行政主体在作出确认行为时，必须采用书面的形式，并按照特定的技术规范要求作出。

（2）行政确认是羁束的行政行为。行政确认的目的是确定相对人的法律地位和权利义务，它是一项严肃的法律行为，受到各种技术性规范的制约。行政主体在确认时，只能严格地按照法律规定和技术规范进行操作，不能随意自由裁量。

（3）行政确认一般是行政机关作为作出某种行政决定的基础。由此可见，行政确认与作出行政决定是行政机关实施的两个密切相连的具体行政行为。

（二）行政确认的分类与范围

1. 行政确认的分类。以不同标准，可以对行政确认进行不同分类：

（1）依据相对人是否申请，可以分为主动的行政确认和依申请的行政确认。

所谓主动的行政确认，是指行政机关依据法定职权，不须相对人申请而主动实施的行政确认，又称依职权的行政确认，如纳税鉴定、计量鉴定、审计鉴定等。

所谓依申请的行政确认，是指必须由相对人提出申请，行政机关才能进行的确认。这种确认必须以相对人申请为条件，非依申请，行政机关不能主动进行确认，如工商登记、婚姻登记等。

（2）根据确认的内容不同，可以分为对身份、能力或资格、有关法律事实、法律关系以及权利归属等的确认。

对身份、能力或资格的行政确认是行政机关对相对人的身份情况或是否具有从事某种行为的能力或者资格的证明，如授予技术等级、专业技术职称，对从事驾驶、医务、建筑设计、会计、导游等的能力、条件、资格的认可。

对有关法律事实的行政确认是行政机关对与相对人的权利义务有密切关系的客观事实的认定，即对某项事实的性质、状态、质量、规格、等级、数量等的确认，如对相对人具体行政违法行为性质的认定，对产品质量的检验认证等。

对法律关系的行政确认是行政机关对相对人权利义务是否存在或者是否合法、有效的确认，以及对相对人权利义务关系性质的确认，如行政机关对收养关系的签证、对合同的签证等。

对权利归属的行政确认是行政机关对相对人是否享有某项权利，以及对具体权内容的确认。权属确认适用的主要情形有：对所有权的行政确认，如对相对人所有的资源、财产，个人所有的房屋、财物等的确认；对使用权的行政确认，指行政机关对相对人依法享有土地、山林、草原、水流、矿产等国有资源的使用权颁发使用证的行为；对经营权的行政确认，指行政机关对相对人在经济活动中享有的生产经营权给予确定、认可的行为，如进行营业登记、核发营业执照等行为；对知识产权的行政确认，指有关行政机关对相对人的专利权、商标权、著作权等知识产权依法颁发专利商标等专用证明，以及确定、证明著作权人等行为。

（3）依据确认与另一种行为是否存在依赖关系，可以分为独立的行政确认和附属性的行政确认。

所谓独立的行政确认，是指行政确认行为不依赖另一种行政行为而能够独立存在。这种确认不是另一种行政行为成立的必要前提，也不是作为另一种行政行为的补充，它有其自己的法律效果。如各种行政证明行为。

所谓附属性的行政确认，是指该确认行为的目的并非为了自身而独立存在，该确认行为的完成是为了另一种行为的成立，或是另一种行为的补充，其法律效果归属于另一种行政行为。如对于所有权、使用权等权属争议的处理，首先要确认权属，然后裁决处理争议；颁发营业执照，首先要确认相对人资格，确认是许可相对人从事经营活动的前提。

2. 行政确认的范围。行政确认在行政管理中被广泛运用，其适用的范围主要是：

（1）经济管理中的确认。包括对产品质量的确定、认可，对计量器具、标准化的认证、鉴定，对商标、专利权的认证，对财产、资源所有权、使用权的确认，对著作权属的确认，对无效经济行为的确认等。

（2）公安、司法行政管理中的确认。包括对是否符合消防规范标准的确认，对身份、出生死亡的证明，对交通事故等级、责任的认定，对有关人员的精神病司法鉴定，对有关文件的真伪、法律效力的鉴定等。

（3）劳动、人事管理中的确认。包括对工伤事故原因、责任的确认，对特别重大事故的技术鉴定，对技术等级、技术职称的确认等。

（4）民政管理中的确认。包括对公职人员死亡和伤残的性质、等级的确认，对革命烈士的确认，对结婚、离婚条件的确认，对婚姻状况事实的证明等。

（5）卫生管理中的确认。包括对医疗事故等级的鉴定，对药品的鉴定，对人员、物品的检疫鉴定，对食品卫生状况的检验证明等。

（6）环保管理中的确认。包括对污染状况的确认，对环境资源损害程度的鉴定等。

（三）行政确认的形式和程序

1. 行政确认的形式。结合法律规定和行政管理的实际情况，行政确认主要有以下六种形式：

（1）确定。这是行政主体对个人、组织法律地位与权利义务的确定。如颁发房屋产权证、土地使用证、宅基地使用证等。

（2）认定（认证）。这是行政主体对个人、组织已有的法律地位和权利义务以及确认事项是否符合法律要求的承认和肯定。如对无效合同或行为的认定，对交通事故责任的认定，对企业性质的认定，对产品质量的认定等。

（3）证明。这是行政主体明确证明对象的法律地位和权利义务的真实性。如对身份、学历、资格的证明，对婚姻关系、收养关系、亲属关系的证明等。

（4）登记。这是行政主体应相对人的申请，在法定的规范性登记形式中，记载相对人的某种情况或事实，以确认其法律地位和权利义务。如对工商企业的注册登记，对产权、婚姻、户籍的登记等。

（5）鉴证。这是行政主体对某种法律关系的合法性予以审查后的确认。如工商机关对合同的鉴证等。

（6）鉴定。这是行政主体对特定的法律事实的性质、状态、质量等进行的检验评定。如技术监督机关对产品质量的鉴定、税务机关的纳税鉴定等。

2. 行政确认的程序。目前，我国的行政确认程序尚无统一的法律规定。从有关法律规定和确认必经程序来看，大体上包括确认申请、确认审查、作出确认决定并制作、送达确认文书等过程。

（1）确认申请。行政确认可以分为依申请的确认和主动的确认。凡规定应依申请确认的事项，需先由相对人提出要求行政机关进行确认的申请，申请应采用书面形式。凡规定属依职权确认的事项，行政机关则应主动进行确认。

（2）确认审查。这是行政机关对确认事项所作的审查、审核。它包括对相对人申请的确认事项是否属于行政确认的范围，是否属于受理申请的行政机关管辖的审查；对申请当事人的要求是否合法、合理的审查；对有关证据、材料的审查等。

（3）作出确认决定。行政机关经审查，在充分调查、研究和掌握证据的基础上，应依法作出行政确认决定，并按法定形式制作相应的确认文书，及时送达有关当事人。

二、行政命令

（一）行政命令的概念

在中国，行政命令这一概念有通俗用法和行政法上的专门用法（专门术语）之区别。按照通俗用法来理解，行政命令泛指政府的一切决定或措施；而行政法上的“行政命令”，是指行政主体依法要求特定行政相对人为或不为一定行为（作为或不作为）的意思表示，是行政行为的一种形式，但不是唯一形式。其中要求行政相对人为一定行为的意思表示，称为令，即狭义上的命令；要求行政相对人不为一定行为的意思表示，称为禁令。行政命令常用于带有强制性的行政决定。[①] 行政命令的本质是为相对人设定义务，是行政决定的一种特殊形式。

（二）行政命令的特征

1. 行政命令的主体是行政主体。行政命令体现国家的意志，是国家命令之一，但它由行政主体作出，不同于由国家权力机关、司法机关等其他国家机关作出的命令。

2. 行政命令是一种意思表示行为。行政命令虽然属于行政主体的一种具体行政行为，但它表现为通过指令特定相对人履行一定的作为或不作为的义务而实现行政目的，而不是由自己进行一定的作为或不作为。在这一点上，与行政即时强制和行政强制执行区别开来。较之其他行政决定，它更强调意思表示，以意思表示为基本成立要件。因此，法律通常规定，行政命令可以通过书面形式、口头形式和动作形式作出。这不同于其他行政决定行为。

3. 行政命令是一种设定义务或规则的具体行政行为。行政命力的实质是为相对人赋课作为义务或不作为义务，而不是赋予行政相对人权利。这使行政命令与行政许可、行政奖励、行政给付等赋予相对人一定权益或资格的赋权性行为区别开来。此外，行政命令虽然能够设定行政相对人的义务，但不能直接处分该义务。这一点使行政命令和其他行政决定区别开来。行政命令的实质是为行政相对人设定行为规则，但这种规则属于具体规则，表现为在特定时间内对特定事项或特定人所作的特定规范。在这一点上与抽象行政行为相区别。

4. 行政命令以行政处罚或行政强制为保障。行政相对人违反行政命令，行政主体可依法对其进行制裁，有时也可采取行政强制。由此可见，行政命力往往是行政处罚和行政强制的原因或根据，而行政处罚和行政强制又是行政命令得以最终实现的后续保障。

5. 行政命令是依职权的具体行政行为。行政命令由行政主体依职权主动作

① 姜明安主编：《行政法与行政诉讼法》，北京大学出版社、高等教育出版社2007年版，第290页。

出，无须相对人提出申请。依职权作出的行政命令，分为两种情况：一是有明文法律根据的行政命令①；二是没有具体的法律条文根据，是由行政主体基于宪法和组织法赋予的职权作出的行政命令。在行政管理实践中，大量的行政命令属于后一种情形。

6. 行政命令适用特定的程序。与其他行政决定相比较，行政命令所适用的程序呈现出较强的特殊性。例如，大多数行政命令具有即时性。

（三）行政命令的种类

行政命令有形式意义上的行政命令和实质意义上的行政命令之分。

形式意义上的行政命令，是指一切使用"令"作为形式或名称的命令，如授权令、执行令、禁止令、任免令、公告令、委任令等；实质意义的行政命令，则是指行政主体依法要求行政相对人为或不为一定行为的意思表示。这种意义上的行政命令，不拘泥于其形式和名称，既可以是书面形式，也可以是口头方式，还可以是动作方式；其名称通常冠之以"命令"（如某某政府命令），但在实践中也可能并不用"命令"名称，而冠之以"布告"、"指示"或"通知"等名称。

实质意义上的行政命令，其内容只涉及相对人的义务，而不涉及相对人的权利。行政命令所规定的义务内容，就其性质而言，包括作为义务和不作为义务。前者表现为相对人必须进行某种行为，如命令纳税、命令服兵役、命令限期出境（外国人）；后者则表现为相对人的某些行为受到限制或禁止，如因修建施工而禁止特定路段通行，禁止携带危险品的旅客上车等。因此，实质意义上的行政命令又可分为作为命令和不作为命令。《行政处罚法》第23条规定的责令当事人改正或者限期改正违法行为，即为作为命令的典型。

（四）行政命令的作用

现代法治国家，政府在经济社会生活中的管理职能不断增加。可以说，作为行政权的一种表现形式，行政命令，对于行政主体及时、有效地处理不断增加的行政管理事务，适应瞬息万变的社会发展，具有极其重要的意义。行政命令是现代国家实行行政管理的重要手段和方式之一，是直接实现行政目标的有效的、重要的手段或方式。

三、行政给付

（一）行政给付的含义

行政给付的概念有广义和狭义之分，行政给付在广义上亦称为给付行政，包

---

① 例如，《行政处罚法》第23条规定："行政机关实施行政处罚时，应当责令当事人改正或者限期改正违法行为。"《海上交通安全法》第18条规定："主管机关认为船舶对港口安全具有威胁时，有权禁止其进港或令其离港。"

括供给行政、社会保障行政、财政资助行政。[①] 中国行政法学界对行政给付的研究一般都是在狭义上展开，往往和社会保障联系在一起，仅限于行政物质帮助。行政给付即行政物质帮助，是指行政主体基于法定职责或服务的要求，在特定相对人处于年老、疾病或丧失劳动能力等情况及其他法定或特殊情况下，依照有关法律、法规、规章和其他有关行政规范的规定，对上述相对人无偿提供物质帮助或与物质有关的权益或其他优待的具体行政行为。

（二）行政给付的特征

1. 行政给付是行政主体依法向行政相对人给付金钱、实物或者其他帮助与优待的具体行政行为。

2. 行政给付的对象是处于特殊情况下的特定的行政相对人，既可以是个人，也可以是组织。这里的特殊情况，是指处于生活特别困难的情况或者符合其他法定条件。例如，抚恤金发放的对象是因战、因公伤残的人员；救灾物资及款项是发放给灾民；社会福利金是发放给社会福利机构或直接发给残疾人、鳏寡孤独老人和孤儿；而独生子女补贴、有特殊贡献专家津贴等均是分别发放给相应的特定对象。又如，组织遇到灾害、事故，政府给予一定的技术、资金帮助，以便其恢复生产经营或其他业务活动。

3. 行政给付是一种依申请的行政行为。除了自然灾害的救济以外，对绝大多数行政给付来说，给付对象的申请是其必不可少的程序。

（三）行政给付的内容

行政给付的内容，是指行政机关以行政给付行为赋予行政相对人一定的物质上的权益或与物质相关的权益或其他帮助与优待。物质上的权益表现为给付相对人一定数量的金钱或实物；与物质相关权益的表现形式很多，如让相对人免费入学受教育、给予相对人享受公费医疗待遇等；其他帮助或优待，如在公民人身、财产安全受到侵害或者处于其他危险情形时，人民警察给予的救助等。

（四）行政给付的种类

目前，我国有关行政给付的法律、法规主要有：《残疾人保障法》、《消防法》、《军人抚恤优待条例》、《中国人民解放军志愿兵退出现役安置暂行办法》、《退伍义务兵安置条例》、《革命烈士褒扬条例》、《国营企业职工待业保险暂行规定》等。此外，还有国务院发布的《关于在全国建立城市居民最低生活保障制度的通知》及近年各地陆续制定的城市居民最低生活保障的规定等政策性文件。综合这些法律、法规和政策的规定，可以将行政给付概括为以下几种：

1. 抚恤金。这是最常见的行政给付形式。这主要包括：牺牲、病故人员抚恤金；残疾抚恤金；烈军属、复员退伍军人生活补助费；退伍军人安置费。

2. 特定人员离退休金。这主要包括：由民政部门管理的军队离休干部的离

---

① ［日］南博方：《日本行政法》，杨建顺、周作彩译，中国人大学出版社 1998 年版，第 29 ~ 30 页；杨建顺著：《日本行政法通论》，中国法制出版社 1998 年版，第 329 ~ 331 页。

休金、生活补助费、副食品价格补贴以及取暖补贴、护理费，丧葬费、遗属生活困难补助等；由民政部门管理的军队退休干部、无军籍退休职工和由民政部门发放退休金的地方退休人员的退休金、副食品价格补贴以及取暖补贴、护理费、丧葬费、遗属生活困难补助费等；由民政部门发放退职金的退职人员生活费、副食品价格补贴。

3. 社会救济、福利金。这主要包括：农村社会救济；城镇社会救济；精简退职老弱病残职工救济；社会福利金。

4. 自然灾害救济金及救济物资。这主要包括：生活救济费和救济物资；安置抢救转移费及物资援助。

（五）行政给付的原则

行政给付应该坚持公平、公正的原则，对符合条件的公民一律平等地实施，不允许有差别对待。对于行政给付的申请，行政机关通常只要没有正当的理由便不得拒绝给付。除了一次性或临时性发放的行政给付外，大多数行政给付是定期性的，应当进行连续的、稳定的供给。有时因情况发生了变化，需要改变有关基准时，应以法律或行政法规的形式予以规定，对行政方面的改变权应设置适当的限制。

（六）行政给付的程序

行政给付必须按照一定程序实施。尽管我国目前在行政给付方面尚无统一的法律规定，但在不同的法律、法规、规章中对不同形式的行政给付程序均作了一些简单规定。

1. 定期性发放的行政给付，如伤残抚恤金、离退休金、烈军属生活困难补助等，通常应当由给付对象本人或所在组织、单位提出申请，主管行政机关依法对其进行审查、评定等级，在有些情况下，还需要通过技术专家或专门部门的鉴定，以确定标准，然后再定期发给。

2. 一次性发放的行政给付，如因公牺牲或病故人员的丧葬费、退伍军人安置费、烈士家属抚恤金等，通常由给付对象提出申请，主管行政机关予以审查核实，然后按照法律、法规或规章所确定的标准一次性发给。

3. 临时性发放的行政给付，如自然灾害救济、公民突发性困难紧急救济等，有的由给付对象提出申请，有的则由有关基层组织确定给付对象，或者经有关基层组织发给给付对象。

各种行政给付的具体程序应由有关法律、法规或规章规定，至少应由统一的政策规定。不同形式的行政给付程序也存在一些共同的程序规则，主要有申请程序、审查程序、批准程序与实施程序。在这些程序中，一般都要求书面形式，由于行政给付的标的多为一定的财物，所以，在具体的给付程序中，法律、法规和规章还会规定一定的财务、物品登记和交接程序。

四、行政奖励

（一）行政奖励的概念

行政奖励，是指行政主体依照法定条件和程序，对为国家、人民和社会作出突出贡献或模范地遵纪守法的行政相对人，给予物质或精神奖励的具体行政行为。

（二）行政奖励的特征

1. 实施行政奖励的主体是行政主体。国家行政机关是行政奖励的当然主体，法律、法规授权的组织，在授权范围内有权对符合条件的对象给予奖励，成为行政奖励主体。

2. 行政奖励的对象是对国家、人民和社会作出突出贡献或模范地遵纪守法的组织（单位）或个人。行政奖励的范围相当广泛，国家行政机关及其工作人员，普通公民、企事业单位、社会团体等，都可以成为其对象；外国组织或个人在我国作出了显著贡献者，同样可以成为行政奖励的对象。

3. 行政奖励的内容包括物质奖励和精神奖励。这两种奖励既可单独进行，又可合并实施。

4. 行政奖励是具体行政行为。行政奖励是行政主体依照行政法律规范针对特定的行政相对人实施的，每一个行政奖励决定，都直接关系到该相对人的权利和义务，导致实施行政奖励行为的行政主体与受奖励者之间的行政法律关系的发生。

5. 行政奖励行为是赋予相对人额外权益的单方非强制性行政行为。所谓额外权益，是指相对人因实施政府倡导的法定受奖行为（如见义勇为等）而获得的劳动报酬以外的权益。尽管一般情况下，行政奖励采取推荐、申报等方式进行，但行政奖励是由行政主体单方面决定的。不过，被奖励者对于行政主体给予的奖励可以放弃，这是由受奖权本身具有可放弃性决定的，说明行政奖励具有非强制性。

6. 行政奖励法定性程度高。行政奖励的内容、方式、程序及条件等，都由国家的行政法律规范予以明确规定，行政主体必须依法作出行政奖励行为。

（三）行政奖励的形式与内容

行政奖励行为的表现形式是多样性的。行政奖励既包括给予相对人物质方面的权益，如发给受奖者一定数额的奖金或奖品；也包括给予相对人精神方面的权益，如授予受奖者某种法定的荣誉等。一定的行政奖励形式，是行政奖励内容的反映。行政奖励的内容，是指行政主体通过行政奖励行为所赋予被奖励人的权益。根据不同的法律、法规和规章的规定，行政奖励的形式和内容体现为如下三个方面：

1. 赋予精神方面的权益，即给予受奖人某种荣誉，如授予“劳动模范”等荣誉称号，通报表扬，通令嘉奖，记功，发给奖状、荣誉证书、奖章等。

2. 赋予物质方面的权益，即发给奖金或各种奖品。

3. 赋予职权方面的权益，即对受奖人予以晋级或晋职。

（四）行政奖励的原则

1. 依法奖励、实事求是的原则。行政奖励是一种法定行为，任何行政奖励都必须坚持法定的标准和条件，实事求是地进行。因为，行政奖励的目的在于表彰先进，激励和推动后进，若脱离法定标准和条件，由领导者个人的意志任意决定，势必影响行政奖励行为目的的实现，甚至产生负效应。因此，为了确保达到行政奖励的本来目的，对于违反这一原则者，要按情节轻重分别采取给予批评、撤销奖励、给予行政处分等制裁、惩处措施。

2. 奖励与受奖行为相当的原则。这一原则实质上是前一原则的延伸，是实事求是原则的具体化。在实施奖励时，奖励的内容和形式必须与被奖励的行为相一致，奖励的等级与贡献的大小相适应，做到论功行赏、合理适度。

3. 精神奖励和物质奖励相结合的原则。精神奖励和物质奖励可以分别独立实施，也可以合并实施。但是，在我国现阶段物质财富尚不很丰富、核心价值观尚未形成、道德下滑的情况下，不仅要贯彻二者相结合的原则，而且需要强调以精神奖励为主、以物质奖励为辅的方针。

4. 公正、合理、民主、平等的原则。作为调动广大人民群众的积极性和创造性的重要方式，行政奖励必须以实际功绩和贡献为评奖的唯一依据，必须有一套体现民主、公正和平等的评奖机制。公正、平等的原则，首先要求做到机会均等，按照法定的程序实施奖励，凡符合法定条件者，人人都有平等受奖励的权利。公正、平等的原则，还要求论功行赏，对成绩突出、贡献巨大的，应予以重奖，这也是奖励和受奖行为相当原则的要求。此外，公正、平等的原则还要求行政奖励的程序民主、公开，以确保对行政奖励的有效监督，保证行政奖励的公正、平等，最大限度地发挥行政奖励行为表彰先进、鞭策后进的作用。

5. 及时性、时效性和稳定性原则。行政奖励既然以调动受奖者积极性和创造性为目的，就必须及时地对符合法定条件者给予奖励，以表明国家对其表彰和鼓励。行政管理活动的特点，决定了行政行为必须对应行政需要及时地作出反应。所以，在行政奖励中强调和贯彻及时性原则也是国家管理活动的特点所决定的。

由于传统习惯和僵化观念的影响，过去奖励制度存在着不成文的“终身制”，一旦受奖，终身得益。这样不利于充分达到行政奖励的目的。某一时期受到行政奖励，只能表明受奖者在那个时期的功绩和贡献，而不能表明其后的功绩和贡献。所以，只有贯彻时效性的原则，才能够激发受奖者奋发向上、不断进取的热情，从而更好地鞭策后进。

同样，对于法定的行政奖励，应予以真正意义上的制度化，连续不断地给予符合条件者以奖励，即坚持奖励制度的稳定性原则，这对于发挥奖励制度所应有的作用，具有极其重大的意义。

五、行政裁决

（一）行政裁决的概念与特征

所谓行政裁决，是指行政主体依照法律授权，对发生在行政管理活动中的平等主体间的特定民事争议进行审查并作出裁决的具体行政行为。行政裁决具有以下主要特征：

1. 行政裁决具有准司法裁判性。行政裁决是行政机关依法行使行政裁决权的活动，行政裁决权已成为国家行政权中的重要组成部分。行政机关既是以第三者、公断人的身份居间裁决民事纠纷，又是以管理者的身份裁决争议，因此，行政裁决具有准司法裁判的性质。

2. 行政裁决的主体是特定的行政机关。行使行政裁决权的主体是对与民事纠纷有关的行政事务具有管理职权的行政机关；只有经法律专门规定的行政机关，才具有对某项民事争议的行政裁决权。

3. 行政裁决的对象是特定的民事争议。大多数民事争议的处理与裁决属于司法权范畴，通常是通过司法途径解决纠纷的。只有法律明确规定的那些特定的、与行政管理事务有关的民事争议，行政机关才能进行裁决。

4. 行政裁决是一种依申请的具体行政行为。行政裁决权是法律授予特定行政机关的法定职权，行政机关根据申请依照法律针对特定的民事争议实施的裁决，是对已发生的民事争议依行政职权给予法律上的判定，具有具体行政行为的基本特性。

（二）行政裁决的种类

根据有关法律规定，我国的行政裁决主要分为以下几种：

1. 对权属纠纷的裁决。这是指行政主体对发生在平等主体之间、与行政管理有关的财产所有权、使用权的归属争议所作出的确定性裁决。如行政机关对土地使用权纠纷的裁决，对矿产资源利用、开采权纠纷的裁决，对土地附着物所有权纠纷的裁决等。

2. 对损害赔偿纠纷的裁决。这是指行政主体对发生在行政相对人之间的赔偿争议所作的裁决。这种裁决广泛存在于食品卫生、药品管理、环境保护、医疗卫生、产品质量、社会福利等诸多方面。[①] 如环境保护管理中，对因违反环保规定排放污染物造成他人合法权益损害而引起的赔偿纠纷，由环保机关所作的裁决等。

3. 对侵权纠纷的裁决。这是指行政主体对当事人与行政管理有关的合法权益、受到他人侵犯并发生争议时，为制止侵权行为而作出的裁决。如版权管理机

---

① 姜明安主编：《行政法与行政诉讼法》，北京大学出版社、高等教育出版社2007年版，第290页。

关对著作权纠纷所作的裁决，知识产权管理机关对专利权、商标权纠纷所作的裁决等。

（三）行政裁决程序

行政裁决作为解决特定民事纠纷的一种有效方式，在诸多专业性、技术性较强的行政管理领域适用。但目前我国尚无统一的行政裁决程序法。我们认为，结合我国现行法律、法规的规定和行政裁决的实践，行政裁决大致分以下几个阶段：

1. 申请。争议当事人应当首先向有权行政机关提出申请，要求行政机关对已发生的争议作出行政裁决，以保护自己的合法民事权益。申请应当符合以下条件：(1) 申请人必须是民事权益发生争议的当事人或其法定代理人；(2) 申请必须向有管辖权的行政机关提出；(3) 申请必须在法定期限内提出；(4) 申请必须符合法定形式，即一般须提交书面申请，载明双方当事人的基本情况、争议事项、请求以及根据和理由等。

2. 受理。行政机关收到当事人的申请后，应当对申请内容进行初步审查，如果符合申请条件的，应当受理；如果认为不符合申请条件的，行政机关应及时通知当事人并说明理由。

3. 审查。行政机关受理当事人的申请后，即开始对当事人的争议进行审查，包括对有关事实和证据进行查证、核实，召集当事人进行调查、询问、辩论和质证，向有关证人了解情况，必要时可以组织勘验、鉴定；如证据不足，行政机关有权责令当事人举证，也可自行依法组织调查、取证。

4. 裁决。行政机关经过审查认为事实清楚、证据充分的，应及时作出行政裁决。裁决书应载明争议双方当事人的基本情况、争议的内容、裁决机关认定的事实，以及裁决的根据和理由等，并应告知当事人对此裁决能否申请复议或提起诉讼，以及复议或诉讼的管辖机关。如果属于终级裁决，则应当告知当事人履行裁决的期限等。行政裁决作出后，裁决书应及时送达双方当事人。

六、行政调解

（一）行政调解的含义

行政调解，是指由行政机关主持的，以国家政策、法律为依据，以自愿为原则，通过说服教育的方法，促使双方当事人友好协商，达成协议，从而解决争议的方法和活动。

作为行政机关的一项重要工作，行政调解对于实现行政管理目标具有重要的辅助作用。

（二）行政调解的特征

1. 行政调解是由行政机关主持的，其调解主体仅限于行政机关。

2. 行政调解以当事人自愿为原则。自愿原则包括自愿决定是否采取调解方式来解决争议，自愿选择所适用的规则，自愿决定是否达成协议及达成协议的内容。行政机关既不能强制当事人接受调解，也不能强制当事人接受某种决定，违反自愿原则的调解不能发生预期的效力。

3. 行政调解是一种诉讼外的调解，它不是行政诉讼的必经程序，不能限制当事人的司法诉权。行政调解的约束力仅建立在当事人自愿遵守调解协议的基础上。这是行政调解区别于诉讼调解的一个重要特点。

4. 行政调解的对象既可以是民事争议又可以是行政争议。行政调解以民事争议为主要对象，但也包括对部分行政争议的调解，如对行政赔偿争议的调解、对违反治安管理的行为的调解等。

（三）行政调解的种类

1. 依据行政调解的对象，可分为民事争议调解和行政争议调解。根据现行法律规定，行政调解主要以民事争议为调解对象。

2. 依据行政调解的效力，可分为正式调解和非正式调解。正式调解，是指调解协议成立后即产生法律规定的效力的行政调解。目前，我国法律规定的正式调解仅限于行政仲裁中的调解、行政复议中的调解和治安调解等。非正式调解，是指调解协议成立后不具有强制执行力，而依赖于当事人自觉履行的行政调解。目前，我国行政调解的大部分是非正式调解。

（四）行政调解的程序

我国没有关于行政调解的统一程序规定。一般来说，行政调解应按如下程序进行：

1. 提交调解申请。行政调解需由争议当事人向行政机关提出申请。该申请既可是书面形式，也可是口头形式，但法律要求以书面形式申请的，必须依法提出书面形式的申请。

2. 征求意见。行政调解遵循自愿原则，故行政机关在实施调解前，必须征求双方当事人的意见，只有双方当事人同意采取调解方式解决争议时，行政机关才能进行调解。

3. 调查事实。行政调解坚持以事实为根据的原则，要求行政机关在实施调解前应充分了解争议事实，查证核实证据，了解双方当事人的要求和根据。

4. 协商、调解。行政调解机关应在查明事实、分清是非、符合法律和政策的原则下，主持双方当事人当面协商，说服教育，以求争议的解决。在协商达成协议的基础上，应制作协议书，由行政调解机关和双方当事人盖章。

5. 调解协议书的送达。调解协议书制作后，必须交付双方当事人。自调解协议书送达当事人之日期，行政调解发生效力。

（五）行政调解的法律后果

行政调解作为行政机关的一种行为，具有一定的法律后果。依法成立的行政调解可以引起两种法律后果：

1. 行政处理后果。行政调解成立后，行政机关不能就同一事件另行处理。[①] 如果当事人一方不履行调解协议，对非正式调解，另一方当事人可向人民法院提起诉讼；对正式调解，另一方当事人可依法申请法院强制执行。

2. 强制执行后果。正式的行政调解，调解书一经送达便发生法律效力，具有强制执行力。如果一方当事人不履行协议，另一方当事人可依法申请法院强制执行。

七、行政合同

（一）行政合同的概念

行政合同，也称为行政契约，是指行政主体为达到维护与增进公共利益、实现行政管理目标之目的，与相对人之间经过协商一致达成的协议。

行政合同是现代行政法上较为新型且重要的一种行政管理手段。行政合同引进了公民参与国家行政的新途径，通过行政合同，普通公民可以积极的权利方式而不仅仅是负担义务直接参与实施行政职能特别是经济职能；行政合同的广泛使用，将会减低行政机关对个人进行单方命令的行政安排，以协商的方式提出要求和义务，便于相对人理解、接受和赞同，从而减少因双方利益和目的的差异而带来的对立性，进而更好地履行行政任务。

行政合同主要具有如下特征：

1. 行政合同的当事人必有一方是行政主体，享有行政权力。行政合同是行政主体为了实现行政管理目标而签订的，因此，当事人中必有一方是行政主体。没有行政主体的参加，不能称为行政合同。行政合同必须有行政主体参加并不意味着凡有行政主体的合同都是行政合同。行政机关具有双重身份：行政主体和民事主体。当行政机关以民事主体身份签订的合同，如与家具厂签订的购买办公设备合同，该合同是民事合同；只有当行政机关以行政主体身份签订合同时，该合同才是行政合同。

2. 行政合同的目的是实施行政管理。行政主体签订行政合同的目的是实现行政管理职能，维护公共利益，而不是为了自身的经济利益。如为了修建道路、桥梁、机场等公共设施，行政主体与企业签订的共同投资建设合同等。

3. 行政主体对于行政合同的履行享有行政优益权。与民事合同主体签订合同是为了自身利益不同，行政主体签订行政合同是实现行政管理目标，维护公共利益。因此，行政主体对行政合同的履行享有民事合同主体不享有的行政优益权。具体体现为对合同履行的监督权、指挥权、单方变更权和解除权。当然，行政主体只有在合同订立后出现了由于公共利益的需要或法律政策的重大调整，必

---

① 但治安调解有特殊之处。《治安管理处罚法》第9条规定：“……经公安机关调解，当事人达成协议的，不予处罚。经调解未达成协议或者达成协议后不履行的，公安机关应当依照本法的规定对违反治安管理行为人给予处罚，并告知当事人可以就民事争议依法向人民法院提起民事诉讼。”

须变更或解除时，才能行使单方变更、解除权。由此造成相对人合法权益损害的，要予以补偿。

4. 行政合同双方当事人因为履行行政合同发生争议，受行政法调整，根据行政法的相关原则，通过行政救济方式解决。

（二）行政合同的基本原则

行政合同的基本原则是行政合同在订立、履行、变更和解除过程中所应当遵循的基本准则。依据行政法原理，行政合同的基本原则有：

1. 公开竞争原则。公开竞争原则，是指行政合同一般应当在公开招标、投标，公开竞争的基础上订立。该原则不仅是民事合同订立的原则，也是行政合同订立时应遵循的原则。由于行政合同的行政性，该原则对合法的行政合同的达成至关重要。

以国有土地有偿使用合同的签订为例。法律规定国有土地有偿使用可以采用协议、拍卖和投标的方式签订。但体现公开竞争原则的招标方式和半公开或秘密的协议方式，在合同签订的结果方面差异明显。招标方式的采用，使得政府财政收入大为增加，公开竞争原则的运用，使得政府行为透明度大为增加，使经济管理行为处于监督之下，明显优于不公开的协议方式。

行政合同的公开竞争原则可从以下几个方面理解：

（1）订立行政合同要求行政主体事先公开表示订立合同的意向及公布合同内容。如行政主体欲出让国有土地，应当事先公开订立合同的要约及出让土地的位置、面积、用途、使用年限等，使行政相对方能全面了解行政主体签订合同的要约。同时，公开竞争原则的遵守也是行政机关保护相对方的信息自由权的表现。在行政活动中，行政相对人都有权获得除涉及国家机密、个人隐私和商业秘密之外的信息。

（2）行政合同在签订过程中要求行政主体平等地对待行政相对各方，让参与的各方有均等的机会展示自己的优势和实力。公平、公正、公开的竞争既能保证公益的达成，减少行政成本、提高行政效益，也有利于防止腐败。

2. 全面履行原则。全面履行原则，是指行政合同依法成立之后，行政主体和行政相对人一方必须根据行政合同规定的权利和义务全面履行行政合同的条款。行政合同的全面履行是行政合同依法成立的必然结果，并构成行政合同法律效力的核心内容和行政合同消灭的主要原因。

3. 公益优先原则。公益优先原则，是指在行政合同履行过程中，如果私人利益与公共利益发生冲突，则为了维护公共利益，行政主体可以依据行政优益权变更或者解除行政合同。公共利益优先原则在行政合同履行过程中主要表现在：（1）行政主体认为行政合同的继续履行将产生不利于社会公共利益的发展，则行政主体有权变更或者解除行政合同。这种变更或者解除行为是一种具体行政行为，应当遵守行政法的基本原则。（2）行政主体对行政合同的履行有监督权，在必要时可对行政相对一方，采取强制或者制裁措施。（3）行政相对一方为了维护自己的合法权益，有依法提起行政复议或者行政诉讼的权利。（4）作为变更或者解除行政合同理由的“公共利益”内涵的最终确定权不在行政主体，而在于法律的规定和法院依法律原则、精神所作的解释。

公益优先原则的法律价值在于，在行政合同争议过程中为正确地处理公益与私益的矛盾提供了一个基本准则。

（三）行政合同的类型

目前，我国的行政合同主要有以下几种：

1. 国有土地使用权出让合同。这是行政机关代表国家与相对人签订的将国有土地使用权在一定期限内出让给相对人，相对人支付出让金并按合同的规定开发利用国有土地的合同。国有土地出让合同是一种比较典型的行政合同，由《中华人民共和国城市房地产管理法》、《城镇国有土地使用权出让和转让暂行条例》、《协议出让国有土地使用权最低价确定办法》等法律、行政法规和部门规章对其进行规范。国有土地使用权出让合同由土地行政管理部门与土地使用者签订，并由土地行政管理部门对合同的履行进行监督，对使用者没有按合同的约定开发利用土地，或者改变土地用途的，有权进行纠正、处罚，或者无偿收回土地使用权。

2. 全民所有制工业企业承包合同。全民所有制工业企业承包合同是由人民政府指定的有关部门作为发包方，实行承包经营的企业作为承包方，双方协商一致而签订的国有企业承包经营合同。有不少人将这种合同视为民事合同，但实际上这是一种行政合同。理由如下：

（1）政府签订全民所有制工业企业承包合同，是为了提高企业经济效益，促进国民经济快速发展。不同于民事合同中当事人是为了自身利益而签订合同。

（2）行政机关在合同履行过程中享有行政优益权。行政机关对承包方的生产经营活动享有监督权，有权按照合同的规定，对承包方的生产、经营活动进行检查、监督；承包方完不成合同任务时，应当承担违约责任，并视情节轻重追究企业经营者的行政责任和经济责任。

（3）行政机关为合同的履行提供优惠条件，如价格优惠、政策优惠等，这是民事合同中当事人无法提供的。

3. 征收补偿合同。征收补偿合同，是指行政主体为了社会公共利益，征收相对人的财产并给予补偿的行政合同。这类合同目前广泛运用于城市建设、交通铁路、水利设施等基础建设领域。《中华人民共和国土地管理法》和《国有土地上房屋征收与补偿条例》对此都有明确的规定。征收补偿合同中，关于征收部分属于单方行政行为，即征收是行政主体的单方决定；但是行政补偿部分是行政合同的范畴，即如何补偿以及补偿数额的确定等，必须经过与相对人协商后达成一致。

4. 国家科研合同。国家科研合同，是指行政机关与科研机构之间就国家重大科研项目，由国家提供资助，科研机构提供科研成果签订的协议。国家科研合同不同于《合同法》所调整的技术开发、转让等民事合同，它以公共利益为目的，往往是为了完成某项与国计民生有重大关系的科研技术项目的开发，由政府牵头参与，与科研机构签订合同，政府提供资助，科研机构完成项目开发后将成果交付政府。

5. 农村土地承包合同。农村土地承包合同是我国出现最早的行政合同。2003 年 3 月《农村土地承包法》、2005 年 7 月最高人民法院《关于审理涉及农村土地承包纠纷案件适用法律问题的解释》的实施，是我国农村土地承包合同的基本法律依据。

6. 政府采购合同。政府采购合同，是指招标采购单位（采购人）与中标或成交供应商签订的合同。它与其他合同的最大区别在于：政府采购合同的拟定不仅要符合《合同法》的规定，而且还要符合《政府采购法》的规定；政府采购合同的拟定必须要以招标文件（包括竞争性谈判文件、询价采购文件等）为蓝本，不能脱离招标文件的基本原则与范围；政府采购合同属于行政合同，它是指行政主体为了实现行政管理目的，而与公民、法人或其他组织就相互间的权利义务所达成的协议，它的一方为政府相关部门，其目的是政府各级及其所属机构为了开展日常政务活动或为公众提供公共服务的需要所进行的采购；政府采购合同属于双务、有偿合同，即指当事人双方相互之间存在对待给付义务，且当事人一方取得权利必须支付相应代价的合同。这个代价一般是指支付报酬或酬金，报酬或酬金属于财政性资金。

7. 公共工程承包合同。公共工程承包合同，是指行政机关为了公共利益的需要与建筑企业签订的建设某项公共设施达成的协议，如修建国道、飞机场、大桥、大型供水、供电、供气工程等工程合同。公共工程合同是为了完成某项公共设施而签订的，行政机关为了修建宿舍与建筑企业签订的合同不是公共工程合同。

8. 计划生育合同。计划生育合同，是指计划生育管理部门与育龄夫妇之间，就育龄夫妇按国家计划生育指标生育，国家为其提供一定优惠所达成的协议。

（五）行政合同的解除

行政合同解除是合同当事人一方未履行或未全面履行合同时，当事人双方提前结束约定的权利、义务关系。

行政合同解除的方式有两种：行政主体基于公共利益的需要而单方解除合同；相对人提出解除合同的意思表示，在征得行政机关同意下提前终止行政合同的效力。

行政合同解除的法律后果：行政合同解除后，双方当事人之间的合同关系即终止，行政主体单方面解除合同的，对相对人因此而遭受的损失应予补偿。

（六）行政合同与民事合同的区别

行政合同与民事合同最主要的区别，主要体现在主体、内容、目的这三方面。但由于中国缺乏专门的行政合同立法，一方面，理论上所确立的标准过于抽象。在实践中，一些诉至法院的合同纠纷，仍不能通过其来获得区分，这就有赖于法律规定的进一步细化；另一方面，现行的一些法律之间存在一些矛盾。

典型的例子是农村土地承包合同。《行政复议法》第6条第6项规定，认为行政机关变更或者废止农业承包合同，侵犯其合法权益的，公民、法人或者其他组织可以依照本法申请行政复议。根据这条规定，农村承包合同属于行政合同。但2002年8月29日颁布的《农村土地承包法》第53条规定，任何组织和个人侵害承包方的土地承包经营权的，应当承担民事责任。第56条，当事人一方不履行合同义务或者履行义务不符合约定的，应当依照我国《合同法》的规定承担违约责任，根据这些规定，农村土地承包合同似又属于民事合同。

行政合同与民事合同的区分是行政审判的基础，二者区分标准的不明确，为行政审判带来了很大的难题。这就需要立法机关通过立法，统一标准，明确区分规则。

行政合同是行政机关以合同方式执行公务的一种新型的行政活动方式，第二次世界大战后被广泛应用于行政领域。行政合同在实践中促进了行政的民主化，提高了行政效率，被视为现代政府所不可或缺的重要行政手段。在中国，行政合同理论研究比较薄弱，立法上处于空白状态，这给行政审判造成了一定的难度。

八、行政指导

（一）行政指导的概念

行政指导，是指行政主体在其职责范围内，为实现一定行政目的，而对于相对人作出的指导、劝告、建议等不具有强制力的行政行为。

行政指导既是现代行政法中合作、协商的民主精神发展的结果，也是对市场调节失灵和政府干预双重缺陷的一种补救方法。因此，在现代行政中，行政指导具有传统行政无法替代的地位与作用。行政指导具有如下法律特征：

1. 行政性。行政指导是发生在行政领域中的一种法律现象，它是基于行政职权作出的，行政指导的实施主体仍是行政主体，其承受人亦是行政相对人。

2. 非强制性。行政指导是典型的不具有强制性、无法律拘束力的行为。

3. 自愿性。行政指导的本质是一种非强制性的行为，承受行政指导的行政相对人是否接受指导取决于其自愿，而不同于典型行政权固有的命令与服从的强制性。

4. 多样性。行政指导的多样性是指法律对行政指导的具体方法并不进行明确的强制性规定，而是由行政主体根据实际情况决定采取具体的指导方法。目前，行政指导的常见方式有引导、劝告、建议、协商、示范、制定导向性政策、发布官方信息等。

（二）行政指导的主要分类

1. 根据行政指导有无具体的法律依据为标准，行政指导可分为有法律根据的行政指导和无法律根据的行政指导。前者是指有法律、法规、规章等明文规定的，后者则是没有明文规定的。不论何种行政指导均应遵循行政法治的基本原则，做到合法、合理。

2. 根据行政指导的对象是否具体为标准，行政指导可分为普遍的行政指导和个别的行政指导。前者是针对不特定的行业、地区和行政相对方进行的，后者则是针对特定的行业、地区和行政相对方进行。后者是前者的延伸和发展，是前者的具体化。

3. 以行政指导的功能差异为标准，行政指导可分为规制性行政指导、调整性行政指导和助成性行政指导。规制性行政指导，是指行政机关为了维护和增进公共利益，对妨碍社会秩序、危害公共利益的行为加以预防、规范、制约的行政指导。调整性行政指导，是指行政相对方之间发生利害冲突而又协商不成时，由行政机关出面调停以求达成妥协的行政指导。助成性行政指导，是指行政机关为行政相对方出主意以保护和帮助行政相对方利益的行政指导。

（三）行政指导的实施条件

尽管行政指导不是属于行政决定，对行政相对人的合法权益不产生直接的影响，但它毕竟是行政主体基于职权而实施的一种行政行为，具有一定的侵权可能性。因此，行政主体在实施行政指导时，必须遵守如下条件：

1. 行政主体对行政指导的事务具有法定的管辖权。行政指导不是行政决定行为，但它仍是行政主体基于职权实施的。正是这种法律关系将行政指导限定在行政主体的法定管辖权之内。行政主体超越法定管辖权实施的行政指导，应当承担相应的行政法律责任。

2. 行政主体不能借助于行政强制力实施行政指导。行政指导虽然不以行政相对人同意为实施的前提条件，但行政主体不能迫使行政相对人接受行政指导。行政指导是行政主体实施的一种主动行为，它不取决于行政相对人是否同意接受，这一点与依职权作出的行政行为相同。但行政主体不能借助于行政强制力实施行政指导，不能迫使行政相对人接受行政指导。但是，如果行政主体仅在行政指导中指明，行政相对人如不接受行政指导，可能会产生某种具体的后果，这不能视为该行政指导具有强制性。

3. 行政主体实施行政指导应当明示依据，并受之约束。既然行政指导是一种行政主体行使行政职权的行为，那么无论是规范性依据还是非规范性依据，都应当向行政相对人明示。明示行政指导的依据既是行政职权行使有据的基本要求，也是提高行政指导说服力的正当需要。行政主体实施了有依据的行政指导，非经法定程序不得随意撤销、变更。

九、行政事实行为

（一）行政事实的概念

行政事实行为，是指行政主体在行政管理过程中作出的不直接产生法律效果，但产生事实效果的行为。所谓法律效果，是指通过行政主体意志设定、变更或消灭的某种权利义务关系并期望获得的法律保护。所谓事实效果，是指不是通过行政主体意志而是法律直接规定的后果或只具有事实意义的结果。行政事实行为虽然不具有法律上的效果，但它对行政相对人的影响却是客观存在的。因此，在法律上为受到行政事实行为侵害的行政相对人提供救济途径，是现代行政法发展的重要趋势之一。行政事实行为的特征主要是：

1. 行政性。行政事实行为的行政性，是指行政事实行为尽管不属于行政法律行为的范畴，不具备行政法律行为的构成要件，但它仍然是行政主体借助行政职权实施的一种行为形式。因此，行政事实行为仍然要受到行政法律规范和行政法原理的约束。

2. 可能致损性。行政事实行为虽然不具有法律上的约束力，但是它对行政相对人人身权、财产权等合法权益仍然可能产生事实上的损害。行政事实行为对行政相对人权益的损害既可能是明示的，也可能是潜在的。

3. 多样性。行政事实行为的基本行为模式难以确定，不同于行政法律行为具有如行政处罚、行政许可等基本行为模式。这是由现代行政的多样性决定的。行政事实行为的多样性使其设置统一的程序十分困难。

（二）行政事实行为的构成要件

行政事实行为作为基于行政职权的非法律行为，它必须具备如下构成要件：

1. 主体要件。行政事实行为是行政主体实施的行为。虽然行政事实行为不是严格意义上的行政行为，但它仍然是行政主体实施的行为。这与行政行为的主体要件原理相同。这一主体要件将非行政主体实施的行为排除在行政事实行为之外。

2. 职权要件。行政事实行为是行政主体基于行政职权实施的行为。根据行为基于是否依行政职权实施为标准，可以划分为行政法律行为、行政事实行为和民事法律行为。前二者都是行政主体基于行政职权实施的行为，后者则是行政主体非基于行政职权实施的行为。这一行为标准将行政主体通过非行政职权实施的行为排除在一般行政行为、行政事实行为之外。

3. 效果要件。行政事实行为是不具备法律约束力、不直接产生法律效果的行为。但行政事实行为也具有事实上的法律后果，只不过这种后果不是通过行政主体意志设定并期望获得法律保护的，而是直接基于法律的规定。行政法律行为和行政事实行为都是行政主体基于行政职权实施的行为，但是这两种行为的效果则不相同：行政法律行为可以直接产生法律效果，而且这种法律效果是通过行政主体意志设定并期望获得法律保护的，如行政主体实施一个限制人身自由的行政处罚决定；后者则不具备这种效果，如行政主体根据测绘法竖立一个测绘标志或行政主体工作人员实施暴力侵权行为引起的法律后果。

（四）行政事实行为的主要类型

根据目的、依据和方式等不同，大致上可以将行政事实行为作如下分类：

1. 补充性行政事实行为。补充性行政事实行为，又可称为执行性行为，它是行政主体为了实现一个已经作出的行政行为的内容而实施的行为。补充性行政事实行为不具有独立的法律地位，它是辅助执行一个已成立的行政行为的行为。例如，工商行政管理机关销毁收缴的假冒伪劣产品。这种行为本身不具有法律上的约束力，从本质上说，它是一种体现行政行为法律上的约束力的行为。

2. 即时性行政事实行为。即时性行政事实行为，是指行政主体在执行公务过程中，为确保正常的社会秩序或者公务活动的顺利实现而采取的一种行为。例如，拉走抛锚的车辆，清理横在公路上的树木，以保证公路交通顺畅。即时性行政事实行为具有临时性、紧急性的特征。

3. 建议性行政事实行为。建议性行政事实行为，是行政主体为避免行政相对人的合法权益受到不必要的损失，根据自己所学握的信息资料作出的判断，而向行政相对人提出的可以实施或不要实施某种行为的忠告、建议等，如优质产品的推荐、专业技术知识说明、某种商品的价格预测等。

4. 服务性行政事实行为。服务性行政事实行为，是行政主体基于服务行政的法律精神，基于行政职权为社会或特定行政相对人提供服务的行为。例如，为了交通安全，交通警察在道路岔口安装交通标志，工商行政机关为律师提供企业登记档案资料等。服务性行政事实行为的结果是为行政相对人提供各种便利。

5. 暴力侵权的行为。我国《国家赔偿法》第 3 条第 2 ~ 5 项和第 4 条第 4 项对此作出了规定。例如，行政机关工作人员以殴打、虐待等行为或者唆使、放纵他人以殴打、虐待等行为造成公民身体伤害或死亡的，违法使用武器、警械造成公民身体伤害或死亡的行为，就是行政事实行为。

(五) 行政事实行为的救济

行政事实行为尽管不直接产生法律效果和法律约束力，但它毕竟是一种基于行政职权的行为。因此，它也可能产生侵犯行政相对人的权利。例如，补充性行政事实行为伤及无辜等。对于行政事实行为所造成的损害，行政主体应当承担法律责任。我国《国家赔偿法》第 2 条规定，国家机关和国家机关工作人员违法行使职权侵犯公民、法人和其他组织的合法权益造成损害的，受害人有依照本法取得国家赔偿的权利。虽然国家赔偿法未明确指出对违法“行政事实行为”的赔偿，但在其列举的应当赔偿的情形中包括刑讯逼供、违法使用警械等违法的行政事实行为。所以，对《国家赔偿法》第 3 条第 2 ~ 5 项和第 4 条第 4 项所列举的行为（其实就是行政事实行为），公民、法人或其他组织可请求行政赔偿救济。

除此之外的行政事实行为如何进行救济，《行政复议法》、《行政诉讼法》等相关法律没有明确的规定。根据有权利必有救济、有损害必有救济的原则，今后有必要相关立法或者修改现行《行政复议法》、《行政诉讼法》等法律时，明确规定行政相对人对行政事实行为的救济权。

第七章 行政程序

程序主要体现为按照一定的顺序、方式和手续来作出决定。程序没有预设的真理标准。它通过促进意见疏通、加强理性思考、扩大选择范围、排除外部干扰来保证决定的成立和正确性。传统的法律解释学一般把它看做是为了实现权利、义务或法律关系的实质内容的手段和方法。随着行政权的产生和发展，行政程序也日渐为人们所重视。通常认为行政权与行政程序存在着一种“天然的联系”。最早的行政权的运行仅表现为一种自然状态。这种运行过程可能是合法的或合规范的，也可能是不合法或不合规范的。而进入民主与法治社会后，为了规范政府的行政行为，保护行政相对人的合法权益，现代社会所追求的行政程序就是要求行政权在合法的轨道上运行。严格按照行政程序实施行政权，是实现行政法治的重要前提，也是衡量一个国家行政法治程度的重要标志。政府所有行政行为都要于法有据、程序正当。政府不仅要按法定权限办事，还要按照法定程序办事。没有程序的民主，就没有实质的民主；没有程序的公正，就很难保证实体公正和结果公正。建立和完善行政程序，对于推进依法行政具有十分重要的意义。

第一节 行政程序概述

一、行政程序的概念

（一）行政程序的含义

行政程序[①]（英文称 administrative procedure），是指行政主体在行使行政权力、实施行政管理和服务活动过程中所遵循的方式、步骤、顺序、时限的一种制度。它体现为行政主体实施行政活动的空间与时间表现形式。这一概念主要包括以下几层含义：

---

① 在学术界对于行政程序的认识有广义和狭义之分，广义的行政程序包括行政活动程序、当事人参与行政程序和监督行政的程序。狭义的行政程序是指行政活动程序，它与行政行为的实体内容相对称。本章着重是在狭义上研究和探讨行政程序。

1. 行政程序是指行政主体行政行为的程序。[①] 行政主体是广义的行政机关，包括法定的行政机关和法律、法规授权行使行政权的组织。行政主体的行为主要是行政行为，但行政主体往往是机关法人或事业单位法人，不可避免地进行民事行为，所以其全部行为并不都是行政行为。只有该主体行使行政职权产生行政法律效果的行为程序才是行政程序。行政主体以外的法人或其他组织的内部行政部门的活动因不行使国家的行政权，其行为不是行政行为，该活动程序不是行政程序。行政行为包括行政立法行为、行政执法行为和行政司法行为，行政程序也可分为行政立法程序、行政执法程序及行政司法程序。

2. 行政程序是由行政行为的方式、步骤、顺序、时限等构成的行为过程。行政行为分几个步骤进行，各个步骤谁先谁后，是否可以颠倒，进行行政行为各个活动所采取的方式方法，各步骤时间的限制，这些要素表现着行政程序。行政程序的各要素虽然体现了行政行为的一个过程，但并不是行政行为过程中主体的任何活动都由行政程序法来规范。行政程序法只规定行政行为中有法律意义的一些步骤、顺序和方式。所谓方式，是行为过程的空间表现形式，即构成行为过程的方法，如作出一个行政决定，需要进行调查、听取当事人陈述、把决定告知当事人、说明理由等。所谓步骤，是行为过程的时间表现方式，包括行为方式的先后顺序、每一环节和每种方式及其时间限制。行政行为的各个方式按照一定的步骤联结起来，就形成了行政行为的过程，也就构成了行政程序。

3. 行政程序是以保障行政权正确行使并且保护行政相对方合法权益为目的。立法的主观目的性决定了行政程序的本质属性。行政程序，古已有之，但在封建专制下的行政活动，强调的是对“君命”、“王权”的服从，“君叫臣死臣不死谓不忠”，被统治者只有服从，利益得不到保护，表现在程序上是只讲效率，不讲制约，统治者随心所欲没有控制。随着民主法治的发展，在以行政实体法规定行政权力的同时，制定行政程序法控制行政权的正确运行，保护行政相对方合法权益，使行政程序符合社会的要求和广大人民群众的利益。

4. 行政程序作为行政行为的形式，是与行政行为的实体内容相对称的，是同一行政行为的两个方面。它们相互依存，不存在没有实体内容的行政程序，也不存在不通过程序就能实现的行政实体内容。

从行政管理活动出现，便有行政管理的步骤、方式方法、次序及时间的存在，但这并不是一般意义上的行政程序，表现为随机性和过多的主观任意性。行政程序的发展及其法制化，是社会的民主法治发展的结果。一方面社会事务增多，需要扩大行政权力；另一方面行政权力扩大需要对行政权进行限制，以保护

① 尽管行政程序的主体以行政主体为主，事实上也存在着行政相对方。行政管理中，广大人民群众的地位从管理的客体地位转变为参与一定程度的行政管理的主体地位，这是社会民主法治的发展，体现了社会的进步。各国的行政程序立法都有不同程度的规定行政相对方参与行政行为的规定，这也是现代行政程序区别于古典的行政程序的特征之一。例如，《韩国行政程序法》第 1 条规定，本法之目的在规定有关行政程序之共通事项，谋求国民之行政参与、确保行政之公正性、透明性及依赖性，保护国民权益。

人民的权利不被侵犯。这就要求用实体法规定行政权的同时，用行政程序法控制行政权的行使。人们一般认为民主性的程序制度在英美法系国家产生较早，在英国很早就出现了自然公正原则（可称自然正义原则）。随着社会的发展，实体法不得不给予行政机关巨大的权力，议会在授予行政机关权力的同时，往往规定行使权力的程序。在法律中如果没有程序的规定，行政机关则应当遵循自然公正原则①。受英国法传统的影响，美国法院根据宪法第5条修正案及后来的第14修正案的“正当程序条款”，以普通法发展成“正当法律程序”原则。② 在我国历史上传统的行政管理中，也有诸如对官员的考试、任用、考核、奖惩等程序的规定，有时规定得还相当严格，但该程序的规定是以强化国家的行政权、维护对人民的统治为目的，缺乏外部的制约，否定人民大众的权利，即使制定成法，也不是现代意义上的行政程序。新中国成立后，特别是近年来，随着依法行政观念的深入人心，我国行政机关及其公务员的现代程序意识也得到了增强。

（二）行政程序的主要特征

一般认为，现代行政程序主要有以下几个方面的特征：

1. 行政程序的法定性。这是指行政程序一般是通过立法形式使之法律化，使其对相应行政行为的运作产生直接的强制力量，以保证行政行为的合法性与合理性。行政程序的法定性表明，无论是行政主体还是行政相对人，在实施行政行为时或置身于行政活动中，都必须遵守预定的行政程序，否则将承担相应的法律责任，这对于行政主体来讲更加具有重要的法治意义。对于行政相对人来说，通过参与行政程序也有利于监督行政主体依法实施行政行为。

2. 行政程序的多样性。在现代社会中，由于行政事务纷繁复杂，不同的行政行为必然会有不同的行政程序，不同的行政程序又适用于不同的行政行为，因此行政程序在客观上呈现出多样性的特征。

3. 行政程序既有统一性又有分散性。尽管行政行为是多种多样的，但它们都有其共性，就程序上的普遍性、共性的问题，可以制定统一的行政程序法加以普遍适用。而特殊的行政程序通常只适用于一些有特别要求的行政行为，由此，它们难以规定在统一的行政程序法典中，通常是以单行的行政程序法规作出规定，或者分散规定于各行政实体法文件中。这就形成了行政程序中基本程序统一和特殊程序分散的特征。

---

① 英国自然公正原则随具体情况而表现出很大的灵活性，但基本规则包括：“任何人或团体在行使权力可能使别人受到不利影响时必须听取对方意见，每一个人都有为自己辩护和防卫的权利”；“任何人或团体不能作为自己案件的法官”。

② 根据美国法院的解释，正当法律程序原则包括两方面的内容：实体规则，即实质上的正当法律程序，要求国会制定法律必须符合公平与正义；程序规则，即程序上的正当法律程序，要求一切权力的行使，如剥夺人的生命、自由或财产时，必须听取当事人的意见，当事人有要求听证的权利。

二、行政程序的分类

从不同的角度，可以对行政程序作不同的分类。认识行政程序的分类及其内容，有助于行政主体实施行政行为，有助于行政相对人及时地保护自己的合法权益。

1. 内部行政程序与外部行政程序。这是以内部行政行为与外部行政行为的划分为基础的。内部行政程序，是指行政主体实施内部行政行为时所必须遵循的程序，如国家公务员的任免程序、报告审批程序、公文处理程序、规章备案程序等。外部行政程序，是指行政主体作出外部行政行为所遵循的程序，如行政许可程序、行政处罚程序、行政强制执行程序等。

划分内部行政程序和外部行政程序，其意义在于明确行政程序的调整重心，确立“交叉适用无效”和“分别救济”两大原则。[①] 特别是要充分认识外部行政程序的重要性。外部行政程序是否完备是衡量现代行政民主化的一个基本标志，外部行政行为如不重视程序上的法制化，极易出现越权或滥用职权，不利于社会的稳定和民主的发展。因此，应把相对人对行政过程的参与权作为外部行政程序立法的核心，以体现公正、合理的法律精神。当然，内部行政程序与外部行政程序并不能绝然分开，它们常常紧密联系、相互交织在一起发挥作用，有时内部行政程序可以转化为外部行政程序。所以，无论是外部行政程序还是内部行政程序，当法律有规定时，行政主体作出行政行为都应当遵守。否则，均会导致该行政行为因违反法定程序而被撤销。

2. 抽象行政行为的程序与具体行政行为的程序。这是以抽象行政行为与具体行政行为的分类为基础的。行政行为有抽象与具体之分，与此相对应，行政程序也可以分为抽象行政行为的程序与具体行政行为的程序。抽象行政行为的程序，是指行政主体实施抽象行政行为所必须遵守的方式与步骤。具体行政行为的程序，是指行政主体实施具体行政行为所必须遵守的方式与步骤。

划分抽象行政行为的程序与具体行政行为的程序，其目的是要认识对两类行政行为有不同的程序要求。抽象行政行为具有普遍性与后及性特征，它比具体行政行为的影响要广泛、深远得多，因而它在程序的设计上就比较复杂、严格，更注重民主。具体行政行为具有执行性特征，因而在程序的设计上相对简便、灵活，更注重效率，注重保护相对人的合法权益。违反不同性质的程序将导致不同的法律后果，也将适用不同的法律救济程序。

3. 强制性程序与任意性程序。这是以法律规定行政主体实施行政行为时，对所遵循的程序是否可以自由选择为标准所作的分类。强制性程序，是指法律对行政行为的程序作出了详细的规定，行政主体在实施行政行为时没有自由选择的余地，必须严格遵守法律明确规定而适用的程序。任意性程序，是指法律对行政

---

① 姜明安主编:《行政法与行政诉讼法》，北京大学出版社、高等教育出版社 2007 年版，第 370 页。

行为程序未作出详细、具体的规定，行政主体在实施行政行为时可以自由选择而采取的程序。

划分强制性程序与任意性程序，其意义在于对于强制性程序行政主体必须遵守，不得进行任意选择或违背，否则将导致该行政行为违法。而对任意性程序，行政主体可以选择适用，一般不直接导致行政行为是否合法，而主要引起行政行为是否合理的问题。此外，违反强制性程序在司法审查中将导致行为的撤销或重作，而违反任意性程序只有在超出法定范围或极不合理的情况下才导致相应行为的撤销或重做。

4. 事前程序、事中程序和事后程序。这是按照行政程序适用的时间顺序不同所作的分类。为了保障行政行为的正确性，避免造成不可挽回的损失，各国行政程序法在规定事中程序和事后程序的同时，一般都规定事前控制程序，如行政立法的相对方参与、立法预告、征求意见，作出不利处理对当事人事先通知、听证，公示行政处理标准、行政情报公开制度等。事前程序是行政活动的特点所决定的，是行政程序区别于诉讼程序的特征之一。行政管理具有主动性、广泛性，不同于各种司法活动采取“不告不理”的被动方式，为保证行政管理的正确进行和取得最大的效益，预防行政行为的错误，行政程序中确定事前程序是必要的。事中程序，是指行政行为实施过程中应遵循的程序，如行政处理决定过程中的调查程序等。事后程序，是指行政行为实施后，为确定该行政行为的合法性与适当性以及纠正违法、不当行为而适用的程序，如行政复议程序等。

划分事前程序、事中程序与事后程序，其目的在于要求人们不仅要重视事中、事后程序，也要重视事前程序。因为随着社会的发展和行政管理事务的增多，仅仅靠事后程序来解决各种纠纷是远远不够的，需要设立更多的事前程序来建立和维护社会秩序，防止社会矛盾的产生。实践证明，事前程序对行政民主化和提高行政效率的意义十分重大。如果不为行政行为确定合理的事前程序，那么，侵害公民合法权益、行政效率低下、行政机关各行其是等各种不良现象就会大量出现。

5. 行政立法程序、行政执法程序和行政司法程序。这是根据实施行政行为时形成法律关系的特点不同所作的分类。行政立法程序，是指行政机关制定行政法律规范时所适用的程序。由于行政立法行为对象的不特定性和效力的后及性，使得行政立法程序比较复杂、严格，具有准立法性特点，一般都要经过规划、起草、审议通过、发布、备案等阶段，每个阶段又包括一些具体的办法和相应的制度，如听证制度、专家论证制度等是行政立法程序中不可缺少的内容。行政执法程序，是指行政机关在行使行政职权、实施具体行政行为过程中所适用的程序。由于行政执法行为方式和手段上的多样性，使得行政执法程序的设置也具有多样性的特点，如在行政许可、行政处罚、行政奖励、行政强制执行等方面，必须设置不同的程序制度。行政司法程序是行政机关以第三方公断人的身份，依法解决行政管理范围内的纠纷所必须遵循的程序，包括行政裁决程序和行政复议程序等。由于行政司法行为是解决争议、裁决纠纷的活动，具有准司法的特点，强调公正应是行政司法程序设置的最基本要求。

三、行政程序的价值

由于世界各国国情的差异，使得不同国家对于行政程序的价值认识并不完全相同，就是同一国家的不同时期也随着时代特征的变化而侧重于行政程序价值的某一个方面。大陆法系国家与英美法系国家对行政程序的认识和理解上的差异就是最典型的例证。在我国，法律文化传统一向不重视程序法规范的作用，行政程序更是饱受冷遇，而且，实践中行政权力膨胀，运用较混乱，控制不力，相对方合法权益得不到有效的保护；同时生产力发展水平落后，市场经济体制的建设要求能有高效率的行政权力的行使。行政程序作为一种操作技术和规则，在我国其重要价值应是：

1. 限制行政权力的肆意行使。行政程序为行政权力的行使设定了严格的规则，程序的道德层面对行政权力产生影响，行政权力尤其是自由裁量权力的行使被限定按事先设计好的公正合理的程序中进行。从这个意义上讲，行政程序是为行政权行使者合法行使权力所规定的法定“程序”，这意味着行使权力者必须、只能、不得如何去做，否则须由其承担某种否定性的法律后果。

2. 能缓解行政法律关系主体双方的利益冲突，使行政决定具有确定性、合法性。因为严格的行政程序使当事人双方之间复杂的社会关系从进入程序那一刻开始就与社会隔离开来并转化为简单的程式化关系，尽量排斥了其他非程序性因素的影响作用。它为行政主体设立了公开化的操作规程。

3. 具有明显的条件导向性，即当具备一定的条件时，依行政程序势必会得出正当的结论。只要依严格的要件行使，其结果应视为是合理的。同时，合理的行政程序是理性与经验的结合，具有很高的效率性，它要求行政权力在保护相对方的合法权益的前提下尽可能地作最佳选择以尽量提高行政效率。

4. 是具体化了并具有实际内容、操作形式的义务。它使行政机关的法律责任真正能够被认定、归结、追究，直至规定了行政相对人损害赔偿的具体方式，它同时为行政主体设立了公开化的操作规程。

5. 扩大了公民参政权行使的途径。行政程序可以让公民越过自己的代表直接介入行政权的行使过程；在这个过程中，公民权可以成为约束行政权合法、正当行使的一种外在规范力量，并随时可以对行政权的行使是否合法、正当，在法律范围内提出抗辩，为行政机关行使职权提供一个反思的机制，如果行政机关发现其行政行为有不合法或欠缺正当性的情况，即可以自动纠正。这也是符合现代行政法的法治精神所要求的合作与协商原则的。

总之，行政程序是将应然权利义务转化为实然权利义务，把各项静态法律制度、原则运用于社会生活，使之成为动态法的桥梁。实质是使行政权力依预定的方式、步骤、顺序、时限合法运行，防止专断。职权行为不合法定程序的不发生法律效力。据此，法定程序的普遍遵守是行政法治的保证，公正的法定程序是社会稳定有序的制度保障。

四、我国行政程序立法概况

行政程序法的产生和发展是从20世纪至今行政法发展的重要内容之一，引起行政法产生的直接动因，来自于国家行政权力的扩张、依法治国原则的贯彻以及“程序理性”观念的深化等多种因素的交融。19世纪以后，由于生产的社会化和垄断资本的发展，国家对社会经济生活进行了广泛的干预，从而使行政权迅速扩大。行政权的扩大必然带来两个客观后果：一是行政效率问题的日益严重，二是侵害相对人权益的可能性增多，这就促进了行政程序法的发展。行政程序发展的最突出标志是行政程序的法典化。①

新中国建立后，我国制定了一些包含一定行政程序的法律规范，如20世纪50年代初，国家在《关于劳动争议解决程序的规定》和《政务院关于处理人民来信和接见人民工作的决定》等法律文件中，开始规定有关行政程序，但绝大部分行政行为仍然处于没有法定程序规范状态中。党的十一届三中全会以后，随着社会主义法制建设的发展，不少的法律、法规中规定了有关行政程序的法律规范，如有关行政立法程序的《行政法规制定程序暂行条例》；有关规定行政执法程序的《治安管理处罚条例》（2005年8月28日第十届全国人民代表大会常务委员会第十七次会议通过了《中华人民共和国治安管理处罚法》）、《税收征收管理法》；有关行政机关内部工作程序的《国家行政机关公文处理办法》；有关涉及行政裁判程序的《土地管理法》、《国营企业劳动争议处理暂行规定》。《行政复议条例》等。1996年3月17日全国人大通过的《行政处罚法》，是我国第一部对行政处罚程序作了较完备规定的法律规范，包括简易程序、一般程序、听证程序等。

从已有的法律、法规的规定来看，我国行政程序立法在总体上还有待完善，还存在着较多的问题，主要有：有的行政行为缺乏行政程序法规范，或者行政程序未法定化，如行政奖励、行政补偿程序等；行政程序法所规定的程序内容过于概括、简单，并在很多方面缺乏时限规定；有些行政程序侧重于赋予行政主体程序上的权利，而缺少行政义务和违反程序的法律后果与责任的规定；行政程序立

① 行政程序法典化已呈现为一种国际趋势，而且迄今已经过了两个阶段。第一阶段是19世纪末20世纪初，最早以法典形式规定行政程序的国家是西班牙，它于1889年制定了《行政手段标准法》。由于该法制定后对提高行政效率、减少政府侵害公民权益发挥了一定作用，被其他各国纷纷仿效。奥地利于1925年7月21日通过了《行政手续法》，该法共6编80条，是一部较为完备的行政程序法。捷克斯洛伐克于1925年、南斯拉夫于1929年相继制定各国的行政程序法典，使行政程序法的法典化形成历史上的第一个高潮。第二个阶段是在20世纪40～60年代，以美国行政程序法为标志，很多国家制定了行政程序法，美国于1946年制定《联邦行政程序法》，匈牙利于1957年、意大利于1960年先后制定行政程序法典。1950年奥地利在其《行政手段法》的基础上，又制定了《一般行政程序法》、《行政处罚法》、《行政处罚程序法》、《行政强制执行法》等4个行政程序法典。联邦德国在1976年制定了《行政程序法》。

法不统一，没有一部统一的行政程序法典。目前，我国行政法学界正在积极着手解决上述问题。通过大量工作积极纠正在立法和执法范围内广泛存在的“重实体，轻程序”的错误观念；加强行政程序法理论与实践相结合的研究；借鉴外国程序法的有关规定和总结我国行政实践活动中的行政程序方面的经验，起草制定统一的行政程序法典。

第二节　行政程序的基本原则

行政程序的基本原则是行政程序的设立、实施应遵循的基本准则。根据我国的具体情况和世界各国行政程序立法的现状和发展趋势，行政程序的基本原则主要应包含以下原则：

一、公开原则

（一）公开原则的基本含义

公开原则，是指行政程序，其内容除涉及国家机密、商业秘密或者个人隐私外，应当一律向行政相对人和社会公开。特别是与行政相对人权利义务有直接关联的行政程序，行政相对人因此可以通过参与行政程序维护自己的合法权益；社会民众因此可以通过公开的行政程序，监督行政主体依法行使行政权力。公开是现代民主政治的要求，是政府活动公开化在行政程序上的具体化，是公民参政权的延伸。公开将有利于提高公民对政府的信任度，使公民能够监督行政机关及其公务员是否依法行政，从而有利于克服官僚主义，也保障了公民对政府工作的了解权。因此，在行政程序法中确立程序公开原则，是现代民主政治发展的基本要求。这一原则的法治意义是将行政权运作的基本过程公开于社会，接受社会的监督，防止行政权被滥用。

（二）公开原则的主要内容

公开原则应当包括如下主要内容：

1. 行使行政权的依据必须公开。这里的“依据”包含两方面的内容：其一，如果行使行政权的依据是抽象的，必须事先以法定形式向社会公布；如果行使行政权的依据是具体的，必须在作出决定以前将该依据以法定形式告知相关的行政相对人。如依照我国《行政处罚法》的规定，对违法行为给予行政处罚的规定必须公布；未经公布的，不得作为行政处罚的依据。其二，处罚程序必须公开。①

2. 行政信息公开。行政相对人了解、掌握行政信息，是其参与行政程序、

① 参见《行政处罚法》第 4 条第 3 款的规定。

维护自身合法权益的重要前提。因此，行政主体根据行政相对人的申请，应当及时、迅速地提供其所需要的行政信息，除非法律有不得公开的禁止性规定。① 当前，我国行政信息公开制度在不断完善之中。②

3. 设立听证制度。听证是行政主体在作出影响行政相对人权益的决定前，以听证会的方式听取行政相对人意见的一种程序性法律制度。它是行政程序法的核心。现行各国的行政程序法尽管内容上存在着差异性，但都确立了行政听证制度。1996 年，我国《行政处罚法》已经确立了行政听证制度。随后的多部行政立法也都明确规定了听证制度。

4. 行政行为过程及决定公开。这就要求行政机关在作出影响行政相对人权益的行为时，应当公开其作出该行政行为的时间、地点、性质、事实根据、法律依据、主要内容及相对人依法所享有的救济权利。同时，行政主体对行政相对人作出影响其权益的决定，必须向行政相对人公开，从而使行政相对人不服决定时及时行使行政救济权。应当向行政相对人公开的行政决定不公开，该行政决定不能产生法律效力，不具有行政执行力。

二、公正、公平原则

（一）公正、公平原则的含义

程序公正、公平，是指行政主体行使行政权应当公正、公平，尤其是公正、公平地行使行政自由裁量权。行政程序的设定和适用应当符合公平正义的观念，避免和排除可能影响行政主体公正行使行政权力的各种因素，使行政相对人受到公正的对待。

行政主体公正、公平地行使行政权力，对于行政主体来说，是树立行政权威的源泉；对于行政相对人和社会来说，是信任行政权的基础，也是行政权具有执行力的保证。我们知道，现代社会繁杂多变的行政事务，要求行政程序法对每一个行政行为的每一个程序作出详细的规定已不可能。为此，行政程序法对行政行为的某些程序只能作原则性的规定，为行政主体行使行政权保留一定的范围和幅度，让行政主体根据实际情况决定行政自由裁量权的行使。

由于行政自由裁量权本质上是一种“自由”的权力，权力本身的扩张性和操纵权力的人的自身不可克服的弱点容易导致行政自由裁量权被不正当地滥用。在这里，行政合法性原则在防止行政自由裁量权滥用上已经无能为力，且行政实体法也不能发挥多大的作用。因此，必须借助于行政程序法的功能，并以程序公正、公平原则作为行政合法性原则的补充，确保行政主体正当地行使行政自由裁

---

① 如西班牙 1958 年《行政程序法》第 62 条规定，行政案件中利害关系人有权在任何时候通过有关办公室得到适当的信息，了解审理情况。

② 2007 年 1 月 17 日国务院第 165 次常务会议通过了《中华人民共和国政府信息公开条例》。并于 2008 年 5 月 1 日起施行。

量权。

(二) 程序公正、公平原则的主要内容

程序公正、公平原则应当包括如下内容:

1. 行政程序立法应当赋予行政相对人应有的行政程序权利。由于行政相对人在行政实体法律关系中处于劣势的法律地位,要确保行政相对人能够依法维护自身的合法权益,监督行政主体依法行使行政权,在行政程序法律关系中必须为行政相对人确立相应的程序权利,同时为行政主体设置相应的行政程序义务,以确保程序公正、公平原则在行政程序立法时得以体现。

2. 行政主体所选择的行政程序必须符合客观情况,具有可行性。当法律规定行政主体具有行政程序自由裁量权时,行政主体必须充分考虑所选择的行政程序是否具有可行性。缺乏可行性的行政程序,既不能确保行政主体公正、公平地行使行政权力,也不能使行政相对人维护自身的合法权益。

3. 行政主体所选择的行政程序必须符合规律或者常规,具有科学性。客观规律和常规体现了人们对客观事物的认同性。在行政程序的选择上,如果行政主体违背这种认同性,不仅难以达到行使行政权力的目的,而且可能会引发社会的不满情绪,增加行政主体管理社会事务的难度。所以,行政主体必须受程序公正、公平原则约束,所作出的行政行为才会为社会接受,从而获得社会力量的支持,达到行使行政权的目的。

4. 行政主体所选择的行政程序必须符合社会公共道德,具有合理性。社会公共道德不具有与法律一样的强制性,但它是一个社会正常发展的基本条件。人们的许多行为在接受法律规范的同时,也受着社会公共道德的约束。因此,行政主体的行政行为必须充分体现社会公共道德所蕴涵的公平内容和尽可能体现社会绝大部分人的利益和要求。

5. 行政主体所选择的行政程序必须符合社会一般公正心态,具有正当性。自古以来,公正始终是法律内涵的基本价值之一。英国普通法中“自然公正原则”的法律精神现已为民主宪法体制下的法律所接受,在程序法律中影响尤其明显。它要求行政主体必须在公正心态支配下行使行政权。不考虑相关的因素或者考虑了不相关的因素,都是缺乏行政公正性的表现。

三、参与原则

(一) 参与原则的含义

其基本内涵是:公民有依照行政程序法的规定享有有效参与行政管理的权利;行政机关在进行决策,制定规范性文件时,应充分听取行政相对人的意见并赋予其知情权、申辩权、听证权等。公民的有效参与是行政程序的重要方面。现代民主国家,都不会忽视行政相对人对行政过程的参与程度,特别是随着政府行政权力的不断扩大、委任立法的不断增多,仅仅依靠选举制、代议制来反映民意，实现民主已明显与形势不相适应了。公民对行政过程的参与机制便成为一个摆在现代各国立法者面前不容忽视的问题。确立民主参与原则是行政程序法的基本原则之一，又是行政法制的必然要求。

行政程序的参与原则是要求行政程序的设计和运作应确保公民的有效参与，听取并体现公民的意见和呼声。参与原则要求行政主体在作出行政行为过程中，除法律有特别规定外，应当尽可能为行政相对人提供参与行政行为的各种条件和机会，从而确保行政相对人实现行政程序权益，同时也可以使行政行为更加符合社会公共利益。这一原则的法律价值是使行政相对一方在行政程序中成为具有独立人格的主体，而不致成为为行政权随意支配的、附属性的客体。

（二）参与原则的主要内容

参与原则的内容集中体现在行政相对人的行政程序上的权利，这些权利主要有：

1. 参与听证权。参与听证权，是指行政主体作出影响行政相对人合法权益的行政行为之前，行政相对一方有参与到行政行为的程序中表达自己意见的权利。这是参与原则的核心，因此，凡有行政程序法的国家，都在法律上规定了相对一方的参与听证权利。但是，由于行政主体作出的行政行为对行政相对人合法权益的影响存在着差异性，因此，确保行政相对一方听证权的方式也有所不同。例如，美国行政程序法中，听证有正式听证和非正式听证两种；日本行政程序法中，有公听会和听证两种方式。

2. 陈述、申辩权。陈述权，是指行政相对人就所知悉的事实向行政主体陈述的权利；申辩权，是指行政相对人针对不利的指控，根据事实和法律进行申诉和辩解的权利。这与法国行政程序法中的防卫权原则基本相同。我国《行政处罚法》也明确规定了行政相对人在行政处罚程序中的陈述、申辩权。陈述、申辩权是行政相对人在行政程序中不可缺少的正当防卫权，它是行政程序控制行政权，防止其被滥用的一种重要制度。

3. 复议申请权。复议申请权，是指行政相对人在不服行政主体作出的行政行为时，有权依照法律规定向法定机关提出要求复审该行政行为的权利。复议申请权是行政相对人通过复议程序参与行政行为的基本权利。

四、效率原则

（一）效率原则的含义

效率原则，是指行政程序的设计和适用应当有利于保证行政管理活动的效率，尽量减少不必要的或烦琐的环节、手续，以加快行政系统的运转速度，提高行政活动的效率。

效率是行政管理的基本特征，也是其价值之所在。面对纷繁复杂、瞬息万变的社会，没有高效率的行政管理，国家的稳定、经济的发展都只能是一种美好的期待。行政与效率的这种本质联系，决定了行政程序法必须将效率作为其重要的或基本的目标。事实上，所有国家都在不同程度上把效率作为一条基本原则贯穿于各自的行政程序法之中。不讲效率的行政程序法是没有生命力的。

（二）效率原则的主要内容

效率原则包含的内容主要有：

1. 任何行政程序的设定都要考虑到时间性，防止拖延，保障快速实现行政目标。行政程序中的时效制度即体现了这一要求。

2. 行政程序的设定要有一定的灵活性，以适应行政管理复杂多变的需要。行政程序中的紧急处置制度即体现了这一要求。

3. 行政程序应建立在科学、合理的基础上，以保证行政决策的正确以及行政活动为公众所接受，通过减少失误和保证执行顺畅来提高行政效率。

4. 行政程序的设计要有利于排除行政管理的障碍，保证行政目标的实现。

第三节 行政程序的基本制度

一、行政听证制度

（一）行政听证的含义

听证制度是行政主体在作出影响行政相对人合法权益的决定或制定规范性文件之前，听取行政相对人意见的制度。行政主体在作出涉及当事人权利的行政决定之前，应当给予当事人就与决定有关的事项表示意见的机会。行政机关应就规范性文件或计划的制定召开听证会，直接听取各方代表的意见，为使利害关系人的意见能在规范性文件或计划中得到应有的反映，行政机关应采取必要的措施，如为利害关系人提供机会，让其提供书面材料、书面意见，进行口头辩论等。听证使行政活动置于公众监督之下，行政机关作出有关决定必须指明事实根据、法律根据、说明理由，这样可避免行政机关随意作出决定，保护当事人合法利益。

听证作为行政程序法中的一项核心内容，是行政程序实现公开、公平、公正价值理念的有效保障。行政机关要尊重民意，必须从尊重公民的主体地位、听取他们的意见开始，必须为公民发表意见、反映其主张提供充分的条件和机会。而听证程序正是公民参与行政管理的必不可少的程序保障，只有在听证程序中，公民才能在形式上与行政机关平起平坐、畅所欲言，充分表达对各种未定方案的意见，使行政决策民主化得以充分体现，从而也使行政机关的行政行为更加公正、合理。听证程序本身虽然不能自然而然地代表公正合理的结果，但它的存在能产生公正的形象，这也是行政听证程序的真谛所在。

作为一项程序法律制度，听证制度在国外已有几十年的历史。美国于1946

年制定的《联邦行政程序法》第一次对听证制度作了系统的规定。《联邦行政程序法》规定的规章制度和裁决，均以适用听证程序为原则。在法律规定的条件下，所有程序都有听证这一制度，这反映了美国立法机关通过行政程序立法保护公民、组织的合法权益为主的立法意图。有的国家还规定制定法规和规章必须举行广泛的咨询，听取有关组织的意见，如法国就是其典型代表。联邦德国、日本等国相继制定的行政程序法都有听证程序的规定。各国行政程序法对听证制度的内容有着不同的规定，但是其主要内容却大体相同，一般包括：第一，告知。行政机关应将制定规范性文件或计划的时间、地点、性质、法律依据、主要内容等告知公众；在作出行政决定前将决定的事实和法律依据告知利害关系人。第二，听证。行政机关的听证一般应公开进行，直接听取各方代表的意见；赋予利害关系人有与行政机关对抗辩论的权利，使行政决定更趋公正、合理。

1996 年，我国《中华人民共和国行政处罚法》出台。这部法律首次引入"听证程序"，规定行政机关作出责令停产停业、吊销许可证或者执照、较大数额罚款等行政处罚决定之前，应当告知当事人有要求举行听证的权利；当事人要求听证的，行政机关应当组织听证。1998 年 5 月 1 日正式实施的《中华人民共和国价格法》，要求"制定关系群众切身利益的公用事业价格、公益性服务价格、自然垄断经营的商品价格等政府指导价、政府定价，应当建立听证会制度"，从而开创了我国行政决策领域引人听证程序的先河。2001 年 8 月 1 日，国家计委正式制定实施了《政府价格决策听证暂行办法》，这是迄今为止我国有关听证程序可操作性最强的一部行政规章。不久，国家计委又颁布了价格听证目录。从此，听证成为一项重要的法定程序，被引入政府价格决策领域。2003 年 8 月制定的《中华人民共和国行政许可法》中专章详细规定了听证制度，标志着我国行政听证制度的进一步发展。

（二）行政听证制度的基本内容

一般认为，行政程序法的听证制度的基本内容主要是：

1. 告知和通知。告知是行政机关在作出决定前将决定的事实和法律理由依法定形式告知给利害关系人。通知是行政机关将有关听证的事项在法定期限内通知利害关系人，以使利害关系人有充分的时间准备参加听证。告知和通知在行政程序中发挥着行政机关与行政相对人之间的沟通作用，是听证中不可缺少的程序，对行政相对人的听证权起着重要的保障作用。

2. 公开听证。听证一般应公开进行，让社会民众有机会了解行政机关的行政决定作出的过程，从而实现监督行政机关依法行政。但听证如涉及国家秘密、商业秘密和个人隐私的，听证可以不公开进行。

3. 委托代理。行政相对人并不一定都有能自如地运用法律维护自己合法权益的能力，因此，应当允许其获得必要的法律帮助。在听证中，行政相对人可以委托代理人参加听证，以维护自己的合法权益。

4. 对抗辩论。对抗辩论是由行政机关提出决定的事实和法律依据，行政相对人对此提出质疑和反对，从而使案件事实更趋真实可靠，行政决定更趋于公正、合理。

5. 制作笔录。听证过程必须以记录的形式保存下来，行政机关必须以笔录作为作出行政决定的唯一依据。

二、行政回避制度

（一）行政回避制度的含义

行政程序法中的回避，是指行政机关的公务员在行使职权过程中，因其与所处理的法律事务有利害关系，为保证实体处理结果和程序进展的公正性，依法终止其职务的行使并由他人代理的一种法律制度。

回避是一项具有久远历史的法律制度。回避制度作为实现法律公正要义的重要保证，最初主要是规定于诉讼过程中的一种诉讼保障制度。它要求法官在诉讼程序中要保持公正的立场，以求得公正的结果。20 世纪以后，随着对行政行为的控制从实体控制转向实体与程序并重，尤其是行政程序法典化的趋势，回避制度为许多国家行政程序法所采用。从历史上看，无论在专制还是民主的法律制度中，都存在着回避制度。英国普通法中自然公正原则所派生出一条重要的规则就是任何人不能成为自己案件的法官。如果法律程序的主持人与程序结果有利害关系，则人们不会以公正的心态去认同该法律程序的结果。因此，确立回避这一法律制度与人们对法律公正的期待有关。

偏见是构成行政程序中回避制度的主要理由。在程序法律制度中设立回避制度是人们追求公正行为结果的需要。程序公正是人们在设计解决权益冲突制度的首选法律价值。程序公正的第一要义是，程序的主持人与程序的结果应当没有任何利害关系，否则，程序的主持人可能会利用自己在程序中的优势地位，促使程序的结果向有利于自己的方向发展。因此，凡涉嫌于此种情形的程序主持人不得再介入程序，不得对该程序的发展施加任何影响。

行政机关公务员应当与所处理的事务没有任何利害关系，只有这样，才能保证处理结果的公正性。程序法中回避的理由往往是由法律明确规定的。我国现行行政法律、法规、规章中已有某些回避制度的规定，但还缺乏严格完整的设计。

（二）回避制度的基本内容

回避制度的基本内容设计应当考虑以下有关方面：

1. 明确规定自行回避和申请回避的申请程序和决定程序。

2. 对回避的条件，特别是涉及“利害关系”这一基本条件的具体内容、标准、表现形式作出细致合理的规定。

3. 对公务员回避如何确定代理人作出明确规定，对代理人资格、代理的法律程序及法律后果作出相应规定。

4. 对违反回避制度的法律后果作出具体的规定，并对应回避而未回避者追究相应的法律责任。

回避制度的法律价值在于有利于防止行政机关及其公务人员的偏私，保证行政行为的公正性，同时有利于增强行政相对人对行政机关的信任感，从而有利于行政活动顺利和有效地实施。

三、审裁分离制度

（一）审裁分离制度的含义

审裁分离，也称职能分离，是指行政主体的审查案件职能和对案件裁决的职能，分别应由其内部不同的机构或人员来行使，以确保行政相对人的合法权益不受侵犯。通过审裁分离制度，可以在行政主体内部实现审查权与裁决权的相互分离，达到相互制约的目的。

在行政程序中，如果审查案件的人同时又具有对案件作出裁决的权力，那么，行政相对人的合法权益就难以获得保障。行政主体在行政案件中，它既是案件的调查和审查者，又是案件的裁决者，从而职能分离对于行政主体来说非常重要。

（二）审裁分离制度的基本内容

审裁分离的基本模式有两种：一是内部审裁分离；二是审裁完全分离。

1. 内部审裁分离。内部审裁分离，是指在同一行政主体内部由不同的机构或人员分别行使案件调查、审查权与裁决权的一种制度。我国《行政处罚法》也规定了内部审裁分离制度。该法第 42 条规定，听证由行政机关指定的非本案调查人员主持。必须提及的是，内部审裁分离仅仅是行政机关执行层级的分离，在行政机关决策层级则不发生审裁分离的问题。

2. 审裁完全分离。审裁完全分离，是指行政案件的调查、审查权与裁决权，分别交给两个相互完全独立的机构来行使的一种制度。这种模式由于过分强调了行政案件中审查权与裁决权的分离，既可能会因多设机构而增加财政负担，又可能会导致行使裁决权的机构因欠缺行政专业知识而不能正确地裁决案件，所以，它很少为制定行政程序法的各国所采纳。

审裁分离制度的法律意义在于，有利于防止行政机关及其公务人员滥用权力，确保行政裁决的公正性，树立行政相对人对行政主体的信任感，进而促进行政相对人自觉地履行行政裁决的义务。

四、说明理由制度

（一）说明理由制度的基本含义

行政行为说明理由，是指行政主体在作出对行政相对人合法权益产生不利影响的行政行为时，除法律有特别规定外，必须向行政相对人说明其作出该行政行为的事实根据、法律依据以及进行自由裁量时所考虑的政策、公益等因素。行政行为说明理由就内容而言，可以分为合法性理由和正当性理由。前者用于说明行政行为合法性的依据，如事实材料、法律规范；后者则是用于说明行政机关正当行使自由裁量权的依据，如政策形势、公共利益、惯例公理等。

国外学者十分注意研究说明理由制度，认为这一制度至少有四个方面的功能：

第一，说服功能。所谓说服功能，即行政机关基于民主政治的要求，应将行政决定理由明白、易懂、令人信服地向行政相对人说明，使他们心悦诚服地了解决定，从而增强对政府的信任感。

第二，自律功能。这是针对行政机关而言的，说明理由既然是行政机关的义务，行政机关必然在作出行政决定时慎重加以考虑，在理由充分的情况下才形成自己的判断，这对增强行政机关自身的自律自控功能、克服恣意擅断是极为有用的。

第三，证明功能。行政机关在作出行政决定后，特别是对行政相对人作出不利益处分后，要准备行政相对人提起复议或诉讼请求，并对行政相对人的救济途径负有教示义务。为了更好地履行教示义务，行政机关必须将作出总体行政行为的理由告诉当事人，使之明白其理由，因此这些理由具有对发生争议时事先提供基础之材料的作用，即有主动提供证据的功能。

第四，保护功能。这更是表明说明理由制度把行政相对人真正看做行政法律关系的另一主体，把理由告诉相对人，一方面说明行政机关出于公心，有法律与事实根据；另一方面也表明信任行政相对人，有助于行政相对人对这些理由持有异议时提起复议或诉讼，增强公民、法人和其他组织的权利保护功能。

（二）行政行为说明理由的内容

1. 行政行为的合法性理由。用于支撑行政行为合法性的事实根据和法律依据，我们称之为行政行为的合法性理由。基于现代行政法中依法行政的基本原则，行政主体只有在获得了符合法律规定的事实根据和法律依据之后，才能作出行政行为。当这一行政行为对行政相对人的合法权益产生不利影响时，除法律有特别规定外，行政主体必须将这一行政行为的合法性理由告诉行政相对人，以接受行政相对人对这一行政行为合法性的评判。行政行为的合法性理由是：

（1）事实根据。事实根据不仅仅是指案件发生后在客观世界中留下的各种痕迹，而且还要求这些痕迹应当有行政主体通过合法程序收集的证据予以证实。事实根据对行政主体说明理由产生如下规则：①禁止主观臆断规则。这一规则的内涵是行政主体不得依主观臆断的“法律事实”作为行政行为的依据，并将这种“法律事实”强加于行政相对人。②符合证明逻辑规则。作为说明理由内容之一的“法律事实”是行政主体通过一系列证据在遵循证明逻辑的前提下获得的。在遵循证明逻辑规则下，法律事实能最大限度地接近客观事实的真实性，由此可以最大限度地提高行政行为事实理由的说服力。③主要事实根据规则。一个行政行为的事实根据可以分为主要事实根据和次要事实根据。主要事实根据，是指足以影响行政行为性质，或影响行政机关是否作出、改变和废除行政行为等情况的事实根据。基于行政行为的效率性和事后补救途径的多样性，只有主要事实根据才有必要列入行政行为说明理由内容。

（2）法律依据。法律依据，是指用于支撑行政行为具有合法性的法律规范。法律规范具有确定性、预测性和稳定性之特点。行政主体在已经确定的法律事实基础上，能否作出或者如何作出行政行为以及作出怎样的行政行为，都已由法律作出了明确的规定。依法行政的基本原则要求行政主体作出的行政行为必须具有法律依据，并将所依据的法律规范作为行政行为的理由之一告诉行政相对人，从而使行政相对人根据自己的经历、体验和法律认知水平来判断行政行为的合法性，继而作出是否可接受相应判断。一个确有法律依据但不展示法律依据的行政行为，无论行政主体可以列出多种理由，如实际需要、领导意见等，都难以获得行政相对人对行政行为的可接受性。如果行政相对人不知道行政行为的法律依据，就无法判定行政行为的合法性，更谈不上寻求司法救济的途径。正如英国行政法学家威廉·韦德所说："如果公民找不出决定背后的推理，他便说不出是不是可以复审，这样他便被剥夺了法律保护。"法律依据对行政主体说明理由产生如下规则：第一，全面展示法律规则。全面展示法律规则，是指凡是用于支撑行政行为的法律规范，必须以不会引起行政相对人误解的方式，全部展示给行政相对人。任何保留、部分保留或者误导的展示，都是违反此规则的行为。例如，行政主体以"根据有关规定作出决定"之方式展示法律依据都应当列入禁止范围。第二，法律冲突择上位阶规则。法律冲突择上位阶规则，是指当行政主体面对两个以上的规范，且它们之间又发生效力上冲突时，必须选择处于法律效力位阶最高的法律规范作为行政行为的理由。尽管在法律上行政主体没有审查行政法律规范合法性的权力，但它应有甄别行政法律规范的合法性并选择具有合法性法律规范作为行政行为理由之职责。第三，排除非法律性规范规则。非法律性规范，是指行政规章以下的其他规范性文件。排除非法律性规范规则，是指行政主体不能仅将行政规章以下的其他规范性文件作为行政行为法律依据的内容。因为，这些规范性文件不能作为行政法的法源，凭此规范性文件来说明行政行为的合法性本身缺乏正当性，不容易为行政相对人和社会一般人所接受。

2. 行政行为的正当性理由。用于支撑行政行为自由裁量的事实根据和法律依据，我们称之为行政行为的正当性理由。要求行政主体就行政行为说明正当性理由的客观依据，是行政自由裁量权的广泛存在，主观依据是防止行政自由裁量权的滥用。行政行为的自由裁量如果仅仅依赖于政府官员的主观判断以及个人好恶与偏见，那么，自由裁量权很可能质变为专横的、不可捉摸的权力，从而偏离设定自由裁量权的法律目的。

行政行为的正当性理由的内容是：

（1）筛选事实。行政行为的裁量并不仅仅表现在对法律的适用权上，对事实的确定同样也存在着自由裁量权。行政主体在定案过程中经常要对在调查过程中获得的事实进行筛选，将认为与案件有关的事实列入作为行政行为的事实根据，同时排除与案件无关的事实。行政主体的这一筛选行为是一种主观判断，是一种“内心确认”，就本质而言它是一种自由裁量权。如果法律不要求行政主体将支持这一内心确认的依据作为行政行为的理由向行政相对人予以说明，则这种内心确认有可能质变成一种专横的、捉摸不定的权力。筛选事实产生如下规则：①排除非法证据规则。行政主体用于定案的事实必须是被合法收集的证据所证实，因此，凡是非法证据所证实的事实，必须从定案事实中排除，即使非法证据能够证明案件的真实情况也不能例外。②遵循因果联系规则。遵循因果联系规则，是指行政主体必须排除与案件没有任何因果联系的事实，因为这些事实对于案件恢复真相没有任何价值。③疑惑事实从无规则。疑惑事实，是指根据已有的全部证据仍不能确定，但可以推测与案件有联系的事实。对于疑惑事实，行政主体应当推定为并不存在的事实，并从定案的事实中排除。

（2）选择法律。对于一个事实已经确定的行政案件，行政主体随即面临着对法律适用的选择权。这种法律适用的选择权本质上是一种自由裁量权。它主要表现在以下几个方面：其一，多种情况适用的确定。当行政主体所确定的案件事实在法律上存在着多种规范可适用时，必须基于一定的正当性理由确定其中一种规范作为处理本案的依据。其二，不确定法律概念的界定。不确定法律概念是存在于成文法的一种必然现象，其原因是人类语言文字表达思想的有限性和客观世界中事物的复杂性矛盾。对不确定法律概念的界定，其本质是让隐藏的东西显现出来，使不清楚的东西变得清楚，从而将一般规则适用于具体案件。然而，行政主体在界定不确定的法律概念时，必须有自圆其说的理由支撑，而这些理由又能为社会一般人所接受。其三，法律空白规范的弥补。当没有明确的具体法律规范可适用时，行政主体应当通过解释立法目的和基本原则创造可适用的规范。选择法律产生如下规则：①遵守惯例公理规则。惯例是行政主体在以前对同类案件所作出的相同处理而形成的一种习惯性做法。公理是现实生活中人们所遵守的，不言自明、不言而喻、不用论证的行为规范。惯例与公理具有很强的说服力，行政主体选择法律时援引惯例与公理，可以提高行政行为理由的正当性程度和行政相对人可接受性程度。②体现政策形势规则。政策是国家或者政党为实现一定时期的路线而制定的行为准则，它是现代社会政治领域中客观存在的现象。形势是指一定社会所处的某种状态。它可以影响国家权力的运作方向。政策与形势是支配行政主体选择法律的重要客观因素，但政策与形势具有不稳定性，这就要求行政主体在适用法律时，应当适应政策与形势不确定性所提出的要求。因此，行政主体必须根据政策和形势来选择、确定对具体案件的法律适用。例如，假冒伪劣产品泛滥成灾可以成为从重处罚生产、销售假冒伪劣产品这一违法行为的正当性理由。③符合公共利益规则。公共利益是由社会公共体所代表的、凌驾于社会之上的、形式上或实质上的社会利益。公共利益是现代社会存在和发展的物质基础，行政主体在行使权力时必须充分关注这一点。因此，出于公共利益的需要，行政主体可以作为选择法律的理由之一。

说明理由制度在我国近年来的立法中已有所体现，如《行政处罚法》第31条规定："行政机关在作出行政处罚决定之前，应当告知当事人作出行政处罚决定的事实、理由及依据，并告知当事人依法享有的权利。"此外，该法第39条还规定：在一般程序中，行政处罚决定书应当载明当事人违反法律、法规或者规章的事实和证据；如行政机关及其执法人员在作出行政处罚决定前，不依法向当事人告知给予行政处罚的事实、理由和依据的，该处罚决定不能成立。应该说，这些规定都显示了很大的进步。但是，说明理由的规定不够突出，而且在其他有关行政行为的法律、法规中规定还不普遍。因此，说明理由原则作为法治国家行政程序法的重要原则和制度，还需要进一步落实。在我国，说明理由制度要求行政机关在作出具体行政行为，特别是对行政相对人权利义务作出负担性（或不利性）影响时，行政机关应将作出决定的理由以书面形式通知行政相对人，这样做，至少有两个方面的现实意义：一是确保行政机关对作出影响相对人权利义务的决定应持慎重态度，抑制其随意性，保障和提高其公正性；二是利于行政相对人认清受不利影响决定的确切理由，为其可能申请行政复议或提起行政诉讼时提供方便。

说明理由应成为我国行政程序法的一般制度，只有法律、法规不要求说明理由时，才无须说明理由。而且要强调的是，说明理由的时间很重要，必须在事前或事中，也就是说在具体行政行为作出前，通知当事人时必须载明理由，而不能在事后再补充阐明理由，如果宽松地认为事后阐明理由也无不妥之处，那就失去了说明理由制度的意义。此外，说明理由作为一项程序法制度，对它应有严格、明确的要求，不论是完全欠缺理由或者理由不充分、不完善时，都应认为该具体行政行为具有瑕疵而构成违法。

五、信息获取制度

（一）信息获取制度的含义

信息获取制度，是指行政相对人从行政主体那里获得各种有助于其参与行政活动的信息资料的程序制度。各种信息资料一般为维护自身合法权益或者公共利益所需要。在法律没有禁止的情况下，行政主体应当无条件地提供。

信息获取制度是建立在现代行政民主、公开这一法治精神基础之上的。西方国家在信息获取制度方面的立法较早，且较为完备。[①] 随着我国民主法治建设的逐步深入，信息获取制度正在建立并将逐步完善。

（二）信息获取制度的内容

信息获取制度的基本内容是：

1. 行政相对人可以获取信息的范围。法律如何确定行政相对人可以获取信

---

① 1966年美国通过的《信息自由法》建立了行政程序上的信息获取制度。1992年西班牙《行政程序法》对信息获取制度也作了相当明确的规定。

息的范围，这关系到行政相对人的权利的范围大小以及能否有效地实现参与行政程序的问题。出于国家安全和他人隐私权保护等需要，客观上必然存在着一个对行政相对人保密的范围。从保护行政相对人的合法权益需要看，以法律列举行政相对人不能获取信息的范围较为可取，对列举之外的资料信息，行政相对人都有权获取。

2. 行政相对人对信息获取权利的救济。行政相对人与行政主体对某种资料信息是否可以获取发生争议时，行政主体不具有争议的最终裁决权，行政相对人有权提起行政复议或者行政诉讼。

信息获取制度是现代社会中公民参与国家和社会事务管理，以及监督行政主体合法、正当地行使行政职权的基本前提，没有这一制度作保障，宪法和法律赋予公民的其他权利也难以实现。

六、案卷制度

案卷制度，是指行政主体将行政行为所依据的证据、记录和法律文书等，根据一定的顺序组成的书面材料形成案卷的制度。案卷以书面的形式体现了行政行为的作出过程，同时它也是支持行政行为合法性的重要依据。

案卷必须具备如下条件：其一，案卷的材料必须与案件有关，凡是与案件有关的材料必须是通过合法手段获得的，对行政相对人不利的证据必须已在行政程序中质证过。其二，行政主体凡是在行政程序结束之后调取的证据或者其他书面材料，不得成为案卷的一部分，但不作为行政行为依据的，可以例外。其三，案卷形成于行政程序结束之后，且案卷一旦形成便具有了封闭性。

案卷制度的法律意义是：其一，法律要求行政主体将行政行为的过程和依据形成书面材料，防止行政主体恣意行使行政职权。其二，有助于说服行政相对人接受行政行为，提高行政相对人对行政行为的可接受程度。其三，为行政复议机关行政复议和法院对行政行为进行的司法审查提供事实根据和材料。

第四节 公安行政执法程序

一、严格遵循公安行政执法程序的意义

根据上述行政程序的价值论述，结合公安行政执法权行使的实践，严格遵循公安行政执法程序具有如下重要意义：

（一）严格遵守程序规定，有利于规范、监督公安民警行使职权的行为，促进公安行政执法权的合理行使

第一，规范和制约公安民警行使职权的行为。程序规定了行使职权的步骤、

形式、方法，以及在法定期限内按一定顺序进行的全过程。因此，它能制约行使职权主体的活动，使其有章可循、有法可依、依法行政，将其行为置于法律规范的约束下，从而从制度上克服了行为的任意性和行使职权的混乱。

第二，监督公安机关和公安民警公平实施职权。具体来说，程序规范将整个行使职权的行为程序以法律的形式固定下来，并将这种法律规范公之于众，使行使职权的活动公开化，从而有利于社会各方面的监督。此外，由于警察权运作的过程就是法的实施过程，它不仅要求公安机关公安民警的职权行为严格依法进行，并给相对人同等充分的机会了解情况、陈述理由与要求，而且还要明确告示相对人有关活动程序及程序终结后的法律后果。我们可以看到，世界各国行政程序法中都将听证、告示、回避等法律制度列为行政程序法的重要内容。为行政相对人监督行政行为提供法律依据。再有，通过遵循程序规定，也有利于公安机关纠正自身错误，弥补相对人的损失。公安机关行使职权的行为是一个相当复杂的过程，涉及面广，对象复杂，即使执法人员主观上无过错，也难保万无一失。为了便于纠正错误的行为，现代各国一般都在程序法中规定了监督、纠正错误行为的条款，以及对相对人进行救济的程序规定。我国现行法律中对此也给予了高度的重视。

第三，促进公安机关有条不紊、保质保量地按时完成职权行为。公安机关为了更好地行使职权，需要形成系统内部的结构合理、功能齐全、协调通畅的有机体。因此，程序将公安机关的职权行为分为若干过程、环节，每一环节都有标准与时限，使行为主体每一个行为都有法可依，不按照程序规定操作则应承担相应的法律责任。如此，就可以促进公安机关职权行为依照法定程序，有条不紊，保质保量地顺利完成。

（二）严格遵守程序规定，对于保障公民、法人和其他组织的合法权益具有重要意义

程序法的重要目的之一就包含着对公民、法人及其他组织合法权益的保障，同时扩大公民参与管理的途径，促进行政民主化。具体来说：

第一，保障公民、法人和其他组织的合法权益。程序法将公民的实体权利与程序权利落到实处，给予有力的保障。现代法学认为，程序权利与实体权利是密切相连的，程序权利是实现实体权利的前提和基础，没有程序的规范，实体权利也无法顺利实现。因此，公安民警在执法中严格依照程序规定，也是对公民合法权益的有力维护。少数公安机关和民警不按法定程序办案，损害公民权益的教训是十分深刻的。例如，某一派出所民警身着便装在制止一居民区内的打架事件中，不表明执法身份，致使群众误以为路人，并动手打了民警一拳，最终对方当事人则被公安机关以暴力抗拒执法为由，处以 15 日拘留的处罚。在这一事件中，派出所民警未表明执法身份，对方当事人无法确定“劝架者”是公安执法人员，没有必须服从的义务，更谈不上暴力抗拒执法。因此，这一处罚损害了公民的权益。又如，发生在浙江省某县的“朱月芽案”，是又一起公安机关严重违反法定

程序并且造成相对人合法权益受到严重侵害的案件。本案首先是公安机关对事实认定存在错误，即朱月芽与沈某的同居行为被认定为卖淫嫖娼行为，随后在整个案件的处理过程中，程序违法的问题贯穿始终。包括县公安机关有关人员在现场执法中未向当事人出示任何有效执法证件，同时还将朱月芽等人戴上手铐带至公安局。在对朱月芽等人进行大数额罚款后不告知听证权利，对当事人进行罚款也未出具任何正式罚没票据。更令人无法接受的是，本案中县公安局在处罚行为作出后相隔 3 年多的时间才拿出行政处罚决定书。这是极其明显的程序违法，同时也严重损害了行政相对人的合法权益。

第二，扩大公民行使参政权的途径，促进警务活动民主化。程序规范中不仅规定了公民对警务活动是否合法的监督权，而且规定了公民参与管理的具体途径。如听证制度以及行政制裁的作出，必须事先听取相对人的意见和辩解，这些都有利于保障公安机关行使职权的公开、公正和民主。

（三）严格遵守程序规定，有利于提高执法的效率

公安行政执法权作为一种代表国家意志的权力，具有强制性与支配性。因此，在公安行政管埋关系中，公安机关与相对人之间、权力与权利之间的差异是客观存在的，两者之间不对等是显而易见的。现代行政程序法作为连接政府与行政相对人的中介，则通过权力与权利之间的沟通、协调、平衡，既可保障警察权力的合法行使，又可保障相对人的合法权益，从而促进执法效率的提高。具体来说：

第一，沟通、协调公安机关公安民警与相对人之间的关系。警务活动不单单是公安机关的活动，它必须有公民、法人和其他组织的参与、配合。警察权力与相对人权利之间往往又不可避免地会出现矛盾，甚至冲突。为了减少、避免矛盾冲突，就必须沟通、协调，统一双方的行为。这种沟通、协调、统一正是程序法的内在功能之一。

第二，通过权利与义务的相互转化，使公安机关与行政相对人之间的关系在管理与被管理的过程中取得平衡。行政程序法通过权利与义务的相互转化使公安机关与行政相对人之间的关系在管理与被管理的过程中取得平衡。如在传唤时，公安机关有权要求相对人按时到达公安机关，同时又有义务使有关执行警务的人员回避与其有利害关系的职权活动。而对相对人来说，按时到达公安机关是其义务，要求有关人员回避某些活动则是其权利。公安机关与行政相对人在程序上的这种权利与义务的相互对应关系以及双方角色在特定条件下的换位，使双方在行政实体法律关系中反映出来的不对等地位，以及权利与义务在分配方面的不对等性，得以恢复和均衡。

第三，可以促进行政效率的提高。现代行政程序法是建立在民主、公正、高效的基础之上的。实践中导致行政高耗低效的原因是多方面的，其中行政行为违反程序和相对人违反程序是引起行政高耗低效的经常性原因。如重复审批、反复研究会造成事倍功半，行政相对人无故拖延、无理取闹也会花费时间。行政程序

法由于按照简便、迅速、经济的效率精神，为行政活动及其相对人的活动设置步骤、排定顺序、展开过程与选择方式，使其规范化、标准化、统一化，这就能促使公安机关的职权行为与相对人的行为都能依照法定程序进行，有利于公安机关执法效率的提高。

二、公安行政执法权的程序要素及作用

公安行政执法程序是行政程序的组成部分，具体是指公安行政执法权的运行程序。它是有关公安行政执法权运行的步骤、形式、方式、顺序以及时间的延续性的总和。

（一）程序要素

程序要素是构成公安行政执法程序的基本内容。具体包括：

第一，步骤。步骤是组成公安行政程序的重要因素。例如，我国《治安管理处罚法》规定的实施治安处罚的基本程序由三个步骤组成，即调查、决定、执行。步骤是程序中的重要因素，因为实质上，每个步骤就是一项程序制度。程序制度的配置，是以能否达到立法宗旨而定的。通常的程序制度有：表明身份、说明理由、听证、回避、公开、告知权利、通知、告诫、调整审批、复审、委托代理、确认等。实践中不可能给各种行政行为规定一个统一的模式，它只能依据不同情况，规定几个最基本的程序制度，如美国行政程序以听证程序制度为核心。

第二，形式。形式又分为要式与非要式。所谓要式行为，是指公安机关做出的行政行为必须具备一定的法定形式才具有法律效力。例如，治安处罚必须有书面的裁决书，并且裁决书要按法定要求填写，否则无效。有的执法人员认为，只要事实不错，裁决书填写是否符合要求是无所谓的，这种观念是错误的。执法中应注意法律是有形式规定的，要严格依法办事。如果法律未作明确规定的，只要是影响公民权利义务的，都应推定为必须具有法定形式。非要式行为，是指公安机关作出行政行为不需要具备特定的方式，如火场总指挥员当火灾蔓延时有权口头决定拆除毗邻建筑物，无须书面通知，当事人必须服从。

第三，方式。任何公安行政行为总要通过一定的方式才能完成。多数情况下，法规都对行为方式有某种规定，如是否必须合议、签字等；凡涉及公共利益的，都应采用公开的方式进行。

第四，顺序。公安行政程序是由若干个步骤完成的。有些步骤先后颠倒并无影响，但是多数情况下，具有严格的先后顺序要求，顺序颠倒了就可能导致不同后果。例如，先取证、后裁决是公安行政必须遵守的顺序，如果倒置，就违反了以事实为根据、以法律为准绳的社会主义法制原则。

第五，时效。任何公安行政行为的完成，都必须规定严格的时限要求，只有合适的时限规定，并在规定的时限内完成任务，才能实现行政执法宗旨。否则，行政效率就低下，相对人的合法权益就得不到及时的保护，更难养成廉政勤政的

机关作风。

（二）公安行政执法程序的作用

公安行政执法程序的作用可以从以下方面得以认识：

第一，对公安行政执法权实施的各种主张和选择的可能性进行过滤，找出最适当的判断和最佳的实施方案。

第二，通过充分的、平等的发言机会，疏导不满和矛盾，使相对人的初始动机得以变形和中立化，避免采取激烈的手段来压抑对抗倾向。

第三，既排除公安行政执法权实施主体的恣意，又保留合理的裁量余地。

第四，公安行政执法不可能实现皆大欢喜的效果，因而需要吸收部分甚至全体当事人的不满。程序要件的满足可以使决定变得容易为失望者所接受。

第五，程序参加者的角色分担具有归责机制，可以强化服从决定的义务感。

第六，通过法律解释和事实认定，作出有强制力的决定，使抽象的法律规范变成具体的行为指示。

第七，通过决定者与角色分担的当事人的相互作用，在一定程度上可以改组结构，实现重新制度化，至少使变法的必要性容易被发现。

第八，可以减轻决定者的责任风险，从而也就减轻了请示汇报、重审纠偏的成本负担。

三、公安行政执法权运行中的程序问题

由于公安机关的社会管理职能广泛，执法依据繁杂且效力层次不一，各种执法程序也往往因法律、法规区分事务类型，管理对象和执法行为内容等的不同而呈现出不同的法律要求。在此，仅以行政程序的构成要素为分类标准，将各种公安行政程序违法行为收纳起来具体划分为四种基本的表现形态：

（一）步骤欠缺

步骤欠缺，即公安行政法律行为的作出须依法律规定的步骤进行，但公安机关违法而未采取或履行相应的步骤。这主要表现为公安机关在行使执法权中逾越了不能逾越或遗漏了不得遗漏的法定程序，影响了行政相对人权益的情形。既然法律通过规定行政程序为行政主体设定相应的程序义务，以规范执法权力的运行轨迹，那么行政主体就有义务严格履行法定义务。同时就行政程序本身而言，法定步骤也是不容欠缺的。尽管程序被分割成若干步骤或阶段，但不同的步骤或阶段之间存在着有机的、必然的联系，每个步骤或阶段之间都是互为因果的，遗漏或逾越某一程序步骤或阶段，必然会打破行政程序的连续性，从而影响行为的效力。例如，少数民警在治安案件调查取证阶段制作笔录之前，既不表明身份也不告知相对人有申请回避和其他相关权利。又如，交警部门在决定吊销违章者的驾驶证之前告知了当事人 3 日内有要求听证的权利，但未等当事人作出是否听证的意思表示即作出处罚决定的情形。这些都是因逾越或遗漏法定程序而导致步骤欠

缺违法。

（二）形式违法

形式违法，即公安行政法律行为的作出应当采取某种法定形式而未采取，或采取了法律禁止的形式，构成程序违法。对公安行政行为法定形式的严格要求，既是便于监督公安机关执法的需要，也是为了更好地保障相对人合法权利的要求。然而，实践中少数民警因法律意识淡薄，处罚相对人时要么不出具任何手续，要么仅凭一张罚没收据或一张手写的收条，甚至没有加盖本单位的公章。有的即使有书面决定，但决定书或没有对当事人违法事实、性质的具体认定，或缺乏对裁决所适用的法律条款的具体援引和对行政行为理由的说明，更没有完整地告知当事人复议、起诉的权利、对象、途径、期限，有的甚至未按照要求交付或送达当事人等，这些形式违法的执法行为企图规避上级公安机关和人民法院的监督，严重地侵犯了当事人的合法权益。

（三）顺序颠倒

顺序颠倒，即公安机关违反法律规定的先后顺序作出具体行政行为而构成的违法。行政程序是由若干个步骤、阶段在时间上的延续所形成的行为过程，如同链条一样环环相扣。因此，只有依照法定顺序依次进行，才能确保行政行为内容的合法性，否则将会导致行为无效。实践中少数公安民警在办理行政案件时的“先裁决后取证”，甚至“先执行后裁决”等情形都是此种程序违法的典型表现。

（四）时限违法

时限违法，即公安行政行为的作出超过法定的时间限制，从而构成违法。为了保证公安执法的高效率，公安行政程序的各个环节都有时间上的严格限制，如《行政处罚法》第42条第1款第2项规定：“行政机关应当在听证的七日前，通知当事人举行听证的时间、地点。”而实践中少数公安机关未依此规定给足当事人出席听证陈述的充分准备时间。又如，少数基层公安机关既不通知当事人也不经批准延期，未按法定期限作出裁决，或已过追诉时效仍追究相对人的法律责任等都是时限违法的具体表现。

四、公安行政执法权的程序控制

公安民警在具体行使执法权中具有双重身份，既是公安机关的代表也是国家公务人员，因此公安行政执法主体与违法主体并不是一种一一对应的关系，公安行政程序违法的责任主体应区分为组织主体和个人主体，与此相应的是，两类责任主体承担的法律责任形式内外有别。就公安机关行政程序违法的法律责任形式而言，具体包括以下几种：

1. 无效。无效，是指公安机关的行政行为因具有重大明显瑕疵或具备法定无效条件，自始不发生法律效力的情形。对于公安机关无效的行政行为，任何人原则上自始不受其拘束。为确保行政执法权的有效运作，维护法的安定性并保护公民的信赖利益，公安机关行政行为的瑕疵须达到重大，依一般人合理之判断甚为明显且一目了然的，视为无效。

2. 撤销。对程序一般违法的行政行为，可采用撤销的处理办法。公安机关的程序违法行为在何种情况下予以撤销，实践中区分了不同的情形加以处理。一般来说，对损益行政行为以撤销为原则，以不撤销为例外。不撤销应严格限制，只有在撤销会给公共利益或其他人的合法权益造成重大损害的情况下，才不予撤销；而对授益行政行为，基于对相对人信赖利益的保护，则正好与之相反。

3. 责令履行职责。当行政主体因程序上的不作为违法且责令其作为仍有意义的情况下可采用责令履行职责这种责任形式。《行政诉讼法》第 54 条第 3 项规定，被告不履行或拖延履行法定职责的，判决其在一定期限内履行。公安机关程序上的不作为行为有两种表现形态：一是对相对人的申请不予答复，二是拖延履行法定作为义务。

4. 确认违法。确认违法作为行政主体程序违法的一种责任形式，在实践中适用于下列情形：一是公安机关逾期不履行法定职责，责令其履行法定职责已无实际意义的情形。二是公安机关逾期履行法定职责，该“逾期”行为并未给相对人的合法权益造成侵害或实际不利影响。三是对不能成立的行为，可采用确认违法的方式追究公安机关的责任，如我国《行政处罚法》第 41 条的规定。四是行政行为程序违法但结果正确的情形。

5. 赔偿。对程序违法的行为仅靠无效、撤销、责令履行职责、确认违法等方式追究行政主体责任，难以完全达到目的而采用赔偿的责任形式。赔偿可适用于下列情形：一是程序不作为违法，责令公安机关履行作为义务已无实际意义，且已给相对人的合法权益造成了实际损害，对此，确认不作为违法并责令公安机关承担赔偿责任。二是作为程序违法，并给相对人的合法权益造成实际损害，撤销违法作为并责令公安机关承担赔偿责任；如撤销违法作为会给公共利益造成重大损害，在此情况下，确认该行政行为违法，责令公安机关采取相应的补救措施，并责令其向受害人承担赔偿责任。

针对公安机关行政执法中发生的重大程序违法问题，执法民警个人具有主观过错的，其可能承担的法律责任形式主要包括：第一，行政责任。一种情况是依据《警察法》第 48 条之规定，对行政执法程序违法的责任民警予以行政处分，具体可以是：警告、记过、记大过、降级、撤职和开除。与此同时，对受处分民警可以降低警衔或取消警衔，必要时也可以对其采取停止执行职务、禁闭的措施。另一种情况是依据《公安机关公安民警执法过错责任追究规定》第 16 条之规定，可分别采取辞退、限期调离公安机关、停止执行职务、延期晋级晋职、通报批评、取消评先资格、离岗培训、责令作出书面检查、减发停发岗位津贴和奖金九种形式追究责任民警的执法过错责任。第二，刑事责任，适用于行政程序严重违法且造成严重后果而构成犯罪的情形，根据犯罪嫌疑人程序违法的主观心理状态，分别按照滥用职权或玩忽职守定罪量刑。

针对当前公安行政执法权行使程序中暴露出的问题探讨解决的对策，应从以下几个方面采取措施：

第一，解决作为公安行政执法权的具体实施者广大公安民警，尤其是基层公安机关领导的认识问题是根本。只有从思想观念和主观认识上澄清某些模糊概念，才能正确地指导和服务客观实践。目前，广大公安民警特别是基层公安机关领导关于公安行政程序执法的两大认识误区亟待突破。一是要彻底纠正由于历史原因长期形成的“重实体、轻程序”，认为公安机关在行政执法时只要实事求是，不虚假、不捏造，程序违法与否无伤大雅的错误认识。民警之所以会形成“重实体、轻程序”的错误观念，在一定程度上源于对程序正义性的认识不足。追求正义是公安机关的天职，公安机关追求的正义不仅仅指实体正义，还包括程序正义。在公安实践中，由于部分民警对程序的正义性认识不足，他们本着追求正义的良好心愿，在追求实体真实的过程中，一旦发现程序妨碍了他们发现实体真实，往往就会舍程序而求实体，以牺牲正当程序为代价来追求实体正义，却没有意识到他们在追求实体正义的同时，恰恰在牺牲着另外一种正义——程序正义。要坚持执法为民，公安民警必须充分认识程序的正义性及程序正义及于整个法治秩序、法制建设的重要意义，充分认识程序法的独立价值及实体法与程序法之间相互依赖、相辅相成的关系，避免在公安实践中出现片面追求实体正义而忽视程序正义的做法，减少“重实体、轻程序”现象的发生。没有公正程序保障的实体公正是短暂的，也是危险的，所以必须使广大民警从意识层面真正尊重程序的独立价值。二是要正确认识行政程序与行政效率的关系。两者虽在某些方面存在着矛盾和冲突，但从深层次看，科学的行政程序对行政效率具有一定的促进和保障作用。为了有助于尽快解决认识问题，在公安机关内部主动推行“行政首长出庭参加诉讼”制度，以便公安机关的领导特别是基层领导，从诉讼的角度来切身体会行政程序的法律价值，从而高度重视公安行政程序执法工作。

第二，提高公安民警的法律素质是基础。公安民警作为权力的具体执行者，法律素质是其必备的重要基本素质之一。随着我国《宪法》确立的“依法治国，建设社会主义法治国家”目标的逐步实现，新的涉及公安行政执法的法律、法规必将大量涌现，人民群众的法律意识和维权意识也在日益增强，公安行政执法的新形势、新任务、新要求对民警的法律素质提出了越来越严峻的挑战。要全面提高广大民警的行政程序法素质，最有效、最稳妥的办法依然是强化民警的在岗法律培训工作，实行具有针对性的“干什么、学什么”的持续专门训练，以期在较短时间内取得明显成效，满足当前公安行政执法工作的需要。就长远考虑而言，此项工作还必须与公安机关的队伍建设密切结合起来，将法律素质的高低作为在公安队伍管理中实行“优胜劣汰”考核竞争机制的重要标准，真正做到民警法律素质不达标不得晋级晋职，领导法律素质不达标不得提拔重用，在公安机关内部营造出良好的“学法、用法、守法”氛围，将学习法律、提高素质内化为广大民警和各级公安机关领导人自觉自愿的行动。

第三，落实公安行政程序违法的法律责任是关键。违法责任的追究是法律权威与尊严的根本保证，否则，所谓的法律只能是装点“法治”的一堆废纸，同时对那些守法者也意味着极大的不公。就行政程序法而言，既然它是“法”，那么必然具有法律效力，无疑也要求得到全社会的尊重与遵守，违法者理所当然地应当受到法律追究。因此，要扭转当前公安行政执法中程序违法问题始终屡禁不绝、居高不下的现状，关键还是必须将公安行政程序违法的法律责任落实到位。具体来说，就是必须严格按照公安部《公安机关公安民警执法过错责任追究规定》的要求，坚决落实行政程序违法的执法过错责任，不能仅仅落实到单位，而是要具体追究到案件的承办人、审核人和审批人。只有这样，才能使广大公安民警警觉并警醒，既高度重视公安行政程序违法的具体问题，又充分认识到公安行政程序法和相关程序制度的法律价值和意义，从而自觉地严格依法定程序执法办案。也只有这样才能使公安行政执法的整体水平得以大幅度的提升，既有利于树立公安机关严格、公正，文明执法的良好形象，又有利于保护公民的合法权益，推动全社会公平与正义的实现。

在我国，公安机关行政执法任务重、领域广，以往的执法程序、规定比较零散，缺乏严密统一的程序规定。影响了办案质量，有些做法和内部规定甚至与现行法律特别是行政处罚法不尽一致，为随意执法留下了空间。这些不足在一定程度上导致了公安机关在办理行政案件中受案不规范、违法调查取证、滥用强制措施、越权处罚等问题，不仅侵害了当事人的合法权益，而且严重损害了法律的尊严和公安机关的形象。2003 年 8 月 26 日，公安部第 68 号令发布了《公安机关办理行政案件程序规定》[①]，该规定是一部完整的、统一的公安机关办理行政案件程序规定。它梳理了有关公安机关办理行政案件的现有程序规定，并集于一体统一进行规范，对于规范公安行政执法行为，保障公安机关在办理行政案件中正确履行职责，提高办案质量和执法水平，保护公民、法人和其他组织的合法权益，推进依法行政、依法治国方略在公安机关的实施，具有十分重要和深远的意义。

① 这一规章已于 2004 年 1 月 1 日正式实施。2006 年 3 月 29 日，公安部根据《中华人民共和国治安管理处罚法》的规定，对此又进行了修改。

第四编　监督与救济

DISIBIAN JIANDU YU JIUJI

第八章 行政违法与行政责任

第一节 行政违法

一、行政违法的概念与特征

（一）行政违法的概念

行政违法不是行政法学上通用的概念。在英国与法国，没有行政违法这一提法，他们的越权行为相当于我国的行政违法行为。目前，我国关于行政违法的定义也不尽一致，行政违法有广义与狭义之说，二者的区别在于违法的行为主体范围不同。广义的行政违法不仅包括行政主体的违法还包括行政相对人违法，狭义的行政违法仅指行政主体的违法。总体而言，关于行政违法的概念，主要有以下几种观点：

1. 行政违法是指行政主体所实施的，违反行政法律规范，侵害受法律保护的行政关系而尚未构成犯罪的有过错的行政行为。①

2. 行政违法是指行政机关、其他行政公务组织和行政公务人员实施的违反行政法律规范的行政行为。②

3. 行政违法是指行政机关及其公务员违反行政法律规范的行为。③

4. 行政违法是指行政法律关系主体违反行政法律规范，侵害受法律保护的行政关系，对社会造成一定程度的危害，尚未构成犯罪的行为。④

我们采用狭义说，即行政违法是指由行政主体实施的，违反行政法律规范，侵害受法律保护的行政关系，但尚未构成犯罪而依法须承担行政责任的行政行为。

（二）行政违法的特征

1. 主体的特定性。行政违法只能是行政主体的违法，是行政主体在行政法

---

① 胡建淼著：《行政法学》，法律出版社 1998 年版，第 478 页。

② 杨解君、周佑勇：《行政违法与行政犯罪的相异和衔接关系分析》，载《中国法学》1999 年第 1 期。

③ 罗豪才主编：《行政法学》，中国政法大学出版社 1989 年版，第 258 页。

④ 罗豪才主编：《行政法学》，北京大学出版社 1996 年版，第 311 页。

上的违法行为。非行政主体不能构成行政违法。所谓行政主体，是指依法享有国家行政管理职权，能够以自己的名义实施行政管理活动，并能够独立承担由此产生的法律责任的组织。行政主体不是一个法律概念，是法学研究的概念。这个特征也是行政违法广义与狭义定义的区分点。广义的行政违法说认为行政违法既可以是行政主体的违法也可以是行政相对人的违法。我们认为，行政违法是一种行政行为。行政行为是行政主体为实现行政管理目标而行使行政权力，作出的具有法律意义，产生法律效果的行为。行政行为的主体只能是行政主体，非行政主体不可能行使行政行为，或者说行政行为不可能是非行政主体的行为。行政相对人不是行政主体，不可能实施行政行为，因而行政相对人不可能作出属于行政行为的行政违法行为，行政相对人的违法行为应该称之为违反行政管理秩序的行为。

2. 违法行为的特定性。行政违法是违反行政法律规范尚未构成犯罪的行为。首先，行政违法具有违法性，它违反了行政法律规范，侵害了受行政法保护的行政关系，因而具有一定的社会危害性；其次，行政违法在性质上属于一般违法，其社会危害性较小，尚未达到犯罪的程度。行政违法的这一特征使其与违纪行为、民事和刑事违法行为区分开来。

3. 违法行为责任的特定性。行政违法是违反行政法律规范并依照法律规定应当承担行政责任的行为。依照违法必究的要求，任何违法行为都要承担相应的责任，行政违法承担的责任是行政责任。这也是和其他违法行为的不同点。违纪行为、民事和刑事违法行为要承担的责任有可能包括行政责任，但不仅是行政责任，还应包括其他相应的责任。

二、行政违法的构成要件

所谓行政违法构成要件，是指构成行政违法必须具备的一切主观和客观条件的总和，它是确认行政违法行为从而追究其行政责任的根据。

（一）主观要件

行政违法的主观要件，是指行政违法主体主观上有过错，包括故意和过失。故意是指明知自己行为的社会危害性而希望或放任其发生的主观心理状态。凡故意违反行政法律规范的，都应当依法承担行政责任。过失是指应当预见自己行为的社会危害性，由于疏忽大意没有预见或虽然预见但轻信能够避免的主观心理状态。过失违反行政法律规范，并且造成危害后果的，也应当依法承担行政责任。故意和过失是行政违法主体承担行政责任的主观要件。所以，如果行为在客观上违反了行政法律规范，但不是出于故意和过失，而是不可抗拒或不能预见的原因引起的，不能认为是行政违法而追究行政责任。

（二）客观要件

行政违法的客观要件是指构成行政违法的客观事实。行政违法的客观要件包括违法行为及该违法行为引起的后果违法，实际上就是不履行、不承担法定义务的行为。违法行为必须引起作一定社会危害性。不具有社会危害性的行为不构成行政违法。行为包括作为和不作为。行为人的行为（无论是作为还是不作为）构成行政违法，要同时具备两个条件：一是行为人具有法定义务。行为人具有相关的法定义务，是行政违法的前提，是构成行政违法的首要条件。二是行为人有不履行法定义务的行为。行为人具有法定义务且无正当理由不履行、不承担法定义务时，行政违法才会构成。行为人没有法定义务或虽有法定义务，但因正当理由或不可抗力的原因无法履行法定义务，均不构成行政违法。危害结果并不是所有行政违法必须具备的要件。行为具有社会危害性并不意味着必须产生一定的危害结果，在某些情况下，行政违法的确定并不取决于其是否具有直接的危害结果，而只要有违反行政法律规范的行为就可以。

三、行政违法的分类

对于行政违法，可以从不同角度作不同的分类。因为不同的分类有不同的意义，不同类型的行政违法适用不同的法律规则。目前学界关于行政违法的分类主要有：

以行政行为的方式和状态为标准，行政违法分为行政作为违法和行政不作为违法。前者表现为积极地作出行政法律规范所禁止的行为，如税务机关违法征收税款；后者则表现为拒不作出行政法规范所要求的行为，如工商机关对企业申请营业执照不予答复。作为违法与不作为违法均是行政法律的规范对象。就行政诉讼而言，作为违法可以成为行政诉讼的对象，不作为违法同样可以成为行政诉讼的对象。

以行政行为的实体和程序为标准，行政违法分为实体行政违法和程序行政违法。前者是指不具备行政行为实质要件的行政违法，如主体构成违法、内容违法、超越职权、滥用职权、行政不作为、违反信赖保护原则等；后者则是不具备行政行为形式要件的行政违法，如行为的作出不符合法定程序、行为的表现形式不符合法律规定的要求等。区分实质行政违法与形式行政违法具有重要的法律意义。首先，从法律效力看，实质违法一般属无效行为，从该行为发生之时即没有法律效力，而形式违法一般属可撤销行为，它经有效补救可转化为有效行为；其次，从法律后果看，实质违法所引起的法律后果主要是承担惩罚性行政责任（如行政处分），而形式违法所引起的法律后果主要是承担补救性行政责任（如撤销违法）。

以行政行为的范围及与相对人的关系为标准，行政违法分为内部行政违法和外部行政违法。前者是指内部行政主体的行政违法，如上级行政机关对下级行政机关的错误指挥，行政机关对公务员的行政处分违法；后者则指外部行政主体的行政违法，如公安机关非法拘留公民。内部行政违法与外部行政违法在救济手段上是有区别的：内部违法仅限于行政救济，不受司法审查；而外部违法不仅可借助于行政救济，还可借助于司法救济。

除此之外，还有以行政违法的主体为标准，行政违法分为单一行政违法与共同行政违法；以行政主体和行政相对人各自的过错状况为标准，行政违法可分为单方行政违法与双方行政违法（混合违法）等。[①]

我们认为，行政违法的分类从行政行为的合法构成要件上进行是比较有实质意义的。行政行为的合法构成要件有：行为主体合法、行为权限合法、行为内容合法、行为程序合法、行为形式合法。因此，我们把行政违法分为主体违法、内容违法、程序违法和适法违法四类。

（一）主体违法

主体违法分为主体构成违法、主体职权违法和主体主观违法三种。

1. 主体构成违法。主体构成违法是指行政主体在作出行政行为时的内部机制违法。行政主体必须是依法享有国家行政管理职权，能够以自己的名义实施行政管理活动，并能够独立承担由此产生的法律责任的组织。不是任何一个组织或机构都可以成为行政主体，行政机关也不是在任何情况下都可以成为行政主体。某一组织或机构或行政机关是否具有行政主体资格是由法律规定的。如公安机关的派出所经过《治安管理处罚法》的授权具有了警告和500元以下罚款的权力，对于警告和罚款处罚，派出所可以以自己的名义作出，但是对于行政拘留、吊销公安机关颁发的许可证、执照，派出所就不能以自己的名义作出，即成为不了行政主体。

我们常见的行政主体构成违法主要有以下几种情况：

（1）行政主体内部机构以自己名义对外行使行政主体职权，即行政主体内部机构以自己名义对外进行行政意思表示。如公安局的法制科以自己名义对外作出行政行为。

（2）未经法定机关同意或批准的行政主体的职权行为。有些行政行为的作出是需要经过法定机关的同意或批准的，未经此程序，则此行为因无效而违法。

（3）无正当组织之行政主体的职权行为。如一些组织未经法律、法规之授权，作出所谓的行政行为。

（4）非公务员以公务员之身份对外的行政意思表示。这种情况一般是从外表上看某些自然人是具有公务员身份，但事实上其不具备公务员身份。

有些大陆法系国家把一些不具备行政主体资格的组织的假象行政行为包括在行政行为之列。如德国把不具备行政主体资格的非行政主体组织或个人作出的行政行为视为无权限行政行为。[②] 法国把一个没有行政官吏地位的人行使行政机关权力的行为称为权限篡夺行为。[③] 日本把非行政机关以行政机关名义作出的行政

---

① 孟昭阳、张建良主编：《行政法与行政诉讼法》，中国人民公安大学出版社2005年版，第176页。

② 刘兆兴：《论德国对行政行为的司法审查制度》，载刘兆兴主编：《中德行政法现状：行政行为、行政监督、行政审判》，社会科学文献出版社1998年版，第36页。

③ 王名扬著：《法国行政法》，中国政法大学出版社1989年版，第660页。

行为归类为无效行政行为。①

2. 主体职权违法。主体职权违法又分为超越职权、滥用职权和行政不作为三种。

（1）超越职权。超越职权又称为行政越权，是指行政主体超越其法定行政权限和权能的行为。在英国、美国、法国、日本等国的行政法中，行政越权是一个广义的概念，相当于我国的行政违法。我国的行政法对越权的解释不像国外那么广泛，《行政诉讼法》第54条规定了行政行为的5种违法情形，越权只是其中一种。行政越权的结果是越权的行政行为无效，即越权无效。越权无效在行政法基本原则中占有非常重要的地位，被认为是行政法的核心原则。越权无效是指行政机关必须在法定权限内行使行政行为，一切超越法定权限的行为都是无效的行为，不具有公定力、确定力、拘束力和执行力。

超越职权包括逾越权限和逾越权能两个方面。权限是法律赋予行政主体完成行政任务时在层级、事务和地域方面的范围界限。行政逾越权限指行政主体的行政行为在事务、层级或地域上逾越该主体法定职权。行政逾越权限主要包括逾越事实管辖权、逾越层级管辖权、逾越地域管辖权等。

①逾越事实管辖权。逾越事实管辖权有越位和错位两种，即行政主体管辖了不属其法定业务范围的事务。前者如公安机关吊销了工商机关颁发的行政许可证。后者如行政机关行使了立法机关和司法机关的权限。

②逾越层级管辖权。逾越层级管辖权又可以称为级别越权。表现为有直接或间接隶属关系的上下级行政机关之间相互逾越其法定的权限范围。

③逾越地域管辖权。逾越地域管辖权指行政主体的行政行为超越了法律规定的空间范围。如甲地的公安机关行使了乙地公安机关的职权。

除以上权限越权情形外，还有内外越权。即行政机关的内部机构行使了应由行政机关行使的职权或者行政机关的工作人员行使了应由行政机关负责人行使的职权。

权能是法律赋予行政主体采取一定方法、手段和措施完成行政管理任务的一种资格。逾越行政权能指行政主体的行政行为超出了其法定措施、手段和方法的情形。行政权能逾越分为以下几种：②

①行政主体拥有某项行政权能，但其行政行为超越了该行政权能的法定幅度或限度。

②行政主体不拥有某项行政权能，但其行政行为却是该行政权能的表现。如公安机关吊销了某饭店的营业执照。

③行政主体不拥有非行政性国家权能，但其行政行为却是该非行政性国家权能的表现。如判处某被告人有期徒刑。

---

① ［日］和田英夫著：《现代行政法》，倪建民等译，中国广播电视出版社1995年版，第201页。

② 应松年主编：《当代中国行政法》，中国方正出版社2004年版，第1529页。

④行政主体的行政行为根本无任何国家权能的基础，如修改某人姓名，故意殴打某行政违法者。

除以上权能越权情形外，还有职能交叉的越权。主要有两种情形，一是本应两个或两个以上行政机关共同作出行政行为的，却只由一个行政机关行使了职权，则该行政机关越权；二是一般行政职能行政机关越权行使了专门行政职能行政机关的职权。①

（2）滥用职权。滥用职权即滥用自由裁量权，指行政主体及其工作人员故意在职务权限范围内违反行政合理原则的自由裁量行为。由于行政活动的复杂性和不稳定性，法律不可能将一切行政活动及其事项都一览无余地予以规定。因此，在法定范围内，行政主体是可以享有一定程度的裁量权，但这种裁量不是不受任何约束的，行政权不仅要在法律规定的范围内实施，而且其行使必须合理、正当，不得违背法律的精神或目的。滥用职权是行政主体享有自由裁量权进而不正当行使自由裁量权的结果。滥用职权必须是行政主体因不合理行使自由裁量权而造成显示公正的行为结果，即行政主体及其工作人员在职务权限范围内严重违反行政合理原则的自由裁量行为。如果不是严重违反行政合理性原则，只是轻微违反，尚不能构成滥用职权。其具体表现为：背离法定目的；违反平等性原则；违反比例原则；不相关的考虑；违反信赖保护原则，等等。

背离法定目的，指行政主体的行政行为从客观上分析不符合法律、法规授权的目的。

违反平等性原则指行政主体在作出行政行为时违反了法律面前人人平等的原则。行政公平是民主国家的要求。民主国家意味着国家是全体人民的，因此，全体人民在自己的国家内应享有同等的权利和同等的机会，行政主体应平等地对待任何相对人，不能厚此薄彼，不能凭某种关系或自己的好恶赋予某些人以特别的权利，加予某些人以特别的义务。因此，行政公平原则要求平等对待相对人，不得歧视。

不相关的考虑指行政主体在实施行政行为时，考虑了不该考虑的因素或者没有考虑应该考虑的因素。比如行政主体在进行行政处罚时考虑相对人的社会背景，公安机关在进行治安处罚时，没有考虑相对人当时所处的情形等。

违反比例原则是指行政主体实施行政行为时没有兼顾行政目标的实现和保护相对人的权益。比例原则有广义和狭义之说，来源于德国的“勿以炮击雀”。在我国也可称为“杀鸡焉用宰牛刀”。广义的比例原则包括三项：一是妥当性原则，即行政主体实施行政行为时，必须符合法律的目的或至少有助于目的的实现。二是必要性原则，即行政主体实施行政行为面临多种选择时，应该选择对相对人影响最小的行为。三是均衡性原则，也叫狭义比例原则，即行政主体实施行政行为时，必须进行利益衡量，只有当行政行为的实施取得的公共利益大于相对

① 杨解君著：《行政法学》，中国方正出版社2002年版，第72页。

人因此可能受到的损失时，才能实施。行政主体实现行政目标可能对相对人权益造成某种不利影响时，应使这种不利影响限制在尽可能小的范围和限度内，保持二者处于适度的比例。

信赖保护原则产生源于德国，是指行政行为一经作出，非有法定事由并经法定程序不得随意撤销、废止或改变；如果是受益性行政行为，事后即使发现有违法情况，只要这种违法情形不是相对人的过错造成，行政主体也不得撤销或改变，除非不撤销或改变此种违法行政行为会严重损害国家、社会公共利益；如果是因为公共利益的需要撤销、废止或改变违法行政行为，要对相对人因此受到的损失予以赔偿，如果是因为公共利益的需要撤销、废止或改变合法行政行为，要对相对人因此受到的损失予以补偿。

（3）行政不作为。行政不作为指行政主体有积极实施法定行政作为的义务，并且能够履行而未履行（包括没有正确履行）的状态。行政不作为违法的构成要件有三：一是行政主体及其工作人员依法具有特定的行政作为义务；二是行政行为人具有作为的可能性；三是行政行为人没有履行或没有全面履行作为义务。

3. 行政主体主观违法。行政主体主观违法是指行政主体在作出行政行为时意思表示欠缺或意思表示有瑕疵的行政违法。通常表现为行政主体在作出行政行为时意思表示非自愿，意思表示不真实，意思表示不合法。意思表示非自愿如受胁迫，意思表示不真实如受欺诈，意思表示不合法如行政行为出于不正当的动机或非法定的动机。

（二）内容违法

内容违法指行政行为的内容直接与法律相抵触或内容缺乏明确性、可行性。主要表现为以下几个方面：行政行为的内容要求相对人实施一个在法律上将构成违法甚至犯罪的行为；行政行为的内容违背公序良俗；行政行为的内容要求相对人实施一个在法律上不可能实现的行为；行政行为的内容直接违法；行政行为所确立的权利义务内容不明确、不完整或相互矛盾等。如公安机关任命曾经受过刑罚处罚的人或被开除公职的人为警察；公安机关认定女性相对人嫖娼①，等等。

（三）程序违法

行政程序是指行政主体实施行政行为时所应遵循的方式、步骤、时限和顺序。随着行政权的产生和发展，行政程序逐渐被人们重视。行政程序是规范行政权、体现与实现法治的行为过程与前提条件，能够维护行政相对人的合法权益，提高行政效率。行政程序的发达与否，是衡量一个国家行政法治程度的重要标志。在许多情况下，程序的背后都体现着国家的、社会的某种更高层次的利益。不存在空头的无意义的程序，所有的程序不仅或多或少与相对一方合法权益有

① 如陕西泾阳麻旦旦案。2001 年 1 月 8 日晚，陕西省泾阳县蒋路乡派出所民警与聘用司机来到该乡一家美容美发店，将正在看电视的少女麻旦旦带回派出所讯问，要求麻承认有卖淫行为。麻拒绝指控，被非法讯问 23 小时后，1 月 9 日，泾阳县公安局出具了《治安管理处罚裁决书》，该裁决书以嫖娼为由决定对麻旦旦拘留 15 天。麻旦旦在裁决书中被写成了“男”，时间写成一个月后的 2 月 9 日。

关，与国家、社会利益相关联。[①] 在现代，行政主体实施行政行为离不开相对人的参与。不像英国、美国等其他国家，我国目前还没有统一的行政程序法，有关行政程序的规定散见于一些单行的行政法律、法规，如《行政处罚法》、《行政许可法》、《行政复议法》及《行政诉讼法》等。

违反法定程序又称行政程序违法，指行政主体的行政行为违反法定的行政程序的情形。行政程序代表国家的社会公共管理秩序，代表了国家对程序秩序的法律安排，集中体现了国家、社会和公民个人的程序性利益。行政程序违法具有多方面的危害性，对行政程序违法的容忍和熟视无睹实际上是对社会主义法律制度的破坏，是对法治原则的亵渎。在法治社会，依照我国宪法的有关规定，一切国家行政机关及其工作人员理应成为带头执行和遵守国家法律的模范，发生的任何违法行为都应得到及时纠正。否则，这将会对一般社会公众造成严重的负面影响。[②] 行政程序违法的主要表现形式是方式违法和步骤违法两大类。所谓方式违法，是指行政主体作出的行政行为不符合法律规定的表现形式。行政主体作出行政行为的方式有口头、书面、动作、默示四种。根据行为性质不同，行政主体在某些情况下可以任意选择某一行政行为的方式作出行政行为，但在大多数情况下，法律对行政主体作出行政行为的方式是有明确要求的，此时行政行为称要式行为，行政主体必须遵循，否则行为无效。方式违法的具体表现是行政主体未依法定的方式作出行政行为或采用法定方式有瑕疵(如未写发放日期等)。所谓的步骤违法，是指行政主体的行政行为未能按照法律的步骤作出。主要包括省略法定步骤，附加无根据的步骤，法定步骤的颠倒，不遵守法定时限等。一个违反法定程序的行政行为并不必然导致该行为无效，它的效力关键要看被违反的法定程序的价值、内容、重要性和违反程度。[③] 如《行政诉讼法》第 54 条规定，如果行政主体的具体行政行为违反法定程序，法院应当判决撤销或者部分撤销。

《公安机关办理行政案件程序规定》，对公安机关调查取证行为作了规定。该规定第 24 条规定：“公安机关必须依照法定程序，收集能够证实违法嫌疑人是否违法、违法情节轻重的证据。严禁刑讯逼供和以威胁、引诱、欺骗等非法手段收集证据。以非法手段取得的证据不能作为定案的根据。”

(四) 适法违法

适法违法又称法律根据违法，指行政主体作出行政行为时对行政法律规范的理解、解释和适用的某一方面或几个方面违法。具体表现为：[④]

1. 具体行政行为应适用此法或此条却适用了彼法或彼条；

2. 具体行政行为应适用效力高的法律规范却适用了效力低的法律规范；

---

① 应松年主编：《行政法学新论》，中国方正出版社 1998 年年版，第 492 页。

② 郝明金著：《行政行为的可诉性研究》，中国人民公安大学出版社 2005 年版，第 480 页。

③ 孟昭阳、张建良主编：《行政法与行政诉讼法》，中国人民公安大学出版社 2005 年版，第 177 页。

④ 姜明安主编：《行政执法的法律适用》，人民法院出版社 1995 年版，第 351 ~ 352 页。

3. 具体行政行为应同时适用几个法律规范却仅适用了其中一个法律规范，或应适用一个法律规范却适用了几个不应适用的法律规范；

4. 具体行政行为应同时适用法律规范的几项条款却仅适用了其中一项条款，或应适用一项条款却适用了几项不应适用的条款；

5. 具体行政行为适用了尚未生效的法律规范；

6. 具体行政行为适用了已经废止、撤销的法律规范；

7. 具体行政行为应当适用法律规范，却适用了没有法律效力的其他文件、规定；

8. 具体行政行为应当适用调整特定地区事项的法律规范，却适用了非调整特定地区事项的法律规范；

9. 具体行政行为适用的法律规范相互抵触，或适用的法律规范与同级别的其他法律规范相抵触。

根据《行政诉讼法》第 54 条第 2 项中的规定，具体行政行为适用法律、法规错误的，人民法院可以判决撤销或者部分撤销，并可以判决被告重新作出具体行政行为。

四、行政违法的确认与行政违法的后果

（一）行政违法的确认

违法行政行为需要一定的主体进行判断并确认。根据我国宪法及有关法律法规的规定，我国公民有怀疑某一具体行政行为合法性，从而请求有权机关撤销该具体行政行为的权利。这种权利包括申诉权、控告权、检举权、揭发权和建议权，但这种权利仅仅是可能或者说是间接产生法律后果的权利，它本身并不直接产生法律后果，仅是一种认为权，即行政行为并不会因为公民行使了该认为权就被确认为违法行政行为。对行政行为是否违法的确认权，归属于有权机关，而不是公民，虽然公民的认为权的行使会引起有权机关的确认。有权机关对行政行为的确认是一种直接产生法律后果的权力。

依照我国《宪法》、《国务院组织法》、《法院组织法》、《行政复议法》、《行政诉讼法》、《国家赔偿法》、《地方各级人民代表大会和地方各级人民政府组织法》等法律，权力机关、行政机关和司法机关（仅指人民法院）是有权对行政行为作出法律评价的国家机关。权力机关的确认是指由各级人民代表大会及其常委会对同级人民政府及其所属工作部门的行政违法行为依法确认并予以撤销。权力机关的确认权具有最高的法律效力，但它只限于针对行政机关的抽象行政行为。司法确认权指人民法院通过对行政案件的审理，有权依法撤销违法的具体行政行为。司法确认权是一种最终的确认权，但也是一种有限的确认权，仅限于针对行政机关的部分具体行政行为。行政确认权是原行政行为的行政机关和上级行政机关对违法行政行为的确认。根据行使行政确认权的主体不同，行政确认权有

三种：一种是作出原具体行政行为的行政机关，作出行政行为的行政机关对自己的违法行为，既可以主动撤销，也可依申请而撤销。第二种是上级行政机关，上级行政机关通过主动行使监督权或通过行政复议，撤销下级行政机关的违法行政行为。第三种是监察机关。各级国家行政监察机关依据《行政监察法》有权撤销受其监督的行政机关的违法行政行为。在三种确认权中，行政确认权效力最低。当行政确认权与人大确认权或司法确认权相矛盾时，前者必须服从后两者。但它是行政执法实践中运用最广的一种违法行政行为确认权。因为它无需公民或相对人的申请，可以依职权主动进行。

（二）行政违法的后果

行政合法行为与行政违法行为所产生的法律后果是截然相反的。只有符合有效要件的行政行为方具有法律效力，即拥有公定力、确定力、拘束力和执行力。违法的行政行为，便失去上述效力。行政违法的后果归纳起来主要表现在两方面，一是行政行为完全或部分失去法律效力（可以补正的除外），二是追究相应的法律责任。

1. 行政行为的效力问题。

（1）完全或部分失去法律效力。根据《行政复议法》和《行政诉讼法》的有关规定，主要证据不足或主要事实不清；适用法律依据错误的；违反法定程序的；超越行政职权的；滥用行政职权的具体行政行为，会予以撤销。行政行为一旦被撤销，其法律效力从一开始即无效。已经履行的应恢复履行前的状态，正在履行的应停止履行，尚未履行的不再履行。

行政行为瑕疵较小，违法情形不严重，可以进行补正，补正后具有法律效力。

（2）法律责任。凡违法行为，行为人都要依据其违反的法律规范承担相应的法律责任。行政违法是行政主体所实施的违反行政法律规范的行为，因而，行政主体必须依据行政法律规范的规定承担相应的法律责任。这些法律责任有恢复性责任和赔偿性责任。恢复性责任如赔礼道歉、恢复名誉、消除影响；被依法撤销的行政行为给相对人的合法权益造成损害的，行政主体还必须承担行政赔偿责任。其赔偿的程序、方式、标准等依据我国《国家赔偿法》和《行政诉讼法》及其他有关法律、法规的规定办理。因公务员执行公务过程中有故意或重大过失造成损害后果的，行政主体在承担行政责任后对公务员有追偿权。

第二节 行政责任

一、行政责任的概念和特征

（一）行政责任的概念

行政法的任务从某种意义上说，旨在控制和制裁行政瑕疵，即行政违法和行政不当。行政违法和行政不当的法律后果便是由违法主体承担行政责任。

在资本主义社会以前的西方，“责任”一词率先在大陆法系的民法和英美法系的普通法中得到比较广泛的使用；若往前追溯，可以从古罗马的《十二铜表法》中找到“责任”一词。但“行政”与“责任”的连用，始于行政学和行政法学的兴起。至今的中外行政学仍保留着“行政责任”一词。日本行政学者长浜政寿所说的“行政责任就是行政控制”，便是一种行政学方面的阐发，不具有本章所讨论的意义。本章所指“行政责任”是作为行政法学的一个范畴而存在，即指行政法律规范所设定的一种法律责任。即便如此，人们对行政责任范围划定不一，使得关于行政责任内涵与外延的认识至今仍有差别。归纳起来主要有下列几种看法：

第一，行政责任就是国家责任，也就是国家赔偿责任。这种观点在主体上，把责任者限于国家，不及公民；在内容上，把责任限于赔偿，显然失之过窄。

第二，行政责任是国家工作人员的责任，是他们“为完成一定的行政职务性质履行的责任”。它包括“法律的行政责任”和“道义性的行政责任”。[①] 这种观点把责任主体限于国家工作人员，也有失之过窄的缺陷。

第三，行政责任就是企事业单位、其他社会组织和个人的行政违法所引起的法律责任。这是流行于以“义务为本位”为价值取向的苏联行政法学的看法，其主要缺陷在于把行政责任限于“老百姓”一方，过分强调行政法的行政管理作用，肯定行政主体的绝对支配地位。因此，这一观点既不符合现代行政法治的精义，也不利于社会实践。

我们认为，行政法意义上的行政责任，在含义上有广狭之分。这种含义可以从责任主体和责任内容两方面考察。

从责任主体上考察，基于广义的看法认为，行政责任既包括行政主体及其工作人员的责任，也包括相对人（公民、法人和其他组织）的责任；基于狭义的看法认为，行政责任只限于相对人或只限于行政主体及其工作人员的责任。

---

① 魏海波、史宇航主编：《行政管理学简明辞典》，江苏人民出版社 1986 年版，第 121 页；谭健主编：《现代行政管理手册》，辽宁人民出版社 1987 年版，第 1 页。

从责任内容上考察，同样也有广狭之分。从广义上说，行政责任便是行政法律规范要求行政法主体（行政主体和相对人）在具体的行政法律关系中履行和承担的义务。这种义务分两部分：第一部分是指行政法主体必须按行政法要求进行一定的作为或不作为，如公务员必须履行职责；另一部分是指行政法主体由于不履行前一种义务而引起的法律后果，即依法形成了一种新的义务，而且当事人必须承担。例如：公务员没有履行职责，构成失职，有权机关可以对他处分，该公务员便形成了一种必须接受处分的义务；纳税人不纳税，税务机关可以依法处罚，纳税人有义务接受处罚。为便于区别上述两个方面的义务，我们不妨称前者为"积极行政义务"，后者为"消极行政义务"。积极行政义务与消极行政义务是两种不同的义务，不可混同。然而它们也有密切的联系：积极行政义务是消极行政义务的前提和基础，没有前者，无以发生后者；规定和追究消极行政义务是督促行政法主体履行积极行政义务的保障，没有它，积极行政义务就会因无保障而难于落实。它们之间的联系决定了我们对它们的态度：两者不可偏废，尤其是在建立行政责任制度中。广义的行政责任是积极行政义务和消极行政义务的总和。从狭义上说，行政责任仅指行政主体不履行法定义务而引起的法律后果，即消极的行政义务。

综上所述，我们认为就责任主体和责任内容而言，行政责任应与行政违法相互对应、相互衔接。为此，所谓行政责任就是指行政主体及其工作人员因违反行政法律规范而依法必须承担的法律责任。它是行政违法（以及部分行政不当）所引起的法律后果。

（二）行政责任的特征

行政责任既不同于道义责任，也不同于其他的法律责任，有其自身的特征：

1. 行政责任是行政主体的责任，而不是行政相对人的责任。行政相对人的责任，就表现为接受行政处罚等行政行为。

2. 行政责任是一种法律责任，而不是道义责任。行政责任不是基于道义或约定而产生，不是一种道义责任，而是由法律（行政法）单方设定，与违宪责任、民事责任、刑事责任相并列的一种法律责任。行政责任的这一特性，使其同道义责任相区别。

3. 行政责任是行政违法或不当所引起的法律后果，它基于行政关系而发生。行政责任由行政法所设定，发生在行政法律关系中；它是行政主体在国家行政管理中的违法行为或不当行为所导致的一种法律后果。行政责任的这一特性，使其同其他法律责任（违宪责任、民事责任、刑事责任）相区别。

4. 行政责任是一种独立的责任。因为行政责任是以行政法律规范所规定的职责为基础的，以行政法律规范所设定的责任方式和内容为根据的。这意味着，行政责任不能代替其他法律责任，其他法律责任同样不能取代它。因为不同的法律责任有不同的内容与形式，有不同的承担条件。行政责任与纪律责任同样不能相互替代。

二、行政责任的构成要件

行政责任的构成要件是指承担行政责任必须具备的条件之和，是衡量行为人是否应当承担行政责任的标准。行政责任的构成与行政违法的构成有因果联系（前者是果，后者是因），但有明显区别。行政违法的构成（要件）旨在确认行政违法及其性质，行政责任的构成（要件）则旨在确认行政违法的后果及其性质。承担行政责任必须有行政违法行为，但并非一有行政违法，便一概追究行政责任。行政责任的构成旨在解决在已构成行政违法的基础上是否应追究行为人的行政责任，以及追究其哪一种行政责任的问题。解决这两个问题，需从行政责任的下列几个构成要件同时考察。

（一）行为人已构成行政违法（及部分行政不当）

前面说过，行政责任是行政违法所引起的法律后果，因此，行政违法的构成及客观存在是追究有关人行政责任的前提。行为人尚未构成行政违法，行政责任便无从发生；对尚未构成行政违法的行为人追究其行政责任，其本身便是一种行政违法。

（二）行为人的主观恶性程度

行为人的主观过错（故意或过失）是行政违法的构成要件，而不是行政责任的构成要件。在此需要考察的是行为人的主观恶性程度，如动机、目的、事后的态度等。行政责任形式有轻重之分，承担行政责任的轻重与行为人主观恶性程度相关联。

（三）行政违法的情节与后果

同类行政违法，情节不会完全相同；不同的行政违法侵害不同的行政管理关系，因而有不同的危害结果。违法行为的情节与后果不仅影响行政责任的轻重，而且（有时）直接决定其形式。譬如：行政赔偿责任的承担，直接取决于财产权利实际损失这一后果。

（四）行为人具有责任能力

责任能力是指行为人能够独立辨认行为后果并且能够独立承担行为后果的能力和资格。衡量自然人的责任能力的标准有两个：一是年龄（承担行政责任的年龄目前我国尚无统一的法律规定，但除法律另有具体规定外，一般是 18 周岁以上），二是智力状况（虽已达到责任年龄，但不能辨认和控制自己行为的人同样不能承担行政责任）。对行政主体或组织而言，是否具有合法资格是衡量其是否具有责任能力的唯一标准，其行政责任能力随其成立而自然产生，随其撤销而消灭。

三、行政责任的分类

按照不同标准，行政责任可以作如下分类。

（一）根据承担行政责任的主体不同来划分

1. 行政主体的行政责任。行政主体作为行政管理者有权管理行政相对一方的活动，也有义务保障行政相对一方合法权益不受侵犯。行政主体的行政行为如果给行政相对一方造成损害将承担行政责任。

2. 国家公务员的行政责任。国家公务员根据职位分类的不同，有着不同的法定职责、权利和义务。他们在执行公务的过程中必须按照法律的规定来行使权利和履行义务。如果在执行公务过程中有行政违法现象也可能承担行政责任。

（二）根据行政责任所涉及的范围不同来划分

1. 内部行政责任。这是基于内部行政关系而发生的，是行政主体作为内部行政法律关系主体时因行政违法而必须承担的行政责任。

2. 外部行政责任。这是基于外部行政关系而发生的，是行政主体作为外部行政法律关系主体时因行政违法而必须承担的行政责任。

（三）根据有权追究行政责任的机关不同来划分

1. 国家权力机关有权追究的行政责任，如撤销行政命令、行政规章等。

2. 国家行政机关有权追究的行政责任，如行政复议机关改变原行政机关作出的行政决定等。

3. 国家司法机关有权追究的行政责任，如行政侵权赔偿责任等。

（四）根据行政责任的承担方式不同来划分

1. 补救性行政责任，指行政违法主体对因其行政违法而受到损害的行政相对人实施补救的责任方式。

2. 惩罚性行政责任，指行政违法主体因其行政违法而必须接受惩罚的责任方式。这种惩罚既包括精神上的惩戒也包括对实体权利的剥夺或限制。

（五）根据行政责任的具体内容不同来划分

1. 精神罚。这种行政责任是对行政违法主体的精神上的惩戒，它不直接涉及被惩戒主体的实体权利和义务，但它对于引起行政违法主体的警觉、并防止下次重犯起着较大的作用，如警告。

2. 财产罚。这种行政责任是强迫造成损害后果的行政行为主体交纳一定金额罚款，或者剥夺其某些财产权利的责任。它直接涉及行政行为主体的实体权利和义务，是对行政违法主体的一种经济上的制裁，也是对合法权益受到违法行政行为侵害的行政相对方的补救，如行政赔偿等。

3. 身份罚。这种行政责任是对实施行政违法行为的行政主体以及国家公务员的特定方面的权力予以限制或剥夺，进而改变其身份的一种责任，如撤职、开除等。

四、行政责任的承担方式

行政责任的承担方式，是指行政法律规范所规定的责任人担当由违法行为引起的否定性法律后果的形式。我国行政法对行政责任的承担方式的规定散见于宪法、法律、行政法规、地方性法规、部门规章、地方性规章等规范性文件之中，其种类繁多，适用于不同的领域和对象。由于作为行政责任的承担者的行政主体和行政主体之工作人员性质不同，承担责任的方式也有差别。

（一）行政主体承担行政责任的方式

行政主体承担行政责任的方式较多，主要有以下几种：

1. 通报批评。这是行政主体所承担的一种惩罚性行政责任。它是在行政主体的违法责任确定以后，由上级行政机关或行政监察机关通过文件、报刊、会议等途径对下级行政主体实施的行政违法事实、影响以及处理结果予以公布。

2. 赔礼道歉、承认错误。这是行政主体所承担的一种最为轻微的补救性行政责任。在行政主体的违法责任确定以后，由行政主体之主要负责人向行政相对人或者由行政主体以书面形式向行政相对人表示歉意、承认错误。承担这种责任一般由直接责任人或机关领导出面，形式可以口头，也可以书面。

3. 恢复名誉、消除影响。这是行政主体所承担的一种精神补救性行政责任。这一措施适用于行政主体的违法行为已对行政相对人造成了名誉上的损害，产生了不良的影响的情况。它可以通过报刊更正原处理决定，或者向有关单位寄送更正决定等书面材料，也可以会议的形式宣布正确决定。具体方法的选择必须结合行政相对人名誉受害的程度和不良影响的扩散范围。

4. 返还权益、恢复原状。这是行政主体承担的一种财产上的补救性行政责任形式。它适用于行政主体的违法行为产生了剥夺行政相对人对财产的占有权及其他权益（如职务），或变更了行政相对人财产原状的后果的情况下，由行政主体采取措施返还行政相对人被剥夺的权益。具体分为三种情况：一是返还原物，指由行政主体将收缴罚没的财产返还所有人；二是恢复行政相对人的其他权益；三是恢复原状，由行政主体采取修理、拆除障碍、重新建造等方法使被毁损的财产恢复原状的责任形式。

5. 停止违法行为。这是由行政机关承担的一种惩戒性行政责任形式。由于行政主体的某些违法行为具有持续性，甚至行政相对人向有关机关申请法律救济时，行政违法行为仍在继续，因而由有权机关责令行为人停止进行违法行为作为行政主体承担行政责任的一种形式。

6. 撤销违法决定。这是由行政主体承担的一种惩戒性行政责任形式。它是指由有权机关通过法定的程序确定行政主体的决定违法以后，作出禁止性命令，要求行政主体不得再以与原决定相同的理由作出与被撤销的决定相同的决定。例如，我国《行政诉讼法》第54条第2项规定，对于具体行政行为具有主要证据不足的，适用法律、法规错误的，违反法定程序的，超越职权的或滥用职权的情形之一者，人民法院应当判决撤销或部分撤销。

7. 撤销违法的抽象行政行为。这是由行政主体承担的一种惩戒性行政责任形式。这是指在经过有权机关确认作为行政主体行为依据的法规、规章或其他规范性文件违法以后，作出的否定有关的行政规范性文件的效力的决定。据此，行政主体有关的抽象行政行为不再具有法律效力，并不得作出同样的抽象行为。

8. 履行职责。这是由行政主体承担的一项行为上的补救性行政责任形式。它是基于行政主体不履行或拖延履行应当履行的行政职责时而产生的由有权机关确认其构成了行为上的失职，并要求其依法履行应当履行的义务的责任形式。如不服行政处罚的当事人依法申请复议，行政复议机关置之不理，当事人有权要求行政复议机关履行法定职责受理申请并作出决定。

9. 纠正不当。这是行政主体承担的一种行为上的补救性责任形式。它主要是针对行政不当而产生的。行政不当不一定构成撤销行政行为的理由，但行为人有义务纠正，行政相对人有权要求行政主体及其工作人员纠正自己的不当行为，上级行政机关有权要求下级行政机关纠正不当。

10. 金钱赔偿。它是由行政主体承担的一种财产上的补救性行政责任形式。它是在行政主体的违法的具体行政行为产生了损害行政相对人合法权益的后果的时候，行政主体依法向行政相对人进行的赔偿。

（二）行政主体工作人员承担行政责任的方式

行政主体工作人员的行政责任承担方式是指行政主体工作人员在违反行政法律义务时，承担法定的否定性后果的具体形式。我国行政立法通常对行政主体工作人员在行政管理活动中的违法责任的承担方式作了明确规定，在确认行政主体对行政行为负有责任的前提下，考察行政主体工作人员的主观态度，如存在故意或者重大过失的情况，往往也确定由行政主体的负责人和直接责任人应当承担的行政责任。行政主体工作人员承担行政责任的方式有通报批评、赔礼道歉、承认错误、停止违法行为、赔偿损失、行政处分等。

（三）行政被授权人承担行政责任的方式

行政被授权人是指由法律法规授权、以自己名义从事行政管理活动的组织。被授权人在行政管理过程中必须依据法律、法规授权的要求进行活动，因违反法律或超越授权而造成危害后果的，被授权人要承担行政责任。由于被授权人的基本活动方式类似于行政机关及行政机关工作人员，因此，除非法律有明确的排斥性规定，否则适用于行政机关及行政机关工作人员的行政责任承担方式也同样适用于行政被授权人。

1. 惩戒性的行政责任承担方式。被授权人在进行授权的行政管理事务时，从事了违法活动，如果所发生的行政违法是轻微的，可以对被授权人提出警告，并限令其及时改正；被授权人如果利用职权进行了非法牟利活动，可以对其进行必要的经济处罚；如果被授权人实施了严重的行政违法行为，已丧失了授权机关对它的信任，则可以取消授权资格，对基于某一特定行政授权目的而设立的组织，可以在取消授权时，同时解散该组织。

2. 补救性的行政责任承担方式。精神上的补救性行政责任承担方式包括：赔礼道歉、承认错误、恢复名誉、消除影响等；行为与财产上的补救性行政责任承担方式包括：停止违法行为、履行职务、撤销违法行为、返还权益、恢复原状、赔偿损失等。

第九章 行政法制监督

第一节 行政法制监督概述

一、行政法制监督的概念与特征

（一）行政法制监督的概念

世界各国对行政法制监督尚没有一个统一的名称和定义。类似的称呼有行政监督、监督行政、行政监督检查、监督行政法律关系等。不同的名称导致他们的内涵与外延也有区别。我们认为，行政法制监督是指国家权力机关、国家司法机关、专门行政监督机关及自然人、组织依法对行政主体及行政执法人员行使职权行为的监督。

（二）行政法制监督的特征

1. 监督主体的广泛性。行政法制监督的主体很广泛。具体表现为国家权力机关、国家司法机关、专门行政监督机关以及自然人、组织。其中，国家权力机关、国家司法机关、专门行政监督机关作为行政法制监督主体，能对监督对象采取直接产生法律效力，如撤销或改变行政行为、追究违法违纪的行政执法人员的法律责任等。自然人、组织作为行政法制监督主体，不能对监督对象作出直接产生法律效力，但可以根据宪法和法律的规定，通过批评、建议或申诉、控告、检举等方式向有权国家机关反映，或通过舆论机构揭露、曝光，引起有权国家机关注意，使之采取能产生法律效力的措施，以实现对监督对象的监督。

2. 监督对象的特定性。行政法制监督的对象是行政主体及行政执法人员。在行政法制监督法律关系中，一方是行使监督权的监督主体，另一方是处于被监督地位的监督对象。监督对象是特定的，即行政主体和具体行政执法人员。任何不拥有公共行政权力的其他组织和自然人，都不是监督对象。

3. 监督内容的行政性。行政法制监督的内容是行政主体及其行政执法人员所作出的行政行为。主要是对行政行为的合法性进行监督，但也包括行政行为的合理性。监督内容贯穿在行政活动的各个方面。行政主体及其行政执法人员所作出的民事行为不属于行政法制监督的内容。

4. 监督方式的多样性。行政法制监督的方式及渠道多样。监督的方式有质询、审查、检查、调查、行政复议、行政诉讼、受理信访、申诉等。包括对法律、法规和规章的贯彻执行情况，具体行政行为的合法性和合理性，对违法行为进行查处的情况等。监督渠道有党的监督、国家权力机关的监督、司法机关的监督、行政机关的监督、社会的监督等。

二、行政法制监督与行政监督的区别与联系

行政监督，是指行政主体通过检查、检验、登记等方式对行政相对人遵守法律和履行行政法义务进行的监督。

（一）行政法制监督与行政监督的区别

1. 监督主体不同。行政法制监督的主体是国家权力机关、国家司法机关、专门行政监督机关以及自然人、组织；而行政监督的主体是行政主体。

2. 监督对象不同。行政法制监督的对象是行政主体及行政执法人员。而行政监督的对象是行政相对人。

3. 监督内容不同。行政法制监督主要是对行政主体行为合法性的监督，也包括行政主体行为合理性和行政执法人员遵纪守法的监督；而行政监督主要是对行政相对人遵守法律和履行行政法上义务的监督。

4. 监督方式不同。行政法制监督主要采取权力机关审查、调查、质询、行政复议、司法审查、行政监察、审计、舆论监督等方式；而行政监督主要采取检查、检验、登记、统计、查验、鉴定等方式。

（二）行政法制监督与行政监督的联系

1. 两种监督的总目标相同。两种监督的总目标都是为了维护和保障行政法治，维护和保障行政管理秩序，最终实现法治、民主、公正和效率。

2. 两种监督主体有交叉部分。行政法制监督的监督主体除了立法机关、司法机关外，还包括专门行政监督机关，如监察机关、审计机关及一般行政机关，而这些行政机关也可以成为行政监督的主体。从这个角度讲，两种监督主体有交叉部分。

3. 两种监督有时相互结合进行。行政法制监督和行政监督是两种性质不同的监督，但此两种监督有时相互结合进行。例如，在有关国家机关联合进行的执法大检查中，既检查相对人遵守法律和履行行政义务的情况，同时也检查行政主体及其工作人员执法和廉政的情况。个别国家机关进行的单项法律检查，有时也同时包括对行政主体执法情况和对行政相对人守法情况的检查。行政法制监督和行政监督在一定条件下同时进行更有利于提高监督效率。

三、行政法制监督的分类

（一）国家机关监督与非国家机关监督

根据监督主体的不同，将行政法制监督分为国家机关监督与非国家机关监督。国家机关的监督主体有国家权力机关、国家司法机关、专门行政监督机关。这类监督属于有权威性的监督。非国家机关监督的主体有自然人、社会组织。此类监督属于无权威性的监督。

（二）对组织的监督与对行政执法人员的监督

根据监督对象的不同，行政法制监督对象分为对行政主体和对行政执法人员的监督。对行政主体的监督即是对行政机关和法律、法规授权的组织的监督。这种区分的意义在于监督的方式不同，对行政主体的监督可以通过行政复议和行政诉讼等方式；而对行政执法人员的监督则不能通过行政复议、行政诉讼这两种方式进行。

（三）对抽象行政行为的监督与对具体行政行为的监督

根据监督的范围来看，行政法制监督分为对抽象行政行为的监督与对具体行政行为的监督。这种区分的意义在于监督的主体和处理结果等都不同。如司法监督对于抽象行政行为和具体行政行为的监督力度不同。同是对抽象行政行为的监督，立法监督、司法监督和行政监督的监督方式和结果也不同。

（四）合法性监督与合理性监督

根据监督的内容不同，行政法制监督分为合法性监督和合理性监督。审判机关只能对合法性监督（行政处罚显失公正的除外）。

（五）事前监督、事中监督和事后监督

根据监督的时间不同，行政法制监督分为事前监督、事中监督和事后监督。司法监督是事后监督，立法监督一般是事前监督，行政监督在三种监督中都会存在。

第二节　行政法制监督的类型

一、权力机关的监督

（一）权力机关监督的概念

国家权力机关的监督，即立法监督。权力机关的监督是指对各级国家行政机关及其工作人员进行的监督。我国权力机关，是由全国人民代表大会和地方各级人民代表大会及其常务委员会组成的。宪法规定，国家一切权力属于人民，而人民行使国家权力的机关是全国人民代表大会和地方各级人民代表大会。《宪法》、《地方各级人民代表大会和地方各级人民政府组织法》还具体规定了权力机关的监督职权，如对行政机关工作和组成人员进行监督，有权罢免行政机关组成人员，撤销行政机关不适当的行政法规、规章、决定和命令。

行政机关由人民代表大会产生，是权力机关的执行机关，对它负责，受它监督。同其他监督主体的监督相比，权力机关是最高国家机关。也正因为如此，在行政法制监督体系中，国家权力机关的监督具是最高层次的监督。

权力机关对行政机关的监督，属于全方位的监督。既包括对行政机关的监督，又包括对行政执法人员；既包括行政机关对宪法、法律或地方性法规实施的监督，也包括抽象行政行为制定的监督，还包括国民经济和社会发展计划以及财政预算的编制和执行以及行政机关组成人员任免的监督等。因此，权力机关的监督是一种具有全局影响作用的行为。

（二）权力机关法律监督的内容

我国权力机关对行政机关的法律监督的内容，根据《宪法》、《全国人民代表大会组织法》、《地方各级人民代表大会和地方各级人民政府组织法》的规定，主要有：

1. 法律执行的监督。法律执行的监督，是指权力机关对行政机关是否依法执法的情况进行的监督，即对行政机关的行为的合法性和合理性进行的监督。法律执行的监督的对象包括对行政机关的抽象行政行为和具体行政行为的监督。行政机关作为权力机关的执行机关，必须准确有效地贯彻实施宪法、法律和地方性法规。权力机关依照宪法的授权，对行政机关及其执法人员在行政管理过程中是否做到有法可依、有法必依进行监督。例如，《宪法》第67条第7项规定，全国人民代表大会有权撤销国务院制定的同宪法、法律相抵触的行政法规、决定和命令；该法第104条规定：县级以上的地方各级人大常委会有权撤销本级人民政府的不适当的决定和命令。权力机关法律执行的监督的具体形式有多种，如审查行政法规、规章、决定、命令等有无同宪法和法律相抵触的情况；审查行政机关实施宪法、法律和法规等的情况。

2. 重要人事任免的监督。行政机关由权力机关产生，行政机关的重要人事任免由权力机关选举、决定。如权力机关审查各级行政机关组成人员的重要人事任免是否符合法律程序的情况。通过法律监督，发现和纠正政府及其工作人员的违宪、违法行为，罢免行政机关组成人员，行政机关组成人员向人民代表大会引咎辞职等。将政府及其工作人员的活动纳入法制轨道，使他们真正成为执法、守法、护法的模范。

除了以上两种监督之外，权力机关的法制监督还体现在对行政机关在本级行政区域内的国民经济和社会发展计划及其执行情况的审查；审查本级行政区域内的财政预算及预算执行情况；审查政府重大行政措施，如物价调整，体制改革，重大灾害防治与处理，大型基本建设等实施情况；审查政府对本行政区域内群众普遍关心和反映强烈的问题，行政机关进行处理的情况等。

（三）权力机关对行政机关法制监督的方式

1. 听取和审议政府工作报告。听取和审议政府工作报告是权力机关法制监督的基本形式。《宪法》第92条规定，国务院对全国人民代表大会负责并报告工作；在全国人民代表大会闭会期间，对全国人民代表大会常委会负责并报告工作；第110条第1款规定，地方各级人民政府对本级人民代表大会负责并报告工作。县级以上的地方各级人民政府在本级人民代表大会闭会期间，对本级人民代表大会常务委员会负责并报告工作。

听取和审议政府工作报告这一监督形式包括三个层次：一是人大全体代表会议听取和审议政府工作报告，对本级本届政府所作的工作报告进行审议，对政府工作进行全面评价、总结和提出新的工作目标和要求，并通过相应的大会决议，作为政府今后工作的依据。二是人大常委会听取和审议政府的专题工作报告，听取政府工作某一方面的专题报告，主要涉及人民群众普遍关心的重大问题。三是人大各委员会听取政府有关部门的情况汇报，这一层次的监督，具有辅助性功能，目的在于帮助人大的各委员会及时了解和掌握有关情况，审议有关的议案，协助人大及其常委会对政府工作的监督。[①] 人民代表机关通过听取政府以上形式的工作报告后，进行认真、深入的讨论和审核，肯定政府工作的优点，批评缺点并提出改进意见，就政府工作报告作出决议，从而保证政府工作正确合法地进行。

2. 审查和批准国民经济计划和财政预决算。审查和批准国民经济计划和财政预决算既是权力机关的重要职权之一，也是对政府工作实施监督的重要方面。政府的工作都是建立在一定的计划和预算的基础上的，人大及其常委会审查、批准国民经济和社会发展计划、财政预算，其实质是从最基本的方面制约、监督政府。权力机关在实施执行计划预算过程中的监督作用，主要表现为以下几个方面：一是听取政府关于计划、预算执行情况的报告；二是审查批准计划、预算在执行过程中所作的部分调整；三是审查批准计划预算执行情况和决算，审查政府是否违反了预算规定，预算编制是否有不妥之处等。

3. 质询和询问。质询，是指权力机关对政府的特别监督形式，系指权力机关的组成人员依法对政府的某些管理行为提出质问，要求被质问的政府或其部门在法定时间内，正式作出答复的活动。《宪法》第73条规定，全国人民代表大会代表在全国人民代表大会开会期间，全国人民代表大会常务委员会组成人员在常务委员会开会期间，有权依照法律规定的程序提出对国务院或者国务院各部、各委员会的质询案，受质询的机关必须负责答复。根据《地方各级人民代表大会和地方各级人民政府组织法》第47条中的规定，县级的人民代表大会常务委员会组成人员3人以上联名，可向常务委员会当面提出对本级人民政府、人民法院、

---

① 杨解君著：《行政法学》，中国方正出版社2002年版，第434页。

人民检察院的质询案，由主任会议决定交受质询机关答复。《全国人民代表大会组织法》第16条对代表提出质询案和被质询机关作出答复的程序作了规定：在全国人民代表大会会议期间，一个代表团或者30名以上的代表，可以书面提出对国务院和国务院各部、各委员会的质询案，由主席团决定交受质询机关书面答复，或者由受质询机关的领导人在主席团会议上口头答复。在主席团会议上或者专门委员会会议上答复的，提质询案的代表团团长或者提质询案的代表可以列席会议，发表意见。从以上规定可以看出，质询案的提出必须在人大会议或者人大常委会会议期间，而不能在闭会期间。提出质询案必须符合法定人数，并且以书面形式提出。

询问，是指权力机关或其组成人员在人大全体会议和人大常委会会议审议政府工作报告或者议案过程中对政府及其领导人就有关行政行为提出疑问、了解情况的行为，询问一般以口头方式提出，当场回答，也可以在一定限期内作出答复。人民代表向政府机关提出质询和询问的制度是一种重要监督方式，它有利于人民代表了解和掌握情况，从而有效地、正确地行使监督权，以督促政府机关改进工作，纠正偏差，更好地完成所担负的任务。

4. 视察、检查和调查。视察，是指权力机关或其组成人员即人大代表，有组织的到各地了解政府工作情况，听取群众意见的活动。视察方式既可以是单独进行，也可以分组进行。人大代表在视察中不直接处理问题，对政府工作中的问题、不足可以采用批评、建议的方式，由人大常委会办事机构转给政府有关部门处理。

人大代表通过视察和检查，了解政府工作情况，收集人民群众对政府工作的反映，从中发现问题，针对所发现的问题向政府提出意见或建议，督促政府及其各部门改进工作。人大代表视察和检查工作，可以是全面性的，也可以是专门性的；可以采取召开汇报会、座谈会、个别交谈的形式，也可以采取文件审查和现场视察相结合的方式。开展执法检查是近几年来各级人大及其常委会经常采取的工作方法之一，也是人大行使法律监督职权的一种重要方式。

调查有一般调查和特定调查两种方式。一般调查是指为了履行职务，人民代表和人大常委会、专门委员会可以就工作涉及的有关问题进行调查研究，了解情况。特定调查是指根据宪法和中华人民共和国人民代表大会组织法的规定，县级以上人民代表大会及其常委会认为必要的时候，可以组织关于特定问题的调查委员会，并且根据调查委员会的报告，作出相应的决议。

5. 处理申诉、控告和检举。公民对政府及其各部门的行政行为提出申诉和控告，可由权力机关受理并责成行政机关处理，或者由权力机关自行调查、提出处理意见。各级人大常委会一般都设有信访机构和专门负责信访工作的专职干部，受理或处理公民对于国家工作人员违法、失职、侵权行为的申诉、控告和检举。人大代表机关通过处理公民的申诉、控告和检举，发现政府机关工作中的问题，督促有关机关采取措施，纠正错误，解决问题。

6. 审查行政立法及其他规范性文件。根据《宪法》第67条的规定，全国人民代表大会常委会有权撤销国务院制定的同宪法、法律相抵触的行政法规、决定和命令；《宪法》第104条中规定，县级以上的地方各级人民代表大会常务委员会有权撤销本级人民政府的不适当的决定和命令。人大代表机关撤销政府违法或不适当的法律规范性文件是保证行政活动合法和合理的重要手段，是保障国家法制统一的必要措施，是人大代表机关行使的最能体现其作为国家权力机关性质的监督方式。审查行政立法及其他规范性文件是权力机关对抽象行政行为监督的体现，在其他国家通常也被作为一种违宪审查制度。

7. 对政府组成人员的罢免。罢免是人民代表大会和人大常委会对违法犯罪和失职的政府机关领导人及有关工作人员的惩戒行为。《宪法》第63条规定，全国人民代表大会有权罢免国务院总理、副总理、国务委员、各部部长、各委员会主任、审计长、秘书长。《地方各级人民代表大会和地方各级人民政府组织法》第10条规定，地方各级人民代表大会有权罢免本级人民政府的组成人员。第44条规定，县级以上地方各级人大常委会在本级人民代表大会闭会期间，可以决定个别副省长、自治区副主席、副市长、副州长、副县长、副区长的任免；有省长、自治区主席、市长、州长、县长、区长因故不能担任职务的时候，从本级人民政府副职人员中决定代理的人选；决定由它任命的本级人民政府其他组成人员的职务。人大代表机关行使的对政府公务员的罢免权是最有力的监督方式之一，同时也是其他监督方式能否有效和最终实施的保证。

二、司法机关的监督

一般认为，我国的司法机关是指人民法院和人民检察院。因此，国家司法机关的法制监督就是指人民法院和人民检察院依法对行政机关及行政执法人员的行政行为进行审判、检察的监督。

（一）人民法院的监督

法院的监督在不同国家的称呼不完全相同，英美法系称为司法审查，大陆法系国家称为行政诉讼。人民法院作为行政法制监督主体，监督方式主要有两种：一是通过行政诉讼对具体行政行为的合法性进行审查，撤销违法的具体行政行为，变更显失公正的行政处罚行为，来实现它的监督职能；二是通过司法建议进行监督。

行政诉讼法确立了我国系统、完整的审查制度。具体而言，审理行政案件的组织机构是人民法院内设置的行政审判庭，行政审判的直接审查对象是具体行政行为的合法性，原则上不审查行政行为的合理性与适当性，只有在审查行政处罚这类具体行政行为时，才存在例外。合法性审查包括：对具体行政行为的主体、适用法律依据是否合法和该具体行政行为据以作出的具体事实的认定以及程序等是否合法。行政诉讼的审判依据是法律、法规，参照规章。

司法建议是人民法院在审理行政案件过程中，发现公务员违反政纪的，将有关材料移送该行政机关或上级行政机关或监察机关、人事机关，建议作出适当处理。如果发现有犯罪行为的，应将有关材料移送公安机关、检察机关，依照法定程序处理。

人民法院的监督是消极的、被动的监督，也就是不告不理，是一种事后监督。

（二）人民检察院的监督

人民检察院的监督又称检察监督，是人民检察院依法对行政行为实施的监督。《行政诉讼法》第10条规定，人民检察院有权对行政诉讼实行法律监督。检察院通过对行政诉讼活动实行审判监督，可以发现和纠正行政机关的行政违法行为，促进行政主体及其公务员更好地依法办事。

三、行政机关的监督

（一）行政机关的法制监督概述

1. 行政机关的法制监督的概念。行政机关的法制监督是指行政系统内的上下级行政机关之间的监督以及专门监督机关对行政机关及其公务员所进行的监察和督促。行政机关的法制监督分为两大类：层级监督和专门监督。

2. 行政机关的法制监督的特征。

（1）广泛性。行政机关法制监督的广泛性体现在其监督的范围，凡是行政主体和公务员行使职权相关的领域都属于行政机关的法制监督的范围。这一点不同于权力机关和审判机关的监督范围。行政机关的法制监督权基于行政上下级的领导关系，这种监督权同时也是领导权和指挥权，它可以代替被监督机关作出新的决定；而权力机关和审判机关的监督权是基于国家权力的分工制约而形成的监督权，原则上只能监督行政活动的合法性，对不合法的行政决定，只能予以撤销而不能代替行政机关作出决定。

（2）及时性。行政机关的法制监督是伴随着行政执法活动进行的，能够及时发现行政违法和不当行为，以便迅速作出调整和纠正。这也不同于权力机关和审判机关的监督。权力机关的监督一般是在行政执法活动前通过制定法律、法规事先约束的。司法监督是一种事后监督，是行政执法活动做出后，相对人认为该行政行为侵犯了其合法权益而引起的。

（3）隶属性。行政机关的法制监督是在具有层级关系、隶属关系的上下级政府、政府与所属部门以及专门机关与一般机关之间展开的，除了专门监督外，行政机关法制监督主体与监督对象之间存在着领导与服从的关系，因此，监督主体一旦发现问题，可以直接采取各种措施予以处理。而权力机关和审判机关与监督对象之间本身就是一种相互监督、相互制约的关系。

（4）局限性。行政机关的法制监督的性质是行政性的，因此要体现出行政效率原则。同时，这也是一种自我监督。效率原则会使行政机关法制监督的程序不像司法程序那样严密和规范，自我监督的固有弱点也使这种监督有一定的局限性。

（二）层级监督

1. 层级监督的概念。层级监督，是指上级行政机关对下级行政机关、行政首长对公务员的所有行政行为进行监督，以及依法享有行政复议权的本级政府或上级主管机关对其复议管辖范围内的行政行为实施的监督。

层级监督是一种经常性的监督，层级监督的频率不仅高于监察监督和审计监督这种专门性监督，也高于权力机关的监督和司法监督；层级监督的范围最大，所有涉及行政管理的活动，都可以纳入到层级监督的范围；层级监督是以行政隶属关系为纽带维系的，监督主体与监督对象之间具有直接、密切的联系。

2. 层级监督的分类。

（1）根据监督机关的级别分为中央政府的监督和地方政府的监督。宪法、地方组织法与立法法规定，国务院有权改变或者撤销各部、委员会分布的不适当的命令、指示和规章，改变或者撤销地方各级国家行政机关的不适当的决定和命令；县级以上的地方各级人民政府有权改变或者撤销所属各工作部门的不适当命令、指示和下级人民政府的不适当的决定。

（2）根据监督机关的主体不同分为政府监督、部门监督和行政负责人监督。省、自治区、直辖市的人民政府的各工作部门受人民政府统一领导，并且受国务院主管部门的领导或者业务指导。自治州、县、自治县、市、市辖区的人民政府各工作部门受人民政府统一领导，并且受上级人民政府主管部门的领导或者业务指导。根据公务员法，本机关或者本部门负责人有权对本单位的执法人员进行考核与监督。

3. 层级监督的具体制度。

（1）报告工作制度。工作报告是被监督对象向监督主体主动提供情况，接受上级主管部门的检查。宪法规定，地方各级人民政府对上一级国家行政机关负责并报告工作。这是层级监督的重要方式。

（2）执法检查制度。与报告工作制度中监督主体被动等待下级政府汇报不同，执法检查监督是监督主体主动了解被监督对象的执法情况并及时纠正违法不当情况的一种监督方式。

（3）行政复议制度。行政复议是公民、法人或其他组织认为行政主体的具体行政行为侵犯其合法权益，依法向行政复议机关提出复查该具体行政行为的申请，行政复议机关依照法定程序对被申请的具体行政行为进行合法性、适当性审查，并作出行政复议决定的一种法律制度。依照行政复议法的规定，行政复议机关是作出具体行政行为的同级政府或上级主管部门。

层级监督除了以上几种具体的制度外，还有备案检查制度、审查批准制度、考核惩戒制度。

（三）专门行政机关监督

专门行政机关监督，是指政府设置的具有专门监督职能的机关对行政机关及其执法人员的特定行政行为进行监察和督促的活动。专门行政机关监督实施的监督一般是各类专业性监督。专门监督分为行政监察和审计监督。

1. 行政监察。

（1）行政监察的概念和特征。行政监察，是指国家各级行政监察机关依法对行政机关和公务员以及由行政机关任命的其他行政人员执行法律、法规、政策和决定、命令情况以及违法、违纪行为进行监视、督察和惩戒的活动。

行政监察的特征：①行政监察是由政府内部的专门机关进行的监察活动。行政监察机关是政府专设的监督行政职能机构，即监察部、厅、局等。根据行政监察法的规定，行政监察主体是国务院和地方各级人民政府行使行政监察的职能部门。监察机关根据工作需要可以向政府所属部门派出监察机构或者监察人员。派出的监察机构或者监察人员是监察机关的组成部分，根据监察机关的要求，履行监察职责，对派出的监察机关负责并报告工作。②行政监察的对象是国家行政机关及其公务员和国家行政机关任命的其他人员。③行政监察是一种经常性的、直接的监督形式。④行政监察是一种统一的、全面性的监督。这种监督不是采取那种行政机关内部自上而下、自下而上的形式，而是由监察机关依照有关法律、法规统一实行的；对于监察机关来说，监察是伴随行政活动始终，同时，在行使监察权时，监察机关有权对管辖内的对象直接接监督检查，有权要求有关行政机关及其公务员提供必要的协助。

行政监察的目的是为了保证政令畅通，维护行政纪律，改善行政管理，提高行政效能，促进廉政建设。

（2）行政监察机关的权限。行政监察机关的权力主要有检查、调查权与建议、处分权两类。检查、调查权指行政监察机关定期或不定期地对国家公务员和国家行政机关任命的其他人员贯彻执行法律、法规和人民政府决定、命令的情况进行检查；根据本级政府或者上级监察监管的决定或者本地区、本部门工作的需要，对被监察部门的工作进行专项检查；监察机关有权调查处理国家行政机关、国家公务员和国家行政机关任命的其他人员违反行政纪律的行为。调查的内容是查清被调查对象违反行政纪律的基本事实，广泛收集证据，正确认定案件的性质。行政监察机关在检查、调查中有权采取以下措施：查阅、复制、扣留、封存涉案材料，查询涉案单位和人员的银行或者其他金融机构的存款；责令被监察的部门和人员在规定的时间、地点就涉案问题作出解释和说明，停止违反法律、法规和纪律的行为；建议主管机关暂停有严重违反行政纪律嫌疑的人员执行职务等调查手段。

监察机关对监察对象的行为进行检查、调查之后，有权就涉及的有关问题向监察对象或其主管部门提出监察建议，如建议纠正不适当录用、任免、奖惩决定；建议纠正明显违反法律、法规或者国家的政策命令、指示；建议奖励忠于职守、清正廉洁、政绩突出的国家公务员等。监察机关根据检查、调查结果，还可以根据情况作出以下监察决定：违反行政纪律、依法应当给予行政处分；违反行政纪律取得的财物，依法应当没收、追缴或者责令退赠；使国家利益、集体利益和公民合法权益造成损害，需要采取补救措施；对控告、检举重大违法违纪行为有功人员依法应当给予奖励。

行政监察机关除了以上两种主要的权力之外，还具有受理控告、检举及申诉权。监察机关有权受理对国家行政机关、国家公务员和国家行政机关任命的其他人员违反行政纪律行为的控告、检举；有权受理国家公务员和国家行政机关任命的其他人员不服主管行政机关给予行政处分决定的申诉，以及法律、行政法规规定的其他由监察机关受理的申诉。

（3）行政监察的程序。行政监察的程序分为两个程序：检查程序和调查程序。

行政监察的检查程序：立项、制定检查方案并组织实施、向本级人民政府或者上级行政监察机关提出检查情况报告以及根据检查结果，作出监察决定或者提出监察建议。

行政监察的调查程序：根据监察机关调查处理政纪案件办法的规定，监察机关对于政纪案件的查处分为以下六个环节：受理、立案、调查、审理、处理、结案。具体而言，行政监察机关对涉及行政机关和公务员违反行政纪律行为的控告、检举受理后，对需要调查处理的事项进行初步审查，认为有违反行政纪律的的事实，需要追究行政纪律责任的，予以立案；组织实施调查，收集有关证据；对有证据证明违反行政纪律的，需要给予行政处分或者作出其他处理的，进行审理；根据调查审理结果，针对不同的违法违纪情况，提出监察建议，提出监察建议或者作出监察决定。

2. 审计监督。

（1）审计监督的概念和特征。审计是一种专门的经济监督形式，是指国家审计机关根据会议记录等有关经济资料和国家的法律、法规，依法审核和稽查被审计单位的财政财务收支活动、经济效益和财政法纪的遵守情况，作出客观公正的评价，并提出审议报告，以维护国家财政经济秩序，促进廉政建设的活动。

审计监督的特征：第一，审计的主体是国家审计机关或政府授予认可的其他财务机构。按照我国宪法的规定，国务院和县级以上地方各级人民政府设审计机关，实行审计监督。我国的审计组织体系由国家审计机关和地方审计机关两级组成。国务院设立审计署，在国务院总理的领导下，主管全国的审计工作。审计长是审计署的行政首长。省、自治区、直辖市、设区的市、自治州、县、自治县、不设区的市、市辖区的人民政府设立的地方审计机关，分别在省长、自治区主席、市长、州长、县长、区长和上一级审计机关的领导下，负责本行政区域内的审计工作。审计机关根据工作需要，可以在其审计管辖范围内派出审计特派员，根据审计机关的授权，依法进行审计工作。为了保证审计的公正性、权威性，法律规定：审计人员依法执行职务，受法律保护。任何组织和个人不得拒绝、阻碍审计人员依法执行职务，不得打击报复审计人员。审计机关负责人没有违法失职或者其他不符合任职条件的情况的，不得随意撤换。第二，审计的客体是行政机关经济活动中的财政财务收支活动。审计机关对行政机关以外的金融机构、企事业组织的财务收支进行审计监督不属于行政法制监督。第三，审计的本质是一种经济监督活动，审计的手段是依法进行审核、稽查，审计监督的法律依据是我国《审计法》。第四，审计的对象主要是会计资料，包括会计凭证、会计账簿和会计报表，以及各种经济业务、资金运动和所体现的经济关系。

（2）审计机关的职责和权限。根据《审计法》的规定，审计机关主要负有下列职责：

审计监督本级政府各部门和下级政府预算的执行情况以及预算外资金的管理和使用情况，这是审计机关的主要职责；审计监督政府部门管理的和社会团体受政府委托管理的社会保障基金、社会捐赠资金以及其他有关基金、资金的财务收支；如对金融机构的财务收支进行审计监督；对国有企业的财务收支（资产、负债、损益）进行审计监督；对国家的事业单位、组织的财务收支进行审计监督；对国家投资建设项目的财务收支进行审计监督；对社会公共资金（如社会保障基金、社会捐赠资金等）和国外援助、贷款项目的财务收支进行审计监督。

审计机关在进行审计监督时，主要行使下列职权：

要求报送权。审计机关有权要求被审计单位按照规定报送预算或者财务收支计划、预算执行情况、决算、财务报告等与财政收支或者财务收支有关的资料，被审计单位不得拒绝、拖延、谎报。

检查权。审计机关有权检查被审计单位的会计凭证、会计账簿、会计报表以及其他与财政收支或财务收支有关的资料和资产。

调查权。审计机关有权就审计事项的有关问题向有关单位和个人进行调查，并取得有关证明材料。

制止并采取措施权。审计机关对被审计单位正在进行的违反国家规定的财政收支、财务收支行为，有权予以制止；制止无效的，经县级以上审计机关负责人批准，通知财政部门和有关主管部门暂停拨付与违反国家规定的财政收支、财务收支行为直接有关的款项，已经拨付的，暂停使用。但采取该项措施不得影响被审计单位合法的业务活动和生产经营活动。

通报权。审计机关有权向政府有关部门通报或者向社会公布审计结果，但应注意依法保守国家秘密和被审计单位的商业秘密。

处理权。审计机关对审计单位违反国家规定的财政、财务收支行为，有权依照法律、行政法规的规定作出处理。

（3）审计监督的程序。根据《审计法》的规定，审计程序分为以下三个阶段：

准备阶段。这一阶段的工作主要是确定审计工作项目计划，根据计划确定的审计事项组成审计组，并应在实施审计3日前，向被审计单位送达审计通知书。审计通知书的内容大致包括：审计的范围、审计的内容、审计的方式及具体要求等。

实施审计阶段。这是整个审计监督工作过程中的一个关键阶段，这一阶段的主要任务是做好查证核实工作。审计人员通过审查会计凭证、会计账簿、会计报表，查阅与审计事项有关的文件、资料，检查现金、实物、有价证券，向有关单位和个人调查等方式进行审计，并取得证明材料。审计人员向有关单位和个人进行调查时，应当出示审计人员的工作证件和审计通知书副本。

处理阶段。处理阶段的主要任务是在实施阶段的基础上对审计事项作出结论，并对违法行为作出处理。审计组实施审计后，向审计机关提出审计报告。审计报告报送审计机关前应当征求被审计单位的意见，被审计单位应自接到审计报告之日起10日内，提出书面意见。审计机关对审计报告及被审计单位的书面意见进行审定后，对审计事项作出评价，出具审计意见书。对违反国家规定的国家财政收支、财务收支行为，需要依法给予处理、处罚的，在法定职权范围内作出审计决定或者向有关主管机关提出处理、处罚意见。审计机关应当自收到审计报告之日起30日内，将审计意见书和审计决定送达被审计单位和有关单位。审计决定自送达之日起生效。

四、公民和其他组织的非权力监督

公民和其他组织的非权力监督是相对于国家机关的有效监督（直接产生效力）而言的，包括人民政协和各民主党派监督、舆论监督、社会团体和群众组织监督、人民群众监督等。这些监督具有社会性、分散性、灵活性和批评性的特点。这是权力监督所不具有的。社会性是说《宪法》第41条第1款中的规定，中华人民共和国公民对于任何国家机关和国家工作人员，有提出批评和建议的权利；对于任何国家机关和国家工作人员的违法失职行为，有向有关国家机关提出申诉、控告或者检举的权利，但是不得捏造或者歪曲事实进行诬告陷害。《人民警察法》第46条中规定，公民或者组织对人民警察的违法、违纪行为，有权向人民警察机关或者人民检察院、行政监察机关检举、控告。公民和其他组织的监督的非国家权力性是指社会及公民监督主要是通过各民主党派在政协会议上的提案、人民团体和组织的批评和建议、新闻媒体对不正之风的揭露和谴责以及人民群众通过信访、检举、控告等方式，实现对警察机关及人民警察执法行为的监督。监督主体的广泛性是指社会及公民监督包括各民主党派、人民团体和组织、新闻媒体及人民群众对警察机关及人民警察执法行为的监督。

监督的多样性是指公民可以口头或书面形式反映、揭露问题，可以是提案、组织的批评和建议、申诉、控告、检举等方式进行监督。

（一）人民政协的监督

人民政协是我国爱国统一战线组织，是中国共产党领导的多党合作、政治协商、民主监督、参政议政的重要组织形式。人民政协的监督是一种具有中国特色和优势的监督机制。政协的监督主要有两个途径：一是政协在自身活动中，通过政治协商、提案、视察、专题调研等形式提出对政府工作的建议和批评，反映社情民意。二是应邀列席同级人大会议，参与听取和讨论政府工作报告，提出意见、建议和批评。政协的监督不具有法律效力，没有最终处置权，但它可以通过各种形式实施监督。

（二）民主党派的监督

各民主党派是国家的参政党，积极参与国家事务管理、广泛发挥监督职能是各民主党派的重要工作。各民主党派监督行政的方式主要有：专题调查；提案；参加人大会议与政协活动；对其成员担负行政机关领导工作进行监督；在中央和一些地方组织设立举报机构，接受民主党派成员和广大人民群众的举报；一些民主党派成员被邀担任特邀监督员、检察员、审计员等，直接监督政府活动；参与政府监察、审计、工商等部门组织的重大违纪案件的调查和检查；参与中央和地方政府组织的税收、财务、物价大检查等活动。

（三）人民团体和社会团体的监督

人民团体包括共青团、妇联及工会等组织。人民团体和社会团体的监督是指共青团、妇联、工会等人民团体和社会团体对行政机关及其公务员的监督。

（四）群众组织的监督

群众组织主要指居民委员会、村民委员会。群众组织的监督指居民委员会、村民委员会对行政机关及其公务员的监督。

（五）公民的行政法制监督

宪法规定，公民对于任何国家机关和国家工作人员，有提出批评建议的权利；对于任何国家机关和国家工作人员的违法失职行为，有向有关国家机关提出申诉、控告或检举的权利。

（六）舆论监督

舆论监督是指运用报刊、广播、电视、网络等舆论工具的媒介作用，通过采访报道、跟踪调查、民意测验、发表评论等方式，反映人民群众的意见和要求，监督政府各项行政活动和公务员职务行为的监督形式。

第三节　公安执法监督

一、公安执法监督概述

（一）公安执法监督的概念

公安执法监督，是指法律授权的机关、公民和社会组织对公安机关及其人民警察依法履行职责、行使职权和遵守纪律情况所实施的监察和督促。

（二）公安执法监督的特征

1. 监督对象的特定性。公安执法监督对象特定为公安机关及其人民警察。

2. 监督主体的广泛性。根据有关法律、法规的规定，公安执法监督主体十分广泛，包括国家权力机关、行政监察机关、检察机关、审判机关、社会组织、个人和公安机关内部的监督。既有来自公安机关外部的监督，又有来自公安机关内部的监督。这些来自不同方面的监督，形成了完整的公安执法监督体系。

3. 监督形式的多样性。权力机关、人民政府和上级机关可以通过检查、审查、调查等形式进行监管；检察院可以通过法定程序对侦查、执行刑罚等活动进行监督；行政监督机关可以通过检查、调查等行政监察程序进行监督；督察机构则依照专门的督察程序监督；其他社会监督主体可以通过批评、建议、申诉、检举和控告等形式进行监督。①

4. 监督过程的程序性。公安执法监督是国家的一种法律制度，其形式通常表现为依法进行的，可以产生某种法律效力和法律后果的法律行为。因此，无论何种理由进行的监督，都必须符合法律的要求，遵循法定的程序。监督主体的性质、地位不同，以及监督内容的不同，法定的监督程序也各异。合法的程序，是使监督活动顺利进行，充分发挥监督作用和实现监督目的的重要保证。

二、公安执法监督的分类

依据不同的标准，对公安执法监督可以进行不同的分类。

第一，根据监督主体的不同，公安执法监督可以分为国家权力机关的监督、检察机关的监督、审判机关的监督、行政监察机关的监督、公安机关内部的监督、公民和社会的监督。

第二，根据监督主体与监督对象隶属关系的不同，公安执法监督可以分为外部监督与内部监督。外部执法监督是指监督主体与监督对象不具有直接的行政隶属关系，这种监督主体是公安机关以外的其他机关、组织和公民个人，主要有国家权力机关的监督、检察机关的监督、审判机关的监督（行政诉讼）、行政监察机关的监督、公民和社会的监督。内部执法监督是指监督主体与监督对象具有直接的行政隶属关系，这种监督主体是公安机关自身，主要有督察部门的监督②、法制部门监督，行政复议和国家赔偿监督。

第三，根据实施监督的时间的不同，公安执法监督可以分为事前监督、事中监督和事后监督。事前监督是指监督主体在公安机关及其人民警察实施执法行为

---

① 《人民警察法》第46条规定，公民或者组织对人民警察的违法、违纪行为，有权向人民警察机关或者人民检察院、行政监察机关检举、控告……

② 《人民警察法》第47条规定，公安机关建立督察制度，对公安机关的人民警察执行法律、法规、遵守纪律的情况进行监督。

之前依法进行的监督。上级公安机关对下级公安机关执法工作方案事前的审核、检察机关对公安机关提请逮捕犯罪嫌疑人的审查批准等就是事前监督。事中监督是指监督主体在公安机关及其人民警察执法过程中进行的监督。检察机关对公安机关侦查过程中存在的违法行为发出纠正违法通知书，督察机构对人民警察的执法活动进行现场督察等。事后监督是指监督主体在公安机关及其人民警察执法行为终结之后进行的监督，行政复议、行政诉讼、行政赔偿等就是事后监督。

第四，根据监督主体的监督行为是否具有法律效力，公安执法监督可以分为直接监督和间接监督。直接监督是指监督主体的监督行为能直接产生法律效力的监督。检察机关作出的批准或不批准逮捕的决定，人民法院作出的撤销公安机关具体行政行为的判决，公安机关必须执行，这些都是直接监督。间接监督是指不直接具有法律效力的监督，社会组织、公民的监督和新闻媒体的舆论监督都是间接监督，不具有直接法律效力，但他们可以按照法定条件向有权机关提出，通过有权机关对公安机关及其人民警察的违法违纪行为予以纠正。

三、公安执法监督的意义

（一）公安执法监督是实现公安机关职能的重要条件

公安机关是武装性质的国家治安行政机关和刑事执法机关。公安部有关领导多次讲话强调，公安机关要把“巩固共产党执政地位，维护国家长治久安，保障人民安居乐业”作为历史使命，这是新时期公安机关的基本职能。公安机关在国家生活中的重要作用。决定了公安机关必须依法履行职责、行使职权。只有在国家有效的监督和控制之下，公安机关才能发挥好其职能作用，因此公安执法监督是实现公安机关职能的必要条件。

（二）公安执法监督是保障公安机关及其人民警察依法行使职权的重要手段

对公安机关及其人民警察行使职权活动合法性的监督是公安执法监督的核心。公安机关及其人民警察必须依法执法，这是由公安机关的性质、地位决定的。

（三）公安执法监督是加强公安队伍建设的重要方式

公安执法监督，是加强公安队伍建设，落实“从严治警，依法治警”方针的重要措施和重要方式，是严格公安队伍管理的内在要求。

（四）公安执法监督是维护公民合法权益的重要保障

《人民警察法》第 2 条中规定，人民警察的任务之一是保护公民人身安全、人身自由和合法财产，这就决定了公安机关和人民警察执法活动直接涉及公民的人身权利和财产权利。为了防止权力滥用，发生侵犯公民合法权益的行为，保证公安机关及其人民警察依法执法，就要通过采取相应的监督措施，完善执法监督制度，以更好保护公民合法权益。

四、公安机关内部执法监督[①]

公安机关内部执法监督，是指上级公安机关对下级公安机关，上级业务部门对下级业务部门，本级公安机关对所属业务部门、派出机构及其人民警察的各项执法活动实施的监督。

（一）督察制度

1. 督察制度概述。

（1）督察制度的概念。督察制度，是指公安机关督察机构对公安机关及其人民警察依法履行职责、行使职权的活动和遵守纪律的情况进行监督检察的制度。

（2）督察制度的作用。督察制度有利于完善公安机关监督机制，保障公安机关依法履行职责、行使职权以及遵守纪律，规范公安机关和人民警察执法行为，保证执法质量。有利于维护人民群众的合法权益，密切警民关系。有利于推进公安工作和公安队伍建设，保障政令畅通，警令畅通，促进严格执法、公正、文明执法。

（3）督察制度的性质。督察制度是一种符合公安机关性质、职责和任务要求的行之有效的监督制度，是为完善公安机关自我约束机制而依法建立的内部监督机制。

（4）督察制度的法律依据。《人民警察法》第47条规定，公安机关建立督察制度，对公安机关的人民警察执行法律、法规、遵守纪律的情况进行监督。这是建立督察制度的法律依据。《公安机关督察条例》对督察的方式、程序等也作了规定。

2. 督察机构。

（1）督察机构的设置。公安部督察委员会领导全国公安机关的督察工作，负责对公安部所属单位和下级公安机关及其人民警察依法履行职责、行使职权和遵守纪律情况进行监督，对公安部部长负责。

县级以上地方各级人民政府公安机关设立督察机构，负责对本级公安机关所属单位和下级公安机关及其人民警察依法履行职责、行使职权和遵守纪律的情况进行监督，对上一级公安机关督察机构和本级公安机关行政首长负责。

公安部和县级以上地方各级人民政府公安机关的督察机构建立由专职人员组成的警务督察队。

公安机关督察机构设督察长，由同级公安机关领导成员副职担任。县级以上地方各级人民政府公安机关督察机构的督察长、副督察长在任免前，必须征求上

---

① 公安执法的外部监督本章第一、二节已介绍，公安执法的内部监督中的公安行政复议、公安赔偿在本书其他章节有专门介绍，为避免重复和突出本教材的特色，本节公安执法监督主要介绍内部监督中的督察制度和公安法制部门监督。

一级公安机关的意见。

（2）督察机构的职责。《公安机关督察条例》第 4 条规定，督察机构对公安机关及其人民警察依法履行职责、行使职权和遵守纪律的下列事项，进行现场督察：(1）重要的警务部署、措施、活动的组织实施情况；（2）重大社会活动的秩序维护和重点地区、场所治安管理的组织实施情况；（3）治安突发事件处置的情况；(4）刑事案件、治安案件的受理、立案、侦查、调查、处罚和强制措施的实施情况；（5）治安、交通、户政、出入境……公安行政管理法律、法规的执行情况；(6）使用武器、警械以及警用车辆、警用标志的情况；（7）处置公民报警、请求救助和控告申诉的情况；（8）文明执勤、文明执法和遵守警容风纪规定的情况；(9）组织管理和警务保障的情况；(10）公安机关及其人民警察依法履行职责、行使职权和遵守纪律的其他情况。

（3）督察机构的权限。《公安机关督察条例》第 10 条规定，督察机构对本级公安机关所属单位和下级公安机关拒不执行法律、法规和上级决定、命令的，可以责令执行；对本级公安机关所属单位或者下级公安机关作出的错误决定、命令，可以决定撤销或者变更，报本级公安机关行政首长批准后执行。

《公安机关督察条例》第 11 条规定，督察人员在现场督察中发现公安机关的人民警察违法违纪的，可以采取下列措施，当场处置：①对违反警容风纪规定的，可以当场予以纠正；②对违反规定使用武器、警械以及警用车辆、警用标志的，可以扣留其武器、警械、警用车辆、警用标志；③对违法违纪情节严重、影响恶劣的，以及拒绝、阻碍督察人员执行现场督察工作任务的，必要时，可以带离现场。

《公安机关督察条例》第 12 条规定，督察机构认为公安机关的人民警察违反纪律需要采取停止执行职务、禁闭措施的，由督察机构作出决定，报本级公安机关督察长批准后执行。

《公安机关督察条例》第 13 条规定，督察机构认为公安机关人民警察需要给予行政处分或者降低警衔、取消警衔的，督察机构可以提出建议，移送有关部门依法办理。

督察机构在督察工作中发现公安机关的人民警察涉嫌犯罪的，移送司法机关依法处理。

《公安机关监督条例》第 6 条规定，县级以上地方各级人民政府公安机关督察机构查处违法违纪行为，应当向上一级公安机关督察机构报告查处情况；下级公安机关督察机构查处不力的，上级公安机关督察机构可以直接进行督察。

3. 督察监督的主要方式。

（1）进行明察和暗访。

（2）专项督察和集中督察。

（3）受理核实检举控告，查处公安民警违法违纪行为，依法保护公安民警的合法权益。

（4）组织开展警务评议、听取国家机关、社会团体、企事业单位和人民群众对公安机关及其人民警察的意见。

（二）公安机关法制部门监督

各级公安机关的法制部门是公安机关内部执法监督工作的主管部门，在本级公安机关的领导下，负责组织、实施、协调、指导执法监督工作。

公安机关法制部门监督，是指公安机关的法制部门代表本级公安机关对下级公安机关、本级公安机关所属业务部门、派出机构及其人民警察的执法活动实施的监督

1. 公安机关法制部门监督的范围。《公安机关内部执法监督工作规定》第6条规定了公安机关法制部门监督的范围：

（1）有关执法工作的规范性文件及制度、措施是否合法；

（2）刑事立案、销案，实施侦查措施、刑事强制措施和执行刑罚等刑事执法活动是否合法和适当；

（3）有关治安管理、户籍管理、交通管理、消防管理、边防管理、出入境管理等法律法规的实施情况；

（4）适用和执行行政拘留、罚款、没收非法财物、吊销许可证、查封、扣押、冻结财物、劳动教养、收容教育、强制戒毒等行政处罚和行政强制措施是否合法和适当；

（5）看守所、拘役所、治安拘留所、收容教育所、强制戒毒所、留置室等限制人身自由场所的执法情况；

（6）行政复议、行政诉讼、国家赔偿等法律法规的实施情况；

（7）国家赋予公安机关承担的其他执法职责的履行情况。

2. 公安机关法制部门监督的方式。《公安机关内部执法监督工作规定》第7条规定，执法监督的方式有：

（1）依照法律、法规和规章规定的执法程序和制度进行的监督；

（2）对起草、制订的有关执法工作的规范性文件及制度、措施进行法律审核；

（3）对疑难、有分歧、易出问题和各级公安机关决定需要专门监督的案件，进行案件审核；

（4）组织执法检查、评议；

（5）组织专项、专案调查；

（6）依照法律、法规进行听证、复议、复核；

（7）进行执法过错责任追究；

（8）各级公安机关决定采取的其他方式。

3. 对违法、不当执法行为的处理。《公安机关内部执法监督工作规定》第19条规定，公安机关法制部门在监督过程中，对公安机关及其人民警察不合法、不适当的执法活动，分别作出如下处理：

（1）对错误的处理或者决定予以撤销或者变更；

（2）对拒不履行法定职责的，责令其在规定的时限内履行法定职责；

（3）对拒不执行上级公安机关决定和命令的有关人员，可以停止执行职务；

（4）公安机关及其人民警察违法行使职权已经给公民、法人和其他组织造成损害，需要给予国家赔偿的，应当依照《国家赔偿法》的规定予以国家赔偿；

（5）公安机关人民警察在执法活动中因故意或者过失，造成执法过错的，依照《公安机关人民警察执法过错责任追究规定》追究执法过错责任。

第十章 行政复议

第一节 行政复议概述

一、行政复议的概念

行政复议，是指行政相对人认为行政主体的具体行政行为侵犯其合法权益，依法向行政机关提出复查该具体行政行为的申请，行政复议机关依照法定程序对被申请具体行政行为的合法性、适当性进行审查，并作出相应决定的活动。

行政复议是近代民主政治发展的产物，它作为一种通过行政机关依法解决行政争议，为行政相对人提供行使行政救济权的法律途径，不仅能够为行政相对人的合法权益提供及时、高效的保障，而且还能够实现行政系统内部的自我监督。相对于行政诉讼而言，作为一种便捷、低成本的纠纷解决机制，行政复议制度为世界各国、各地区所广泛采用。如英国的行政裁判所制度、美国的行政法官制度、法国的行政救济（善意救济、层级救济）制度、德国的异议审查制度、日本的行政不服申诉制度等[①]，我国台湾地区称之为“行政诉愿”，而香港地区则称之为“行政上诉”。

“行政复议”一词，是随着20世纪80年代我国行政法学的兴起，行政法学界对国家行政机关审查和裁决行政争议这种特定的法律现象所作的抽象和概括。行政复议作为一项法律制度在新中国成立初期制定的一些法律、法规中作了相关规定。1989年4月4日第七届全国人民代表大会第二次会议通过了《行政诉讼法》，为了配合《行政诉讼法》的实施，国务院于1990年12月24日发布了《中华人民共和国行政复议条例》[②]，这标志着我国行政复议制度的全面建立。为了完善行政复议制度，1999年4月29日，第九届全国人大常委会第九次会议审议通过了《行政复议法》，并于1999年10月1日正式实施。该法的颁行使得我国行政复议制度的法律依据上升到法律地位，并日趋完善。为了更好地贯彻落实行政复议法，2007年5月29日国务院颁布了《行政复议法实施条例》。这一时期，

① 姜明安著:《行政法与行政诉讼法》，法律出版社2006年版，第313页。
② 因《行政复议法》的实施《中华人民共和国行政复议条例》于1999年10月1日废止。

国务院的一些部、委、直属机构相应地也颁行了一些有关行政复议的行政规章或行政规范性文件,① 我国的行政复议制度进入了新的发展阶段。

行政复议制度，是现代法治社会中解决行政争议的方法之一，它与行政诉讼、行政赔偿同属于行政救济范畴，是行政相对人保护自身合法权益的基本法律制度之一。作为行政相对人行使行政救济权的一项重要法律制度，行政复议可以从以下几个方面进一步理解其含义：

第一，行政复议的目的是为了纠正行政主体作出的违法或者不当的具体行政行为，以保护行政相对人的合法权益。行政复议通过上级行政机关对下级行政机关或者本级人民政府对其所属工作部门作出的具体行政行为进行审查，纠正具体行政行为的违法或者不当，从而实现行政机关内部行政监督的目的，并在客观上达到从整体上强化行政监督的法律效果。因此，现代法治国家一般都设有行政复议制度。我国《行政复议法》第 1 条明文规定："为了防止和纠正违法的或者不当的具体行政行为，保护公民、法人和其他组织的合法权益，保障和监督行政机关依法行使职权，根据宪法，制定本法。"该条文突出显示了行政复议监控行政权的功能，符合现代法治行政的发展趋势。

第二，行政复议是一种依申请的行政行为，即行政复议是行政主体根据行政相对人的申请，在审查被申请的行政行为是否合法、适当的基础上，依法作出的一种行政行为。依申请的行政行为意味着只有在行政相对人提出申请之后，行政主体才能进行相关的行政活动，并在行政程序结束之后作出行政行为。没有行政相对人的申请行为，行政复议作为监控行政权的一种法律制度就不可能发挥其内在的功能。因此，保护行政相对人的申请权，以及设置便利于行政相对人行使申请权的法律程序具有重要的法律意义。《行政复议法》第 11 条规定："申请人申请行政复议，可以书面申请，也可以口头申请；口头申请的，行政复议机关应当当场记录申请人的基本情况、行政复议请求、申请行政复议的主要事实、理由和时间。"即口头申请与书面申请具有同等的法律效果，该条文充分体现了对行政相对人复议申请权的保护，同时也充分体现了我国行政复议的便民原则。

第三，行政复议的标的是具体行政行为。具体行政行为是行政主体针对特定的行政相对人作出的行政行为，其特点是在该具体行政行为作出时，行政相对人已经确定，既不能增加也不能减少。行政相对人认为具体行政行为侵犯其合法权益，可以向行政机关提出行政复议申请，但对属于行政立法范畴的抽象行政行为，如行政法规和规章，依法则不能提起行政复议。依据《行政复议法》第 7 条的规定，对于不具有行政立法性质的行政规定，如果行政相对人认为违法的，可以在对相应具体行政行为申请行政复议时，一并向行政复议机关提出对该规定的审查申请。

① 如 2007 年海关总署颁布的《海关行政复议办法》、2009 年国土资源部颁布的《国土资源行政复议规定》、2010 年税务总局颁布的《税务行政复议规则》、工商行政管理总局颁布的《国家工商行政管理总局行政复议程序规则》、人力资源社会保障部颁布的《人力资源社会保障行政复议办法》等。

第四，行政复议既审查具体行政行为的合法性，又审查具体行政行为的合理性。这一特征使行政复议与只审查具体行政行为的合法性的行政诉讼[①]，在审查具体行政行为的强度上明显地区别开来。《行政复议法》第1条规定了行政复议的目的之一就是防止和纠正违法的或者不当的具体行政行为。这里的“不当的具体行政行为”就是违反行政合理性的具体行政行为。

二、行政复议的性质

关于行政复议的性质问题，目前学术界主要有以下三种观点：第一种观点认为，行政复议是一种纯行政性活动，属于行政执法。其基本依据是行政复议表现为国家行政机关按照行政职权或者行政上下等级的监督关系，直接地、单方面地行使行政权力的行为。第二种观点认为，行政复议是一种行政救济。这种观点的基本出发点是建立在行政复议和行政诉讼应当构成对作为行政相对人的公民、法人和其他组织合法权益提供救济和保障的认识的基础上。第三种观点认为行政复议是行政司法活动。这种观点又分为偏行政与偏司法两说，其中，偏行政说认为行政复议是有一定司法性的行政活动；偏司法说认为行政复议是准司法的活动。此两说都是从行政复议适用介于行政程序与诉讼程序之间的程序而引申出的结论。[②] 虽然上述观点都存在着不足之处，但仍可以作为从整体上认识行政复议性质的基础。行政复议的性质可以从以下三个方面进行认识：

（一）行政复议是具有一定司法性的行政行为

行政复议的司法性是指享有行政复议权的行政机关借用法院审理案件的某些方式来审查行政争议，即行政复议机关作为第三人对行政机关和行政相对人之间的行政争议进行审查并作出裁决。行政复议是一种行政监督机制，旨在解决在行政过程中行政主体与行政相对人之间的争议，因此，行政复议机关是以裁判者的身份出现的，行政复议机关与作为被申请人的行政机关之间不应有特别的利害关系，以保持必要的相对独立性和公正性。但行政复议机关这种法律地位并改变其作出的行为的基本性质，即行政复议机关作出的行为仍然是行政行为。正如有学者所说：“行政复议的行政性质并不当然地排斥其程序与制度方面的司法化特征或者倾向”；“行政复议的根本性质是行政而不是司法，它在程序与制度方面的一些非传统或非典型行政的特征，并不能抹杀它的权力性质、行为性质、机构性质及制度性质。”[③]

（二）行政复议是国家行政救济制度的重要机制

现代法治国家一般都设置了多元的为保护行政相对人的合法权益的权利救济制度，如行政诉讼、行政赔偿、行政复议和行政监督等，从多方面为行政相对人

---

① 参见《行政诉讼法》第5条。

② 应松年主编：《行政行为法》，人民出版社1993年版，第687页。

③ 杨小君著：《我国行政复议制度研究》，法律出版社2002年版，第8页。

提供法律救济。行政相对人依法享有的权益受到行政机关侵犯时，可以通过行政复议来启动权利救济程序，进而使自身的合法权益得到切实的维护。行政复议通过行政机关体制内部的自我纠错，实现了对行政相对人的权利救济，因此，行政复议当然属于行政救济制度的重要机制。

（三）行政复议是行政机关内部监督和纠错机制的环节

行政复议是由行政系统内部的行政机关对下级或者所属的行政机关作出的违法或者不当的具体行政行为实施的一种监督和纠错行为，它不同于法院通过行政诉讼审查行政机关具体行政行为合法性的司法审查制度。这种监督行政的法律程序是因为行政相对人提起申请而启动的，从而它又不同于由行政机关主动发动的如行政监察等行政法制监督制度。

三、行政复议的特征

行政复议是一种行政行为，但是它又不同于行政处理、行政处罚、行政许可、行政裁决等其他行政行为。相对于其他行政行为，它具有以下几个方面的特征：

（一）行政复议的主体是特定的行政机关

行政复议是国家行政机关依法进行的对引起争议的具体行政行为进行审查并作出裁决的行为。因此，行政复议机关是依法承担行政复议职责并享有行政复议裁决权的特定国家行政机关。其他国家机关如权力机关、司法机关等均不能成为行政复议机关。行政复议机关一般是作出被申请行政行为的行政机关的上级行政机关，对于各级人民政府所属的行政机关而言，上级机关通常情况下既包括其所隶属的同级人民政府，也包括其上级主管机关，但对于属于垂直管理的行政机关而言，行政复议机关一般仅为其上级主管机关。在法律特别规定的情形下，作出被申请行政行为的原行政机关也可以同时是行政复议机关。如依据《行政复议法》第 14 条的规定，对国务院部门或者省、自治区、直辖市人民政府的具体行政行为不服的，向作出该具体行政行为的国务院部门或者省、自治区、直辖市人民政府申请行政复议。

（二）行政复议所处理的争议是行政争议

所谓行政争议，主要是指行政主体在行政管理过程中因实施具体行政行为而与相对人发生的争议，这种争议的核心是该具体行政行为是否合法、适当。行政复议是专门为解决行政争议而设置的一种法律制度。因此，其具体制度、程序等都是针对行政争议的特点与要求设计的；行政复议不解决民事争议，行政主体实施的解决民事争议的具体行政行为不是行政复议，而是行政调解或行政裁决。因此，区分行政争议与民事争议是区别行政复议和其他行政行为的重要前提。

（三）行政复议主要采用书面审查的方式，必要时也可以通过听证的方式审理[①]

这与司法审查制度明显不同。书面审查的方式是指行政复议机关通过审查双方提交的书面证据材料，认定案件的事实，判断法律适用的正确性，从而作出行政复议决定。如果案情比较复杂，行政复议机关也可以召集申请人和被申请人在指定的时间和地点，对案件事实的认定和法律适用等问题展开辩论，再由行政复议机关根据听证的结果作出行政复议决定。行政复议采用书面审查方式的目的，在于确保行政复议必要的行政效率。因此，行政复议程序并非简单地照搬行政诉讼程序。

第二节 行政复议与相关概念的联系与区别

在行政法学理论中，行政复议被视为具有司法程序特征的行政行为，但又不完全同于典型的传统的行政行为。“行政复议既具有行政性质也有司法行为与程序的性质、特征，行政复议是不同于纯粹行政，也不同于司法诉讼那样的纯粹司法制度，它是具有双重色彩的行为与程序。”[②] 这通过行政复议与行政行为、行政诉讼、行政申诉等行为相比较可以进一步看出。

一、行政复议与行政行为的联系与区别

行政复议是由行政机关实施的活动，究其行为性质而言属于具体行政行为，因而与行政行为有着许多相同之处，如它也遵循层级监督的原则，行政复议也适当追求效率等。但作为一种独立的制度，行政复议与行政行为有着明显的差别。

从根本上说，行政复议属于行政救济制度的范畴。行政救济即指因行政行为造成损害而予以补救的制度。行政活动具有广泛而普遍的特征，与公民切身利益密切相关，造成公民合法权益损害在所难免。其解决的办法就是建立相关的救济渠道和制度，使侵害公民合法权益的行政行为得到制止和纠正。建立行政复议制度的目的既在于保护公民、法人和其他组织的合法权益。因此，与行政许可、行政处罚等行政行为相比较，行政复议具有司法程序的特征，即行政复议机关作为相对独立于争议双方之外的第三者以准司法程序来审查并解决特定的行政争议。

从形式上说，行政复议就是行政机关作为纠纷或者争议双方的居中裁判者，依法判定是非。行政复议的范围、管辖和复议程序等都具有司法性的特征。强调行政复议的司法性特征具有重要意义。因为行政复议是解决行政争议的活动，对

① 《行政复议法》第22条规定：“行政复议原则上采取书面审查的办法，但是申请人提出要求或者行政复议机关负责法制工作的机构认为有必要时，可以向有关组织和人员调查情况，听取申请人、被申请人和第三人的意见。”

② 杨小君著：《我国行政复议制度研究》，法律出版社2002年版，第3页。

于解决争议来说，按照司法程序求得公正是其生命所在，否则，行政复议也就失去了存在的价值。同时，行政复议毕竟是行政系统内部的监督，本身就有“作自己案件的法官”之嫌，如不强调其司法性，可能失去人们对公正的追求，从而使行政复议流于形式。因此，必须强调行政复议的司法性特征，以求尽量保证行政复议的公正性。

二、行政复议与行政诉讼的联系与区别

行政诉讼与行政复议都是一种行政争讼制度，其内容都是解决因不服具体行政行为侵犯其权益而引起的行政纠纷。因此，行政复议与行政诉讼程序一样，双方当事人都具有平等的法律地位，并以平等地位双方当事人的对抗争讼为特点，主持机关也都以无利害关系第三者的身份对纠纷进行居中审查裁决。行政诉讼与行政复议都是为了保护个人合法权益而设立的救济制度，具有明显的保护个人权益制度的特征。因此，它们都实行不告不理原则，都为当事人设定了相应的程序性的权利与义务，使当事人能够行使或处分自己的权利，也都对当事人行使其程序权利作有限制性规定，如时效制度、撤回诉讼制度等。在立法主要内容方面，在法律的篇章结构甚至表述方面，《行政诉讼法》与《行政复议法》有相同、相近之处，尤其是以前的《行政复议条例》[①] 更是如此。在理论上，人们也经常把行政复议与行政诉讼相提并论，把行政复议程序称之为行政诉讼的前置程序，或者把行政争讼制度概括为两大内容：行政复议和行政诉讼。尽管行政诉讼与行政复议有如此多的相同或相近，但二者仍然不是同一法律制度，在行政争讼程序项下，行政复议与行政诉讼依然是两种不同且各具特色的制度。二者是既有联系，也有区别。行政复议与行政诉讼之间的联系主要表现在程序上的衔接。

（一）行政复议与行政诉讼的联系

行政复议与行政诉讼在程序上的衔接可以分为以下几种情况：

1. 选择型。公民、法人或者其他组织对行政主体作出的行政行为不服，可在行政复议与行政诉讼之间自由选择。根据当事人的选择是否受限制为标准，可将复议与诉讼选择型进一步区分为自由选择型与限制选择型。

自由选择型是指行政相对人对行政行为不服，既可以直接向人民法院提起行政诉讼，也可以先向行政复议机关申请行政复议，对行政复议决定不服再向人民法院提起行政诉讼。自由选择型是行政复议与行政诉讼衔接关系中最为常见的形态，我国绝大多数法律、法规都规定了行政相对人对选择救济途径享有绝对的选择权。自由选择型最直接的法律依据是《行政诉讼法》第 37 条第 1 款的规定：“对属于人民法院受案范围的行政案件，公民、法人或者其他组织可以先向上一级行政机关或者法律、法规规定的行政机关申请复议，对复议不服的，再向人民

① 《行政复议条例》是国务院于 1990 年 12 月 24 日发布，1994 年 10 月 9 日进行了修订，1999 年 10 月 1 日起《行政复议法》施行，《行政复议条例》同时废止。

法院提起诉讼，也可以直接向人民法院提起诉讼。”

限制选择型是指行政相对人对行政行为不服时，可自由选择进行行政复议或者行政诉讼，但如果选择了行政复议后就不得再提起行政诉讼。如在出入境管理中，依据我国《公民出境入境管理法》第 15 条的规定和《外国人入境出境管理法》第 29 条的规定，受到公安机关处罚的我国公民或者外国人、无国籍人对处罚不服的，可以向上一级公安机关提出申诉，由上一级公安机关作出最后的裁决，也可以直接向当地人民法院提起行政诉讼。《行政复议法》第 14 条也作了这样的规定：“对国务院部门或者省、自治区、直辖市人民政府的具体行政行为不服的，向作出该具体行政行为的国务院部门或者省、自治区、直辖市人民政府申请行政复议。对行政复议决定不服的，可以向人民法院提起行政诉讼；也可以向国务院申请裁决，国务院依照本法的规定作出最终裁决。”也就是说，一旦行政相对人选择了申请行政复议，则该行政复议决定为终局性裁决。

2. 复议前置型。行政复议是行政诉讼的必经程序，行政相对人对行政主体的行政行为不服时，必须先向行政主体申请行政复议，对行政复议决定不服时才能向人民法院提起行政诉讼。如果未经行政复议而直接向人民法院提起诉讼，则人民法院依法认定不符合起诉条件而不予受理。

复议前置型主要集中在实行垂直管理的行政机关领域。一些单行的法律、法规在行政复议与行政诉讼的程序衔接关系上作了此类规定。例如，《海关法》第 64 条规定：“纳税义务人同海关发生纳税争议时，应当缴纳税款，并可以依法申请行政复议；对复议决定仍不服的，可以依法向人民法院提起诉讼。”① 我国《税收征收管理法》第 88 条第 1 款规定：“纳税人、扣缴义务人、纳税担保人同税务机关在纳税上发生争议时，必须先依照税务机关的纳税决定缴纳或者解缴税款及滞纳金或者提供相应的担保，然后可以依法申请行政复议；对行政复议决定不服的，可以依法向人民法院起诉。”② 又如《行政复议法》第 30 条第 1 款规定：“公民、法人或者其他组织认为行政机关的具体行政行为侵犯其已经依法取得的土地、矿藏、水流、森林、山岭、草原、荒地、滩涂、海域等自然资源的所有权或者使用权的，应当先申请行政复议；对行政复议决定不服的，可以依法向人民法院提起行政诉讼。”

采取行政复议前置的主要理由包括：有利于发挥行政机关的专业优势和技术优势，迅速解决某些专业色彩较为浓厚的行政案件；有助于上级行政机关及时发现和纠正下级行政机关的错误，强化行政系统内部的监督机制；有助于减轻法院

---

① 《中华人民共和国海关法》，1987 年 1 月 22 日第六届全国人民代表大会常务委员会第十九次会议通过，根据 2000 年 7 月 8 日第九届全国人民代表大会常务委员会第十六次会议《关于修改〈中华人民共和国海关法〉的决定》修正。

② 1992 年 9 月 4 日第七届全国人民代表大会常务委员会第二十七次会议通过，根据 1995 年 2 月 28 日第八届全国人民代表大会常务委员会第十二次会议《关于修改〈中华人民共和国税收征收管理法〉的决定》修正，2001 年 4 月 28 日第九届全国人民代表大会常务委员会第二十一次会议修订。

的工作压力；等等。[①]

3. 复议终局型。公民、法人或者其他组织不服行政机关的具体行政行为，只能向行政机关申请行政复议，即使不服行政复议决定，也不能向人民法院提起行政诉讼。例如，我国《集会游行示威法》第 13 条规定："集会、游行、示威的负责人对主管机关不许可的决定不服的，可以自接到决定通知之日起三日内，向同级人民政府申请复议，人民政府应当自接到申请复议书之日起三日内作出决定。"[②]《行政复议法》第 30 条第 2 款规定："根据国务院或者省、自治区、直辖市人民政府对行政区划的勘定、调整或者征用土地的决定，省、自治区、直辖市人民政府确认土地、矿藏、水流、森林、山岭、草原、荒地、滩涂、海域等自然资源的所有权或者使用权的行政复议决定为最终裁决。"[③]

复议终局型的直接法律依据是《行政诉讼法》第 12 条第 4 项的规定，对于法律规定由行政机关最终裁决的具体行政行为提起的诉讼，人民法院不予受理。这里的法律应作狭义理解，仅指全国人大及其常委会制定的规范性文件。司法裁决权是社会公正的最有力保障，为了保障行政复议的公正性，西方各国一般都确立了司法最终裁决原则。因此，对于行政终局裁决的范围应当严格控制。从世界各国的发展趋势来看，行政终局裁决权的范围越来越窄。我国《专利法》和《商标法》曾规定，商标评审委员会对申请注册商标的行政争议所作的裁决、专利复审委员会对申请实用新型和外观设计专利的行政争议所作的裁决为终局裁决，当事人即使不服也不能向人民法院提起行政诉讼，2000 年 8 月修订的《专利法》和 2001 年 10 月修订的《商标法》已经取消了该类事项的行政终局裁决权，对于此类裁决不服，当事人可以依法向人民法院提起行政诉讼。[④]

（二）行政复议与行政诉讼的区别

1. 性质不同。行政复议是由上一级行政机关对下一级行政机关所作具体行政行为进行的审查，整个过程都在行政系统内部进行，因而在实质上仍是一种行政行为。行政诉讼则是人民法院对行政机关所作具体行政行为实施的司法监督，属于司法行为。

2. 受理机关不同。行政复议受理机关是作出具体行政行为的行政机关所属的人民政府或其上一级主管部门，而受理行政诉讼的机关则是人民法院。

3. 受案范围不同。人民法院受理的行政案件，只是公民、法人或者其他组织认为行政机关的具体行政行为侵害其合法权益的案件，而行政复议机关受理的则既有行政违法案件，也有行政不当案件。也就是说，凡是能够提起行政诉讼的

---

① 许崇德、皮存协主编：《新中国行政法学研究综述》，法律出版社 1991 年版，第 697 页。

② 《中华人民共和国集会游行示威法》，1989 年 10 月 31 日第七届全国人民代表大会常务委员会第六次会议通过，1989 年 10 月 31 日中华人民共和国主席令第二十号公布施行。

③ 《中华人民共和国行政复议法》，1999 年 4 月 29 日第九届全国人民代表大会常务委员会第九次会议通过，根据 2009 年 8 月 27 日第十一届全国人大常委会第十次会议《关于修改部分法律的决定》修正。

④ 参见《专利法》第 41 条第 2 款、《商标法》第 33 条第 2 款的规定。

行政争议，公民、法人或者其他组织都可以向行政机关申请复议，而可以提起行政复议的未必都能够提起行政诉讼。如法律规定行政复议终局的当事人即不得提起行政诉讼。

4. 审查范围不同。人民法院只审查具体行政行为的合法性，而一般不审查其是否适当；行政复议机关不仅审查具体行政行为是否合法，而且还要审查其是否适当。行政诉讼是“不告不理”，行政复议则是“有错必纠”，这表明行政复议的范围不局限于申请人的申请。因此，行政复议的审查范围要大于行政诉讼。

5. 审理程序规则不同。人民法院审理行政案件完全是按照司法程序进行，而行政复议由于是行政系统内部上级对下级的监督，故二者在审理程序规则方面存在许多差别。人民法院审理行政案件实行的是两审终审，公开开庭审理制度；行政复议实行一级复议制度，以书面复议为原则。较之行政诉讼程序，行政复议程序比较灵活、简便。

另外，行政复议制度与行政诉讼制度相比具有以下优势：

1. 经济。根据《行政复议法》第39条的规定，行政复议机关不得向申请人收取任何费用，即申请人可以“免费”获得行政复议救济。

2. 便利。相比较行政诉讼程序而言，行政复议的程序规定简便、申请方式灵活、管辖机制便利。申请人不仅可以通过正式的书面形式启动行政复议程序，还可直接以口头形式提出行政复议申请；申请人可就近向当地的人民政府而不是路途较远的上级主管部门提出申请，等等。

3. 快捷。由于行政复议原则上采取书面审查的方式，免除了辩论、质证等较为烦琐的程序，且审理期限比行政诉讼要短，因而能够及时、便捷地化解纠纷。

4. 彻底。与行政诉讼相比，行政复议对行政行为审查的广度与深度都强于法院，就广度而言，行政复议不仅能够审查具体行政行为，而且能够对作为具体行政行为依据的行政规范性文件附带进行审查；就审查的深度而言，行政复议不仅能够对具体行政行为的合法性进行审查，而且还能够对具体行政行为的适当性进行审查，而行政诉讼通常只审查具体行政行为的合法性。不仅如此，行政复议机关比较熟悉本部门、本领域或本地区的管理工作和专门性知识，能够迅速、彻底地解决专业性、技术性较强的行政纠纷。①

当然，行政复议作为一种内部的行政监督机制，其独立性、公正性常受质疑。

三、行政复议与行政申诉的联系与区别

行政申诉制度历来有之，我国行政申诉制度的内容丰富，形式多样，主要有申诉、信访或上访及检举、控告等。这些行政申诉制度对于纠正行政管理过程中

① 杨海坤、章志远：《中国行政法原论》，中国人民大学出版社2007年版，第358～359页。

的违法或不当行为，对于保护个人的合法权益，对于保障行政秩序与不断改善行政管理方式等，都发挥了积极的作用。但二者既有联系又有区别。

（一）行政复议与行政申诉的联系

1. 性质与目的相同。行政复议与行政申诉都是行政性质的法律制度，是适用行政职权与行政监督权的过程，是针对行政管理过程中的违法或不当行为的，目的都是通过申诉或复议而纠正行政的违法或不适当。

2. 监督机关的属性相同。行政复议与行政申诉的监督机关都是行政机关，监督者与被监督者之间有行政的隶属关系，即属于层级或有权监督的范围，或者最终通过这种层级关系来实现有错必纠。

（二）行政复议与行政申诉的区别

1. 性质不同。行政申诉主要还不是一种法律制度，或者说它的法律化程度较低，它既没有形成一个基本的法律规范与调整局面，权利、义务性质也不明显，而工作性质似乎更明显些。而行政复议则已是一个完全的法律制度，其法律化程度很高，法律统一规范与调整的局面已经形成，权利义务的内容全面，性质明显。所以，二者虽然均属行政范畴，但各自的法律性质并不相同。

2. 行政申诉没有申诉人资格的严格限制，而行政复议申请人则有严格的申请人资格限制。利害关系人本人不服行政决定向上级机关申诉可以，无利害关系的人检举控告也属于申诉范畴。在申诉人方面，许多法律、政策并没有什么严格限制。而行政复议则不同，不是行政行为的利害关系人不具有复议申请人的资格，也就是说不是所有的人都可以成为复议申请人。而且，申请人只有在其权益被侵犯时才能申请复议，法律上的权利义务要求明显。复议申请人的这种限制多少有些与法院诉讼中原告资格的限制相同，要求必须是为了保护自己的合法权益才能申请行政复议。

3. 行政申诉没有严格的期限限制，而行政复议则有严格的时效限制。在申诉制度中，申诉人虽然在大多数情况下都会及时申诉，但有关法律与政策并没有限定申诉的期间，更没有规定超过多长期间不能申诉，行政申诉基本上实行的是有冤可（随时）诉的制度，而行政复议则不然。由于行政复议事实上是一种争讼程序和救济制度，是为保护个人权益而启动的程序，所以它有严格的时效限制。《行政复议法》第 9 条规定的复议申请一般时效为 60 日，超过 60 日而无法定事由的，申请人则丧失了凭借复议程序保护自己权益的请求权利。这也就是说，行政复议实行严格的“权利不用，过期作废”的原则和制度。这种有无时效制度的区别表现了行政申诉程序主要是一种监督程序，是一种如何使违法行政变为合法行政的监督纠正制度，而行政复议则主要是一种保护个人权利的救济程序。一为行政的完善，一为权益的救济，主旨不同，限制也不相同。

4. 行政申诉没有严格的管辖限制，而行政复议则有严格的管辖限制。行政申诉既可以向作出行政决定的机关提出，也可以向其上一级机关提出；既可以向作出行政决定的行政机关的上一级机关申诉，也可以逐级申诉，甚至是越级申诉。行政复议则不然，它实行严格的一次复议制度，不实行多次复议。此外，行政复议有严格的管辖制度，对行政行为不服的，只能依此管辖规定向有管辖权的特定行政机关提出复议，《行政复议法》第 12 条到第 16 条的规定都是复议管辖的内容。它要求申请人只能向作出行政行为的行政机关的上一级行政机关或同级人民政府申请复议，并对派出机关、派出机构、授权组织、共同行为及被撤销机关等特殊情况下的复议管辖一一作出明确具体的规定。因此，复议申请人只有依此管辖规定向有权机关申请复议，而不能向无管辖权的机关申请复议。在法律上，复议管辖权成了复议机关管辖行政复议案件的权限，无此权限的机关自然无权受理与审理行政复议案件。

5. 行政申诉没有严格的当事人制度，而行政复议则实行严格的当事人制度，并具有双方当事人对抗争讼的特点。

在行政申诉中，有申诉人，但不一定都有被申诉人，更为重要的是，法律上没有严格的申诉人与被申诉人即当事人的规定或限制。所以，申诉制度并没有双方当事人对抗争辩的要求，而行政复议则不然，行政复议是有申请人和被申请人的，甚至还有第三人等参加，它们都有相应的程序上的权利义务，复议过程都有它们一定程度的参与，行政复议是在这种参与条件下进行和完成的。不仅如此，行政复议的当事人双方在复议程序中处于平等对抗的法律地位，申请人提出复议申请书，被申请人有权进行答复，并提出相应的证据、依据等。虽然复议机关是依职权在进行审查，但是这种审查是有当事人的参与和对抗争辩的审查。

6. 行政申诉的提出与行政申诉的查处程序的启动没有法律上的必然联系，而行政复议的申请与行政复议审查程序的启动则有法律上的必然联系。

在行政申诉提出后，法律没有规定接到申诉书的行政机关必须对申诉进行审查并决定是否启动查处纠正程序，使得在实践中，有些申诉如泥牛入海杳无音讯。而行政复议则不然，它规定对复议申请必须进行专门的形式审查，并有期限限定，收到申请的行政机关必须启动形式或初步审查程序，看申请是否符合法定条件，如果符合法定条件的，审查机关则应当受理并限期审理并作出复议决定。行政复议程序的启动与申请人申请的提出，有法律上的必然联系，只要符合条件，法律规定复议机关应当受理并作出复议决定。而且，如果接收复议申请的机关决定不受理的，还必须告知其理由，申请人有权向其上一级行政机关提出复议申请。由此可见，提出申诉的行为的法律性质、权利性质并不明显，而行政复议申请行为的法律性质、权利性质则是明显的。

四、行政复议与行政裁决的联系与区别

行政裁决，是指行政主体依照法律授权，对平等主体之间发生的、与行政管理活动密切相关的、特定的民事纠纷进行审查并作出裁决的具体行政行为。行政复议与行政裁决都是行政机关居于争议双方当事人之外、以第三者的身份，按照具有司法性质的行政程序对特定纠纷所作的裁决，因而，两者同属于行政主体裁

决纠纷的法律制度范畴，但两者也存在着明显的区别：

（一）性质不完全相同

行政复议既有行政机关解决纠纷的行政司法性质，又有行政机关内部上下级之间层级监督的性质；而行政裁决主要是一种司法行政行为，不具有行政机关内部层级监督的性质。[①]

（二）两者所解决的争议性质不同

行政复议所要解决的是行政机关在行使行政职权过程中与行政相对人产生的行政争议；而行政裁决所要解决的是平等主体之间发生的与行政管理交织或者牵连在一起，且处理时涉及较强的专业性与技术性的民事争议。

（三）两者的处理程序不同

行政裁决通常是以协商或者调解为其前置程序，而行政复议则通常不适用调解，只是在对行政主体行使法律、法规规定的自由裁量权作出的具体行政行为不服或涉及行政赔偿或者行政补偿纠纷时可以进行调解。[②]

（四）两者所形成的法律关系主体地位不同

在行政复议法律关系中，作为申请人的行政相对人与被申请人的行政机关在行政程序中的法律地位不对等。而且，他们与行政复议机关的关系也不相同。一般来说，行政复议机关与被申请人之间存在着监督与被监督的内部行政关系，而行政复议机关与申请人之间则是一种外部行政法律关系。在行政裁决法律关系中，作为被裁决者的法律地位是完全平等的，他们与行政裁决机关的关系是相同的，都是外部行政法律关系。

（五）当事人的诉讼权利不同

行政复议的双方当事人中，只有行政复议的申请人有提起诉讼的权利，作为被申请人的行政主体则没有提起诉讼的权利；而行政裁决的双方当事人如不服行政裁决决定，均可以提起诉讼，即双方都享有平等的诉讼权。

第三节 行政复议的基本原则与制度[③]

一、行政复议的基本原则

行政复议的基本原则，是指在行政复议立法目的的指导下，对行政复议整个

① 应松年主编：《当代中国行政法》（下卷），方正出版社2005年版，第1107页。

② 《行政复议实施条例》第50条规定："有下列情形之一的，行政复议机关可以按照自愿、合法的原则进行调解：（一）公民、法人或者其他组织对行政机关行使法律、法规规定的自由裁量权作出的具体行政行为不服申请行政复议的；（二）当事人之间的行政赔偿或者行政补偿纠纷……"

③ 姜明安：《行政法与行政诉讼法》，法律出版社2007年版，第418～422页。

过程中具有普遍指导意义的基本行为准则。它上承行政复议的立法目的，下联行政复议基本制度与基本规范，从而确立了它在行政复议中不可替代的法律地位。行政复议的基本原则不仅规范行政主体的行为，而且也规范行政相对人参与行政复议的行为。因此，行政复议的基本原则在行政复议法理论和实践中具有极其重要的法律意义。

《行政复议法》第4条规定："行政复议机关履行行政复议职责，应当遵循合法、公正、公开、及时、便民的原则，坚持有错必纠，保障法律、法规的正确实施。"因此，行政复议主要应遵循以下原则：

（一）合法原则

合法原则，是指在行政复议过程中，无论是作出被申请的具体行政行为的行政主体，还是作为申请人的行政相对人，或者是主持裁决的行政复议机关，都应当遵守有关行政复议的法律、法规和规章。其中，主持裁决的行政复议机关依法进行行政复议活动是合法原则的核心要求。合法原则的主要内容体现在以下几个方面：

1. 主体合法。这里的"主体"，是指行政复议法律关系主体，包括行政复议申请人、被申请人和行政复议机关。主体合法是行政复议合法的基本前提和基础。根据这一要求，提起行政复议申请的必须是被申请的具体行政行为所指向的行政相对人，或者是与被申请的具体行政行为有法律上的利害关系的人，如治安行政案件中的加害人与受害人、行政规划许可中受规划许可影响的第三人等。被申请人必须是作出被申请的具体行政行为的行政主体，它们可以是行政机关，也可以是法律、法规授权的组织。受理行政复议申请的必须是法律、法规规定的行政复议机关。

2. 依据合法。行政复议必须遵循现行法律、法规和规章的规定，对于申请人来说，没有合法依据不得提起行政复议的申请；对于被申请人来说，必须依法参加行政复议。这里的"依法"，应当包括宪法、法律、法规和规章以及上级行政机关依法制定的其他规范性文件。

3. 程序合法。法律程序能够最大限度地确保法律主体的行为符合法律规定，同时在形式上提高法律主体对己不利的决定的可接受性程度。无论是对行政复议机关来说还是对行政复议的申请人和被申请人来说，行政复议本身是一种程序性行为。为确保行政复议的顺利进行，行政复议主体必须严格遵守法定程序。为此，《行政复议法》以及其他有关法律、法规都明确规定了相关的行政复议程序，以确保行政复议程序的合法性。

（二）公正原则

行政复议的公正原则，主要包含以下两层意思：

1. 行政复议机关进行行政复议活动本身应遵循公正原则。其具体体现在以下方面：第一，行政复议机关在行政复议过程中，应把行政主体和行政相对人放在平等的位置上，平等对待各方当事人，不应有任何歧视与偏见，特别是不歧视复议申请人，不袒护被申请人。第二，行政复议机关应保证各方当事人享有平等的知情权，中立地听取各方当事人的意见，为申请人、被申请人以及第三人提供平等的申辩或质证的条件和机会。第三，行政复议机关应当正当、合理地行使复议自由裁量权。行政复议机关的复议审查权本身是一种自由裁量权，也要受到公正原则的约束。行政复议机关在处理行政复议案件过程中拥有很大的自由裁量权，如对“明显不当”具体行政行为的界定应当合理、适当等。遵循公正原则是行政复议决定正当、合理的基本保证。

2. 行政复议机关对被申请的具体行政行为不仅应当审查其合法性，而且还应当审查其合理性。现代行政权的核心是行政自由裁量权，通过行政法控制行政权的关键在于控制行政自由裁量权不被滥用。公正原则便是防止行政自由裁量权滥用机制的根本准则之一。由于被申请的具体行政行为绝大多数是行使行政自由裁量权的结果，如果行政复议不深入审查被申请的具体行政行为的合理性，往往难以达到行政复议的目的。因此，在行政复议中，对被申请的具体行政行为的审查，不仅要考虑其合法性，而且还应当考虑其合理性。只有这样，才能真正保障行政相对人的合法权益。这一原则的具体要求是：第一，行政复议机关应当从合法性和合理性两个层面审查被申请的具体行政行为。合法性审查，是指行政复议机关应当审查被申请的具体行政行为是否具有明确的法律依据，是否符合法律规定；合理性审查，是指行政复议机关应当审查被申请的具体行政行为是否合情合理地行使自由裁量权。经审查，对不合法的具体行政行为应当予以撤销或者确认违法；对明显不公正的具体行政行为依法可以变更，必要时还可以责令被申请人重新作出具体行政行为。第二，行政复议机关应当查明所有与案件有关的事实，审查被申请人用于被申请的具体行政行为的证据是否合法取得，对事实的认定和案件的定性是否符合证据规则；对于被申请的具体行政行为所适用的法律条款应当作出准确的判断，如有不确定的法律概念，是否根据立法目的和立法指导思想作出公正的解释。

（三）公开原则

公开原则，是指行政复议机关在行政复议过程中，除涉及国家秘密、个人隐私和商业秘密外，整个过程应当向行政复议申请人和社会公开。公开原则是现代行政程序法上的一项基本原则。在行政复议中，确立公开原则是确保行政复议权合法、公正行使的基本条件，也是防止行政复议权滥用的最好手段。这一原则的要求有：

1. 行政复议过程公开。行政复议过程公开，是要求行政复议机关最大限度地为申请人、被申请人和第三人提供参与行政复议程序的条件，除法律规定的情形之外，行政复议决定都应当在他们看得见的情况下作出。这就要求行政复议机关应当尽可能听取申请人、被申请人和第三人的意见，让其更多地参与行政复议程序。因此，《行政复议法》第 22 条的规定就是行政复议过程公开的一个具体体现。

2. 行政信息公开。行政信息公开，是行政相对人参与行政程序的基本前提，也是行政公正的重要保障。行政信息公开程度是衡量一个国家的法治行政的重要指标。在行政复议中，行政复议机关在申请人、第三人的请求下，应公开与行政复议案件有关的一切材料，确保申请人和第三人有效地参与行政复议程序。为此，《行政复议法》第23条第2款规定："申请人、第三人可以查阅被申请人提出的书面答复、作出具体行政行为的证据、依据和其他有关材料，除涉及国家秘密、商业秘密或者个人隐私外，行政复议机关不得拒绝。"

（四）及时原则

及时原则，是指行政复议机关应当在法律规定的期限内，尽快完成复议案件的审查，并作出相应的决定。及时原则是对行政复议机关效率的要求，其主要内容有：

1. 行政复议机关应当严格遵守法定的期限。行政复议机关应当严格遵守法定的期限，确保每个行政复议行为都能在法定的期限内完成，如果法律没有明确规定期限，行政复议机关则应当在合理的时间内尽快完成行政复议行为。行政复议机关在法定期限内不能作出行政复议决定的，应当依法定程序报行政复议机关负责人批准延长审理期限。行政复议机关违反法定期限，应当承担相应的法律责任。

2. 行政复议机关应当敦促行政复议当事人遵守法定的期限。行政复议本身要求以较高的效率来解决行政争议，而行政复议高效率的完成，也需要行政复议当事人的配合。因此，行政复议机关应当在法律规定的时限内要求行政复议的当事人尽快完成有关程序行为。

（五）便民原则

便民原则，是指行政复议机关在行政复议程序中应当尽可能为行政复议当事人，尤其是为申请人提供必要的便利，从而确保当事人参加行政复议目的的实现。这一原则包括：

1. 有关行政复议的规定应当尽可能考虑为申请人提供复议的便利条件。例如，实行一级复议制，减少上一级行政机关管辖行政复议案件的规定；不向申请人收取行政复议费用等。

2. 行政复议机关应当在法定范围内为当事人提供进行复议活动的便利条件。例如，对不能提供书面申请的相对人，允许以口头方式向行政复议机关提出复议申请，受理行政复议的机关的工作人员应当予以记录，再由申请人签名盖章，作为行政相对人正式提出申请的材料。①

此外，行政复议还应遵循有错必纠原则、保障法律法规正确实施原则，以及

---

① 《行政复议法》第11条规定："申请人申请行政复议，可以书面申请，也可以口头申请；口头申请的，行政复议机关应当当场记录申请人的基本情况、行政复议请求、申请行政复议的主要事实、理由和时间。"

司法最终原则。

二、行政复议的基本制度

（一）一级复议制度

一级复议制度，是指行政争议经过行政复议机关一次审理并作出裁决之后，申请人即使不服，也不得再向有关行政机关申请复议，而只能依法向法院提起行政诉讼的一种法律制度。一级复议制度包括以下基本内容：

1. 行政相对人不服具体行政行为的，通常只能行使一次行政复议申请权。符合法定申请条件的一个行政复议申请可以启动一个行政复议程序，而该行政复议程序以作出行政复议决定为终结。行政复议决定在法律上意味着一个可以被行政复议机关审查的具体行政行为在行政程序中已经被审查过了，依照法律规定，即使行政相对人对行政复议决定不服，也不能要求再次通过行政程序审查该具体行政行为，而只能行使起诉权向法院寻求司法救济。

2. 行政复议案件只能经过一个行政复议机关的审理。尽管有的行政复议案件，几个行政复议机关都有受理的权利，但一旦其中一个行政复议机关受理并进入审理程序后，其他行政机关就不能再重复受理和审理。在受理复议的机关作出行政复议决定以后，其他行政机关不得对该行政争议再行复议受理或者对行政复议决定再进行行政复议审查。如果发生几个行政复议机关都收到行政复议申请的情况，只能确定由其中一个行政复议机关办理该案，而不能由不同的行政复议机关同时审理。

3. 行政复议案件只能经过一次审理。不仅只能由一个行政复议机关受理和审理同一个行政复议案件，而且这个行政复议机关对该案件也只能受理和审理一次。在行政复议决定作出后即便是作出决定的机关自身，也不得对该案件再次受理或审理。当事人有异议的，只能向人民法院提起行政诉讼。如果复议机关事后发现本机关作出的行政复议决定有错误，也只能通过内部监督程序予以纠正，而不能再通过行政复议程序处理。

行政复议确立一级复议制度的理由是：第一，尽快解决行政争议。无论行政复议制度如何设置，它仍然是行政系统内的一种自我纠错制度，这种自我纠错的制度因其自身的缺陷难以做到完全客观、公正地审查被申请的具体行政行为，而多级行政复议制度也难以弥补其自身的缺陷，只会导致行政争议解决时间不必要的延长。第二，司法最终解决原则。现代法治的一个基本特征是，任何法律争议最终都应由法院裁决。行政争议与行政相对人的合法权益关系紧密，理应由法院作出最终裁决。行政复议仅仅是给行政机关一个自我纠正错误的机会，而不是最终解决行政争议的手段，法律还为行政相对人提供了行政诉讼这一救济途径，所以没有必要在自我纠错环节浪费太多的时间。

基于以上原因，在建立了行政复议制度的其他国家或地区中，多数和我国一样实行一级复议制，只有少数国家采用二级复议制度，如德国的异议申诉制度。[①] 但从行政复议制度发展趋势来看，一级复议制度成为发展方向。例如，我国台湾地区曾长期实行二级诉愿制，2000 年修改为一级复议制。又如，1990 年中华人民共和国国务院制定的《行政复议条例》曾明确规定，法律和行政法规可以就一级复议制度进行例外规定，因此，少数法律、法规规定了在某些行政管理领域实行二级复议制。再如，1987 年的《海关法》第 46 条曾规定："纳税义务人同海关发生纳税争议时，应当先缴纳税款，然后自海关填发税款缴纳证之日起三十日内，向海关书面申请复议，海关应当自收到复议申请之日起十五日内作出复议决定；纳税义务人对海关的复议决定不服的，可以自收到复议决定书之日起十五日内向海关总署申请复议；对海关总署作出的复议决定仍然不服的，可以自收到复议决定书之日起十五日内，向人民法院起诉。"[②] 随着《行政复议法》的实施和近年来立法工作的推进，这些规定已由相关法律修改并逐步统一为一级行政复议制度。[③]

（二）书面复议制度

书面复议制度，是指行政复议机关对行政复议申请人提出的申请、被申请人提交的答辩，以及被申请人作出具体行政行为所依据的规范性文件和证据等材料进行非公开性全面审查，并在此基础上作出行政复议决定的制度。

行政复议机关主要通过对提供的书面材料来审查被申请的具体行政行为。对书面材料中需进一步了解的问题，可以要求当事人补充材料。行政复议确立书面复议制度，主要基于以下原因：第一，有利于提高解决行政争议的效率，符合行政复议立法的指导思想。第二，有些经过听证的行政争议，行政复议实质上是对该争议的二审，而诉讼程序中的二审采用的就是书面审查。因此，复议采取书面审查的方式也是合理的。第三，行政复议机关对被申请的具体行政行为所涉及的行政事务相对比较熟悉，通过书面审查，一般情况下是可以查清案件事实的。第四，采取书面审查的方式，还可以减少行政复议案件中申请人和被申请人之间的对立情绪，有利于行政争议的解决。

行政复议原则上采取书面审查的办法，所基于的前提是被申请人在作出具体行政行为时已经就有关案件事实查证清楚，并且申请人申请行政复议时就事实问题没有原则性的分歧，双方争议的焦点集中于适用法律依据是否正确以及行政决

---

① 张正钊、韩大元主编：《比较行政法》，中国人民大学出版社 1998 年版，第 756 页。

② 《中华人民共和国海关法》于 1987 年 1 月 22 日由第六届全国人民代表大会常务委员会第十九次会议通过，根据 2000 年 7 月 8 日第九届全国人民代表大会常务委员会第十六次会议《关于修改〈中华人民共和国海关法〉的决定》修订。现该法第 64 条规定："纳税义务人同海关发生纳税争议时，应当缴纳税款，并可以依法申请行政复议；对复议决定仍不服的，可以依法向人民法院提起诉讼。"

③ 《行政复议法》第 14 条规定："对国务院部门或者省、自治区、直辖市人民政府的具体行政行为不服的，向作出该具体行政行为的国务院部门或者省、自治区、直辖市人民政府申请行政复议。对行政复议决定不服的，可以向人民法院提起行政诉讼；也可以向国务院申请裁决，国务院依照本法的规定作出最终裁决。"也有学者认为这里所规定的申请国务院裁决，就是二级行政复议。

定是否适当等问题。因此，书面审查制度不是绝对的，也有例外。《行政复议法》第22条规定："行政复议原则上采取书面审查的办法，但是申请人提出要求或者行政复议机关负责法制工作的机构认为有必要时，可以向有关组织和人员调查情况，听取申请人、被申请人和第三人的意见。"也就是说，行政复议机关认为有必要或申请人提出要求时，可以向有关组织和人员调查情况，或听取申请人、被申请人和第三人的意见。《中华人民共和国行政复议法实施条例》[①] 第33条亦作了进一步规定："行政复议机构认为必要时，可以实地调查核实证据；对重大、复杂的案件，申请人提出要求或者行政复议机构认为必要时，可以采取听证的方式审理。"

公安部2002年10月通过的《公安机关办理行政复议案件程序规定》[②] 较为具体地规定了在公安行政复议中，公安行政复议机关向有关组织和人员调查情况，或听取申请人、被申请人和第三人的意见的具体情形。该规定第53条规定了公安行政复议机构可以当面听取申请人、被申请人和第三人意见的情形主要有：一是当事人要求当面听取意见的；二是案情复杂，需要当事人当面说明情况的；三是涉及行政赔偿的；四是其他需要当面听取意见的情形。值得注意的是，该条规定还强调了行政复议机构在采取当面听取意见的方式对案件进行审查时，应当保障当事人平等陈述、质证和辩论的权利。

（三）复议不停止执行

复议不停止执行，是指行政复议期间对申请复议的具体行政行为不停止执行。具体行政行为一经作出即具有公定力、执行力、确定力和约束力。申请行政复议是行政管理相对人获得行政救济的权利，而不是否定已经作出的具体行政行为的权利。对具体行政行为执行力的变更只能由有权的行政机关作出相应的决定。如果行政行为需等待复议程序结束之后才执行，势必使行政管理秩序处于不稳定状态，导致行政管理的混乱。所以，复议期间不停止具体行政行为的执行，是维护正常的社会秩序、保证行政管理效能、保护和实现全社会共同利益的需要。

不停止执行制度也有例外，如果违法或不当的具体行政行为不停止执行可能会给相对人造成损害，且这些损害是事后难以弥补时，应该暂停具体行政行为的执行。所以，《行政复议法》第21条在规定复议不停止执行的同时，还规定了具体行政行为可以停止执行的情形，主要包括：

1. 被申请人认为需要停止执行的。被申请人是具体行政行为的实施主体，如果发现自己作出的具体行政行为违法或不当时，就应当主动停止执行该具体行政行为，以免因为继续执行而给行政相对人造成更大的损害。

---

① 《中华人民共和国行政复议法实施条例》于2007年5月23日由国务院第177次常务会议通过，自2007年8月1日起施行。

② 《公安机关办理行政复议案件程序规定》于2002年10月10日由公安部部长办公会议通过，自2003年1月1日起实施。

2. 复议机关认为需要停止执行的。复议机关对被申请人有监督职责，对于复议期间发现的可能造成损害的明显不合法或不适当的具体行政行为要及时予以纠正，可以依法决定暂缓具体行政行为的执行。

3. 申请人申请停止执行，复议机关认为其要求合理，决定停止执行的。相对人不服行政机关的具体行政行为，提出复议申请的，同时要求停止该具体行政行为执行的，复议机关如果认为申请人的要求合理，不停止执行将会给其权益造成无法弥补的损害，而停止执行又不影响公共利益的，可依法裁定停止执行该具体行政行为。

4. 法律规定停止执行的。有些具体行政行为，法律规定在复议期间可以停止执行。例如，《治安管理处罚法》[①] 第107条规定："被处罚人不服行政拘留处罚决定，申请行政复议、提起行政诉讼的，可以向公安机关提出暂缓执行行政拘留的申请。公安机关认为暂缓执行行政拘留不致发生社会危险的，由被处罚人或者其近亲属提出符合本法第一百零八条规定条件的担保人，或者按每日行政拘留二百元的标准交纳保证金，行政拘留的处罚决定暂缓执行。"

第四节 行政复议的受案范围

一、行政复议范围的确定标准

我国行政复议范围的确定采取了三项标准，即具体行政行为标准、违法和不当标准、合法权益标准。

（一）具体行政行为标准

行政复议是围绕具体行政行为进行的，我国《行政复议法》明确规定，公民、法人或者其他组织认为行政机关的具体行政行为侵犯其合法权益的，有权向行政机关提出行政复议申请，并明确列举了各种作为或者不作为的违法具体行政行为。

具体行政行为作为标准，并不意味着抽象行政行为一概排除。《行政复议法》将抽象行政行为部分地、有限地纳入到行政复议范围。所谓部分，是指行政法规，国务院的规定、规章以外的其他行政规范性文件；所谓有限，是指申请人不能直接针对抽象行政行为，只能在对具体行政行为不服申请复议时，可以一并对作出该具体行政行为所依据的抽象行政行为要求审查。

（二）违法和不当标准

违法和不当标准，是指行政复议机关只受理公民、法人或者其他组织侵犯其

---

① 《中华人民共和国治安管理处罚法》由中华人民共和国第十届全国人民代表大会常务委员会第十七次会议于2005年8月28日通过，自2006年3月1日起施行。

合法权益的行政争议案件。这一点与人民法院受理行政诉讼案件有较大区别。人民法院受理行政诉讼案件通常以行政行为是否合法为标准，即人民法院只受理因具体行政行为合法性引起的争议，至于行政行为是否合理、适当，法院一般不予受理。行政复议制度是行政机关内部的监督、制约机制，可以也应该不受合法性限制。行政复议机关不仅要审查具体行政行为是否合法，还要审查具体行政行为是否适当。只要公民、法人或者其他组织认为侵犯其合法权益的行政行为违法或者不当，就可以申请复议，复议机关就应当受理。

（三）合法权益标准

我国《行政复议法》规定，行政复议机关只受理侵犯公民、法人或者其他组织合法权益引发的行政争议，不受法律保护的其他权益被剥夺或者限制，则不属于行政复议范围。采取合法权益标准，是因为行政行为是以影响他人的权益为特征，合法地剥夺或者限制他人的人身权或者财产权利，不产生侵犯公民合法权益的问题。与《行政复议条例》相比，《行政复议法》将确定行政复议范围的标准从人身权、财产权扩展至合法权益。合法权益显然要比人身权、财产权更为宽泛，还包括劳动权、休息权、受教育权等，凡是公民所享有的法定权利，只要行政机关实施了违法具体行政行为，而且这些行政行为侵犯了公民、法人或者其他组织的合法权益，均可成为行政复议的对象，受侵犯的公民、法人或者其他组织均可以提起行政复议。

二、行政复议的受理范围

行政复议范围，从广义上说，应包括行政复议的受理范围和行政复议的排除范围。其中，行政复议的受理范围又包括可申请行政复议的具体行政行为的范围和可一并申请行政复议的抽象行政行为（行政规定）的范围。

（一）可申请行政复议的具体行政行为

根据《行政复议法》的规定，行政相对人对行政机关的下列具体行政行为不服，可以依法申请行政复议：

1. 行政处罚。行政处罚，是指行政主体对违反行政法律规范的行政相对人依法给予的惩罚或制裁。凡是行政主体作出的影响相对人权益的行政处罚，行政相对人不服的，都可以申请行政复议。《行政复议法》第6条第1项规定，对行政机关作出的警告、罚款、没收违法所得、没收非法财物、责令停产停业、暂扣或者吊销许可证、暂扣或者吊销执照、行政拘留等行政处罚决定不服的，可以申请行政复议。这里的“等”字，既包括了本条列举的行政处罚种类，也包括了本条未列举的所有行政处罚。[①] 行政处罚的结果往往是剥夺或者限制行政相对人

---

① 《行政处罚法》第8条规定：“行政处罚的种类：（一）警告；（二）罚款；（三）没收违法所得、没收非法财物；（四）责令停产停业；（五）暂扣或者吊销许可证、暂扣或者吊销执照；（六）行政拘留；（七）法律、行政法规规定的其他行政处罚。”

的某项权利或者课以某项惩戒性义务，对于行政管理相对人的权益通常造成严重影响，所以在实践中极易引起争议。为体现充分保护行政管理相对人合法权益的宗旨，行政复议法首先将行政处罚这类具体行政行为作为可以申请行政复议的行为予以列举。

2. 行政强制措施。行政强制措施，是指有权的国家机关，依照法律、法规规定为对实现行政管理目的或出于维护国家、社会公益的需要而对特定行政相对人的人身、财物或者行为实施强制的一种具体行政行为。① 《行政复议法》第6条第2项规定，行政相对人对行政机关作出的限制人身自由或者查封、扣押、冻结财产等行政强制措施决定不服的，可以申请行政复议。从这一规定看，行政强制措施决定可以分为对人身自由的限制和对财产的查封、扣押和冻结等。行政强制措施的特点在于采取强制手段直接施加于公民、法人或者其他组织的人身或者财产，一旦违法或者不当行使极易对行政相对人的合法权益造成严重侵害。因此，行政复议法将其单列为可申请复议的行政行为的一类。

3. 行政许可管理行为。行政许可，是指行政主体根据行政相对人的申请，经依法审查，通过颁发许可证或者执照等形式，依法作出是否准予特定的行政相对人从事特定活动的行政行为。根据《行政复议法》第6条第3项的规定，对行政机关作出的有关许可证、执照、资质证、资格证等证书变更、中止、撤销的决定不服的，行政相对人可以申请行政复议。变更，是指行政相对人的活动不符合原许可或者核准的范围和条件，应行政相对人申请而予以变更，或者行政机关认为行政相对人的活动明显超越或者不符合许可范围或者条件而予以变更或者强制变更的一种行政行为。中止，是指行政机关为了制止和纠正持证人的违法行为，责令其暂时停止从事被许可活动的一种行政行为。撤销，是指行政机关对所颁发的许可证和各种资质证或者资格证因其违法或者明显不当行为，依法取消其效力的一种行政行为。行政机关作出的上述三种行政许可行为，行政相对人如对之不服，可以申请行政复议。

4. 行政确权行为。所谓行政确权，是指公民、法人或者其他组织之间因土地、矿藏、水流、森林、山岭、草原、荒地、滩涂、海域等自然资源的所有权或者使用权发生争议，由行政机关依法处理，确定权属归谁所有的一种行政行为。在我国，自然资源依法属于国家或者集体所有，各级人民政府及其相关的职能部门依法行使对自然资源的行政管理权，公民、法人或者其他组织经依法批准获得

① 2011年6月30日十一届全国人民代表大会常务委员会第二十一次会议通过的《中华人民共和国行政强制法》第2条规定："本法所称行政强制，包括行政强制措施和行政强制执行。行政强制措施，是指行政机关在行政管理过程中，为制止违法行为、防止证据损毁、避免危害发生、控制危险扩大等情形，依法对公民人身自由实施暂时性限制，或者对公民、法人或者其他组织的财物实施暂时性控制的行为。行政强制执行，是指行政机关或者行政机关申请人民法院，对不履行行政决定的公民、法人或者其他组织，依法强制履行义务的行为。"《行政强制法》将行政强制措施界定为行政法学理论上的即时性强制。笔者认为，《行政复议法》中所指的行政强制措施应作广义上的理解，即应相当于强制法中的行政强制，包括行政强制措施与行政强制执行。

的自然资源的所有权或者使用权受法律保护，如与他人发生权属争议，则由法定的行政机关依法作出处理决定。任何一方当事人如不服行政处理决定，可以通过法定途径解决争议。因此，《行政复议法》第6条第4项规定，对行政机关作出的关于确认土地、矿藏、水流、森林、山岭、草原、荒地、滩涂、海域等自然资源的所有权或者使用权的决定不服的，行政相对人可以申请行政复议。

5. 涉及经营自主权的行为。经营自主权，是指公民、法人和其他组织依法享有的自主调配人力、物力和财力等用于经营活动的各种权利。我国现有的各类经济组织依法都享有各种经营自主权，既包括企业的经营自主权也包括个体工商户的经营自主权。

行政机关侵犯合法经营自主权，是指行政机关采用违法的行政手段，限制或剥夺公民、法人或者其他组织依法享有的经营自主权的行为，如实践中常见的行政机关违法撤换企业的法定代表人、强制企业兼并、分离或者强制企业转让知识产权，使经营者的合法权益受到损害的行为。经营自主权是法律赋予经济活动主体的一项最基本的权利，依据《行政复议法》第6条第5项的规定，行政相对人认为行政主体的行政决定侵犯其合法的经营自主权的，可以依法申请行政复议。

6. 变更或者废止农村承包合同的行为。农村承包合同是农村集体组织与农民就承包经营集体土地、生产资料或其他财产所达成的明确相互间权利义务关系的协议。农业承包合同的变更，是指经依法成立的农业承包合同在没有履行或者没有全部履行之前，当事人之间就有关内容在协商的基础上进行的修改和补充。农业承包合同的废止，是指经双方协商或者因法定事由终止合同效力的情形。

农村承包经营责任制是我国改革开放以后在农村推行的一项重要经济政策，行政机关对于农民的农业承包合同不得随意变更或者废止，而应当依法加以保护，督促合同双方履行义务，尊重双方的权利，从而促进我国的农业生产的发展。但是，在实践中，由于行政机关出于自身利益的需要，非法干涉农业承包合同的订立和履行，如为了城镇扩建未经法定程序征用土地，便解除农民的农业承包合同，或者在承包人有较丰厚的收益时，行政机关借口承包费太低而废除承包合同。这些行为严重损害了合同双方，尤其是农民的合法权益。为了充分保护农村承包合同双方当事人的合法权益，防止行政机关滥用职权，《行政复议法》第6条第6项规定，行政相对人认为行政机关变更或者废止农业承包合同，侵犯其合法权益的可以申请行政复议，以保护自己的合法权益。

7. 违法要求行政相对人履行义务的行为。违法要求履行义务，是指行政机关违法集资、征收财物、摊派费用或者违法要求履行其他义务。行政主体在法律、法规之外要求公民、法人或者其他组织履行义务，则构成了违法要求履行义务的行政违法行为。

行政机关违法要求履行义务的表现形式有以下几种：第一，在法律、法规规定之外，行政机关自行制定规范性文件或口头为相对人设定某种义务，或者无任何依据要求相对人履行义务；第二，行政机关超出法律、法规规定的种类、幅度和方式要求相对人履行义务；第三，重复要求相对人履行义务；第四，违反法定程序要求相对人履行义务。违法要求履行的义务，是指行政主体要求行政相对人履行没有法律依据的义务，这种义务既可以是作为的义务，也可以是不作为的义务；既可以是实体法上的义务，也可以是程序法上的义务。

违法要求履行义务具有如下构成要件：第一，行政主体要求履行的义务没有法定依据。第二，行政主体违法要求履行义务的具体行政行为已对行政相对人产生实际的不利影响。这种实际影响表现为，具体行政行为已经以一定的形式到达行政相对人，如行政相对人不按具体行政行为的要求履行义务，将会导致行政主体的行政强制执行。违法要求履行义务实质上就是对相对人合法权益的一种侵犯，《行政复议法》第 6 条第 7 项规定，对于行政主体违法要求履行义务的，行政相对人可以依法提起行政复议。

8. 不依法办理行政许可的行为。许可证、执照以及各种资质证、资格证等证书是公民、法人或者其他组织依法申请并经行政主体批准的，从事某种活动或者赋予从事某种活动资格的法定证明文件，是公民、法人或其他组织为了经济、政治或者其他方面利益而进行活动的合法证明文件。其主要包括：许可证、执照、资质证、资格证，审批、登记。行政相对人根据自己的情况，认为自己符合法定条件而向行政主体申请许可证、执照、资质证、资格证等证书，或者申请行政机关审批、登记有关事项的，而行政主体拒绝办理、不予答复或者迟延答复的，行政相对人对此不服，依据《行政复议法》第 6 条第 8 项的规定，可以申请行政复议。

9. 不履行法定职责的行为。行政相对人的人身权、财产权、受教育权等受法律的保护，行政主体作为国家公权力的行使者，负有保护行政相对人人身权利、财产权利、受教育权利等权利的法定职责。因此，当行政相对人认为自己的人身权、财产权、受教育权等权利受到威胁或侵犯时，有权向有关行政主体申请保护，行政主体无正当理由拒绝或者不予答复，则构成不履行法定职责的具体行政行为。

不履行法定职责的具体行政行为必须具备如下构成要件：第一，行政相对人的人身权、财产权等已经或正在遭受不法侵害或正被不法侵害所威胁。第二，行政相对人已向行政主体提出保护申请。第三，行政主体负有保护行政相对人合法权益的法定职责。第四，该行政主体不予履行或不予答复。依据《行政复议法》第 6 条第 9 项的规定，对涉及行政相对人人身权、财产权和受教育权的法定职责，经行政相对人申请，行政主体拒不履行或者不予答复的，行政相对人可以申请行政复议。

10. 不依法发放法定救济的行为。行政机关不依法发放抚恤金、社会保险金或者最低生活保障费的，行政相对人可依法申请行政复议。行政相对人因生活困难有依法从国家获得物质帮助的权利。抚恤金，是指国家机关、企事业单位、集体经济组织对死者家属或伤残职工发放的费用。社会保险金，是指由被保险人缴纳的保险费而形成的一种基金，当被保险人遇到不幸或遭到损失时，即可用此保险基金进行补偿。最低生活保障费，是指非农业户口的城市居民，凡共同生活的家庭成员人均收入低于当地城市居民最低生活保障标准的，均有从当地人民政府获得基本生活物质帮助的一种金钱给付。它的标准是按照当地维持城市居民基本生活所必需的衣、食、住费用，并适当考虑相关费用，如水、电、煤、气费以及未成年人的义务教育费用确定的。在实践中，不依法发放包括应当发放而不发放、不按法定标准发放、不按时发放等。依据《行政复议法》第 6 条第 10 项的规定，有权享受这些物质帮助权的行政相对人认为行政主体没有依法发放相关费用的，有权申请行政复议。

11. 认为行政主体的其他具体行政行为侵犯其合法权益的。《行政复议法》第 6 条第 11 项所指的其他具体行政行为，是指该条所列举的十类具体行政行为以外的其他所有具体行政行为。这一概括性规定表明两点：一是凡不属于上述列举情形的具体行政行为，只要侵犯了行政相对人的合法权益，行政相对人都可以申请行政复议。二是行政复议的范围并不限于行政机关侵犯人身权、财产权的具体行政行为，而且还包括行政机关侵犯相对人宪法和法律规定的其他一切权利的具体行政行为。由此可见，行政复议的范围大于行政诉讼。

（二）可一并申请行政复议的抽象行政行为

抽象行政行为与具体行政行为是行政法学理论对行政行为最基本的分类。抽象行政行为和具体行政行为有着密切关系，抽象行政行为是作出具体行政行为的依据，具体行政行为是抽象行政行为的具体化，抽象行政行为通过具体行政行为发挥对社会的调整作用。由于具体行政行为将直接影响到公民、法人或者其他组织的合法权益，因而纳入到行政诉讼和行政复议的范围内没有任何异议。而抽象行政行为由于具有普遍性和反复适用性，并不直接涉及具体个人和组织的权利和义务，所以可否纳入到行政诉讼和行政复议的范围内一直是立法的热点和难点。《行政复议法》首次规定了“一并审查制度”，开辟了对抽象行政行为予以审查的先河，极大地增强了对公民、法人或者其他组织的保护力度。

《行政复议法》第 7 条第 1 款规定，公民、法人或者其他组织认为行政机关的具体行政行为所依据的下列规定不合法，在对具体行政行为申请行政复议时，可以一并向行政复议机关提出对该规定的审查申请：

1. 国务院部门的规定。根据我国宪法和法律的规定，国务院部门的规定是指国务院的部委、直属机构根据法律、行政法规、决定、命令以及本部门的规章在其职权范围内制定和发布的规范性文件。

2. 县级以上地方各级人民政府及其工作部门的规定。根据宪法和法律的规定，县级以上地方各级人民政府及其工作部门是指省级人民政府及其职能部门、省辖市人民政府及其职能部门以及县级人民政府（应包括市辖区、县级市）及其职能部门。上述各级人民政府及其职能部门制定和发布的行政规定都属于行政复议的范围。

3. 乡、镇人民政府的规定。根据宪法和地方组织法的规定，乡、镇人民政府为了执行本级人民代表大会的决议或者上级人民政府的决定、命令，可以在其职权范围内制定和发布行政规定。对乡、镇人民政府发布的行政规定，行政相对人依《行政复议法》可以申请行政复议。

上述行政规定均不含行政法规、规章和国务院制定和发布的决定和命令。对于国务院制定和发布的行政法规、决定和命令不服的，应当根据《立法法》规定的程序处理。对规章的审查依照法律、行政法规的相关规定办理。

行政相对人认为行政规定违法而要求申请复议的，应当符合如下法定条件：

1. 申请复议所针对的行政规定必须是行政主体作出的某一具体行政行为的依据。如果行政规定没有被行政主体作为具体行政行为的依据，就不能成为行政复议的对象。

2. 行政相对人应在对该具体行政行为提起行政复议时一并提起对行政规定的复议请求。《行政复议法》要求一并提起对行政规定的复议意味着行政相对人不得单独对行政规定提起行政复议，即行政相对人只有认为行政规定是被申请复议的具体行政行为违法的根据时，才可以将行政规定一并作为行政复议的对象向行政复议机关提出，要求复议机关审查该行政规定的合法性。

三、行政复议的排除范围

《行政复议法》不仅对行政复议范围作了正面规定，还在第 8 条专门规定了不能申请行政复议的范围，即排除行政复议的范围。《行政复议法》明确规定了如下几种事项不属于行政复议的受理范围：

1. 行政法规、规章及国务院制定和发布的决定和命令。行政相对人对抽象行政行为中的行政法规、规章和国务院制定和发布的决定和命令不服的，可以向有关国家机关提出，由有关国家机关依照宪法、法律和行政法规的有关规定处理。根据我国《宪法》第 67 条的规定，全国人民代表大会常务委员会有权撤销国务院制定的同宪法和法律相抵触的行政法规、决定和命令。《宪法》第 89 条、《立法法》第 88 条规定，国务院有权改变或者撤销不适当的部门规章和地方政府规章。根据《立法法》第 88 条的规定，地方人民代表大会常务委员会有权撤销本级人民政府制定的不适当的规章；省、自治区的人民政府有权改变或者撤销下一级人民政府制定的不适当的规章。

2. 内部行政行为。《行政复议法》第 8 条第 1 款规定，不服行政机关作出的行政处分或者其他人事处理决定的，依照有关法律、行政法规的规定提出申诉。行政主体对其所属国家公务员作出的行政处分或者其他人事处理决定，属内部行政行为，被处分或被处理的人不服，不能申请复议，但可依照有关法律和行政法规的规定提出申诉。例如，《行政监察法》第 38 条规定："国家行政机关公务员和国家行政机关任命的其他人员对主管行政机关作出的处分决定不服的，可以自收到行政处分决定之日起三十日内向监察机关提出申诉，监察机关应当自收到申诉之日起三十日内作出复查决定；对复查决定仍不服的，可以自收到复查决定之日起三十日内向上一级监察机关申请复核，上一级监察机关应当自收到复核申请之日起六十日内作出复核决定。”又如，《公务员法》第90条至第94条专门规定了公务员对涉及本人的人事处理不服的进行申诉、控告的范围与程序。

3. 居间行为。《行政复议法》第8条第2款规定，不服行政机关对民事纠纷作出的调解或者其他处理，依法申请仲裁或者向人民法院提起诉讼。居间行为主要包括行政调解与行政仲裁行为。行政调解，是指由行政机关主持的，以国家法律和政策为基础，以自愿为原则，通过说服教育等方法，促使民事争议的当事人达成协议，解决争议的活动。行政仲裁则是指行政机关设立的特定行政仲裁机构以第三者的身份，对当事人之间的纠纷依法予以处理的制度。行政仲裁不同于行政裁决。

《行政复议法》之所以不将此类行为纳入行政复议范围的主要原因是：首先，这种调解、仲裁或其他处理行为虽然与行政主体行使行政职权有关，但该行为是否产生效力并不取决于具有强制力的行政职权，而是取决于当事人双方或多方的意思表示，能否达成协议解决纠纷是当事人对自己民事权利处分的结果；其次，行政主体虽然参与了此类行为，但在调解、仲裁或处理过程中始终位于居间角色，只负责协调、说服、教育劝导等工作，即行政主体的介入不会改变纠纷的民事法律关系属性，而行政复议涉及的是行政法律关系，因此对居间行为不服不能申请行政复议；最后，其他法律法规已为此类行为设置了救济途径。例如，《治安管理处罚法》第9条规定：“对于因民间纠纷引起的打架斗殴或者损毁他人财物等违反治安管理行为，情节较轻的，公安机关可以调解处理。经公安机关调解，当事人达成协议的，不予处罚。经调解未达成协议或者达成协议后不履行的，公安机关应当依照本法的规定对违反治安管理行为人给予处罚，并告知当事人可以就民事争议依法向人民法院提起民事诉讼。”即对公安机关在处理治安案件中有关赔偿调解不服的，不能申请行政复议，而是可以通过民事诉讼的途径解决。又如，我国《劳动法》[①] 第83条规定：“劳动争议当事人对仲裁裁决不服的，可以自收到仲裁裁决书之日起十五日内向人民法院提起诉讼。一方当事人在法定期限内不起诉又不履行仲裁裁决的，另一方当事人可以申请人民法院强制执行。”这里的向人民法院提起诉讼仍然是指民事诉讼。

另外，在公安行政复议中，依据《公安机关办理行政复议案件程序规定》第28条的规定，除以上三者情形外，下列情形也不属于公安行政复议范围：一是对办理刑事案件中依法采取的刑事强制措施、刑事侦查措施等刑事司法行为不服的；二是对公安机关依法调解不服的；三是对处理火灾事故、交通事故以及办理其他行政案件中作出的鉴定结论等不服的；四是对申诉被驳回不服的；五是其

① 《中华人民共和国劳动法》由中华人民共和国第八届全国人民代表大会常务委员会第八次会议于1994年7月5日通过，自1995年1月1日起施行。

他依法不应当受理的行政复议申请。

第五节　行政复议机关与管辖

一、行政复议机关

（一）行政复议机关的概念、种类

行政复议机关，是指依照法律的规定，有权受理行政复议申请，依法对被申请的行政行为进行审查并作出裁决的行政机关。

行政复议机关具有以下特征：第一，行政复议机关是法定的行政机关，法律、法规授权的组织一般不能作为行政复议机关。第二，行政复议机关是具有行政复议权的行政机关。并不是所有行政机关都享有行政复议权，如乡、镇人民政府，《行政复议法》就没有赋予其行政复议权。第三，行政复议机关是以自己的名义行使行政复议权，并对其行为后果独立承担法律责任的行政机关。

依据《行政复议法》的规定，我国行政复议机关主要有两类：

1. 作出被申请具体行政行为的行政主体的上一级行政机关。这是我国《行政复议法》所规定的行政复议机关最基本的模式。在实践中，其主要有两种情形：一是被申请的行政机关所属的人民政府，如《行政复议法》第 12 条第 1 款规定，对县级以上各级人民政府的工作部门的具体行政行为不服的，可以选择本级人民政府作为复议机关。二是被申请行政机关的上一级行政主管部门。《行政复议法》第 12 条第 1 款规定，对县级以上地方各级人民政府工作部门的具体行政行为不服的，由申请人选择，可以向该部门的本级人民政府申请行政复议，也可以向上一级主管部门申请行政复议。如果被申请人是人民政府的，依据《行政复议法》第 13 条第 1 款的规定，对地方各级人民政府的具体行政行为不服的，向上一级地方人民政府申请复议。另外，对法律、法规授权组织的具体行政行为不服的，分别向直接管理该组织的地方人民政府、地方人民政府工作部门或国务院部门申请复议。

2. 作出被申请行政行为的原行政主体。《行政复议法》第 14 条规定，对国务院所属部门或省、自治区、直辖市人民政府的具体行政行为不服的，向作出该具体行政行为的国务院部门或省、自治区、直辖市人民政府申请复议。由作出被申请行政行为的行政机关进行复议，优点是省时、高效，但与自己不作自己案件法官的自然公正原则相违背，由此作出的复议决定也容易引起质疑。

我国公安机关是实行“条块结合、以块为主”双重领导体制的行政机关，对公安机关作出的行政行为不服，根据《行政复议法》及《公安机关办理行政复议案件程序规定》的相关规定，当事人既可以向该公安机关所属的人民政府申

请行政复议，也可以向该公安机关的上一级公安机关申请行政复议。

（二）行政复议机构的概念、职责

行政复议机构，是指行政复议机关在其内部设置的专门负责行政复议具体事务的工作机构。行政复议机构具有以下特征：第一，行政复议机构是行政复议机关的一个内设机构，不是独立的行政主体，不能以自己的名义对外行使职权。第二，上级行政复议机关的复议机构对下级行政复议机关的复议机构没有领导权和监督权。行政复议机构对各自所属的行政复议机关负责。

根据《行政复议法》的规定，复议机关中负责法制工作的机构为行政复议机构。如果没有设置法制工作机构的，应指定其他机构承担复议工作。行政复议机构的职责主要有：第一，案件受理。即受理行政复议申请。第二，调查取证。即向有关组织和人员调查取证、查阅文件和资料。第三，进行审查。即审查申请行政复议的具体行政行为是否合法、适当，拟定行政复议决定。第四，处理相关申请。即处理或者转送有关对抽象行政行为的审查申请。第五，提出建议。对行政机关违反本法规定的行为依照规定的权限和程序提出处理建议。第六，准备行政应诉。即办理行政复议申请人因不服行政复议决定提起行政诉讼时的应诉事项。第七，其他职责。即法律、法规规定的其他职责。

2007 年 8 月 1 日起施行的《行政复议法实施条例》第 3 条又进一步规定了行政复议机构的相关职责。其主要包括：一是依法转送有关行政复议申请；二是办理行政复议法规定的行政赔偿等事项；三是按照职责权限，督促行政复议申请的受理和行政复议决定的履行；四是办理行政复议、行政应诉案件统计和重大行政复议决定备案事项；五是办理或者组织办理未经行政复议直接提起行政诉讼的行政应诉事项；六是研究行政复议工作中发现的问题，及时向有关机关提出改进建议，重大问题及时向行政复议机关报告。

根据《公安机关办理行政复议案件程序规定》第 3 条的规定，公安行政复议机构是公安行政复议机关中负责法制工作的机构，具体办理行政复议案件。需要注意的是，公安机关业务部门也有内设法制机构，但业务部门内设的法制机构不是行政复议机构，不办理行政复议案件。

二、行政复议管辖

行政复议的管辖，是指各行政复议机关受理行政复议案件的法定权限及其具体分工。行政复议管辖的实质意义在于确定某一具体的行政复议案件由哪一个行政复议机关行使行政复议权，对行政相对人而言，管辖意味着行政相对人对某一行政行为不服时依法应向哪一个行政机关提出行政复议申请。

根据《行政复议法》的相关规定，我国行政复议的管辖具体包括以下情形：

1. 对县级以上地方各级人民政府工作部门作出的具体行政行为不服提起复议的，既可以由该部门的本级人民政府管辖，也可以由其上一级主管部门管辖。

2. 对海关、金融、国税、外汇管理等实行垂直领导的行政机关和国家安全机关的具体行政行为不服提起复议的，由上一级主管部门管辖。

3. 对地方人民政府的具体行政行为不服提起复议的，由上一级地方人民政府管辖。

4. 对省、自治区人民政府依法设立的派出机关所属的县级地方人民政府的具体行政行为不服提起复议的，由该派出机关管辖。

5. 对国务院部门或者省、自治区、直辖市人民政府的具体行政行为不服的，向作出该具体行政行为的国务院部门或者省、自治区、直辖市人民政府申请复议。对行政复议决定不服的，可以向人民法院提起行政诉讼，也可以向国务院申请裁决，国务院依照行政复议法的规定作出最终裁决。

6. 对县级以上的地方人民政府依法设立的派出机关作出的具体行政行为不服申请复议的，由设立该派出机关的人民政府管辖。

7. 对人民政府的工作部门依法设立的派出机构根据法律、法规和规章规定以自己名义作出的具体行政行为不服申请复议的，由设立该派出机构的部门或者该部门的本级人民政府管辖。

8. 对两个或两个以上的行政机关，以共同的名义作出的具体行政行为申请复议的，由它们共同的上一级行政机关管辖。

9. 对法律、法规授权的组织作出的具体行政行为不服申请复议的，由直接主管该组织的地方人民政府、地方人民政府的工作部门或者国务院部门管辖。

10. 对被撤销的行政机关在其被撤销前作出的具体行政行为不服申请复议的，由继续行使其职权的行政机关的上一级行政机关管辖。

另外，根据《行政复议法》第15条和第18条的相关规定，对派出机关、派出机构、法律法规授权的组织、共同作出具体行政行为的行政机关以及被撤销的行政机关作出的具体行政行为不服的，申请人也可以向具体行政行为发生地的县级地方人民政府提出行政复议申请，接受申请的县级地方人民政府在接到该复议申请之日起7日内，转送有关行政复议机关，并告知申请人。理论上称这种管辖为转送管辖。

根据《行政复议法》对行政复议管辖的规定，并结合公安系统的实际情况，《公安机关办理行政复议案件程序规定》的第2章对公安行政复议的管辖作出了明确规定。在公安行政复议工作中，主要依据以下规定来确定公安行政复议机关：

1. 对县级以上各级人民政府公安机关作出的具体行政行为不服的，按照下列规定提出行政复议申请：（1）对公安部、省（自治区、直辖市）公安厅（局）、新疆生产建设兵团公安局作出的具体行政行为不服的，向公安部申请行政复议；（2）对市（地、州、盟）公安局（处）作出的具体行政行为不服的，向省（自治区、直辖市）公安厅（局）申请行政复议；（3）对县（市、旗）公安局作出的具体行政行为不服的，向市（地、州、盟）公安局（处）申请行政复议；（4）对城市公安分局作出的具体行政行为不服的，向市公安局申请行政复议。

2. 对省（自治区、直辖市）公安厅（局）直属的公安局、市（地、州、盟）公安局（处）直属的公安分局作出的具体行政行为不服的，向设立该直属公安局、公安分局的省（自治区、直辖市）公安厅（局）、市（地、州、盟）局（处）申请行政复议。

3. 对县级以上地方各级人民政府公安机关内设的公安消防机构作出的具体行政行为不服的，向该公安机关申请行政复议。

4. 对县级以上地方各级人民政府公安机关内设的公安交通管理机构作出的具体行政行为不服的，向该公安机关申请行政复议。对公安交通管理机构下设的公安交通警察支队、大队（队）作出的具体行政行为不服的，可以向其上一级公安交通管理机构申请行政复议。

5. 对出入境边防检查站作出的具体行政行为不服的，向出入境边防检查总站申请行政复议。

6. 对公安边防部门以自己名义作出的具体行政行为不服的，向其上一级公安边防部门申请行政复议；对公安边防部门以地方公安机关名义作出的具体行政行为不服的，向其所在地的县级以上地方人民政府公安机关申请行政复议。

7. 对公安派出所依法作出的具体行政行为不服的，向设立该公安派出所的公安机关申请行政复议。

8. 对法律、法规授权的公安机关内设机构或者派出机构超出法定授权范围作出的具体行政行为不服的，向该内设机构所属的公安机关或者设立该派出机构的公安机关申请行政复议。对没有法律、法规授权的公安机关的内设机构或者派出机构以自己的名义作出的具体行政行为不服的，向该内设机构所属的公安机关或者设立该派出机构的公安机关的上一级公安机关申请行政复议。

9. 对经上级公安机关批准的具体行政行为不服的，向在对外发生法律效力的文书上加盖印章的公安机关的上一级公安机关申请行政复议。

第六节 行政复议参加人

行政复议参加人，是指与争议的具体行政行为有利害关系而参加行政复议的个人与组织。依据《行政复议法》的规定，行政复议参加人包括申请人、被申请人和第三人。在行政复议中协助行政复议的证人、鉴定人、翻译人员等虽然参加了行政复议，但他们不是行政复议的参加人。

一、行政复议申请人

（一）行政复议申请人的概念

行政复议申请人，是指认为行政主体作出的具体行政行为侵害其合法权益，以自己的名义向行政复议机关提起行政复议申请，要求对该具体行政行为进行复查并依法作出裁决的公民、法人或者其他组织。不是所有的公民、法人或者其他组织都能提起行政复议，而是必须具备一定的条件，才具有行政复议申请人资格。

（二）行政复议申请人资格

1. 行政复议申请人必须是行政相对人。凡是合法权益受具体行政行为不利影响的人都是行政相对人。行政相对人包括公民、法人或其他组织以及外国人、无国籍人。公民，是指具有中国国籍的自然人。外国人和无国籍人在中国境内也必须遵守中华人民共和国的法律，同时其合法权益也受中华人民共和国法律的保护。在对等原则下他们与我国公民一样有权作为申请人提起行政复议。法人，是指符合法定条件而成立的一种组织，它可以分为企业法人、机关法人、事业法人和社团法人。国家机关在作为行政管理对象时，可以作为机关法人成为行政复议中的申请人。其他组织，是指不具备法人条件的组织，如合伙组织、联营企业等。

2. 行政复议申请人是认为被具体行政行为侵害其合法权益的人。这里的“认为”是申请人的一种主观认识，具体行政行为客观上是否确实侵犯了其合法权益，必须等到行政复议机关审查后才能确定。只要申请人认为行政主体的具体行政行为侵犯了其合法权益，即可以提起行政复议。

3. 行政复议申请人是以自己的名义进行行政复议活动的人。在行政复议中，不是以自己的名义而是受他人委托、以他人的名义参加行政复议的人，不是行政复议的申请人，而只能是复议申请人的代理人或法定代表人。在行政复议中，有权申请行政复议的公民如果是无行为能力或者限制行为能力人，其法定代理人可以代理申请行政复议。法定代理人代理无行为能力或者限制行为能力人申请行政复议，具有相当于被代理人的法律地位，行使被代理人的复议权利和承担被代理人行政复议上的义务。

（三）行政复议申请人资格的转移

在一般情况下，具体行政行为侵害的当事人是行政复议的申请人。但是，在特定条件下，行政复议申请人的资格也可能发生转移。根据《行政复议法》第10条的规定，行政复议申请人资格转移的情况有：

1. 有权申请行政复议的公民死亡的，其近亲属可以申请行政复议。近亲属包括其配偶、父母、子女、兄弟姐妹、祖父母、外祖父母、孙子女、外孙子女。

2. 有权申请行政复议的法人或者其他组织终止，承受其权利的法人或者其他组织可以申请行政复议。

二、行政复议被申请人

（一）行政复议被申请人的概念

行政复议被申请人，是指其具体行政行为被行政复议的申请人指控违法侵犯其合法权益，并由行政复议机关通知参加行政复议的行政主体。被申请人包括行政机关和法律、法规授权的组织。

（二）行政复议被申请人必须具备的条件

1. 被申请人必须是行政主体。根据我国法律的规定，行政主体只能是行政机关和法律、法规授权的组织。

2. 被申请人必须是实施相应行政行为的行政主体。行政主体既可以实施具体行政行为，也可以实施抽象行政行为。在行政复议中，被申请人一般是实施了具体行政行为的行政主体。

3. 被申请人必须是相应行政行为受申请人指控并由行政复议机关通知参加行政复议的行政主体。

（三）行政复议被申请人的确认

行政机关是一个庞大的组织系统，内部机关各种各样，在不同情况下，针对不同的具体行政行为，行政复议被申请人亦有不同，由此产生了复议被申请人的确认问题。一般来说，行政复议被申请人的确认与行政诉讼被告人的确认大致相近。根据《行政复议法》的规定，被申请人主要有以下几种情形：

1. 一般情形下被申请人资格的认定。行政复议申请人对行政机关作出的具体行政行为不服，申请复议的，该行政机关是被申请人。

2. 共同行政行为的被申请人资格认定。两个或两个以上行政机关以共同名义作出同一具体行政行为的，共同作出具体行政行为的行政机关是共同被申请人。构成共同被申请人的关键是基于“同一具体行政行为”，而不是两个相同的具体行政行为。但是，当行政主体与非行政主体共同作出一个具体行政行为时，非行政主体不能成为行政复议中的被申请人，如发生行政赔偿，也只能作为第三人参加行政复议。

3. 授权组织所作行政行为的被申请人资格认定。法律、法规授权的组织作出的具体行政行为引起行政复议，该组织是被申请人。

4. 委托行政行为的被申请人资格认定。行政机关委托的组织作出的具体行政行为引起行政复议，委托的行政机关是被申请人。行政主体根据实际工作的需要，将部分行政职权委托给其他组织行使。被委托组织实施的具体行政行为引起行政复议的，委托的行政主体是被申请人。这是行为主体与行政主体分离的一种情况。

5. 被撤销行政主体所作行政行为的被申请人资格认定。作出具体行政行为决定的行政主体被撤销的，继续行使其职权的行政主体是被申请人。这里的“撤销”可以是：（1）合并，即几个行政主体合并成一个行政主体或者一个行政主体归并到另一个行政主体之中。（2）分立，即一个行政主体分立为两个以上的行政主体。（3）如果行政主体被撤销后，没有确定继续行使其职权的行政主体或原职权不再存在的，则撤销其行政主体应作为行政复议被申请人。

三、行政复议第三人和代理人

（一）行政复议第三人

1. 行政复议第三人的概念。行政复议第三人，是指同申请行政复议的具体行政行为有利害关系，申请参加或者由行政复议机关通知参加到行政复议中的公民、法人或者其他组织。第三人在行政复议中具有独立的法律地位。第三人与申请人和被申请人不同，第三人参加行政复议是为了维护自己的合法权益，在行政复议中不依附于申请人或者被申请人，享有与申请人基本相同的复议权利。社会中发生的纠纷经常涉及双方当事人以外的其他人，纠纷的解决与其利害关系，尤其是行政行为具有公共性，更有可能涉及其他的人，这些人参与行政复议既有利于保护自己的合法权益，又有利于纠纷的彻底解决。

2. 行政复议第三人的种类。从行政复议的实践看，行政复议第三人主要有以下几种情况：

第一，在治安、食品卫生、药品管理等行政处罚复议案件中，被处罚人不服行政处罚而申请复议，受害人作为第三人参加复议；或者受害人不服行政机关处理决定而申请复议，被处罚人作为第三人参加复议。

第二，在有共同被处罚人的行政处罚案件中，如果有一部分被处罚人申请行政复议，另外的被处罚人可以作为第三人参加行政复议。

第三，在不服行政裁决、行政确权的复议案件中被裁决、确权的民事纠纷的一方当事人是复议申请人，另一方当事人可以作为第三人参加复议。

第四，行政机关因越权处罚被申请复议时，被越权的行政机关可以作为第三人。行政机关超越其权限作出的具体行政行为，被越权的行政机关与此有利害关系，因而该行为被提起复议时，被越权的行政机关具有以第三人身份参加复议的资格。

第五，两个或者两个以上的行政机关基于同一事实，针对相同的行政相对人作出互相矛盾的具体行政行为，行政相对人申请行政复议时，一方作出具体行政行为的行政机关成为被申请人，另一方可以作为第三人参加行政复议，因为同一个具体行政行为的复议结果将会影响到其他行政机关作出的具体行政行为的效力。

（二）行政复议代理人

行政复议代理人，是指依据法律规定或受行政复议当事人的委托或由行政复议机关指定，以被代理人的名义代理他人参加行政复议活动的人。《行政复议法》第10条第2款规定，有权申请行政复议的公民为无民事行为能力人或者限制民事行为能力人的，其法定代理人可以代为申请行政复议。该条第5款同时规定，行政复议申请人、第三人可以委托代理人代为参加行政复议。即在行政复议中，当事人既可以亲自参加复议，也可以由复议代理人参加复议。

行政复议代理人有法定代理人、指定代理人和委托代理人之分，其主要特点有：第一，复议代理人以被代理人的名义，为维护被代理人的利益而参加复议，他自己与被复议的行政行为并无利害关系；第二，复议代理人必须在代理权限范围内实施代理行为；第三，复议代理人依法参加复议的法律后果由被代理人承担；第四，复议代理人只能代理当事人一方，不能在同一复议中代理双方。行政复议代理人在参加行政复议中，应遵循与代理人在诉讼中同样的规则。

第七节 行政复议程序

行政复议程序，是行政复议机关、行政复议参加人以及其他行政复议参与人进行行政复议活动所必须遵循的时限、方式和步骤的总和。根据《行政复议法》的规定，行政复议程序可以分为五个阶段：申请、受理、审理、决定和执行。

一、行政复议的申请

行政复议的申请，是指行政相对人认为具体行政行为侵犯其合法权益，依法要求复议机关审查和处理该行政行为的请求。申请是行政复议的必经阶段，也是行政复议的启动程序。

（一）申请行政复议的条件

依据《行政复议法》的规定，申请行政复议应具备以下条件：

1. 申请人必须是认为具体行政行为直接侵犯其合法权益的公民、法人或其他组织。在特殊情况下，申请人资格会发生转移。他有权申请复议的公民死亡的，其近亲属可以申请复议；有权申请复议的法人或其他组织终止的，承受其权利义务的法人或其他组织可以申请复议。

2. 有明确的被申请人。行政相对人必须在行政复议申请中指明被申请人，即指明认为其作出的具体行政行为侵犯自己合法权益的行政主体。没有明确的被申请人，行政复议机关就无法进行审理，从而行政复议活动也无法开展。值得注意的是，如果复议申请人所指的被申请人不合格时，行政复议机关应当告知申请人变更合格的被申请人而不应简单地不予受理。

3. 有具体的复议请求和事实根据。复议请求，是指申请人申请行政复议所希望达到的目的，即申请人提起行政复议请求的具体内容；事实根据，是指申请人认为具体行政行为侵犯自己合法权益所依据的事实，即有关事实材料。

4. 属于行政复议的受案范围和受理复议机关管辖。申请人所申请的事项必须属于法定的行政复议范围，同时，行政复议申请应向有管辖权的行政复议机关提出。如果接到复议申请的机关认为自己不享有该案的管辖权，可告知申请人向有管辖权的行政复议机关提出。依据《行政复议法》第15条、第18条的相关规定，县级人民政府负有转送行政复议申请的职责，不能以不属于自己管辖为由拒绝接受行政复议申请。

5. 法律、法规规定的其他条件。例如，超过法定的申请期限不得再申请行政复议。又如，根据《行政复议法》第16条的规定，行政复议机关已经依法受理行政复议申请或者属于法定的行政复议前置情形在法定的行政复议期限内不得向人民法院提起行政诉讼；行政相对人已经向人民法院提起行政诉讼且人民法院已经受理的，不得再申请行政复议。

（二）申请行政复议的期限

申请行政复议的期限，是指复议申请人提出复议申请的法定有效期限。《行政复议法》第9条第1款规定："公民、法人或者其他组织认为具体行政行为侵犯其合法权益的，可以自知道该具体行政行为之日起六十日内提出行政复议申请；但是法律规定的申请期限超过六十日的除外。"

申请行政复议的一般期限是60日，此外，还存在单行法律规定的行政复议的特殊期限。例如，《专利法》第41条第1款规定，专利申请人对国务院专利行政部门驳回申请的决定不服的，可以自收到通知之日起3个月内，向专利复审委员会请求复审。专利复审委员会复审后，作出决定，并通知专利申请人。特殊期限实行就长不就短的原则，即单行法律规定的申请期限长于60日的，按照单行法律规定的期限执行；若单行法律规定的行政复议申请期限短于60日的，则为无效，按照行政复议法规定的一般期限60日执行。

行政复议的申请期限，是从申请人知道具体行政行为之日起算。所谓"知道具体行政行为之日"，是指行政管理相对人通过法定途径或方式，明确知悉具体行政行为已经作出，并了解了具体行政行为内容的时间。关于如何认定"知道具体行政行为之日"，《行政复议法》未作明确规定。《行政复议法实施条例》第15条、第16条则作了较为详细的规定，如当场作出具体行政行为的，自具体行政行为作出之日起计算。

在公安行政复议中，《公安机关办理行政复议案件程序规定》中对何为"知道具体行政行为之日"作了明确规定。该规定第21条规定："公安机关作出具体行政行为时，未告知公民、法人或者其他组织行政复议权或者申请行政复议期限的，申请行政复议期限从公民、法人或者其他组织知道或者应当知道行政复议权或者申请行政复议期限之日起计算。公安机关作出具体行政行为时，未制作或者未送达法律文书，公民、法人或者其他组织不服申请行政复议的，只要能够证明具体行政行为存在，公安行政复议机关应当受理。申请行政复议期限从证明具体行政行为存在之日起计算。”

该规定第22条又详细列举了以下情形时“知道具体行政行为之日”的认定：

1. 当场作出具体行政行为的，具体行政行为作出时间为知道的时间。

2. 作出具体行政行为的法律文书直接送交受送达人的，受送达人签收的时间为知道的时间；送达时本人不在的，与其共同居住的有民事行为能力的亲属签收的时间为知道的时间；本人指定代收人的，代收人签收的时间为知道的时间；受送达人为法人或者其他组织的，其收发部门签收的时间为知道的时间。

3. 受送达人拒绝接收作出具体行政行为的法律文书，有送达人、见证人在送达回证上签名或者盖章的，送达回证上签署的时间为知道的时间。

4. 通过邮寄方式送达当事人的，当事人签收邮件的时间为知道的时间。

5. 通过公告形式告知当事人的，公告规定的时间届满之日的次日为知道的时间。

6. 法律、法规、规章和其他规范性文件未规定履行期限的，公安机关收到履行法定职责申请之日起60日的次日为申请人知道的时间；法律、法规、规章和其他规范性文件规定了履行期限的，期限届满之日的次日为知道的时间。

为了充分保障公民、法人或其他组织的合法权益，该规定第23条第2款规定：“申请人的合法权益正在受到侵犯或者处于其他紧急情况下请求公安机关履行法定职责，公安机关不履行的，申请人从即日起可以申请行政复议。”

针对实践中申请人可能被限制人身自由的情形，该规定指出，申请人在被限制人身自由期间申请行政复议的，执行场所应当登记并在3日内将其行政复议申请书转交公安行政复议机关。转交行政复议申请的时间，不计入行政复议申请审查期限。

值得注意的是，行政复议法特别规定了当遇有某些特殊情况时，可以适当地延长行政复议申请期限。《行政复议法》第9条第2款规定：“因不可抗力或者其他正当理由耽误法定申请期限的，申请期限自障碍消除之日起继续计算。”

所谓“不可抗力”，是指不能预见、不能避免、不能克服的客观事实，如发生地震、洪水、火灾等自然灾害，或者是爆发战争、武装冲突等社会动乱。至于什么是“其他正当理由”，《行政复议法》没有明确规定。

在公安行政复议中，《公安机关办理行政复议案件程序规定》第20条第2款规定，其他正当理由包括：第一，申请人因严重疾病不能在法定申请期限内申请行政复议的；第二，申请人为无行为能力人或者限制行为能力人，其法定代理人在法定申请期限内不能确定的；第三，法人或者其他组织合并、分立或者终止，承受其权利的法人或者其他组织在法定申请期限内不能确定的；第四，公安行政复议机构认定的其他耽误法定申请期限的正当理由。

当不可抗力或其他正当理由消除之后，申请期限自障碍消除之日起继续计算，继续计算不是重新计算，它指的是把因法定障碍耽误的时间补足。

（二）行政复议的申请方式

行政复议的申请方式，是指行政复议申请人向复议机关提出行政复议请求，表达行政复议意愿的具体形式。根据《行政复议法》第 11 条的规定，申请人申请行政复议，可以书面申请，也可以口头申请。

以书面的形式提出申请，不仅能够全面、准确、详尽、清楚地表达申请人的行政复议请求、主要事实理由等，还有利于维护行政复议的严肃性，便于复议机关进行调查并作出决定。所以在具备条件的情况下，应尽量采取书面申请方式。书面提出申请的，应提交《行政复议申请书》。申请人书面申请行政复议的，应当在行政复议申请书中载明下列事项：

1. 申请人的基本情况，包括：公民的姓名、性别、年龄、身份证号码、工作单位、住所、邮政编码，法人或者其他组织的名称、住所、邮政编码和法定代表人或者主要负责人的姓名、职务。

2. 被申请人的名称。

3. 行政复议请求、申请行政复议的主要事实和理由。

4. 申请人的签名或者盖章。

5. 申请行政复议的日期。

以口头形式提出行政复议申请，是行政复议便民原则的具体体现。行政复议不要求申请人一定要书面提出申请，书面申请和口头申请具有同等效力。根据《行政复议法》第 11 条的规定，接受口头申请的行政复议机构应当当场记录申请人的基本情况、行政复议请求、申请行政复议的主要事实、理由和时间，经申请人核对或者向申请人宣读并确认无误后，由申请人签名、盖章或者捺指纹。

二、行政复议的受理

行政复议的受理，是指行政复议机关在收到行政相对人的行政复议申请后，对复议申请进行审查并决定是否予以立案处理的活动。申请人提出行政复议申请并不必然产生复议的法律后果。只有符合法定条件的申请，行政复议机关立案受理后，复议机关才予以进一步审理。

依据《行政复议法》第 17 条的规定，行政复议机关收到行政复议申请后，应当在 5 日内进行审查（这里的“5 日”是指工作日，不含节假日），并根据具体情况作出相应处理：

1. 对符合复议条件且未向人民法院提起行政诉讼的，应当依法决定受理。复议机关负责法制工作的机构收到复议申请之日起即为受理日期。

2. 对不符合规定的行政复议申请，决定不予受理，书面告知申请人并说明理由。

3. 对于复议申请书不符合要求或者复议申请的事项不完整，应依法一次性告知复议申请人限期补正，逾期不予补正的，依法不予受理。

4. 对符合行政复议法规定，但是不属于本机关受理的行政复议申请，应当告知申请人向有权管辖的行政复议机关提出或者转送有关复议机关。

依据《行政复议法》的规定，行政复议的受理还存在两种特殊情形：

1. 行政复议机关应当受理而不予受理问题的处理。对行政复议机关无正当理由不予受理的，根据《行政复议法》第20条的规定，上级行政机关应当责令其受理；必要时上级机关也可以直接受理。

对于此类情形，《公安机关办理行政复议案件程序规定》第35条规定："上级公安机关责令下级公安机关受理行政复议申请的，应当制作《行政复议申请责令受理通知书》，送被责令机关，并通知申请人。被责令受理行政复议申请的公安机关收到《行政复议申请责令受理通知书》，即视为受理；行政复议决定作出后，应当将《行政复议决定书》及时报送责令机关备案。"

2. 根据《行政复议法》第26条的规定，对一并提出对有关的规定进行审查的，行政复议机关有权处理的，应当在30日内依法处理；无权处理的，应当在7日内按照法定程序转送有权处理的行政机关依法处理。

对于规范性文件的查处与转送，《公安机关办理行政复议案件程序规定》中规定，本级公安机关和下级公安机关制定的规范性文件，由本级公安行政复议机关审查处理；对上级行政机关制定的规范性文件，按程序转送至制定该规范性文件的机关审查处理；对与公安行政复议机关同级的其他行政机关或该行政机关的下级机关制定的规范性文件，转送至该行政机关审查处理。

三、行政复议的审查

行政复议的审查，是指行政复议机关对被申请的具体行政行为及附带提出的抽象行政行为进行全面审查的活动。它是行政复议程序的核心。行政复议审理主要是通过对被申请人提交的作出行政行为的依据、证据等有关材料进行审理，确定该行政行为的合法性与适当性。

（一）审查前的准备

审查前的准备工作主要是复议文书的送达及有关证据材料的收集。根据《行政复议法》第23条的规定，具体包括：

1. 行政复议机关负责法制工作的机构应当自行政复议申请受理之日起7日内，将行政复议申请书副本或者行政复议申请笔录复印件发送被申请人。

2. 被申请人应当自收到申请书副本或者申请笔录复印件之日起10日内，提出书面答复，并提交当初作出具体行政行为的证据、依据和其他有关材料。《行政复议法》规定了提交答复的期限为10日，并规定，被申请人不按规定提出书面答复、提交当初作出具体行政行为的证据、依据和其他有关材料的，视为该具体行政行为没有证据、依据，决定撤销该具体行政行为。

3. 申请人、第三人可以查阅被申请人提出的书面答复、作出具体行政行为的证据、依据和其他有关材料，除涉及国家秘密、商业秘密或者个人隐私外，行政复议机关不得拒绝。这是《行政复议法》赋予申请人、第三人的一项新的权利，它使得申请人、第三人与被申请人在获取信息方面趋于平等，进而保护了申请人、第三人的利益，也有利于行政纠纷的解决。

（二）审查的方式

《行政复议法》第22条规定，行政复议原则上采取书面审查的方式，但是申请人提出要求或者行政复议机关负责法制工作的机构认为有必要时，可以向有关组织和人员调查情况，听取申请人、被申请人和第三人的意见。这一规定确立了行政复议以书面审理为主，以其他审理方式为辅的审理制度。

（三）复议审查的范围

复议审查的范围要比行政诉讼审查的范围宽泛，它既审查具体行政行为，也审查作出具体行政行为所依据的抽象行政行为；既审查具体行政行为的合法性，也审查具体行政行为的适当性。

在公安行政复议中，《公安机关办理行政复议案件程序规定》第37条规定，公安行政复议机构应当对具体行政行为的下列事项进行全面审查：主要事实是否清楚，证据是否确凿；适用依据是否正确；是否符合法定程序；是否超越或者滥用职权；是否存在明显不当；是否属于不履行法定职责。在对以上事项进行审查的同时，第38条规定还应同时审查下列事项：具体行政行为是否应当停止执行；是否需要通知第三人参加行政复议；是否需要提交公安行政复议机关集体讨论；是否需要当面听取当事人意见。

《公安机关办理行政复议案件程序规定》第43条则要求对抽象行政行为应当从以下几个方面进行审查：是否与上位阶的规范性文件相抵触；是否与同位阶的规范性文件相矛盾；是否属于制定机关的法定职权范围。

（四）审查的依据

行政复议机关审理复议案件，应以法律、法规、规章以及上级行政机关依法制定和发布的具有普遍约束力的决定、命令为依据。

作为审理行政复议案件的依据应当是合法的，与法律相抵触的或者没有按照法定程序制定和发布的不能作为行政复议审理的依据；必须是已经公开发布的，没有经过规定程序向社会公开的，不能作为审理的依据；必须是没有被申请复议的，被申请审查的抽象行政行为不能作为复议审查的依据。

（五）举证责任

《行政复议法》对行政复议的举证责任没有作出明确的规定，但根据《行政复议法》第23条、第24条的相关规定可以看出，在行政复议中主要由被申请人负责举证。例如，《行政复议法》第23条第1款规定：“……被申请人应当自收到申请书副本或者申请笔录复印件之日起十日内，提出书面答复，并提交当初作出具体行政行为的证据、依据和其他有关材料。”

规定由被申请人承担举证责任，主要是因为具体行政行为是行政主体在行政管理过程中作出的，它最了解自己作出的具体行政行为有哪些证据和依据，所以理应由被申请人证明自己作出的具体行政行为是合法的。另外，从举证能力上看，被申请人也明显处于优势地位。因为在具体行政行为的作出过程中，行政主体始终起着主导作用，在证据的收集、依据的掌握等方面处于优势，由其负责举证是符合实际的，也是公平的。

不过，由被申请人承担举证责任并不意味着申请人和第三人在行政复议中不需要提供任何证据，为了更好地保护自己的合法权益，申请人和第三人应向复议机关提供相应的证据。《行政复议法实施条例》第 21 条规定，有下列情形之一的，申请人应当提供证明材料：认为被申请人不履行法定职责的，提供曾经要求被申请人履行法定职责而被申请人未履行的证明材料；申请行政复议时一并提出行政赔偿请求的，提供受具体行政行为侵害而造成损害的证明材料；法律、法规规定需要申请人提供证据材料的其他情形。

需要强调的是，被申请人举证，应当举具体行政行为作出以前收集的证据。《行政复议法》第 24 条明确规定，在行政复议过程中，被申请人不得自行向申请人和其他有关组织或者个人收集证据。

对此，在公安行政复议过程中，《公安机关办理行政复议案件程序规定》第 56 条规定了例外情形：对于有下列情形的，经公安行政复议机关批准，被申请人可以补充相关证据：在作出具体行政行为时已经收集证据，但因不可抗力等正当理由不能提供的；申请人或者第三人在行政复议过程中，提出了其在公安机关实施具体行政行为过程中没有提出的反驳理由或者证据的。

（六）复议申请的撤回

复议申请的撤回，是指复议申请被复议机关受理后复议决定作出前，经复议机关同意，复议申请人撤回复议申请，终止复议审理的制度。《行政复议法》第 25 条规定："行政复议决定作出前，申请人要求撤回行政复议申请的，经说明理由，可以撤回；撤回行政复议申请的，行政复议终止。"在实践中，如果申请人撤回行政复议申请是迫于被申请人的压力或威胁，复议机关不应准许撤诉。

四、行政复议的决定与送达

行政复议决定，是指行政复议机关在对被申请的行政行为的合法性和适当性进行审查的基础上，依据事实和法律所作出的具有法律效力的决定。行政复议机关作出行政复议决定，应当制作行政复议决定书，并加盖印章。行政复议决定书一经送达，即发生法律效力。

（一）复议决定的提出及审核

根据《行政复议法》第 28 条的规定，行政复议机关负责法制工作的机构应当对被申请人作出的具体行政行为进行审查，提出意见，经行政复议机关的负责人同意或者集体讨论通过后，作出行政复议决定。行政复议机关负责法制工作的机构对被申请的具体行政行为的合法性、适当性进行审查后，对具体行政行为的事实认定方面、证据方面、依据的适用、作出具体行政行为的程序及内容是否适当等方面提出审查意见，并对本复议机关作出哪一种复议决定提出建议，拟定复议决定并说明理由，供本机关负责人或集体讨论审核。

对于一般的行政复议决定，由复议机关负责人审核同意即可作出。重大、复杂的行政复议案件，需经集体讨论通过后才能作出决定。在公安行政复议中，依据《公安机关办理行政复议案件程序规定》第 51 条第 2 款的规定，重大、复杂的行政复议案件，是指涉及国家利益、公共利益以及有重大影响的案件；重大涉外或者涉及香港特别行政区、澳门特别行政区、台湾地区的案件；公安行政复议机构认为重大、复杂的其他行政复议案件。

（二）行政复议决定的种类

根据《行政复议法》第 28 条的规定，行政复议机关根据不同的情况，可以对被审查的具体行政行为分别作出以下几种决定：

1. 维持决定。行政复议机关经过审查，认为原行政行为认定事实清楚、证据确凿，适用依据正确，程序合法，内容适当，应当作出维持决定。

2. 限期履行决定。行政复议机关经过审查，认为被申请人没有履行或者拖延履行法定职责的，可作出责令被申请人在一定期限内履行法定职责的决定。该决定适用的情况包括：（1）行政主体具有履行某种职责的义务和权力；（2）行政主体没有履行该职责，表现为不履行或拖延履行。

3. 撤销、变更或者确认违法决定。行政复议机关经过审查认为具体行政行为有下列情形之一的，决定撤销、变更或者确认具体行政行为违法：第一，主要事实不清、证据不足；第二，适用依据错误；第三，违反法定程序；第四，超越或者滥用职权；第五，具体行政行为明显不当。

此外，如果被申请人不按照《行政复议法》第 23 条的规定提出书面答复、提交当初作出具体行政行为的证据、依据和其他有关材料的，视为该具体行政行为没有证据、依据，决定撤销该具体行政行为。

决定撤销或者确认具体行政行为违法的，可以责令被申请人在一定期限内重新作出具体行政行为。行政复议机关责令被申请人重新作出具体行政行为的，被申请人不得以同一事实和理由作出与原具体行政行为相同或者基本相同的具体行政行为。依据《行政复议法实施条例》第 49 条第 1 款的规定，行政复议机关依照行政复议法第 28 条的规定责令被申请人重新作出具体行政行为的，被申请人应当在法律、法规、规章规定的期限内重新作出具体行政行为；法律、法规、规章未规定期限的，重新作出具体行政行为的期限为 60 日。

4. 赔偿决定。依据《行政复议法》第 29 条的规定，申请人在申请行政复议时可以一并提出行政赔偿请求，行政复议机关对符合国家赔偿法的有关规定应当给予赔偿的，在决定撤销、变更具体行政行为或者确认具体行政行为违法时，应当同时决定被申请人依法给予赔偿。申请人在申请行政复议时没有提出行政赔偿请求的，行政复议机关在依法决定撤销或者变更罚款，撤销违法集资、没收财物、征收财物、摊派费用以及对财产的查封、扣押、冻结等具体行政行为时，应当同时责令被申请人返还财产，解除对财产的查封、扣押、冻结措施，或者赔偿相应的价款。

5. 驳回决定。依据《行政复议法实施条例》第 48 条的规定，有下列情形之一的，行政复议机关应当决定驳回行政复议申请：（1）申请人认为行政机关不履行法定职责申请行政复议，行政复议机关受理后发现该行政机关没有相应法定职责或者在受理前已经履行法定职责的；（2）受理行政复议申请后，发现该行政复议申请不符合行政复议法和本条例规定的受理条件的。上级行政机关认为行政复议机关驳回行政复议申请的理由不成立的，应当责令其恢复审理。

（三）对规范性文件的处理决定

在行政复议过程中，行政复议机关在对被申请的具体行政行为进行审查时，不可避免地需对所涉及的规范性文件进行审查和适用，根据《行政复议法》第 26 条、第 27 条的规定，对于所涉及的规范性文件，行政复议机关应根据具体情况作出相应的处理决定：

1. 申请人在申请行政复议时，一并提出对规范性文件进行审查申请的，行政复议机关对该规范性文件有权处理的，应当在 30 日内依法处理；无权处理的，应当在 7 日内按照法定程序转送有权处理的行政机关依法处理，有权处理的行政机关应当在 60 日内依法处理。处理期间，中止对具体行政行为的审查。

2. 行政复议机关在对被申请人作出的具体行政行为进行审查时，认为其依据不合法，本机关有权处理的，应当在 30 日内依法处理；无权处理的，应当在 7 日内按照法定程序转送有权处理的国家机关依法处理。处理期间，中止对具体行政行为的审查。

（四）行政复议决定作出的期限

根据《行政复议法》第 31 条的相关规定，行政复议决定作出的期限是：

1. 行政复议机关应当自受理申请之日起 60 日内作出行政复议决定。

2. 法律规定的行政复议期限少于 60 日的，从其规定。但法律规定复议期限多于 60 日的，一律以 60 日为准。

3. 情况复杂，不能在规定期限内作出行政复议决定的，经行政复议机关的负责人批准，可以适当延长，并告知申请人和被申请人，但是延长期限最多不超过 30 日。

（五）行政复议决定的送达

行政复议决定的送达，是指行政复议机关依照法定的程序和方式，将行政复议决定书送交行政复议当事人的活动。送达是行政复议程序中的重要程序，它直接决定着行政复议决定是否产生法律效力。

根据《行政复议法》第 40 条的规定，行政复议决定的送达依照民事诉讼法关于期间、送达的规定执行。所以，行政复议决定的送达方式包括直接送达、留置送达、委托送达、邮寄送达和公告送达等。送达必须有送达回执，送达回执是证明受送达人已经收到复议决定书的一种法律凭证。复议决定书一经送达即产生相应的法律效力。

根据《行政诉讼法》的相关规定，行政复议申请人或者第三人提起行政诉讼的期限是接到行政复议决定书之日起 15 日。如果申请人对复议决定逾期不起诉，或表示接受该复议决定，复议决定才生效。

（五）执行

行政复议决定的执行，是指使已生效的行政复议决定的内容得以实现的活动。行政复议决定作出后并没有终止行政复议程序，只有当行政复议决定的内容得到具体的执行，行政复议程序才算终结。根据《行政复议法》第 32 条、第 33 条的规定，被申请人应当履行行政复议决定，被申请人不履行或者无正当理由拖延履行行政复议决定的，行政复议机关或者有关上级行政机关应当责令其限期履行。申请人逾期不起诉又不履行行政复议决定的，或者不履行终局的行政复议决定的，按照下列规定分别处理：第一，维持具体行政行为的行政复议决定，由作出具体行政行为的行政机关依法强制执行，或者由人民法院强制执行。第二，变更行政行为的行政复议决定，由行政复议机关依法强制执行，或者申请人民法院强制执行。

（六）和解与调解

一般认为，根据“职权法定”的原则，行政机关对法定职权不享有自由处分权，因而行政争议不具备和解或调解解决的前提。《行政诉讼法》第 50 条明确规定：“人民法院审理行政案件，不适用调解。”① 《行政复议法》虽未明确规定行政复议不适用调解，但不适用调解亦成为行政复议的一项原则和制度。随着行政复议实践的发展，和解与调解被大量地运用于处理行政争议的过程中，并取得了一定的良好效果。2007 年颁布并实施的《行政复议法实施条例》首次明确规定了行政复议和解与调解的范围，这符合积极化解行政纠纷、维护社会和谐稳定的要求。

《行政复议法实施条例》第 40 条规定：“公民、法人或者其他组织对行政机关行使法律、法规规定的自由裁量权作出的具体行政行为不服申请行政复议，申请人与被申请人在行政复议决定作出前自愿达成和解的，应当向行政复议机构提交书面和解协议；和解内容不损害社会公共利益和他人合法权益的，行政复议机构应当准许。”

《行政复议法实施条例》第 50 条规定：“有下列情形之一的，行政复议机关可以按照自愿、合法的原则进行调解：（一）公民、法人或者其他组织对行政机

① 《行政诉讼法》第 67 条第 3 款规定：“赔偿诉讼可以适用调解。”

关行使法律、法规规定的自由裁量权作出的具体行政行为不服申请行政复议的；（二）当事人之间的行政赔偿或者行政补偿纠纷。当事人经调解达成协议的，行政复议机关应当制作行政复议调解书。调解书应当载明行政复议请求、事实、理由和调解结果，并加盖行政复议机关印章。行政复议调解书经双方当事人签字，即具有法律效力。调解未达成协议或者调解书生效前一方反悔的，行政复议机关应当及时作出行政复议决定。”

值得注意的是，除了和解与调解制度外，《行政复议法实施条例》在符合立法精神并在法定职权范围内作出了一系列重要的创新努力，把《行政复议法》规定的各项制度具体化，进一步增强了行政复议制度的可操作性，这有利于更切实地维护行政相对人通过行政复议寻求法律救济的权利。

第十一章 行政赔偿

第一节 行政赔偿概述

一、行政赔偿的概念

《中华人民共和国国家赔偿法》（以下简称《国家赔偿法》）第2条规定："国家机关和国家机关工作人员行使职权，有本法规定的侵犯公民、法人和其他组织合法权益的情形，造成损害的，受害人有依照本法取得国家赔偿的权利。本法规定的赔偿义务机关，应当依照本法及时履行赔偿义务。"根据《国家赔偿法》的相关规定，国家赔偿主要分为行政赔偿、刑事赔偿和司法赔偿。刑事赔偿是指行使侦查、检察、审判、监狱管理职权的机关及其工作人员在行使刑事司法职权时，给无辜的公民、法人或者其他组织的生命健康、自由和财产造成损害的，国家承担赔偿责任。司法赔偿，是指人民法院在民事诉讼、行政诉讼过程中，违法采取对妨害诉讼的强制措施、保全措施或者对判决、裁定及其他生效法律文书执行错误，造成损害的，国家承担赔偿责任。由于刑事赔偿、司法赔偿不属于行政救济范畴，故本章只论述国家赔偿中的行政赔偿制度。

所谓行政赔偿，是指行政机关及其工作人员在行使行政职权过程中，有法律规定的侵犯公民、法人和其他组织的合法权益的情形并造成损害，国家对此承担赔偿的责任。我国于20世纪80年代就开始逐步建立行政赔偿制度，当时的《民法通则》和试行的《民事诉讼法》都有相关的规定。1990年施行的《行政诉讼法》规定行政相对人可以在行政诉讼中提起赔偿请求，使行政赔偿制度得以确立。1994年5月12日第八届全国人大常委会第七次会议通过，并于1995年1月1日施行的《国家赔偿法》对我国的国家赔偿制度作了全面的规定。《国家赔偿法》的颁布与实施，是加强社会主义民主和法制建设的一项重大举措，不仅为保护公民、法人和其他组织取得国家赔偿的权利提供了明确的法律依据，而且对于监督、促进国家机关及其工作人员严格执法，密切与人民群众的关系，维护社会安定，都有重大意义。根据《国家赔偿法》的实施情况和社会发展需要，2010年4月29日第十一届全国人大常委会第十四次会议审议通过了《国家赔偿法》的修改决定。修改后的《国家赔偿法》赔偿请求渠道更加畅通，赔偿程序更加完善，赔偿范围和标准更加明确。

二、行政赔偿的特征

与刑事赔偿、司法赔偿相比较，行政赔偿具有以下特征：

（一）行政赔偿中的侵权主体是行政机关及其工作人员

这里的行政机关及工作人员应作广义的理解，行政机关不仅包括国家行政机关，还包括法律、法规授权的组织、行政机关委托的组织。工作人员不仅包括具有公务员身份的工作人员，还包括受行政机关委托执行公务的公民及在法律、法规授权组织中行使行政职权的工作人员。在认定“工作人员”时，重要的不是公务员的身份，而是实施侵权行为的人与有关的行政机关是否存在实际上的公务执行关系。

公安机关比较特殊，肩负双重职能：一是管理和维护社会治安秩序的行政管理职能，二是打击犯罪的司法职能。这就使得公安机关的侵权行为既可能承担行政赔偿责任也可能承担刑事赔偿责任。其在行使维护社会治安秩序的行政职能时，违法造成损害，国家承担的是行政赔偿责任，按照行政赔偿的范围、程序、方式和标准予以赔偿。

（二）行政赔偿是对合法权益受到损害的公民、法人和其他组织承担的赔偿责任

无损害无赔偿，损害是赔偿的前提。行政赔偿所针对的损害一定是合法权益受到的损害，只有当公民、法人和其他组织的合法权益受到损害时，国家才可能予以赔偿。

（三）引起行政赔偿的侵权行为发生在行使行政职权的过程中

国家承担的赔偿责任是多种多样的，如民事赔偿责任、司法赔偿责任、军事赔偿责任、立法赔偿责任、国际法上的赔偿责任等。不同的侵权行为造成不同的赔偿责任。只有与行政职权密切相关的、发生于行使行政职权过程中的行政侵权行为，才能引起行政赔偿责任。行政赔偿的这一特征使得行政赔偿与其他赔偿区别开来。

（四）行政赔偿所针对的是法定行政侵权行为造成的损害

行政机关及其工作人员实施了《国家赔偿法》第3条、第4条列举的具体侵权行为是行政赔偿的前提。2010年《国家赔偿法》修正案将原《国家赔偿法》第2条第1款中“国家机关和国家机关工作人员违法行使职权侵犯公民、法人和其他组织合法权益造成损害的，受害人有依照本法取得国家赔偿的权利”修改为“国家机关和国家机关工作人员行使职权，有本法规定的侵犯公民、法人和其他组织合法权益的情形，造成损害的，受害人有依照本法取得国家赔偿的权利”。该修改昭示了行政赔偿所针对的侵权行为的性质由原来的违法性转变为法定性，即只有符合《国家赔偿法》第3条、第4条列举情形的，国家才予以行政赔偿。

（五）行政赔偿的责任主体是国家

在行政赔偿中，虽然致害主体是行政机关或其工作人员，但赔偿主体是国家。这是因为行政机关是代表国家对社会进行行政管理的机构，虽然行政机关进行行政管理时，往往以自己的名义进行。行政机关的工作人员在实施行政管理时，是以所属的行政机关的名义进行，但在法律上他们都是代表国家进行的。所以，行政机关及其工作人员的行为无论是合法还是违法，其法律后果都归属于国家。国家作为赔偿主体的主要表现是赔偿费用由国库支出。

第二节　行政赔偿的范围

行政赔偿的范围，是指国家对行政机关及其工作人员在行使行政职权过程中，违法侵犯公民、法人或者其他组织合法权益造成损害，给予赔偿的范围。行政赔偿范围明确了受害人行政赔偿请求权的范围，行政赔偿义务机关履行赔偿义务的范围，以及人民法院对行政赔偿案件行使审判权的范围。

行政机关及其工作人员违法给行政相对人合法权益造成损害的，理应由国家予以赔偿。然而，由于长期以来受到国家主权理论以及国家财政能力等因素的影响，许多国家对赔偿的范围都作了规定，限定的这个范围就是行政赔偿的范围。行政赔偿范围通常包括两个方面的内容：一是导致行政赔偿的行为范围，即国家对哪些行政侵权行为承担赔偿责任；二是赔偿的损害范围，即国家对哪些损害予以赔偿。当然，随着经济的发展，国家财力的增长，行政赔偿的范围也应当不断拓宽，使行政相对人的权益得到更充分的保护。

一、行政赔偿的侵权行为范围

根据《国家赔偿法》第 3 条、第 4 条的规定，国家予以赔偿的侵权行为包括两大类，即侵犯人身权的行为和侵犯财产权的行为。

（一）应当赔偿的侵犯人身权的情形

1. 违法拘留或违法采取限制公民人身自由的行政强制措施。此项行为侵犯的是公民的人身自由权。行政拘留是公安机关依法对违反行政管理秩序的公民采取的限制其人身自由的行政处罚。《行政处罚法》及《治安管理处罚法》对行政拘留的实施主体、条件、程序及期限等问题都作了严格的规定，公安机关必须严格按照法律的规定实施行政拘留，否则即构成违法。在实践中，公安机关违法拘留主要表现在：案件事实不清，主要证据不足；适用法律错误；违反法定程序。

行政强制措施是行政机关依法定职责采取强制手段限制特定公民的权利或强制其履行义务的措施。在我国，限制人身自由的行政强制措施有很多，如强制传唤、劳动教养、留置、强制治疗、强制戒毒、行政扣留等。限制人身自由的行政强制措施由于其涉及公民的人身自由权，所以必须依法慎重进行。违法采取限制人身自由的行政强制措施，造成相对人损害的，国家予以赔偿。

2. 非法拘禁或者以其他方法非法剥夺公民人身自由的行为。此项行为损害的是公民的人身自由权，是行政拘留和行政强制措施以外的非法剥夺人身自由的行为。前一项规定的违法拘留和违法采取限制人身自由的行政强制措施，其结果也可能是剥夺公民的人身自由，那么和本项规定的行为有什么区别？在表述上，前一项叫违法，而本项叫非法，那么违法与非法又有什么不同？它们的主要区别在于，前一项是指具有行政拘留权或有权采取限制人身自由的行政强制措施的行政主体，违法实施拘留或限制人身自由的行政强制措施，限制了人身自由，叫违法限制人身自由。后一项是指根本无法定权限的行政主体实施了限制人身自由的行为，叫非法剥夺人身自由。在实际运用时，应注意区分，不要混淆。

3. 以殴打、虐待等行为或者唆使、放纵他人以殴打、虐待等行为造成公民身体伤害或者死亡的。此项违法行为侵犯的是公民的生命健康权。行政机关工作人员在执行公务过程中使用暴力，显然非法律所授权，所以，国家赔偿法规定，以殴打、虐待等行为造成公民身体伤害或者死亡的，国家应予赔偿。而且对故意或重大过失违法的行政机关工作人员，国家在赔偿之后可以追究其责任。这样规定可以更好地保护处于弱势地位的行政相对人的权益。

行政机关工作人员唆使、放纵他人实施暴力行为，在某种程度上，比自己实施暴力行为更为恶劣，所以也在国家赔偿范围之列。

4. 违法使用武器、警械造成公民身体伤害或死亡的。此违法行为损害的是公民的生命健康权。武器、警械包括各式枪支、高压水枪、催泪弹、警棍、警绳、手铐等。有权使用武器、警械的人员主要有警察和武装部队人员等。武器、警械应该严格按照《人民警察使用警械和武器条例》的规定使用。违法使用造成侵害的，国家应予以赔偿。违法使用武器、警械有多种表现形式，如在不该使用武器、警械的场合使用武器、警械；使用武器、警械程度与被管理者的行为不相适应；在使用武器、警械的种类选择上错误；使用武器、警械违反法定批准程序等。凡是行政机关工作人员在执行公务过程中违法使用武器、警械致公民身体伤害或者死亡的，国家都应当承担赔偿责任。

5. 造成公民身体伤害或者死亡的其他违法行为。本项是对损害生命健康权，国家应予以赔偿的违法行为的概括式规定，是指前面所列四种情况外，行政机关及其工作人员实施的，造成公民生命健康损害，国家应予以赔偿的行为，如公安机关不履行法定行政职责，致使公民身体伤害或者死亡的。2001 年 7 月 22 日施行的，最高人民法院给四川省高级人民法院的《关于公安机关不履行法定行政职责是否承担行政赔偿责任问题的批复》中规定："由于公安机关不履行法定行政职责，致使公民、法人和其他组织的合法权益遭受损害的，应当承担行政赔偿责任。在确定赔偿的数额时，应当考虑该不履行法定职责的行为在损害发生过程和结果中所起的作用等因素。"

（二）应当赔偿的侵犯财产权行为

1. 违法实施罚款、吊销许可证和执照、责令停产停业、没收财物等行政处罚。罚款和没收财物是财产罚，违法实施直接导致相对人财产权益的损害，理应予以赔偿；责令停产停业、吊销许可证和执照是行为罚，虽不直接涉及财产，但违法实施处罚可能会导致财产利益的损失，国家应予以赔偿。

2. 违法对财产采取查封、扣押、冻结等行政强制措施。行政强制措施分为对人身的强制措施和对财产的强制措施两类。对财产的强制措施主要有查封、扣押、冻结、保全、拍卖等。强制措施本身就是对财产权的限制，而且在查封、扣押、冻结过程中还可能造成财产的损坏或者灭失。所以强制措施一经认定为违法，就应该立即解除这些强制措施，返还被查封、扣押的财产。如果财产已经受到损坏或者已经灭失，国家还应予以赔偿。恢复原状或给付相应赔偿金是国家赔偿的方式。

3. 违法征收、征用财产的。我国《宪法》第 10 条、第 13 条规定，国家为了公共利益的需要，可以依照法律规定对公民的私有财产实行征收或者征用并给予补偿。所谓行政征收，是指行政主体为了公共利益的需要，根据法律、法规的规定，以强制方式取得相对人财产所有权并给予适当补偿的一种具体行政行为。行政征用，是指行政主体以公共利益为目的，根据法律的规定，以强制的方式使用相对人的动产或者不动产，并给予适当补偿的一种具体行政行为。它们的共同特征为：公共目的性、强制性、法定性、可诉性。它们的区别在于征收一般是指对相对人财产所有权的限制或剥夺，而征用仅是指对相对人财产使用权的暂时剥夺，使用后应返还原物。原物毁损不能返还的，应照价赔偿。

征收和征用应符合以下三个条件，一是为了公共利益的需要；二是符合法律规定的程序；三是给予公正的补偿。违法征收、征用财产必然侵害相对人的财产权，造成损害的，国家应予以赔偿。

4. 造成财产损害的其他违法行为。这是关于财产损害赔偿的概括性规定，是指除前面列举的情形外，受到行政违法行为侵害并造成实际财产损害的，受害人有权取得赔偿。例如，公安机关不履行法定行政职责，致使公民、法人或者其他组织的财产受到损害的；行政机关违法侵犯经营自主权造成财产损害的等。

（三）国家不予赔偿的情形

根据《国家赔偿法》第 5 条的规定，国家不承担赔偿责任的情形有：

1. 行政机关工作人员行使与职权无关的个人行为。行政机关的工作人员具有双重身份，一方面是公务员，另一方面也是普通公民。其以不同的身份从事的活动性质不同，其法律后果的归属也不相同。当行政机关工作人员行使与行政职权无关的行为时，其实施行为的身份是个人，而不是以行政机关的名义、代表国家进行的，其活动性质是个人行为而不是行使职权的行为，即使该行为是违法的，并造成了损害，但由于侵权主体不是行政机关及其工作人员，不具备行政赔偿构成要件中的主体和行为要件，国家不承担行政赔偿责任。

实践中的难题是，同一个人的行为，如何区分职务行为与个人行为。职务行为与个人行为的区分标准，学术界有不同的观点，有主张时间标准的，有主张身份标准的，还有主张职责标准、目的标准的，等等。我们认为，任何一个单一标准都无法区分职务行为和个人行为，应当以职责标准为核心，并综合考虑多项标准。

2. 因公民、法人和其他组织自己的行为致使损害发生的。受害人自己的行为致使损害发生的，由于侵权主体不是行政机关及其工作人员，而是其本人，不具备行政赔偿的构成要件，所以国家不承担行政赔偿责任。损害后果由其个人承担。

3. 法律规定的其他情形。这是一个概括式规定，指除前两种情形以外的，法律已作排除规定的或将来作出排除规定的，国家都不予赔偿。这里的“法律”仅指全国人大及其常委会根据立法程序制定的规范性文件。目前，国家赔偿法以外其他法律规定的国家赔偿责任的免责事由主要有不可抗力、紧急避险、意外事件、第三人过错、正当防卫。①

（四）其他几类行为的可赔偿性探讨

关于行政赔偿的范围，我国《国家赔偿法》采取了概括与列举相结合、肯定列举与否定列举相结合的确定方式。但是有一些行为很典型，在肯定列举和否定列举中都没有明确提及，我们在这里略作探讨。

1. 国家行为。国家行为，是指国务院、中央军事委员会、国防部、外交部等根据宪法和法律授权，以国家的名义实施的有关国防和外交事务的行为，以及经宪法和法律授权的国家机关宣布紧急状态和总动员等行为。国家行为主要包括：国防行为，如宣战，应战、发布总动员令、戒严令、宣布战争状态、调动军队、设立军事禁区等；外交行为，如与外国建交、断交、领土的合并与割让、外交使节的交换、对外国政府的承认、签订条约、公约或协定等。对国家行为不予赔偿，是各国的通例。这主要是考虑到国家行为虽是以国家名义作出的，但具有高度政治性，事关国家主权和人民的整体利益，关系到整个国家的荣誉、尊严和安全，根据公平负担原则，国家无须承担赔偿责任。国家行为由有关领导人承担政治责任。最高人民法院在《关于审理行政赔偿案件若干问题的规定》中对此作了排除规定。

2. 抽象行政行为。抽象行政行为，是指具有法定权限的行政机关在行使职权过程中，针对不确定的对象，制定和发布的具有普遍约束力的行政规范性文件的行为。也有学者称之为“规范创制行为”或“行政机关制定规范性文件的行为”。抽象行政行为侵权造成相对人损害的，国家应否承担赔偿责任，对此有两种不同观点：一种观点认为，对抽象行政行为不能请求赔偿。因为抽象行政行为都是通过具体行政行为加以实现的，因而其造成的损害可转化为对具体行政行为

① 许安标、武增主编：《中华人民共和国国家赔偿法解读》，中国法制出版社 2010 年版，第 28 页。

的赔偿而实现。[①] 另一种观点认为，抽象行政行为违法并直接造成相对人损害的，也应当予以赔偿。理由是，抽象行政行为侵犯相对人合法权益与具体行政行为侵权并无多大区别，且并非所有抽象行政行为都必然通过具体行政行为实施。实践中，考虑到抽象行政行为的合法与否尚不可诉，及受国家的经济实力等原因的限制，最高人民法院在《关于审理行政赔偿案件若干问题的规定》中对此作了排除规定。但我们认为此问题有待进一步商榷，从保护公民权益及权力监督的角度出发，第二种观点比较可取。

3. 自由裁量行政行为。自由裁量行政行为，是指法律仅规定了行政行为的幅度和范围，行政机关在此幅度和范围内根据具体情况实施的具体行政行为。自由裁量行政行为引起的损害分两种情况：一种是违法实施自由裁量行政行为造成损害，如超越职权、滥用自由裁量权。另一种是不合理实施自由裁量行政行为引起损害。这里的不合理，是指行为未超出法定范围和幅度，也没有滥用权限的情形，只是有违合理性原则，对相对人不是很公平。根据我国行政赔偿的归责原则，自由裁量行政行为违法致害的，国家承担行政赔偿责任；自由裁量行政行为不合理致害的，国家不予赔偿。

4. 终局行政裁决行为。终局行政裁决行为，是指行政机关依据法律规定作出的，当事人不服的不能再申请复议或者提起行政诉讼的行政处理决定。因为具体行政行为致害的，只要符合行政赔偿的构成要件，无论其是否由行政机关最终裁决，都应属于行政赔偿的范围。最高人民法院在《关于审理行政赔偿案件若干问题的规定》中明确规定，最终裁决的具体性行政行为被确认违法，相对人就赔偿问题与行政机关发生争议提起赔偿诉讼的，人民法院应依法受理。

二、行政赔偿的侵权损害范围

行政侵权损害根据其性质可以分为物质损害和精神损害两类。2010 年《国家赔偿法》进行了修改，将物质损害和精神损害都纳入了行政赔偿的范围。

物质损害又可分为直接损害和间接损害。直接损害，是指侵权行为造成的现存利益的损失，如侵犯当前存在的财产使它的价值减少或者丧失，对人身自由、生命健康权造成的实际损害。间接损害，是指正常情况下应当得到，但因为行政侵权行为而没有得到的利益，如利润、租金等。从《国家赔偿法》的有关规定看，行政相对人有权从国家获得赔偿的是对物质利益造成的直接损害。在实践中，我国有些行政机关或者法院出于公平的考虑，也赔偿或者判决赔偿行政相对人的间接利益损害，只是这种做法还未形成统一的制度。

精神损害，是指侵权行为造成的受害人心理、感情上的巨大创伤和痛苦。目前，我国在民事赔偿中已经确立了精神损害赔偿责任，而且适用范围越来越广。公民个人的侵权行为造成精神损失的尚需赔偿，国家机关违法侵犯个人权利，造

① 马怀德著：《国家赔偿法的理论与实务》，中国法制出版社 1994 年版，第 138 ~ 139 页。

成精神损失的更应当赔偿。因此，《国家赔偿法》第 35 条规定：“有本法第三条或者第十七条规定情形之一，致人精神损害的，应当在侵权行为影响的范围内，为受害人消除影响，恢复名誉，赔礼道歉；造成严重后果的，应当支付相应的精神损害抚慰金。”

第三节 行政赔偿的归责原则与构成要件

一、行政赔偿的归责原则

国家赔偿的归责原则，是指在法律上确定国家承担赔偿责任所依据的标准。行政赔偿是国家赔偿的一个方面，行政赔偿的归责原则，是指法律上确定国家承担行政赔偿责任所依据的标准。

国家赔偿责任的归责原则是从民事侵权责任的归责原则发展而来的，但由于责任主体——国家的特殊性，以及国家管理活动的特点决定了国家赔偿责任的归责原则不同于民事侵权责任的归责原则。目前，实行国家赔偿制度的国家采用的归责原则不尽相同，其中具有代表性的原则有：第一，过错原则。过错原则，是指致害行为人存在着的故意或者过失，是承担赔偿责任的根据。英美等国采用的就是过错归责原则体系。第二，违法原则。违法原则，是指国家赔偿以职务违法行为为归责标准，不问侵权公务人员过错的有无。采用违法归责原则的典型国家是瑞士和奥地利。① 第三，过错加违法原则。过错加违法原则，是指国家机关及其工作人员故意或者过失违法侵害公民、法人或其他组织的合法权益，国家承担赔偿责任。德国、日本即采用此种归责原则。② 另外，有些国家还辅以实行无过错和结果归责原则。

我国国家赔偿法修改之前采用的是违法原则，即国家只对违法行使职权造成损害的行为承担赔偿责任。如果行使职权的行为是合法行为，即使造成损害，国家也不承担赔偿责任。国家赔偿法经过十多年的贯彻执行，其归责原则的局限性也逐渐暴露出来，如违法原则无法统领全法（在刑事赔偿中部分实行的是结果归责，而不是违法归责）、不利于保障公民赔偿权利的落实等。2010 年修改后的《国家赔偿法》不再用“违法”限制行政赔偿、刑事赔偿和司法赔偿中的各种情形，而是分别在第 3 第、第 4 条、第 17 条、第 18 条和第 38 条中具体规定了国家赔偿的情形，采用违法归责原则、违法归责和结果归责原则相结合、违法归责和过错归责原则相结合的方式，从而避免了因对归责原则的错误理解影响对公民赔

① 姜明安主编：《行政法与行政诉讼法》，北京大学出版社、高等教育出版社 1999 年版，第 656 ~ 657 页。

② 马怀德主编：《国家赔偿法学》，中国政法大学出版社 2001 年版，第 42 页。

偿权利的保护。

但是，对于行政赔偿仍适用违法归责原则。《国家赔偿法》第3条、第4条列举了国家承担行政赔偿的九种情形，其中有八种明确使用了“违法”限制词。第3条第3项虽然没有使用“违法”限制词，但是殴打、虐待行为本身就是法律所禁止的。通过对列举情形的研究我们不难发现，行政赔偿仍以“违法”为归责原则。

那么如何理解违法原则呢？我们认为，应注意把握以下几方面内容：首先，违法原则中的“法”应作广义的理解，既包括实体法，也包括程序法；既包括法律、法规和其他具有普遍约束力的规范性文件，也包括法的基本原则和精神，如诚实信用原则、公序良俗原则等。[①] 这是因为国家机关及其工作人员的职权十分广泛，受多层次、多角度法律规范的约束，违反任何层次的规范，都应当视为违法。而且，还有很多领域目前尚无明确的法律规范作为行使权力的依据，如果以法律的明文规定作为判断职权行为合法与否的依据或标准，必然造成很多实际受害人无法取得国家赔偿，这对于受害人合法权益的保护是极为不利的。这时，法律精神和基本原则就可以作为判断标准。其次，违法既包括积极的作为违法，也包括消极的不作为违法。作为违法，是指侵权主体以积极的作为方式表现出来的违法情形，如行政机关的违法处罚、违法采取强制措施等行为。不作为违法，是指侵权主体违法拒绝履行或拖延履行其承担的职责和义务并造成损害的情形。认定不作为违法应当以法定的或职责确定的义务存在为前提。

二、行政赔偿的构成要件

行政赔偿的构成要件，是指国家承担行政赔偿责任的必要条件。行政赔偿的构成要件在行政赔偿中是个十分重要的问题，它是审判人员和行政裁决人员解决行政赔偿纠纷的基础，是受害人能否获得行政赔偿的判断标准，同时也是我们理解、把握行政赔偿的理论工具。

关于行政赔偿的构成要件，理论界有三要件说（损害事实、违法行使职权的行为、因果关系）[②]、四要件说（主体要件、行为要件、结果要件、因果关系）[③]和五要件说（主体要件、行为要件、结果要件、因果关系、法律规定）。根据《国家赔偿法》第2条的规定，行政赔偿的构成要件包括主体要件、行为要件、损害结果要件和因果关系要件。

（一）主体要件

主体要件解决的是谁实施的行为才可能引起行政赔偿责任，即行政侵权行为的主体是谁。根据《国家赔偿法》第3条、第4条和第7条的相关规定，行政赔

① 马怀德著：《国家赔偿法的理论与实务》，中国法制出版社1994年版，第98页。
② 张树义主编：《国家赔偿法实用手册》，法律出版社1994年版，第13~21页。
③ 马怀德著：《国家赔偿法的理论与实务》，中国法制出版社1994年版，第112页。

偿的侵权的主体是行政机关及其工作人员。具体包括行政机关及其公务员，法律法规授权的组织及其工作人员，受行政机关委托的组织及其工作人员，受行政机关委托的个人。

（二）行为要件

行为要件解决的是国家将对哪些行为承担行政赔偿责任。根据《国家赔偿法》的规定，国家对行政侵权主体在行使行政职权过程中有本法第 3 条、第 4 条规定的侵犯公民、法人或其他组织合法权益的行为（本章第二节已详细论述）承担行政赔偿责任。在具体理解中应注意：

1. 该行为必须是行使行政职权的行为。侵权行为必须发生在行使职权、执行职务过程中，是与执行职务密切相关的行为。如果发生在执行职务之外或是与执行职务无关的行为，不构成行政赔偿。

2. 该行为是违法行使职权的行为。行为具有违法性是行政赔偿归责原则的要求。行政主体行使职权的行为包括合法行使职权行为和违法行使职权的行为，只有违法行使职权才可能构成行政赔偿。合法行使职权造成相对人损失的，国家不负赔偿责任，在特定情况下国家予以行政补偿。

3. 该行为必须是法律明确规定应当承担侵权赔偿责任的行为。《国家赔偿法》第 3 条、第 4 条明确规定，行政机关及其工作人员只有实施了法律明确规定的违法侵权行为，受害人才有取得赔偿的权利。行政管理领域的广阔，导致了行政侵权行为的多种多样，但受国家主权理论及经济实力等原因的限制，国家不可能对所有行政侵权行为都予以赔偿，世界各国都是如此。现阶段，法律的明确规定是承担行政赔偿责任不可缺少的条件。

4. 该行为必须是侵犯了相对人合法权益的行为。违法行使职权的行为只有在侵犯了相对人合法权益时，才可能引起行政赔偿。如果没有侵犯相对人的合法权益，或侵犯相对人的非法权益，则不能构成行政赔偿。

（三）损害结果要件

有损害才有赔偿。仅有违法侵权行为是不足以导致行政赔偿的，要想引起行政赔偿必须有损害事实的存在。根据《国家赔偿法》的规定，引起行政赔偿的损害事实必须具有以下特征：

1. 是确定的必然的损害。既包括对既得利益的损害，也包括将来一定会发生的可得利益的损失。而对于那种将来可能发生也可能不发生的不确定的损害，不属于必然损害，不予赔偿。

2. 损害必须是特定的损害。首先，损害是对特定人造成的，而不是对一般人普遍造成损害（如战争、戒严等）。如果是对一般人普遍造成的损害，根据公共负担的原则，该损害不发生国家赔偿责任。其次，必须造成了法定的损害事实。行政机关在实施管理活动时，公民的各种权益都可能受到侵害，如人身权利、财产权利、政治权利、受教育权利等。但受到国家财力及实际操作等原因的限制，目前国家仅对人身自由的损害、生命健康权的损害及财产权利的损害予以赔偿，而对政治权利、受教育等权利损害则不承担赔偿责任。

3. 损害必须是当事人合法权益的损害。如果损害的是当事人的非法权益，则不构成行政赔偿。

（四）因果关系要件

违法职务行为与损害事实之间存在因果关系是承担行政赔偿责任的决定性条件之一。那么如何确定违法职务行为与损害事实之间是否存在因果关系呢？理论界的观点主要有：条件说，即认为凡导致损害结果发生的条件都是结果的原因；原因说，认为在造成损害结果的诸条件中，起重要作用的条件是原因，其余的因素是条件；相当因果关系说又称适当条件说，认为只有在一般情形中，依照当时当地的社会观念，普遍认为能发生同样的结果，才能认定有因果关系。①

我们认为相当因果关系说是可取的。因为条件与原因是有区别的，它们在损害结果发生的过程中所起的作用是不一样的。条件说主张条件即原因，必将扩大法律责任的范围。原因说把条件和原因区别开来，认为起重要作用的是原因，其余因素是条件。那么何为重要作用？怎么判定哪一个是重要因素？这在实践中非常不好操作。而相当因果关系说则可以有效解决以上矛盾，在实践中我们可以遵循当时当地的社会观念，普遍认为若无此行为，则不发生此结果；若有此行为通常会发生此结果的公式来确定行为与结果之间是否有因果关系。

另外，实践中还经常会出现多因一果、多因多果的情况。我们应当根据行政违法侵权行为在诸原因中的地位，来决定其应承担的赔偿责任的大小。如果损害的造成还与民事侵权行为或者犯罪等行为相联系，受害人应首先向直接侵害人请求赔偿。受害人从直接侵害人那里得不到赔偿或者得不到完全的赔偿时，才可以请求国家予以行政赔偿。

第四节　行政赔偿请求人与赔偿义务机关

一、行政赔偿请求人

行政赔偿请求人，是指其合法权益受到违法行政行为侵害，依法有权提出行政赔偿请求的公民、法人或者其他组织。行政赔偿请求人具有以下特征：第一，行政赔偿请求人是处于管理相对人地位的公民、法人或者其他组织。因为只有处于管理相对人一方的公民、法人或者其他组织才可能受到违法行政管理行为的侵害，从行政管理相对人转化为行政赔偿请求人。第二，行政赔偿请求人是其合法权益受到违法行政行为损害并造成实际损害的人。正因为其合法权益受到违法行

① 张尚鷟主编：《走出低谷的中国行政法学》，中国政法大学出版社 1991 年版，第 616 页。

政行为侵犯并造成实际损害，才使相对人取得了向国家请求赔偿的权利，成为行政赔偿请求人。第三，行政赔偿请求人必须是以自己的名义请求赔偿的人。凡是代表他人或以他人名义请求行政赔偿的，是代表人或代理人，而不是行政赔偿请求人。

根据我国《国家赔偿法》的规定，行政赔偿请求人包括以下三类：

（一）公民

公民，是指具有一国国籍的自然人，包括中国公民和外国公民。受行政侵权行为损害的任何公民在实体上都具有行政赔偿请求人的资格，实践中由于具体情况的不同，作为行政赔偿请求人的公民又可分为以下几种情况：

1. 受害的公民本人。受害的公民是行政违法侵权行为的受害者，其作为行政赔偿请求人是世界各国的通例。根据《国家赔偿法》的相关规定，“公民”包括中国公民和外国公民。但根据对等原则，外国人所属国对中国公民的行政赔偿权予以限制或不予保护的，我国将给予同样的限制。

2. 受害的公民是限制行为能力人或无行为能力人的，其法定代理人可以代为行使行政赔偿请求权。根据《民法通则》的规定，限制行为能力人或无行为能力人的监护人是他们的法定代理人。

3. 受害的公民死亡的，其继承人和其他有扶养关系的亲属可以成为赔偿请求人。这里的继承人既包括遗嘱继承人也包括法定继承人，当继承人为多人时，按照民法规定的继承顺序进行。

（二）法人

法人，是指具有民事权利能力和民事行为能力，依法独立享有民事权利和承担民事义务的组织。根据《国家赔偿法》第 6 条、第 40 条的规定，作为行政赔偿请求人的法人具体包括以下两种情况：

1. 受侵害的法人。合法权益受到行政行为损害的法人，包括中国法人和外国法人。同样，根据对等原则，外国法人的所属国对中国法人的行政赔偿权予以限制或不予保护的，我国将给予同样的限制。

2. 受害的法人终止的，其权利承受人有权要求赔偿。法人终止的原因主要有：依法被撤销、破产、解散、合并、分立等。法人终止后，赔偿请求人资格转移给承受其权利的法人或组织。但是，最高人民法院《关于审理行政赔偿案件若干问题的规定》第 16 条规定：“企业法人或者其他组织被行政机关撤销、变更、兼并、注销，认为经营自主权受到侵害，依法提起行政赔偿诉讼，原企业法人或其他组织，或者对其享有权利的法人或其他组织均具有原告资格。”也就是说，当被撤销、变更、兼并、注销的企业法人或者其他组织，认为经营自主权受到侵害时，赔偿请求人资格也可以不发生转移，仍然是原企业法人或其他组织。另外，企业在破产程序中，行政赔偿请求人资格也不发生转移，破产企业仍有权请求行政赔偿。

（三）其他组织

其他组织，是指依法成立，有一定的组织机构和财产，但不具备法人资格的社会组织。其他组织的合法权益受法律保护，当其他组织的合法权益受到行政侵权行为损害时，赔偿请求人是受害的其他组织。受害的其他组织终止的，其请求人资格转移或不转移的情形与法人相同。

根据《国家赔偿法》第 40 条的规定，外国组织可以依据本法在中华人民共和国领域内要求国家赔偿。但是，外国组织的所属国对我国公民、法人和其他组织要求该国国家赔偿的权利不予保护或者限制的，我国与该外国组织的所属国实行对等原则。

二、行政赔偿义务机关

行政赔偿义务机关，是指代表国家接受行政赔偿请求，履行行政赔偿义务的机关。行政赔偿义务机关与行政赔偿责任主体不同，行政赔偿责任主体是国家，赔偿责任最终由国家承担。但国家是一个抽象的政治实体，受害人无法直接请求抽象的国家承担具体的赔偿义务，因而在许多国家立法中采取国家责任机关赔偿的制度。我国采用的即是此种制度。

根据《国家赔偿法》第 7 条、第 8 条的规定，行政赔偿义务机关有以下几种情形：

1. （单个）行政机关及其工作人员行使行政职权侵犯公民、法人和其他组织的合法权益造成损害的，该行政机关为赔偿义务机关。

2. 两个以上行政机关共同行使行政职权时侵犯公民、法人和其他组织的合法权益造成损害的，共同行使行政职权的行政机关为共同赔偿义务机关。共同赔偿义务机关之间的责任是连带责任。

3. 法律、法规授权的组织在行使授予的行政权力时侵犯公民、法人和其他组织的合法权益造成损害的，被授权的组织为赔偿义务机关。

4. 受行政机关委托的组织或者个人在行使受委托的行政权力时侵犯公民、法人和其他组织的合法权益造成损害的，委托的行政机关为赔偿义务机关

5. 赔偿义务机关被撤销的，继续行使其职权的行政机关为赔偿义务机关；没有继续行使其职权的行政机关的，撤销该赔偿义务机关的行政机关为赔偿义务机关。这里需要注意的是，作出撤销决定的主体只有是行政机关时，其才可能成为赔偿义务机关。其他机关即使作出撤销决定，也不可能成为行政赔偿义务机关。

6. 经复议机关复议的，最初造成侵权行为的行政机关为赔偿义务机关，但复议机关的复议决定加重损害的，复议机关对加重的部分履行赔偿义务。

第五节 行政赔偿程序

一、行政赔偿程序概述

行政赔偿程序，是指行政机关及人民法院处理行政赔偿事务所应遵守的方式、步骤、时限等的总和。明确行政赔偿的程序，一方面可以使受害人知道自己如何才能取得赔偿；另一方面可以规范行政赔偿的处理程序，使行政赔偿及时得到履行。

我国行政赔偿程序的特点主要表现在：

1. 行政赔偿程序的启动方式明确划分为自行赔偿和申请赔偿。《国家赔偿法》第 9 条第 1 款规定："赔偿义务机关有本法第三条、第四条规定情形之一的，应当给予赔偿。"即行政赔偿义务机关自行赔偿。行政赔偿请求人申请赔偿又分为单独提出赔偿请求和一并提出赔偿请求。《国家赔偿法》第 9 条第 2 款规定："赔偿请求人要求赔偿，应当先向赔偿义务机关提出，也可以在申请行政复议或者提起行政诉讼时一并提出。"这样的规定既有利于行政赔偿争议的迅速解决，也提供了多种救济途径以保证受害人得到充分的救济。

2. 请求时限长而处理时限短，为受害人取得国家赔偿提供时间上的保障。《国家赔偿法》第 39 条第 1 款规定："赔偿请求人请求国家赔偿的时效为两年，自其知道或者应当知道国家机关及其工作人员行使职权时的行为侵犯其人身权、财产权之日起计算，但被羁押等限制人身自由期间不计算在内。在申请行政复议或者提起行政诉讼时一并提出赔偿请求的，适用行政复议法、行政诉讼法有关时效的规定。赔偿请求人在赔偿请求时效的最后六个月内，因不可抗力或者其他障碍不能行使请求权的，时效中止。从中止时效的原因消除之日起，赔偿请求时效期间继续计算。"而《国家赔偿法》第 13 条、第 14 条则要求，赔偿义务机关应当自收到申请之日起两个月内，作出是否赔偿的决定，即要求赔偿义务机关要及时作出决定，给予受害人赔偿。对于逾期不予赔偿或者赔偿请求人对赔偿数额有异议的，赔偿请求人可以自期限届满之日起三个月内向人民法院提起诉讼。

3. 采取协议和决定相结合的模式。国家赔偿法明确规定了行政赔偿的处理过程中可以就赔偿方式、赔偿项目、赔偿数额进行协商，赔偿义务机关根据协商结果作出赔偿决定（《国家赔偿法》第 13 条）。同时《行政诉讼法》第 67 条第 3 款规定，赔偿诉讼可以适用调解。这种协议和决定相结合的处理模式可以使赔偿争议及时、妥善地得到解决。

二、行政先行处理程序

根据《国家赔偿法》第 9 条、《行政诉讼法》第 67 条及最高人民法院《关于审理行政赔偿案件若干问题的规定》的规定，赔偿请求人单独就赔偿问题提出赔偿请求的，应当先向赔偿义务机关提出，由赔偿义务机关按行政程序先行处理，所以单独提出赔偿请求的程序也称行政先行处理程序。如果未经行政先行处理程序而单独提起赔偿诉讼的，法院将不予受理，从这个意义上说行政先行处理程序是行政赔偿诉讼的前置程序。赔偿义务机关逾期不予赔偿或行政赔偿请求人对处理结果不服的，可以向法院提起行政赔偿诉讼。规定行政先行处理程序对行政机关来说为其提供了自我纠错的机会，体现了对赔偿义务机关的尊重，同时也有利于行政机关的内部监督；对受害人来说可以减少诉累，有益于迅速解决赔偿争议。

行政先行处理程序的内容具体包括：

（一）赔偿请求的提出

行政赔偿请求人向赔偿义务机关提出赔偿请求，应当以书面形式进行，即递交要求行政赔偿的申请书。申请书应当记载下列事项：

1. 受害人的姓名、性别、年龄、工作单位和住所，法人或者其他组织的名称、住所和法定代表人或者主要负责人的姓名、职务。如果赔偿请求人不是受害人本人的，还应载明请求人的姓名、性别、年龄、工作单位和住所，说明与受害人的关系，并提供相应证明。

2. 具体的要求、事实根据和理由。赔偿请求人根据受到的不同损害，可以提出一项或同时提出数项赔偿要求。申请书中还需简明扼要地叙述损害行为发生的时间、地点、事实经过及损害形成的原因。

3. 申请的年、月、日。

如果赔偿请求人书写申请书确有困难的，可以委托他人代书，最后由本人签名或盖章，以示申请书的内容是本人的真实意思表示。如果行政赔偿请求人委托他人代书亦有不便，也可以口头申请，由赔偿义务机关将其口头申请记入笔录，经赔偿请求人确认无误后签字或盖章，该笔录与正式申请书具有相同的效力。

（二）赔偿请求的受理

赔偿请求人当面递交申请书的，赔偿义务机关应当场出具加盖本行政机关专用印章并注明收讫日期的书面凭证。申请材料不齐全的，赔偿义务机关应当场或者在5日内一次性告知赔偿请求人需要补正的全部内容。

赔偿义务机关在接到请求赔偿的申请后，应指定相应的机构及人员对赔偿申请进行审查。审查的内容包括申请书的形式是否完备，是否属于行政赔偿的范围，提出申请的时间是否在法定时限内，申请人是否具有申请资格等。如经审查，所有这些要求均已达到，则应决定立案处理，并通知赔偿请求人。如发现条件不具备或不完全具备的，应告知申请人不予受理的原因。

（三）作出行政赔偿处理决定

赔偿申请被受理后，赔偿义务机关应当自收到申请之日起两个月内，作出是否赔偿的决定。赔偿义务机关作出赔偿决定，应当充分听取赔偿请求人的意见，并可以与赔偿请求人就赔偿方式、赔偿项目和赔偿数额依照国家赔偿法第四章的规定进行协商。

从世界范围看，行政赔偿义务机关处理赔偿请求的程序主要有“决定式”和“协议式”两种模式，我国2010年修改的国家赔偿法中也增加了协商程序。根据我国现行国家赔偿法的规定，赔偿义务机关作出赔偿决定，必须充分听取赔偿请求人的意见，并且在赔偿方式、赔偿项目和赔偿数额三个方面可以与赔偿请求人进行协商。至于是否赔偿本身，由于涉及公权力的行使，不宜进行协商，行政赔偿义务机关应严格按照国家赔偿法关于行政赔偿范围、免责情形等相关规定作出决定。

无论是否经过协商，处理结果最终应以赔偿决定的方式在收到申请之日起两个月内作出。关于“收到申请之日”的确定，如果是赔偿请求人当面递交申请书的，以行政赔偿义务机关当场出具的书面凭证载明的收讫日期为准；如果是赔偿请求人通过信函方式邮寄的申请书，以邮件的签收日期为准。赔偿义务机关决定赔偿的，应当制作赔偿决定书，并自作出决定之日起10日内送达赔偿请求人。赔偿义务机关决定不予赔偿的，应当自作出决定之日起10日内书面通知赔偿请求人，并说明不予赔偿的理由。

（四）对行政赔偿处理决定的救济

赔偿义务机关在规定期限内未作出是否赔偿的决定，赔偿请求人可以自期限届满之日起3个月内，向人民法院提起诉讼。赔偿请求人对赔偿的方式、项目、数额有异议的，或者赔偿义务机关作出不予赔偿决定的，赔偿请求人可以自赔偿义务机关作出赔偿或者不予赔偿决定之日起3个月内，向人民法院提起诉讼。

三、行政复议程序

《国家赔偿法》第9条规定，赔偿请求人可以在申请行政复议时一并提出行政赔偿的请求。《行政复议法》第29条第1款则具体规定：“申请人在申请行政复议时可以一并提出行政赔偿请求，行政复议机关对符合国家赔偿法的有关规定应当给以赔偿的，在决定撤销、变更具体行政行为或者确认具体行政行为违法时，应当同时决定被申请人依法给予赔偿。”据此，行政复议机关在对具体行政行为进行合法性及适当性审查的同时，可以一并对行政赔偿请求作出处理，这就是行政赔偿的复议程序。适用行政赔偿的复议程序有助于提高行政效率，也有利于上级行政机关对下级行政机关进行监督。

因为赔偿请求与具体行政行为的复议请求同时提出，一并处理，所以对赔偿请求的受理和审理适用的是行政复议程序。复议机关应当自受理申请之日起60日内作出复议决定，复议决定中应包括对赔偿的处理决定。申请人对包括赔偿决定在内的复议决定不服的，可以在收到决定书之日起15日内向人民法院提起行政诉讼。

根据《行政复议法实施条例》的规定，就赔偿问题，复议机关既可以以调解的形式解决赔偿争议，也可以作出赔偿裁决。另外，《行政复议法》第29条第2款还规定："申请人在申请行政复议时没有提出行政赔偿请求的，行政复议机关在依法决定撤销或者变更罚款，撤销违法集资、没收财物、征收财物、摊派费用以及对财产的查封、扣押、冻结等具体行政行为时，应当同时责令被申请人返还财产，解除对财产的查封、扣押、冻结等措施，或者赔偿相应的价款。"这就是说，在直接针对财产的行政行为被行政复议机关依法确认为违法并予以撤销或变更后，行政复议机关应同时责令被申请人排除其对财产的侵害行为，且无须行政复议申请人提出行政赔偿的请求，复议机关即可直接、主动责令赔偿。

四、行政诉讼程序

根据《国家赔偿法》和《行政诉讼法》的有关规定，赔偿请求人既可以在提起行政诉讼时一并提出赔偿请求；也可以在对行政复议不服提起行政诉讼时一并提出赔偿请求；还可以在赔偿义务机关逾期不予答复或决定不予赔偿，或对赔偿的数额有异议时，向人民法院提出赔偿请求，由人民法院依法作出判决。

人民法院受理和审理行政赔偿请求适用行政赔偿诉讼程序。行政赔偿诉讼是一种特殊的行政诉讼，在审理形式、证据原则以及适用程序等诸多方面，都有自己的特点：

（一）审判组织的形式

由于行政赔偿案件的复杂性和重要性，人民法院审理行政赔偿案件必须依法组成合议庭，不宜由审判员独任审判。

（二）审判方式

《行政诉讼法》第50条规定，人民法院审理行政案件，不适用调解。同时第67条第3款又规定，赔偿诉讼可以适用调解。

赔偿诉讼之所以能够调解解决，是因为行政赔偿诉讼中有关赔偿的问题，当事人有处分自己权利的可能性。如受害人愿意放弃赔偿请求，承担这种损害，法律是无权干涉的。另外，赔偿义务机关在法律规定的范围内，对如何赔偿，赔多赔少等纯粹经济利益问题，有一定自由处分的权利，因此双方具备了调解的基础，所以赔偿诉讼可以适用调解解决。

（三）证据规则

行政诉讼在证据规则上的突出特点是举证责任倒置，即作为被告的行政机关负举证责任。但是，行政赔偿诉讼不完全采取"被告负举证责任"的原则。最高人民法院《关于审理行政赔偿案件若干问题的规定》第32条规定："原告在行政赔偿诉讼中对自己的主张承担举证责任。被告有权提供不予赔偿或者减少赔偿数额方面的证据。"原告承担举证责任的范围主要包括损害事实、损害程度及因果关系等有关损害方面的问题。赔偿义务机关采取行政拘留或者限制人身自由的强制措施期间，被限制人身自由的人死亡或者丧失行为能力的，赔偿义务机关的行为与被限制人身自由的人的死亡或者丧失行为能力是否存在因果关系，赔偿义务机关应当提供证据。

根据《行政诉讼法》的有关规定，人民法院在对致害的具体行政行为的合法性问题审查时，被告不得自行取证。但对有关损害的问题，如损害的大小、损害的程度、原因等问题行政机关可以收集并举证。

（四）行政赔偿诉讼的先予执行

在行政赔偿案件中，有可能出现因行政机关违法侵权造成损害，致使受害人无法维持生活的情况，此时，适用民事诉讼中的先予执行制度，充分地保障行政相对人的合法权益。

（五）行政赔偿诉讼案件的执行

最高人民法院《关于审理行政赔偿案件若干问题的规定》第36条规定："发生法律效力的行政赔偿判决、裁定或者调解协议，当事人必须履行。一方拒绝履行的，对方当事人可以向第一审人民法院申请执行。申请执行的期限，申请人是公民的为一年，申请人是法人或者其他组织的为六个月。"

五、行政赔偿的追偿程序

行政赔偿的追偿程序，是指行政赔偿义务机关在支付赔偿费用之后，依法责令有故意或重大过失的工作人员或者受委托的组织或者个人承担部分或者全部赔偿费用所适用的程序。恰当地适用行政追偿制度，既可以增强公务人员的责任感，防止违法侵权行为的不断出现；也可以保护公务员履行职务的积极性。

追偿的金额是行政赔偿金额的部分或全部，即最高不得超过赔偿义务机关已赔金额的总和，可见行政追偿不具惩罚性，而更具惩戒性。① 具体追偿的金额与公务人员的过错程度相适应。

公务人员承担追偿责任并不影响追究其其他法律责任。赔偿义务机关赔偿损失后，对有故意或者重大过失的责任人员，有关机关应当依法给予处分；构成犯罪的，应当依法追究刑事责任。

① 皮纯协主编:《国家赔偿法释论》，中国法制出版社1994年版，第189页。

第六节　行政赔偿的方式和标准

一、行政赔偿的方式

行政赔偿的方式，是指国家承担行政赔偿责任的具体形式。不同的救济方式，实现的难易程度不同，对合法权益的救济程度也就不同。所以规定行政赔偿的方式不仅是个技术问题，还关系到国家和受害人的利益。

我国《国家赔偿法》第 32 条明确规定："国家赔偿以支付赔偿金为主要方式。能够返还财产或者恢复原状的，予以返还财产或者恢复原状。"除支付赔偿金、返还财产、恢复原状方式外，我国国家赔偿法还规定了恢复名誉、赔礼道歉、消除影响和支付精神损害抚慰金等方式。

（一）支付赔偿金

支付赔偿金也称金钱赔偿，是指将受害人的各项损失折算成金额，由赔偿义务机关以货币的形式支付赔偿金，补偿受害人所受损失的赔偿方式。

支付赔偿金是各国赔偿立法所普遍采用的主要的赔偿方式，这主要是因为：第一，支付赔偿金不影响行政管理的正常运行，而恢复原状等其他赔偿方式，行政机关将承担大量的其他工作，付出大量的时间、精力，从而影响行政管理的效率。第二，金钱赔偿适用的范围非常广泛，几乎适用于任何损害的赔偿，无论是物质损害还是精神损害，也无论是对人身权的损害还是对财产权的损害，都可以以金钱的方式赔偿。第三，金钱赔偿便于操作。金钱赔偿一般都有固定标准，便于执行，可以避免双方因标准不一达不成共识而难以实施的可能。

适用金钱赔偿方式时应注意以下问题：第一，赔偿金由行政赔偿义务机关直接支付，且应支付本国货币。第二，赔偿额按照《国家赔偿法》规定的标准计算，但具体法律规定了赔偿金额的，适用具体法律规定的金额。具体法律规定赔偿标准的，按具体法律规定的标准计算。第三，赔偿金以受害人所受的实际损害为限。

（二）返还财产

返还财产，是指赔偿义务机关将违法取得的财产返还给受害人的赔偿方式。返还财产的优点是便捷易行，当事人双方均易接受，不仅能使损害直接得到赔偿，有时还能减少或避免精神损害。返还财产只适用于侵犯财产权的情形。返还的财产一般是原物。原物毁损或灭失的，可以返还同种类的物品。若当事人不同意返还同种类物品或原物为特定物的，只能给予金钱赔偿，不能再采用返还财产的方式。在返还财产时，如果财产有孳息的，应一并返还。

返还财产的赔偿方式在适用时应具备以下条件：第一，原财物仍然存在。如果原财物已经毁损或灭失，返还财产也就无从谈起。第二，采用返还财产比金钱赔偿更为便捷。返还财产是国家赔偿方式中的一种辅助方式，只有在比金钱赔偿更便捷时才适用。第三，返还财产不影响公务的实施。如果原财产已经用于公务活动，返还财产将会影响到公务的实施，则不应以返还财产方式赔偿，而应以金钱赔偿。

（三）恢复原状

恢复原状，是指使受行政违法行为侵害的相对人的财产或权利恢复到受损害前的形状、性能或状态的赔偿方式。恢复原状不以受害人提出请求为前提，只要恢复原状有可能，行政赔偿义务机关就应主动恢复原状。国家赔偿中的恢复原状不仅包括对受损害财产的恢复原状，而且包括对其他受损害的权利恢复原状，如恢复受害人所享有的工资待遇、职位、户口、住房等。

适用恢复原状需满足以下条件：第一，受到损害的财产能够恢复原状。第二，适用恢复原状比金钱赔偿更便捷。第三，恢复原状不妨碍公务的执行。

（四）其他赔偿方式

《国家赔偿法》第35条规定："有本法第三条或者第十七条规定情形之一，致人精神损害的，应当在侵权行为影响的范围内，为受害人消除影响，恢复名誉，赔礼道歉；造成严重后果的，应当支付相应的精神损害抚慰金。"说明行政赔偿的方式还应包括消除影响、恢复名誉、赔礼道歉和支付精神损害抚慰金等。

二、行政赔偿的计算标准

行政赔偿的计算标准，是指国家支付受害人赔偿金时所适用的计算标准。行政赔偿的计算标准直接决定了受害人可获得救济的程度，因而意义重大。

在不同的国家，由于历史传统及经济实力等的不同，行政赔偿的计算标准也不尽相同，概括起来主要有：惩罚性标准、补偿性标准和抚慰性标准。采用惩罚性标准的，赔偿额比受害人受到的实际损失高，多为一些发达国家所采用；采用补偿性标准，赔偿主体支付的赔偿金仅仅是补齐受害人的实际损失，使其达到受损害之前的状态；抚慰性标准即赔偿主体支付的赔偿金不足以填补受害人的实际损失，仅仅是安慰性的给予一定赔偿。我国作为一个发展中国家，经济实力和财力都非常有限，国家的赔偿水平也只能与此相适应，以保障公民、法人的生活和生存的需要为限。

（一）人身权损害赔偿的计算标准

1. 人身自由权损害赔偿的计算标准。《国家赔偿法》第33条规定："侵犯公民人身自由的，每日赔偿金按照国家上年度职工日平均工资计算。"根据该规定，侵犯公民人身自由权的损害赔偿，是按日支付赔偿金。具体计算标准是公民应得的赔偿金等于上年度职工的日平均工资乘以该公民被限制人身自由的天数。其中，"上年度"是指赔偿义务机关、复议机关及人民法院作出赔偿决定时的上年度。若复议机关或者人民法院维持原赔偿决定的，按作出原赔偿决定时的上年度执行。赔偿标准对所有人一律平等，不论受害人的身份、职业及所受损失的大小，都按统一标准计算赔偿金。《国家赔偿法》对侵害公民人身自由权的赔偿，并没有规定最高赔偿限额，这对受害人是非常有利的，也足见国家对公民人身自由权的重视和保护。

2. 生命健康权损害赔偿的计算标准。生命健康权是公民的重要权利，任何国家机关及其工作人员不能非法侵害公民的生命健康权。根据对生命健康权损害程度的不同。可以分为致人身体伤害、致人身体残疾和致人死亡三种情况。根据不同的情况，国家规定了不同的赔偿标准。

（1）身体伤害赔偿的计算标准。《国家赔偿法》第 34 条第 1 款第 1 项规定："造成身体伤害的，应当支付医疗费、护理费，以及赔偿因误工减少的收入。减少的收入每日的赔偿金按照国家上年度职工日平均工资计算，最高额为国家上年度职工年平均工资的五倍。"理解时应注意以下问题：

第一，身体伤害，也称一般身体伤害，是指尚未造成残疾或劳动能力受损的伤害。

第二，身体伤害赔偿金包括医疗费、护理费，以及因误工减少的收入。其中，医疗费是受害人身体受到损害后进行治疗所支出的费用，包括医药费和治疗费。医疗费一般包括实际已经发生的费用和根据医疗证明或鉴定结论确定将来必然发生的医疗费用。实际发生的医疗费用应以受害人就诊医院开具的诊断证明和有关收据为凭证，凡治疗与侵害无关的疾病或擅自购买与侵害无关的药品，都不予赔偿。赔偿义务机关对医疗的必要性和合理性有异议的，应当承担相应的举证责任。护理费是指受害人因受损害导致生活不能自理时，有专人进行护理所支出的费用。护理费根据护理人数、护理人员的收入情况以及护理期限确定。其中护理期限计算至受害人恢复自理能力。因误工减少的收入是按日支付赔偿金，具体金额为上年度职工日平均工资乘以该公民误工的日期。但最高额为国家上年度职工年平均工资的 5 倍。对赔偿金额规定最高限额主要是出于对国家的财力情况的考虑，其他国家也有类似的做法。误工日期的确定以医院开具的休假日期为依据，没有休假证明自行休假的，不作误工日计算。

（2）残疾损害赔偿。《国家赔偿法》第 34 条第 1 款第 2 项规定："造成部分或者全部丧失劳动能力的，应当支付医疗费、护理费、残疾生活辅助具费、康复费等因残疾而增加的必要支出和继续治疗所必需的费用，以及残疾赔偿金。残疾赔偿金根据丧失劳动能力的程度，按照国家规定的伤残等级确定，最高不超过国家上年度职工年平均工资的二十倍。造成全部丧失劳动能力的，对其扶养的无劳动能力的人，还应当支付生活费。"理解时注意把握以下问题：

第一，残疾损害赔偿金包括医疗费、护理费、残疾生活辅助具费、康复费等因残疾而增加的必要支出和继续治疗所必需的费用，以及残疾赔偿金。若是造成全部丧失劳动能力的，还应支付被扶养人生活费。2010 年国家赔偿法修改，增加了护理费、残疾生活辅助具费、康复费等因残疾而增加的必要支出和继续治疗所必需的费用，使残疾损害赔偿的标准提高，进一步保障了受害人的利益，解决了因国家侵权致残公民的后顾之忧。

第二，残疾赔偿金是对致残受害人的特殊补偿，金额的多少根据丧失劳动能力的程度确定，最高不超过国家上年度职工年平均工资的 20 倍。参照《工伤保险条例》规定的公民丧失劳动能力的程度，可由设区的市级或省级的劳动能力鉴定委员会进行鉴定。根据相关规定，一至四级伤残为全部丧失劳动能力；五六级伤残为大部分丧失劳动能力；七至十级为部分丧失劳动能力。

第三，被扶养人的生活费用。对于全部丧失劳动能力的受害人，国家除应支付医疗费和残疾赔偿金外，还应支付由其扶养的无劳动能力人的生活费用。被扶养人包括配偶、父母、子女、祖父母、外祖父母及其他被扶养人。被扶养人是未成年人的，生活费给付至 18 周岁。其他无劳动能力的人，生活费给付至死亡。生活费的发放标准，参照当地最低生活保障标准执行。

（3）死亡损害赔偿。《国家赔偿法》第 34 条第 1 款第 3 项规定："造成死亡的，应当支付死亡赔偿金、丧葬费，总额为国家上年度职工年平均工资的二十倍。对死者生前扶养的无劳动能力的人，还应当支付生活费。"理解时应注意以下几点：

第一，死亡损害赔偿金包括死亡赔偿金和丧葬费，总额为国家上年度职工年平均工资的 20 倍。死亡损害赔偿金与残疾损害赔偿金不同，残疾损害赔偿金支付给受害人，而死亡损害赔偿金支付给受害人的继承人及有扶养关系的亲属，所以应一次性给付。这样既可以使赔偿义务机关迅速、准确计算出赔偿金，也可以使受害人的亲属尽快地得到安慰。

第二，对死者生前扶养的无劳动能力的人，还应当支付生活费。具体支付办法与残疾损害赔偿相同。

3. 精神损害赔偿的计算标准。《国家赔偿法》35 条规定："有本法第三条或者第十七条规定情形之一，致人精神损害的，应当在侵权行为影响的范围内，为受害人消除影响，恢复名誉，赔礼道歉；造成严重后果的，应当支付相应的精神损害抚慰金。"对精神损害赔偿的理解应注意以下问题：

第一，赔偿义务机关实施了《国家赔偿法》第 3 条或者第 17 条规定的侵害公民人身权的行为，并造成了赔偿请求人的精神损害。所谓精神损害，是指给受害人的生理或心理造成痛苦，包括身体遭受痛苦，名誉受到诋毁，精神受到刺激等。

第二，在侵权行为影响的范围内，为受害人消除影响、恢复名誉、赔礼道歉。行政机关违法行使职权，在一定范围内造成对公民的名誉权和荣誉权的损害。那么，在纠正违法行为时，就应当在侵权行为影响的范围内，为受害人消除影响，恢复名誉，赔礼道歉。

第三，造成严重后果的，应当支付相应的精神损害抚慰金。关于何谓严重后果，法律未予明确规定。一般认为造成受害人死亡、重伤、残疾，以及出现精神障碍、精神疾病的，可以认定为后果严重。①

给付精神损害抚慰金不影响其他种类赔偿金的支付，也不影响赔偿义务机关按照规定为受害人消除影响、恢复名誉、赔礼道歉。如侵犯人身自由的，除按照国家上年度职工日平均工资支付外，对致人精神损害造成严重后果的，还应当支付精神损害抚慰金。必要时，还应当为受害人消除影响，恢复名誉，赔礼道歉。

精神损害抚慰金的计算标准，法律没有具体规定。司法实践中可参照最高人民法院制定的《关于确定民事侵权精神损害赔偿责任若干问题的解释》，根据侵权人的过错程度，侵害手段、场合、行为方式，及损害后果，侵权人的经济能力及当地的平均生活水平等因素综合加以确定。②

（二）财产损害的计算标准

根据《国家赔偿法》第36条的规定，对公民、法人和其他组织的财产造成损害的，按下列规定处理：

1. 处罚款、追缴、没收财产或者违法征收、征用财产的，返还财产。返还执行的罚款、追缴或者没收的金钱，应当支付银行同期存款利息。应当返还的财产损坏的，能够恢复原状的恢复原状，不能恢复原状的，按照损害程度给付相应的赔偿金。应当返还的财产灭失的，给付相应的赔偿金。

2. 查封、扣押、冻结财产的，应当解除对财产的查封、扣押、冻结并返还财产。解除冻结的存款或者汇款的，应当支付银行同期存款利息。若造成财产损坏或者灭失的，能够恢复原状的恢复原状，不能恢复原状的，按照损害程度给付相应的赔偿金。应当返还的财产灭失的，给付相应的赔偿金。

3. 财产已经拍卖或者变卖的，给付拍卖或者变卖所得的价款；变卖的价款明显低于财产价值的，应当支付相应的赔偿金。

4. 吊销许可证和执照、责令停产停业造成损害的，赔偿停产停业期间必要的经常性费用开支。所谓“必要的经常性的费用开支”，是指停产停业期间用于维持其生存的基本开支，如税费、水电费、房屋租金、职工基本工资等。其中，职工基本工资是按国家统一规定的劳保工资的平均数来计算的，不包括法人或组织在正常情况下能获得的收益。

5. 对财产权造成其他损害的，按照直接损失给予赔偿。除前面所述损害财产权的情形外，其他损害财产权的，如不履行保护公民财产权的职责而造成财产损害的，对造成的直接损失予以赔偿。所谓直接损失，指的是因遭受不法侵害而使现有财产的必然减少或消灭。

---

① 李飞主编：《中华人民共和国国家赔偿法释义》，法律出版社2010年版，第137页。
② 李飞主编：《中华人民共和国国家赔偿法释义》，法律出版社2010年版，第138页。

三、行政赔偿费用

《国家赔偿法》第37条第2款、第3款规定："赔偿请求人凭生效的判决书、复议决定书、赔偿决定书或者调解书，向赔偿义务机关申请支付赔偿金。赔偿义务机关应当自收到支付赔偿金申请之日起七日内，依照预算管理权限向有关的财政部门提出支付申请。财政部门应当自收到支付申请之日起十五日内支付赔偿金。"

根据《国家赔偿法》的规定，国家赔偿费用列入各级财政预算，由各级财政按照财政管理体制分级负担。国家赔偿费用由各级财政机关负责管理。当年实际支付国家赔偿费用超过年度预算的部分，在本级预算预备费中解决。

国家赔偿费用由赔偿义务机关先从本单位预算经费和留归本单位使用的资金中支付，支付后再向同级财政机关申请核拨。申请核拨国家赔偿费用或者申请返还已经上缴财政的财产，应当根据具体情况，提供相应的文件和文件副本。

财政机关审核行政赔偿义务机关的申请时，发现该赔偿义务机关因故意或者重大过失造成国家赔偿的，或者超出国家赔偿法规定的范围和标准赔偿的，可以提请本级政府责令该赔偿义务机关自行承担部分或者全部的国家赔偿费用。

此外，《国家赔偿法》第41条规定："赔偿请求人要求国家赔偿的，赔偿义务机关、复议机关和人民法院不得向赔偿请求人收取任何费用。对赔偿请求人取得的赔偿金也不予征税。"

第十二章 行政补偿

第一节 行政补偿概述

一、行政补偿的概念

行政补偿，又称行政上的损失补偿，是与行政赔偿相对应的一个概念。行政补偿是基于特别牺牲理论而由国家承担的责任。它对于保障公民权利和规范政府的权力都具有重大意义。从广泛意义上讲，行政补偿乃是指对私人为公共利益而遭受特别牺牲时给予弥补与恢复的法律制度。在西方宪政民主国家中，对于保障私人权益而言，损失补偿要比损害赔偿更受重视。因为在一个法治社会，公权力违法、任意侵害私人权益的行为已较为鲜见，并容易受到抵制与纠正，私人所遭受的损害也容易获到救济。而关键问题是，对于合法的公权力行为致使私人遭受特别损失予以补偿，这对于保障私人权益尤其重要。损失补偿制度的确立，使得公权力对于私人权益进行剥夺与限制，即使为公益所必需，由多数人以民主程序决定，也必须对为公益承受特别负担的私人予以充分的、公正的补偿。从而使私人权益尤其是财产权益保障真正落到实处。

行政补偿是一个较为松散且不断发展变化的概念。就当前而言，行政补偿可从两种意义上来理解：第一种意义上的行政补偿，是指行政主体对于行政行为所造成的特别牺牲给予弥补与救济的制度，“是行政主体为实现公共利益而实施的一定行为所必然伴随的一种法定义务”。[①] 也即，非因行政主体的行为引起的损失，如对于见义勇为所遭受的损失由行政主体给予补偿不包括在行政补偿之内。在英美国家，公法上所研究的补偿就是从这一意义上来讲的。这是一种严格意义或狭义上的行政补偿，[②] 这也是各国行政补偿的核心内容。更为宽泛的意义上的行政补偿也即第二种意义上的行政补偿，是泛指由行政主体对于私人遭受的特别牺牲所给予的补偿均可称为行政补偿。换而言之，行政补偿是基于行政主体的

---

① 陈新民著：《中国行政法基本理论》，中国政法大学出版社 2002 年版，第 267 页；马怀德主编：《行政法与行政诉讼法》，中国法制出版社 2000 年版，第 366 页。

② 陈新民教授称其为传统的行政补偿，参见陈新民著：《中国行政法基本理论》，中国政法大学出版社 2002 年版，第 366 页。

"积极义务"而实施的补救性行政行为。[1] 进而，私人为公共利益自己主动所为的行为——如见义勇为、公务协助[2]——使其遭受特别牺牲时，由行政主体代表国家对其损失的弥补也被认为是一种行政补偿。[3]

综上所述，基于特别牺牲理论可以从两种意义上理解行政补偿的概念。从狭义上来讲，行政补偿是指行政主体对于私人因合法公权力行为而遭受的特别牺牲给予的填补与恢复；从广义上来讲，行政补偿不仅包括合法公权力行为造成的特别牺牲补偿，还包括私人为公共利益主动实施无因管理而受到特别牺牲的补偿。人们通常所称的行政补偿主要是狭义上的行政补偿。

需要指出的是，德国、日本等国家往往把社会补偿也纳入了行政补偿的范畴。但严格来讲，社会补偿在理论基础、原则、程序和救济等诸多方面都不同于典型意义上的行政补偿，而应当归于社会保障的范畴，由社会保障法加以调整。

二、行政补偿的特征

（一）行政补偿是由合法的行政职权行为引起的

通常情况下，行政补偿是对行政主体的合法行使职权行为造成了行政相对人损失，由国家进行补偿的一种制度。违法行政职权行为造成相对人损失的，不产生行政补偿问题，产生的法律后果是行政赔偿责任。公务员的个人行为或行政主体的民事行为也不会导致行政补偿。其中，行政职权行为既包括法律行为也包括事实行为。

（二）行政补偿以相对人承受特别牺牲为前提

如前所述，行政补偿是由行政主体合法职权行为引起的，但并不是行政主体合法职权行为造成的所有损失都可以请求行政补偿。一般而言，公民权利尤其是财产权都有其内在的边界和限制，所有公民都要平等地承担一定的社会义务，如纳税、服兵役等。因此，如果国家为维护公共利益的活动造成公民遭受的损失属于公民社会义务的范围，那么公民应当承受，对这种一般公民因公平分配的负担而承担的义务不必加以补偿。

但是，如果这种损失已经超过其应承受的社会义务，那么就属于特别牺牲，对于遭受特别牺牲的公民，国家就必须予以公平补偿。这是因为，国家存在的基本理由就是要保障个人权利不受侵害，而人人享有平等的法律权利，如果个别或部分公民为社会承担了特别义务而受到了特别的损失，国家自然应给予他们特别

---

① 姜明安主编：《行政法与行政诉讼法》，北京大学出版社、高等教育出版社 1999 年版，第 469～470 页。

② 公务协助应分为两种情况，即有法定协助义务的公务协助和无法定义务的公务协助。有法定义务的公务协助不存在补偿的问题，而只有在公民无法定义务的情况下提供公务协助才应当给予补偿。在德国，社会补偿中包括了行政协助，但这种协助只能是有法定义务的行政协助。而无法定义务的公务协助补偿，显然是属于特别牺牲补偿，而不属于社会补偿。

③ 方世荣主编：《行政法与行政诉讼法》，中国政法大学出版社 1999 年版，第 188 页。

的补偿，以将个别或部分人因公共利益受到的特别牺牲转由全体公民平等地承担。

（三）行政补偿的义务主体是行政主体

行政补偿乃是对于特定相对人为公共利益所承担的特别牺牲予以补偿，而国家作为公共利益代表者和维护者，自然应由其来承担补偿义务。但国家是抽象的，而且行政补偿要么是由行政主体行使行政职权的行为引起的，或者相对人所为之遭受特别牺牲的事项本来就属于特定行政主体的职责，因此履行行政补偿的具体义务主体应当是行政主体。

三、行政补偿与行政赔偿的关系

行政补偿与行政赔偿都属于国家责任，都体现了行政机关对行政相对人的救济，但两者也存在较大区别，主要表现为：

（一）两者发生的原因不同

行政补偿发生的原因是行政主体为实现公共利益合法行使职权的行为给特定的公民、法人或者其他组织造成特别损失，或者特定的公民、组织为维护公共利益而使自己的合法权益受到特别损失。而行政赔偿发生的原因，只限于行政机关及其工作人员违法行使职权侵犯公民、法人或者其他组织的合法权益造成损害的情形。

（二）两者救济的方式不同

行政赔偿以支付赔偿金为主要方式，辅之以返还财产、恢复原状等。而行政补偿方式则具有多样性，除了支付补偿金、返还财产、恢复原状的补偿方式外，还有移民安置、给予医疗或抚恤、实物补偿、办理农转非、提供优惠照顾等。

（三）二者的时间要求不同

行政补偿有时是在实际损失发生之前进行，有的在实际损失发生之后进行。行政赔偿必须以行政侵害事实的发生为前提，故只能在实际损失发生之后进行。

（四）两者适用的法律不同

行政赔偿主要适用《国家赔偿法》，比较规范。而关于行政补偿，目前还没有一部统一的法律，其法律依据散见于各种单行法律、法规、规章及有关国际条约中，有时还根据政策的规定进行。

（五）两者的功能不同

行政赔偿既有弥补行政相对人所受损害的功能，又具有惩罚违法的行政机关及其工作人员的功能。而行政补偿只具有弥补行政相对人所受损失的功能。

（六）两者的费用来源不同

行政赔偿费用纳入各级财政预算，由各级财政按照财政管理体制分级负担，并由各级财政机关负责管理。而行政补偿费用，根据法律的规定，既有由国库支付的，也有由行政机关以外的受益组织或个人给付的。

第二节 行政补偿的范围

我国大陆学界在论述行政补偿问题时，习惯于从补偿范围和标准两方面来论述，但对于何为补偿范围，何为补偿标准未作明确地界定。比如间接损失，既可将之归于范围问题，也可将之归属于标准问题。我们认为，补偿范围解决的是私人能否获得补偿的问题，侧重于说明国家在总体上承担补偿责任的种类，实际上就是行政补偿的体系；补偿标准解决的是给予受损人多少补偿的问题。依照这种界定，进而将间接损失作为补偿标准的一个问题来研究。

一、征收、征用补偿

征收、征用补偿是行政补偿中最为常见的情形。对此，我国现行《宪法》第 10 条第 3 款规定："国家为了公共利益的需要，可以依照法律规定对土地实行征收或者征用并给予补偿。"并又在其第 13 条第 3 款进一步规定："国家为了公共利益的需要，可以依照法律规定对公民的私有财产实行征收或者征用并给予补偿。"

（一）征收补偿

需要指出的是，行政法学上通常所指的向相对人收取税费这一意义上的"征收"与这里的"征收"是完全不同的两个概念。前者乃是指对于负有缴纳税费义务的相对人依法稽征税款或规费；而后者则是指出于公共目的的需要，在给予公正补偿的前提下，将私人财产尤其是不动产收归公用，我国台湾地区称为"公用征收"。具体说来，两者的区别在于：第一，前者以公民负有纳税或缴费义务为前提，后者则没有这一前提。第二，两者的对象和后果不同，前者的后果是不特定公民的公平负担，而后者则造成特定公民的特别牺牲。因为后者使特定个人承受了额外的、沉重的负担。然而，税收却是将社会作为一个整体来对待的。由于公共福利的义务是由被征收者沉重地负担着，所以国家必须作出公正的补偿。纳税人则是通过税款的合理使用而受益来得到补偿的。第三，标的不同，前者的标的在现代社会仅限于金钱，而后者则不能是金钱，往往是不动产或动产。在汉语中，把收税和收费也表述为征收，容易造成误解，不如使用"课税"、"课征"为好。征收当中最为典型表现形式便是将私人土地收归公用。在当前，我国的征收主要有两种情形：

1. 集体土地征收补偿。根据现行《土地管理法》第 43 条的规定，除了兴办乡镇企业和村民建设住宅经依法批准使用本集体经济组织农民集体所有的土地的，或者乡（镇）村公共设施和公益事业建设经依法批准使用农民集体所有的土地之外，任何单位和个人进行建设，需要使用农村集体土地的，都必须由政府进行征收变为国有土地才能申请使用。对于集体土地征收，该法第47条规定按照原用途进行补偿。

2. 城市房屋拆迁补偿。具体来说，城市房屋拆迁补偿包括收回国有土地使用权的补偿以及土地上的房屋和附属物的补偿。关于收回国有土地使用权的补偿，1998年8月29日修订通过的《土地管理法》规定，为公共利益需要使用土地，以及为实施城市规划进行旧城区改建，需要调整使用土地权的，由土地行政主管部门报经原批准用地的人民政府或者有批准权的人民政府批准，可以收回国有土地使用权。在这两种情形下收回国有土地使用权的，对土地使用权人应当给予适当补偿。关于土地上的房屋和附属物的补偿，《国有土地上房屋征收与补偿条例》规定，城市房屋拆迁管理行政主体因城市建设需要收回国有土地使用权而拆迁房屋的，对被拆迁人因此所受的损失应给予补偿。

（二）征用补偿

征收和征用是两个紧密联系的概念，在我国两个概念也经常混用，或者经常用征用来同时指代征收和征用这两个概念。但是两者应当说存在着一定的差别。简单来讲，征收主要是一种永久性的取得私人财产尤其是土地，通常发生所有权的转移；而征用则往往是在特定的紧急情势下，强制使用私人财产，既可以是动产也可能是不动产，一般不发生财产权利的转移。我国现行立法所规定的征用补偿主要有以下一些情形：

1. 国防征用补偿。例如，《国防法》第48条规定："国家根据动员需要，可以依法征用组织和个人的设备设施、交通工具和其他物资。县级以上人民政府对被征用者因征用所造成的直接经济损失，按照国家有关规定给予适当补偿。"另外，国务院、中央军委联合发布的《国防交通条例》不仅规定了征用的主体、客体，还规定了征用补偿的参照标准。

2. 突发事件征用补偿。《突发事件应对法》第52条规定："履行统一领导职责或者组织处置突发事件的人民政府，必要时可以向单位和个人征用应急救援所需设备、设施、场地、交通工具和其他物资……"

3. 戒严征用补偿。《戒严法》第17条规定："根据执行戒严任务的需要，戒严地区的县级以上人民政府可以临时征用国家机关、企业事业组织、社会团体以及公民个人的房屋、场所、设施、运输工具、工程机械等。在非常紧急的情况下，执行戒严任务的人民警察、人民武装警察、人民解放军的现场指挥员可以直接决定临时征用，地方人民政府应当给予协助。实施征用应当开具征用单据。前款规定的临时征用物，在使用完毕或者戒严解除后应当及时归还；因征用造成损坏的，由县级以上人民政府按照国家有关规定给予相应补偿。"

4. 救灾征用。救灾征用中的"灾"主要是指震灾、水灾、火灾、风灾等。例如，1998年3月1日起施行的《防震减灾法》第32条规定，严重破坏性地震发生后，为了抢险救灾和维护社会秩序，国务院或者地震灾区的省、自治区、直辖市人民政府，可以在地震灾区实行临时征用房屋、运输工具和通信设备等应急措施。其第38条又规定，因救灾需要，临时征用的房屋、运输工具、通信设备等，事后应当及时归还；造成损坏或者无法归还的，按照国务院有关规定给予适当补偿或者作其他处理。《防洪法》第45条规定，为防洪调用的物资、设备、交通运输工具等，在汛期结束后应当及时归还；造成损坏或者无法归还的，按照国务院有关规定给予适当补偿或者作其他处理。取土占地、砍伐林木的，在汛期结束后依法向有关部门补办手续；有关地方人民政府对取土后的土地组织复垦，对砍伐的林木组织补种。除此之外，《破坏性地震应急条例》、《核电厂核事故应急管理条例》中也有类似规定。①

5. 防疫征用补偿。就防疫征用而言，其典型是《传染病防治法》第45条第1款的规定："传染病暴发、流行时，根据传染病疫情控制的需要，国务院有权在全国范围或者跨省、自治区、直辖市范围内，县级以上地方人民政府有权在本行政区域内紧急调集人员或者调用储备物资，临时征用房屋、交通工具以及相关设施、设备。"

6. 特定机关执行任务紧急需要情况下的征用补偿。《人民警察法》第13条规定："公安机关的人民警察因履行职责的紧急需要，经出示相应证件，可以优先乘坐公共交通工具，遇交通阻碍时，优先通行。公安机关因侦查犯罪的需要，必要时，按照国家有关规定，可以优先使用机关、团体、企业事业组织和个人的交通工具、通信工具、场地和建筑物，用后应当及时归还，并支付适当费用；造成损失的，应当赔偿。"《国家安全法》第9条规定："国家安全机关的工作人员在依法执行紧急任务的情况下，经出示相应证件，可以优先乘坐公共交通工具，遇交通阻碍时，优先通行。国家安全机关为维护国家安全的需要，必要时，按照国家有关规定，可以优先使用机关、团体、企业事业组织和个人的交通工具、通信工具、场地和建筑物，用后应当及时归还，并支付适当费用；造成损失的，应当赔偿。"这里所用的优先使用其实就是征用的一种表现形式，而这里的"支付适当费用"，实质上就是补偿。

二、其他合法行政职权行为的损失补偿

除了征收、征用之外，其他合法的行政职权行为也可能造成相对人承受特别牺牲，并进而需要行政主体依法予以补偿。大致而言，包括以下几种情形：

---

① 《破坏性地震应急条例》第25条规定："交通、铁路、民航等部门应当尽快恢复道路、铁路、水港、空港和有关设施，并优先保证抢险救援人员、物资的运输和灾民的疏散。其他部门有交通运输工具的，应当无条件服从抗震救灾指挥部的征用或者调用。"

《核电厂核事故应急管理条例》第36条规定："因核电厂核事故应急响应需要，执行核事故应急响应行动的行政机关有权征用非用于核事故应急响应的设备、器材和其他物资。对征用的设备、器材和其他物资，应当予以登记并在使用后及时归还；造成损坏的，由征用单位补偿。"

（一）限制乃至剥夺相对人权益的合法职权行为的补偿

如前所述，通常情况下，个人权利都有一定的边界，都要在公平的前提下承受一定的限制。但是如果这种限制造成了个别相对人因此承担了特别牺牲，显然就应当予以补偿。例如，出于文物保护的目的而禁止相对人对自己的土地和房屋进行开发而致使相对人承受不公平的负担；又如，为防止火灾蔓延，消防部门拆除或者破损毗邻火场的建筑物、构筑物等。但就我国目前而言，类似情况通常没有立法规定予以相对人行政补偿。

其中唯一的例外是《行政许可法》对于变更或撤回行政许可的补偿规定。该法第 8 条规定，因行政许可所依据的法律、法规、规章的修改或废止，或者准予行政许可所依据的客观情况发生重大变化的，为了公共利益的需要，行政主体可以依法变更或撤回已经生效的行政许可，但由此给行政相对人造成财产损失的，行政主体应当依法给予补偿。

（二）合法行政职权行为附随效果的损害补偿

这种情况是指合法的公权力行为尽管并没有直接限制或剥夺当事人的权益，但在附随的效果上造成私人财产的损失，相当于德国公法上的“具有征收效果的侵害”。这类附随效果所产生损失的特征在于公权力行为本身属于合法行为，损失的发生通常出于无法或不可事前预见的事件，并非出于行政主体的本意。公权力附随效果损失主要是因国家的事实行为所造成的损失，该行为本身虽无干预或限制公民权利的意图，但是其造成的损失已构成了特别牺牲，故而应予以补偿。

例如，修建大坝造成农田、建筑物、林木等被淹没；因施工造成周围土地及建筑物与外界交通受到阻碍进而极大地影响到其价值；或者因施工所产生的噪声、烟尘、震动等对周围公民的商业经营造成重大的影响。又如，如军机经常性地飞临养鸡场上空导致鸡场主的损失，以及机场周围居民的生活受到的影响；政府的垃圾处理站发出的恶臭，影响居民生活、商家营业以及导致地产贬值，或者焚烧垃圾导致临近农民的农作物遭受热气烟熏而枯萎等。

在我国当前的立法上，对这类损失补偿的规定主要有：

1. 依法使用武器造成无辜人员伤亡的补偿。1996 年 1 月 16 日国务院公布的《人民警察使用警械和武器条例》规定，人民警察依法使用警械、武器，造成无辜人员伤亡或者财产损失的，由该人民警察所属机关参照《国家赔偿法》的有关规定给予补偿。

2. 基于蓄滞洪损失的补偿。1997 年 8 月 29 日第八届全国人民代表大会常务委员会第二十七次会议通过的《防洪法》规定，对于蓄滞洪区因蓄滞洪而遭受的损失，蓄滞洪后，应当依照国家规定予以补偿或者救助。

3. 基于兴建水利工程等而产生的损失补偿。1988 年 1 月 21 日通过的《水法》规定，兴建水工程或者其他建设项目，对原有灌溉用水、供水资源或者航道水量有不利影响的，建设单位应当采取补救措施或者给予补偿。

4. 基于保护野生动物而产生的损失补偿。1988 年 11 月 8 日通过的《野生动物保护法》规定，因保护国家和地方重点保护野生动物，造成农作物或者其他损失的，由当地政府给予补偿。这里的其他损失也包括非财产权的损失，如野生动物伤人引起的补偿。

在德国，有的学者还列举了另外一种可能的补偿情形，即公法上的危险责任。[①] 公法上的危险责任实际上就是无过错责任。它包含的情形很广泛，如牵引机车喷出的火星引起了森林大火，出于防治流行病的需要采取隔离措施的消防人员被感染，行政主体替代公务人员执行行政任务的计算机或其他的技术设施失灵导致损失，十字路口的红绿灯因技术故障造成了交通事故等。德国学界的通行观点和法院判例将其作为准征收补偿（造成财产权益的损害时）和特殊的特别牺牲补偿来（造成非财产权损害时）处理。[②]

值得注意的是，在德国与我国台湾地区行政赔偿理论中，只要没有法律依据侵犯私人权益就属于违法，实际上相当于我国法理中的不法。因此，危险责任实际上是一种违法责任。但由于这些国家和地区实行的违法加过错的规则原则，在危险责任的情形中不存在公务过错，所以造成财产权益特别牺牲的危险责任便被归于准征收补偿责任而非赔偿责任。我国行政赔偿中违法一般是指违反法律规定，范围较窄。所以上述危险责任的情形一般都不能认定行政主体违法，进而这种危险责任也应被认定为补偿责任。这种补偿实际上应属于公权力附随效果造成财产权益特别牺牲补偿。

三、公法上无因管理损失补偿

公法上无因管理损失补偿属于广义上的行政补偿，见义勇为和公务协助的补偿则可归属于公法领域无因管理的特别牺牲补偿。无因管理本是私法上的概念与制度，是指某人（管理人）在未受委托或没有其他根据的情况下为另一个人（业主）提供管理或服务。在管理行为符合业主的客观意思的情况下，管理人有权请求补偿。在德国，按照通行的观点，公法领域也存在着无因管理的情形。它包括三种情况：行政主体为行政主体、行政主体为公民以及公民为行政主体。

在这里，我们只关心第三种情况，即公民为政府实施无因管理。比照私法上无因管理，民众为政府的行政事务提供管理遭受特别牺牲时，自然也应当由政府来给予补偿，因为维护公益本应是政府的责任。德国一个典型的案例是：消防人员扑灭了几处森林大火，这些大火是由联邦铁路机车喷出的火星造成的。联邦最高法院认为消防人员的行为对于当时是公法组织的联邦铁路来说构成了无因管理。[③]

---

① ［德］哈特穆特·毛雷尔著：《行政法学总论》，高家伟译，法律出版社 2000 年版，第 750 ~ 753 页。

② ［德］哈特穆特·毛雷尔著：《行政法学总论》，高家伟译，法律出版社 2000 年版，第 752 页。

③ ［德］哈特穆特·毛雷尔著：《行政法学总论》，高家伟译，法律出版社 2000 年版，第 747 ~ 750 页。

行政补偿中所探讨的无因管理主要是指私人在没有法定义务的情况下，为了协助公务或纯粹为公共利益而实施的相应行为。前者的例子，如公民协助行政主体扑灭森林大火；后者的典型例子，如公民抓捕歹徒、营救危难者等见义勇为行为。当然，在实践中两者并不能截然分开，很多情况下相互交叉，如帮助警察抓获歹徒既是公务协助也是见义勇为。由于这些无因管理行为致使私人自身权益所遭受的损失毫无疑问属于特别牺牲，应当给予补偿。

1. 公务协助补偿。就公务协助而言，我国目前与此相关的立法主要是《人民警察法》。该法第34条第2款规定："公民和组织因协助人民警察执行职务，造成人身伤亡或者财产损失的，应当按照国家有关规定给予抚恤或者补偿。"当然，该条第1款规定："人民警察依法执行职务，公民和组织应当给予支持和协助……"若依此规定，私人协助警察公务似乎不能被视为无因管理，进而其遭受的损失也不是特别牺牲。但是该规定中的协助义务对公民、组织来说实际上只是一种一般性的义务，如知情人有义务向警察陈述情况等。在相当情况下，私人的协助行为，如帮助警察抓捕凶犯等应当被视为无因管理行为，对其损失的补偿也应被视为特别牺牲补偿而不是一种社会补偿。

2. 见义勇为补偿。对于见义勇为的补偿，我国法律也有相关规定。例如，《消防法》第49条第2款规定："单位专职消防队、志愿消防队参加扑救外单位火灾所损耗的燃料、灭火剂和器材、装备等，由火灾发生地的人民政府给予补偿。"另外，该法第50条还规定："对因参加扑救火灾或者应急救援受伤、致残或者死亡的人员，按照国家有关规定给予医疗、抚恤。"但总的来说，还不够完善。例如，公民抓捕歹徒遭受人身重大伤害却往往不能依法得到应有的补偿。这就造成了许多"英雄流血又流泪"的不公与遗憾，这显然不利于维护社会正义。

第三节　行政补偿的原则与标准

补偿原则与补偿标准实际上最终解决的是同一个问题，即给予私人补偿的数额问题。因此，海外学者往往将补偿标准作为补偿原则的一部分来论述，本书亦然。

一、国外损失补偿的原则

国外损失补偿的原则主要来自于征收补偿的领域。美国、德国和日本等有关国家征收补偿的原则，总体上可以概括为两种学说：第一，完全补偿说。该学说认为，对征用对象财产的客观价值，应按其全额予以补偿。其中，一种更为彻底的观点认为，除了对财产的全额进行补偿外，还应加上伴随征用所发生的一切附带性的损失，如拆迁费用和营业上的损失等。第二，适当补偿说，该说认为法律并不一定要求全额补偿，只要参照补偿时的社会观念按照客观、公正、妥当的补偿计算标准予以补偿，就足够了。持此种观点的学者认为，法律可以规定对人民受损权益的补偿，不必一定以全额补偿，而是可以权衡侵犯人民权益的公共需求、国库的能力等，给予相当的补偿。事实上，这种理由并没有真正的说服力。现在的补偿学说，以完全的补偿为原则，只有限于社会改革立法等存在例外的合理理由时，才认为较低的额度补偿就足够了。

二、我国行政补偿原则的现状

就我国行政补偿原则的现状而言，不同程度地存在着随意性大、抚慰色彩浓的特点，不能为当事人正当权益提供有力保护。在有关国家补偿的法律中没有明确行政补偿的原则。行政补偿原则对于行政补偿立法有着统帅的作用，它决定着行政补偿的范围、标准、方式、程序等，所以多数国家都对行政补偿原则做出规定，而且都是在宪法中规定。而我国目前对其规定是不明确的，有的法律中确定的是适当补偿原则，如《防洪法》、《草原法》、《水法》、《国防法》、《防震减灾法》等，但是对于“适当”并没有做出解释；有的法律中确定的是合理补偿原则，如《矿产资源法》；还有的法律确定的是相应补偿原则，如《归侨侨眷权益保护法》、《戒严法》、《外资企业法》、《中外合资经营企业法》等，至于什么是“相应”，法律也未做任何解释。以上法律中的行政补偿原则规定，无论是适当补偿、合理补偿还是相应补偿，都是不完全补偿，是不足额补偿。

对于行政补偿的具体标准，我国目前大多数立法更缺乏明确、具体、详细的规定。有关行政补偿的各单行法律、法规中，只有《土地管理法》、《国有土地上房屋征收与补偿条例》等为数不多的立法对征收土地、房屋拆迁的补偿标准做了详细的规定。就已有的规定比较而言，我国的行政补偿标准低于民事赔偿标准，与行政赔偿标准类似。民事赔偿包括物质损害和精神损害，包括直接损失也包括间接损失。我国行政补偿标准只补偿物质损害并往往只补偿直接损失。除此之外的其他法律、法规很少对此作出规定。这样难免造成补偿标准的不稳定性以及补偿方式的差异性；再加上各行政主体在具体执行中各行其是，随意性很大，进而出现了很多不公平的现象。

三、确立完全补偿原则

鉴于我国行政补偿原则的现状和弊端，因此，有必要在所有需要规定补偿的相关立法中对补偿的原则和具体标准作出明确的规定。应当坚持“完全补偿”原则为行政补偿的原则，并明确完全补偿原则下的具体补偿标准和计算方法。因为无论是从社会公平和正义原则出发考虑，还是从经济社会发展、人权保护考虑，都要求补偿受害人遭受的全部损害。否则，公民、组织的合法权益便得不到有力保障会并会助长国家权力的滥用。

第四节 行政补偿的程序与司法救济

一、行政补偿的程序

行政补偿程序是指行政补偿的步骤、顺序、手续和时限的总称。行政补偿程序是行政补偿能够依法公正进行的保证。但是，目前我国还没有统一、明确的关于行政补偿程序的规定。单行法中有较为完善程序规定的只有《土地管理法》和《国有土地上房屋征收与补偿条例》，但这两部单行法律规范关于行政补偿程序的规定存在着诸多遗憾，因为其程序的设计多是按照补偿事实的发生顺序来设计的，或是过多地考虑某一方面的利益，而不是按照正当程序的原则来设计，所以仍有待进一步完善。我们认为，一个正当的行政补偿程序至少应具备以下步骤：

1. 补偿请求的提出。受损失人提出补偿请求应尽量以书面形式。申请书中应写明受害人的基本情况，补偿的具体要求、事实、理由，申请提出的时间等。口头提出申请的，补偿义务机关应记入笔录。

2. 补偿请求的受理。行政补偿义务机关在接到申请后，对申请予以审查，并决定是否受理。（行政补偿根据行政机关是否主动实施，可分为主动补偿和依申请补偿，以上两个步骤是依申请补偿的必经程序。）

3. 通知补偿事宜。以公告或其他方式通知补偿的事宜，通知中应写明补偿的事由、补偿人、补偿范围、补偿的金额及计算标准、被补偿人提出异议的权利和期限。

4. 通过协商达成书面协议。行政补偿义务机关与受损失人应当在平等的基础上，就补偿的具体事宜进行协商，达成一致的应形成书面协议。

5. 补偿争议的解决。争议处理程序是一个完善的补偿程序所必备的，当协商未达成一致或受损失人对补偿决定有异议时，可以通过这一程序得到救济。对于补偿争议的救济应包括行政救济和司法救济，我国目前多采用由上级行政主管机关裁决的办法解决争议，只有少数的补偿程序中规定了司法救济途径，这也是今后行政补偿程序应当完善的地方。

但是，如前所述，引起补偿的情形多种多样，因此不同类型的行政补偿，其程序相差也就非常之大。因此，在遵循一般程序的基础上还应注意不同类型补偿程序的差异：

对于征收补偿而言，必须贯彻事先补偿原则。各国一般要求必须在征收决定中同时依法确定补偿数额，而且必须在支付征收决定中确定的补偿数额之后，征收决定才能生效，才能执行征收决定。只有这样才能确保补偿能够及时支付，保障被征收人的权利。相比较而言，我国《土地管理法》等相关法律关于征收补偿的程序规定还有待完善。

对于征用补偿而言，由于征用乃是一种适用于紧急情势下的行为，为了更为迅速的采取措施，所以通常程序相对简便、快捷，补偿程序同样也是如此。而且，通常不要求必须事先补偿。

对于前述其他合法行政职权行为引起的损失补偿以及公法上无因管理的行政补偿，尽管它们都不是在紧急情况下产生的，但事前都无法确定损失大小，故补偿数额也就无法确定，因此一般也都是事后予以补偿。

二、行政补偿的司法救济

如前所述，行政补偿纠纷种类繁多，并非所有的补偿纠纷都适用行政诉讼程序。例如，在法国，针对批准公用目的的决定以及可以转让的决定不服提起的诉讼按照行政诉讼程序进行，而针对补偿计算的标准不服提起的诉讼则采用民事诉讼程序。事实上德国的规定也大体如此。

就我国的情况而言，应当从立法上明确不同性质的补偿纠纷适用不同的程序。针对征收行为不服提起的诉讼、行政主体采取的限制财产权和非财产权措施不服而提起的诉讼、针对行政职权行为附随效果提起的诉讼、针对行政主体拒绝履行或拖延履行补偿责任提起的诉讼以及对行政主体就补偿纠纷作出的裁决不服提起的诉讼应当适用行政诉讼程序。

至于对行政补偿的计算标准不服提起的诉讼，原则上应通过民事诉讼程序进行。但由于中国特殊的国情，在有些领域也可以考虑行政诉讼附带民事诉讼的程序来解决行政补偿计算标准的纠纷。以我国的城市房屋拆迁为例，拆迁人和被拆迁人就补偿标准达不成协议的，可以申请裁决，对裁决不服的可以向人民法院提起诉讼。对裁决不服提起的诉讼，应当按照行政诉讼程序进行，但这解决的仅仅是裁决的合法性问题。至于行政补偿的计算标准通过行政诉讼仍然不能解决。人民法院在审理裁决的合法性时，完全可以通过行政附带民事诉讼的程序解决补偿的计算标准问题。

第五编　行政诉讼

DIWUBIAN XINGZHENG SUSONG

第十三章 行政诉讼概述

第一节 行政诉讼与行政诉讼法

一、行政诉讼的概念和特征

行政诉讼是现代国家的产物，资本主义商品经济（或市场经济）和民主政治是行政诉讼产生的基本条件。行政诉讼始于法国的行政法院制度，后来逐渐被英美法系国家所承认和接受。虽然行政诉讼首先产生于资本主义国家，但不是资本主义国家专有的，社会主义国家也有行政诉讼。我国行政诉讼制度初始于1982年，① 第七届全国人民代表大会第二次会议于1989年4月4日通过新中国第一部《中华人民共和国行政诉讼法》，并于1990年10月1日起施行。它的颁行是我国行政诉讼制度完全建立的标志。

（一）行政诉讼的概念

行政诉讼的内涵和实际内容在各国并不完全一致，人们基于不同的法律文化和世界各国不同的法治实践，对行政诉讼的概念有着不同的表述。在法国，行政诉讼被称为行政审判；在英美国家，行政诉讼主要被称为司法审查或司法复审。②。但总体而言，行政诉讼是指司法机关和诉讼当事人为解决行政争议，根据法律规定的制度、程序所进行的活动。在我国现阶段，法学界通常认为所谓行政诉讼，是指人民法院根据公民、法人和其他组织的请求，在当事人和其他诉讼参与人的参加下，依照法定程序审理和解决行政争议的活动，以及由这些活动所产生的各种诉讼关系的总和。

（二）行政诉讼的特征

行政诉讼与刑事诉讼、民事诉讼并列为当代世界各国的三大基本诉讼制度。行政诉讼作为三大诉讼的一种，既具有诉讼的一般共性，又有其自身固有的特

① 1982年10月1日起施行的《中华人民共和国民事诉讼法（试行）》第3条第2款规定："法律规定由人民法院审理的行政案件，适用本法规定。"这一规定为行政案件的审理提供了程序方面的准用性规范，标志着我国行政诉讼制度的初步建立。

② 胡建森著：《比较行政法》，法律出版社1998年版，第97页。

征，这些特征使行政诉讼有别于刑事诉讼和民事诉讼。行政诉讼的特征主要有以下几个方面：

1. 行政诉讼所要处理、解决的是行政案件。这是行政诉讼在审理的对象和内容上与其他诉讼的区别，并且是与其他诉讼的本质区别。它表明，行政诉讼审理和解决的对象是行政案件而非民事、刑事案件，行政案件是指行政主体在行政管理中因行政职权的行使与公民或组织之间发生的、根据法律规定属于人民法院受案范围的争议，通常被人们称为行政争议。[①] 另外也表明，行政诉讼的内容是审理和解决行政案件的活动，以及在这些活动中所产生的各种诉讼关系的总和。行政诉讼是审理解决行政案件的特定的社会行为，它包括审理、解决行政案件这一过程的所有内容，既包括这一过程的动态，即各种诉讼活动；也包括这一过程的静态，即由诉讼活动所产生的各种诉讼关系。

2. 行政诉讼当事人的诉讼地位是特定的，不能互换且具有恒定性。在行政诉讼中，原告只能是行政管理相对人——公民、法人或其他组织，被告只能是行使行政职权、作出行政行为的行政主体，两者的诉讼地位不能互换，是恒定不变的。即作出行政行为的行政主体不能作为原告提起行政诉讼，诉讼开始后也不能提起反诉而成为反诉的原告；行政相对人不能作为行政诉讼的被告。这是由行政职权的强制力和确定行政诉讼制度的目的所决定的。而在民事诉讼、刑事自诉中，争议双方均可成为原告（或自诉人）或被告。

需要注意的是，作为原告的法人或其他组织，也可能会是一个以机关法人身份出现的行政机关，即当行政机关作为普通的机关法人而受另一行政机关的行政行为约束时，它是行政相对人，可以法人的身份对作出行政行为的行政机关提起行政诉讼。

3. 行政诉讼的结果主要是对行政行为的合法性（行政处罚还包括适当性）作出评价，从而作出相应的判决。行政行为是行政诉讼的诉讼标的，人民法院经过审理，对合法的行政行为予以维持；对违法的行政行为予以撤销；对显失公正的行政处罚予以变更等。而民事诉讼的结果主要是确定当事人民事权利义务和民事责任的归属；刑事诉讼的结果主要是确定被告人是否有罪，如果确定有罪，进一步确定所犯的罪属何种性质，应该处何种刑罚。

4. 行政诉讼具有监督行政主体依法行使职权和履行职责的功能和作用。这是行政诉讼在目的上与其他诉讼的区别。行政诉讼的根本目的是人民法院通过审理、解决行政案件，纠正或防范行政主体违法行政行为造成的侵害，以保护公民、法人或其他组织的合法权益。显然，行政诉讼的这种目的有别于民事诉讼和刑事诉讼。同时，行政诉讼的这种目的又决定了它具有监督行政主体依法行政的作用。实质上，行政诉讼是国家审判权对行政权的一种司法监督，是以国家审判

---

① 行政争议，是行政主体与公民或组织之间发生的争议，行政争议自申请人或原告提交有权机关审理时起，通常称为行政案件。

机关的审判权（司法权）来督促国家行政机关行政权的合法、正确行使。行政诉讼的这一功能和作用明显是其他诉讼制度所不具备的。

5. 行政诉讼可以参照适用民事诉讼的有关规定。这是行政诉讼在程序规范适用上与其他诉讼的区别。行政诉讼与民事诉讼是两种性质不同的诉讼，但两者又有着极密切的联系。从历史发展上讲，行政诉讼制度是从民事诉讼制度中逐步分离、逐步独立和逐步发展起来的诉讼制度。世界各国在行政诉讼制度创立的初期，在程序上均适用民事诉讼法，即使在行政诉讼法典颁行之后，还在某些方面、某些环节上适用民事诉讼法。我国借鉴了国外行政诉讼制度发展的经验，同时出于立法技术上的考虑，规定了人民法院审理行政案件，除依照行政诉讼法和有关司法解释外，可以参照民事诉讼的有关规定。①

二、行政诉讼的功能

行政诉讼的功能，通常又称为行政诉讼的作用或行政诉讼的目的。行政诉讼的功能通过人民法院审理、解决行政案件予以实现。行政诉讼的功能主要表现在以下两个方面：

（一）保护公民、法人和其他组织的合法权益

行政诉讼的根本目的应当是保护公民、法人和其他组织的合法权益，这是由我国的国家性质所决定的，也是法治社会的必然要求。由于行政主体和相对人在行政管理活动中的地位不平等及其他因素的存在，行政机关的违法和不当行为难以避免，如果没有一种有效的机制防止这种情况的发生，或者在违法或不当行政行为发生后不能及时纠正和补偿，势必会使公民、法人和其他组织的合法权益得不到应有的保护，有悖于社会主义的本质和法治社会的要求。所以，行政诉讼的功能，首先就是人民法院通过判决撤销违法的行政行为、判决变更显失公正的行政处罚等方式，以保护公民、法人和其他组织的合法权益。

（二）维护和监督行政机关依法行使职权

维护和监督行政机关依法行使职权，是行政诉讼的又一重要目的。维护行政机关依法行使职权，表现在人民法院对行政主体的合法行政行为通过审理判决维持；所谓监督行政机关依法行使职权，即通过人民法院对违法行政行为的事后纠正，以督促行政主体依法行政，尽职尽责，提高行政效能，全心全意为人民服务，从而最终保护公民、法人和其他组织的合法权益。

行政诉讼的功能和行政诉讼的性质不同，不能将两者相互混淆。按照马克思主义的辩证唯物主义的基本原理，事物的性质是事物间相互区别的根本标志，行政诉讼的性质是有关行政诉讼与其他制度等相互区别的界定，行政诉讼在性质上应是解决行政案件的诉讼制度。行政诉讼的监督功能、保护功能（司法救济功

---

① 参见《最高人民法院关于执行〈中华人民共和国行政诉讼法〉若干问题的解释》第97条。

能），并非行政诉讼的性质，而是设置行政诉讼制度的目的或者是行政诉讼制度的应有作用。①

三、行政诉讼法的概念、渊源和效力

（一）行政诉讼法的概念

行政诉讼法，是指人民法院，当事人和其他诉讼参与人进行行政诉讼活动以及调整在行政诉讼活动中所形成的诉讼关系的法律规范的总和。换而言之，行政诉讼法就是调整行政诉讼的法律规范的总和。

行政诉讼法有广义和狭义之分，狭义的行政诉讼法也称形式意义上的行政诉讼法，特指具有专门、完整法律形式的行政诉讼法典。在我国即指1989年4月4日通过于1990年10月1日实施的《行政诉讼法》。广义的行政诉讼法也称实质意义上的行政诉讼法，指不论何种形式的，一切在内容上属于行政诉讼问题的法律规范，广义的行政诉讼法既包括行政诉讼法典，也包括其他法律法规中有关行政诉讼问题的法律规范，还包括有效的法律解释和有关行政诉讼的国际条约与协定。

行政诉讼法以行政诉讼为调整对象，是我国法律体系中的重要法律部门。法律部门的主要划分标准是对象的特定性，行政诉讼法的对象是行政诉讼，行政诉讼活动以及由此形成的诉讼关系必须要依据行政诉讼法进行和调整。行政诉讼法是我国三大诉讼法之一，是全国人民代表大会制定的基本法律，这就决定了行政诉讼法不仅是独立的法律部门，还表明了行政诉讼法在我国法律体系中的重要地位。

行政诉讼法是一部程序法，行政诉讼法以行政诉讼为调整对象，规范或者调整人民法院、当事人以及其他诉讼参与人的行政诉讼活动及由此形成的各种诉讼关系，因而是一部程序法。

（二）行政诉讼法的渊源

行政诉讼法的渊源，是指行政诉讼法的表现形式，我国广义即实质意义的行政诉讼法的渊源主要有：

1. 我国《行政诉讼法》。该法即行政诉讼法典，是关于行政诉讼的专门性法律共11章75条，对我国行政诉讼的基本原则、受案范围、管辖、诉讼参与人、证据、起诉和受理、审理与判决、执行、涉外行政诉讼法、侵权赔偿责任等行政诉讼各方面的问题，作出了比较系统的规定，为我国广义的行政诉讼法的主体部分。

2. 宪法和司法机关组织法中有关行政诉讼法的法律规范。我国宪法对人民

---

① 有学者认为行政诉讼法在性质上具有三重性的制度：一是一种司法审查制度；二是一种行政法律救济制度；三是国家诉讼制度的一部分。参见姜明安主编：《行政法与行政诉讼法》，北京大学出版社、高等教育出版社1999年版，第296页。

法院和人民检察院行使审判权和检察权，对公民受到国家机关及工作人员违法失职行为侵害时行使申诉权，控告权和申请赔偿权等原则性的规定，是对行政诉讼立法和司法起指导作用的法律规范，属于广义行政诉讼法中具有原则性，指导性意义的组成部分。国家司法机关组织法中对人民法院审判活动的原则，组织形式和程序等基本规定，对人民检察院在诉讼中实施的法律监督以及监督方法和程序等基本规定，是人民法院和人民检察院在行政诉讼中必须遵守的工作规范，它们也是广义行政诉讼法的组成部分。

3. 各种行政法律、法规、自治条例、单行条例中有关行政诉讼的法律规范。《行政诉讼法》在第二章受案范围，第六章起诉与受理以及其他条款中，多有“依照法律，法规的规定”或“法律，法规另有规定的除外”的规定，因而各种行政法律，法规，自治条例，单行条例中有关行政诉讼的规定，属于广义行政诉讼法的重要组成部分。目前，这类法律规范主要包括以下六类：规定相对人可以对某些行政行为提起行政诉讼的法律规范；规定某些行政行为必须由行政机关作出最终裁决的法律规范；规定相对人对某些行政行为不服，必须先申请复议，然后再提起行政诉讼的法律规范；有关相对人起诉期限的法律规范；规定诉讼期间是否停止行政行为执行的法律规范；规定外国人，无国籍人，外国组织进行行政诉讼的特别程序的法律规范。

4. 民事诉讼中可以适用行政诉讼活动的法律规范。我国的行政诉讼在行政诉讼法颁行前适用的是民事诉讼法，行政诉讼法在制定时为了避免条文的烦琐，凡行政诉讼和民事诉讼完全或者基本相同的一些程序问题予以简略未作规定，如开庭审理的程序，送达等，对这些问题，在进行行政诉讼时，要参照民事诉讼法的相关规定，民事诉讼法中的这类规范在适用行政诉讼时，也属于行政诉讼法律规范，成为广义行政诉讼的组成部分。

5. 有效的法律解释。有效的法律解释是有权机关对行政诉讼问题所作的法律解释，主要包括权力机关的立法解释，最高审判机关和最高检察机关的司法解释，这些法律解释都具有法律效力和普遍约束力。尤其是最高人民法院 2000 年 3 月 8 日公布的最高人民法院《关于执行〈行政诉讼法〉若干问题的解释》、2002 年 7 月 24 日公布的最高人民法院《关于行政诉讼证据若干问题的规定》，是国家最高审判机关结合行政诉讼实践，对行政诉讼法和行政诉讼问题所作出的全面、具体的解释或规定，它对于正确理解和执行行政诉讼法与进行行政诉讼具有重要的作用，有效的法律解释属于广义行政诉讼法律不可缺少的重要组成部分。

6. 国际条约和协定。我国缔结或参加的国际条约和协定，如果其内容涉及我国行政权力的行使和公民、法人相应的权利义务及行政诉讼问题的，也是我国行政诉讼法的渊源。但是，国际条约和协定中我国声明保留的条款不属于行政诉讼法的渊源。

（三）行政诉讼法的效力

行政诉讼法的效力，又称行政诉讼法的适用范围，即行政诉讼法在哪些空间范围和时间范围内，对哪些人和事具有适用的效力。具体包括：空间效力，时间效力，对人的效力和对事的效力。

1. 空间效力。行政诉讼法的空间效力，是指行政诉讼法适用的空间范围。我国行政诉讼法的适用范围是我国的一切领域，包括我国的领土，领空，领海以及领土延伸部分的所有空间。凡在中华人民共和国领域内发生的行政案件和进行的行政诉讼，均适用我国行政诉讼法。

对于行政诉讼法的空间效力应注意以下两点：第一，行政诉讼法在根据“一国两制”的方针设立的“特别行政区”内不适用。第二，广义行政诉讼法中的地方性法规有关行政诉讼的法律规范，只适用本地域发生的行政案件；自治条例，单行条例中有关行政诉讼的法律规范，只适用本自治区域内发生的行政案件。

2. 时间效力。行政诉讼法的时间效力是指行政诉讼法生效，失效的起止时间以及对该法生效前发生的行政案件是否适用即溯及既往的效力。

对于行政诉讼法生效，失效的时间，我国《行政诉讼法》第75条规定了该法的生效时间即“本法从1990年10月1日起施行”，关于失效的时间未作规定；其他法律法规中有关行政诉讼的法律规范分别根据各自明示的生效日期开始生效，并随着各自明示的失效日期或有关规定开始失效。

我国行政诉讼法自施行之日起生效，一般不溯及既往，对生效之前发生的行政案件不适用。

3. 对人的效力。对人的效力即行政诉讼法适用于哪些人。凡在我国领域内进行行政诉讼的人都适用我国的行政诉讼法，这些人包括：我国的行政主体；我国的公民、法人和其他组织；在我国进行行政诉讼的外国人、无国籍人、外国组织，但法律对外国人、无国籍人、和对外国组织另有规定的除外。

4. 对事的效力。对事的效力指哪些行政案件需要适用行政诉讼法处理解决，实际上也就是指行政诉讼的受案范围。凡依法可以提起行政诉讼的行政案件，都适用行政诉讼法的规定审理解决。①

第二节　行政诉讼法律关系

一、行政诉讼法律关系的概念和特征

所谓行政诉讼法律关系，是指人民法院和一切诉讼参与人之间的，以诉讼权利义务为内容的，由行政诉讼法律规范所调整的，以人民法院为主导的具体社会关系。

① 可诉行政案件的具体范围，详见本书第13章。

行政诉讼法律关系是行政诉讼法律规范作用于特定社会关系的结果，它除具有诉讼法律关系共有的特点外，还具有自身所特有的特点，主要有以下几个方面：

1. 行政诉讼法律关系是人民法院和一切诉讼参与人之间所形成的一种社会关系。公民、法人或其他组织与行政主体发生行政争议尚未诉诸人民法院时，他们与行政主体的关系只是行政法上的权利义务关系，并不发生行政诉讼法上的联系。只有公民、法人或其他组织将争议起诉，人民法院受理后，才产生人民法院同当事人及其他诉讼参与人之间的权利义务关系，即行政诉讼法律关系。而且，在行政诉讼参与人之间（如原告和被告之间）并不存在直接的诉讼权利义务关系，而是以人民法院为中介，他们各自和人民法院发生行政诉讼法律关系。

2. 人民法院始终是行政诉讼法律关系的一方，并处于主导地位。在行政诉讼中，人民法院作为案件的受理者、裁判者和诉讼的指挥者，有查明案件事实、正确作出裁判、保障诉讼参与人行使诉讼权利和履行诉讼义务、保证诉讼顺利进行的责任，为了使人民法院能够履行职责，国家赋予人民法院与此相关的权力，即行政审判权。当事人及其他诉讼参与人分别同人民法院发生行政诉讼法律关系，人民法院在行政诉讼法律关系中处于主导地位。

3. 行政诉讼法律关系主体中，作为被告的一方必须是行政主体。这是区别于其他诉讼法律关系的显著特点之一。没有行政主体的具体行政行为，就不可能发生行政争议，从而也不可能产生行政诉讼。行政诉讼法律关系也就无从谈起。

4. 引起行政诉讼法律关系发生的诉讼行为只能由公民、法人或者其他组织实施。行政诉讼法律关系的发生必须有起诉行为，人民法院不能主动开始。依照行政诉讼法的规定，行政主体只能作为被告参加诉讼，行政诉讼法律关系能否产生的主动权在公民、法人或者其他组织，行政主体处于被动地位，既不能起诉也不能反诉。这从形式上看是极其不公平的，但从实质上看，行政主体拥有国家赋予的行政权，可以依职权作单方意思表示，而作为相对方的公民、法人或者其他组织则有义务接受这种意思表示，如不愿接受，只能向人民法院提起诉讼，希望借助人民法院的强制力保护自己的合法权益。行政主体则无须借助人民法院的强制力，它本身拥有强制使对方服从自己的权力和手段。由于行政法律关系中的这个特点，行政诉讼法律关系中形式上的不公平就转化成了实质上的公平。

二、行政诉讼法律关系的构成

（一）行政诉讼法律关系的构成

行政诉讼法律关系由主体、客体和内容三部分构成。

所谓行政诉讼法律关系的主体，是指在行政诉讼中享有诉讼权利、承担诉讼义务的人。凡是参加行政诉讼并在其中享有诉讼权利、承担诉讼义务的人，都是行政诉讼法律关系的主体，包括人民法院、诉讼参加人和其他诉讼参与人。

1. 人民法院。人民法院是行政诉讼法律关系中最重要的主体，也是最重要的诉讼主体。[①]

2. 诉讼参加人。诉讼参加人是指当事人与当事人地位相类似的人。包括当事人（原告和被告）、共同诉讼人、第三人、诉讼代理人。诉讼参加人除诉讼代理人外，都同诉讼结果有直接利害关系，其行为对诉讼程序的发生、变更或消灭有直接影响（被告人只能使诉讼程序变更或消灭，而没有使诉讼程序发生的权利），他既是行政诉讼法律关系主体，又是行政诉讼主体。

3. 其他诉讼参与人。诉讼参与人是指参与诉讼活动的除人民法院以外的所有人，包括诉讼参加人和其他诉讼参与人。其他诉讼参与人是指诉讼参加人以外的参与诉讼的人，即证人、鉴定人、翻译人员、勘验人等。其他诉讼参与人与被诉具体行政行为和诉讼结果无法律上的利害关系，参与行政诉讼只是协助人民法院和当事人查明案情，使审判活动得以顺利进行，虽然在诉讼中也承担一些权利义务，但其行为对诉讼程序的发生、变更或消灭并不产生直接影响，他们仅是行政诉讼法律关系主体，但不是行政诉讼主体。

（二）行政诉讼法律关系的客体

所谓行政诉讼法律关系的客体，是指行政诉讼法律关系主体的诉讼权利义务所指向的对象。由于诉讼法律关系主体间诉讼权利与义务不同，因而各主体间诉讼权利义务所指向的对象也不完全相同。人民法院与当事人之间的诉讼权利义务所指向的对象是查明案件事实真相，解决行政争议。人民法院与证人、鉴定人、翻译人员等其他诉讼参与人之间的诉讼权利义务所指向的对象是查明案件事实（案件事实的一部分或主要部分）。

（三）行政诉讼法律关系的内容

所谓行政诉讼法律关系的内容，是指行政诉讼法律关系主体享有的由行政诉讼法律规范所确认并保证其实现的诉讼权利和诉讼义务。行政诉讼法律关系的主体不同，享有的诉讼权利和承担的诉讼义务也各不相同。

人民法院享有国家赋予的行政审判权，在行政诉讼中主要表现为受理权、收集调取证据权、审理权、指挥诉讼权、裁判决定权、排除诉讼障碍权、强制执行权等。人民法院的这种诉讼权利同时也是一种诉讼义务，不得随意放弃或滥用。

行政诉讼参加人除诉讼代理人外，在诉讼中享有的诉讼权利和诉讼义务大致相同，他们享有的诉讼权利或是相同或是相对应。例如，原告和被告都享有申请回避、委托诉讼代理人的权利等。再如，原告享有起诉权，被告享有应诉权。诉讼参加人的诉讼义务主要有：依法行使诉讼权利，不得滥用；遵守诉讼秩序，服从人民法院的指挥；履行生效裁判确定的义务。

其他诉讼参与人在行政诉讼中享有作证、鉴定、翻译、勘验的权力，承担协

---

① 诉讼主体和诉讼法律关系主体不同。诉讼主体是指其诉讼行为对诉讼程序的发生、变更和消灭有直接影响的人，包括人民法院和当事人。

助人民法院查明案件事实，不作虚假证言和虚伪鉴定、翻译，服从人民法院指挥的诉讼义务。

三、行政诉讼法律关系的发生、变更和消灭

行政诉讼的整个过程是行政诉讼法律关系主体相互作用的过程，诉讼法律关系主体间的作用会随主体行为的不同及其客观事实的变化而不断变化，从而导致行政诉讼法律关系也随之发生变化。行政诉讼法律关系主体、客体以及内容的变化，导致行政诉讼法律关系的发生、变更和消灭。行政诉讼法律关系的发生，是指在行政诉讼法律关系主体间形成某种权利义务关系；它的变更是指行政诉讼法律关系的主体、客体、内容的改变；它的消灭则是指行政诉讼法律关系主体间权利义务关系的终止。

行政诉讼法律关系是以具体的法律规范为条件的，是法律规范作用于特定的社会关系的结果。但是，法律不可能自动形成具体的法律关系，只有当法律规范确定的某种情况即法律事实出现时，才能适用该法律规范，从而引起行政诉讼法律关系的发生、变更和消灭。

行政诉讼上的法律事实，是指由行政诉讼法律规范规定的，能够引起行政诉讼法律关系产生、变更或消灭的客观情况。行政诉讼上的法律事实，分为法律事件和法律行为两类。法律事件是指由行政诉讼法律规范规定的，不以人的意志为转移的引起行政诉讼法律关系变更或消灭的客观事实。法律行为是指由行政诉讼法律规范规定的，能引起诉讼法律关系产生、变更或消灭的、诉讼法律关系主体有意识的作为或不作为的诉讼活动，又称行政诉讼行为。例如，原告的起诉行为和人民法院的受理行为，引起行政诉讼法律关系的产生；当事人撤回起诉经人民法院批准后，引起诉讼法律关系的消灭。由于诉讼法律关系主体不同，权利义务也就不同，其诉讼行为也必然各不相同。

人民法院的诉讼行为是执行国家审判职能并产生一定法律后果的审判活动和执行活动。具体可分为两种：一是准备行为，如受理、查证、法庭调查等为决定行为做准备的行为；二是决定行为，即作出决定、裁定和判决的行为。

诉讼参加人（诉讼代理人除外）的诉讼行为有两类：一是行使诉讼权利的行为，诉讼参加人实施这类诉讼行为具有法定性，可以行使也可以放弃，如是否起诉、撤诉和上诉，由其自己决定。二是履行诉讼义务的行为，诉讼参加人必须实施这类行为，如不实施，则要承担由此产生的法律后果或者由人民法院强制其实施。诉讼代理人在代理权限内以被代理人名义实施的诉讼行为，视为被代理人的诉讼行为。

其他诉讼参与人的诉讼行为具有法定性、非任意性、期限性，同时具有辅助性。例如，证人的行为不能被代理，证人不能更换。

第三节 行政诉讼的基本原则

行政诉讼的基本原则，是指由行政诉讼法规定的，反映我国行政诉讼制度的基本内容和精神实质，用以指导整个行政诉讼活动或者行政诉讼主要阶段诉讼活动的基本原则。

行政诉讼的基本原则体现了宪法关于国家机关和国家机关工作人员应接受人民监督的思想，反映出我国行政诉讼的基本特点和精神实质，它既是制定和解释行政诉讼法律规范的出发点，也是当事人和人民法院进行诉讼活动的基本行为准则。当法律、法规没有具体明文规定时，对疑难程序问题可以依据行政诉讼基本原则的精神进行处理和解决。

在我国，行政诉讼的基本原则是根据我国社会主义民主和法治建设的要求，正确、妥善地处理审判权和行政权的关系，以保障公民、法人和其他组织的合法权益，维护和监督行政机关依法行使职权，提高行政效率的立法指导思想制定的。主要有下列原则：

一、人民法院依法独立行使行政审判权原则

人民法院独立行使审判权，是我国宪法所确认的一项原则，它当然适用于行政诉讼。《行政诉讼法》第3条第1款规定："人民法院依法对行政案件独立行使审判权，不受行政机关、社会团体和个人的干涉。"该原则包含以下内容：

1. 按照宪法和行政诉讼法的规定，人民法院是对行政诉讼案件进行审判的唯一机关，只有人民法院才享有国家赋予的对行政案件的审判权，其他任何国家机关都不享有审判行政案件的权力。

2. 人民法院对行政案件依法独立行使审判权。人民法院是由国家权力机关产生的审判机关，享有宪法赋予的审判权。审判权、检察权、行政权既是国家权力的组成部分，又是互不干扰独立存在的，人民法院依法行使审判权审理、裁判行政案件，行政机关、社会团体或者个人都不能干预，不能对人民法院的审判活动横加干涉。不尊重甚至肆意违反或拒不执行人民法院生效的行政裁判，是一种违法犯罪行为，应依法予以惩处。

3. 人民法院依法对行政案件独立行使审判权，是指人民法院作为一个整体，在行使审判权时是独立的，即每个人民法院独立进行审判。同时，人民法院独立行使审判权，必须依照行政诉讼法律规范和行政法律、法规的规定进行，不能离开法律规定进行独立审判。

二、以事实为根据，以法律为准绳原则

以事实为根据，以法律为准绳原则是我国长期司法审判经验的总结，也是一

切诉讼活动的基本准则，行政诉讼同样遵循这一原则。《行政诉讼法》第 4 条规定：“人民法院审理行政案件，以事实为根据，以法律为准绳。”

这一原则的基本要求是：人民法院在审理行政案件时，必须查明案件的事实真相，以法律为评判标准，辨明是非曲直，作出正确裁判。它是实事求是和依法办案这一指导思想的具体体现。在行政诉讼中，所谓以事实为根据，就是依照法定程序调查、认定行政机关据以作出具体行政行为的事实是否有证据证明；所谓以法律为准绳，就是要查明行政机关作出具体行政行为时适用法律、法规是否正确。与此同时，人民法院还应该对行政机关适用的行政规章进行审查，人民法院如果认为行政规章不合法或不适当，可在审理案件时不予参照。

三、审查具体行政行为合法性原则

《行政诉讼法》第 5 条规定：“人民法院审理行政案件，对具体行政行为是否合法进行审查。”

审查具体行政行为合法性原则，包括两个方面的内容：一是审查具体行政行为；二是审查具体行政行为的合法性。

人民法院之所以审查具体行政行为而不审查抽象行政行为，主要是因为：第一，根据我国宪法和组织法的规定，对抽象行政行为的审查监督权由权力机关和行政机关系统本身行使，故行政诉讼法只赋予人民法院对具体行政行为的审查监督权。第二，抽象行政行为涉及政策问题，不宜由人民法院判断。第三，抽象行政行为涉及不特定的相对人，有时甚至涉及一个或几个地区甚至全国的公民，其争议不适用通过诉讼途径解决。①

人民法院审查具体行政行为的合法性，包括审查具体行政行为的主体、客体、内容、程序以及目的、手段是否合法，从而作出具有法律效力的评价、确认，决定相应具体行政行为能否成立，能否继续对相对人发生效力。原则上，人民法院不能审查行政机关在自由裁量权范围内作出的具体行政行为，即不审查具体行政行为的合理性或适当性。这是因为：第一，根据我国宪法的规定，人民法院依法行使审判权，行政机关依法行使行政权。裁判行政行为是否合法的争议属于审判权的范畴；确定行政行为在法律范围内如何进行更为适当、更为合理，属于行政权的范围。审判权和行政权不能相互代替，对不属于自身权力范围内的事项不能作出决定或评价。第二，人民法院长期进行审判活动，对适用法律最有经验，对法律问题最能作出正确评价。而行政机关长期进行行政管理活动，对行政管理最为熟悉和最具有管理的专门知识，对在法律范围内如何实施行政行为更为适当、更为合理、更为有效和更有经验。因此，合法性问题交由人民法院解决，适当性问题应留给行政机关解决。否则，由行政机关解决合法性问题，就可能导

---

① 随着《行政复议法》的施行，特别是我国加入 WTO 后，学界普遍认为应将抽象行政行为中的“其他规范性文件”纳入人民法院的司法审查范围。

致行政专横、法治混乱；由人民法院解决适当性问题，就会导致行政瘫痪、效率低下。但是，坚持审查具体行政行为合法性原则，并不完全排斥法律也规定人民法院对某些具体行政行为适当性的审查。行政诉讼法规定，人民法院对行政处罚显失公正的，可以判决变更。变更判决就是一种涉及自由裁量权的判决，是对具体行政行为适当性的审查。

四、合议、回避、公开审判、两审终审原则

《行政诉讼法》第6条规定："人民法院审理行政案件，依法实行合议、回避、公开审判和两审终审制度。"行政诉讼法将这些制度规定在总则中，说明立法者认为这些制度具有基本性，为行政诉讼的基本原则之一。

（一）合议原则

人民法院审理行政案件实行合议制度，合议原则的主要内容是：

1. 在不同的审判阶段分别组成合议庭。第一审案件由审判员和陪审员共同组成合议庭，或者由审判员组成合议庭。第二审案件由审判员组成合议庭；再审案件另行组成合议庭，原审合议庭成员不应参加再审合议庭。

2. 合议庭的组成人员应是3人以上的单数。

3. 合议庭成员享有平等的权利，合议庭评议案件，实行少数服从多数的原则，对评议中的不同意见，应该如实记入笔录。

4. 合议庭必须接受审判委员会的领导和监督。

（二）回避原则

行政诉讼实行回避原则，是基于保障当事人诉讼权利，保证案件公正审理的需要。

所谓回避，是指审判人员和书记员、鉴定人、翻译人员、勘验人员在承办案件时，如果遇有法律规定的情况，应自行不参加该案件的审理工作，当事人也有权申请人民法院将其更换的制度。按照《行政诉讼法》第47条的规定，审判人员、书记员、鉴定人、翻译人、勘验人认为自己与本案有利害关系或者有其他关系可能影响公正审判的，应自行申请回避，当事人也有权要求他们回避。院长担任审判长时的回避，由审判委员会决定；审判人员的回避，由院长决定；其他人员的回避，由审判长决定。当事人对决定不服的，可以申请复议。

（三）公开审判原则

公开审判是我国宪法所确认的一项原则。公开审判的意义在于将人民法院审理案件的过程公开，接受当事人与社会的监督，以保证人民法院裁判的合法性与公正性。公开审理是原则，不公开审理是例外，即人民法院审理的行政案件，除了涉及国家秘密、个人隐私以及法律有特别规定的以外，一律公开进行。开庭审理时的各种诉讼活动，除合议庭评议案件以外，要对群众和社会公开，允许群众旁听，允许记者采访报道。对依法不公开审理的案件，宣告判决仍应公开。

（四）两审终审原则

人民法院审理行政案件实行两审终审制，即指除了最高人民法院第一审判决、裁定就是终审判决、裁定外，任何一个行政案件都可以经过两级人民法院审判，然后宣告最终结束的制度。

五、当事人法律地位平等原则

当事人在行政诉讼中的法律地位平等，是《行政诉讼法》第7条规定的一项基本原则。它是从双方当事人的诉讼地位、享有的诉讼权利、承担的诉讼义务、适用法律等总体上而言的。即当事人在行政诉讼中应享有相应的权利，履行相应的诉讼义务；人民法院在审理行政案件时，不论当事人的职业、所具有的行政职权和行政地位，也不论当事人的性别、民族、受教育程度、财产状况、宗教信仰、居住期限，在适用法律上一律平等，不偏袒、不歧视。

当事人法律地位平等，体现了社会主义法治原则，最大限度地发挥行政诉讼制度应有的功能和作用。

六、使用本民族语言、文字进行诉讼的原则

《行政诉讼法》第8条规定："各民族公民都有用本民族语言、文字进行行政诉讼的权利。在少数民族聚居或者多民族共同居住的地区，人民法院应当用当地民族通用的语言、文字进行审理和发布法律文书。人民法院应当对不通晓当地民族通用的语言、文字的诉讼参与人提供翻译。"行政诉讼法确立这一基本原则的意义有以下几点：

1. 贯彻宪法的民族平等原则，保护各民族公民特别是少数民族公民在行政诉讼中的平等诉讼权利，进而保护他们的相应的实体权益。

2. 有效地保证行政诉讼的顺利进行和行政诉讼目的的实现。法律允许各民族公民使用本民族语言、文字进行诉讼，有利于当事人陈述案情、提供证据和进行辩论，从而有利于人民法院全面了解和认定案件事实，作出正确的裁判。

3. 可为行政诉讼其他基本原则的实现提供保障。没有这一原则，行政诉讼公开审判的原则、回避原则、当事人法律地位平等原则、辩论原则等就难以实现。

七、辩论原则

《行政诉讼法》第9条规定："当事人在行政诉讼中有权进行辩论。"根据这一规定，一方面，辩论是当事人的一项诉讼权利，人民法院应当尊重当事人行使这一权利；另一方面，辩论是进行行政诉讼的一个原则，人民法院和当事人应按照这个原则进行诉讼活动。

辩论原则是指诉讼双方当事人在人民法院的主持下，就案件事实有争议的问

题以及适用法律、法规当否等，各自陈述自己的主张和根据，相互进行反驳和答辩，以维护自己的合法权益。辩论的形式有口头和书面两种。法庭辩论多采用口头形式；而原告的起诉和被告的答辩，一般采用书面形式。辩论可以就程序上的问题进行辩论，如当事人是否适合、起诉是否超过法定起诉期限等，但主要是就实体问题进行辩论，即围绕被诉具体行政行为是否合法或适当以及当事人诉讼请求能否成立进行辩论。

八、检察机关对行政诉讼实行法律监督原则

《行政诉讼法》第 10 条规定：“人民检察院有权对行政诉讼实行法律监督。”行政诉讼的这一原则是根据宪法和人民检察院组织法、人民法院组织法确定的。按照我国宪法和两院组织法的规定，人民检察院是我国的法律监督机关，它对人民法院的审判活动有权实行法律监督。行政诉讼法将人民检察院对行政诉讼实行法律监督确定为行政诉讼的一项基本原则，其意义在于：一方面它为人民法院合法行使审判权提供了一种制约和监督，从而为行政案件的正确处理、裁判提供了进一步的保障；另一方面它又为纠正可能出现的冤假错案提供一种途径，从而为保障行政相对人的合法权益以及国家和社会公益提供了更完善的机制。

人民检察院对行政诉讼实行法律监督，可以有多种形式，如参与和提起诉讼、出庭监督、依上诉程序提起抗诉、依再审程序提起抗诉等。但现行《行政诉讼法》只规定了依审判监督程序提起抗诉的形式，其他未作规定。这是因为我国行政诉讼和行政诉讼制度刚刚建立，人民检察院对行政诉讼的监督还没有理论上的准备，尚无实践经验，各种监督形式和方法只能随着试点积累经验上升为法律逐步出台，检察监督制度只能随着行政诉讼和行政诉讼制度的完善而逐步完善。

第十四章　行政诉讼受案范围与管辖

第一节　行政诉讼受案范围

一、行政诉讼受案范围的含义

行政诉讼受案范围，也称人民法院的主管范围，是指人民法院受理行政案件的范围，即法律规定的、人民法院受理审判一定范围内行政案件的权限。这一范围同时决定着司法机关对行政主体行为的监督范围，决定着受到行政机关侵害的公民、法人和其他组织诉权的范围，也决定着行政终局裁决权的范围。

在行政管理活动中，行政主体的行政行为是多种多样的，行政主体与公民、法人或者其他组织之间发生的行政争议也是多种多样的，但并不是所有的行政争议都能够或都适宜通过行政诉讼的途径来解决。由此，就会发生行政诉讼的受案范围的问题。

哪些行政案件属于人民法院的受案范围，为何把这些行政案件划归为人民法院的受案范围而将其他一些行政案件排除在行政诉讼的范围之外，对此，各国基于不同的政治、经济、文化、法律条件乃至历史的原因等，可能会有不同的规定。但是，受案范围却是行政诉讼制度中必不可少的核心内容之一。受案范围不仅仅是人民法院对哪些行政案件可以受理审判的问题，还具有以下几个方面的重要意义：

1. 受案范围是人民法院对行政主体行政活动实施司法审查的权限范围，行政诉讼是人民法院监督、审查行政主体行政职权活动的法律制度，人民法院能受理哪个范围的行政案件，同时也就意味着能对行政主体哪个范围的行政活动具有监督、审查的权限。

2. 受案范围同时也是公民、法人或者其他组织的合法权益能受到司法补救的范围以及他们诉权的范围。即不服行政主体决定的行政相对人在何种范围内或对哪些事项可以诉诸人民法院，请求人民法院通过行政诉讼程序行使国家裁判权，以保护其权益免受行政行为侵害。所以，受案范围的确定也就是对相对人一种权利的确定，恰当地确定人民法院的受案范围，无疑是有利于行政相对人合法权益的保护。

3. 受案范围决定着人民法院与权力机关、行政机关在处理解决行政案件上的合理分工。

二、确立受案范围的原则与方式

（一）确立行政诉讼受案范围的原则

一国行政诉讼制度对其受案范围的确定，取决于该国各方面的条件，我国行政诉讼的受案范围同样取决于我国政治、经济、文化以及法治水平的实际状况，在确定人民法院受案范围上，主要遵循了以下原则：

1. 符合我国政治制度的特点。我国是人民民主专政的国家，政体上实行人民代表大会制度，人民代表大会是国家的权力机关，行政机关由权力机关产生，受权力机关监督，对权力机关负责，是权力机关的执行机关。基于此，对于宪法和有关组织法规定属于权力机关职权范围内的事项，如抽象行政行为引起的争议，就不宜纳入行政诉讼的受案范围。

2. 符合人民法院与行政机关在受理行政案件上的合理分工。行政争议范围广、类型复杂，不可能都由人民法院受理。否则，会使人民法院负担过重，也不利于及时、有效地解决争议。为此，确定行政诉讼受案范围时，需充分发挥行政机关在处理、解决行政案件上的作用和长处，通过行政复议、行政监察中的申诉制度等方式解决一部分行政争议。

3. 最大限度地保护公民、法人或者其他组织的合法权益，同时要适应我国行政诉讼制度发展水平的实际情况。

受案范围越广，行政诉讼保护公民、法人或者其他组织合法权益的范围也就越广泛。为此，在确立受案范围时应尽可能扩展范围，以充分发挥行政诉讼的作用。但是，受案范围的确定，也必须考虑到我国行政诉讼制度发展的实际情况和人们对行政诉讼制度的认识水平，不能任意超越历史发展阶段。在确定行政诉讼受案范围时，对一些审理解决的条件尚不具备的行政争议暂不列入，待今后在行政诉讼的理论和实践经验成熟的情况下逐步划为行政诉讼受案范围。

4. 稳定性和灵活性相结合。为了保证人民法院在受案上明确职责和充分行使职权，保障公民、法人或者其他组织的合法权益受到行政机关非法侵害时能够有效地行使起诉权，行政诉讼受案范围的确定应相对稳定，尽量对受案范围作出具体、明确的规定，保持其稳定。但为了适应一些可能出现的新情况，在受案范围上又需要有一定的灵活性。对一些可以明确受案的行政案件作出稳定不变的规定，对那些尚不宜确定的行政争议，则需采取灵活的方式，为今后在条件成熟的情况下划为行政诉讼受案范围留下可能性。

5. 保护公民、法人或者其他组织合法权益与维护国家和社会利益的平衡。确定行政诉讼的受案范围，必须从保护公民、法人或者其他组织的合法权益这一宗旨出发。但是，如果不加区分地将行政行为均确定为行政诉讼的受案范围，有时就可能损害国家和社会利益。因为，行政管理的某些领域里的一些争议不适合由人民法院审理。为维护国家和社会公益，立法者不得不将某些行政行为排除在行政诉讼受案范围之外。至于哪些行政行为应列入受案范围，哪些行政行为应从受案范围中排除，应综合考虑对公民、法人和其他组织合法权益的保护以及对国家和社会利益的维护，努力求得两者的平衡。

6. 适当区分法律问题与政策问题。在现代法治国家，行政机关实施任何行为都应该有法律根据，依法行政。同时，任何行政行为都具有政策因素。但是，不同的行政行为，这两者的因素是不一样的。

行政执法行为通常是严格依法进行的，较少考虑政策因素；行政立法行为则主要是考虑政策。行政执法行为的法律因素大于行政立法行为，而后者的政策因素则大于前者。

人民法院主要是解决法律问题，不宜由它来解决政策问题。因此，可以以法律和政策问题作为一个标准，将主要涉及法律问题的行政行为纳入受案范围，而将主要涉及政策问题的行政行为排出受案范围。

7. 适当区分法律争议与技术争议。在有些行政案件中，法律争议与技术争议相伴而行，有时技术性争议是法律争议的前提。但也有一些行政案件仅有法律争议而无技术性争议，或仅有技术性争议而无法律争议，或虽有法律争议，但技术性争议是主要的，解决了技术性争议，法律争议就迎刃而解。

人民法院解决法律争议有优势，行政机关具有行政管理的专门知识、经验、技术手段和相应设备条件，解决技术性争议有优势，故应将只涉及或主要涉及技术性争议的案件排出行政诉讼受案范围，或者在纳入行政诉讼受案范围时附以行政复议前置条件。

（二）受案范围的确立方式

受案范围需要运用一定的方式才能得到明确的表达，这种方式越科学，受案范围的划定就越准确。世界各国的行政诉讼制度对受案范围的确定方式是不完全相同的。主要有以下几个方面：

1. 以判例来确立受案范围。以判例为主要方式来确立受案范围，是指某一争议是否作为行政争议由法院审理，主要看其是否符合由法院判例形成的一些规则。例如，英、美、法等国家就是以判例为主要方式。

2. 以立法来确立受案范围。大多数大陆法系国家主要以制定法来明确规定行政诉讼的案范围。以制定法来规定受案范围又有不同的方式，主要可分为概括式、列举式和混合式三种。

（1）概括式。概括式是由统一的行政诉讼法典对受案范围作出原则性的概括规定。通常规定为：公民等一方认为行政机关的违法或不当行政行为侵犯自己的合法权益时，有权向法院提起行政诉讼。概括式的优点是简单、全面，不致发生遗漏，但也有过于宽泛和不易具体掌握的问题。

（2）列举式。列举式有肯定的列举和否定的列举两种方法。肯定的列举是由行政诉讼法和其他单项法律、法规对属于行政诉讼受案范围的行政案件加以逐个列举，凡列举的都在行政诉讼的受案范围之内；否定的列举也称排除式，是对不属于行政诉讼受案范围的事项加以逐个列举，凡列举的都被排除在行政诉讼的受案范围之内，未作排除列举的则都是行政诉讼的受案范围。列举式的优点是具体、细致，受案或不受案的界限分明，易于掌握。但是，列举式既烦琐且又难以列举全面的弱点。

(3) 混合式。混合式，又称结合式或折中式，是将上述两种方式混合使用，以发挥各种方式的长处，避免各自的不足，相互弥补。因此，混合式不失为确定行政诉讼受案范围的较好方式，也是目前世界上制定法国家较多采用的方法。

3. 我国行政诉讼受案范围的确定方式。我国以立法的形式确立行政诉讼的受案范围。《行政诉讼法》基本上采取混合的方式确定行政诉讼的受案范围，对受案范围的确定既有《行政诉讼法》的统一规定，又有单行法的个别补充规定。

(1) 概括性的规定。《行政诉讼法》以概括的方式确立行政诉讼受案的基本界限，即《行政诉讼法》第2条规定："公民、法人或者其他组织认为行政机关和行政机关工作人员的具体行政行为侵犯其合法权益，有权依照本法向人民法院提起诉讼。"我国最高人民法院《关于执行〈中华人民共和国行政诉讼法〉若干问题的解释》中就此作出了有关行政诉讼受案范围的司法解释，公民、法人或者其他组织对具有国家行政职权的机关和组织及其工作人员的行政行为不服，依法提起诉讼的，属于人民法院行政诉讼的受案范围。这就划定了行政诉讼的基本范围。

(2) 肯定列举与否定列举相结合的方式。《行政诉讼法》以肯定列举的方式列出了应当受案的一系列具体行政案件，即《行政诉讼法》第11条第1款具体列出的具有典型性的八种行政案件。但这八种案件并不意味着能穷尽行政诉讼的受案范围，为此，《行政诉讼法》第11条第2款又概括性地规定，法律、法规规定的其他行政案件，也属于行政诉讼的受案范围。这就将行政诉讼法本身目前难以列举全面且在此之外或以后可能出现的行政案件，又以由其他法律、法规作规定的方式加以更完整的补充。

《行政诉讼法》以否定列举的方式对不属于行政诉讼受案范围的事项作了排除的规定，这就是《行政诉讼法》第12条对四种不受理事项的规定，以及我国最高人民法院《关于执行〈中华人民共和国行政诉讼法〉若干问题的解释》中根据行政诉讼法有关条文的立法本意，对不属于行政行为或行政行为不影响公民、法人或者其他组织权益的几种情况，所作的否定列举。否定列举对于准确掌握和全面落实《行政诉讼法》第2条关于行政诉讼受案范围的概括性规定具有重要意义。因为，否定式列举对不予受案的情况是以明确、封闭的方式加以限制的，同时表明未被限制的范围则都是行政诉讼的受案范围，使受案范围具有发展、开放的性质。这有利于在最大限度内保护公民、法人或者其他组织的诉讼权利。

我国行政诉讼法对受案范围采取这样的确立方式，显然既明确又全面，而且照顾到了今后逐步扩大受案范围的问题，因此是较为科学而且符合我国实际情况的受案范围规定。

三、可诉行政行为的标准

我国行政诉讼的受案范围，即人民法院受理的行政案件，主要根据《行政诉讼法》和相关法律规定来确定。《行政诉讼法》第 11 条具体列举了涉及人身权、财产权的案件，以及法律、法规规定的其他行政案件。最高人民法院《关于执行〈中华人民共和国行政诉讼法〉若干问题的解释》第 1 条第 1 款规定："公民、法人或者其他组织对具有国家行政职权的机关和组织及其工作人员的行政行为不服，依法提起诉讼的，属于人民法院行政诉讼的受案范围。"这一规定在原有基础上进一步拓宽了行政诉讼的受案范围。其在受案范围上采用了"行政行为"的概念，即"公民、法人或者其他组织对具有国家行政职权的机关和组织及其工作人员的行政行为不服，依法提起诉讼的，属于人民法院行政诉讼的受案范围。"需要注意的是，这里的行政行为，并不包括所有的行政行为，而是特指可诉的行政行为。

可诉的行政行为一般应符合以下几个标准：第一，可诉行为的主体标准，即进入行政诉讼程序的行为须为特定主体所实施；现阶段特定主体为行政机关以及因授权或委托行使行政权的组织或个人。第二，可诉行为的职权标准，即只有对行政主体在行使行政职权的过程中实施的行为才能提起行政诉讼。第三，可诉行为的实体标准，即只有行政机关实施的影响行政相对人实体权利义务的行为才具有可诉性。第四，可诉行为的拘束力标准，即行政机关作出的有拘束力的行为可诉，没有拘束力的行为不可诉；有拘束力的行为，人们又常称为法律行为，如行政处罚决定、行政机关授予某公民专利权的行为等。没有拘束力的行为，也就是人们常说的事实行为，如对扣押物品的保管行为、阅读材料的行为等。第五，可诉行为的成熟性标准，即只能对行政机关实施终了的行为才能提起诉讼。第六，可诉行为的具体性标准，即只能对具体行政行为提起诉讼。第七，可诉行为的外部性标准，即行政机关的纯内部行政行为不可诉。第八，其他标准，如法律明确排除审查的行为不可诉，须复议前置的行为不经复议的不可诉。

四、行政诉讼的排除范围

《行政诉讼法》列举规定了行政诉讼受案范围的行政案件，但这种列举并不是，也不能穷尽人民法院的受案范围，它不意味着未能被法律列举出来的就不在受案范围之中。为了解决这一问题，还需要明确划定人民法院不予受理的事项，对行政诉讼不受案的界限作出明确的限定，从而使在限定之外的其他一切具体行政行为（包括前述列举未能穷尽的）都能进入行政诉讼的受案范围之列，最大限度地保护公民、法人或者其他组织的合法权益。

根据《行政诉讼法》第12条和最高人民法院《关于执行〈中华人民共和国行政诉讼法〉若干问题的解释》的相关规定，人民法院不受理公民、法人或者其他组织对下列几类行政行为提起的诉讼：

（一）行政机关所为的国家行为

根据《行政诉讼法》第12条第1项的规定，人民法院不受理公民、法人或者其他组织对国防、外交等国家行为提起的诉讼。

1. 行政机关所为国家行为的界定。国家行为，又称政治行为、统治行为、政府行为，根据最高人民法院《关于执行〈中华人民共和国行政诉讼法〉若干问题的解释》第2条所作的解释，是指国务院、中央军事委员会、国防部、外交部等根据宪法和法律的授权，以国家的名义实施的有关国防和外交事务的行为，以及经宪法和法律授权的国家机关宣布紧急状态、实施戒严和总动员等行为。由此，国家行为实际上是有权代表整个国家的特定国家机关，根据宪法和法律授予的权限，以国家的名义所实施的全局性重大行为。我国最高行政机关国务院、最高军事机关中央军事委员会、国防部、外交部以及其他有关国家机关在宪法和法律授权的情况下，有权代表国家而实施国家行为。

根据现行法律的规定，公安机关及其人民警察以国家名义实施的国家行为，主要有：

（1）在戒严期间，为执行戒严任务而采取的戒严措施。我国《戒严法》规定，戒严任务由人民警察、人民武装警察执行。戒严执勤人员依照戒严实施机关的规定，有权对违反宵禁规定的人予以扣留，并有权对被扣留的人进行搜查，对其携带的物品进行检查等。

（2）对我国境内严重违反我国法律的外国人，予以限期出境、驱逐出境的行为。《外国人入境出境管理法》规定，驱逐出境、限期出境由公安部实施，地方行政机关予以配合。

（3）行政机关为紧急处置严重危害社会治安秩序的突发事件而依法实行现场管制。现场执勤的人民警察有权采取必要手段强行驱散，并对拒不服从的人员强行带离现场或者立即予以拘留。

2. 行政机关所为国家行为不受司法审查的理由。从各国的实践看，国家行为通常由议会加以控制或纳入宪法审查的范围，而不纳入行政诉讼。例如，法国早在1822年就确立了行政法院不监督政治行为的原则；美国1946年的《行政程序法》也明文排除了对这种行为的司法复审。行政机关实施的上述国家行为之所以不纳入行政诉讼范围，主要是基于以下理由：

（1）行政机关所为国家行为不是单纯的行政行为，它不是行政机关纯粹的、以自己的名义实施的行政管理行为，而是行政机关代表整个国家、以国家的名义实施、体现国家主权的行为，其权力具有国家的整体性和统一性，因而不属于法院的司法审查范围。

（2）公民、法人或者其他组织的合法权益是确定行政诉讼受案范围应当考虑的重要因素，但不是唯一因素。行政机关所为国家行为关系到国家和民族的整体利益，即使这种行为可能影响某些公民、法人或者其他组织的利益，但在此情况下，公民、法人或者其他组织的个别利益也要服从国家的整体利益。

（3）行政机关所为国家行为往往处于政治和政策上的考虑，而非单纯依据法律所为。

（4）行政机关所为国家行为通常以国家的总政策、总路线和对外政策为依据，以国内、国际的重大政治斗争的需要为转移，法院很难作出合法性判断。

（二）行政机关的抽象行政行为

根据《行政诉讼法》第 12 条第 2 项的规定，行政法规、规章或者行政机关制定、发布的具有普遍约束力的决定、命令不属于行政诉讼的受案范围。这里所称的“具有普遍约束力的决定、命令”，是指行政机关针对不特定对象发布的能反复适用的行政规范性文件。上述国务院制定、发布的行政法规，国务院各部委制定、发布的部门行政规章，地方省级人民政府、省政府所在地的市的人民政府和国务院批准的较大的市的人民政府制定、发布的地方行政规章，各级各类行政机关发布的具有普遍约束力的决定、命令等，被学术界统称为抽象行政行为。

1. 抽象行政行为的界定。行政法规和规章或行政机关制定、发布的具有普遍约束力的决定、命令的行为，在行政法学理论中称为抽象行为。区分抽象行政行为与具体行政行为，主要是看其是否具有普遍的约束力，应从以下三个方面进行界定：一是看这个行为所针对的对象是不是确定的。抽象行政行为和具体行政行为的区别不在于它所针对人数的多少而主要在于对象的确定与不确定。抽象行政行为的对象是不确定的；而具体行政行为的对象是确定的，尽管有时涉及的人很多，但人数是确定的。二是看适用效力是“一次性消费”还是反复使用。一个具体行政行为原则上只对特定的对象或事件有效，其效力不及于其他对象或事件；而一个抽象行政行为则可以反复适用，如有关某一领域事项的条例或规定，可以反复适用于该领域的相应事项。三是看能否直接进入执行过程。一个具体行政行为具有直接的执行力；而一个抽象行政行为不能作为直接的执行根据，必须有一个具体行政行为作为中介，才能进入执行过程。需要注意的是，有时候行政机关的同一个文件中涉及若干个行为，一些行为是抽象的，另一些行为也可能是具体的，需要认真加以辨别。

2. 抽象行政行为不受司法审查的理由。（1）依照宪法和有关组织法的规定以及我国人民代表大会的政治制度，确认抽象行政行为是否正确合法并予以撤销、改变的权力，只能是属于国家权力机关或上级人民政府和上级行政机关。（2）抽象行政行为通常针对的都是大范围内不确定的对象，由单个对象通过一个个单独诉讼的方式来解决似显烦琐，在如何能及时彻底地解决所有对象合法权益的救济问题上也有一些技术上的困难，由国家权力机关和上级行政机关撤销或改变抽象行政行为，进行一次性的全面解决不失为一个合适的方式。

(三) 行政机关的内部人事管理行为

根据《行政诉讼法》第12条第3项的规定，对行政机关工作人员的奖惩、任免等决定属于不可诉的行为。这里的“等”字意味着不穷尽列举，从行政诉讼法的立法精神来看，这里排除的应该是所有行政机关的内部人事管理行为，包括工资的升降、福利待遇、住房分配等。

1. 内部人事管理行为的界定。所谓内部行为，是指行政机关基于行政组织隶属关系作出的只影响行政机关内部事务的行为。

如何区别内部行政行为与外部行政行为？有一种观点认为，应看行为的相对方与实施行为的行政机关是否具有从属关系。具有从属关系的是内部行为；不具有从属关系的是外部行为。这种观点值得商榷。因为，其一，许多行政机关可能对其所属的工作人员作出一个外部行为，如公安机关可能对违反治安管理处罚法的警察给予行政处罚，行政处罚显然是一个外部行为；其二，也有某些行政机关对不具有隶属关系的工作人员作出内部行为，如监察机关对行政机关工作人员给予行政处分。可见，划分内部行为与外部行为不能完全看行为的相对人与作出行为的行政机关是否有隶属关系。我们认为，主要应以行政行为所涉及的权利义务的不同来划分，要看该行为所涉及的是一个普通公民的权利义务，还是行政机关工作人员所特有的权利义务，如果是行政机关工作人员特有的权利义务，应当认定为内部行为。

2. 内部人事管理行为不受司法审查的理由。行政机关对其工作人员的奖惩、任免等行政决定同样涉及行政机关工作人员的权利和义务，当其权利受到损害时应当允许其主张权利。正因如此，有些国家将这类行为亦列入行政诉讼的范围。我国行政诉讼法之所以没有将这类行为纳入行政诉讼的范围，主要是基于以下几点考虑：(1) 我国的行政诉讼刚刚起步，经验不足，行政诉讼解决行政纠纷的重点应放在属于外部行政法律关系的争议。此外，我国有关公务员管理的一系列制度目前还不健全，人民法院审查有一定困难。(2) 行政机关内部人事管理行为对行政机关外部的公民、法人或其他组织不存在权利义务关系，属于行政机关自身建设问题。人民法院不宜对行政机关的组织建设事务通过审判程序来加以干预。如果行政机关的内部管理行为涉及工作人员的基本权利，严重损害公务员的权益，可以通过今后的法律、法规将之纳入行政诉讼范围。

(四) 法律规定由行政机关最终裁决的具体行政行为

根据《行政诉讼法》第12条第4项的规定，人民法院不受理公民、法人或者其他组织对“法律规定由行政机关最终裁决的具体行政行为”不服而提起的诉讼。

1. 行政机关最终裁决的具体行政行为的界定。所谓法律规定由行政机关作最终裁决的具体行政行为，是指行政机关对特定的人和事项依据法律的规定享有最终裁决权，当事人不得就此再向人民法院提起诉讼，人民法院也无权进行审判的具体行政行为。

规定行政机关对某些行为享有最终裁决权，实际上是对行政管理相对人诉讼权利的限制。因此，这种终局裁决权只能由法律加以设立。《行政诉讼法》第12条第4项中所说的“法律”，根据最高人民法院的司法解释，仅是指限于全国人民代表大会及其常务委员会制定、通过的规范性文件。

2. 行政机关最终裁决的具体行政行为不受司法审查的理由。如果一个行政行为涉及公民的权利和义务，而又要求保留行政机关对其终局裁决权，必须有充分的正当理由。从行政诉讼的立法实践来看，行政机关最终裁决的行政行为排除受案范围的理由是：这类行政行为会涉及国家重要机密，一旦进入诉讼，将会严重危害国家利益；这类行政行为涉及国家与国民生存的物质基础或者其专业性极强而且非常复杂，以至于使法官审查很难胜任。

从世界各国的发展趋势来看，行政终局裁决权的范围是越来越窄，有的国家仅有非常有限的行政终局裁决权范围。

（五）公安机关等依照刑事诉讼法的明确授权实施的行为

根据最高人民法院《关于执行〈中华人民共和国行政诉讼法〉若干问题的解释》第1条第2款第2项的规定，公民、法人或者其他组织对公安、国家安全等机关依照刑事诉讼法的明确授权实施的行为，不属于人民法院行政诉讼的受案范围。

在我国，公安机关具有双重的职权身份，它既是实施刑事案件侦查等刑事司法活动的机关，又是从事公安管理的行政机关，因而，行政诉讼实践中，常常发生公安刑事司法行为与公安具体行政行为相互混淆的现象，这就需要明确划分两者的界限。对此，最高人民法院《关于执行〈中华人民共和国行政诉讼法〉若干问题的解释》第1条第2款第2项专门规定“公安、国家安全等机关依照刑事诉讼法的明确授权实施的行为”不属于行政诉讼的受案范围。这一规定限定了行政机关的刑事司法行为只能是依照刑事诉讼法明确授权实施的行为。为此，我们应当正确理解和掌握什么是公安机关“依照刑事诉讼法的明确授权实施的行为”。

1. 该类行为的主体，只能是公安机关和国家安全机关。目前，这类行为仅是公安机关和国家安全机关在刑事司法活动过程中实施的行为，而其他行政机关以及法律、法规授权的组织或者个人，都不是这类行为的主体。也就是说，其他行政机关以及法律、法规授权的组织等所作的行为都不能属于刑事司法行为，不得以此为由而逃避行政诉讼的审查。

2. 该类行为必须在刑事诉讼法的明确授权范围之内。根据刑事诉讼法的授权，公安机关和国家安全机关能实施的刑事司法行为主要包括讯问刑事犯罪嫌疑人、询问证人、检查、搜查、扣押物品（物证、书证）、冻结存款汇款、通缉、拘传、取保候审、保外就医、监视居住、刑事拘留、执行逮捕等。公安机关和国家安全机关在上述刑事诉讼法授权范围之外所实施的行为，均不在此类行为之列。例如，没收刑事犯罪嫌疑人及其家属的财产或实施罚款等，就不在刑事诉讼法明确授权的范围之列，当事人不服的仍有权依法对其提起行政诉讼。

此外，值得注意的是，此处所指的“刑事诉讼法的明确授权”，不包括刑法对公安机关授权的行为。例如，《刑法》第17条第4款规定：“因不满十六周岁不予刑事处罚的，责令他的家长或者监护人加以管教；在必要的时候，也可以由政府收容教养。”政府收容教养，实践中通常是由公安机关作出。公安机关作出收容教养行为就不能属于“刑事诉讼法的明确授权”的行为，行政相对人对其不服有权提起行政诉讼。

3. 该类行为必须是针对刑事诉讼法规定的对象所实施的行为。这是对刑事诉讼法明确授权行为所进行的实质性的限定。依据刑事诉讼法的授权，公安机关和国家安全机关只能对刑事犯罪嫌疑人等有限的对象实施刑事司法行为，如果对不在规定的对象范围之内的其他公民滥用刑事司法行为，或故意用刑事司法行为来代替具体行政行为，则也是对刑事诉讼法授权范围的超越。在此情况下，即使它具有刑事司法行为的形式，但仍应将其视作具体行政行为，如果公民一方提起行政诉讼的，人民法院应当受理。

公安机关和国家安全机关依照刑事诉讼法的明确授权实施的行为虽不属于人民法院的受案范围，但不表明公民一方受此类行为违法侵害后就没有法律救济渠道。根据《刑事诉讼法》的有关规定，国家检察机关有权对公安机关等的刑事侦查行为、监狱的刑罚执行行为等刑事司法活动进行监督，从而可以纠正违法错误的刑事司法行为。此外，《国家赔偿法》也规定，因刑事司法行为存在该法规定的法定情形而致人损害的，受害人有权通过国家赔偿制度获得法律救济。

（六）行政机关的调解行为

根据最高人民法院《关于执行〈中华人民共和国行政诉讼法〉若干问题的解释》第1条第2款第3项的规定，行政机关的调解行为以及法律规定的仲裁行为，不属人民法院行政诉讼的受案范围。

1. 行政机关的调解行为的界定。行政机关的调解行为，是指行政机关居间对双方当事人之间的民事权益争议，经说服教育和劝导后，由当事人双方自愿达成解决纠纷协议的一种行为。行政机关居间调解民事纠纷，是行政机关实施管理的一种重要手段。在很多情况下，民事调解能够起到很好的社会效果，能顺利、彻底解决当事人之间的纠纷，避免矛盾激化，有利于人民内部的团结和社会关系的稳定。

行政机关的调解行为有以下四个特点：第一，调解的对象是双方当事人之间的民事权益争议。第二，行政机关实施调解，需发生纠纷的当事人的自愿申请。第三，行政机关的调解不具有强制性，调解行为仅表现为对发生纠纷的当事人进行劝导和说服教育，不对当事人作出强制性并令其服从的行政决定。第四，行政机关调解的最终结果是发生纠纷的当事人之间自己自愿达成调解协议解决民事争议。

2. 行政机关的调解行为不受司法审查的理由。从行政机关调解行为的特点可知，该类调解行为的实质是需要当事人自愿，不具有行政职权的强制性，对当事人也不具有必然的约束力。基于此，行政机关的调解行为具有不可诉性，因此，不在人民法院行政诉讼的受案范围之内。但是，如果行政机关借调解之名，违背当事人的意志作出具有强制性的决定，则当事人可以对其提起行政诉讼。

法律规定的仲裁行为，已有单独的诉讼救济，因而不属于行政诉讼的受案范围。

（七）行政机关所为的行政指导行为

最高人民法院《关于执行〈中华人民共和国行政诉讼法〉若干问题的解释》第1条第2款第4项规定，行政机关不具有强制力的行政指导行为，不属于人民法院行政诉讼的受案范围。

1. 行政机关所为的行政指导行为的界定。行政机关所为的行政指导行为是行政机关以倡导、示范、建议、咨询等方式引导相对人自愿作出某种行动而达到行政管理目的行为。

行政机关所为的行政指导行为具有以下特点：第一，行政机关作出行政指导的目的是为了实现一定的社会公共事务的管理，以达到国家行政管理的目标。第二，行政机关所为的行政指导以倡导、示范、建议、咨询等为其行为方式，作用是引导行政相对人自愿作出行动。第三，行政机关所为的行政指导行为不具有强制性，行政相对人对行政机关的行政指导行为可以遵从，也可以不响应，这完全取决于行政相对人自己的意愿。行政相对人对行政指导不遵从的，不承担任何法律后果。

2. 行政机关所为的行政指导行为不受司法审查的理由。正因为行政机关所为的行政指导行为对行政相对人不具有强制性和法律约束力，行政相对人对行政机关的指导有依其意愿选择是否接受的自由，所以《行政诉讼法》未将其纳入行政诉讼的受案范围。

但是，在司法实践中应充分注意并正确处理下列情形，即行政主体作出具体行政行为时名义上是行政指导，但实质上却是以各种方式强迫行政相对人必须服从，此时它们就超出了行政指导的性质。对此类具体行政行为不服的，公民、法人或者其他组织可以向人民法院提起行政诉讼，人民法院应当受理。

（八）驳回当事人对行政行为提起申诉的重复处理行为

最高人民法院《关于执行〈中华人民共和国行政诉讼法〉若干问题的解释》第1条第2款第5项规定，行政机关驳回当事人对行政行为提起申诉的重复处理行为，不属于人民法院行政诉讼的受案范围。

1. 驳回当事人对行政行为提起申诉的重复处理行为的界定。所谓重复处理的行政行为，是指接受申诉的行政机关经审查对申诉人给予维持原决定的答复行为。重复处理的行政行为一般发生在以下情形：当事人对历史遗留问题的行政行为、对已经超过诉讼期限的行政行为或行政机关具有终局裁决权的行为不服向有关机关提出申诉，行政机关审查驳回当事人的申诉维持原有的行为等。

对此类重复处理的行政行为应当掌握以下两点：（1）引起该类重复处理的

行政行为的情况或条件是当事人对原行政行为不服而提起的申诉。这里的“申诉”行为不是申请行政复议行为，而是指当事人在超过复议申请期限的情况下，对已经生效的行政行为不服而向有关行政机关提出的申诉。（2）该类重复处理的行政行为不仅是行政相对人超过了申请复议的期限，而且其已超过起诉期限，原行政行为已经生效后提出的申诉。因此，对已经生效的原行政行为不服，行政相对人不能提起行政诉讼，只能依法向有关部门提起申诉。

2. 驳回当事人对行政行为提起申诉的重复处理行为不受司法审查的理由。驳回当事人对行政行为提起申诉的重复处理行为，实质上是对原已生效的行政行为的再次肯定，也即是对原行政行为所确定的权利义务关系的再次肯定，并没有形成新的权利义务关系。重复处理的行政行为没有给当事人设定新的权利义务，没有形成、变更或消灭行政法律关系，当事人仍然受原来的行政行为的拘束，没有提起行政诉讼的必要。同时，若准许对该种行为提起行政诉讼，则法律规定的申请复议和提起诉讼的期限就毫无实际意义。因此，该类重复处理的行政行为不再纳入行政诉讼的受案范围。

（九）对公民、法人或者其他组织权利、义务不产生实际影响的行政行为

所谓实际影响，是指因行政机关的行政行为而使相关的公民、法人或者其他组织的权利、义务发生了现实的变动，包括有利的变动和不利的变动，诸如权利的限制、减少或权利的授予、增加；义务的免除、减少或义务的负担、增加等。

是否产生实际影响是可诉行政行为的后果条件。行政机关的活动作为一种权力行使，都或多或少地对相对人的权利义务发生一定的影响力或支配力。当这种影响还没有发生或者影响还没有达到对权利义务发生实际影响的程度，那么救济就没有必要性。

该类对公民、法人或者其他组织权利义务不产生实际影响的行为，是指行政机关在行使行政职权、履行行政职责的过程中，其行为没有使相关的公民、法人或者其他组织的权利义务发生现实的变动的行为。具体而言，该类行为有以下两种情况：一是行政机关的行为处于内部准备阶段，并未成为成熟的行政行为，如行政行为作出后尚未送达的情况。二是行政机关的行政行为涉及公共利益而非个人的特定利益。

第二节　行政诉讼的管辖

一、行政诉讼管辖概述

（一）行政诉讼管辖的概念和特征

行政诉讼管辖，是指人民法院之间受理第一审行政诉讼案件的权限分工。

行政诉讼管辖具有以下特征：

1. 行政诉讼管辖是人民法院系统内部的权限分工。通过这种分工制度，理顺了各级人民法院之间或同级但不同地域的人民法院之间对行政案件的司法权力分配关系，这是从“纵”与“横”两个方面来确定行政诉讼的管辖“坐标”，以及普通人民法院与专门人民法院之间对行政案件的司法权力分配关系。按照有关法律解释，专门人民法院不受理行政诉讼案件，行政诉讼案件归普通人民法院管辖。

2. 行政诉讼管辖是人民法院对第一审行政案件的权限分工。一方面，它是对行政案件的分工，这种分工不同于法院对民事案件和刑事案件的分工。这就从审理对象的性质上界定了行政诉讼管辖的范围。另一方面，这种分工是人民法院对第一审行政案件的分工。在第二审程序和审判监督程序中不存在管辖问题。按照我国的司法审判原则，在第二审程序中，审判主体是原第一审法院的上级法院（最高人民法院为第一审法院的除外），而该上一级法院是唯一的，不存在权限争议问题，也就是不存在管辖分工问题。在审判监督程序中，权限分工问题早已解决，因而也不存在管辖问题。

3. 行政诉讼管辖是普通人民法院系统内受理第一审行政案件的权限分工。行政案件由各级普通人民法院内设的行政审判庭审理，我国的行政审判组织是在严格划清行政案件与民事案件界限的基础上建立起来的，在普通人民法院内设行政审判庭，有利于行政审判工作的专门化，有利于提高审判水平和审判质量。

专门人民法院、人民法庭不审理行政案件，也不审查和执行行政机关申请执行其具体行政行为的案件。

（二）行政诉讼管辖的意义

《行政诉讼法》第 3 章共计 11 个条文，是我国行政诉讼管辖的内容规定。正确确立行政诉讼中的管辖具有三个方面的意义：第一，对于人民法院而言，它确定了不同人民法院的案件受理和审理范围，为人民法院审理行政案件提供了权力依据，规范了司法行为，提高了司法效率，明确了司法责任，可以及时处理行政纠纷。第二，对于当事人而言，为他们在行政争议发生后具体到人民法院起诉或应诉，充分行使自己的诉讼权利，提供了有力的法律支持。避免了投诉无门现象的发生和增加当事人不必要的诉讼负担。第三，便于有关机关及全体社会成员对人民法院的工作进行监督。某一行政案件由某一具体人民法院管辖，可以避免人民法院之间相互推诿和发生纠纷，增强人民法院责任感。同时，也便于国家权力机关、检察院和人民群众对人民法院审判工作的监督，促使人民法院真正做到秉公执法。

（三）行政诉讼管辖的分类

研究管辖的分类，是由于确定管辖的标准本身就存在着客观差异，而分析这些差异，有助于我们进一步认识案件的性质、程度及状态。另外，这些不同种类管辖之间构成不同的关系、逻辑、顺序，关系到管辖在审判实践中的正确确定。

按照不同的分类标准，行政诉讼的管辖主要可分为：法定管辖与裁定管辖；级别管辖与区域（地域）管辖；共同管辖与单一管辖。

1. 法定管辖与裁定管辖。法定管辖是指由法律直接确定的诉讼管辖；而裁定管辖则是在特殊的情况下，根据《行政诉讼法》的有关规定，由人民法院因移送、指定等行为以裁定的方式确定的诉讼管辖。裁定管辖包括指定管辖、管辖权转移和移送管辖三种。

2. 级别管辖与区域（地域）管辖。划分这类管辖的标准在于确定管辖法院是在上下级之间的权限分工还是同级不同区域的权限分工。任何一个案件的管辖最终都需要从“纵”与“横”两个方面来确定，所以，这类划分的实用性很强。级别管辖所要解决的问题，是不同审级人民法院之间管辖的划分，区域管辖要确定的是一个行政案件应当在哪一个地区的人民法院受理的问题。

3. 共同管辖与单一管辖。这种划分是按照有管辖权的人民法院数量确定的。共同管辖是指两个以上人民法院同时对一个案件均有管辖权。由于两个以上人民法院均有管辖权，所以就给原告留下了自由选择的权利，使其有权对有管辖权的人民法院进行选择，他的选择最终确定了该行政案件的管辖法院。而单一管辖则是只有一个人民法院有管辖权，当事人没有自由选择的余地。

（四）确定行政诉讼管辖的原则

确定行政诉讼管辖的原则也就是人民法院在进行权限分工时所依据的指导思想或标准。哪一级或哪一个人民法院对什么行政诉讼案件享有管辖权，必须按照合理的标准予以确定，否则既阻碍了司法权的行使，也不利于理顺司法权与行政权的关系，更不利于对当事人合法权益的保护。概括起来讲，确定行政诉讼管辖的原则有：便于当事人诉讼的原则；便于人民法院正确、公正、有效地行使审判权的原则；人民法院负担适当的原则；原则性与灵活性相结合的原则。

二、行政诉讼中的级别管辖

行政诉讼中的级别管辖，是指按照人民法院组织系统划分上下级人民法院之间受理第一审行政案件的分工和权限。

根据我国《宪法》和《人民法院组织法》的规定，我国人民法院的设置分为四级，即基层人民法院、中级人民法院、高级人民法院、最高人民法院。因此，首先应明确第一审行政案件应由哪一级人民法院管辖。《行政诉讼法》关于级别管辖的规定，是划分各级人民法院审理第一审行政案件的分工，确定第一审行政案件具体由哪一级人民法院进行审理的依据。

行政诉讼的级别管辖主要是根据行政案件性质、影响范围，结合各级人民法院的职责和执法水平来确定的。我国行政诉讼中的级别管辖考虑了以下几个因素：案件涉及范围和客观影响（本案及其诉讼结果对社会的影响）；案件专业性质及其难度；便利当事人进行诉讼；有利于及时审理和结案。

依据《行政诉讼法》确定管辖的基本原则，根据行政案件的性质、复杂程度以及影响范围，《行政诉讼法》对各级人民法院管辖的第一审行政案件的权限划分如下。

1. 基层人民法院管辖的第一审行政案件。《行政诉讼法》第 13 条规定："基层人民法院管辖第一审行政案件。"这一规定表明，除法律特别规定应由中级人民法院、高级人民法院、最高人民法院管辖的案件外，其余所有第一审行政案件都由基层人民法院管辖。

2. 中级人民法院管辖的第一审行政案件。根据《行政诉讼法》第 14 条的规定，中级人民法院管辖的第一审行政案件有三类：确认发明专利案件、海关处理的案件；对国务院各部门或者省、自治区、直辖市人民政府所作的具体行政行为提起诉讼的案件；本辖区内重大、复杂的案件。

为了便于统一掌握标准，根据行政审判实践的经验，最高人民法院在《关于行政案件管辖若干问题的规定》中进一步明确了中级人民法院管辖本辖区内重大、复杂的案件有以下四种情形：被告为县级以上人民政府，但以县级人民政府名义办理不动产物权登记的案件除外；社会影响重大的共同诉讼、集团诉讼案件；重大涉外或者涉及香港特别行政区、澳门特别行政区、台湾地区的案件；其他重大、复杂的案件。

3. 高级人民法院管辖的第一审行政案件。《行政诉讼法》第 15 条规定："高级人民法院管辖本辖区内重大、复杂的第一审行政案件。"在审判实践中，凡是发生在高级人民法院管辖区内案情复杂、影响重大、群众反映强烈的行政案件，都可以由高级人民法院作为辖区内重大、复杂行政案件行使审判权，是否属于"重大"、"复杂"，由高级人民法院根据具体情况决定。

4. 最高人民法院管辖的第一审行政案件。《行政诉讼法》第 16 条规定："最高人民法院管辖全国范围内重大、复杂的第一审行政案件。"这里主要是指对全国有重大影响的行政案件或在国际上有重大影响的涉外行政案件。最高人民法院是全国最高审判机关，主要任务是对全国各级各类人民法院的审判工作进行监督与指导，运用司法解释权，对审判工作中所涉及的法律具体应用问题进行司法解释，以及审理不服各高级人民法院裁判而提起的上诉案件。

三、行政诉讼中的地域管辖

（一）地域管辖的概念

地域管辖，又称区域管辖或者土地管辖，是指同级人民法院之间受理第一审行政案件的分工和权限。

依据《行政诉讼法》的规定，行政诉讼中的地域管辖可以分为一般地域管辖、特殊地域管辖、专属管辖及共同管辖和选择管辖。

（二）一般地域管辖

行政诉讼中的一般地域管辖，也称普通地域管辖，是指按照最初作出行政行为的行政机关的所在地为标准来确定行政案件的管辖法院。它是相对于特殊地域管辖而言的。

所谓行政机关所在地，是指行政机关主要办事机构的所在地。《行政诉讼法》第17条规定："行政案件由最初作出具体行政行为的行政机关所在地人民法院管辖。经复议的案件，复议机关改变原具体行政行为的，也可以由复议机关所在地人民法院管辖。"

在行政诉讼中，由最初作出行政行为的行政机关所在地的人民法院管辖有以下两种情形：

1. 未经行政复议而直接向人民法院提起了行政诉讼。

2. 经过行政复议的，不论复议机关决定维持或改变原具体行政行为，只要行政相对人不服，向人民法院起诉的行政案件都可以采用一般地域管辖的原则，由最初作出行政行为的机关所在地的人民法院管辖。如果复议机关改变原行政行为的，也可以由复议机关所在地的人民法院管辖。

根据最高人民法院《关于执行〈中华人民共和国行政诉讼法〉若干问题的解释》第7条的规定，行政复议决定有下列情形之一的，属于行政诉讼法规定的"改变原具体行政行为"：一是改变原具体行政行为所认定的主要事实和证据的；二是改变原具体行政行为所适用的规范依据且对定性产生影响的；三是撤销、部分撤销或者变更原具体行政行为处理结果的。

（三）特殊地域管辖

特殊地域管辖又称特别管辖，是指法律针对特别案件列举规定的，优先适用于所针对的案件的管辖。

特殊地域管辖与一般地域管辖的区别在于：在内容方面，一般地域管辖所针对的行政案件都不属于法律规定的特殊性质案件，即没有人身强制措施等原因。它属于这些特别列举以外的所有行政案件，或称一般内容的行政案件。在法律适用方面，一般地域管辖要让位于特殊地域管辖。如果一个案件兼具两种性质，就应当优先适用特殊地域管辖。

《行政诉讼法》第18条、第19条专门作出了有关特殊地域管辖的规定。包括以下两种情形：

1. 对限制人身自由的行政强制措施不服而提起的行政诉讼。法律规定，这类案件由被告所在地或者原告所在地人民法院管辖。"原告所在地"，包括原告的户籍所在地、经常居住地和被限制人身自由的所在地。其中"经常居住地"，是指公民离开住所地，至起诉时连续居住满一年以上的地方。这里的"被限制人身自由的所在地"，是指行政机关将原告拘禁、强制治疗、收容教育等限制人身自由的场所所在地。这里的"被告所在地"，是指被诉行政机关的主要办事机关所在地。

根据最高人民法院《关于执行〈中华人民共和国行政诉讼法〉若干问题的解释》的有关规定，如果行政机关基于同一事实既对人身又对财产进行处罚或采取行政强制措施的，被限制人身自由的公民、被扣押或者没收财产的公民、法人或者其他组织对上述行为均不服，同时提出行政诉讼的，既可以向被告所在地人民法院提起诉讼，也可以向原告所在地人民法院提起诉讼，受诉人民法院应一并管辖。这样可以简化诉讼程序，提高办案效率，防止人民法院在同一问题上作出相互矛盾的认定与判决。

2. 对复议机关改变原行政行为不服提起的诉讼。《行政诉讼法》第 17 条规定："……经复议的案件，复议机关改变原具体行政行为的，也可以由复议机关所在地人民法院管辖。"

（四）专属管辖

所谓专属管辖，是指法律以诉讼标的所在地为标准，强制规定特定的诉讼只能由特定的人民法院进行管辖。专属管辖的显著特征是它在管辖上的排他性，即除了法律规定的人民法院外，其他人民法院均无管辖权，也不允许当事人用协议的方式变更管辖法院。

《行政诉讼法》第 19 条对专属管辖作了具体的规定："因不动产提起的行政诉讼，由不动产所在地人民法院管辖。"

目前，我国因不动产引起的诉讼，主要集中在城建规划、土地管理、环境保护等部门。所谓"因不动产引起的诉讼"，是指纠纷或争议的内容包含了主体所拥有的不动产的物权，不仅仅是不动产物。因此，它主要有以下几种形式的案件：因不动产所有权、使用权发生纠纷而起诉的行政案件；因建筑物的拆除、改建等而起诉的行政案件；因污染不动产而提起诉讼的行政案件；等等。

（五）共同管辖和选择管辖

1. 共同管辖。行政诉讼中的共同管辖，是指依照法律规定，两个以上的人民法院对同一行政案件都有合法的管辖权。

根据《行政诉讼法》的规定，行政诉讼中的共同管辖主要有以下几种情形：（1）经过行政复议的案件，复议机关改变原行政行为的；（2）对限制人身自由的行政强制措施不服而提起的行政诉讼；（3）不在同一区域的两个或两个以上的行政机关，共同作出某一行政行为，两地以上的人民法院均有管辖权；（4）某一行政行为是由不在同一辖区的上下两级行政机关共同作出的；（5）在专属管辖中，不动产跨越不同的行政区或分别位于不同的行政区且难以区别主次的。

2. 选择管辖。共同管辖只是表明了各有关人民法院对同一行政案件都拥有管辖权，而这并不意味着几个有关的人民法院应共同审理同一行政案件，这一案件究竟应由哪一个具体的人民法院行使管辖权，还必须借助于选择管辖来加以解决。

所谓选择管辖，是指对于两个以上人民法院都拥有管辖权的诉讼，原告可以选择其中任何一个人民法院起诉，从而确定具体人民法院的管辖。由此可见，共同管辖和选择管辖是就同一个问题分别从管辖权和起诉权两个不同的角度作出的规定，共同管辖是选择管辖的前提和基础，选择管辖又是共同管辖的必要补充和具体落实。

四、行政诉讼中的裁定管辖

行政诉讼中的裁定管辖，是指在某些特殊情况下，人民法院以裁定方式确定行政案件的管辖法院。与法定管辖不同，裁定管辖是根据人民法院的裁定而不是由法律直接规定而确定的管辖。裁定管辖是法定管辖的必要补充，具有一定的灵活性，它可以帮助人民法院在解决具体案件的管辖上出现的一些特殊问题。

《行政诉讼法》第21条至第23条分别规定了裁定管辖的各种情形，即移送管辖、指定管辖和管辖权的转移。

（一）移送管辖

行政诉讼中的移送管辖，是指人民法院对已受理的行政案件经审查发现不属于本法院管辖时，将案件移送给有管辖权的人民法院管辖的一种法律制度。移送管辖必须具备以下三个条件：

1. 移送的行政案件必须是已经受理的案件，即诉讼程序已经开始，但案件并未审结，仍在第一审程序之中。
2. 移送的人民法院对案件没有管辖权。
3. 接受移送的人民法院必须对案件有管辖权。

只有同时具备以上三个条件，才能由移送的人民法院作出移送裁定。

移送虽然是人民法院的单方行为，但却是一种程序上的法律行为，具有程序上的效力。其效力是：受移送的人民法院不得拒收退回或自行再移送，一经人民法院移送即生效，管辖被确定。但在审判实践中会出现确属移送错误的情况，此时，受移送的人民法院应说明理由，报请上级人民法院指定管辖。

（二）指定管辖

行政诉讼中的指定管辖，是指上级人民法院用裁定的方式，将某一行政案件交由某个下级人民法院进行管辖的法律制度。行政诉讼中发生指定管辖的情况有以下两种：

1. 由于发生了特殊原因，有管辖权的人民法院不能行使管辖权。“特殊原因”是指事实上的原因或法律上的原因。这里的事实上的原因，包括由于自然灾害、战争、意外事故等不可抗拒的客观事实，使该法院实际不能行使职权。这里的法律上的原因，是指由于某些事实的出现符合法律规定，从而使有管辖权的人民法院在法律上不能审理或继续审理本案。
2. 管辖权发生争议，争议的双方人民法院又协商不成。在这种情况下，应报请它们的共同上级人民法院指定管辖。

（三）管辖权的转移

行政诉讼中管辖权的转移，是指基于上级人民法院决定或同意，将某一行政案件的管辖权，由上级人民法院移交给下级人民法院，或者由下级人民法院移送给上级人民法院审理的管辖形式。这种管辖形式实质是管辖权在明确无纠纷的前提下发生转移。体现了在原则基础上一定的灵活性。

行政诉讼中管辖权的转移有以下两种情况：

1. 上级人民法院审判下级人民法院管辖的第一审行政案件。

2. 下级人民法院审判上级人民法院管辖的第一审行政案件。案件本属于上级人民法院管辖，但上级为了更好地监督指导工作、减轻一时的负担，或者认为下级人民法院有条件也有能力承办此案，可以将自己管辖的第一审行政案件移交下级人民法院审理。

五、行政诉讼中的管辖权异议

（一）管辖权异议的概念

行政诉讼中的管辖权异议，是指当事人对已经受理行政案件的人民法院提出的，申明其管辖有误，要求将案件移送到有管辖权的人民法院的诉讼行为。

我国行政诉讼法对管辖权异议没有明确规定，但根据最高人民法院《关于执行〈中华人民共和国行政诉讼法〉若干问题的解释》第10条的规定，当事人在行政诉讼中可以提出管辖权异议。在行政诉讼中确定管辖权异议，对于保障当事人合法权利，保证人民法院正确行使审判权，以及防止当事人规避法律和地方保护主义，都具有十分重要的意义。

（二）管辖权异议的条件

根据最高人民法院《关于执行〈中华人民共和国行政诉讼法〉若干问题的解释》第10条的规定，当事人提出管辖权异议，应当符合下列条件：

1. 管辖权异议的主体，是行政诉讼案件当事人中的被告，其他诉讼主体或诉讼外主体即便有不同意见，仍不构成法律上的管辖权异议主体。

2. 管辖权异议须当事人以书面形式正式向受理案件的人民法院提出，向其他人民法院提出的，不属于此处所指之异议。

3. 异议的内容是对受诉人民法院管辖权有不同意见，认为应由其他人民法院管辖。

4. 管辖权异议须在法定期间内提出，即接到人民法院应诉通知之日起10日内。

（三）对管辖权异议的处理

对于构成管辖权异议的情形，人民法院的处理程序基本上有以下内容：

1. 受理案件的人民法院对于当事人提出的异议，应当进行审查。

2. 审查应当在案件实体审理之前进行，即先解决管辖权问题，再进行案件的实体审理。

3. 人民法院审查之后，对于是否有管辖权，要作出书面裁定，并送达各方当事人。当事人接到裁定后，如果对裁定不服，有权在裁定送达后10日内向上一级人民法院提起上诉。

4. 上诉审法院应在法定期限以内，对上诉进行审查，并作出最终裁定。当事人在接到该最终裁定后，必须按上诉裁定书中所确定的管辖法院参加诉讼。

第十五章 行政诉讼参加人

第一节 行政诉讼参加人概述

一、行政诉讼参加人的概念

《行政诉讼法》第四章专章规定了行政诉讼参加人，据此立法规定，行政诉讼参加人，是指当事人和类似当事人地位的诉讼代理人，具体包括行政诉讼的原告、被告、共同诉讼人、第三人以及诉讼代理人。

行政诉讼参与人并非行政诉讼法中的法定概念，一般是指除审判人员、书记员、执行人员以外的参与行政诉讼的人。行政诉讼参与人的概念范围比行政诉讼参加人要宽，行政诉讼参与人中除行政诉讼参加人外，还包含其他诉讼参与人，如证人、鉴定人、翻译人员和勘验人。

二、行政诉讼当事人的概念、特征、称谓

（一）行政诉讼当事人的概念

所谓行政诉讼当事人，是指因行政行为发生争议，以自己的名义进行诉讼，并受人民法院裁判拘束的个人和组织。当事人有广义和狭义之分。广义的当事人包括原告、被告、共同诉讼人和第三人，狭义的当事人仅指原告和被告。本书使用的是当事人的广义概念。

（二）行政诉讼当事人的特征

行政诉讼当事人的主要特征有以下几个方面：

1. 因行政行为发生争议。在行政诉讼中，原告是处于行政主体相对一方的个人或组织，被告是行政主体，双方参加诉讼的直接目的就是解决争议。如果没有产生争议，就不可能发生行政诉讼，行政诉讼当事人自然也无从谈起。

2. 以自己的名义进行诉讼。这一特征使行政诉讼当事人与其诉讼代理人区别开来。前者可以自己的名义参加行政诉讼，后者参加诉讼不是以自己的名义，而是以被代理人的名义，相应的诉讼后果也由被代理人承担。

3. 与案件有直接的利害关系，受人民法院裁判拘束。这一特征可使我们区

分行政诉讼当事人与其他诉讼参与人。在行政诉讼中，当事人为了维护自己的合法权益而参与到诉讼活动中，案件的处理结果与其有直接的利害关系，人民法院的裁判是针对当事人之间的争议作出的，因而其效力只及于当事人，当事人必须遵守；而当事人以外的诉讼参与人并非基于自身的利益参与到诉讼之中，与案件的处理结果没有直接的利害关系，因而亦不受人民法院裁判的拘束。

（三）行政诉讼当事人的具体称谓

行政诉讼当事人在不同的诉讼程序中有着不同的具体称谓：

1. 在第一审程序中，向人民法院起诉的一方当事人（个人或组织）称为原告，应诉的行政主体称为被告，此外，还可能有参加诉讼的第三人。

2. 在第二审程序中，提起上诉的当事人称为上诉人，对方当事人称为被上诉人。

3. 在审判监督程序中，适用第一审程序审理时，仍分别称为原告和被告；适用第二审程序审理时，仍分别称为上诉人和被上诉人。

4. 在执行程序中，向人民法院申请执行的当事人称为申请执行人，对方当事人称为被申请执行人。

在不同诉讼程序中，行政诉讼当事人具体称谓的变化，反映出其诉讼地位不同，其相应的诉讼权利和诉讼义务也随之各有不同

三、行政诉讼当事人的诉讼权利能力和诉讼行为能力

（一）行政诉讼当事人的诉讼权利能力

在法理学上，权利能力是指以自己的名义享有权利和承担义务的资格。基于此，行政诉讼当事人的诉讼权利能力，是指以自己的名义参加到行政诉讼活动中，并享有诉讼权利承担诉讼义务的资格。诉讼权利能力又称当事人能力，即在行政诉讼中充当当事人的资格。在行政诉讼中，只有具备了这种法律资格才能以自己的名义到人民法院起诉、应诉和参加诉讼，从而成为行政诉讼的当事人。

行政诉讼当事人的诉讼权利能力与其在行政法上的实体权利能力是相互联系的，一般说来，其相互关系表现为以下两点：

1. 行政法上的实体权利能力是诉讼权利能力的基础，只有具有实体权利能力的个人或组织，才能享有诉讼权利能力；反之，没有实体权利能力的个人或组织，必然不享有诉讼权利能力。[①]

2. 行政诉讼当事人的诉讼权利能力是法律直接设定的，是行政法上的实体

---

① 有人称，在特殊情况下，在行政法上没有实体权利能力的人，法律也可能赋予其诉讼权利能力，如《行政诉讼法》规定的“其他组织”并没有法人资格，但仍可提起行政诉讼并参与诉讼。我们认为，《行政诉讼法》规定的可作为原告的其他组织，虽不具有法人资格，不是我国《民法通则》中所承认的实体权利主体，不具有法人那样完全的权利，但是却有行政法上一定的权利与义务，换而言之，其也是行政法上获得权利能力的主体，因此，诉讼法上才能承认其原告的资格。上述观点，用民法的完全权利主体标准硬套行政法上的不完全权利主体标准，是不科学的。

权利能力得以实现的一种司法保障。

正是基于两者的上述关系，行政诉讼当事人的诉讼权利能力的取得和消灭与其在行政法上的实体权利能力的取得和消灭是相适应的。具体表现在以下三个方面：

1. 个人的诉讼权利能力自出生时取得，至死亡时消灭。

2. 行政主体和法人的诉讼权利能力，自依法成立时取得，至因撤销、解散、破产等终止时消灭。

3. 其他组织的诉讼权利能力，自经主管机关许可或批准成立时取得，至因解散、撤销等终止时消灭。

（二）行政诉讼当事人的诉讼行为能力

在法理学上，行为能力是指能够以自己的行为享受权利和承担义务的能力。基于此，行政诉讼当事人的诉讼行为能力，是指能够以自己的行为参加到行政诉讼活动中，实现相应的诉讼权利、承担诉讼义务的能力。诉讼行为能力又称诉讼能力，即具有诉讼权利能力的人独立进行诉讼活动的能力。在行政诉讼中，不具有诉讼行为能力的人，虽具有当事人资格，但不能亲自起诉、应诉和参加诉讼。

行政诉讼当事人的诉讼权利能力与诉讼行为能力关系表现在以下两点：

1. 有诉讼行为能力的人就一定有诉讼权利能力。这时，当事人可以自己的名义亲自参与到行政诉讼活动中，真正独立地行使诉讼权利、承担诉讼义务。

2. 有诉讼权利能力的人不一定都有诉讼行为能力，如不满 18 周岁的未成年人和精神病人。这时，当事人不能独立参与到行政诉讼活动中，只能由其法定代理人以当事人的名义进行诉讼，代为行使诉讼权利，但诉讼后果由当事人承受。

诉讼行为能力虽由法律规定赋予，但从根本上讲，它要取决于个人的辨识与控制能力，而这要受到个人的年龄、精神状态等因素的影响。基于上述关系，行政诉讼当事人的诉讼行为能力的取得和消灭表现为：

1. 个人的诉讼行为能力从年满 18 周岁或 16 周岁以上不满 18 周岁但以自己的劳动收入为生活来源时取得，至死亡时消灭；不满 18 周岁的个人以及精神病人不具有诉讼行为能力。

2. 行政主体、法人和其他组织的诉讼行为能力的取得、消灭与其诉讼权利能力一致，即从它成立时取得，至终止时消灭。

四、行政诉讼当事人的诉讼权利与诉讼义务

（一）行政诉讼当事人的诉讼权利

行政诉讼当事人的诉讼权利，是法律赋予当事人在行政诉讼过程中用以维护自身合法权益的重要手段。根据《行政诉讼法》及相关司法解释的规定，其内容主要有：

1. 当事人有使用本民族语言、文字进行诉讼的权利。

2. 当事人在诉讼中有进行辩论的权利。

3. 当事人可以委托诉讼代理人代为诉讼。

4. 经人民法院许可，当事人可以查阅本案的庭审材料，但涉及国家秘密或个人隐私的材料除外。

5. 当事人在证据可能灭失或者以后难以取得的情况下，可以向人民法院申请证据保全。

6. 当事人有申请回避权，对人民法院所作的回避决定不服时，可以申请复议。

7. 经审判长许可，当事人有向证人、鉴定人和勘验人发问的权利。

8. 当事人有查阅并申请补正庭审笔录的权利。

9. 当事人不服人民法院第一审裁判时，可以在法定期限内提起上诉。

10. 当事人对已生效的裁判，认为有错误的，有申请再审和提出申诉的权利。

11. 对人民法院已生效的裁判，如果败诉一方当事人在法定期限内拒绝履行义务的，胜诉一方当事人可以申请人民法院强制执行。

12. 原告有向人民法院提起行政诉讼的权利。

13. 原告有放弃、变更、增加诉讼请求的权利。

14. 被告行政主体有应诉和答辩的权利。

15. 被告行政主体有改变其所作的被诉具体行政行为的权利。

16. 法律规定的其他诉讼权利。

（二）行政诉讼当事人的诉讼义务

行政诉讼当事人的诉讼义务，是法律对当事人如何正当、合理地进行诉讼活动的要求，具体表现为维护诉讼秩序、保证诉讼顺利进行的行为规范。根据《行政诉讼法》及相关司法解释的规定，其内容主要有：

1. 当事人必须依法正确行使诉讼权利，不得滥用诉讼权利。

2. 当事人应当遵守诉讼秩序，服从法庭的指挥，不得实施妨害诉讼秩序的行为。

3. 当事人应当自觉履行人民法院已经生效的裁判。

第二节 行政诉讼原告

一、行政诉讼原告的概念和特征

所谓行政诉讼原告，是指对行政主体的具体行政行为不服，依照行政诉讼法，以自己的名义向人民法院提起诉讼，且与该具体行政行为有法律上利害关系的个人或者组织。根据这一概念，行政诉讼原告的特征如下：

1. 对行政主体的具体行政行为不服。这是个人或组织具备原告资格的主观上的特征。根据《行政诉讼法》第41条关于起诉条件的规定："……（一）原告是认为具体行政行为侵犯其合法权益的公民、法人或者其他组织……"可见，这种对行政主体的具体行政行为不服，可以理解为认为该具体行政行为侵犯了自己的合法权益。因而，当个人或组织认为行政主体的具体行政行为合法适当，并未表示不服时，不能成为行政诉讼的原告。

2. 与被诉的具体行政行为有法律上的利害关系。这是个人或组织具备原告资格的客观上的特征。这种法律上的利害关系可以理解为被诉的具体行政行为会对个人或组织的权利、义务造成实际影响。当然，这种影响可能是有利的，也可能是不利的。要特别强调的是，这种法律上的利害关系应是直接的而非间接的，以避免非行政法律关系过多地进入行政诉讼程序中而形成"滥诉"。

3. 以自己的名义依法向人民法院提起诉讼。这一特征使原告与其诉讼代理人区别开来。原告的诉讼代理人可以向人民法院提起诉讼，但必须以原告的名义进行，其起诉只是代为行使原告的起诉权。

二、行政诉讼原告的种类

根据《行政诉讼法》第24条、第70条的规定，结合行政管理的具体实践，行政诉讼的原告可以归纳为以下几个方面：

（一）公民（自然人）

所谓公民，是指具有中华人民共和国国籍的自然人。凡年满18周岁、精神正常的公民，认为行政机关的具体行政行为侵犯其合法权益的，均可依法独立提起行政诉讼，成为行政诉讼的原告；如果公民无诉讼行为能力，如未满18周岁或患有精神病的，可由其法定代理人提起诉讼，但他们在诉讼中仍处于原告地位。

（二）法人

所谓法人，是指具有民事权利能力和民事行为能力，依法独立享有民事权利、承担民事义务的组织。根据我国《民法通则》的有关规定，在我国，法人可划分为两类：一类是企业法人，另一类是机关、事业单位和社团法人。

（三）其他组织

《行政诉讼法》所规定的公民、法人以外的其他组织，是指不具备法人条件，没有取得法人资格的组织。

不具有法人资格的其他组织向人民法院提起诉讼的，由该组织的主要负责人作诉讼代表人；没有主要负责人的，可以由推选的负责人作诉讼代表人。诉讼代表人代表组织进行诉讼，其法律后果由该组织承担。

（四）外国人、无国籍人和外国组织

《行政诉讼法》第70条规定："外国人、无国籍人、外国组织在中华人民共和国进行行政诉讼，适用本法。法律另有规定的除外。"可见外国人、无国籍人和外国组织也可成为行政诉讼的原告。

外国人、无国籍人和外国组织作为原告在中华人民共和国进行行政诉讼，同中华人民共和国公民、组织有同等的诉讼权利和义务。但是，外国法院对中华人民共和国公民、组织的行政诉讼权利加以限制的，我国人民法院对该国公民、组织的行政诉讼权利，实行对等原则，即加以同等的限制。

三、行政诉讼原告的确定

（一）一般情形下的原告确定

如上所述，在一般情况下，只需根据行政诉讼原告的概念和特征，即可确定原告。个人或组织只要同时满足如下三个条件，即可成为行政诉讼的原告：

1. 对具体行政行为不服（认为具体行政行为侵犯其合法权益）。
2. 以自己的名义依法向人民法院起诉。
3. 与被诉的具体行政行为有法律上的利害关系（直接利害关系）。

（二）特殊情况下的原告确定

上述情况只是原告的一般确定，但司法实践中的具体情况纷繁复杂，适用上述方法有时并不能正确地确定原告，因而需要进行具体分析和规定。最高人民法院《关于执行〈中华人民共和国行政诉讼法〉若干问题的解释》第11条至第18条规定了确定原告的若干特殊情形：

1. 行政机关的具体行政行为涉及相邻权的，相邻权人可以作为原告提起行政诉讼。
2. 行政机关的具体行政行为涉及公平竞争权的，竞争权人可以作为原告提起行政诉讼。
3. 与行政机关的行政复议决定有法律上的利害关系的人，可以作为原告提起行政诉讼。
4. 行政案件中，要求行政机关依法追究侵害人法律责任的被侵害人可以作为原告提起行政诉讼。
5. 与行政机关撤销或者变更具体行政行为有法律上的利害关系的个人或组织可以作为原告提起行政诉讼。
6. 合伙企业对行政机关的具体行政行为不服（如对公安消防部门针对该合伙企业厂房消防设施不全而作出的限期整改的命令不服），而向人民法院提起诉讼的，应当以核准登记的字号为原告，由执行合伙企业事务的合伙人作诉讼代表人，其他未起字号的合伙组织、合伙人为共同原告。
7. 联营企业、中外合资或者合作企业的联营、合资、合作各方，认为联营、合资、合作企业权益或者自己一方合法权益受到行政机关具体行政行为侵害的，均可以自己的名义提起行政诉讼。

8. 农村土地承包人等土地使用权人对行政机关处分其使用的农村集体所有土地的行为不服，可以自己的名义提起行政诉讼。

9. 非国有企业对行政机关注销，撤销，合并，强令兼并，出售，分立或者改变企业隶属关系的，该企业或者其法定代表人可以提起行政诉讼。

10. 股份制企业的股东大会，股东代表大会，董事会等可以为原告提起行政诉讼。

四、行政诉讼原告资格的转移和承受

（一）行政诉讼原告资格的转移

行政诉讼中原告资格的转移，是指有权起诉的个人或组织死亡或者终止，它的原告资格依法自然转移给有利害关系的特定个人或组织。由此可见，原告资格发生转移的条件有以下三个：

1. 有原告资格的主体在法律上已不复存在，如个人的死亡和组织的终止。

2. 有原告资格的个人或组织死亡或终止时，未逾诉讼保护期限，即仍在法定的起诉期限以内，否则会因起诉权的消灭而不能发生转移。

3. 原告资格转移的主体双方有特定的利害关系，如个人之间的近亲属关系和组织之间的权利承受关系。

行政诉讼原告资格的转移有以下两种情形：

1. 有权提起诉讼的个人死亡，包括自然死亡和经人民法院依法定程序宣告死亡，其原告资格可以发生转移。

2. 有权提起诉讼的组织终止，如撤销、兼并、解散或破产，其原告资格可以发生转移。

（二）行政诉讼原告资格的承受

行政诉讼中原告资格的承受，是指由于原告资格发生转移而由新的特定主体获得原告资格而担任原告。

行政诉讼原告资格的承受与转移相对应，亦有两种情形：

1. 就个人而言，承受某原告资格的是其近亲属。根据最高人民法院《关于执行〈中华人民共和国行政诉讼法〉若干问题的解释》第 11 条的规定，近亲属包括配偶、父母、子女、兄弟姐妹、祖父母、外祖父母、孙子女、外孙子女和其他具有扶养、赡养关系的亲属。

2. 就组织而言，承受其原告资格的是承受其权利义务的组织，如合并前组织的原告资格由合并后的新组织承受。

第三节 行政诉讼被告

一、行政诉讼被告的概念和特征

所谓行政诉讼被告，是指由原告指控其具体行政行为违法侵犯原告的合法权益，并经由人民法院通知应诉的行政主体。其特征表现在以下三个方面：

1. 行政诉讼的被告是行政主体。这是行政诉讼被告的形式或范围上的特征。

2. 该行政主体的具体行政行为被告认为违法侵犯其合法益。这是行政诉讼被告的实质特征。

3. 被原告指控并经由人民法院通知应诉。这是行政诉讼被告程序上的特征，原告的指控和人民法院通知应诉这两个步骤必须结合一致，缺一不可。

二、行政诉讼被告的确定

（一）一般情况下被告的确定

根据上述行政诉讼被告的概念和特征，在一般情况下比较容易确定被告，即依据“谁行为谁被告、谁主体谁被告”的原则并满足以下三个条件的行政主体即可成为被告：原告认为其实施的具体行政行为违法侵犯了原告的合法权益；原告指控；人民法院通知其应诉。

（二）特殊情况下被告的确定

一般情况下，被告按《行政诉讼法》第25条的规定、依据“谁行为谁被告、谁主体谁被告”的原则按上述条件确定即可；但也有些复杂情形或特殊情况，在这些情况下的被告资格确定问题则较为复杂。根据《行政诉讼法》第25条和最高人民法院《关于执行〈中华人民共和国行政诉讼法〉若干问题的解释》第19条至第22条的规定，结合行政诉讼实际，在特殊情况下，被告按下列规则确定：

1. 经复议案件的被告确定。经过复议的案件，复议机关决定维持原具体行政行为的，作出原具体行政行为的行政机关为被告；复议行政机关改变原具体行政行为的，复议行政机关为被告；复议行政机关在法定期间内不作出复议决定的，当事人对原具体行政行为不服提起诉讼的，应当以作出原具体行政行为的行政机关为被告；当事人对复议行政机关不作为不服提起诉讼的，应当以复议行政机关为被告。

2. 共同被告的确定。行政机关共同作出同一具体行政行为的，共同作出具体行政行为的行政机关为共同被告。

3. 有批准程序时被告的确定。当事人不服经上级行政机关批准的具体行政行为，向人民法院起诉的，应当以在对外发生法律效力的文书上署名的行政机关为被告。

4. 有法律、法规、规章授权时被告的确定。行政机关的内设机构或派出机构有法律、法规、规章授权时，可以自己的名义实施具体行政行为，不论是否超出法定授权范围，当事人不服的，应当以实施该行为的机构为被告。

5. 有行政机关委托时被告的确定。由行政机关委托的组织所作出的具体行政行为，委托的行政机关为被告。

行政机关在没有法律、法规或者规章规定的情况下，授权其内设机构、派出机构或者其他组织行使行政职权的，应当视为委托，当事人不服提起诉讼的，应当以该行政机关为被告。

6. 既无授权又无委托时被告的确定。行政机关组建并赋予行政职能但不具有独立承担法律责任能力的机构，以自己的名义作出具体行政行为，当事人不服提起行政诉讼的，应当以组建该机构的行政机关为被告。行政机关的内设机构或者派出机构在没有法律、法规或者规章授权的情况下，以自己的名义作出具体行政行为，当事人不服提起诉讼的，应当以该行政机关为被告。

综上所述，在行政诉讼中，原告起诉时要有适格被告，如果被告不适格，根据最高人民法院《关于执行〈中华人民共和国行政诉讼法〉若干问题的解释》第23条的规定，人民法院应当告知原告变更被告；原告不同意变更的，裁定驳回起诉。

三、行政诉讼被告资格的转移和承受

（一）行政诉讼被告资格的转移

行政诉讼中被告资格的转移，是指有被告资格的行政主体被撤销，其被告资格自然的转移给其他特定主体。这是为了保护当事人合法权益，使法律责任得以不受干扰的实现的制度。发生转移的条件是：

1. 有被告资格的行政主体被撤销，在法律上该主体已被消灭，这是前提。
2. 被撤销的行政主体，其行政职权仍然继续由其他主体行使。

（二）行政诉讼被告资格的承受

行政诉讼中被告资格的承受，是指没有作出具体行政行为的主体，由于继续行使作出具体行政行为但被撤销的行政主体的职权而自然承受该诉讼被告的资格。这种承受乃是法律规定的，与承受者的主观愿望无关。所谓继续行使职权包括以下两类：

1. 原行政职权仍然存在，现由其他行政主体行使。
2. 原行政职权被取消或转变，这时的承受者应视为撤销该行政主体的行政机关，如同级人民政府。

第四节 行政诉讼中的共同诉讼人

一、行政诉讼中的共同诉讼与共同诉讼人的概念

在一般情况下，行政诉讼中原、被告双方都是单一的，但是在某种特定情况下，原、被告一方或双方可能不是单一的，而是两个或两个以上的个人或组织，这种情况即导致共同诉讼。所谓共同诉讼，是指当事人一方或双方为两人以上的诉讼。原告为两人以上的，称为共同原告；被告为两个以上的，称为共同被告。共同原告或共同被告，又统称为共同诉讼人。

在行政诉讼中设立共同诉讼制度的意义在于：一方面能够便利当事人诉讼，节省人力、物力和财力；另一方面又便于简化诉讼程序，防止人民法院作出相互矛盾的裁判，提高办案效率，保证办案质量。

二、行政诉讼中共同诉讼与共同诉讼人的种类

行政诉讼中的共同诉讼可以分为两类：必要的共同诉讼和普通的共同诉讼。

（一）必要的共同诉讼与必要共同诉讼人

必要的共同诉讼，是指当事人一方或双方为两人以上，诉讼标的是同一具体行政行为的诉讼。在这种共同诉讼中的当事人，即为必要共同诉讼人。

在行政诉讼中，必要的共同诉讼的特征表现为以下两个方面：

1. 诉讼标的为同一具体行政行为。所谓同一具体行政行为，是指以一个意思表示为目的而实施的一个独立的、完整的具体行政行为。其同一标准在于行政行为本身，该行政行为或者由行政主体共同作出，或者是行政主体的一个具体行政行为处理两个以上的个人或组织。

2. 当事人之间利害关系的不可分割性。无论是共同原告，还是共同被告，他们均因同一具体行政行为而在权利义务上发生了不可分割的联系。必要共同诉讼人之间缺乏任何一方，另一方均无法独立支持该具体行政行为的存在。这种实体法律关系的紧密性，必然使其在诉讼程序中具有无法分离的关联性。

虽然必要共同诉讼人之间利害关系有不可分割性，但在诉讼过程中的处理也有所不同。凡属共同被告人，必须共同参加诉讼，如果原告起诉中有遗漏，人民法院有权在征得原告同意的基础上追加被告，通知应诉，被追加的被告无权拒绝参加；如果原告不同意追加被告的，根据最高人民法院《关于执行〈中华人民共和国行政诉讼法〉若干问题的解释》第23条第2款的规定，人民法院应当通知其以第三人的身份参加诉讼。对于共同原告来讲，根据《若干问题的解释》

第24条第1款的规定，人民法院有义务通知未起诉的其他利害关系人作为第三人参加诉讼。如果这些人仍然不愿参加诉讼，人民法院原则上不能强行追加，应尊重原告的意志和选择。同时，应注意，必要共同诉讼人虽因共同的利害关系而共同参与同一诉讼，但其诉讼法律地位是独立的，一个人的行为对其他共同诉讼人没有法律上的约束力。他们均以各自的名义参加诉讼，并对各自的行为负责，各自可以提出自己的诉讼请求。

（二）普通的共同诉讼与普通共同诉讼人

普通的共同诉讼，是指当事人一方或双方为两人以上，其诉讼标的是同样的具体行政行为，并由人民法院进行合并审理的诉讼。这种共同诉讼中的当事人即是普通共同诉讼人。

在行政诉讼中，普通的共同诉讼的特征表现为以下三个方面：

1. 诉讼标的是同样的具体行政行为。所谓同样的具体行政行为，是指同一主体作出的两个或两个以上行为性质、种类或法律依据相同的具体行政行为。

2. 共同诉讼人之间在事实上或法律上并无当然的不可分割的联系，其各自的权利义务并不互涉。

3. 人民法院认为宜于合并审理并实行合并审理的。

三、代表人诉讼与诉讼代表人

（一）代表人诉讼

行政诉讼中的代表人诉讼，是指由人数众多的原告推选诉讼代表人参加的且人民法院的裁判及于全体利害关系人的行政诉讼。

代表人诉讼制度，就其性质而言，实质上是共同诉讼与诉讼代理两项制度相结合的一种诉讼形式，是在共同诉讼基础上，吸收代理诉讼制度的某些特征而设立的，解决众多当事人纠纷的一种制度。其具有以下特征：

1. 原告方人数众多。按最高人民法院《关于执行〈中华人民共和国行政诉讼法〉若干问题的解释》的规定，同案原告人数须为5人以上，这是代表人诉讼的根本特征，即诉讼主体的集体性特征。

2. 原告方实行诉讼代表制。由于原告人数众多，代表人诉讼不是让每一个原告都亲自参加诉讼，而是推选诉讼代表人代表大家参加诉讼。

3. 法院裁判具有扩张性。即人民法院的裁判效力不仅及于诉讼代表人，也及于其他未亲自参加诉讼的当事人（原告），甚至及于未参加诉讼的利害关系人。

（二）诉讼代表人

诉讼代表人，是指当事人众多的一方推选出代表，由其为维护本方当事人利益而进行行政诉讼的人。其具有双重特征：首先，其为原告当事人，具有当事人的一切特征；其次，其具有诉讼代表人的一些特征，如需原告推选产生的委托授权，行使处分权须被代表人的同意，等等。

诉讼代表人的产生途径有两个：

1. 由原告推选产生。

2. 如果原告方在人民法院限定的期限内未能选定的，则由人民法院依职权从原告中指定产生。

诉讼代表人无论是推选还是指定，其人数限为 1～5 人。同时，诉讼代表人与所代表的原告方必须有相同的利益，具有相应的诉讼能力，且乐于为维护所代表的全体成员的利益服务。此外，诉讼代表人的诉讼行为对其所代表的原告方发生效力，即效力及于代表人诉讼的每一个成员，但处分权利的行为应取得被代表成员的同意。

第五节 行政诉讼第三人

一、行政诉讼第三人的概念

（一）行政诉讼第三人的含义和特征

行政诉讼第三人，是指因与被诉的具体行政行为有利害关系，通过申请或人民法院通知的形式，参加到诉讼中来的除原告、被告以外的其他个人或组织。理论上把原告与被告之间的诉讼称为本诉，把第三人参与的诉讼称为参加诉讼。

行政诉讼第三人具有以下特征：

1. 同被诉的具体行政行为有利害关系。这种利害关系是指法律上的权利义务关系，如果某人同该具体行政行为没有法律上的利害关系，就不能作为行政诉讼的第三人。同时，这种利害关系还必须是与作为诉讼标的的具体行政行为的直接关系，而非间接关系或处理结果上的利害关系，否则，不能作为第三人参加诉讼。

2. 参加到他人的诉讼（本诉）中的个人或组织。行政诉讼第三人原本可以作为原告起诉或作为被告应诉，但因为自身或他人的原因，而并未起诉或被起诉，因而，其参加的诉讼只能是已经开始的他人之间的诉讼，即本诉。所以，其参加诉讼有期间限制，即本诉程序开始至终审判决之前。

3. 申请参加诉讼或者由人民法院通知参加诉讼。

（二）第三人参加诉讼的法律意义

第三人参加诉讼和法律设置第三人制度具有重要的意义，主要表现以下几个方面：

1. 维护第三人自身的合法权益。这是第三人参加诉讼的根本目的。

2. 便于人民法院全面了解案情、查明事实，并能够全面、正确地解决纠纷，确定当事人、第三人的权利与义务。

3. 便于人民法院及时审理案件，有节省、简化审理的功能，便于人民法院作出正确的裁判。

二、行政诉讼第三人的诉讼权利和诉讼地位

行政诉讼第三人基于与被诉具体行政行为有着直接的利害系，以自己的名义、为维护自身的合法权益而参加诉讼，其在诉讼中应具有独立的诉讼地位，即其既不是原告，也不是被告；既不依附于原告，也不依附于被告。这种不依附于原、被告任何一方的独立的诉讼地位，决定了其享有一系列的诉讼权利；但其毕竟参加的是他人的诉讼，因而这些权利与原、被告只是基本相同，但并非完全重合。具体地说，包括以下几个方面：

1. 提供证据、进行辩论、委托他人代理诉讼、申请回避等一系列当事人应有的诉讼权利。

2. 提出与本案有关的诉讼主张。“与本案有关的诉讼主张”包括要求撤销或者变更或者维持被诉具体行政行为，或要求判定自己的行为合法。

3. 部分上诉权。若一审判决对第三人权利义务产生影响，则第三人有权上诉；若一审判决与第三人权利义务无关，则第三人不具有上诉权。

4. 诉讼权利限制。由于第三人参加的是他人之间的诉讼，自己并未起诉，因而其行使诉讼权利是要体现对本诉双方当事人的尊重，具体表现为：第三人无权处分原告和被告之间的实体权利和诉讼权利，不能行使放弃或变更诉讼请求、撤销、提出管辖权异议等只有原被告有权行使的诉讼权利。

三、行政诉讼第三人的确定

在行政诉讼实践中存在第三人的通常情况是：

1. 行政处罚案件中的被处罚人和被侵害人均可以作为第三人参加诉讼。

2. 行政机关就同一违法事实处罚了两个以上共同违法者，其中有的起诉，有的未起诉，人民法院认为必要时可以通知未起诉的人作为第三人参加诉讼。

3. 行政机关作出相互矛盾的具体行政行为，非被告的行政机关可以作为第三人参加诉讼。

4. 与行政机关共同署名作出处理决定的非行政机关的组织在赔偿诉讼中可以作为第三人参加诉讼。

5. 应当追加被告而原告不同意追加的，人民法院应通知其作为第三人参加诉讼。

6. 行政确权、行政裁决等案件中的民事争议的双方当事人。

第六节 行政诉讼代理人

一、行政诉讼代理人的概念

行政诉讼代理人，是指依法律规定或受当事人委托，以当事人的名义，在代理权限范围内为当事人进行诉讼活动，但其诉讼法律后果由当事人承担的人。代理人代理当事人进行诉讼活动的权限，称为诉讼代理权。

行政诉讼代理人的特征表现为：

1. 必须以被代理人的名义进行诉讼活动。这一特征使诉讼代理人与当事人相区别。

2. 其诉讼代理权来源于法律规定或当事人委托。

3. 在代理权限内进行诉讼活动，其法律后果归属于被代理人。

在行政诉讼中，设立诉讼代理人制度，其意义包括：

1. 保护无诉讼行为能力当事人的合法权益。

2. 为当事人提供法律上的帮助，使他们能够更有效地行使权利、提出诉讼主张。

3. 有助于人民法院依法正确及时地审判案件，接受监督，防止和减少违法与错误，提高审判质量。

二、行政诉讼中的法定代理人

（一）法定代理人的概念和特征

在行政诉讼中，法定代理人是指根据法律规定而直接享有代理权限，代替无诉讼行为能力的个人进行行政诉讼的人。其特征表现为：

1. 代理权源于法律的规定。

2. 被代理人须为无诉讼行为能力人。

3. 代理人与被代理人之间存在亲权或监护关系。

（二）法定代理人的诉讼地位和代理权限

在行政诉讼中，只有原告或第三人可以有法定代理人，这时法定代理人在诉讼中居于与原告类似的诉讼地位。之所以如此，是因为：

1. 法定代理人有权代理原告的诉讼行为，人民法院或对方当事人对无诉讼行为能力的原告实施诉讼行为，应向其法定代理人进行。

2. 法定代理人与被诉具体行政行为没有直接的利害关系，其不享有实体权利，也不承担诉讼义务，诉讼结果是由其所代理的无诉讼行为能力人承担，而不是由他承担。基于此，法定代理人死亡或丧失诉讼行为能力时，只导致诉讼中止，而不能导致诉讼终结。

具体来说，原告的法定代理人代理权限表现为：凡是原告享有的诉讼权利，他都有权代为行使；凡是原告承担的诉讼义务，他都代为履行。他所进行的诉讼行为视为原告的行为。因此，代理人不仅有权代为处分原告的诉讼权利，如起诉、上诉等，而且有权处分原告的实体权利，如放弃诉讼请求、撤诉等，即有权代理原告的一切诉讼行为。

三、行政诉讼中的委托代理人

（一）委托代理人的概念和特征

行政诉讼中的委托代理人是指受当事人或法定代理人的委托代为进行诉讼行为的人。其特征表现为：

1. 代理权源于当事人或法定代理人的委托。

2. 代理权的范围和事项一般由委托人自行决定。

3. 当事人、法定代理人必须向人民法院提交有委托人签名或盖章的授权委托书，委托书应当载明委托事项和具体权限。

（二）委托代理人的范围

根据《行政诉讼法》的规定，当事人、法定代理人可以委托下列人员担任诉讼代理人：律师，社会团体，提起诉讼的公民的近亲属，提起诉讼的公民所在单位推荐的人，经人民法院许可的其他公民。

《行政诉讼法》规定，当事人、法定代理人可以委托一至二人代为诉讼。这样规定，既考虑到被代理人的实际需要，又不至于因诉讼代理人过多而影响纠纷的解决，同时也有利于委托代理人行使代理权。

（三）委托代理人的代理权限和诉讼地位

委托代理人的代理权是委托人授予的，其代理权限依委托人在授权委托书中确定的授权范围而定。授权人的授权可以分为一般授权和特别授权。一般授权即只在委托书上载明代理人有权代为诉讼行为；特别授权即委托代理人以该授权依法处分当事人的某些实体权利和诉讼权利。

四、公安机关的委托代理人

在行政诉讼中，公安机关处于被告的诉讼地位。在行政诉讼实践中，作为被告的公安机关的委托代理人大都是由法定代表人（如公安局长）委托本机关的工作人员为其诉讼代理人；公安机关的委托代理人多由本机关法制部门的工作人员，如法制科、处长或主管行政复议应诉工作的人员担任。他们的素质和表现与能否顺利完成应诉任务有着一定联系。由此，作为一名合格的公安机关的诉讼代理人，除具有较高的政治思想素质外还必须具备以下三个基本条件：

1. 熟悉业务。所谓熟悉业务，是指熟悉公安行政管理业务。

2. 知晓相关法律。这里的法律，主要是指各种与公安行政管理与执法直接相关的法律、法规、部门规章和地方性法规、地方规章等规范性法律文件。除此之外，还须熟悉法学基础理论、刑法、民商法、民事诉讼法、人民法院组织法等。

3. 有较强的表达能力。诉讼代理人的表达能力是知识、思维、反应等能力的综合体现，只有具有较强的表达能力，才能顺利地完成应诉、答辩等诉讼活动。

只有同时具备上述三方面条件，才能成为一名合格的公安机关的诉讼代理人。

第十六章 行政诉讼证据

第一节 行政诉讼证据概述

一、行政诉讼证据的概念和特征

何谓证据，历来是诉讼法和证据法中一个争议颇多的问题。我国现行行政诉讼法并未就此作出明确的界定，只规定了证据的种类及其举证责任等问题。在行政诉讼法学上，有关行政诉讼证据的定义为数不少，归纳起来，有材料与手段说、事实与材料说、两义说、纯粹事实说、根据说等。基于以上法律规定及学术认识，我们认为，所谓行政诉讼证据，是指人民法院在行政诉讼中所掌握的用以证明案件真实情况的一切材料。其特征如下：

1. 行政诉讼证据是一种材料。这种材料是由当事人提交给人民法院或者由人民法院依照职权在必要的情况下调取的。这种材料可以有多种表现形式，如物证、书证、视听资料、证人证言、现场笔录等。

2. 用以证明案件真实情况。这是从证据运用于行政诉讼之中而言的，而不论其能否起到证明案件真实情况的作用。因此，用做证据的材料可能是虚假的，甚至是伪造的，其能否正确反映案件事实应由人民法院依法认定。

3. 人民法院在行政诉讼中所掌握。这些证据或是由当事人或其他有关人员（证人、诉讼代理人、鉴定人等）向人民法院提交，或是由人民法院依职权主动收集。可以用来作为证据的材料未被发现或者虽已发现但未为人民法院所掌握的，不是行政诉讼证据。

二、行政诉讼中可定案证据的特征

《行政诉讼法》第31条第2款规定：“以上证据经法庭审查属实，才能作为定案的根据。”由此可见，行政诉讼中的证据可分为一般证据和可定案证据。可定案证据则是指能够证明诉讼案件情况的一切事实，其可以作为定案的根据。因此，在行政诉讼中，可定案证据具有关键性作用。能够被人民法院认定，最终作为定案根据的证据，必须具有以下特征：

1. 客观性。所谓客观性，即指作为可定案证据，必须是不依赖于人们的意志为转移的客观事实。

2. 关联性。所谓关联性，是指作为可定案证据，必须同案件的事实也就是同有争议的具体行政行为以及与这一行为所依据的事实存有一定的联系。

3. 合法性。所谓合法性，是指可定案证据必须是经合法程序、运用合法手段向适格对象收集取得的，且必须符合法定形式。这一特征要求可定案证据的取得必须程序合法、手段合法、对象适格、形式法定。

可定案证据的上述特征是一般证据所不具备的，这也就是一般证据与可定案证据的主要区别。

三、行政诉讼证据制度的特点

1. 行政诉讼证据法定形式的多样性。根据《行政诉讼法》第 31 条第 1 款的规定，行政诉讼证据包括书证、物证、视听资料、证人证言、当事人的陈述、鉴定结论、勘验笔录和现场笔录；此外，行政诉讼法还规定被告必须向人民法院提供作出具体行政行为的事实依据和规范性文件。也就是说，在行政诉讼的法定证据中包括了民事诉讼、刑事诉讼证据中所不具备的在行政执法中经常运用的现场笔录，并且，在一些特定情况下，规范性文件还起着一定的证明作用。

2. 行政诉讼证据来源的特定性。行政诉讼的证据主要来自于行政执法的过程中，并且主要由作为被告的行政机关提供给人民法院。

3. 举证责任分配的特定性。在行政诉讼中，举证责任是确定的，即对被诉具体行政行为的合法性的确定由被告负举证责任。这也就是说，如果被告不能提供证据证明其具体行政行为合法，则无须原告证明具体行政行为违法，就应当由被告承担败诉的后果。这与民事诉讼中“谁主张，谁举证”的举证责任分配原则迥然不同。

4. 证据收集及审查的限制性。即被告在诉讼中的取证行为受法律明确限制，其不得自行向原告和证人收集证据；同时，人民法院审查证据的活动必须在开庭审理的过程之中，而不在其他诉讼阶段。

第二节　行政诉讼证据的种类

一、学理上的分类

在学理上，可根据不同的标准对行政诉讼证据作不同的分类：

(一) 根据证据来源不同，可以把证据分为原始证据和传来证据

所谓原始证据，是指直接来源于案件事实本身的证据。它们有的是案件事实

的组成部分，有的是跟案件事实有直接的接触，即通常所说的第一手材料。

所谓传来证据，又称派生证据，是指由原始证据派生出来或者在信息传递的中间环节中形成的证据。传来证据并非直接来源于案件的第一手材料，而是经过中间环节辗转得来。

区分原始证据与传来证据的意义在于：原始证据与案件事实有直接关系，其可靠程度一般比传来证据大，经审查可以作为定案证据；而传来证据经过了一些中间环节，几经转手，失实的可能性相对来说更大些。传来证据在诉讼中的主要作用是为寻找原始证据提供线索，并辅助证明原始证据的可靠性。传来证据应当经过严格的审查核实，确认确实无误时才能作为定案的证据。

（二）根据证据与待证事实之间的关系不同，可以把证据分为直接证据和间接证据

所谓直接证据，是指与案件事实有直接关系，能够直接证明案件事实的证据。

所谓间接证据，又称情况证据，是指不能直接证明案件事实需要经过推理过程才能达到证明目的的证据。

区分直接证据与间接证据的意义在于：人民法院在审理案件时应尽力收集直接证据作为定案的根据；间接证据主要用来补充直接证据，帮助寻找直接证据。孤立的间接证据不能定案，但在缺乏直接证据的情况下，可以对一系列间接证据进行严密分析和逻辑推理，使之形成一个“证据锁链”，也可以证明案件的事实。

（三）根据证据所证明的案件事实对于解决案件的重要性不同，可以把证据分为主要证据和次要证据

所谓主要证据，是证明案件主要争议事实存在与否的证据。其中，主要争议事实是指在当事人双方向人民法院提出的关于案情的诸多事实中，双方发生争议，并且直接关系到原告的诉讼请求能否成立的案件事实，这往往是行政机关作出具体行政行为所根据的主要事实。

所谓次要证据，是证明案件主要争议事实以外的其他事实的证据。

区分主要证据和次要证据的意义在于：在行政诉讼中，被告负有举证责任，如举不出主要证据则将败诉。次要证据在诉讼中的主要作用是加强或者削弱主要证据的证明力，因此在案件审理中，在获得主要证据时，不能忽视次要证据的收集。

（四）根据提出证据的主体以及证明事实的不同，可以把证据分为本证与反证

所谓本证，是指由负有举证义务的当事人提出的用以证明他所主张的事实的证据。

所谓反证，是指当事人为反驳对方所主张的事实从而推翻对方主张而举出的证据。

区分本证与反证的意义在于，当一方当事人所提出的反证足以推翻对方当事

人所提出的本证时，就将意味着胜诉，否则就会败诉。

二、法定证据的种类

根据《行政诉讼法》第31条的规定，在行政诉讼中运用的法定证据有以下几种：

（一）书证

书证是指记载或表达某些情况并以其内容或含义来证明案件事实的文字、符号、图画等材料。其物质属性通常为纸张、金属、石块、竹木等；其形成方式通常有书写、印刷、绘画、刻制等。

在行政诉讼中，书证是运用最为广泛的一种证据。

（二）物证

物证是指用来证明案件事实的物品或痕迹。物证以其存在的形状、性质、特征等证明案件的事实。

物证具有不易受人的主观因素影响的特征。因而，它不仅可以用来判断案件发生时的实际情况以及审查当事人的主张是否有据，而且可以用来审查鉴别其他证据的真伪。在实践中，能够用来作为物证的物品和痕迹是多种多样的。这些物品和痕迹能否作为物证，关键看它同案件事实是否有联系，有联系的才能作为物证，否则就不能作为物证。

（三）视听资料

视听资料是指能够用来证明案件事实的录音带、录像带、光盘以及从计算机中提取的资料。视听资料作为证据，就是利用录音带发出的声音、录像带放出的图像、光盘中读出的音像和计算机中存储的资料来证明案件事实。这种以图像、声音和存储的资料来反映和证明案件事实的视听资料具有较强的真实性和准确性。

（四）证人证言

证人证言是指了解案件有关情况的非本案诉讼利害关系人关于案件事实的陈述。证人是直接或间接了解案件情况的人。他可以陈述自己耳闻目睹的事实，也可以转述他人的所见所闻。证人可以口头或书面的形式陈述所了解的案件情况。对证人的口头陈述要制作证人证言笔录。证人对询问笔录有权要求宣读、查阅和修改。

（五）当事人的陈述

当事人的陈述是指当事人在诉讼中向人民法院所作的关于案件事实情况的叙述和承认。在诉讼中当事人的陈述内容很多，概括起来可分为两个方面：一是有关案件事实的叙述和说明；二是关于请求作出有利于自己裁决的陈述。能够作为证据的，只能是当事人关于案件事实的陈述。

（六）鉴定结论

鉴定结论是指鉴定人运用自己的专业知识，根据所提供的案件事实材料，对需要鉴定的专门问题进行分析、鉴别后得出的结论。在行政诉讼中，常见的有法医鉴定、文书鉴定、痕迹鉴定等。凡是需要具有专业知识的人才能解决的专门性问题，都可以进行鉴定。

（七）勘验笔录和现场笔录

勘验笔录是指行政机关的执法人员或人民法院的审判人员对现场或物品进行勘查、检验、测量、绘图、拍照，并就情况和结果制作的笔录。其特点在于它是对一些证据和情况的综合反映和再现。

现场笔录是指行政机关进行当场处罚或其他紧急处理时作的笔录。行政机关制作现场笔录，旨在防止相对人事后翻供而有难于取证的情况的发生。因此，现场笔录通常就成为行政机关当场处罚或及时处理的依据。现场笔录应由执法人员制作，内容应包括违法行为的事实、时间、地点和所作的处理，并由相对人签字；如有证人，证人也要签字。人民法院如果将行政机关制作的现场笔录用来作为定案的证据，应当审查其真实性和合法性。

第三节　行政诉讼的证明

一、行政诉讼证明的概念

行政诉讼中的证明，是指人民法院和行政诉讼当事人依法收集并运用证据证实或查明案件真实情况的诉讼活动。其具体含义有以下几点：

1. 行政诉讼证明的主体是人民法院和行政诉讼当事人。

2. 行政诉讼证明的对象是行政争议案件的真实情况，亦称待证事实。

3. 行政诉讼证明的性质是一种依法进行的诉讼活动，它包括从收集证据到审查、判断证据以及运用证据认定案情的全过程。

二、行政诉讼中的证明对象

（一）证明对象的概念

所谓证明对象，也称待证事实，是指诉讼中本身真伪不明，需要运用证据加以证明，且对案件的解决具有重要意义的事实。其含义如下：

1. 证明对象是真伪不明的法律事实。一般来说，行政诉讼中的证明对象是真伪不明的事实或当事人之间发生争议以及与争议有关的事实。但并非所有与行政争议有关的法律事实都需要运用证据予以证明，有些事实是无须证明的，如众所周知的事实、自然规律、定理、当事人承认的事实、推定的事实以及法律文书预决的事实。

2. 证明对象是对案件的解决具有重要意义的事实。所谓对案件的解决具有重要意义的事实，是指依法能够引起争议的行政法律关系产生、变更和消灭的法律事实。这些事实与原告的主张或被告的答辩具有法律上的因果关系，它们的存在与否决定原告的诉讼主张或被告的答辩能否成立。

3. 证明对象不仅包括案件事实，还包括证据事实以及被告作出具体行政行为所依据的规范性文件。

（二）行政诉讼中的证明对象

在行政诉讼中，不同的案件需要证明的对象也不同。总的来说，根据行政诉讼法的规定，证明对象主要包括以下几类：

1. 依法能够决定具体行政行为是否合法的事实。

2. 依法能够决定行政处罚是否合理的事实。

3. 具体行政行为是否造成侵权损害及损害大小的事实。

4. 作出具体行政行为所依据的规范性文件。

5. 行政诉讼程序中的事实，如案件是否归该人民法院管辖的事实，审判人员是否应回避的事实等。

三、行政诉讼中的证明标准

所谓行政诉讼中的证明标准，是指经过依法举证、调取证据、质证和认证程序，作为定案根据的证据能够使法庭相信案件事实存在或者成立的证明程度。

目前，我国行政诉讼法及相关司法解释均未对证明标准问题作出规定，但是在每一件行政案件证据的审查和运用过程中，证明标准始终发挥着重要的作用。人民法院在审理行政诉讼案件时不可能回避证明标准问题。

结合行政诉讼的具体实践，我们认为，行政诉讼的证明标准基本倾向于根据案件的不同性质和情况，以采用“明显优势证明标准”为原则，以“优势证明标准”和“排除合理怀疑证明标准”为补充。具体而言，行政诉讼中的证明标准及适用范围如下：

（一）明显优势证明标准

所谓明显优势证明标准，是指人民法院按照证明效力具有明显优势的一方当事人提供的证据认定案件事实的证明标准。刑事诉讼通行的是排除合理怀疑证明标准，民事诉讼通行的是优势证明标准，而行政诉讼介于两者之间，其要求低于刑事诉讼高于民事诉讼，因而称其为明显优势证明标准，这种标准充分体现了行政诉讼的特色。在行政诉讼中，明显优势证明标准的含义可以理解为：

1. 原告和被告提供的证据的证明效力相比较，一方当事人提供的证据的证明效力具有较大的优势。

2. 该优势足以使人民法院确信其主张的案件事实客观存在，或者更具有真实存在的可能性。

（二）优势证明标准

所谓优势证明标准，是指人民法院按照证明效力占优势的一方当事人提供的证据认定案件事实的证明标准。其在行政诉讼中主要适用于对证明标准较低、对原告人身财产权益影响较小的案件。主要有：

1. 行政机关对平等主体之间的民事纠纷作出裁决而引起的行政诉讼案件。

2. 在起诉行政机关不作为的案件中，人民法院对原、被告双方是否曾有申请事实的认定，要采用优势证明标准。

3. 在行政赔偿诉讼案件中，人民法院对原、被告双方就被诉具体行政行为所造成损害事实情况的认定采用优势证明标准。这其中的理论依据在于，行政赔偿诉讼与民事诉讼在性质上基本相同，就赔偿问题证明标准不应有差别。

（三）排除合理怀疑证明标准

所谓排除合理怀疑证明标准，是指案件主要事实均有相应的证据证明，且证据之间及证据与案件事实之间没有矛盾，或者虽有矛盾但可以合理排除。

排除合理怀疑标准来源于刑事诉讼，证明标准极高。因而在行政诉讼中，主要是运用于对原告的人身或财产权益有重大影响的行政案件，主要有：

1. 限制人身自由的行政处罚或强制措施引发的诉讼。

2. 责令停产停业和吊销许可证或执照等行政处罚引发的诉讼。

在行政诉讼中，除上述几种案件需要适用优势证明标准或排除合理怀疑证明标准外，绝大多数的案件均适用明显优势证明标准。

第四节　行政诉讼中的举证责任

一、举证责任制度概述

（一）举证责任的概念

所谓举证责任，是指由法律预先规定，在案情真伪不明的情况下，由一方当事人提供证据予以证明，如果其提供不出证明相应事实情况的证据，则承担败诉风险及不利后果的制度。其具体含义为：

1. 举证责任是一种法律预先规定的一种用以解决案情真伪不明时确定败诉的规则。

2. 举证责任与案件审理结果相联系。

3. 举证责任的主体是案件的当事人。

4. 举证责任的内容是要求当事人提出证据，证明其所主张或抗辩的事实。

（二）行政诉讼中举证责任的特点

1. 行政诉讼中强调被告的举证责任，而不将人民法院依职权取证和原告或第三人提供证据的责任置于同等地位。

2. 举证责任分配相对确定。在行政诉讼中，对于被诉具体行政行为的合法性由被告承担举证责任，而原告并不会因为证明不了被诉具体行政行为违法而败诉，这不同于民事诉讼中“谁主张，谁举证”的举证责任分配原则。

3. 被告的举证规则明确具体，举证范围不仅局限于事实证据，还包括其作出具体行政行为所依据的规范性文件；举证时间限制在第一审答辩期内，逾期无效。

二、行政诉讼中举证责任分配原则

（一）被告行政主体负举证责任的原因

在行政诉讼中，确定由被告行政主体承担举证责任，而非原告的原因在于：

1. 被告作出具体行政行为符合法定程序的一个最基本规则是先取证后裁决，即被告在作出裁决前，应当充分收集证据，然后根据事实，对照法律作出裁决，而不能在毫无证据的情况下，对行政相对人作出行政行为。因此，当被告作出行政行为后被诉至人民法院时，应当能够有充分的事实材料证明其行政行为的合法性。这是被告承担举证责任的基础。

2. 在行政法律关系中，行政主体居于主动地位，其实施行为时无须征得行政相对人的同意，而行政相对人则处于被动地位。因而为了体现在诉讼中双方当事人地位的平等，就应当要求被告证明其行政行为的合法性，否则应当承担败诉的后果，而不能要求处于被动地位的原告承担举证责任，这样对原告不利。

3. 被告的举证能力比原告要强。

（二）被告负举证责任在行政诉讼中的意义

在行政诉讼中，要求被告行政主体负举证责任，充分体现了行政诉讼的目的。其意义表现为：

1. 有利于促进行政机关依法行政，严格遵守先取证后裁决的规则，从而防止其实施违法行为和滥用职权。

2. 有利于保护原告的合法权益，当被告不能证明其具体行政行为合法而人民法院又不能放弃审判时，作出有利于原告的判决，以防止公民、法人或其他组织的合法权益遭受到不法行政行为的侵害。

三、行政诉讼被告负举证责任的范围

（一）证明被诉具体行政行为合法

根据《行政诉讼法》第 32 条、最高人民法院《关于行政诉讼证据若干问题的规定》第 1 条规定，被告应提供与被诉具体行政行为合法性有关的事实。与被诉具体行政行为合法性有关的事实，是指被告作出具体行政行为时所取得的证据、认定的事实、执法程序、运用法律规范及处理结果等。

除了作出具体行政行为的全部证据，被告还应该提供作出具体行政行为所依据的规范性文件。这些规范性文件包括法律、法规、规章以及规章效力等级以下的规范性文件。

（二）证明被诉行政处罚行为及其他行为合理

人民法院在大多数情况下只对具体行政行为进行合法性审查，即一般不涉及合理性问题，后者属于行政机关的自由裁量范围。在涉及行政主体的行政处罚引起的诉讼中，人民法院不仅要进行合法性审查，还要进行合理性审查。因此，被告在应诉时，不仅要提供证据证明其行政处罚行为合法，还要提供证据证明其行政处罚行为合理公正。

此外，如果原告起诉行政机关滥用职权时，人民法院也有权进行合理性审查，因而此时应诉的行政机关应提供证据证明其运用职权的行为并非滥用，而是正当执法。

（三）证明原告起诉超过起诉期限

最高人民法院《关于行政诉讼证据若干问题的规定》第4条第3款规定，被告认为原告起诉超过期限的，由被告承担举证责任。由被告对此负举证责任，有利于保护原告的诉权。

四、原告提供证据的范围

行政诉讼法将举证责任分配给被告，并不是说原告在诉讼中不向人民法院提供任何证据。原告也要负提供证据的责任，只不过原告提供证据的责任并非举证责任，提供证据的责任不与败诉风险和不利后果相联系，只是人民法院启动诉讼程序时所要求的一些基本条件，因而原告提供的证据只要使人民法院认为有相应争议存在，足以启动诉讼程序即可，而并不一定要达到足以确证胜诉、败诉的程度。

根据行政诉讼法及相关司法解释的规定，原告应就下列事项承担提供证据的责任：

1. 证明其符合起诉条件。

2. 在起诉被告行政机关不作为的案件中，证明其曾向被告提出其申请的事实。

3. 在行政机关行政赔偿诉讼中，证明因受被诉具体行政行为侵害而遭受损失的事实。

五、行政诉讼中举证责任履行规则

在行政诉讼中，被告履行举证责任或原告履行提供证据的责任而向人民法院提交证据时，应当遵循一定的规则，要受到举证责任履行规则的限制。

（一）举证责任时间限制规则

举证责任时间限制规则，是指行政诉讼当事人应当在法定的时间内完成举证责任，否则将承担举证不能的法律后果。基于行政诉讼的特点，《行政诉讼法》和最高人民法院《关于行政诉讼证据若干问题的规定》对被告的举证责任时限作了明确规定。包括：

1. 被告的举证时限。根据《行政诉讼法》第 43 条、最高人民法院《关于行政诉讼证据若干问题的规定》第 1 条的规定，被告举证应当遵循以下时间限制：

（1）在对被诉的具体行政行为负有举证责任的情况下，应当在收到起诉状副本的 10 日内提供证据；

（2）因“不可抗力或者客观上不能控制的其他正当事由”而需要逾期提供证据的，应当向人民法院提出逾期提供证据的书面申请，经人民法院准许后，方能逾期提供证据；

（3）在逾期提供证据的正当事由清除后的 10 日内，被告应当向人民法院提供证据，如果不能提供的，将视为被诉具体行政行为没有相应的证据。

2. 原告和第三人提供证据的时限。根据行政诉讼法的精神，最高人民法院《关于行政诉讼证据若干问题的规定》第 7 条对原告提供证据时限作了规定。在行政诉讼中，原告、第三人提供证据的时限相对被告而言较为广泛，这有利于原告和第三人在诉讼中的合法权益，具体包括：

（1）原告或者第三人应当在开庭审理前或者人民法院指定的交换证据之日提供证据；

（2）因正当事由申请逾期提供证据的，经人民法院准许的，可以在法庭调查中提供，逾期提供证据的，视为放弃举证权利；

（3）原告或者第三人无正当事由在第一审程序中不提供证据而在第二审程序中提供证据的，人民法院不予接纳。

（二）当事人补充证据规则

根据《行政诉讼法》第 34 条和最高人民法院《关于行政诉讼证据若干问题的规定》第 2 条、第 9 条的规定，行政诉讼当事人经人民法院准许可以补充相关的证据，具体有：

1. 原告或第三人在一审诉讼中提出其在被告实施行政行为过程中没有提出的反驳理由或者证据的，经人民法院准许，被告可以补充相关证据。

2. 在行政诉讼中，对当事人无争议，但涉及国家利益、公共利益或者他人合法利益的事实，人民法院可以责令当事人提供或补充有关的证据。

（三）被告及其诉讼代理人收集证据规则

1. 被告在作出具体行政行为后和诉讼期间不得自行收集证据。

2. 被告的诉讼代理人在诉讼期间不得自行收集证据。被告的诉讼代理人在被告作出具体行政行为之后和诉讼期间自行收集的证据，不能作为认定被诉具体行政行为合法的根据。

（四）人民法院对当事人举证事项负有告知义务

根据最高人民法院《关于行政诉讼证据若干问题的规定》第8条的规定，人民法院向当事人送达受理案件通知书或者应诉通知书时，应当告知其举证范围、举证期限和逾期提供证据的法律后果，并告知因正当事由不能按期提供证据时应当提出逾期提供证据的申请。

第五节　行政诉讼中提供证据的要求

在行政诉讼中，当事人向人民法院提供的证据，应当符合提供证据的要求。根据《行政诉讼法》和《行政处罚法》等有关法律的规定，最高人民法院《关于行政诉讼证据若干问题的规定》分别对当事人向人民法院提供的书证、物证、视听资料、证人证言、现场笔录等各类证据以及涉及国家秘密、商业秘密和个人隐私的证据，提出了具体的要求。

一、提供法定证据的要求

（一）提供书证的要求

行政诉讼中，具体的要求如下：

1. 提供书证的原件，原本、正本和副本均属于书证的原件。提供原件确有困难的，可以提供与原件核对无误的复印件、照片、节录本。

2. 提供由有关部门保管的书证原件的复制件、影印件或者抄录件的，应当注明出处，经该部门核对无异后加盖其印章。

3. 提供报表、图纸、会计账册、专业技术资料、科技文献等书证的，应当附有说明材料。

4. 被告提供的被诉具体行政行为所依据的询问、陈述、谈话类笔录，应当有行政执法人员、被询问人、陈述人、谈话人的签名或者盖章。

法律、法规、司法解释和规章对书证的制作形式另有规定的，从其规定。

（二）提供物证的要求

1. 当事人向人民法院提供物证的，首先要求应当提供原物。提供原物确有困难的，才可以提供与原物核对无误的复制件或者证明该物证的照片、录像等其他证据。

2. 当原物为数量较多的种类物的，提供其中一部分即可。

（三）提供行政程序中采用的鉴定结论的要求

1. 被告行政机关向人民法院提供的在行政程序中采用的鉴定结论，应当载明委托人和委托鉴定的事项、向鉴定部门提供的相关材料、鉴定的依据和使用的科学技术手段、鉴定部门和鉴定人鉴定资格的说明，并应有鉴定人的签名和鉴定部门的盖章。

2. 通过分析获得的鉴定结论，应当说明分析过程。

（四）提供计算机软件及视听资料的要求

1. 提供有关资料的原始载体。提供原始载体确有困难的，可以提供复制件。

2. 注明制作方法、制作时间、制作人和证明对象等。

3. 声音资料应当附有该声音内容的文字记录。

（五）提供证人证言的要求

行政诉讼中，当事人向人民法院提供证人证言的，应当符合下列要求：

1. 写明证人的姓名、年龄、性别、职业、住址等基本情况。

2. 有证人的签名。证人不能签名的，应当以盖章等方式证明。

3. 注明出具日期。

4. 附有居民身份证复印件等证明证人身份的文件。

（六）提供现场笔录的要求

1. 被告行政机关向人民法院提供的现场笔录，应当载明时间、地点和事件等内容，并由执法人员和当事人签名。

2. 当事人拒绝签名或者不能签名的，应当注明原因。有其他人在现场的，可由其他人签名。

法律、法规和规章对现场笔录的制作形式另有规定的，从其规定。

（七）对域外证据的要求

最高人民法院《关于行政诉讼证据若干问题的规定》第 16 条对当事人向人民法院提供域外证据提出了具体的要求。在行政诉讼中，当事人提供域外证据的，应分情况处理：

1. 当事人向人民法院提供的在中华人民共和国领域外形成的证据，应当说明来源，经所在国公证机关证明，并经中华人民共和国驻该国使领馆认证，或者履行中华人民共和国与证据所在国订立的有关条约中规定的证明手续。

2. 当事人提供的在中华人民共和国香港特别行政区、澳门特别行政区和台湾地区内形成的证据，应当具有按照有关规定办理的证明手续，才发生效力：（1）我驻港、澳的机构（包括新华社香港分社、澳门分社等单位）的工作人员，由他们所在机构出具证明；（2）香港港九会联合会、澳门工会联合会等社会团体的成员，由他们所在团体出具证明；（3）其他港、澳居民可由我国司法部门委托的香港及澳门律师办理证明；（4）当事人向人民法院提供我国台湾地区形成的证据的，应当提供台湾公证机关或者其他部门、民间组织出具的证明文件。

但对以“中华民国”名义出具的证明文书，应通过适当途径变换名义。[①]

（八）其他要求

最高人民法院《关于行政诉讼证据若干问题的规定》第17条至第19条对当事人所提供的证据在形式上提出了总的要求。具体到行政诉讼中，主要有：

1. 当事人向人民法院提供外文书证或者外国语视听资料的，应当附有由具有翻译资质的机构翻译的或者其他翻译准确的中文译本，由翻译机构盖章或者翻译人员签名。

2. 涉及国家秘密、商业秘密和个人隐私的案件，一般不公开审理，有关证据不得在开庭时公开进行质证，当事人在向人民法院提供上述证据时，提供人应当作出明确标注，并向法庭说明，法庭予以审查确认。

3. 当事人应当对其提交的证据材料分类编号，对证据材料的来源、证明对象和内容作简要说明，签名或者盖章，注明提交日期。

人民法院收到当事人递交的证据材料后，根据最高人民法院《关于行政诉讼证据若干问题的规定》第20条的规定，应当出具收据，注明证据的名称、份数、页数、件数、种类等以及收到的时间，由经办人员签名或者盖章。

二、行政诉讼中的证据交换制度

（一）证据交换概念和特征

所谓证据交换，是指在行政诉讼中，对于案情比较复杂或者证据数量较多的案件，人民法院应当事人申请或依职权，组织当事人在开庭前向对方出示或者交换证据，以整理和固定争点以及证据的诉讼活动。其特征如下：

1. 证据交换适用于案情比较复杂或者证据数量较多的案件。

2. 证据交换可以由人民法院依据职权主动提出，也可以由当事人向人民法院提出申请。

3. 证据交换的时间在开庭前。

4. 证据交换的目的在于整理、固定争点和证据。

（二）证据交换制度的主要内容

证据交换制度的主要内容如下：

1. 提出方式。证据交换并非行政诉讼的法定必经程序，其提出有两种方式，即人民法院依据职权主动提出和当事人向人民法院申请提出。

2. 时限。证据交换的时间必须确定在庭审之前，证据交换之日就是举证期限届满之日，当事人在证据交换日前不提供证据的，应承担逾期举证的法律

① 参见《民政部关于香港、澳门出具的婚姻状况证明有效期问题的通知》（1988年1月7日民政部发布），《最高人民法院关于转发〈关于委托香港八位律师办理公证的若干问题的通知〉的函》（1985年6月27日最高人民法院发布），《处理涉台刑事申诉民事案件座谈会纪要》（1988年8月5日最高人民法院发布）。

后果。

3. 程序、效力及法律后果。主持证据交换的人员应当是合议庭组成人员。在证据交换过程中，审判人员对于当事人无异议的事实和证据应当记录在卷，在庭审中，审判人员对这类证据进行说明后，不必再组织质证，即可作为认定案件事实依据。对于有异议的证据，审判人员应当按照其需要证明的事实分类记录在卷，并记录异议的理由。通过证据交换，确定当事人的争点，以便于法庭审理。

4. 次数。为防止当事人利用证据交换拖延诉讼，应当对证据交换的次数作出必要的限制。证据交换一般不得超过两次。但对于重大疑难或者案情特别复杂的案件，在人民法院认为确有必要的情况下，也可以不受两次的次数限制。

第六节 行政诉讼证据的调取和保全

一、人民法院调取证据的权限

在行政诉讼中，尽管人民法院拥有法定的调取证据的权力，但鉴于其本身居中裁判的地位，人民法院应当主要依据双方当事人提供的证据，对案件事实作出判断。因此，人民法院调取证据，应作为当事人提供证据的补充，其权力范围不宜宽泛，否则便有失公允。人民法院调取证据有两种方式，即依职权主动调取和依当事人申请调取，因此，对人民法院调取证据权力的限制也分为以下两个方面：

（一）人民法院主动调取证据的权限

根据最高人民法院《关于行政诉讼证据若干问题的规定》第22条的规定，在行政诉讼中，人民法院可以依职权调取证据的情形只限于以下两种：

1. 涉及国家利益、公共利益或者他人合法权益的事实认定的。

2. 涉及依职权追加当事人、中止诉讼、终结诉讼、回避等程序性事项的。

（二）人民法院依当事人申请调取证据的权限

根据最高人民法院《关于行政诉讼证据若干问题的规定》第23条的规定，在行政诉讼中，人民法院可以依当事人的申请调取证据的权限如下：

1. 当原告或第三人不能自行收集，但能够提供确切线索的，可以申请人民法院调取下列证据材料：（1）由国家有关部门保存而须由人民法院调取的证据材料；（2）涉及国家秘密、商业秘密、个人隐私的证据材料；（3）确因客观原因不能自行收集的其他证据材料。

2. 一般情况下，人民法院只能根据原告或第三人的申请调取证据，而不能根据被告的申请调取证据。对此有两个例外：（1）被告在作出具体行政行为时无法收集原物，如珍贵文物，只能向人民法院提供照片或复制件的，人民法院则可以依被告的申请调取原物，以印证被告所提供证据的真实性；（2）若不是基于证明被诉具体行政行为的合法性的前提下，人民法院仍可以调取被告在作出具体行政行为时没有收集的证据，如证明其行为违法性的证据。

二、申请调取证据的要求和程序

（一）申请调取证据的要求

根据最高人民法院《关于行政诉讼证据若干问题的规定》第24条的规定，在行政诉讼中，当事人申请人民法院调取证据的，应符合以下两项要求：

1. 必须在举证期限内提交调取证据的申请书。

2. 调取证据申请书的内容要求。调取证据申请书应当载明下列内容：第一，证据持有人的姓名或者名称、住址等基本情况；第二，拟调取证据的内容；第三，申请调取证据原因及其要证明的案件事实。

（二）人民法院决定调取证据的程序

根据最高人民法院《关于行政诉讼证据若干问题的规定》第25条的规定，在行政诉讼中，人民法院对当事人的申请，决定是否调取证据的决定程序如下：

1. 人民法院对当事人调取证据的申请，经审查符合调取证据条件的，应当及时决定调取。

2. 不符合调取证据条件的，应当向当事人或诉讼代理人送达通知书，说明不准许调取的理由。当事人及其诉讼代理人可以在收到通知书之日起的3日内向受理申请的人民法院书面申请复议一次。人民法院应当在收到复议申请之日起的5日内作出答复。

3. 人民法院根据当事人的申请，经调取未能取得相应证据的，应当告知申请人并说明原因。

（三）人民法院委托调取证据的程序

根据最高人民法院《关于行政诉讼证据若干问题的规定》第26条的规定，在行政诉讼中，人民法院委托异地人民法院调取证据时，应按照如下程序：

1. 人民法院需要调取的证据在异地的，可以书面委托证据所在地人民法院调取。

2. 受委托人民法院应当在收到委托书后，按照委托要求及时完成调取工作。

3. 受委托人民法院不能完成委托内容的，应当告知委托的人民法院并说明原因。

三、证据保全

（一）证据保全的概念及意义

所谓证据保全，是指在证据可能灭失或者以后难以取得的情况下，人民法院根据诉讼参加人的请求或依职权采取措施加以确定和保全的制度。

证据保全作为一项收集和保存证据的有效措施，既是当事人提供证据的补救方法，也是人民法院取得证据的一种手段，对于保护当事人的合法权益、保证行政诉讼的顺利进行具有重要意义。

（二）证据保全的条件

根据《行政诉讼法》第36条的规定，在行政诉讼中，证据保全可在下面两种情况下实施：

1. 证据可能灭失时。例如，可以作证的人因年老、患病即将死亡；可以作为证据的物品即将腐烂变质；可以作为证据的痕迹即将消失；等等。

2. 证据在以后难以取得。例如，证人即将外出，短期不能归来等。

（三）证据保全的途径

对证据实施保全有两种途径：

1. 人民法院依当事人的申请决定保全。根据最高人民法院《关于行政诉讼证据若干问题的规定》第27条第1款、第2款的规定，当事人向人民法院申请保全证据的，应当在举证期限届满前以书面形式提出，并说明证据的名称和地点、保全的内容和范围、申请保全的理由等事项。人民法院对诉讼参加人的申请，应当认真审查，根据实际情况作出是否准予保全证据的裁定。

2. 人民法院依职权主动采取保全措施。人民法院审判人员如果发现证据可能灭失或者以后难以取得的，应不待参加人提出申请，依职权主动地对证据采取保全措施。

（四）诉前证据保全

根据最高人民法院《关于行政诉讼证据若干问题的规定》第27条第3款的规定，法律、司法解释规定诉前保全证据的，依照其规定办理。所谓诉前证据保全，是指当事人为制止侵权行为，在证据可能灭失或者以后难以取得的情况下，在起诉前向人民法院申请保全证据的制度。诉前证据保全是证据保全制度的一个特例，其要求在起诉前进行证据保全，因而不同于一般的起诉后才进行的证据保全。正因为诉前证据保全的这种特性，其很容易对当事人的权益造成不必要的限制，因而法律对诉前证据保全的规定较为慎重。目前，只有《商标法》和最高人民法院《关于对诉前停止侵犯专利权行为适用法律问题的若干规定》有相关的规定，[①] 因而目前诉前证据保全措施只适用于商标、专利等知识产权行政案件。

---

① 我国2001年12月1日起施行的《商标法》第58条规定："为制止侵权行为，在证据可能灭失或者以后难以取得的情况下，商标注册人或者利害关系人可以在起诉前向人民法院申请保全证据。人民法院接受申请后，必须在四十八小时内作出裁定；裁定采取保全措施的，应当立即开始执行。人民法院可以责令申请人提供担保，申请人不提供担保的，驳回申请。申请人在人民法院采取保全措施后十五日内不起诉的，人民法院应当解除保全措施。"《商标法》主要是基于WTO关于与贸易有关的知识产权协定的要求作出这一规定的。最高人民法院2001年6月1日发布的《关于对诉前停止侵犯专利权行为适用法律问题的若干规定》第16条第1款规定："人民法院执行诉前停止侵犯专利权行为的措施时，可以根据当事人的申请，参照民事诉讼法第七十四条的规定，同时进行证据保全。"

（五）证据保全的措施

根据最高人民法院《关于行政诉讼证据若干问题的规定》第 28 条的规定，在行政诉讼中，人民法院可根据具体情况，采取查封、扣押、拍照、录音、录像、复制、鉴定、勘验、制作询问笔录等保全措施。

第七节　鉴定规则与勘验规则

一、鉴定规则

在行政诉讼实践中，鉴定结论的种类十分复杂，主体繁多，并不限于人民法院委托或指定的鉴定部门作出的鉴定结论。由于缺乏相应的立法，目前我国的鉴定存在主体混乱、程序不规范等众多问题，最高人民法院《关于行政诉讼证据若干问题的规定》第 29 条至第 32 条对于与行政诉讼密切相关的主要程序性问题作了规定。有关的鉴定规则如下：

（一）重新鉴定的条件

在行政诉讼中，行政机关可能提供相应的鉴定结论，人民法院也可能委托作出鉴定结论，当事人有异议要求重新鉴定的，适用条件是不同的。

1. 要求对被告委托的鉴定进行重新鉴定的。根据最高人民法院《关于行政诉讼证据若干问题的规定》第 29 条的规定，原告或者第三人有证据或者有正当理由表明被告据以认定案件事实的鉴定结论有错误的，应在举证期限内书面申请重新鉴定，人民法院应予准许。

2. 要求对人民法院委托的鉴定进行重新鉴定的。根据最高人民法院《关于行政诉讼证据若干问题的规定》第 30 条的规定，当事人对人民法院委托的鉴定部门作出的鉴定结论有异议申请重新鉴定的，应提供证据证明下列情形存在：（1）鉴定主体不合格；（2）鉴定程序严重违法；（3）鉴定结论所依据的事实不能成立；（4）经过质证有相反证据证明该鉴定结论不能证明待证事实，或者经过质证发现鉴定结论本身存在逻辑上的矛盾。当证据证明有上述情形之一的，人民法院应准许重新鉴定。

（二）申请鉴定与举证责任

若当事人对需要申请鉴定的事项负有举证责任时，鉴定与否应与当事人的举证责任联系起来。在行政诉讼中，根据最高人民法院《关于行政诉讼证据若干问题的规定》第 31 条的规定，鉴定与举证责任的关系如下：

1. 对需要重新鉴定的事项负有举证责任的当事人，一般应在举证期限内提出鉴定申请。若不提出申请或逾期提出申请，将承担举证不能的法律后果。

2. 在申请鉴定时应提出申请书，预交鉴定费用以及提供相关材料。否则，若无正当理由不提供鉴定申请、不预交鉴定费用或者拒不提供相关材料，致使案件争议无法通过鉴定结论予以认定的，亦应对待证事实承担举证不能的法律后果。

二、勘验规则

在行政诉讼中，经常要通过勘验现场以获得某些证据。根据最高人民法院《关于行政诉讼证据若干问题的规定》第 33 条、第 34 条的规定，人民法院可以依当事人申请，也可以依职权勘验现场，这一规定与行政诉讼法中有关人民法院可以依职权要求当事人提供或者补充证据、委托鉴定、保全证据的规定是一致的。具体而言，人民法院主持对被诉具体行政行为认定的事实所依据的现场进行勘查、核验时，应遵守以下规定：

1. 勘验人应当出示人民法院的证件。

2. 人民法院主持勘验时，应当邀请当地居民委员会或者村民委员会派人参加；当事人有固定工作单位的，应当邀请单位派人参加。

3. 人民法院应当通知当事人本人到场，当事人本人无法到场的，也可以由其成年亲属到场，以免因勘验造成损害而引起新的争议；当事人或者其近亲属拒不到场的，人民法院的勘验工作可以继续进行，但应当在勘验笔录中说明当事人或者其近亲属不到场的原因和具体到场人员情况。

4. 勘验笔录由审判人员制作，记载勘验的时间、地点、勘验人、在场人、勘验的经过和结果，由勘验人、当事人、在场人签名；勘验现场时绘制的现场图，应当注明绘制的时间、方位、绘制人姓名和身份等内容。这点在实践中可以灵活处理，如可以由专业人员制作笔录，由审判人员审核；涉及绘制现场图的，更应当由专业人员制作笔录，以保证质量。

5. 当事人对勘验结论有异议的，可以申请重新勘验。

第八节 行政诉讼中的质证

所谓质证，是指在法庭审理的过程中，由诉讼当事人借助各种证据方法，就法庭上所出示的证据材料采取询问、辨认、质疑、说明、辩驳等方式，以在证据的证明力等问题上对法官的内心确信产生影响的一种诉讼活动。质证是法庭审理的一项重要内容，也是当事人的一项诉讼权利，同时是当事人为实现胜诉目的而采取的必要手段。

一、行政诉讼的质证模式

所谓质证模式，即质证主体以何种形式进行质证并推动质证程序的演进，是确定质证进行规则的前提。质证模式的选择不仅制约着质证的方式，规制着质证的发展方向，而且关系到质证的效果和程序的公正。由于受法律传统、文化背景、立法者的价值选择等影响，各国虽然在庭审活动中都把质证作为主要内容之一，但是不同的诉讼模式由于法官所处的地位以及发挥的作用不同，产生和决定了不同的质证程序模式。综观当今世界各国普遍采用的诉讼模式，主要分为当事人主义的诉讼模式和职权主义的诉讼模式两大类。因而，相应形成两种风格迥异的质证模式。

（一）当事人主义的质证模式

当事人主义的诉讼模式主要为普通法系国家所采用。在以当事人主义为主要特征的程序模式下，质证完全在当事人之间进行并为当事人所控制，法官在质证过程中始终处于消极地位，仅作为质证程序的组织者，质证通过当事人交叉询问的方式进行。

当事人主义的质证模式，突出诉辩双方的言辞对抗，促使当事人积极参加诉讼，成为推动诉讼程序展开的主导力量，法官只起居中裁判的作用。总体上，这种模式在保障程序公正上具有优越性，但同时也存在着程序烦琐、效率低下和过分依赖当事人及代理人诉讼能力的缺陷。

（二）职权主义的质证模式

职权主义的诉讼模式主要为大陆法系国家所采用。在以职权主义为主要特征的程序模式下，法官主持质证活动并始终指挥质证活动的进行，当事人在质证过程中的诉讼行为受法官的控制，始终处在一种消极、被动的地位。质证一般实行职权询问，采用以法官为主、当事人为辅的询问方式进行，是否实际采取交叉询问的方式完全听凭法官的自由裁量。

职权主义的质证模式强调秩序、国家和社会利益，突出法官在庭审中的主导地位，诉辩双方的作用相对受到抑制，虽然克服了诉讼效率不高的弊端，但往往不能排除法官主观判断对质证程序正当性和质证效果的妨碍和影响。

（三）我国的质证模式

从上面分析可以看出，质证模式无论是当事人主义还是职权主义均有优点和弊端。从目前各国在诉讼模式的选择上，也在不断借鉴当事人主义和职权主义两种诉讼模式的优点和长处，完善自己的司法审判制度。大陆法系国家在司法改革中吸收了交叉询问制度的优点，而普通法系国家则在庭审活动中加强了法官对诉讼程序的控制权。

就我国而言，在行政诉讼中，结合了两种质证模式各自的优点和长处，采取兼收并蓄、趋利避害的现实做法，实行一种有利于法官相对独立的交叉询问质证模式。在这种质证模式下，当事人行使质证权进行质证时，实行完全的当事人主义，当事人自主决定质证的启动、进行及深入程度，有利于保护其质证权的充分行使；法官在当事人质证过程中始终处于一种中立超然地位，可以有效地防止其主观判断对质证造成的不当妨碍，更好地帮助法官形成客观心证，最大限度地发挥其体现程序正当性的功能。同时，法官对质证的职权主义保留相对独立地位，待当事人质证完毕后集中进行，针对质证从未涉及或者未质辩清楚的问题，进行引导和发问，可以弥补当事人质证能力的缺陷及庭审中诉讼技巧把握欠妥的现状。

二、行政诉讼的质证主体

在行政诉讼中，所谓质证主体，是指从事质证活动行为，与本案审理结果有利害关系的人，也就是因实施质证行为而享有一定权利或承受一定义务的主体。

从上述概念中可以看出，并非所有参与质证的人员均可以成为质证主体。可见，行政诉讼中的质证主体只有当事人及其诉讼代理人。

证人、鉴定人和勘验人原则上都应该出庭作证或接受质询，但这并不表明他们能成为质证主体。因为质证权是诉权的一个内容，归属于互相对抗的诉讼主体。因此，证人、鉴定人和勘验人不能成为质证主体。

三、行政诉讼的质证范围

在行政诉讼中，质证是有一定范围的，即并非所有提供到法庭的证据材料均有资格进行质证。行政诉讼质证的范围包括以下几个方面：

1. 属于《行政诉讼法》第 31 条规定的七种证据形式。

2. 被告提交的证据材料应当是据以作出具体行政行为时的全部证据，或是根据最高人民法院《关于行政诉讼证据若干问题的规定》第 2 条所补充的相关证据；原告和第三人提交的证据应当是与被诉具体行政行为合法性相关的证据。

3. 在举证时限内提交的证据材料。

4. 当事人在二审和再审程序中提供的新的证据。这里所说的“新的证据”是指以下证据：（1）在一审程序中应当准予延期提供而未获准许的证据；（2）当事人在一审程序中依法申请调取未获准许或者未取得，人民法院在第二审程序中调取的证据；（3）原告或者第三人提供的在举证期限届满后发现的证据。

四、行政诉讼中的特殊质证规则

（一）无争议免质证规则

即庭前证据交换过程中没有争议的证据无须质证。这体现了诉讼经济的原则，有利于提高审判效率。同时也符合自认的规则。

（二）缺席不利规则

缺席不利规则，即被告无正当理由拒不到庭的，其提供的证据不予认定。但是当事人在庭前交换证据中没有争议的证据除外。

（三）不公开质证规则

不公开质证规则，即涉及国家秘密、商业秘密和个人隐私或者法律规定的其他应当保密的证据，不得在开庭时公开质证。

五、证人证言质证

证人证言作为我国行政诉讼法规定的七种法定证据形式之一，在我国的行政诉讼证据体系中占有非常重要的地位。然而，长期以来，由于程序规范疏漏、法律约束不力，致使证人出庭率低、证言反复等现象普遍存在。针对实践中存在的证人出庭率低的现象，最高人民法院《关于行政诉讼证据若干问题的规定》对证人出庭作证制度作了具体规定。

（一）证人资格

证人的资格，也称证人的能力，是指哪些人可以作为证人或应当作为证人，哪些人不能作为证人。最高人民法院《关于行政诉讼证据若干问题的规定》从正反两个方面对证人的资格作了规定。

1. 凡是知道案件事实的人都有出庭作证的义务。

2. 不能正确表达意志的人不能作证。生理、精神上有缺陷或者年幼的人能否成为证人，取决于他是否具有辨别是非和正确表达的能力。

（二）证人出庭质证的主要规则

1. 当事人申请规则。当事人申请证人出庭作证的，应在举证期限届满前提出，并经人民法院许可。人民法院准许证人出庭作证的，应当在开庭审理前通知证人出庭作证。

2. 出庭作证规则。证人出庭作证，是对国家所负的一项义务；应出庭而未出庭作证的证人，其证言不能作为定案依据被采纳。

3. 出庭义务的免除规则。证人出庭作证并非一项绝对的义务，法律也考虑到了各种例外情形。有下列情形之一的，经人民法院准许，当事人可以提交书面证言：（1）在行政程序或者庭前证据交换中无异议的证人证言；（2）证人因年迈体弱或者行动不便无法出庭的；（3）证人因路途遥远、交通不便无法出庭的；（4）证人因自然灾害等不可抗力或者其他意外事件无法出庭的；（5）证人因其他特殊原因确实无法出庭的。

4. 证明身份规则。证人出庭作证时，应当出示证明其身份的证件。法庭应当告知其诚实作证的法律义务和作伪证的法律后果。

5. 证人回避规则。出庭作证的证人不得旁听案件的审理。法庭询问证人时，其他证人不得在场，但组织证人对质的除外。

6. 交叉询问规则。经法庭准许，当事人及其代理人可以就证据问题相互发问，也可以向证人、鉴定人或者勘验人发问。通过交叉询问，不仅可以及时发现伪证或证人证言中的虚假部分，而且也可以真正对证人证言实行质证。

7. 传闻证据排除规则。根据最高人民法院《关于行政诉讼证据若干问题的规定》第46条的规定，证人应当陈述其亲历的具体事实。这里规定了传闻证据排除规则。传闻证据并非是某种事实的排除规则，而是一种排除对事实的证明手段的规则。

8. 意见证据排除规则。根据最高人民法院《关于行政诉讼证据若干问题的规定》第46条的规定，证人根据其经历所作的判断、推测或者评论，不能作为定案的依据。此即意见证据排除规则。所谓证人的意见，就是证人对案件事实的看法和推测。

9. 经济保障规则。最高人民法院《关于行政诉讼证据若干问题的规定》第75条规定，证人、鉴定人因出庭作证或者接受询问而支出的合理费用，由提供证人、鉴定人的一方当事人先行支付，由败诉一方当事人承担。

10. 伪证制裁规则。最高人民法院《关于行政诉讼证据若干问题的规定》第76条、第77条规定，证人、鉴定人作伪证的，应当依照《行政诉讼法》第49条的相关规定追究其法律责任。

11. 行政执法人员出庭作证规则。有下列情形之一的，原告或者第三人可以要求相关行政执法人员作为证人出庭作证：（1）对现场笔录的合法性或者真实性有异议的；（2）对扣押财产的品种或者数量有异议的；（3）对检验的物品取样或者保管有异议的；（4）对执法人员的身份合法性有异议的；（5）需要出庭的其他情况。

六、鉴定人出庭质证

鉴定人出庭，对于规范制约鉴定工作，提高鉴定水平，帮助法官心证形成，增加庭审透明度，维护司法公正，均有着重要意义。因此，最高人民法院《关于行政诉讼证据若干问题的规定》第47条对鉴定人出庭制度予以规定。主要规则如下：

1. 当事人要求鉴定人出庭接受询问的，鉴定人应当出庭。

2. 鉴定人因正当事由不能出庭的，经法庭准许，可以不出庭，由当事人对其书面鉴定结论进行质证。鉴定人不能出庭的正当事由，参照证人不出庭作证的正当事由。

3. 对于出庭接受询问的鉴定人，法庭应当核实其身份以及与当事人和案件的关系，并告知鉴定人如实说明鉴定情况的法律义务和故意作虚假说明的法律责任。

七、专业人员出庭说明制度

随着现代科技的发展，在办理行政案件过程中，司法人员和当事人会遇到各种各样的与具体行政行为有关的专门性问题。这些专门性问题涉及广泛的学科领域，而这些学科和领域的专门知识和技能又往往不为司法人员和当事人所熟知和掌握，因此在法庭质证过程中，无法对这些问题及相应的证据进行充分的质证，审判人员也难以形成对证据的正确判断。因此，极有必要建立专门人员出庭说明制度。

专业人员出庭，在庭审过程中就案件的专门性问题进行说明和接受询问或者对质，可以帮助当事人及其他诉讼参与人和法庭对这些问题作出适当的解释，澄清不当的认识，有利于法官对证据作出正确的判断。根据最高人民法院《关于行政诉讼证据若干问题的规定》第48条的规定，专业人员出庭说明制度包括以下几项规则：

1. 对被诉具体行政行为涉及的专门性问题，当事人可以向法庭申请由专业人员出庭进行说明，法庭也可以通知专业人员出庭说明。

2. 必要时，法庭可以组织专业人员进行对质。

3. 当事人对出庭的专业人员是否具备相应专业知识、学历、资历和专业资格等有异议的，可以进行询问。由法庭决定其是否可以作为专业人员出庭。

4. 专业人员可以对鉴定人进行询问。

第九节　行政诉讼中的认证

一、行政诉讼中认证的概念

在行政诉讼中，所谓认证，即审核认定证据，是指审理行政案件的法官依照法定程序，根据一定的原则或规则，对经过质证或者不需要质证的证据材料的关联性、合法性和真实性进行审查判断，从而确定证据材料的可否采信以及可采信的证据的证明力的活动。其包括以下三层含义：

1. 认定证据的主体只能是审理行政案件的法官，即合议庭成员，而不是人民法院，更不是诉讼参加人。

2. 认定证据的对象应当是经过质证的证据材料。

3. 认定证据的任务是对证据材料的证据关联性、合法性和真实性进行审查判断，从而确定证据材料是否可以采信以及可采信的证据的证明效力。

二、行政诉讼中认证的基本原则

行政诉讼中，法官认证应遵循以下三条原则：

（一）遵循法官职业道德原则

所谓法官的职业道德，是指法官在从事法律职业时，为了维护法官的职业形象，规范其相关行为，在伦理道德上所应遵守的基本准则。法官认定证据是一个主观认识客观的过程，在此过程中，作为被说服对象的法官又是对证据作出评断的认识主体，因此，法官个人的素质直接影响着证据评价的结果。也就是说，法官的职业道德是司法公正所必须具备的条件。只有具备良好道德和职业素质的法官，在审理案件时，才能不受制于权势、利诱及各种偏见的干扰，按照自己的良知和理性认定事实，依法作出裁判。根据《法官职业道德基本准则》的规定，法官的职业道德基本准则具体包括法官独立与公正，司法效率，清正廉洁，遵守司法礼仪，加强法官自身素质、约束法官职务外行为等。

（二）全面、客观和公正原则

所谓全面、客观和公正，是指法官应当完全站在中立的立场上，不带有任何偏见、成见和个人情绪等主观色彩，对与待证事实有关的所有证据都要审查核实，并进行综合分析，避免先入为主，不任意取舍，坚持以证据为依据来认定案件事实。

（三）运用逻辑推理和生活经验原则

所谓逻辑推理，是指从已知判断得到新判断的思维形式。它包括三种推理形式：一是演绎推理，即运用一般原理分析和说明特殊或者个别对象、现象的逻辑方法。演绎证明就是通过把一般原理或规则适用于具体案件情况，从而证明某案件事实的真实性。二是归纳推理，即从个别性知识的前提，推出一般知识结论的推理。归纳证明要通过一系列具体事实或一组证据来证明案件事实的真实性。三是类比推理，即根据两个对象具有一系列相同性，并且已知其中一个对象还具有其他属性，推知另一个对象也可能具有同样的其他属性的推理。

所谓生活经验，是指人们日常生活中形成的反映客观世界的自然现象和周边事务所亲身体验和感知并逐渐积累的一种规律性认识。它是一般常人所认同的基本的、常识性的生活经验，该生活经验是在日常生活中反复发生的一种常态现象，具有日常生活中的一种普遍体察与感受。这里所讲的经验，不是个别人所特有的特殊经验，而表现为一般人或一定范围内的人们所共有的知识。如果是个别人特有的经验，则不能径行作为认定事实的基础，必须适用较为严格的证明程序。

三、行政诉讼中认证的主要内容

（一）证据关联性的认定

所谓证据的关联性，是指证据材料与需要证明的案件有某种联系，具有证明案件事实的可能性。与行政案件事实之间有某种联系的证据材料，就具有证据的关联性，反之，则不具有证据的关联性。这种联系可以是直接联系，也可以是间接联系，或是与案件事实发生的原因、后果有联系。作为认定案件事实的证据，必须是与案件事实具有关联性。因此，审查判断证据的关联性，就成为判断证据可否采信的一项重要内容。

在我国审判活动中，绝大多数的直接证据是否具有关联性较为容易作出判断，但确定某一间接证据是否具有关联性，则难度较大。因此，对证据材料是否具有关联性进行审查时，必须采取综合分析的方式，而不能仅仅采取单独审查的方式。

（二）证据合法性的认定

最高人民法院《关于行政诉讼证据若干问题的规定》第55条规定："法庭应当根据案件的具体情况，从以下方面审查证据的合法性：（一）证据是否符合法定形式；（二）证据的取得是否符合法律、法规、司法解释和规章的要求；（三）是否有影响证据效力的其他违法情形。"

（三）证据真实性的认定

最高人民法院《关于行政诉讼证据若干问题的规定》第56条规定："法庭应当根据案件的具体情况，从以下方面审查证据的真实性：（一）证据形成的原因；（二）发现证据时的客观环境；（三）证据是否为原件、原物，复制件、复制品与原件、原物是否相符；（四）提供证据的人或者证人与当事人是否具有利害关系；（五）影响证据真实性的其他因素。"

四、行政诉讼中的认证规则

（一）证据排除规则

所谓证据排除规则，在这里是指法官在认证中，对缺乏关联性、真实性或合法性的证据材料不能作为定案证据予以采纳的规则。行政诉讼中，下列证据一般不能作为定案证据使用：

1. 严重违反法定程序收集的证据材料。所谓严重违反法定程序，主要是指以下两种收集证据的情形：其一，在行政程序和诉讼程序中，违反了最基本的正当程序，如先处罚后调查取证、应当回避而没有回避、没有交代当事人权利等；其二，在行政程序和诉讼程序中，采用法律、法规、司法解释和规章所禁止的方法收集证据的情形。严重违反法定程序收集证据的情形不仅仅指被告，也包括原告和第三人。

2. 以偷拍、偷录、窃听等手段获取侵害他人合法权益的证据材料。这里有两层意思：其一，以偷拍、偷录、窃听等手段获取侵害他人合法权益的证据材料不能作为定案证据，即属于非法证据；其二，以偷拍、偷录、窃听等手段获取，但并未侵害他人合法权益的证据，可以作为诉讼证据使用，即属于合法证据。

3. 以利诱、欺诈、胁迫、暴力等不正当手段获取的证据材料。这是典型的非法证据，主要有两种情形：其一，直接通过利诱、欺诈、胁迫、暴力等不正当手段获取的证据材料，如当事人陈述和证人证言；其二，先通过利诱、欺诈、胁迫、暴力等不正当手段获取证据线索，或者控制当事人意志获取证据线索，然后再通过该线索获取的证据，国外称之为"毒树之果"。对前一种情形，法律规定很明确，即不能采信；但对于后一种情形，法律没有明确规定，司法实践中可视具体情况而定。

4. 当事人无正当理由超出举证期限提供的证据材料。

5. 在中华人民共和国领域以外或者在中华人民共和国香港特别行政区、澳门特别行政区和台湾地区形成的未办理法定证明手续的证据材料，不能作为定案依据。

6. 当事人无正当理由拒不提供原件、原物，又无其他证据印证，且对方当事人不予认可的证据的复制件或者复制品。

7. 被当事人或者他人进行技术处理而无法辨明真伪的证据材料。

8. 不能正确表达意志的证人提供的证言。

9. 被告在行政程序中依法定程序要求原告提供证据，原告依法应当提供而拒不提供，而在诉讼程序中提供的证据材料。

10. 违反法律明文规定，不能作为认定被诉具体行政行为合法的证据。这主要包括三种情形：其一，被告及其诉讼代理人在作出具体行政行为后或者在诉讼中自行收集的证据；其二，被告在行政程序中非法剥夺公民、法人或者其他组织依法享有的陈述、申辩或者听证权利所采用的证据；其三，原告或者第三人在诉讼程序中提供的、被告在执法中未作为具体行政行为的依据的证据。以上这些证据，法庭不能采信作为认定被诉具体行政行为合法的证据；但若用做证明被诉具体行政行为违法时，则可采信。

11. 复议行政机关在复议过程中收集和补充的证据，或者作出原具体行政行为的行政机关在复议程序中未向复议行政机关提交的证据，不能作为人民法院认定原具体行政行为合法的证据。

12. 对被告在行政程序中采纳的鉴定结论，原告或者第三人提出证据证明有严重违法情形的，人民法院不予采纳。这里所说的严重违法，特指以下三种法定情形：其一，鉴定人不具有鉴定资格；其二，鉴定程序严重违法；其三，鉴定结论错误、不明确或者内容不完整。

（二）最佳证据规则

所谓最佳证据规则，是指法庭就数个证据证明同一事实并都有证明力，不同证据证明了相反的事实主张的情况下，有关各个证据证明力的大小所作的认定规则的规定。根据最高人民法院《关于行政诉讼证据若干问题的规定》第 63 条的规定，证明同一事实的数个证据，其证明效力一般可以按照下列情形分别认定：

1. 国家机关以及其他职能部门依职权制作的公文文书优于其他书证。

2. 鉴定结论、现场笔录、勘验笔录、档案材料以及经过公证或者登记的书证优于其他书证、视听资料和证人证言。

3. 书证的原件、物证的原物优于复制件、复制品。

4. 法定鉴定部门的鉴定结论优于其他鉴定部门的鉴定结论。

5. 法庭主持勘验所制作的勘验笔录优于其他部门主持勘验所制作的勘验

笔录。

6. 原始证据的证明力优于传来证据。

7. 其他证人证言优于与当事人有亲属关系或者其他密切关系的证人提供的对该当事人有利的证言。

8. 出庭作证的证人证言的证明效力优于未出庭作证的证人证言。

9. 数个种类不同、内容一致的证据的证明效力优于一个孤立的证据。

（三）电子证据认定规则

所谓电子证据，是指以电子形式表现出来的用以证明案件事实的一切材料。生活中其表现形式一般必须借助于电子计算机或其他类似的设备生成、记录、存储、传递。常见的电子证据分为三类：

1. 电子通讯中的电子数据，如电报、电话、传真资料。

2. 封闭电子计算机系统中的电子数据，如单位内部局域网中的电子文件、数据库、传统电子数据交换等。

3. 开放电子计算机系统中的电子数据，如互联网中的电子邮件、开放式电子数据交换、电子公告板、电子聊天记录等。

电子证据受其本身特殊性制约，其真实性及合法性审查具有特殊的难度。对电子证据的效力如何认定，最高人民法院《关于行政诉讼证据若干问题的规定》第 64 条规定了以下三种与原件有同等证据效力的情况：

1. 电子资料的制作情况和其内容真实性经过对方确认的，其效力与原件效力相同。

2. 电子资料经过公证部门公证的，其效力与原件相同。

3. 电子资料的真实性、合法性经其他有效方式可以证明的，其效力与原件相同。

（四）自认规则

所谓自认，是指一方当事人就对方当事人主张对其不利事实予以承认的声明或表示。自认规则是自认的提出、审查、采信所应遵循的准则。根据最高人民法院《关于行政诉讼证据若干问题的规定》第 65 条至第 67 条的规定，行政诉讼中的自认规则主要内容为：

1. 在庭审中，一方当事人或其代理人在代理权限范围内对另一方当事人陈述的案件事实明确表示认可的，人民法院可以对该事实予以认定，但有相反证据足以推翻的除外。

2. 在行政赔偿诉讼中，人民法院主持调解时，当事人为达成调解协议而对案件事实的认可，不得在其以后的诉讼中作为对其不利的证据。

3. 在不受外力影响的情况下，一方当事人提供的证据，对方当事人明确表示认可的，可以认定该证据的证明效力；对方当事人予以否认，但不能提供充分的证据进行反驳的，可以综合全案情况审查认定该证据的证明效力。

在审判实践中，运用上述自认规则，应注意以下几个问题：

1. 在行政诉讼中，当事人的自认并不限于对自己不利事实的陈述，也就是说，当事人对不利于和有利于自己事实的陈述，都可以构成诉讼上的自认。

2. 在行政诉讼中，必须审查当事人举出的所有证据中有无足以推翻自认的证据。只有经审查后不存在足以推翻自认的证据，才可以将其作为定案的根据。适用排除合理怀疑为标准的案件，还应在审查排除对自认事实的合理怀疑后，才能作为定案的根据。

3. 涉及其他诉讼当事人利益的行政案件，其他诉讼当事人对自认提出异议的，不能适用自认规则。

4. 法官发现自认是在受胁迫或者重大误解情况下作出，且与事实不符的，该自认不具有证明效力。

5. 诉讼当事人不在场的情况下，委托诉讼代理人作出自认后，法官应当审查委托诉讼代理人是否具有此项权限，对于不具有此项权限的，不能直接作为定案的根据。在诉讼当事人在场的情况下，诉讼委托代理人作出自认后，法官要询问当事人其应就此问题作出明确的回答。当事人不回答的，可以视为自认。

（五）司法认知和推定规则

在行政诉讼中，司法认知是指对某些案件事实，法官凭自己的知识直接予以认定，无须证明；而推定是指根据法律规定，依事实或者日常经验法则能够推断出另一事实存在的一种证明规则。司法认知与推定的共同特点是司法认知的事实和推定的事实均无须证明，可以在诉讼中直接认定。最高人民法院《关于行政诉讼证据若干问题的规定》第 68 条至第 70 条对司法认知和推定的规则作了具体规定。据此，在行政诉讼中，下列事实在法庭中可以直接认定：

1. 众所周知的事实。

2. 自然规律及定理。

3. 按照法律规定推定的事实。

4. 已经依法证明的事实。

5. 根据日常生活经验法则推定的事实。

6. 原告确有证据证明被告持有的证据对原告有利，被告无正当理由拒不提供的，可以推定原告的主张成立。

7. 生效的人民法院裁判文书或者仲裁文书确认的事实，可以作为定案依据。

（六）补强证据规则

在行政诉讼中，所谓补强证据，是指那些不能单独作为认定案件事实的证据，只有在结合其他证据补强证明力的情况下，才能作为定案证据使用。最高人民法院《关于行政诉讼证据若干问题的规定》第 71 条对补强证据规则进行了专门的规定。据此，在行政诉讼中，下列证据不能单独作为定案根据：

1. 未成年人所作的与其年龄和智力状况不相适应的证言。

2. 与一方当事人有亲属关系或者其他密切关系的证人所作的对该当事人有利的证言，或者与一方当事人有不利关系的证人所作的对该当事人不利的证言。

3. 应当出庭作证而无正当理由拒不出庭作证的证人证言。

4. 难以识别是否经过修改的视听资料。

5. 无法与原件、原物核对的复制件或者复制品。

6. 经一方当事人或者其他人改动，对方当事人不予认可的证据材料。

7. 其他不能单独作为定案依据的证据材料。实践中，大量的需要适用证据补强规则的情形还需要法官据情判断，自由裁量。

五、行政诉讼中的认证方式

（一）行政诉讼中的认证方式

在行政诉讼中，法官的认证方式是关于证据是当庭认证还是庭后合议认证的问题。最高人民法院《关于行政诉讼证据若干问题的规定》第 72 条规定："庭审中经过质证的证据，能够当庭认定的，应当当庭认定；不能当庭认定的，应当在合议庭合议时认定。人民法院应当在裁判文书中阐明证据是否采纳的理由。"由此可见，在行政诉讼中，目前应采用当庭认证与合议认证相结合的方式。

在行政诉讼实践中，具体运用当庭认证与合议认证相结合的认证方式时，应注意以下几个问题：

1. 对根据法律、法规及司法解释明确规定，应当排除在定案证据之外的非法证据材料，只要当庭查清后，就应当当庭作出不予采纳的认定。

2. 对营业执照、许可证等较为容易判断其合法性、真实性的证据材料，可以对其合法性、真实性问题当庭作出认定，但不宜对其证明力作出认定。

3. 对需要进行综合分析的证据材料不宜当庭作出认定。

4. 无论是当庭认定的证据，还是合议中认定的证据，在裁判文书中，均要阐述采纳或不予采纳的理由；当事人争议较大的证据材料，在裁判文书中更要充分阐明认定的理由，对当事人无争议的证据材料，简要阐述理由即可。

（二）当庭认证错误的纠正方式

由于允许法庭当庭认证，就难免会发生认定证据错误的问题，因此，就必须有一个纠正认证错误的方式。但实践中，当庭认证错误的情况各异，因此，最高人民法院《关于行政诉讼证据若干问题的规定》第 73 条分不同情况规定了不同的纠正方式，主要如下：

1. 庭审结束前发现错误的，应当重新进行认定。

2. 庭审结束后宣判前发现错误的，在裁判文书中予以更正并说明理由，也可以再次开庭予以认定。

3. 有新的证据材料可能推翻已认定的证据的，应当再次开庭予以认定。

第十七章 行政诉讼审理程序

第一节 行政诉讼的提起和受理

一、行政诉讼的提起

（一）行政诉讼提起的概念

行政诉讼提起即起诉，是指公民、法人或其他组织认为行政主体的具体行政行为侵犯了其合法权益，依法向人民法院提起诉讼，请求人民法院行使国家审判权，以保护自己合法权益的诉讼行为。这种诉讼行为的性质是原告行使法律上赋予的起诉权的行为，是原告单方的诉讼行为。其包含以下几方面的内容：

1. 起诉是当事人向人民法院提出的，针对具体行政行为的诉讼行为，而不是向行政复议机关或其他国家机关提出的申请。

2. 起诉是当事人单方面行使诉讼权利（起诉权）的行为，它的行使不需要其他机关、团体、个人的批准、同意。

3. 提起诉讼的主体具有特定性，即只有受具体行政行为直接约束或者与具体行政行为有法律上利害关系的公民、法人或其他组织才有起诉权。

4. 当事人起诉请求司法救济的是自己的权益而非他人的权益，故需以自己的名义进行。

5. 起诉的根本目的在于请求人民法院的司法保护，以法律手段救济自己的合法权益。

6. 起诉必须符合法律规定的条件、程序和方式。

（二）行政诉讼的提起条件

根据《行政诉讼法》第41条的规定，公民、法人或其他组织提起行政诉讼的条件包括以下方面：

1. 原告是认为行政机关的具体行政行为侵犯其合法权益的公民、法人或其他组织。

2. 有明确的被告。被告是行政诉讼中不可缺少的一方当事人，没有明确即适格的被告，就无人应诉，也无人承担被告的义务，人民法院也无法进行审判活动。所谓明确的被告，是指原告在起诉状中必须具体指明被告名称、办公地址、法定代表人姓名。

3. 有具体的诉讼请求和事实根据。所谓诉讼请求，是指原告通过人民法院对被告提出的，并希望获得人民法院司法保护的实体权利要求。没有具体的诉讼请求，人民法院就无法审理行政案件。原告无论向人民法院提出何种请求，都必须同时说明事实根据。所谓事实根据，是指原告向人民法院提起诉讼所依据的事实和根据，包括案件事实和证据事实及法律依据。缺少事实根据，就不能证明原告的起诉能否成立。

需要注意的是，在审判实践中可能遇到行政主体作出具体行政行为时不制作、不送达决定书的情况，这些情况会给行政相对人提起行政诉讼造成困难，也容易使一些应当受理的案件没有受理。对于这种情况，当事人只要能证实具体行政行为的存在并符合其他起诉条件的，人民法院就应当受理。

4. 属于人民法院受案范围和受诉人民法院管辖。所谓属于人民法院的受案范围，即原告提起诉讼的是人民法院受案范围内的案件。所谓属于受诉人民法院管辖，是指当事人提起的行政案件，依法属于接受起诉状的人民法院管辖。

（三）行政诉讼提起的程序

符合起诉条件，只是符合法律规定的提起诉讼的实体性规定。起诉权的合法行使，还必须符合法定的程序要求，主要是符合法律规定的起诉期限和与行政复议的衔接关系。

1. 行政诉讼与行政复议的衔接关系。我国《行政诉讼法》第 37 条对行政复议和行政诉讼的衔接关系问题作出了规定：第一，在一般情况下，行政复议不是行政诉讼的前置条件，是先申请行政复议还是直接提起行政诉讼，由当事人自由选择。第二，法律、法规规定先申请行政复议的，则应当依照规定办理。

《行政复议法》及最高人民法院《关于执行〈中华人民共和国行政诉讼法〉若干问题的解释》对行政复议和行政诉讼在实践中如何衔接作出了以下具体的规定：

（1）在行政复议前置的情况下，行政复议与行政诉讼关系的处理。公民、法人或者其他组织对具体行政行为不服，依照法律、法规规定应当先申请行政复议，如果未申请行政复议而直接向人民法院起诉的，人民法院不予受理。行政复议机关明确表示不受理行政复议申请，或者在法定期限内不作出复议决定，公民、法人或者其他组织可以依法向人民法院提起诉讼，人民法院应予受理。

（2）在行政复议不是必经程序的情况下，公民、法人或者其他组织同时申请行政复议和提起行政诉讼，或者已经申请行政复议，在法定复议期间又向人民法院提起诉讼的情况的处理。如果当事人既提起行政诉讼又申请行政复议的，以先受理机关为当事人所选择的机关，同时受理的，由当事人选择。就人民法院而言，当事人已经申请行政复议，在法定复议期间内又向人民法院提起诉讼的，人民法院应当不予受理。

（3）在行政复议不是必经程序的情况下，当事人撤回复议申请，转而向人民法院起诉的情况的处理。最高人民法院《关于执行〈中华人民共和国行政诉讼法〉若干问题的解释》第35条规定："法律、法规未规定行政复议为提起行政诉讼必经程序，公民、法人或者其他组织向复议机关申请行政复议后，又经复议机关同意撤回复议申请，在法定起诉期限内对原具体行政行为提起诉讼的，人民法院应当依法受理。"

2. 起诉期限。

（1）提起行政诉讼的期限。公民、法人和其他组织必须在法律规定的期限内提起行政诉讼，超过法定期限，起诉将无效，当事人也就因诉讼时效届满而丧失诉权。人民法院对超过起诉期限的起诉可以拒绝受理。行政诉讼法规定的起诉期限，分为一般期限和特殊期限。一般期限，是指行政诉讼法规定的适用于其他法律、法规未作出明确规定的起诉期限。直接起诉的期限为3个月，复议后起诉的期限为15日。特殊期限，是指行政诉讼法承认的，其他法律、法规规定的起诉期限。

起诉期限涉及公民、法人或其他组织诉权是否丧失及人民法院是否受理。在实践中，起诉期限是一个非常复杂的问题，最高人民法院《关于执行〈中华人民共和国行政诉讼法〉若干问题的解释》就起诉期限在实践中适用的特殊情况作了相应的规定：

第一，行政机关作出具体行政行为时，未告知当事人诉权或者起诉期限的，起诉期限从当事人知道或者应当知道诉权或者起诉期限之日起计算，但从知道或者应当知道具体行政行为内容之日起最长不得超过2年。

第二，复议决定未告知公民、法人或其他组织诉权或者法定起诉期限的，适用前条的规定。

第三，当事人不知道行政机关作出的具体行政行为内容的，其起诉期限从知道或者应当知道该具体行政行为内容之日起计算。对涉及不动产的具体行政行为从作出之日起超过20年提起诉讼的，其他具体行政行为从作出之日起超过5年提起诉讼的，人民法院不予受理。

第四，因不可抗力、人身自由受到限制等正当理由耽误法定起诉期限的，被耽误的时间不计算在起诉期间内。因人身自由受到限制而不能起诉的，被限制人身自由的时间不计算在起诉期间内。

第五，公民、法人或者其他组织申请行政机关履行法定职责，行政机关接到申请之日起60日内不履行的，公民、法人或者其他组织向人民法院提起诉讼，人民法院应当依法受理。法律、法规、规章和其他规范性文件对行政机关履行职责的期限另有规定的，从其规定。

（2）起诉期限耽误的处理。所谓法定起诉期限的耽误，又叫起诉期限的迟误，是指起诉行为在法定期限内未能进行或未能完成。在诉讼实践中，耽误起诉期限的原因是多方面的，为了保护公民、法人和其他组织的起诉权，法律对因正当理由耽误起诉期限规定了补救措施。公民、法人或者其他组织因不可抗力或者其他特殊情况耽误法定期限的，在障碍消除后的10日内，可以申请延长期限，由人民法院决定。

二、行政诉讼的受理

（一）受理的概念

受理，是指人民法院对公民、法人或者其他组织的起诉进行审查，认为符合法律规定的起诉条件而决定立案并予以审理的诉讼行为。

受理是人民法院的一项重要诉讼行为。人民法院依法对行政案件独立行使受理的权利，不受行政机关、社会团体和个人的干涉。人民法院的受理与原告的起诉是两种性质不同，却又密切相联系的诉讼行为。起诉是受理的前提，如果没有当事人的起诉行为，也就没有人民法院的受理行为。但是，受理又不是起诉的必然结果，是否决定受理是人民法院依法对诉讼行为进行审查的结果，只有原告的起诉行为与人民法院决定受理行为相结合，诉讼程序才能开始。

（二）对起诉的审查和处理

人民法院对起诉进行审查的主要内容有以下方面：

1. 法定条件的审查。根据《行政诉讼法》第41条的规定，审查原告是否合格、被告是否明确、诉讼请求是否具体明确、是否具备事实根据、是否属于人民法院的受案范围和受诉人民法院的管辖。

2. 法定起诉程序的审查。审查起诉是否符合法定起诉程序，主要是指当事人起诉是否符合行政复议与行政诉讼关系的规定，有复议前置的是否经过了行政复议程序等。

3. 对起诉期限的审查。审查当事人是否在法定期限内提起诉讼，若起诉超过了法定起诉期限，是否有正当理由等。

4. 审查是否属于重复诉讼。重复诉讼有两类：就已经作出生效判决的案件再次提起诉讼；对于本院或其他人民法院正在审理的同一案件，当事人又以同一标的、同一事实根据和理由另行起诉的。

5. 审查代理人、代表人是否符合法定要求。

6. 对撤诉后再起诉的审查。已撤回起诉的，再行起诉应审查是否有正当理由。

7. 对诉讼标的的审查。审查诉讼标的是否为生效判决的效力所羁束。

8. 对起诉状的审查。审查起诉状内容是否明确完整，手续是否符合法律要求。

人民法院对原告起诉进行审查的目的即决定是否受理。经过审查，人民法院可分别作如下处理：

1. 决定受理。对于符合上述受理条件的，人民法院应在收到起诉状之日起7

日内立案，并及时通知当事人，参照《民事诉讼法》第114条的规定，人民法院对决定受理的案件，应当在受理案件通知书和应诉通知书中向当事人告知有关的诉讼权利义务，或者口头告知。

2. 起诉状内容欠缺的，要求原告限期补正。原告按期补正后，经审查符合受理条件的，从原告补正后交人民法院之日起的7日内立案。原告无法补正或逾期不补正而不符合受理条件的，在7日内不予受理。

3. 人民法院认为起诉不符合受理条件的，在接到起诉状的7日内作出裁定，通知原告不予受理。

4. 如果人民法院在7日内不能决定是否应当受理，为了充分保护诉权，应当先予受理。受理后经过审查发现不符合条件的，裁定驳回起诉。

（三）受理的法律后果

公民、法人或者其他组织向人民法院提起行政诉讼被人民法院依法受理后，即发生一定的法律后果。这种法律后果主要表现在以下几个方面：

1. 受理意味着行政诉讼程序开始，人民法院享有对该行政案件的审判权，并负有依法定程序按法定期限审结该案的义务。

2. 受理行为使行政争议系属于人民法院，双方当事人取得原告和被告诉讼地位，各自享有法律赋予的诉讼权利，承担法律规定的义务。

3. 禁止原告重复诉讼，同时也排斥了其他国家机关包括其他人民法院对该案的管辖权，即使以后发生原告住所变更，被告行政机关撤销、合并等情况，该案管辖权也不变。

4 诉讼时效中断。从中断之日起，诉讼时效的期间重新开始计算。

5. 被诉具体行政行为的合法性与效力处于待定状态。

6. 人民法院的受理并不当然产生停止被诉具体行政行为执行的效果，但有法律规定的特殊情况出现时，人民法院有权依当事人申请在诉讼中裁定停止被诉具体行政行为的执行，行政机关自己也可以决定停止执行。

第二节 第一审程序

一、第一审程序的概念和特点

第一审程序，是指人民法院受理行政案件后第一次审理案件适用的程序，包括开庭前的准备、法庭调查、法庭辩论、合议庭评议和宣告判决等步骤。

第一审程序是审理行政案件的基本程序，具有以下两个特点：

1. 第一审程序的内容具有系统性、完整性的特点。行政诉讼法对第一审程序从起诉到受理，以及审理前准备和开庭审理，从如何处理审判中出现的特殊情况到宣告判决等都作出了明确、具体、全面的规定，包括了审理行政案件的各个环节。

2. 第一审程序具有广泛的适用性的特点。各级人民法院审理一审行政案件都适用第一审程序；第二审人民法院审理行政案件除了依照第二审程序规定外，对于第二审程序没有规定的可以参照第一审程序的规定；发回重审的行政案件适用第一审程序审理；审判监督程序也有适用第一审程序审理案件的情形。因此，第一审程序的适用范围比其他程序都要广。

二、审理前的准备工作

（一）审理前准备工作的概念

审理前的准备工作，又称为开庭前的准备或庭前准备，是指人民法院在受理行政案件后至开庭审理前，审判人员进行的各项准备活动。

（二）审理前准备工作的主要内容

1. 组成合议庭。人民法院审理行政案件，由审判员组成合议庭，或者由审判员、陪审员组成合议庭。合议庭的成员，应当是3人以上的单数。

2. 通知当事人应诉，发送诉讼文书。人民法院应当在立案之日起5日内，将起诉书副本发送被告。被告应当在收到起诉书副本之日起10日内向人民法院提交作出具体行政行为的有关材料，并提出答辩状。人民法院应在收到答辩状之日起5日内将答辩状副本发送原告，被告不提供答辩状，不影响人民法院的审理。起诉书副本送达被告后，原告提出新的诉讼请求的，除有正当理由外，人民法院不予准许。

3. 确认、变更和追加当事人。人民法院在审查起诉或者在审理行政案件的过程中，对原告、被告、第三人的资格进行审查，发现不具备当事人资格的，应该更换当事人，发现应追加当事人的，依法追加当事人。变更被告应当取得原告的同意，应当变更被告而原告不同意变更的，人民法院应当裁定驳回起诉。应当追加被告而原告不同意追加的，人民法院应当通知其以第三人身份参加诉讼。行政机关的同一具体行政行为涉及两个以上利害关系人，其中一部分利害关系人对具体行政行为不服提起诉讼，人民法院应当通知没有起诉的其他利害关系人作为第三人参加诉讼。

4. 当事人交换证据、提交证据，人民法院依法调查收集证据。

5. 决定是否停止被诉具体行政行为的执行。

6. 决定是否采取财产保全、先予执行、证据保全等诉讼措施。

三、行政诉讼审理程序的原则

（一）行政诉讼期间不停止具体行政行为执行的原则

具体行政行为是行政机关代表国家依法作出的，行政行为具有公定力，作出具体行政行为就推定其合法有效，要求行政机关必须执行该行为。因此，即使行政相对人认为具体行政行为违法并向人民法院提起行政诉讼，在人民法院作出生效判决以前，具体行政行为仍然推定合法有效，不停止具体行政行为的执行。具体行政行为不因诉讼停止执行，有利于行政机关的正常执法，保证行政效率不因行政诉讼而降低。《行政诉讼法》第44条规定："诉讼期间，不停止具体行政行为的执行。但有下列情形之一的，停止具体行政行为的执行：（一）被告认为需要停止执行的；（二）原告申请停止执行，人民法院认为该具体行政行为的执行会造成难以弥补的损失，并且停止执行不损害社会公共利益，裁定停止执行的；（三）法律、法规规定停止执行的。"诉讼期间不停止具体行政行为执行的原则是行政诉讼程序的特色表现，也是审理行政案件应当遵守的原则。

（二）不适用调解和反诉的原则

《行政诉讼法》第50条规定："人民法院审理行政案件，不适用调解。"行政诉讼不具备调解的基础，行政行为是行政诉讼的诉讼标的，行政行为是行政机关代表国家行使行政权力的结果，不能随意处分。行政行为合法与否只能由人民法院依据事实和法律判定，不能由原告和被告相互妥协、谅解让步的合意决定。所以，在审理行政案件过程中不适用调解。但是，在行政赔偿诉讼中，对于赔偿的事项可以适用调解解决。在诉讼过程中，被告不能提出反诉的请求。行政诉讼的被告不享有起诉权，提起反诉实为一种起诉行为，若许可被告提起反诉则和行政诉讼的规定相悖。

现行法规定人民法院审理行政案件不适用调解，但学界和实务界越来越多的人主张确立行政诉讼调解制度，并对调解制度的建构提出了较为具体的建议。

（三）不加重处罚和直接处罚的原则

最高人民法院《关于执行〈中华人民共和国行政诉讼法〉若干问题的解释》第55条第1款规定："人民法院审理行政案件不得加重对原告的处罚，但利害关系人同为原告的除外。"不加重处罚原则是确立行政诉讼制度目的的必然要求，加重处罚与公民、法人和其他组织提起行政诉讼的目的相违背，使之不敢提起行政诉讼，动摇了行政诉讼制度的根基。

人民法院审理行政案件，不得对行政机关未予处罚的人直接给予行政处罚。对行政违法行为人进行行政处罚是法律赋予行政机关的权力，人民法院不得以司法权代替行政权的行使，对行政机关未予处罚的人直接给予行政处罚。

四、开庭审理

（一）开庭审理的概念

开庭审理即法庭审理，是指由审判人员主持，在当事人和其他诉讼参与人的参加下，依照法律规定的程序对行政案件进行审理并作出裁判的诉讼活动。根据《行政诉讼法》的规定，第一审程序必须进行开庭审理，不得进行书面审理。开庭审理的主要任务是查清案情、核实证据，正确适用法律，作出正确的判决。

（二）开庭审理的程序

行政诉讼法没有明确规定开庭的程序，但并不意味着行政案件的开庭审理可以无序进行。开庭审理应当参照民事诉讼法的相关规定按照下列程序进行：开庭前准备，法庭调查，法庭辩论，合议庭评议和宣判。

五、审理中特殊情况的处理

（一）合并审理

合并审理是人民法院将相关的行政案件合并一起审理。合并审理的目的是便于当事人诉讼，减少重复审理导致人力、物力、财力的浪费，提高审判效率。

最高人民法院《关于执行〈中华人民共和国行政诉讼法〉若干问题的解释》第46条规定："有下列情形之一的，人民法院可以决定合并审理：（一）两个以上行政机关分别依据不同的法律、法规对同一事实作出具体行政行为，公民、法人或者其他组织不服分别向同一人民法院起诉的；（二）行政机关就同一事实对若干公民、法人或者其他组织分别作出具体行政行为，公民、法人或者其他组织不服分别向同一人民法院起诉的；（三）在诉讼过程中，被告对原告作出新的具体行政行为，原告不服向同一人民法院起诉的；（四）人民法院认为可以合并审理的其他情形。"

（二）撤诉与缺席判决

根据《行政诉讼法》的规定，撤诉有自愿申请撤诉和视为申请撤诉两种。自愿申请撤诉，是指在判决宣告以前的诉讼期间内，原告自动撤回起诉，经人民法院准许而终结诉讼的制度。原告撤诉的原因不尽相同，有的原告是自愿撤诉，有的原告是因为行政机关改变了被诉具体行政行为而申请撤诉。然而，人民法院在审理行政案件中出现被告改变具体行政行为，但原告不撤诉的，人民法院经审查认定行政机关的原具体行政行为违法，应当作出确认其违法的判决；认为行政机关的具体行政行为合法的，应当判决驳回原告的诉讼请求。视为申请撤诉，是指原告经人民法院合法传唤，无正当理由拒不到庭或未经法庭许可中途退庭的，人民法院即可视为原告自愿撤回起诉，由人民法院裁定准许而终结诉讼的制度。

在一审程序中申请撤诉是法律赋予原告专有的诉讼权利，原告申请撤诉，必须经人民法院准许撤诉才能最终实现。

申请撤诉是原告对起诉权利的处分行为，并不影响原告实体权利的存在，根据最高人民法院《关于执行〈中华人民共和国行政诉讼法〉若干问题的解释》第36条的规定，原告撤诉后又以同一事实和理由重新起诉的，人民法院不予受理。但是，原告在法定期间未预交诉讼费，又不提出缓交诉讼费用的，按自动撤诉处理，在此类情形下原告在起诉期间再起诉的，人民法院应予受理。

缺席判决，是指开庭审理时，合议庭在一方当事人缺席的情况下进行审理所作出的判决。根据《行政诉讼法》第48条、第51条和最高人民法院《关于执行〈中华人民共和国行政诉讼法〉若干问题的解释》第49条的有关规定，缺席判决适用以下几种情形：

1. 被告不到庭。经人民法院合法传唤，被告无正当理由拒不到庭的，可以缺席判决。被告已经到庭参加诉讼，但是未经人民法院许可中途退庭，且拒不返回参加法庭审理的，应当缺席判决。

2. 原告申请撤诉时，人民法院裁定不准许撤诉，经人民法院合法传唤原告，原告无正当理由拒不到庭的，或者未经法庭许可而中途退庭的，可以缺席判决。

（三）延期审理

延期审理，是指人民法院在通知、公告开庭日期后，或者审理期间由于特殊情况合议庭无法在原定审理日期进行审理，而推迟审理日期的制度。延期审理主要有以下几种情形：

1. 因当事人请求而延期审理。

2. 当事人没有按时到庭参加诉讼，或者经合法传唤有正当理由不能到庭参加审理，人民法院应当延期审理而不能缺席判决。

3. 能证明案件事实的必要证据不齐备，需要通知新的证人到庭或调取新的证据，需要重新鉴定、勘验或者补充调查的，可以延期审理。

4. 其他需要延期审理的情况，如合议庭成员因紧急公务或特殊情况不能出席法庭审理的情况。

（四）诉讼中止

诉讼中止，是指在诉讼进行中，由于存在或者发生了特定原因致使行政诉讼无法继续进行而中途暂时停止的一种法律制度。

根据《行政诉讼法》和最高人民法院《关于执行〈中华人民共和国行政诉讼法〉若干问题的解释》第51条的规定，在诉讼过程中，有下列情形之一的可以中止诉讼：

1. 作为原告的自然人死亡，需要等待其近亲属表明是否参加诉讼的。

2. 作为原告的自然人丧失诉讼行为能力，尚未确定法定代理人的。

3. 作为原告的法人或者其他组织终止，尚未确定权利义务承受人的。

4. 一方当事人因不可抗力的事由不能参加诉讼的。

5. 行政案件涉及法律适用问题，需要送请有权机关作出解释或者确认的，应当中止诉讼，等待解释或确认后再继续审理。

6. 人民法院在审理行政案件中发现案件的审理必须以相关的民事案件、刑事案件或者其他行政案件的审理结果为依据，而机关案件尚未审结的。

7. 其他应当中止诉讼的情形。

行政诉讼中出现上述情形之一时，人民法院应裁定中止诉讼，当事人对于中止诉讼的裁定不得申请复议，也不得提起上诉。中止诉讼的情形消失后，当事人可以申请恢复诉讼程序或者由人民法院依职权恢复诉讼程序。当事人在诉讼中止以前所进行的诉讼行为依然有效。

（五）诉讼终结

诉讼终结，是指在行政诉讼过程中，因为特殊情况的发生而结束正在进行的诉讼程序。特殊情况，主要是指诉讼活动不能进行下去或者继续进行没有任何意义的情况。根据最高人民法院《关于执行〈中华人民共和国行政诉讼法〉若干问题的解释》第52条的规定，诉讼终结的情形有：

1. 作为原告的自然人死亡，没有近亲属或者其近亲属表示不参加诉讼，或者诉讼中止满90日仍无人继续诉讼的。

2. 作为原告的自然人丧失诉讼行为能力，尚未确定法定代理人，诉讼中止满90日而仍无人继续诉讼的。

3. 作为原告的法人或者其他组织终止后，承受其权利的法人或其他组织放弃诉讼或尚未确定权利义务承受人，诉讼中止满90日仍无人继续诉讼的。

诉讼终结由人民法院以裁定方式作出，对于诉讼终结的裁定不能提出上诉，也不能申请复议。诉讼终结的裁定书送达当事人之日起就发生法律效力，对行政案件的审理程序全部结束。

六、第一审程序的审理期限

审理期限，是指法律规定人民法院审理行政案件的时间限制。明确规定行政案件的审理期限，有利于促使人民法院及时审结行政案件，提高诉讼效率。《行政诉讼法》第57条规定，人民法院应当在立案之日起3个月内作出第一审判决。有特殊情况需要延长的，由高级人民法院批准，高级人民法院审理第一审案件需要延长的，由最高人民法院批准。基层人民法院和中层人民法院无权自行延长审理期限。最高人民法院《关于执行〈中华人民共和国行政诉讼法〉若干问题的解释》第64条规定，审理期限，是指从立案之日起至裁判宣告之日止的期间。鉴定、处理管辖争议或者异议以及中止诉讼的时间不计算在内。

第三节　第二审程序

一、第二审程序的概念

第二审程序又称为上诉审程序，是指行政诉讼当事人不服第一审人民法院的判决或裁定，在上诉期间内向上一级人民法院提出上诉，上一级人民法院进行审理适用的诉讼程序。根据《行政诉讼法》第6条的规定，人民法院审理行政案件依法实行两审终审制。除了最高人民法院所作出的判决、裁定是终审判决、裁定外，当事人有权对各级人民法院作出的第一审判决和裁定提起上诉，开始第二审程序。

第二审程序不是每个行政案件的必经程序，如果双方当事人认为第一审裁判正确，在上诉期间没有提出上诉，就不会发生第二审程序。审理上诉案件的人民法院称为二审法院或者上诉审法院。经过第二审程序审理作出的判决或裁定，是终审的判决或者裁定。当事人对第二审判决或裁定不服的，不能提出上诉，只能通过申请再审或者申诉的方式由有权机关启动审判监督程序重新审理。

二、第二审程序的提起

（一）上诉的概念和上诉期间

上诉，是指当事人不服人民法院的第一审判决、裁定，依法要求第二审人民法院审理的诉讼行为。上诉权是行政诉讼法赋予当事人的一项基本诉讼权利，是否行使上诉权取决于当事人的意志。任何机关和任何人无权限制和剥夺当事人的上诉权。

《行政诉讼法》第 58 条规定，当事人不服人民法院第一审判决的，有权在判决书送达之日起 15 日内向上一级人民法院提起上诉。当事人不服人民法院第一审裁定的，有权在裁定书送达之日起 10 日内向上一级人民法院提起上诉。因此，当事人的法定上诉期间分别是 15 日和 10 日。

（二）上诉主体

根据《行政诉讼法》第 58 条的规定，当事人不服一审判决或裁定的，有权提出上诉。第一审程序的原告、被告、第三人和共同诉讼人都享有上诉权，为上诉主体。

（三）上诉的条件

当事人只有提出符合法定条件的上诉，才能引起第二审程序。根据《行政诉讼法》及最高人民法院《关于执行〈中华人民共和国行政诉讼法〉若干问题的解释》的规定，上诉应当符合下列条件：

1. 上诉人和被上诉人符合法律规定。上诉人，是指不服人民法院第一审判决、裁定，向上一级人民法院提起上诉的人。只有享有上诉权的当事人才能提起上诉，包括原告、被告和第三人。被上诉人是一审程序中没有提出上诉的人，一般是上诉人在一审程序中的对方当事人。

2. 上诉对象应当符合法律规定。上诉对象也称为上诉的客体，是指当事人依法行使上诉权，请求上一级人民法院予以纠正的判决和裁定。根据行政诉讼法的规定，能够成为上诉对象的，只能是地方各级人民法院所作出的尚未发生效力的一审判决和不予受理、驳回起诉、管辖权异议裁定。

3. 上诉的时间和方式符合法律规定。上诉应当在一定的期限内进行，依据《行政诉讼法》的有关规定，对判决不服的上诉期限为 15 日，对裁定不服的期限为 10 日，时间从判决书、裁定书送达当事人之日起计算。在上诉期限内，当事人因不可抗力或其他正当的理由耽误期限的，在障碍消除之日后的10日内，可以申请顺延期限。是否允许，由第一审人民法院审查决定。

当事人提出上诉应以书面方式进行，应当向人民法院递交上诉状。上诉状是认定当事人是否提起上诉的唯一根据。上诉状应当载明以下内容：上诉人的姓名或者名称，案件编号和案由，上诉的请求与理由。上诉的请求与理由是上诉状的主要内容，上诉人应当写明要求撤销还是变更第一审判决、裁定以及请求所依据的事实根据和法律依据。

4. 上诉人应当预交诉讼费用。当事人提起上诉，必须同时具备以上条件，缺少其中任何一个条件，人民法院将不予受理，也即不可能发生第二审程序。上诉可以通过原审人民法院提出，也可以直接向二审人民法院提出。

原审人民法院在收到当事人提出的上诉状后，应当在5日内将上诉状副本送达对方当事人。对方当事人收到上诉状副本后，应当在10日内提出答辩状，当事人不提出答辩状的，不影响人民法院审理。原审人民法院在收到上诉状、答辩状之后，应当连同第一审的全部案卷和证据报送第二审人民法院。第二审人民法院收到全部案卷和上诉状、答辩状，就对上诉案件进行审理。

三、上诉案件的审理和裁判

（一）上诉案件的审理

第二审人民法院审理行政案件，除了《行政诉讼法》对第二审有特别规定外，均适用第一审程序进行审理。

1. 组成合议庭。第二审人民法院审理行政案件必须由审判员组成合议庭，合议庭的成员必须是3人以上的单数。

2. 审理方式。《行政诉讼法》第59条规定：“人民法院对上诉案件，认为事实清楚的，可以实行书面审理。”第二审人民法院审理行政案件可以实行书面审理。书面审理，是指人民法院不需要诉讼参加人出席法庭开庭审理，仅根据当事人的上诉状以及案件的书面材料进行审理的一种审理方式。

上诉案件的审理方式有开庭审理和书面审理两种。开庭审理是原则，因此，并不是所有的第二审程序都使用书面审理方式。当事人对原审人民法院认定的事实有争议的，或者第二审人民法院认为原审人民法院认定事实不清楚的，第二审人民法院应当开庭审理。书面审理还应当注意以下问题：（1）必须由合议庭进行书面审理，并应认真贯彻执行回避制度；（2）适用书面审理的上诉案件必须是事实清楚的案件，合议庭应首先就上诉案件事实是否清楚作出评议决定，然后决定是否采取书面审理的方式。在实施书面审理的过程中，发现案件事实不清的，应改为开庭审理。

3. 审理范围。第二审程序的审理范围不受上诉范围的限制，第二审人民法院对上诉的行政案件进行全面审查。包括审查第一审人民法院认定的事实是否清楚，适用的法律、法规是否正确，有无违反法定程序。并且，第二审人民法院也对被诉具体行政行为的合法性进行全面审查。

4. 上诉人撤诉。在第二审程序中遇到上诉人撤诉的情形并不少见，尤其在实践中上诉人由于各种原因，有可能会撤回上诉。出现上诉人撤诉的情形，人民法院一般应准许撤诉。但人民法院经审查发现上诉人是非自愿提出撤诉，并且被诉的具体行政行为确属违法时，应当不予准许撤诉。

第二审人民法院准许上诉人撤诉就会产生一定的法律后果。上诉人在第二审程序审理中提出撤诉人民法院准许的，第一审判决或裁定发生法律效力，上诉人不得再次提出上诉，并由撤诉人承担上诉的诉讼费用。

在第二审程序审理过程中，如果经人民法院两次合法传唤，上诉人无正当理由拒不到庭的，人民法院可以视为撤诉，由此产生的法律后果由撤诉人承担。

5. 审理期限。第二审人民法院审理上诉案件，应当自收到上诉状之日起两个月内作出终审判决，有特殊情况需要延长期限的，由高级人民法院批准，高级人民法院审理上诉案件需要延长期限的，由最高人民法院批准。

（二）上诉案件的裁判

第二审人民法院的裁判是终审的判决和裁定，一经作出立即发生法律效力。第二审人民法院对行政案件进行书面审理或者开庭审理后，经合议庭评议后，按照《行政诉讼法》第61条的规定，就具体案件的不同情况作出不同裁判。

1. 判决驳回上诉，维持原判。原判决认定事实清楚，适用法律、法规正确的，判决驳回上诉，维持原判。

2. 依法改判。第二审人民法院依法改判一审判决的有两种情形：一是原判决认定事实清楚，但是适用法律、法规是错误的，应依法改判；二是原判决认定的事实不清楚，证据不足，可以由第二审人民法院查清事实后改判。第二审人民法院审理行政案件，依法改判原判决的，应当对被诉的具体行政行为作出判决。

3. 裁定撤销原判，发回重审。第二审人民法院认为一审判决认定事实不清楚，证据不足，或者由于违反法定程序可能影响行政案件的正确判决，可以裁定撤销原判，发回重审。此外，如果一审判决遗漏了必须参加行政诉讼的当事人或者诉讼请求的，第二审人民法院应当裁定撤销原审判决，发回重审。

对于一审判决遗漏的行政赔偿请求分以下两种情况对待：一种情况是经第二审人民法院审查认为依法不应予以行政赔偿的，应当驳回行政赔偿请求。另外一种情况是第二审人民法院经审查认为依法应当予以行政赔偿的，可以就行政赔偿问题进行调解，如果调解不成，应当就行政赔偿部分发回重审。当事人在第二审程序中提出行政赔偿请求的，第二审人民法院可以进行调解，如果调解不成的，应当告知当事人另行起诉。

4. 对不服一审裁定提出上诉的裁定。第二审人民法院经过审理认为第一审人民法院不予受理或者驳回起诉的一审裁定确实有错误的，当事人的起诉符合法定条件的，第二审人民法院应当裁定撤销一审人民法院的裁定，指令一审人民法院依法受理或继续审理。

第四节 涉外行政案件的审理程序

一、涉外行政案件的概念

涉外行政案件，是指具有涉外因素的行政案件。行政案件中的涉外因素，是指案件的原告、第三人或者被执行人是外国人、无国籍人或者外国组织。外国人、无国籍人或者外国组织在中国应当遵守我国的法律，如果外国人、无国籍人或者外国组织认为行政主体的行政行为侵犯其合法权益，有权依法提起行政诉讼。

涉外行政案件因具有涉外因素而不同于普通的行政案件，《行政诉讼法》第十章和相关的司法解释根据涉外行政诉讼的特点，专门规定了涉外行政案件的审理程序，主要包括一般原则、诉讼期间和送达等。所以，人民法院审理涉外行政案件、当事人进行涉外行政诉讼时，应首先适用《行政诉讼法》和相关司法解释关于涉外行政案件审理程序的规定，对于涉外行政案件审理程序中没有规定的，适用《行政诉讼法》的其他各章即审理普通行政案件审理程序的规定。

二、审理涉外行政案件的一般原则

审理涉外行政案件的一般原则，是指人民法院审理涉外行政案件的基本准则。其主要包括适用行政诉讼法的原则、同等原则、对等原则、适用国际条约的原则、委托中国律师代理诉讼的原则等。

三、涉外行政案件的特殊期限

根据《行政诉讼法》第58条的规定，当事人不服一审判决或者裁定的，有权自判决书送达之日起15日内，裁定书送达之日起10日内向上一级人民法院提起上诉。而涉外行政案件的当事人在中国境内没有住所的适用30日的上诉期间。

审理涉外行政案件适用的期间具有两个特点：一是《行政诉讼法》没有作出明确规定的，参照《民事诉讼法》的有关规定；二是在中国境内没有住所的涉外行政案件当事人对判决、裁定不服的，上诉期间为30日。

四、涉外行政诉讼文书的送达方式

人民法院对在中国境内有住所的涉外行政案件当事人送达诉讼文书适用普通的送达方式，而对于在中国没有住所的当事人适用特殊的送达方式。主要包括以下几种送达方式：

1. 按照涉外行政案件当事人所在国与我国签订的国际条约规定的方式送达。

2. 通过外交途径送达。根据最高人民法院、外交部、司法部《关于我国法院和外国法院通过外交途径相互委托送达法律文书若干问题的通知》，通过外交途径相互委托送达法律文书应当按照下列程序进行：（1）送达的法律文书必须经高级人民法院审查，由外交部领事司负责转递。（2）人民法院必须注明受送达人的姓名、性别、年龄、国籍及其所在国的地址，并将该案件的详细情况函告外交部领事司。（3）必须附有送达委托书。委托书和所送达的法律文书应当附有该国文字译本，如果要求对委托书或者法律文书进行公证或者认证的，应当按照要求办理。

3. 向受送达人委托接受送达的诉讼代理人送达。如果诉讼代理人受涉外行政诉讼当事人委托接受送达，直接向诉讼代理人送达就视同向当事人送达。

4. 向受送达人在中国境内设立的代表机构或者有权接受送达的分支机构、业务代办人送达。

5. 当事人所在国允许邮寄送达的，可采用邮寄方式，自邮寄之日起满6个月，没有收到送达回执，但足以认定送达的，期间届满之日起视为送达。

6. 以上各种方式不能送达的，采取公告送达，自公告之日起满6个月视为送达。

第五节 行政赔偿诉讼

一、行政赔偿诉讼的概念、性质

（一）行政赔偿诉讼的概念

所谓行政赔偿诉讼，是指人民法院在当事人和其他诉讼参与人的参加下，依照法定程序，审理和解决行政赔偿争议的活动，以及由这些活动所产生的诉讼关系的总和。这一概念包括以下几个方面的内容：

1. 行政赔偿诉讼的中心任务是解决行政赔偿争议。行政赔偿争议是行政机关与行政管理相对人对行政行为是否造成相对人的损害，以及行政机关是否履行或怎样履行赔偿义务的争议。这种争议不同于民事赔偿争议，民事赔偿争议是平等的法律主体之间的争议，而行政赔偿争议则是管理者与被管理者之间的争议。

2. 行政赔偿诉讼是在人民法院主持下，当事人和其他诉讼参与人的参加下所进行的活动。

3. 人民法院解决行政赔偿争议必须依照法律特别规定的程序。人民法院解决民事争议必须依照民事诉讼程序，解决行政行为合法性的争议必须适用行政诉讼程序，解决行政赔偿争议也应当适用法律特别规定的程序，即适用《国家赔偿法》规定的行政赔偿程序和最高人民法院《关于审理行政赔偿案件若干问题的规定》，对于《关于审理行政赔偿案件若干问题的规定》没有规定的，在不与《国家赔偿法》相抵触的情况下，可以适用《行政诉讼法》的有关规定。

4. 行政赔偿诉讼是行政管理相对人获得国家行政赔偿的一种途径。行政机关因违法行使职权对行政管理相对人的合法权益造成损害，予以赔偿的途径有三种：一是行政机关自行依据《国家赔偿法》给予赔偿，公民、法人和其他组织对赔偿无异议。二是通过行政复议解决赔偿问题。三是通过行政赔偿诉讼解决，即公民、法人和其他组织依法提起要求获得国家赔偿的诉讼。因此，行政赔偿诉讼只是解决行政赔偿问题的一种途径。

（二）行政赔偿诉讼的性质

行政赔偿诉讼是因行政机关及其工作人员违法行使行政职权所引起的，因此，行政赔偿诉讼是一种行政诉讼，而不是民事诉讼。然而，行政赔偿诉讼又与一般的行政诉讼有所不同，主要表现在：第一，行政诉讼审查的是具体行政行为的合法性，而行政赔偿诉讼审查的是违法行政行为是否造成损害以及应否赔偿。第二，行政诉讼的裁判主要针对行政行为的合法性，而行政赔偿诉讼的裁判主要解决行政机关是否对赔偿请求人履行赔偿义务。第三，行政诉讼只能依法裁判，而且人民法院的变更权极其有限，而行政赔偿诉讼不仅可以用调解方式结案，而且人民法院拥有完全的变更权。第四，行政赔偿诉讼的可诉行为范围比行政诉讼的范围宽，行政机关最终裁决的具体行政行为和事实行为造成公民、法人和其他组织合法权益损害的，也可提起行政赔偿诉讼。第五，行政诉讼和行政赔偿诉讼所适用的程序不同。因此，从行政赔偿诉讼所要解决的中心问题以及适用的程序上看，它是行政诉讼中一种不同于一般行政诉讼的独立的诉讼类型。

二、提起行政赔偿诉讼的方式和条件

（一）提起的方式

根据《国家赔偿法》第 9 条和《关于审理行政赔偿案件若干问题的规定》第 4 条的规定，公民、法人和其他组织提起行政赔偿诉讼可以采取两种方式：

1. 一并提起。一并提起也称附带提起，是指公民、法人或者其他组织在提起行政诉讼的同时，或者是在诉讼过程中，一并提起行政赔偿的诉讼。

2. 单独提起。单独提起，是指公民、法人或者其他组织单独就损害赔偿提起的诉讼。赔偿请求人单独提起行政赔偿诉讼，须经行政赔偿的先行程序。所谓行政赔偿的先行程序，是指赔偿请求人如单独提出赔偿请求，应首先向赔偿义务机关提出，在赔偿义务机关不予赔偿或赔偿请求人对赔偿数额等有异议时，赔偿请求人才可以向人民法院提起诉讼。单独提起行政赔偿诉讼之所以必须履行先行程序，就是因为通过这一程序可以查明行政机关与赔偿请求人争议的焦点何在，使赔偿争议明朗化、特定化，也可以使大量行政赔偿争议解决在行政程序之中，从而减少诉讼，减轻人民法院的负担，使受害人尽快得到赔偿。

（二）起诉条件

根据《国家赔偿法》和《关于审理行政赔偿案件若干问题的规定》第21条等条款的有关规定，提起行政赔偿诉讼必须具备以下条件：

1. 当事人必须合格。行政赔偿诉讼的原告必须是《国家赔偿法》规定的赔偿请求人。它包括：（1）直接受侵害的公民、法人或者其他组织，外国人、外国的企业和组织；（2）直接受侵害的公民死亡的，其继承人和其他有扶养关系的亲属及死者生前扶养的无劳动能力的人；（3）直接受侵害的法人或者其他组织终止，承受其权利的法人或者其他组织。

行政赔偿诉讼的被告是行政赔偿义务机关。具体是指：（1）行政机关及其工作人员行使行政职权侵犯公民、法人或者其他组织的合法权益造成损害的，该行政机关是被告。（2）行政机关共同行使行政职权时侵犯公民、法人或者其他组织的合法权益造成损害的，行政机关为共同被告。（3）法律、法规授权的组织（包括该组织成员）在行使授予的行政权力时侵犯公民、法人或者其他组织合法权益造成损害的，被授权的组织为被告。（4）受行政机关委托的组织或个人在行使受委托的行政权力时造成损害的，委托的行政机关为被告。（5）复议机关的复议决定加重损害的，赔偿请求人只对作出原决定的行政机关提起诉讼，作出原决定的行政机关为被告；赔偿请求人只对复议机关提起诉讼的，复议机关为被告。（6）行政机关申请人民法院强制执行具体行政行为，因强制执行的具体行政行为有错误而发生赔偿诉讼的，申请强制执行的行政机关为被告。（7）上述被告被撤销的，继续行使其职权的行政机关为被告；没有继续行使其职权的行政机关的，撤销该被告的行政机关为被告。

与行政赔偿案件处理结果有法律上的利害关系的其他公民、法人或者其他组织有权作为第三人参加行政赔偿诉讼。

2. 有具体的赔偿请求和受损害的事实根据。

3. 在法定期限内提起诉讼。行政赔偿诉讼的提出，必须在法定期限内。如果在提起行政诉讼时一并提出赔偿请求的，依照《行政诉讼法》规定的起诉期间提出。如果单独提起行政赔偿诉讼的，应当先向赔偿义务机关提出赔偿请求。按照《国家赔偿法》的规定，赔偿义务机关应当自收到申请之日起两个月内作出是否赔偿的决定；逾期未作出是否赔偿的决定，或者赔偿请求人对赔偿的方式、项目、数额有异议的，或者作出不予赔偿决定的，赔偿请求人可以自期间届满之日起3个月内向人民法院提起诉讼，即赔偿请求人可以在向赔偿义务机关递交赔偿申请后的两个月届满之日起3个月内提起赔偿诉讼。但是，赔偿义务机关作出赔偿决定时，未告知赔偿请求人诉权或者起诉期限，致使赔偿请求人逾期向人民法院起诉时，其起诉期限从赔偿请求人实际知道诉权或者起诉期限时计算，但逾期的期间自赔偿请求人收到赔偿决定之日起不得超过一年。

4. 属于人民法院的受案范围和受诉人民法院管辖。致害的行政行为引起的行政赔偿诉讼应属于人民法院的受案范围。只有当公民、法人或者其他组织提起的行政赔偿诉讼符合《国家赔偿法》规定的行政赔偿范围，人民法院才能予以受理。根据《关于审理行政赔偿案件若干问题的规定》第 7 条、第 9 条的规定，公民、法人或者其他组织在提起行政诉讼的同时一并提出赔偿请求的，由《行政诉讼法》第 17 条、第 18 条、第 20 条规定的人民法院管辖。单独提起的行政赔偿诉讼案件，一般由被告住所地的基层人民法院管辖；但被告为海关、专利管理机关的，被告为国务院各部门的或省、自治区、直辖市人民政府的，或在中级人民法院辖区内其他重大影响和复杂的行政赔偿案件，由中级人民法院管辖；高级人民法院管辖本辖区内有重大影响和复杂的第一审行政赔偿案件；最高人民法院管辖全国范围内有重大影响和复杂的一审行政赔偿案件。

按照《关于审理行政赔偿案件若干问题的规定》第 8 条、第 10 条 ~ 第 13 条的规定，在诉讼实践中，适用有关法律确定管辖法院和处理管辖问题时，应注意以下问题：（1）赔偿请求人提起行政赔偿诉讼的请求涉及不动产的，由不动产所在地的人民法院管辖。（2）赔偿请求人因同一事实对两个以上行政机关提起行政诉讼的，可以向其中任何一个行政机关住所地的人民法院提起。赔偿请求人向两个以上有管辖权的人民法院提起行政赔偿诉讼的，由最先收到起诉状的人民法院管辖。（3）公民对限制人身自由的行政强制措施不服，或者对行政机关基于同一事实对同一当事人作出限制人身自由和对财产采取强制措施的具体行政行为不服，在提起行政诉讼的同时一并提出行政赔偿请求的，由受理该行政案件的人民法院管辖；单独提起行政赔偿诉讼的，由被告住所地或原告住所地或不动产所在地的人民法院管辖。（4）人民法院发现受理的案件不属于自己管辖，应当移送有管辖权的人民法院；受移送的人民法院不得再行移送。（5）人民法院对管辖权发生争议的，由争议双方协商解决，协商不成的，报请它们的共同上级人民法院指定管辖。如双方为跨省、自治区、直辖市的人民法院，高级人民法院协商不成的，由最高人民法院及时指定管辖。

5. 必须向人民法院递交起诉书。受害人向人民法院提起行政赔偿诉讼，应以书面形式进行，向人民法院递交起诉书。

6. 单独提起行政赔偿诉讼的，除须符合上述五个条件外，还应符合“赔偿义务机关已先行处理”的条件。

人民法院接到行政赔偿起诉状后，应当进行审查。对符合起诉条件的，在 7 日内立案受理；对不符合起诉条件的，在 7 日内作出不予受理的裁定。

人民法院接到行政赔偿起诉状后，在 7 日内不能确定可否受理的，应当先予受理。审理中发现不符合受理条件的，裁定驳回起诉。

当事人对不予受理或者驳回起诉的裁定不服的，可以在裁定书送达之日起 10 日内向上一级人民法院提起上诉。

三、行政赔偿诉讼的审理

行政赔偿诉讼的审理原则上适用行政诉讼程序，但须注意下列例外事项：

（一）行政赔偿诉讼可以适用调解

行政案件的审理不适用调解，这是审理行政案件的一项原则，但行政赔偿诉讼可以适用调解。这是因为行政赔偿诉讼的核心是当事人的人身权、财产权等权利是否受到侵害，应否赔偿，行政机关在行政赔偿问题上有一定的自由裁量余地，原告也可以放弃或处分自己请求赔偿的权利。这就为行政机关与赔偿请求人在相互谅解的基础上达成行政赔偿协议提供了法律上的可能性。同时，以调解方式解决行政赔偿争议，有利于当事人彻底解决争议，促进安定团结，也有利于人民法院提高办案效率。

人民法院以调解的方式解决行政赔偿争议，必须在查明事实、分清是非、坚持自愿和不违反法律、法规的前提下进行，而且只可以就赔偿范围、赔偿方式和赔偿数额进行调解。调解成立的，应当制作行政赔偿调解书。行政赔偿调解书当事人签收后即与生效的行政赔偿判决书具有同等的法律效力。这里需要注意的是，调解不是审判的必经程序。因此，当事人不愿调解或调解达不成协议，或人民法院认为没必要调解的，应及时判决。

（二）举证责任应合理分配

根据《国家赔偿法》第 15 条、《关于审理行政赔偿案件若干问题的规定》第 25 条、第 32 条的规定和行政赔偿诉讼的特点，我们认为，行政赔偿诉讼的举证责任基本上以谁主张、谁举证为原则，在原告、被告之间合理分担。

1. 受害的公民死亡，其继承人和有扶养关系的人提起行政赔偿诉讼，应当提供该公民死亡的证明及赔偿请求人与死亡公民之间的关系证明。

2. 原告对自己提出的主张（赔偿请求）承担举证责任。包括：（1）有关损害事实的举证。（2）有关行使职权的行政行为与损害事实之间的因果关系的举证。（3）被诉赔偿义务机关为适格被告的举证。（4）与原告赔偿请求有关的其他方面的举证。

3. 在行政赔偿诉讼中，否认原告起诉不成立（程序上的抗辩）的证据由被告提供。被告对其提出的实体抗辩负责举证。

4. 有关行使行政职权的行为违法性的举证责任，应根据不同情况确定。一并提出赔偿诉讼的，原告不承担行使行政职权的行为违法性的举证责任，而由被告承担；单独提起的，原告应提供有关国家机关确认该行使行政职权的行为违法的法律文书，没有经过行政复议或行政诉讼的，由被告承担行使行政职权的行为违法性的举证责任。

5. 特殊情形下被告承担因果关系的举证。赔偿义务机关采取行政拘留或者限制人身自由的强制措施期间，被限制人身自由的人死亡或者丧失行为能力的，赔偿义务机关的行为与被限制人身自由的人的死亡或者丧失行为能力是否存在因果关系，赔偿义务机关应当提供证据。

（三）人民法院裁判不受行政处理的限制

由于行政诉讼的裁判主要是针对具体行政行为的，因此，《行政诉讼法》有关裁判的规定客观上不能适用于行政赔偿诉讼。

人民法院不受行政赔偿处理的限制。人民法院可以像审理民事侵权赔偿案件那样充分运用其司法变更权，行政机关在诉讼前对行政赔偿问题所作的处理决定，对人民法院没有约束力。赔偿请求人提出的行政赔偿请求为人民法院受理以后，原行政处理决定视为自动撤销，人民法院在进行裁判时不必再撤销或维持行政机关的行政赔偿裁决。

人民法院审理行政赔偿案件，必须遵守法律规定的审理期限。单独受理的第一审行政赔偿案件的审理期限为 3 个月，第二审为 2 个月；一并受理行政赔偿请求案件的审理期限与该行政案件的审理期限相同。如因特殊情况不能按期结案，需要延长审理期限的，应按照《行政诉讼法》的有关规定报请批准。

第六节　审判监督程序

一、审判监督程序的概念和特征

审判监督程序也称为再审程序，是指人民法院对已经发生法律效力的判决、裁定，发现其违反法律、法规规定，依法再次审理所采用的程序。

审判监督程序不是每个行政诉讼案件的必经程序，审判监督程序只适用于已经发生法律效力的判决、裁定，并且裁判事实不清或者适用法律错误的情形时所适用的一种特殊程序。

行政诉讼中设立审判监督程序，对于纠正人民法院已经发生法律效力的判决、裁定的错误，保障公民、法人或者其他组织的合法权益，监督行政机关行使职权，维护法制的统一，监督人民法院的审判工作，具有重要的意义。

审判监督程序和第一审程序以及第二审程序有相似之处，也有不同之处。审判监督程序具有以下特征：

1. 审判监督程序是人民法院进行审判监督的一种方式，审判监督程序不具有审级性质，不属于两审终审程序的通常程序，与第一审程序或第二审程序没有必然的联系。

2. 能否提起审判监督程序必须符合相应的法律规定。

3. 审判监督程序所适用的具体程序，可以是第一审程序，也可以是第二审程序。

二、审判监督程序的提起

（一）提起审判监督程序的条件

根据《行政诉讼法》第 63 条、第 64 条的规定，提起再审程序应当具备以下条件：

1. 提起审判监督程序的主体是法律规定的特殊主体。第一，最高人民法院和上级人民法院对下级人民法院具有监督审判的职责，都可以提起审判监督程序。第二，各级人民法院院长对本院已经发生法律效力的判决、裁定发现违反法律、法规规定认为需要再审的，有权提请本院的审判委员会决定是否提起审判监督程序。第三，人民检察院作为国家的法律监督机关，有权对违反法律、法规规定已经发生法律效力的判决、裁定按照法定程序提起抗诉，人民法院必须再审。当事人认为已经发生法律效力的判决或裁定确有错误的，可以申请再审，但是否能启动审判监督程序由人民法院审查决定。

2. 提起审判监督程序必须具备法定理由。提起审判监督程序的法定理由是已发生法律效力的判决、裁定违反法律、法规规定，不符合法定理由不能提起审判监督程序。根据最高人民法院《关于执行〈中华人民共和国行政诉讼法〉若干问题的解释》第72条的规定，下列情形属于“违反法律、法规规定”：（1）原判决、裁定认定的事实主要证据不足；（2）原判决、裁定适用法律、法规确有错误；（3）违反法定程序，可能影响案件正确裁判；（4）其他违反法律、法规的情形。

（二）提起审判监督程序的法定程序

《行政诉讼法》和最高人民法院《关于执行〈中华人民共和国行政诉讼法〉若干问题的解释》对如何提起审判监督程序规定了严格的法定程序。由于提起审判监督程序的主体不尽相同，提起审判监督程序的法定程序亦有所不同：

1. 当事人提出再审请求。法律赋予了当事人提出再审的诉讼权利，当事人提出再审请求不能必然引起审判监督程序，而是由人民法院决定是否提起审判监督程序。人民法院应当充分重视当事人的再审请求，应当审查提出再审的事实和理由，以发现判决、裁定是否确有错误。当事人的再审请求是人民法院发现已经生效判决、裁定是否错误的重要途径。

当事人应在判决、裁定发生法律效力两年内以书面形式提出再审申请。当事人对已经发生法律效力的行政赔偿调解书，提出证据证明调解违反自愿原则或者调解协议的内容违反法律规定的，可以在两年内申请再审。申请再审可以向原审人民法院提出，也可以向上一级人民法院提出。当事人提出再审请求不影响原判决、裁定的执行。人民法院接到当事人的再审申请后，经审查，符合再审条件的，应当立案并及时通知各方当事人；不符合再审条件的，予以驳回。

2. 原审人民法院院长提起审判监督程序，必须报本级审判委员会决定是否再审。

3. 上级人民法院发现下级人民法院已经生效的判决或裁定违反法律、法规规定的可以提起审判监督程序，可以由上级人民法院提审，也可以指令下级人民法院再审。

4. 人民检察院按照审判监督程序提出抗诉的案件，人民法院应当再审。人民检察院对人民法院已经生效的判决、裁定，发现有违反法律、法规的，有权提出抗诉。对于人民检察院的抗诉，人民法院应当再审，接受抗诉的人民法院可以自行提起再审，也可以指令下级人民法院再审，人民法院开庭审理抗诉案件时，应当通知人民检察院派员参加出庭。审判监督程序审结后应将审理结果书面告知提出抗诉的人民检察院。

三、再审案件的审理和裁判

《行政诉讼法》对审判监督程序中的审理程序未作出具体规定，审判监督程序是在特殊情况下出现的一种特殊程序。审判监督程序不同于第一审程序和第二审程序，但是依审判监督程序审理案件可能按照第一审程序或第二审程序进行。最高人民法院《关于执行〈中华人民共和国行政诉讼法〉若干问题的解释》对此作出了如下规定：

1. 按照审判监督程序决定再审的案件，应当裁定中止原判决、裁定的执行，并且作出裁定通知当事人。人民法院决定再审后，应当另行组成合议庭进行审理，合议庭组成人员应当由审判员组成。原审的合议庭组成人员不得参加再审的合议庭。

2. 人民法院按照审判监督程序再审的案件，发生法律效力的判决、裁定是由第一审人民法院作出的，按照第一审程序审理，当事人对人民法院所作出的判决、裁定可以上诉；发生法律效力的判决、裁定是第二审人民法院作出的，按照第二审程序审理，人民法院作出的判决、裁定是发生法律效力的判决、裁定；上级人民法院按照审判监督程序提审的，按照第二审程序审理，人民法院作出的判决、裁定是发生法律效力的判决、裁定。

3. 人民法院审理再审案件，认为原生效判决、裁定确有错误，在撤销原生效判决、裁定的同时，可以对生效判决、裁定的内容作出相应裁判，也可以裁定撤销生效判决或者裁定，发回作出生效判决、裁定的人民法院重新审判。

4. 人民法院审理再审案件，发现生效裁判有下列情形之一的，应当裁定发回作出生效判决、裁定的人民法院重新审理：（1）审理本案的审判人员、书记员应当回避而未回避的；（2）依法应当开庭审理而未经开庭即作出判决的；（3）未经合法传唤当事人而缺席判决的；（4）遗漏必须参加诉讼的当事人的；（5）对与本案有关的诉讼请求未予裁判的；（6）其他违反法定程序可能影响案件正确裁判的。

5. 行政案件的再审如果按照第一审程序审理，适用《行政诉讼法》第 57 条规定的审理期限，即在立案之日起 3 个月内作出判决。行政案件的再审按照第二审程序审理的，适用《行政诉讼法》第 60 条规定的审理期限，即在两个月内作出判决。

第十八章 行政诉讼的法律适用和裁判

第一节 行政诉讼的法律适用

一、行政诉讼法律适用的概念

行政诉讼法律适用，是指人民法院按照法定程序将法律、法规（或者参照规章的规定）具体运用于各种行政案件，从而对被诉具体行政行为的合法性进行审查与确认的专门活动。

行政诉讼的法律适用与行政机关在行政程序中作出具体行政行为时的法律适用，以及与刑事、民事法律适用相比，具有以下特点：

（一）适用主体是人民法院而非行政机关

根据《行政诉讼法》的规定，我国的行政诉讼是指人民法院通过依法审理行政案件，而对具体行政行为的合法性进行审查并作出判决的制度。在行政诉讼中，只有人民法院才有权适用法律，行政机关作为诉讼当事人无权决定行政诉讼法律的适用。

（二）行政诉讼法律适用是第二次法律适用

在大多数情况下，行政诉讼中的法律适用是人民法院对行政案件的第二次法律适用，也就是对行政机关在行政程序中作出具体行政行为时已经作过的法律适用的再适用，也可以称为审查适用。

（三）行政诉讼法律适用具有最终的法律效力

在行政诉讼中，人民法院的法律适用是最终的适用，其效力高于行政机关作出具体行政行为时的法律适用。行政机关和公民、法人或者其他组织都必须遵守和执行，行政机关不得以同一事实和理由就同一问题作出与司法判决不同的具体行政行为，否则就是违法，就要承担相应的法律责任。

（四）行政诉讼法律适用的形式具有多样性

行政诉讼法律适用的多样性，具体表现在既有“依据”又有“参照”。“依据”，是指根据《行政诉讼法》第 52 条的规定，人民法院审理行政案件，以法律和行政法规、地方性法规、自治条例和单行条例为依据。“参照”包含两方面的内容：一是根据《行政诉讼法》第53条的规定，人民法院审理行政案件，参照行政规章。二是人民法院审理行政案件，对于行政诉讼法没有规定的，可以参照民事诉讼法的有关规定。

（五）行政诉讼的法律适用原则上只解决合法性问题

合法性审查原则是行政诉讼的基本原则。人民法院原则上只解决具体行政行为的合法性问题，除针对行政处罚和行政赔偿的诉讼外，人民法院在行政诉讼中不解决合理性问题，行政合理性问题由行政机关在行政程序中解决，这是行政诉讼的法律适用区别于刑事、民事法律适用的特点之一。

二、行政审判的法律依据

行政审判的法律依据，是指人民法院在解决行政争议时，确认被诉具体行政行为合法性的法律标准和尺度。

《行政诉讼法》第52条规定，人民法院审理行政案件，以法律和行政法规、地方性法规为依据。地方性法规适用于本行政区域内发生的行政案件。人民法院审理民族自治地方的行政案件，并以该民族自治地方的自治条例和单行条例为依据。根据这一规定和立法法、行政法规制定程序条例关于法律、行政法规的解释的规定，我国行政审判的法律依据有：

（一）法律及法律解释

这里的法律，是指由全国人民代表大会及其常务委员会根据宪法，依照法定程序制定的规范性文件。法律解释，是指全国人大常委会对法律作出的有权解释，其效力等同于法律。在法律依据的规范体系中，法律及法律解释的效力等级最高，与之相抵触的下级规范性文件归于无效。

（二）行政法规

行政法规，是指国务院根据宪法和法律的规定，为领导和管理国家各项行政工作，依照法定程序制定的各类规范性文件。行政法规的法律地位仅次于法律，在全国范围内具有普遍约束力。根据行政法规制定的程序条例、国务院或者国务院授权的部门公布的行政法规解释与行政法规有同等效力，因而也是人民法院审理行政案件的法律依据。

（三）地方性法规

地方性法规，是指省、自治区、直辖市以及省、自治区人民政府所在地的市以及经国务院批准的较大的市和经济特区市的人民代表大会及其常务委员会，根据法律、行政法规和本行政区域的具体情况和实际需要，按照法定程序制定的各种规范性文件。

（四）自治条例和单行条例

自治条例，是指民族自治地方的人民代表大会根据宪法和法律的规定，结合本民族的政治、经济、文化特点而制定的，保证民族区域自治制度在本地区内得以全面实施的一种综合性条例。单行条例，是指民族自治地方的人民代表大会适应当地的民族特点，为解决某一方面的专门性问题而制定的条例。自治条例和单行条例都带有明显的民族性，在本民族区域内具有普遍约束力。

三、行政审判中的参照规章

（一）行政审判中参照规章的含义

人民法院在审理行政案件时，除了以法律、行政法规和地方性法规为依据外，还可以参照规章。《行政诉讼法》第53条第1款规定："人民法院审理行政案件，参照国务院各部、委根据法律和国务院的行政法规、决定、命令制定、发布的规章以及省、自治区、直辖市和省、自治区的人民政府所在地的市和经国务院批准的较大的市的人民政府根据法律和国务院的行政法规制定、发布的规章。""参照"是人民法院在审理行政案件法律适用时的一种新提法，从立法本意上看，参照就是人民法院在审理行政案件时可以参考依照规章的有关规定，由于行政规章和法律、法规在性质、内容、制定依据、法律地位、效力等级等方面存在明显的差异，为了和"依据"加以区别，行政诉讼立法时选用了"参照"这一术语，其实质是赋予了人民法院对规章的"选择使用权"。

（二）行政审判中参照规章的规则

1. 人民法院在行政审判实践中"参照规章"的具体运用规则。

（1）人民法院在审理行政案件时，规章对人民法院不具有绝对的拘束力，对于不合法的规章，人民法院有权拒绝适用。

（2）人民法院参照规章的前提是审查规章，通过审查确定规章的合法性，从而决定参照与否和是否适用。人民法院通过审查，认定规章不合法的，可拒绝适用，但不能宣布相应的规章无效和予以撤销。

（3）人民法院参照规章的形式与适用法律、法规的形式有一定的差异，应当写明根据我国《行政诉讼法》第53条，参照规章（条款项）的规定。

2. 人民法院在行政审判中，对行政机关依据规章以下的行政规范性文件所作出的具体行政行为合法性的审查规则。

在行政审判实践中，经常涉及有关部门为指导法律执行或者实施行政措施而作出的具体应用解释和制定的其他规范性文件，主要是：国务院部门以及省、市自治区和较大的市的人民政府或其主管部门对于具体应用法律、法规或者规章作出的解释，县级以上人民政府及其主管部门制定发布的具有普遍约束力的决定、命令或者其他规范性文件。行政机关往往将这些具体应用解释和其他规范性文件作为具体行政行为的直接依据，对人民法院不具有法律规范意义上的约束力。但是，人民法院经过审查认为被诉具体行政行为依据的具体应用解释和其他规范性文件合法、有效并且合理适当的，在认定被诉具体行政行为合法性时应承认其效力，人民法院可以在裁判理由中对具体应用解释和其他规范性文件是否合法、有效且合理或者适当进行评述。

四、行政审判中处理法律规范冲突的规则

（一）行政审判中法律规范冲突的不同情形

在行政审判中，法律规范冲突的不同情形主要有：

1. 不同位阶的行政法律规范之间的冲突。不同位阶的行政法律规范之间的冲突又称为层级冲突或者纵向冲突。

2. 同一位阶行政法律规范之间的冲突。同一位阶行政法律规范之间的冲突又称为同级冲突或者横向冲突。

3. 不同时期发布的行政法律规范之间的冲突。这种冲突称为新法与旧法之间的冲突，又称为新旧冲突或者时际冲突。

4. 特别法与普通法之间的冲突。这种冲突为特别法与普通法之间的规定不同时所引起的冲突，又称为特别冲突。

（二）行政审判中处理法律规范的冲突的规则

行政审判中处理法律规范的冲突的规则主要有：

1. 对于层级冲突，应当确立高位阶的法律规范优于低位阶的法律规范的适用规则。

2. 对于同级冲突，按照立法法规定的适用规则，判断和选择所应适用的法律规范。冲突规范所涉及的事项比较重大，有关机关对是否存在冲突有不同意见，应当优先适用的法律规范的合法有效性尚有疑问或者按照法律冲突规则不能确定如何适用时，依据立法法规定的程序逐级送请有权机关裁决。

3. 对于新旧冲突，通常适用新的法律规范优于旧的法律规范的规则。

4. 对于特别冲突，通常适用特别法规范优于普通法规范的规则。

第二节　行政诉讼的判决、裁定和决定

一、行政诉讼的判决

判决是人民法院审理行政案件终结时，在查清事实的基础上依照法律以国家审判机关的名义就行政案件作出的处理决定。判决按照作出的程序不同可以分为一审判决、二审判决和再审判决。

行政诉讼的一审判决，是指人民法院通过对行政案件的审理，查清案件事实，审查被诉具体行政行为的合法性，依据法律、法规并参照规章规定，对被诉具体行政行为是否合法和应如何处置作出结论性判定的审判行为。

（一）一审行政案件判决的种类与适用

根据《行政诉讼法》第54条和最高人民法院《关于执行〈中华人民共和国行政诉讼法〉若干问题的解释》的有关规定，行政诉讼中一审判决的形式主要有以下几种：

1. 维持判决。

（1）维持判决的含义。维持判决是人民法院通过审理，在查清案件事实的情况下，确认被诉的具体行政行为合法，维持其效力的判决。维持判决是人民法院通过行政诉讼维护行政机关依法行政的主要表现。行政诉讼的核心问题是人民法院对具体行政行为合法性进行审查。维持判决即是人民法院对行政机关具体行政行为合法性的确认。

（2）维持判决的适用条件。人民法院维持行政机关的具体行政行为必须符合法定条件。根据《行政诉讼法》第54条的规定，适用维持判决的条件是：

第一，具体行政行为证据确凿，即行政行为认定的事实清楚，证据确实充分。

第二，适用法律、法规正确，即行政机关实施的具体行政行为，适用了应当适用的法律、法规和具体的条文款项，而且处理的性质、形式和程度等符合法律的规定。

第三，符合法定程序，即行政机关实施具体行政行为必须是根据法律、法规规定的方式、步骤、形式、手续等进行。

证据确凿，适用法律、法规正确和符合法定程序是具体行政行为合法的三个基本条件。只有三项条件同时具备，才能作出维持判决，缺乏其中任何一个条件都不得维持。

2. 驳回诉讼请求判决。

（1）驳回诉讼请求判决的含义。驳回诉讼请求判决，是指人民法院不支持原告的诉讼请求，从而予以驳回的判决。

（2）驳回诉讼请求判决的适用条件。根据最高人民法院《关于执行〈中华人民共和国行政诉讼法〉若干问题的解释》的规定，有下列情形之一的，可以作出驳回原告诉讼请求的判决：

第一，起诉被告不作为理由不能成立的。原告起诉被告不履行法定职责，必须有合法的理由，否则人民法院不能支持，但在这种情况下，判决维持不合适，因而判决驳回诉讼请求。

第二，被诉具体行政行为合法但存在合理性问题的。由于合理性问题不是人民法院司法审判的范围，因此，要求人民法院审查行政行为是否合理超出了人民法院的审判职能，驳回诉讼请求理所当然。但仅能适用于对行政处罚以外的行政行为提起的诉讼。

第三，被诉具体行政行为合法，但由于法律政策变化需要变更或废止的。在这种情况下，人民法院无论作出撤销判决还是作出维持判决都不合适。正确的方式只能是作出驳回诉讼请求的判决。

第四，其他应当驳回诉讼请求的情况。

3. 撤销判决。

（1）撤销判决的含义。撤销判决，是指人民法院在查清全部案件事实的基础上确认行政机关的具体行政行为部分或全部违法，从而部分或全部撤销具体行政行为的判决。这种判决是人民法院对被诉具体行政行为合法性的全部或部分否定。

（2）撤销判决的适用条件。根据《行政诉讼法》第 54 条的规定，撤销或部分撤销行政机关具体行政行为应当符合法定条件，这些条件是：

第一，主要证据不足。这里的证据，是指行政主体作出具体行政行为时所依据的事实根据。所谓主要证据，就是行政主体赖以作出具体行政行为的基本事实和据以认定该事实存在所必要的证据，也就是行政主体根据法律、法规预先设置的事实要素所获取的证据。它是和非主要证据相对而言的。根据《行政诉讼法》第 54 条的立法精神，主要证据不足是判决撤销的充分条件，只要主要证据不足就应当判决撤销。

第二，适用法律、法规错误。所谓适用法律、法规错误，是指行政机关作出的具体行政行为适用了不应该适用的法律、法规或者没有适用应当适用的法律、法规。例如，应当适用此法规而适用了彼法规，适用了未生效或已失效的法律、法规等。具体行政行为无论是对相对人赋予或剥夺权利、科处或免除义务、设定或取消资格，均应以相应的法律、法规为依据。正确地适用法律、法规，是具体行政行为合法生效的又一要件。在行政管理实践中，由于受管理事务的复杂性、行政管理法律规范的多样性以及公务人员对法律、法规的认识程度等因素，适用法律、法规的错误经常发生。

第三，违反法定程序。所谓违反法定程序，是指行政主体的具体行政行为违反了法律、法规规定的行政程序。所谓行政程序，是指行政主体实施行政行为的过程以及构成这一过程的步骤、顺序、时间和方式。现代国家要求行政主体依法行政，依法行政不仅要求行政管理活动在实体上符合法律规定，而且在程序上也应当符合行政程序。人民法院在审查具体行政行为是否合法时，应当将行政程序法与行政实体法置于同样的法律地位。符合法定程序是具体行政行为合法的条件之一，凡是程序违法的具体行政行为，人民法院都应当予以撤销。

第四，超越职权。行政主体的职权是法律、法规赋予的。有权力就应当有限度，法律、法规往往在赋予行政主体权力的同时，也规定了其行使该权力的范围和幅度。行政主体行使职权实施行政行为不得超越法律规定的范围，否则即为越权，其所实施的行政行为无效。目前，行政管理中超越职权的表现形式主要有以下几种：一是违反行政主体的分工职责即业务范围越权；二是超越行政主体行使权力的地域范围；三是超过了一定的时间行使权力；四是超越了法律、法规规定的数额进行管理。

第五，滥用职权。所谓行政主体滥用职权，是指行政主体作出的具体行政行为虽然在其职权范围以内，但行政主体不正当地行使职权，不符合法律授予该种职权的目的。滥用职权只能由故意构成，过失不构成滥用职权。

滥用职权主要有以下几种表现方式：一是不符合法律规定的目的。这是指行政行为的目的不符合其所根据的法律所规定的目的。二是不相关的考虑。这是指行政主体作出具体行政行为时考虑了不应当考虑的因素或者不考虑应当考虑的因素。三是明显不合理或显失公正。这是指行政机关所作出的决定违背一般人的理智，违反平等适用原则，违反通常的比例法则，或违反一般公平观念的情况。

被诉的具体行政行为有上述五种情形之一的，人民法院可以判决撤销。人民法院判决撤销违法的被诉具体行政行为，将会给国家利益、公共利益或者他人合法权益造成损害的，人民法院在判决撤销的同时，可以判决被告重新作出具体行政行为。

《行政诉讼法》第55条和最高人民法院《关于执行〈中华人民共和国行政诉讼法〉若干问题的解释》第54条、第60条对被告重新作出具体行政行为规定了具体要求：一是根据《行政诉讼法》第55条的规定，被告不得以同一事实和理由作出与原具体行政行为基本相同的具体行政行为；二是被告重新作出的具体行政行为与原具体行政行为的结果相同，但主要事实或主要理由有改变的，不属于《行政诉讼法》第55条规定的情形；三是人民法院以违反法定程序为由判决撤销被诉具体行政行为的，行政机关重新作出具体行政行为，不受《行政诉讼法》第55条规定的限制；四是人民法院可以限定被告重新作出具体行政行为的期限；五是行政机关以同一事实和理由重新作出与原具体行政行为基本相同的具体行政行为，人民法院应判决撤销或部分撤销，并根据《行政诉讼法》第65条第3款的规定处理。

4. 履行判决。

（1）履行判决的含义。履行判决，即责令被告限期履行法定职责的判决。该种判决是针对被告不履行自己法定职责所作的判决，其实质是人民法院用判决的形式敦促行政机关履行法定职责。

（2）履行判决的适用条件。履行判决主要适用于以下几种情况：

第一，符合法定条件，向行政机关申请颁发许可证和执照，行政机关拒绝颁发或不予答复。

第二，申请行政机关履行保护人身权、财产权的法定职责，行政机关拒绝履行或不予答复。

第三，行政机关不履行法定职责的其他情形。

限期履行法定职责的具体期限，应当根据案件的具体情况和履行的实际可能来确定。最高人民法院《关于执行〈中华人民共和国行政诉讼法〉若干问题的解释》第60条第2款规定："人民法院判决被告履行法定职责，应当指定履行的期限，因情况特殊难于确定期限的除外。"

5. 确认判决。

（1）确认判决的含义。确认判决，是指人民法院在某些特定情况下对被诉的具体行政行为是否合法所作的一种评判。它不同于撤销判决直接消灭被诉具体行政行为的效力，也不同于变更判决直接改变被诉具体行政行为的内容，而是就被诉具体行政行为是否合法作出认定，从而决定被诉具体行政行为能否继续有效的一种判决。确认判决包括确认具体行政行为合法或有效、确认具体行政行为违法或无效两种情况。

（2）确认判决的适用条件。根据最高人民法院《关于执行〈中华人民共和国行政诉讼法〉若干问题的解释》第57条、第58条的规定，确认判决适用于以下情形：

第一，人民法院认为被诉具体行政行为合法，但不适宜判决维持或驳回诉讼请求的，可以作出确认其合法或有效的判决。

第二，被告不履行法定职责，但判决责令其履行法定职责已无实际意义时，可以作出确认被告不履行法定职责违法的判决。

第三，被诉具体行政行为违法，但不具有可撤销内容的，可以作出确认该行为违法的判决。

第四，被诉具体行政行为依法不成立或者无效的，可以作出确认其无效的判决。

第五，被诉具体行政行为违法，但撤销该具体行政行为将会给国家利益或者公共利益造成重大损失的，人民法院应当作出确认被诉具体行政行为违法的判决，并责令被诉行政机关采取相应的补救措施，造成损害的，依法判决承担赔偿责任。

6. 变更判决。

（1）变更判决的含义。所谓变更判决，也称判决变更，是指人民法院经过审理，认为行政机关作出的行政处罚显失公正，作出改变具体行政行为内容的判决。

（2）变更判决的适用条件。判决变更依法需要具备以下条件：

第一，必须是实施行政处罚的具体行政行为。人民法院对行政主体作出的行政处罚行为，享有司法变更权，对行政主体作出的其他具体行政行为，不能判决变更。

第二，行政主体实施的行政处罚必须是显失公正。所谓显失公正，是指行政处罚虽然在形式上不违背法律、法规的规定，但在实质上与立法的精神相违背，损害了行政相对人的合法权益，而且表现出明显的不公正。认定显失公正应具备的条件是：一是行政主体作出的行政处罚，形式上合法。也就是行政主体作出的具体行政行为事实清楚、证据充分、程序合法，在法律规定的范围内行使职权。二是行政处罚的结果背离了法律精神，损害了个人或社会利益，即行政处罚的结果不符合行政法原则中合理性原则的要求，没有做到客观、适度，损害了行政相对人的合法权益。三是行政处罚明显不公正。也就是具有一般法律知识和道德水准的人，均可以发现和确认该处罚是不公正的。行政处罚显失公正具体表现为：行政处罚畸轻畸重；行政处罚执法不一；同样情况，不同对待；不同情况，同样对待。

（二）一审判决的效力

所谓一审判决的效力，是指一审行政判决在法律上的拘束力。根据一审判决是否已经发生法律效力，可将一审判决分为未生效判决和生效判决。

1. 未生效判决。所谓未生效判决，是指一审人民法院宣告后，尚未发生法律效力的判决。根据人民法院组织法的规定，我国人民法院的设置为四级，即基层人民法院、中级人民法院、高级人民法院、最高人民法院。除最高人民法院作出的第一审行政判决一经宣告即发生法律效力外，其他地方各级人民法院所作出的上诉期未满的一审判决，都是未生效判决。

判决一经宣告，虽然未生效，但对作出判决的人民法院具有一定的约束力，第一审人民法院也不能随意改变。即使判决是错误的，也只能告知当事人上诉或待判决生效后通过再审程序解决，不得对案件重新判决。

2. 生效判决。所谓生效判决，是指人民法院作出的已经发生法律效力的判决。在我国，最高人民法院作出的判决，第二审人民法院所作的终审判决，第一审人民法院作出的、当事人超过上诉期限而未上诉的判决，都是生效判决。行政判决一旦生效，对当事人、人民法院和社会具有普遍的约束力，否则，要承担相应的法律责任。行政判决的拘束力主要体现在以下几个方面：

（1）排除性。行政判决发生法律效力后，彻底解决了当事人之间争议的法律关系，排除了同一当事人重新起诉的可能，排除了人民法院对同一案件重新审理的可能。也就是说，同一当事人不得对同一诉讼标的、同一事实和理由，再行起诉；如果再行起诉，人民法院不予受理。

（2）不可争议性。发生法律效力的行政判决，已经对争议法律关系作了最终的解决，因此，不得提起上诉，不得争议。否则，不仅影响人民法院判决的权威性，而且使争议的行政法律关系永远处于不确定状态，并且不利于社会稳定、提高行政效率和保护当事人的合法权益。

（3）执行性。行政判决生效后，负有义务的一方当事人应当自动履行义务，拒不履行的，权利人有权申请人民法院强制执行。

3. 判决生效的时间。

（1）地方各级人民法院作出的第一审行政判决上诉期届满，当事人不上诉的，判决即发生法律效力。

（2）最高人民法院作出的第一审行政判决，自判决书宣告或送达之日起，即发生法律效力。

（3）中级人民法院、高级人民法院及最高人民法院所作的第二审行政判决，自判决书宣告或送达之日起即发生法律效力。

二、行政诉讼的裁定

（一）行政诉讼裁定的概念

行政诉讼裁定，是指人民法院在审理行政案件过程中，对程序问题所作出的决定。

行政诉讼裁定具有以下特点：

1. 裁定是人民法院解决程序问题的审判行为，是对程序问题作出的裁决。所谓程序性问题，包括以下两方面内容：一是在人民法院主持下，人民法院指挥当事人和其他诉讼参与人按照法定程序进行诉讼活动中发生的问题；二是在人民法院依照法定程序审理行政案件的过程中发生的问题。

2. 裁定在诉讼的任何阶段都可以作出。哪一个诉讼环节上出现了应予裁定解决的程序问题都可以及时作出裁定，解决所发生的程序问题，而不必像判决一样，必须在开庭审理，经过言辞辩论后，直至案件审理终结时作出。所以，裁定这种审判行为是在诉讼过程中解决程序问题，是人民法院指挥当事人按法定程序进行诉讼所采取的一种普遍方式，具有灵活性和适应性。

3. 作出裁定的形式比较灵活，可以采取口头形式，也可以采取书面形式。涉及当事人诉讼权利或对实体权利义务作出应急性措施的裁定，必须由合议庭以人民法院的名义书面作出。

（二）行政诉讼裁定的适用范围

裁定只适用于程序问题，根据最高人民法院《关于执行〈中华人民共和国行政诉讼法〉若干问题的解释》的规定，下列情况可以适用裁定：不予受理；驳回起诉；管辖异议；诉讼期间停止具体行政行为的执行或驳回停止执行的申请；财产保全；先予执行；准许或者不准许撤诉；中止诉讼；裁定终结诉讼；补正裁判决书中的笔误；中止或者终结执行；提审、指令再审或者发回重审；移送或指定管辖；准许或者不准许执行行政机关的具体行政行为；其他需要裁定的事项。如第二审人民法院审理第一审人民法院裁定不予受理或者裁定驳回起诉的上诉案件，一律使用裁定撤销一审裁定。按照审判监督程序再审的案件，应当适用裁定终止原判决的执行，等等。

裁定书应当由合议庭成员、书记员署名，加盖人民法院印章，依法口头裁定的记入笔录，对不予受理、驳回起诉、管辖异议的裁定，当事人不服可以上诉。

（三）行政诉讼裁定的效力

行政诉讼裁定除不予受理、驳回起诉和管辖异议的裁定可以依法提起上诉外，其他都不能提起上诉。对于可以上诉的裁定，只有在法定期限内当事人没有提起上诉，裁定才发生效力。当事人对财产保全、先予执行的裁定不服的，可以申请复议一次，复议期间不停止裁定的执行。

裁定与判决相比，其效力有如下特点：

1. 一般来说，裁定只对当事人发生拘束力，对社会不发生拘束力。

2. 作出裁定的人民法院对已经宣告或送达的裁定，通常不能随意变更。对于不允许上诉的裁定，当事人不服而申请复议，人民法院认为原裁定确有错误，可以自行撤销或变更。

3. 裁定一般在诉讼期间有效。随着诉讼的结束，裁定的效力自行消失。但是有的裁定具有独立性，并不依附于诉讼而持续存在，如补正判决书笔误的裁定。

三、行政诉讼的决定

（一）行政诉讼决定的概念

所谓行政诉讼决定，是指人民法院为了保证行政诉讼的顺利进行，对在诉讼中发生的某些就判决、裁定以外的行政诉讼特定事项作出的判定。与判决、裁定不同的是，决定不解决实体问题，一般也不解决程序问题。决定主要适用于解决在诉讼程序中出现的某些特殊事项或者用于解决人民法院内部的工作关系，为案件的审理和正常的诉讼活动创造必要的条件，所以当事人对决定不服的，不能提起上诉。

（二）行政诉讼决定的适用范围

根据《行政诉讼法》的有关规定，决定主要适用于下列情形：

1. 有关管辖的事项。根据《行政诉讼法》第23条第2款的规定，下级人民法院对其管辖的第一审行政案件，认为需要由上级人民法院审判的，可以报请上级人民法院决定。

2. 有关诉讼期限的事项。根据《行政诉讼法》第40条的规定，公民、法人或者其他组织因不可抗力或者其他特殊情况耽误法定期限的，在障碍消除后的10日内，可以申请延长期限，由人民法院决定。

3. 有关回避的事项。根据《行政诉讼法》第47条第4款的规定，对于审判人员或其他人员的回避，根据不同情况分别由审判长、院长或审判委员会决定。

4. 有关采取强制措施的事项。如经人民法院院长批准由合议庭制作的罚款决定书、拘留决定书等。

5. 有关再审的事项。根据《行政诉讼法》第63条第1款的规定，人民法院院长对本院已经发生法律效力的判决、裁定，发现违反法律、法规规定认为需要再审的，应当提交审判委员会决定是否再审。

6. 其他有关事项。如合议庭在审理重大疑难行政案件时，经评议后，应报人民法院院长提交审判委员会讨论决定，等等。

（三）行政诉讼决定的效力

行政诉讼决定一经作出，即发生法律效力，当事人必须遵守和执行。即使法律规定可以申请复议的决定，在复议期间，原决定也不能停止执行。决定生效后，发现决定违法或不当的，只能由作出决定的人民法院依职权予以撤销或变更。决定不适用上诉，也不适用审判监督程序。

第十九章 行政诉讼的执行与保障

第一节 行政诉讼的执行

一、行政诉讼执行概述

（一）行政诉讼执行的概念和特征

所谓行政诉讼执行，是指人民法院或行政机关对逾期拒不履行行政案件裁判的义务人依法采取强制措施，使生效的法律文书得以实现的活动。

行政诉讼执行的特征主要有以下方面：

1. 执行组织是人民法院或行政机关。

2. 执行申请人或被申请人有一方是行政机关。

3. 强制执行的根据是已经生效的法律文书。已经生效的法律文书包括行政裁定书、判决书和行政赔偿调解书。

4. 行政诉讼的执行具有强制力，目的是使行政诉讼法律文书的内容得以实现。

执行制度是人民法院审理、裁判过程的延续与实现。离开执行，生效的法律文书就成为一纸空文，诉讼当事人的合法权益也就无法得到保障。行政诉讼执行是为了实现当事人的合法权益，能够维护法律的尊严和权威、维护加强法制的统一。

（二）行政诉讼执行的原则

1. 当事人诉讼地位平等的原则。行政诉讼法的基本原则之一就是当事人的诉讼地位平等，在执行上就是执行当事人的诉讼法律地位平等。这个原则具体包含以下四个方面的内容：

（1）当事人双方都受人民法院裁判的约束，均须履行裁判确定的权利和义务。

（2）对于拒绝履行义务的当事人，人民法院可以依职权或依申请采取强制措施，促使义务人履行义务或达到与义务实现同等状态。

（3）对于拒不履行义务的当事人，相对方均有权依照法律向人民法院申请强制执行。

（4）对于拒不履行义务构成违法犯罪的，必须承担相应的法律后果。

2. 依法执行的原则。强制执行是以强制手段为特征，必须严格按照法律的规定行事，不允许超越法律的范围和手段。

（1）在执行组织方面，只能是人民法院和有执行权的行政机关，其他任何机关不能成为行政诉讼执行的组织。

（2）在执行期限方面，申请人是公民的，申请执行的期限必须是法律文书生效以后的1年以内；申请人是行政机关、法人或者其他组织的，申请执行的期限为180天。逾期申请的，除有正当理由以外，人民法院不予执行。

（3）在执行措施方面，法律有具体的规定。对行政机关只能采取划拨、罚款、司法建议和追究刑事责任等四种措施。而对公民、法人或者其他组织则运用民事诉讼法、单行法律中所规定的各种措施，如冻结、查封、拍卖等。凡法律无明文规定的，不能采取执行措施。

（4）对于被执行财产的范围和执行清偿的顺序，在法律上均有明确规定和具体界限，执行机关应当依法执行。

3. 目的实现原则。目的实现原则包括两项内容：一是行政诉讼执行应当以实现被执行法律文书内容为目的，以维护当事人合法权益和裁判的权威为宗旨。二是执行程度与范围以法律文书所确定为限，只要当事人完全履行了义务，强制执行就应当停止。

二、执行程序的一般性规定

执行程序的一般性规定是对执行过程中如何实施执行活动所作的规定。根据《行政诉讼法》和最高人民法院的司法解释，执行的一般性规定主要有以下几个方面：

（一）执行的条件

行政诉讼的执行必须在具备法律规定的条件后才能启动。执行的条件就是法律设定的执行程序发生的条件，具体有以下几个方面：

1. 必须有执行根据。执行根据，是指执行组织据以强制执行的生效法律文书，即生效的行政判决书、裁定书和行政赔偿调解书。

2. 必须有可供执行的内容。并非所有的法律文书都有执行的可能，如果生效法律文书没有可供执行的内容，也就不存在执行。一般而言，可供执行内容的义务有：给付金钱的义务，如赔偿损失；实施特定行为的义务，如拆除违章建筑；重新作出行政行为；恢复原状等。

3. 被执行人有能力履行而拒不履行义务。义务人有能力履行而拒不履行是执行的条件之一。

4. 申请执行的当事人在法定期限内提出执行申请。当事人有依法申请执行的权利，但是这种权利要在法律规定的期限内行使。申请执行人是公民的，申请执行的期限为1年；申请执行人是行政机关、法人或者其他组织的，申请执行的期限是180天。

（二）执行的主体

所谓执行的主体，是指行政执行案件中涉及的享有诉讼权利、承担诉讼义务的主体。执行主体包括执行机关、执行当事人、执行参与人和执行异议人。

1. 执行机关。执行机关即执行组织，是指拥有行政诉讼执行权并实施执行的主体，包括人民法院和有权行政机关。

2. 执行当事人。执行当事人，是指申请执行人与被申请执行人，或者是执行人与被执行人。执行当事人的身份是由第一审程序的原告与被告转化而来的，是行政案件权利与义务的主体。无论是第一审的原告还是被告都有可能成为行政案件执行的当事人。

在行政机关依法自行执行的情况下，没有申请执行人与被申请执行人，而是执行人与被执行人。作为原行政争议一方当事人的行政机关，同时成为了执行机关。在实践中，行政机关的直接执行及时而有效，但是难免会有执法不公正的现象发生。

3. 执行参与人。执行参与人，是指除执行当事人以外的其他参与执行过程的单位或个人。执行参与人的情况各异，承担的权利义务也不尽一致。主要有因为占有执行标的物而承担交付、划拨该执行标的物的义务，或者是协助办理有关手续及其他协助执行的义务。

4. 执行异议人。执行异议人，是指执行当事人以外的，对执行标的提出主张的案外人。行政诉讼法规定，在执行过程中，有案外人对执行标的物提出确有理由的执行异议的，人民法院应当中止执行。执行异议人可以是审判程序的当事人，也可以不是审判程序的当事人，但肯定不是执行程序的申请执行人与被申请执行人，即原本不在执行程序之中，但和本案执行标的物有利害关系的案外人。执行异议人对执行的标的向人民法院提出主张，主张自己的合法权利，如提出被执行标的属于或部分属于其所有等，人民法院应当停止执行，并对执行异议进行审查。

执行异议人是特殊的主体。执行异议人提出的异议经审查确有理由的，执行程序被中止，从而进行调整执行标的。

（三）执行的对象与执行的范围

1. 执行的对象。执行的对象即执行客体，是指执行机关的执行行为所指向的目标。执行的对象大致分为三类，即物、行为和人身。

民事诉讼执行中人身不作为执行的对象，在行政诉讼中人身是执行的对象之一。例如，行政相对人对被决定劳动教养不服，提起行政诉讼并经人民法院裁定停止执行，之后在行政诉讼中败诉，由行政机关强制执行劳动教养。执行劳动教养的对象是该公民的人身，限制的是该公民的人身自由。人身作为行政诉讼特殊的执行对象，一般发生以下情况：（1）只适用于自然人，对法人、组织不存在执行对象是人身的情况；（2）执行是针对公民的人身自由。

2. 执行的范围。执行的范围，即执行对象的范围。一般而言，执行的范围有以下限制：

（1）执行的对象只能是被执行人所有的财产或物。其他人的财产或物都不能纳入被执行的范围，不管被执行人的关系和其他人的关系如何，都只能执行被执行人的财产。为防止侵犯其他人合法权益或引起执行异议，如果执行对象属于被执行人与他人的共有财产，只能执行被执行人所有的部分财产。

（2）被申请执行人是公民时，应当保留被执行人及其扶养家属的生活必需费用和生活必需品。至于什么程度属于生活的必需费用，以及何种物品属于生活必需品，要根据当地生活水平和生活必需而定。

（3）被执行人是法人或组织的，如果该法人或组织未宣告破产或被撤销的，只要该法人、组织具有可供执行的财产，就不应该将该法人、组织经营所需的生产设备、厂房、场地等纳入执行范围。行政诉讼的执行应当在其执行范围内进行，不得以执行名义干涉法人、组织的合法生产、经营权。

（4）被执行人是行政机关，除了可供执行的款项以外，办公设备或者办公必需的财物是不应当纳入执行范围的。这些财物是行政机关履行行政职能的必备条件，执行不应当影响行政机关的正常工作。

三、执行措施

（一）执行措施的概念

执行措施，是指执行机关依照法定程序，在执行中采用的具体执行手段与方法。法律明确规定了有关的执行措施，执行机关不得任意使用和创造执行措施，采用执行措施必须符合法律规定。执行措施的法律依据主要是行政诉讼法；如果行政诉讼法没有规定的，可以参照民事诉讼法的规定执行；还有一部分是单行的行政法律、法规规定。

（二）执行措施的种类及适用

根据《行政诉讼法》的规定，行政案件的执行措施因被申请执行人的不同而不同，对于被申请执行人是公民、法人或者其他组织的执行措施和对行政机关采取的执行措施是不同的。可以按执行措施的不同属性将其分为不同种类：

1. 根据被申请执行人的不同划分的执行措施。

（1）对行政机关适用的执行措施。对行政机关适用的执行措施主要有罚款、划拨、建议处理和追究刑事责任。根据最高人民法院《关于执行〈中华人民共和国行政诉讼法〉若干问题的解释》第96条的规定，第一，行政机关在规定期限内不履行人民法院生效判决、裁定的，从期满之日起，对该行政机关每日处50元至100元的罚款，这是对行政机关的罚款；第二，行政机关拒绝履行人民法院生效判决、裁定的，参照《民事诉讼法》第102条的有关规定，对行政机关主要负责人或者直接责任人员予以罚款处罚，即对行政机关工作人员进行罚款。

（2）对公民、法人或者其他组织适用的执行措施，主要有扣留、提取、划拨、扣押、冻结、拍卖、变卖、强制拆除等。

2. 根据执行措施与执行内容之间的关系，可分为直接强制执行措施与间接强制执行措施。直接强制执行措施是指对拒不履行法定义务的义务人自身采取强制措施，直接强制义务人履行义务或者达到和履行义务相同的状态。间接强制执行措施，是指不通过执行机关直接的强制执行，而是通过间接的手段达到义务人履行义务的执行措施。间接强制执行措施主要有两种形式，即代执行和执行罚。

3. 根据执行的方法的不同，具体分为冻结、划拨、扣留、查封、拍卖、变卖等执行措施。

四、执行的程序

执行程序，是指人民法院强制有履行义务的当事人履行生效法律文书规定的义务必须遵守的法定步骤和顺序。行政诉讼的执行步骤和顺序是执行提起、执行审查、执行准备、实施执行、执行完毕、执行补救。

（一）执行提起

执行提起有三种方式，即申请执行、移交执行和委托执行。其中，申请执行是执行提起的主要形式。

1. 申请执行。所谓申请执行，是指根据生效法律文书享有权利的当事人或者依法享有申请执行权的行政机关，在义务人拒绝履行义务的情况下，向人民法院请求强制执行的行为。申请执行是法律赋予当事人的一项权利，也是引起执行程序的主要原因。申请人必须是已经生效的裁判文书确定享有权利的人，其他与行政案件无关的人无权提出执行申请。

根据《行政诉讼法》的规定，申请执行人应当向第一审人民法院提出执行申请，不能直接向第二审人民法院提出执行申请。申请人须向第一审人民法院提交书面的行政执行申请书，执行依据的判决书、裁定书、调解书，以及有关证据材料，并预交执行费用。如果第一审人民法院认为应由上一级人民法院执行时，可以报经上一级人民法院决定同意。

申请人是公民的，申请执行的期限为1年，申请人是行政机关、法人或者是其他组织的，申请执行期限为180日。申请执行的期限从法律文书规定期间的最后一日起计算，如文书中没有规定履行期限的，则以该文书生效之日起计算。

执行提起必须符合法律规定的条件才能引起执行程序的发生，申请执行应该符合的条件有：（1）生效的法律文书具有执行内容，并且可以作为执行的合法依据；（2）申请执行人应当适格，被申请执行人是负有履行义务的人；（3）负有履行义务的当事人具有履行的能力，但是拒绝履行义务；（4）申请执行在法定的期限内提出；(5) 申请人必须向有管辖权的人民法院提出执行申请；(6) 当事人必须向人民法院提交申请执行书，并预交执行费用。

2. 移交执行。移交执行也称为移送执行，是指人民法院的判决或裁定发生法律效力后，由审理行政案件的机构直接移交执行机构执行。法律没有明确规定移交执行的情形，通常在下列情况可以移交执行：(1) 涉及公共利益或者国家利益的行政案件；(2) 涉及先予执行和财产保全的行政案件；(3) 审判机构认为应当移交执行的其他行政案件。

3. 委托执行。所谓委托执行，是指负责执行的人民法院不便进行异地执行时，委托当地人民法院代为执行的制度。委托执行是提起执行的一种形式。

(二) 执行审查

执行审查，是指执行机关内设的执行机构在接到执行申请书和移交执行书后，在法定期限以内，对有关文书、材料进行审查，决定是否立案执行的活动。执行审查是执行的必备环节，由执行机构负责审查。

执行人员在接到申请书或移交执行书以及有关材料后，应当在10日以内了解案情，主要审查以下内容：

1. 申请人是否符合申请资格。

2. 申请执行是否超过申请期限，超过申请期限的逾期申请理由是否正当。

3. 据以执行的根据是否合法生效并具有执行的内容，执行的内容是否正确、合法。

4. 申请执行或者移交执行的文书、材料是否齐备。

5. 其他需要审查的事项。

经过审查后，对符合执行条件的行政案件进行立案执行，对不符合执行条件的行政案件不予立案执行。对于手续不完备的，通知申请人或者移交执行的人员进行补全手续。如果执行上一级人民法院的法律文书发现有错误的，应当写出书面报告，报上一级人民法院进行审查。如果执行的是外地人民法院委托执行的判决或裁定的，发现有错误的，应当附上书面报告退回委托的人民法院审查处理。

(三) 执行准备

决定立案执行的，执行机构在实施执行以前，还应当做好必备的准备工作。执行人员应当了解案情，了解被执行人拒不履行义务的原因，是否有履行能力及其财产状况等。在接到执行申请书或移交执行后10日内，执行人员应通知被执行人在指定的期限内自动履行，并告知被执行人逾期不履行的则强制执行，以及妨碍执行的法律后果。被执行人是法人或者行政机关的，可以请主管部门督促被执行人履行义务。

具有履行义务的被执行人在通知指定的期限内仍然拒绝履行义务的，执行机关应当制定强制执行的方案。执行的方案应当包含以下内容：决定所要采取的执行措施，确定执行的时间、地点，划分执行范围，明确执行对象，根据具体案情办理好执行措施的批准手续，通知执行参与人以及有关人员到场。

（四）实施执行

实施执行是开始适用执行措施、实现执行内容的阶段。在执行中，应当注意合理运用强制措施，注重比例原则。执行的实施不仅要以实现法律文书所确定的义务内容为目的，而且应该注意保护当事人的合法权益。

（五）执行完毕

执行完毕，是指执行机关采取执行措施，实现执行的目的和任务，而结束执行。执行完毕与执行终结是不同的，执行完毕是完成了执行内容，是执行目的与任务的结束；而执行终结并未完成原执行任务。

执行完毕是执行的案件在内容和程序上的终结，申请执行人的权利在执行完毕后得以实现。执行完毕后，被申请执行人应结清执行交付的各种手续、费用等，并告知其执行程序执行完毕。如果执行确有错误，只有通过执行回转予以补救。

（六）执行补救

执行补救，是指在执行程序结束后，因法定事由出现而需对已执行事项采取补救措施，予以补救。执行补救有两种方式，即执行回转和再执行。

1. 执行回转。执行回转是在执行结束后，因据以执行的法律文书被依法撤销，由执行人员将已执行的对象恢复到执行前的活动。执行回转的法定事由可以是下列情况：（1）已经执行完毕的法律文书被有权人民法院依审判监督程序予以撤销。（2）第一审人民法院先予执行的裁定执行完毕后，该一审判决被第二审人民法院撤销。（3）执行人员违法执行的。只要属于上述事由的，人民法院都应依职权完成执行回转，以恢复到执行前的状态。

2. 再执行。再执行是在执行程序结束后，对未执行的内容再次执行。再执行，是指原执行的内容尚未完成，但执行程序被终结，由于出现新的法定事由，原来终结的执行再予执行。再执行可以依当事人申请开始，也可以由人民法院依职权主动执行。发生再执行的情形主要有：

（1）发现新的情况。如原认定被执行人死亡，又无遗产可供执行，从而终结执行。后来发现有遗产存在，就可以采取再执行的措施。

（2）因被执行人以违法手段威胁，使申请执行人撤回申请而终结执行的，事后申请人提出，如确属理由正当应予执行。

五、执行中出现的特殊情况

执行实践中经常会出现一些特殊情况需要执行人员处理。根据《行政诉讼法》的规定，在执行中出现的特殊情况主要有执行中止、执行终结和执行和解。

（一）执行中止

执行中止，是指在执行过程中，由于出现法定事由而暂时中断执行，待法定事由消失后执行程序再继续进行的一种制度。由于《行政诉讼法》没有规定执行中止的情况，参照《民事诉讼法》有关执行中止的规定，在行政诉讼中应当中止执行的情形有以下方面：

1. 申请人表示可以延期执行的。
2. 案外人对执行标的提出确有理由的异议的。
3. 作为一方当事人的公民死亡，需要等待继承人继承权利或承担义务的。
4. 作为一方当事人的法人、其他组织终止的，尚未确定权利义务承受者的。
5. 人民法院认为应当中止执行的其他情形。

上述事由消失以后，人民法院应立即主动恢复执行，也可以由申请人提出恢复执行的申请，经人民法院批准后恢复执行。中止以前所进行的执行活动，仍然继续有效。

（二）执行终结

执行终结，是指在执行过程中，因为发生某些特殊情况，没有执行的必要或者不可能继续执行，从而结束执行程序的一种制度。执行终结与执行中止不同，执行中止是暂时停止执行，执行中止的情形消失后还要继续执行；而执行终结则是执行程序的结束，以后不再恢复或继续执行。《行政诉讼法》没有规定执行终结的情形，参照《民事诉讼法》有关执行终结的规定，以下情形人民法院应当执行终结：

1. 申请人撤销执行申请的。
2. 据以执行的法律文书被撤销的。
3. 作为被执行人的公民死亡，无遗产可供执行，又无义务承担人的。
4. 追索抚恤金案件的权利人死亡的。
5. 人民法院认为应当终结执行的其他情形。

人民法院终结执行的，应当制作书面的终结执行裁定书，载明终结执行的理由、法律根据，并送达当事人，一旦送达当事人，裁定立即生效。当事人对于终结执行的裁定不得上诉。

（三）执行和解

执行和解，是指在执行过程中，申请人与被申请人就行政赔偿内容自愿协商达成协议，从而结束执行。执行和解是由当事人双方自行和解，而不是由人民法院主持进行的。在行政诉讼中，执行和解的对象不能是具体行政行为，只能是行政诉讼中涉及的行政赔偿。

执行和解双方当事人在平等自愿的基础上进行，执行和解不得违反法律规定，不得侵害第三人利益，也不能损害公共利益。执行和解协议应当交执行机构，或记录在案，由双方当事人和执行人员签名、盖章后，执行和解协议立即生效，当事人不得反悔，履行执行和解协议书完毕视同执行完毕。如果一方当事人不履行和解协议，对方当事人又申请执行的，人民法院应当按照生效的法律文书执行。但如果和解协议已经履行完毕，当事人申请执行原生效法律文书的，人民法院不予恢复执行。

六、非诉行政案件的执行

前文介绍的都是行政案件经过行政诉讼审判后的执行，属于司法范围的执行。《行政诉讼法》、《行政强制法》及其司法解释还规定了非诉行政案件的执行。

（一）非诉行政案件执行的概念和特征

所谓非诉行政案件的执行，是指公民、法人或者其他组织既不向人民法院提起行政诉讼，又拒不履行已生效的具体行政行为所确定的义务，行政机关或行政裁决行为确定的权利人向人民法院提出执行申请，由人民法院采取强制执行措施，使行政机关的具体行政行为得以实现的制度。

非诉行政案件的执行有以下特点：

1. 非诉行政案件的执行机关是人民法院，而非行政机关。

2. 非诉行政案件的执行根据是行政机关作出的生效的具体行政行为，该具体行政行为没有进入行政诉讼，而是行政机关作出的已经发生法律效力的行政行为。

3. 非诉行政案件的执行申请人是行政机关或行政裁决确定的权利人。

4. 非诉行政案件的执行前提是公民、法人或者其他组织在法定期限内，既不提起行政诉讼，又拒不履行具体行政行为所确定的义务。

（二）非诉行政案件执行的适用范围

所谓非诉行政案件执行的适用范围，是指行政机关可以申请人民法院强制执行具体行政行为的情形，以及行政机关不能申请人民法院强制执行具体行政行为的情形。非诉行政案件执行的适用范围涉及人民法院与行政机关对行政行为强制执行权的划分。根据《行政诉讼法》和《行政强制法》的有关规定，非诉行政案件执行的适用范围是：凡行政机关对具体行政行为没有强制执行权，以及行政机关和人民法院对具体行政行为皆享有强制执行权时，行政机关都可以申请人民法院强制执行该具体行政行为。具体适用范围如下：

1. 法律、法规没有赋予行政机关对该具体行政行为的强制执行权，公民、法人或者其他组织在法定期限内既不提起行政诉讼又不履行义务的，行政机关申请人民法院强制执行，人民法院应当依法受理。法律、法规规定该行政行为既可以由行政机关依法强制执行，也可以申请人民法院强制执行，行政机关申请人民法院强制执行时，人民法院也可以执行。

2. 行政机关依照法律、法规规定部分享有强制执行权，部分没有强制执行权，行政机关对没有强制执行权部分申请人民法院强制执行的，也属于非诉执行范围。

3. 如果法律、法规规定应当由行政机关依法强制执行的，行政机关应当依法自行强制执行，不得申请人民法院强制执行。

（三）非诉行政案件执行的执行管辖

所谓非诉行政案件执行的执行管辖，是指不同级别的人民法院和同级不同地域的人民法院对非诉行政案件执行的权限分工。

行政机关申请人民法院强制执行其具体行政行为，由申请人所在地的基层人民法院受理；执行对象为不动产的，由不动产所在地的基层人民法院受理。基层人民法院认为执行确有困难的，可以报请上级人民法院执行；上级人民法院可以决定由其执行，也可以决定由下级人民法院执行。

（四）申请非诉行政案件执行的期限

行政机关申请人民法院强制执行其具体行政行为，应当自被执行人的法定起诉期限届满之日起3个月内提出。逾期申请的，除有正当理由外，人民法院不予受理。

行政机关根据法律的授权对平等主体之间民事争议作出裁决后，当事人在法定期限内不起诉又不履行，作出裁决的行政机关在申请执行的期限内未申请人民法院强制执行的，生效具体行政行为确定的权利人或者其继承人、权利承受人在90日内可以申请人民法院强制执行。享有权利的公民、法人或者其他组织申请人民法院强制执行具体行政行为，参照行政机关申请人民法院强制执行具体行政行为的规定。

（五）非诉行政案件执行的条件

非诉讼行政案件的执行以司法强制力为保障，直接影响公民、法人或者其他组织的权益。为了防止滥用强制执行权，促使行政机关依法行政，应当明确规定行政机关申请人民法院强制执行具体行政行为的条件。根据《行政强制法》的规定，申请人民法院执行其具体行政行为应当具备以下条件：

1. 具体行政行为依法可以由人民法院执行，即具体行政行为属于非诉行政案件的适用范围。

2. 具体行政行为必须已经发生法律效力，并且具有给付或作为内容。

3. 申请人是作出该具体行政行为的行政机关或是行政裁决确定的权利人等。

4. 被申请人在具体行政行为确定的期限内或者行政机关另行指定的期限内未履行义务。

5. 申请人在法定期限内提出申请。

6. 被申请执行的行政案件属于受理申请执行的人民法院管辖，即申请人必须向有执行管辖权的人民法院提出申请。

（六）非诉行政案件执行前的财产保全

财产保全，是指人民法院依法对被执行人的财产采取一种强制性的保护措施，以避免被执行人恶意对财产进行处分可能逃避执行、保障非诉行政案件的顺利执行。

根据最高人民法院《关于执行〈中华人民共和国行政诉讼法〉若干问题的

解释》的有关规定，非诉讼行政案件执行前的财产保全应当具备以下条件：

1. 行政机关或者具体行政行为确定的权利人等向人民法院提出财产保全申请。

2 非诉行政案件执行前财产保全的申请应向对该具体行政行为有强制执行管辖权的人民法院提出。

3. 申请人应当有充分证据证明被执行人可能逃避执行，这是申请执行前财产保全的必要条件。

4. 非诉讼行政案件执行前，财产保全申请人如果是具体行政行为确定的权利人，还必须向人民法院提供相应的财产担保。

对于符合执行前财产保全条件的申请，人民法院应采取财产保全措施，防止被执行人恶意处分财产。根据有关法律的规定，人民法院可以采取查封、扣押、冻结等财产保全措施。

（七）非诉行政案件的执行程序

非诉讼行政案件的执行程序主要包括申请与受理、人民法院对具体行政行为的审查、通知履行、准备强制、实施强制措施和执行结束等环节。

1. 申请与受理。非诉行政案件的执行程序依申请开始，人民法院无权依职权开始非诉行政案件的执行。申请人包括行政机关，或者是生效具体行政行为确定的权利人、继承人和权利承受人。

行政机关作为非诉行政案件执行的申请人时，应当向人民法院提交下列材料：

（1）强制申请执行书。行政机关申请人民法院强制执行必须提交申请执行书。申请执行书应表明行政机关申请人民法院强制执行生效具体行政行为的请求，还应当载明与执行有关的事项，主要包括：申请执行的行政机关的名称、法定代表人；被执行人的姓名或名称、住址或地址；具体行政行为的主要内容、理由与依据，以及义务人拒不履行义务的事实等。申请书应当由行政机关负责人签名，加盖行政机关的印章，并注明日期。

（2）行政决定书（具体行政行为）及作出决定的事实、理由和依据。

（3）当事人的意见及行政机关催告情况。

（4）申请强制执行标的情况。

（5）法律、行政法规规定的其他材料。

人民法院接到行政机关强制执行的申请，应当在 5 日内决定是否受理。行政机关对人民法院不予受理的裁定有异议的，可以在 15 日内向上一级法院申请复议，上一级法院应当在接到复议申请之日起 15 日内作出是否受理的裁定。

2. 人民法院书面审查、作出是否执行裁定。人民法院受理行政机关强制执行申请后，应当对执行申请进行书面审查：行政机关申请执行材料齐全，行政决定具备法定执行效力，行政决定没有明显缺乏事实根据、没有明显缺乏法律法规依据、没有其他明显违法并损害被执行人合法权益的，人们法院应当自受理之日起7日内作出执行裁定。

人民法院进行书面审查时发现行政决定有明显缺乏事实根据、明显缺乏法律法规依据、其他明显违法并损害被执行人合法权益情形的，在作出裁定前可以听取被执行人和行政机关的意见。人民法院应当在受理之日起30日内作出是否执行的裁定。裁定不予执行的，应当说明理由，并在5日内将不予执行的裁定送达行政机关。行政机关对法院不予执行裁定有异议的，可以在收到裁定之日起15日内向上一级人民法院申请复议，上一级人民法院应当在收到复议申请之日起30日内作出是否执行的裁定。

3. 通知履行。根据最高人民法院《关于执行〈中华人民共和国行政诉讼法〉若干问题的解释》第93条的规定，对于人民法院裁定准予执行的非诉行政案件，需要采取强制执行措施的，应当将案件交由本院负责强制执行非诉行政行为的机构具体执行。

在强制执行非诉行政案件前，负责执行的机构应当书面通知被执行人，告诫被执行人履行义务，并告知被执行人履行的期限。如果被执行人逾期仍不履行义务的，则由人民法院负责执行的机构实施强制执行。

4. 准备强制。人民法院应当准备强制执行的有关手续，填写强制执行文书，通知有关单位、人员到场，制定强制执行方案等。

5. 实施强制措施。人民法院在非诉行政案件执行中所采取的执行措施，可以根据《行政强制法》并参照《民事诉讼法》及最高人民法院《关于适用〈中华人民共和国民事诉讼法〉若干问题的意见》的有关规定执行。

6. 紧急情况下的申请与执行。因情况紧急，为保障公共安全，行政机关可以申请人民法院立即执行。经人民法院院长批准，人民法院应当自作出执行裁定之日起5日内执行。

7. 执行结束。执行任务完成后，人民法院应将非诉行政案件执行的案卷材料整理归档，并结清各种手续、清单及费用，书面通知申请强制执行的行政机关或生效行政裁决确定的权利人等，宣告执行程序结束。

第二节　行政诉讼的期间与送达

一、行政诉讼的期间

（一）期间的概念

行政诉讼的期间，是指人民法院、当事人及其他诉讼参与人进行诉讼活动所必须遵守的时间限制，简称期间。

期间包括期限和期日两个内容。

期限，是指人民法院、当事人或其他诉讼参与人单方面进行或完成某种诉讼行为的时间，如原告的起诉期限、被告提交答辩状的时间等。

期日，是指人民法院、当事人或其他诉讼参与人共同进行某种诉讼行为的时或日，如行政案件开庭审理的日期、宣判日期。

期间关系到行政诉讼行为的有效性。凡在规定期间内作出的诉讼行为就会产生法律上的效力，如不遵守就会导致诉讼行为的无效。因此，期间对于行政诉讼活动具有十分重要的意义，主要表现在：

1. 期间可以促使当事人和其他诉讼参与人及时行使诉讼权利，履行诉讼义务，便于纠纷的及时解决。

2. 期间要求当事人严格按规定的时间作出相应的诉讼行为，不遵守期限的行为不具有诉讼法上的效力，并要承担相应的法律后果。这样，能使当事人增强法制观念，以严肃认真的态度参加诉讼，积极配合人民法院及时、顺利地解决行政案件。

3. 期间能够促使人民法院审判工作人员增强工作责任心，及时审结案件，提高审判效率，杜绝久拖不决、久审不判的现象。

（二）期间的种类

根据不同的标准，可以将期间分为不同的类型。

1. 法定期间与指定期间。以期间是法律直接规定还是由人民法院指定为标准，可以将期间分为法定期间与指定期间。

法定期间，是指行政诉讼法和其他法律、法规直接规定的期间。法定期间除法律另有规定情况外，人民法院不能依职权或当事人的要求任意改变，因而也称为不变期间。

指定期间，是指人民法院根据行政案件的具体情况，依照职权而决定的期间。指定期间是相对于法定期间而言的，是法定期间的必要补充，如指定当事人补正起诉状欠缺的期间、指定当事人提交证据的期间。

2. 不变期间与可变期间。根据期间是否可以变更为标准，可以将期间分为不变期间与可变期间。

不变期间，是指法律一经规定就不得变更的期间，如起诉的期间、申请执行的期间、提起管辖异议的期间等。不变期间并非绝对不能变更，只是说非有法定事由不得变更。

可变期间，是指人民法院可依职权或当事人的申请而决定予以变更的期间。

法定期间原则上是不变期间，特殊情况下可以变更。指定期间一般都可以变更。

（三）期间的计算和耽误

1. 期间的计算。行政诉讼是在一定的期间内进行的，因此，期间的计算应当按照法律的规定进行。《行政诉讼法》未对期间给予专门的规定，但最高人民法院《关于执行〈中华人民共和国行政诉讼法〉若干问题的解释》第 97 条规定："人民法院审理行政案件，除依照行政诉讼法和本解释外，可以参照民事诉讼法的有关规定。"因此，期间的计算应当参照《民事诉讼法》的有关规定。具体的计算规则如下：

（1）期间以时、日计算的，开始的时、日不计算在期间内，而应从开始时、日的次时、日计算。经过期间的实际时数或日数，即为期间届满。

（2）期间届满日是节假日的，应以节假日后的第一个工作日为期间届满日期。但节假日在期间中间的，则不予扣除。

（3）期间不包括诉讼文书的在途期间，即计算期间应扣除诉讼文书寄送时在路途上所花费的时间。诉讼文书在期间届满前交邮而在期间届满后才收到的，不算过期。确定是在期间届满前交邮的，以邮寄的邮戳为准。

2. 期间耽误。期间耽误，是指当事人或其他诉讼参与人没有在法定期间或指定期间完成应实施的诉讼行为。《行政诉讼法》第 40 条规定："公民、法人或者其他组织因不可抗力或者其他特殊情况耽误法定期限的，在障碍消除后的十日内，可以申请延长期限，由人民法院决定。"所谓不可抗力，是指当事人主观上无法预见、客观上无法避免和克服的客观情况。例如，因水灾、火灾、自然等灾害致使当事人无法在诉讼期间内完成应当进行的诉讼行为。所谓其他特殊情况，是指除不可抗力以外如疾病、交通事故等情况。当事人申请延长期限的，应在障碍消除后的 10 日内提出。是否顺延及顺延期限的长短由人民法院根据具体情况决定。

二、行政诉讼的送达

（一）送达的概念

在行政诉讼中，送达是指人民法院按照法定程序和方式，将诉讼文书交给当事人和其他诉讼参与人的一种诉讼活动。

送达是行政诉讼中的一项重要制度，它直接关系到行政诉讼程序能否顺利进行。送达的意义不仅在于将诉讼文书交给受送达人，使他们了解诉讼文书的内容，便于他们参加诉讼活动，行使诉讼权利，履行义务，更重要的是送达文书本身包含了一定的法律后果。人民法院依法定程序送达诉讼文书后，即产生了诉讼法上的效力。受送达人无正当理由耽误诉讼期间或者未按人民法院的要求为一定行为的，必须承担法定的后果，以此确保行政诉讼活动的顺利进行。

（二）送达的方式

送达的方式，是指送达的方法和形式。根据《行政诉讼法》的有关规定，人民法院送达诉讼文书一般根据具体情况采用下列送达的方式：

1. 直接送达。直接送达，是指人民法院指派专人将诉讼文书直接送交受送达人本人或其诉讼代理人、成年家属或其指定的代收人。

直接送达的送达人必须是人民法院的工作人员，委托他人代送的不是直接送达。直接送达以将送达文书交给受送达人本人为原则，本人不在时，交给同住的成年家属签收。如果受送达人已向人民法院指定了代收人的，交由代收人签收。

交受送达人的成年家属或代收人签收与受送达人本人签收具有同等效力。

2. 转交送达。转交送达，是指人民法院将诉讼文书交给受送达人所在机关单位代收后转交给受送人的送达方式。遇有下列情况之一时，适用转交送达：（1）受送人是军人的，通过其所在部队团以上单位的政治机关转交。（2）受送达人被监禁的，通过其所在监狱或劳动改造单位转交。（3）受送达人被劳动教养的，通过其所在劳动教养单位代为转交。凡代为转交的，单位收到诉讼文书后，必须立即或及时交受送达人签收。受送达人在送达回证上签收的日期为送达日期。

3. 委托送达。委托送达，是指人民法院直接送达法律文书有困难时，委托其他人民法院代为送达的方式。这种送达与直接送达有同等的法律效力。委托的人民法院应当出具委托证明，随附需要送达的诉讼文书的送达回证，受送人在送达回证上签收的日期为送达日期。

4. 留置送达。留置送达，是指受送达人无合法理由拒绝签收向其送达的诉讼文书时，送达人依法将诉讼文书留置于送达场所的送达方式。留置送达与直接送达有同等的法律效力。留置送达必须符合以下法定条件和程序：

（1）必须以应接收送达文书的人无法律上的理由而拒绝接收对其送达的诉讼文书为前提。

（2）送达人应当邀请有关基层组织或者单位的代表到场，说明情况并在送达回证上注明拒收事由和日期，由送达人、见证人签名或盖章。

（3）将诉讼文书留置在受送达场所。

5. 邮寄送达。邮寄送达，是指人民法院将所送达的文书通过邮寄挂号寄给受送达人的一种送达方式。这也是人民法院在直接送达有困难时采用的送达方式。邮寄送达应由人民法院工作人员直接交寄邮局，以受送达人在挂号回执上注明收件日期为送达日期。

6. 公告送达。公告送达，是指受送达人下落不明，采用上述方法无法送达时，以公告的方式将应送达的诉讼文书和法律文书告知受送达人的送达方式。公告送达的前提条件是受送达人因下落不明或者有其他无法联系的情况而不能采取其他送达方式时所运用的一种补救的送达方式。

公告送达可以运用登报、广播、张贴告示等方法进行。自公告发出之日起满60日即为送达，它与其他的送达方式具有同等效力。

（三）送达的效力和送达回证

1. 送达的效力。送达的效力，是指诉讼文书送达给受送达人后所产生的法律后果。人民法院依照程序和方式送达诉讼文书后产生以下几方面的效力：

（1）有关诉讼参与人实施诉讼行为、行使诉讼权利、履行诉讼义务的开始日期得以确定。

（2）诉讼参与人接受送达后，如未依法律规定或诉讼文书的要求实施一定的诉讼行为，将承担程序法上的后果。

（3）引起某些诉讼法律关系的发生或消灭。如人民法院立案后将起诉状送达被告，自送达之日起，人民法院就与被告发生了诉讼法律关系。

（4）送达是某些法律文书发生法律效力的条件之一。

2. 送达回证。送达回证，是指人民法院制作的用以证明受送达人收到人民法院所送达的诉讼文书的凭证。

在行政诉讼中，除公告送达外，送达诉讼文书必须有送达回证。由受送达人在回证上记载收到日期、签名或盖章。受送达人在送达回证上的签收日期为送达日期。

第三节　对妨碍行政诉讼的强制措施

一、强制措施的概念和特点

强制措施，是指人民法院在审理行政案件的过程中，为了保证行政诉讼活动的顺利进行，依法对故意妨碍行政诉讼的行为人采取的一种司法强制手段。

行政诉讼中的强制措施具有如下特点：

1. 行政诉讼强制措施是针对有妨碍行政诉讼行为的人而采取的。

2. 行政诉讼强制措施是由人民法院依职权而采取的行使审判权的行为。

3. 行政诉讼强制措施的目的在于强制妨害行政诉讼秩序的行为人履行维护行政诉讼秩序的义务，以保证行政诉讼程序活动的正常进行。

4. 行政诉讼强制措施与民事诉讼强制措施、刑事诉讼强制措施的种类不同。行政诉讼强制措施有训诫、责令具结悔过、罚款、拘留4种，民事诉讼强制措施有拘传、训诫、责令退出法庭、罚款、拘留5种，刑事诉讼强制措施有拘传、取保候审、监视居住、拘留和逮捕5种。

二、妨害行政诉讼行为的构成和种类

（一）妨害行政诉讼行为的构成

所谓妨害行政诉讼的行为，是指在行政诉讼中，诉讼参与人和案件以外的人故意扰乱或破坏行政诉讼秩序，妨害行政诉讼正常进行的行为。构成妨害行政诉讼的行为必须具备以下四个条件：

1. 必须是行为人故意实施的妨害诉讼行为。所谓故意，是指行为人在主观上明知自己的行为会妨害行政诉讼的正常进行，但却有意实施这种行为。行政诉讼保障措施的适用必须以行为人有主观故意为前提，即有意的作为与不作为。因

过失而发生的影响行政诉讼活动正常进行的行为不属于妨害诉讼的行为，因为行为人没有妨害诉讼正常进行的主观动机。

2. 必须是已实际实施的对行政诉讼活动正常进行有妨害的行为。行为人已经实施妨害诉讼的行为是该行为的客观要件，即行为人的行为已客观存在。仅有意图而实际没有实施的不属于妨害诉讼的行为。因为未实施就未产生行为，也不发生对诉讼活动的妨害，同时，这种行为应对行政诉讼活动造成妨害，否则该行为只能算是违法行为，不属于妨害行政诉讼活动的行为。对其不应采取行政诉讼强制措施，而应由有关国家机关给予相应处理。

3. 必须是在行政诉讼过程中实施的行为。这是该行为发生时间范围上的要件。行政诉讼过程包括行政案件的审理和执行过程。如果某一违法行为实施于行政诉讼开始以前或结束以后，则该行为便不构成妨害行政诉讼，从而也不能对行为人适用行政诉讼强制措施，只能根据有关法律规定采取其他方法予以处理。

4. 必须是行政诉讼法规定的违法行为。妨害行政诉讼的行为必须是《行政诉讼法》第 49 条规定的六种妨害行为之一。如果行为人实施的是其他违法行为，则不构成妨害行政诉讼行为，这是妨害行政诉讼行为在内容上的要件。

（二）妨害行政诉讼行为的种类

《行政诉讼法》第 49 条规定的妨害行政诉讼行为，包括以下六种：

1. 有义务协助执行的人，对人民法院的协助执行通知书，无故推托、拒绝或者妨碍执行的。

2. 伪造、隐藏、毁灭证据的。

3. 指使、贿买、胁迫他人作伪证或者威胁、阻止证人作证的。

4. 隐藏、转移、变卖、毁损已被查封、扣押、冻结的财产的。

5. 以暴力、威胁或者其他方法阻碍人民法院工作人员执行职务或者扰乱人民法院工作秩序的。

6. 对人民法院工作人员、诉讼参与人、协助执行人侮辱、诽谤、诬陷、殴打或者打击报复的。

三、行政诉讼强制措施的种类及适用

（一）行政诉讼强制措施的种类

根据《行政诉讼法》第 49 条的规定，行政诉讼中的强制措施有四种，即训诫、责令具结悔过、罚款和拘留。

1. 训诫。训诫是人民法院对有妨害行政诉讼行为的人采用严厉批评教育并警告其不得再犯的一种措施。训诫是最轻的一种行政诉讼强制措施，针对的是有轻微妨害行政诉讼的人。

2. 责令具结悔过。责令具结悔过是人民法院对妨害行政诉讼情节较轻的行为人采取的一种强制措施，它以责令行为人承认错误，写出悔过书，保证不再重犯为特点。

3. 罚款。罚款是人民法院对有妨害行政诉讼行为的人，强制其交纳一定数额款项的一种强制措施。罚款金额为1000元以下。

4. 拘留。拘留是人民法院对妨害行政诉讼情节严重的行为人采取的、在一定期间内限制人身自由的强制措施。行政诉讼法中规定拘留的最长期限是15日，具体拘留天数由人民法院视妨害诉讼的程度和后果来确定。

除上述强制措施以外，对妨害行政诉讼行为情节严重已达到触犯刑法、构成犯罪行为时，依刑事诉讼程序追究其相应的刑事责任。

（二）强制措施的适用

1. 训诫的适用。训诫是批评教育性质的强制措施，只涉及行为人的声誉，适用于妨害行政诉讼行为情节轻微的人。在程序上一般单独适用，由承办案件的合议庭决定，并由审判长口头宣布，书记员记入笔录，无须人民法院院长批准。训诫的内容应当记入笔录，交由训诫人阅读或念给本人听，然后由本人签字，存入案卷。

2. 责令具结悔过的适用。责令具结悔过适用于有轻微妨害行为的人。责令具结悔过经合议庭决定，由审判长责令行为人悔过，写出悔过书，并将悔过书当庭宣读。悔过书的内容应当包括其作出妨害行为的经过、自己对该错误行为的认识和不得再犯的保证等。责令具结悔过的过程应记入笔录，连同悔过书一起存入案卷。

3. 罚款的适用。罚款适用于妨害诉讼行为比较严重的人。罚款由合议庭根据行为人妨害行为的严重程度、认错态度和经济情况等因素考虑，在1000元内确定一个合理的数额后作出罚款决定。该决定需报请人民法院院长批准，并制作决定书送交被罚款人。

被罚款人对罚款决定不服的，可以向人民法院提出复议申请，要求复议一次，但复议期间不停止原罚款决定的执行。

4. 拘留的适用。拘留适用于妨害行为严重的人或者认错态度不好、有可能继续实施妨害诉讼行为造成更严重后果的人。拘留的决定由合议庭作出，报请人民法院院长批准后实施。采取拘留措施应当制作书面决定，送达当事人。当事人不服的，可以向人民法院申请复议一次，复议期间不停止拘留的执行。

主要参考书目

1. 罗豪才主编：《行政法学》，北京大学出版社1996年版。

2. 王连昌主编：《行政法学》，中国政法大学出版社1997年版。

3. 应松年主编：《行政法学新论》，中国方正出版社2004年版。

4. 应松年主编：《当代中国行政法》，中国方正出版社2005年版。

5. 张正钊主编：《行政法与行政诉讼法》，中国人民大学出版社1999年版。

6. 姜明安主编：《行政法与行政诉讼法》，北京大学出版社、高等教育出版社2007年版。

7. 惠生武主编：《行政法与行政诉讼法》，中国政法大学出版社1999年版。

8. 方世荣主编：《行政法与行政诉讼法》，中国政法大学出版社1999年版。

9. 王学辉主编：《行政法学论点要览》，法律出版社2001年版。

10. 胡建淼著：《行政法学》（第2版），法律出版社2003年版。

11. 张树义主编：《行政法学》，中国政法大学出版社1995年版。

12. 崔卓兰著：《行政序法要论》，吉林人民出版社1996年版。

13. 章剑生著：《行政程序法原理》，中国政法大学出版社1996年版。

14. 杨海坤、章志远著：《中国行政法基本理论研究》，北京大学出版社2004年版。

15. 应松年主编：《行政法与行政诉讼法学》，法律出版社2009年版。

16. 薛刚凌主编：《行政诉讼法学》，华文出版社1998年版。

17. 章剑生著：《现代行政法基本理论》，法律出版社2008年版。

18. 翁岳生编：《行政法》，中国法制出版社2002年版。

19. 吴庚著：《行政法之理论与实用》，台湾三民书局2001年版。

20. 陈新民著：《中国行政法学原理》，中国政法大学出版社2002年版。

21. ［日］南博方著：《日本行政法》，杨建顺、周倣彩译，中国人民大学出版社1998年版。

22. ［日］室井力主编：《日本当代行政法》，吴微译，中国政法大学出版社1995年版。

23. ［美］伯纳德·施瓦茨著：《行政法》，徐柄译，群众出版社1986年版。

24. ［德］哈特穆特·毛雷尔著：《行政法学总论》，高家伟译，法律出版社2000年版。

25. 王名扬著：《英国行政法》，中国政法大学出版社1987年版。

26. 王名扬著：《法国行政法》，中国政法大学出版社1989年版。

27. 王名扬著：《美国行政法》，中国政法大学出版社1995年版。

28. 胡建淼著：《比较行政法——20国行政法评述》，法律出版社1998年版。

29. 徐秀义、韩大元主编：《现代宪法与基本原理》，中国人民大学出版社2001年版。

30. 马怀德主编：《行政诉讼原理》，法律出版社2003年版。

31. 江必新、梁风云著：《行政诉讼法理论与实务》，北京大学出版社2011年版。

32. 许安标、武增主编：《中华人民共和国国家赔偿法解读》，中国法制出版社2010年版。

33. 孟昭阳、张建良主编：《行政法与行政诉讼法学》，中国人民公安大学出版社2005年版。

34. 胡锦光主编：《行政法著名案例》，中国人民大学出版社2004年版

35. 何兵主编：《行政法案例研习》，高等教育出版社2005年版。